The German Classics from the Nineteenth Century

(Volume 1)

Friedrich Max Müller

(Editor: Franz Lichtenstein)

Alpha Editions

This edition published in 2022

ISBN : 9789356709454

Design and Setting By
Alpha Editions
www.alphaedis.com
Email - info@alphaedis.com

Contents

PREFACE.

WHEN the Clarendon Press undertook to publish a translation of Professor W. Scherer's History of German Literature, it was suggested that an Historical Reading-Book, containing extracts from the principal writers of prose and poetry treated in that History, would form a useful companion volume. My 'German Classics from the Fourth to the Nineteenth Century,' published in 1858, had long been out of print, and I had no time to undertake a new edition. Professor Scherer, whom I consulted on the subject, suggested Professor Franz Lichtenstein of Breslau as fully qualified to revise and rearrange my volume, so as to adapt it to the new purpose for which it was intended, namely, to supply the *pièces justificatives* for the new History of German Literature.

Professor Lichtenstein devoted himself most zealously to this arduous task, and, with the assistance of Professor Scherer himself, his part of the work was nearly finished, when a sudden death,—he was drowned while bathing in the Baltic,—put an end to the bright career of this most conscientious and hard-working scholar. Professor Scherer, who had himself taken an active part in the selection of new extracts, now commissioned Dr. Joseph to superintend the printing of this Historical Reading-Book, to whom therefore all the credit for the correctness both of the texts and the translations is due.

On the whole the Reading-Book follows Scherer's History step by step, though in order to keep extracts from the same author together, or to gain some other small advantages, certain deviations became necessary. The Headings are intended to recall the periods as established in Scherer's History. Only Herder, Goethe, and Schiller have been treated separately as Classics, in the highest sense of the word, and some of their contemporaries, whose works, though of smaller value, had to be discussed in conjunction with them in the eleventh and twelfth chapters of the History, have shared the same honour.

The principles of selection with regard to extracts not contained in my 'German Classics,' were agreed upon between Professors Scherer and Lichtenstein. For the specimens of Goethe's prose and poetry, however, Professor Scherer is alone responsible, as he wished to illustrate the development of Goethe's various styles, without binding himself strictly to a chronological order.

I myself can claim but little credit in this new edition, but it has been a real pleasure to me to revive once more the recollection of my earlier studies, and to observe how rapid and how solid has been the progress which the knowledge of German Literature has made during the last thirty years, thanks chiefly to the labours of Professor Scherer, the worthy successor of Grimm, Lachmann and Gervinus.

F. MAX MÜLLER.

OXFORD, *July*, 1886.

The last sheet of this work had been ordered for Press, when the news reached me of Professor Scherer's sudden death. He had been ailing for some time, but no one could persuade him to take any rest, and his interest in this collection of extracts, to serve as a companion volume to his History of German Literature, did not flag till almost the last moment of his life. Thus a double sadness has been spread over this book, first by the death of Dr. Lichtenstein, and now by the death of his friend and teacher, Professor Scherer—both taken away from us in the prime and in the full maturity of life, while I, whose life has nearly reached its natural limit and whose power of doing useful work is well-nigh exhausted, have been spared.

Wilhelm Scherer was by birth an Austrian, having been born at Schönborn in Lower Austria on the 26th April, 1841. His first University education too he received at Vienna, where he devoted himself chiefly to the study of German philology and literature. Professor Franz Pfeiffer, whose favourite pupil he became, gave a decided direction to his studies, though Scherer proved the independence of his mind by entering, as quite a young man, on a controversy with Franz Pfeiffer on the question of the origin of the *Nibelungenlied.* He afterwards continued his studies at Berlin, where he attended chiefly the lectures of Bopp, Haupt, and Müllenhoff. In conjunction with Müllenhoff he began to edit the *Denkmäler der Deutschen Poesie und Prosa aus dem achten bis zwölften Jahrhundert* (1864), and the *Alt-deutsche Sprachproben.* In 1864 he became *Privat-docent* at Vienna. His literary activity was astounding, and such was the good opinion entertained of his writings that, in 1868, when only 27 years of age, the Austrian Government appointed him to succeed Franz Pfeiffer as Professor of German Language and Literature in the University of Vienna. His success there was very great, for though a thorough German professor and a most critical and painstaking scholar, he knew how to appeal to wider human sympathies and to attract large audiences both of young and old to his lectures. Success, however, as usual, produced envy, and as Scherer was German rather than Austrian in his political sympathies, his position at Vienna, particularly after the great events of 1870 and 1871, became more and more unpleasant. In order to avoid further conflicts with his colleagues and the Government, he accepted, in 1872, the chair of German Philology in the newly founded University of Strassburg, and after five years of successful labour there, he was called to fill a similar chair at Berlin.

What distinguishes Scherer as an historian of German literature is his being a philologist first, and an historian afterwards. How well he knew the growth of the German language in its successive phases he proved by his work *Zur Geschichte der Deutschen Sprache*, published in 1868. These philological studies formed the solid foundation on which he erected afterwards the work by which his name will live longest, the 'History of German Literature'. This book passed in a short time through three editions, and has become a truly national work in Germany. He lived long enough to witness the recognition which the English translation of his History received from the best scholars in England and America, and he looked forward with a deep interest to the publication of these 'German Classics,' with a hope that they would render possible a careful and fruitful study of his History, not only in England, but in Germany also.

He has done a good work. He has well earned his fame, and now—his rest.

F. M. M.

OXFORD, *Aug.* 7, 1886.

- 3 -

1. GOTHISCH.

AUS ULFILAS BIBELÜBERSETZUNG.

[*Scherer D*. p. 31, *E*. p. 28.][1]
Vulfila oder Ulfilas geb. 311 A.D. als Sohn christlicher Eltern, die kappadocischer Herkunft waren. Im Jahr 341 zum Bischof der arianischen Gothen geweiht; 348 von Athanarich vertrieben und mit seinen westgothischen Glaubensgenossen von Kaiser Constantius in Mösien aufgenommen. Er starb 381 in Constantinopel, wo er sich gerade aufhielt, um die Lehre des Arius zu vertheidigen. Er schrieb und predigte in griechischer, lateinischer und gothischer Sprache. Er übersetzte aus einem griechischen Originale die ganze Bibel, angeblich mit Ausnahme der Bücher der Könige, und hatte dabei Mitarbeiter. Sieh G. Waitz 'Über das Leben und die Lehre des Ulfilas' (Hannover, 1840); W. Bessell 'Über das Leben des Ulfilas und die Bekehrung der Gothen zum Christentum' (Göttingen, 1860); v. Gabelentz und Löbe 'Ulfilas. Veteris et novi testamenti versionis gothicæ fragmenta quæ supersunt' (3 Bde. Leipzig, 1836–1846); E. Bernhardt 'Vulfila oder die Gotische Bibel' (Halle, 1875).
MATTHÆUS VI, 9.

Atta unsar, thu in himinam,   veihnai namothein.
Vater unser du in Himmeln, geweihet sei Name dein.

Qimai thiudinassus theins.
komme Reich dein.

Vairthai vilja theins, sve in   himina   jah   ana airthai. 5
Werde Wille dein, wie im Himmel, auch auf Erden.

Hlaif unsarana thana sinteinan gif   unshimma daga.
Brot   unser   das tägliche gieb uns am heutigen Tag.

Jah   aflet   uns thatei skulans   sijaima,   svasve jahveis afletam
Und ablass uns das schuldig wir seien, so wie auch wir ablassen

thaimskulam unsaraim.
diesen Schuldnern unseren.

Jah   ni   briggais uns in fraistubnjai,
Und nicht bringe uns in Versuchung,

Ak lausei uns af thamma ubilin,
Sondern löse uns von dem Uebel, 10

Unte theina ist thiudangardi jah mahts jah vulthus in aivins.
Denn dein ist Reich und Macht und Ruhm in Zeiten.

MATTHÆUS VIII, 34.

Jah sai alla so baurgs usiddja vithra Jesu. Jah gasaihvandans ina bedun ei uslith hindar markos ize. Jah atsteigands in skip ufarlaith jah qam in seinai baurg. Thanuh atberun du imma uslithan ana ligra ligandan; jah gasaihvands Jesus galaubein ize qath du thamma uslithin: thrafstei thuk, barnilo, afletanda thus fravaurhteis theinos. Tharuh sumai thize bokarje qethun in sis silbam: sa vajamereith. Jah vitands Jesus thos mitonins ize qath: {20} duhve jus mitoth ubila in hairtam izvaraim? hvathar ist raihtis azetizo qithan: afletanda thus fravaurhteis, thau qithan: urreis jah gagg? Aththan ei viteith thatei valdufni habaith sa sunus mans ana airthai afletan fravaurhtins, thanuh qath du thamma uslithin: urreisands nim thana ligr theinana jah gagg in gard theinana. Jah urreisands galaith in gard seinana. Gasaihvandeins than manageins ohtedun sildaleikjandans jah mikilidedun Guth thana gibandan valdufni svaleikata mannam.

Καὶ ἰδοὺ πᾶσα ἡ πόλις ἐξῆλθεν εἰς συνάντησιν τῷ Ἰησοῦ. καὶ ἰδόντες αὐτὸν παρεκάλεσαν ὅπως μεταβῇ ἀπὸ τῶν ὁρίων αὐτῶν. Καὶ ἐμβὰς εἰς {30} τὸ πλοῖον διεπέρασε καὶ ἦλθεν εἰς τὴν ἰδίαν πόλιν. Καὶ ἰδοὺ προσέφερον αὐτῷ παραλυτικὸν ἐπὶ κλίνης βεβλημένον· καὶ ἰδὼν ὁ Ἰησοῦς τὲν πίστιν αὐτῶν εἶπε τῷ παραλστικῷ Θάρσει, τέκνον, ἀφέωνταί σοι αἱ ἁμαρτίαι σου. καὶ ἰδού τινες τῶν γραμματέων εἶπον ἐν ἑαυτοῖς Οὗτος βλασφημεῖ. καὶ ἰδὼν ὁ Ἰησοῦς τὰς ἐνθυμήσεις αὐτῶν εἶπεν Ἵνα τί ὑμεῖς ἐνθυμεῖσθε πονηρὰ ἐν ταῖς καρδίαις ὑμῶν; τί γάρ ἐστιν εὐκοπώτερον, εἰπεῖν Ἀφέονταί σοι αἱ ἁμαρτίαι, ἢ εἰπεῖν Ἔγειρε καὶ περιπάτει; ἵνα δὲ εἰδῆτε ὅτι ἐξουσίαν ἔχει ὁ υἱὸς τοῦ ἀνθρώπου ἐπὶ τῆς γῆς ἀφιέναι ἁμαρτίας, τότε λέγει τῷ παραλυτικῷ Ἐγερθεὶς ἆρόν σου τὴν κλίνην καὶ ὕπαγε εἰς τὸν οἶκόν σου. Καὶ ἐγερθεὶς ἀπῆλθεν εἰς τὸν οἶκον αὐτοῦ. ἰδότες δὲ οἱ ὄχλοι ἐφοβήθησαν καὶ ἐδόξασαν τὸν θεὸν τὸν δόντα ἐξουσίαν τοιαύτην τοῖς ἀνθρώποις.

Fußnote:
[1] D. refers to the German text (third ed. 1885) of Professor Scherer's History of German Literature; E. to the English translation of it.

2. RESTE DER ÄLTESTEN DICHTUNG.

ALTHOCHDEUTSCH.

DAS WESSOBRUNNER GEBET.
[*Scherer D.* p. 12, *E.* p. 10.]

Alliterirendes Gebet aus einer Handschrift des ehemaligen Klosters Wessobrunn in Oberbaiern. Herausgegeben in Müllenhoff und Scherer's Denkmälern deutscher Poesie und Prosa Nr. 1. (2. Aufl. Berlin 1873.)

Dat gafregin ih mit firahim ‖ firiuuizzo meista,
dat ero ni uuas noh ûfhimil;
ni suigli sterro nohhein ‖ noh sunna ni liuhta, 10
noh mâno noh der mâreo sêu.

Dô dâr niuuiht ni uuas ‖ enteo ni uuenteo,
enti dô uuas der eino ‖ almahtîco cot,
manno miltisto, ‖ enti manake mit inan
cootlîhhe geistâ. ‖ enti cot heilac...

Cot almahtîco, ‖ dû himil enti erda gauuorahtôs,
enti dû mannun ‖ sô manac coot forgâpi,
forgip mir
in dîno ganâdâ ‖ rehta galaupa,
enti côtan uuilleon, uuîstôm enti spâhida enti craft,
tiuflun za uuidarstantanne, ‖ enti arc za piuuîsanne,
enti dînan uuilleon ‖ za gauurchanne.

Das erfuhr ich unter den Menschen ‖ als der Wunder grösstes,
Dass Erde nicht war noch Himmel darüber,
Noch irgend ein glänzender Stern ‖ noch Sonne leuchtete
Noch Mond noch die herrliche See.

Als da nichts war ‖ von Enden noch Wenden, 20
Da war der eine ‖ allmächtige Gott,
Der Männer mildester, ‖ und manche mit ihm
Gütige Geister. ‖ und heiliger Gott...

Allmächtiger Gott, ‖ der du Himmel und Erde schufest,

Und der du den Menschen ‖ so manches Gut gegeben hast,
Gib mir 10
An deine Gnade ‖ rechten Glauben,
Und guten Willen, ‖ Weisheit und Klugheit und Kraft,
Den Teufeln zu widerstehn und Arg abzuweisen
Und deinen Willen ‖ zu vollbringen.

Der erste Theil lautet genau nach der Handschrift:

De poeta.
Dat * fregin ih mit firahim
firi uuizomeista.   Dat ero ni
uuas.   noh ufhimil.   nohpaum
noh peregniuuas.   ninohheinig 20
noh sunna nistein.   nohmano
niliuhta.   noh der marẹoseo.

LIEBESGRUSS.

[*Scherer D.* p. 14, *E.* p. 12.]

Aus den Münchener Bruchstücken des Ruodlieb herausgegeben in den Denkmälern Nr. 28.

Dic sodes illi nunc de me corde fideli
Tantundem liebes, veniat quantum modo loubes,
Et volucrum wunna quot sint, tot dic sibi minna;
Graminis et florum quantum sit, dic et honorum.

Geselle, sag' ihm nun ‖ von mir aus treuem Herzen
So viel Liebes als ‖ Laub jetzt hervorspriesst,
So viel Vögelwonnen ‖ so viel Minne,
So viel Gräser und Blumen ‖ so viel Ehren. 30

MERSEBURGER ZAUBERSPRÜCHE.

[*Scherer D.* p. 15, *E.* p, 13.]

Aus einer Handschrift der Bibliothek des Domcapitels zu Merseburg herausgegeben in den Denkmälern Nr. 4.

1.

Phol ende Uuodan ‖ vuorun zi holza.
dû uuart demo Balderes volon ‖ sîn vuoz birenkit.
thû biguolen Sinthgunt, ‖ Sunna erâ suister,
thû biguolen Volla, ‖ Frija erâ suister:
thû biguolen Uuodan, ‖ sô hê uuola conda,
sôse bênrenkî, ‖ sôse bluotrenkî,
sôse lidirenkî:
bên zi bêna, ‖ bluot zi bluoda,
lid zi geliden, ‖ sôse gelîmida sîn.

2.

Eiris sâzun idisî, ‖ sâzun hera duoder.
suma hapt heptidun, ‖ suma heri lezidun, 20
suma clûbôdun ‖ umbi * cuniouuidi:
insprinc haptbandun, ‖ invar vîgandun!

1.

Phol und Wodan ‖ ritten zu Holze (Walde). 10
Da ward dem Fohlen Balders ‖ sein Fuss verrenkt.
Da besprach ihn Sindgund ‖ und Sunna, ihre Schwester,
Da besprach ihn Volla ‖ und Frija, ihre Schwester:
Da besprach ihn Wodan, ‖ der es wohl konnte,
Die Beinverrenkung ‖ wie die Blutverrenkung
Und die Gliedverrenkung:
Bein zu Beine, ‖ Blut zu Blute,
Glied zu Gliedern, ‖ als wenn sie geleimt wären.

2.

Ehedem setzten sich göttliche Frauen, ‖ setzten sich dorthin.

Die einen hefteten Haft, ‖ andere hemmten das Heer,
Noch andere klaubten ‖ auf die Fesseln:
Entspringe den Banden, ‖ entlaufe den Feinden!

3. HELDENSANG.

DAS HILDEBRANDSLIED.

[*Scherer D.* p. 28, *E.* p. 25.]

Fragmentarisches Gedicht aus einer Handschrift zu Cassel. Zu Ende des achten oder Anfang des neunten Jahrhunderts wahrscheinlich in Fulda aufgezeichnet. Die Sprache ist mit niederdeutschen Formen gemischt. Das Versmass besteht in der alliterierenden epischen Langzeile. Herausgegeben in den Denkmälern Nr. 2.

Ik gihôrta dhat seggen,
dhat sih urhêttun ‖ ênôn muotin
Hiltibraht joh Hadhubrant ‖ untar herjun tuêm.
sunufatarungôs ‖ iro saro rihtun,
garutun se iro gûdhhamun, ‖ gurtun sih suert ana,
helidôs, ubar hringa, ‖ dô sie ti dero hiltju ritun.
Hiltibraht gimahalta: ‖ er uuas hêrôro man,
ferahes frôtôro: ‖ er frâgên gistuont,
fôhêm uuortum, ‖ huer sîn fater wâri
fireo in folche, 10
'eddo huelîhhes cnuosles dû sîs.
ibu dû mî ênan sagês, ‖ ik mî dê ôdre uuêt,
chind, in chunincrîche: ‖ chûd ist mî al irmindeot.'

Hadubraht gimahalta, ‖ Hiltibrantes sunu,
'dat sagêtun mî ‖ ûsere liuti,
alte joh frôte, ‖ dea êr hina wârun,
dat Hiltibrant hêtti ‖ mîn fater: ih heittu Hadubrant.'
***
'forn er ôstar giuueit ‖ (flôh er Ôtachres nîd)
hina mit Theotrîhhe, ‖ enti sînero degano filu.
er furlêt in lante ‖ luttila sitten
prût in bûre, ‖ barn unwahsan,
arbeo laosa: ‖ er rêt ôstar hina.
er was Ôtachre ‖ ummett irri, 10
degano denchisto ‖***
sîd Dêtrîhhe ‖ darba gistuontun
fateres mînes. ‖ dat unas sô friuntlaos man:

eo folches at ente: ‖ imo uuas eo fehta ti leop:
chûd was er managêm ‖ chônnêm mannum.
[ni wânju ih iu lîb habbe.’]
‘wêttû irmingot ‖ obana fona hevane,

dat dû neo dana halt ‖ dinc ni gileitôs
mit sus sippan man ‖ . . . .
want er dô ar arme ‖ wuntane bouga,
cheisuringu gitân, ‖ so imo sê der chuning gap,
Hûneo truhtîn: ‖ ‘dat ih dir it nû bi huldî gibu.’
Hadubraht gimâlta, ‖ Hiltibrantes sunu,
’mit gêru scal ‖ man geba infâhan,
ort widar orte. ‖ dû bist dir, altêr Hûn,
ummet spâhêr, ‖ spenis mih . . . .
mit dînêm uuortun, wili mih ‖ dînu speru werpan. 10
pist alsô gialtêt man, ‖ sô dû êwîn inwit fuortôs.
dat sagêtun mî ‖ sêolîdante
westar ubar wentilsêu, ‖ dat inan wîc furnam:
tôt ist Hiltibrant, ‖ Heribrantes suno.’
Hiltibraht gimahalta, ‖ Heribrantes suno,
‘wela gisihu ih * in dînêm hrustim,
dat dû habês hême ‖ hêrron gôtan,

dat dû noh bi desemo rîche ‖ reccheo ni wurti.’
***
‘welaga nû, waltant ‖ got, wêwurt skihit.
ih wallôta sumaro ‖ enti wintro sehstic,
dâr man mih eo scerita ‖ in folc sceotantero,
sô man mir at burc ênîgeru ‖ banun ni gifasta:
nû scal mih suâsat ‖ chind suertu hauwan,
bretôn sînu billju, ‖ eddo ih imo ti banin werdan.
doh maht dû nu aodlîhho, ‖ ibu dir dîn ellen tauc,
in sus hêremo man ‖ hrustî giwinnan,
rauba birahanen, ‖ ibu dû dâr ênîc reht habês. 10
der sî doh nû argôsto ‖ ôstarliuto,
der dir nû wîges warne, ‖ nû dih es sô wel lustit,
gûdea gimeinûn. ‖ niuse dê môttî,
huerdar sih hiutu ‖ dero hregilo hruomen muotti,
erdo desero brunnôno ‖ bêdero uualtan.’
dô lêttun se êrist ‖ askim scrîtan,

scarpên scûrim: ‖ dat in dêm sciltim stônt.
dô stôpun ti samane * staim bort chludun,
heuwun harmlîcco ‖ huîtte scilti,
unti im iro lintûn ‖ luttilo wurtun,
giwigan miti wâmbnum . . . . .
***

Ich hörte das sagen,
Dass sich herausforderten ‖ zum Einzelkampfe
Hildebracht und Hadubrand ‖ zwischen zwei Heeren.
Sohn und Vater ‖ ihre Rüstung richteten,
Sie bereiteten ihre Kampfhemden, ‖ gürteten sich Schwerter an,
Die Helden über die Ringe, ‖ als sie zu dem Kampfe ritten.
Hildebracht sprach, ‖ er war der vornehmere Mann, 20
Der Lebens erfahrenere: ‖ zu fragen begann er
Mit wenig Worten, ‖ wer sein Vater wäre
In der Menschen Volke,
'oder welches Geschlechtes du bist.
Wenn du mir einen sagst, ‖ weiss ich mir die andern,
Kind, im Königreiche: ‖ kund ist mir alles Volk.'
Hadubracht sprach, ‖ Hildebrands Sohn,
'Das sagten mir ‖ unsere Leute,
Alte und kluge, ‖ die früherhin gelebt, 20
Dass Hildebrand hiess ‖ mein Vater, ich heisse Hadubrand.'
***
'Ehedem ging er ostwärts, ‖ (er floh Odoakers Hass)
Hin mit Dietrich ‖ und seiner Degen viele.
Er liess im Lande ‖ hilflos sitzen
Die Frau in der Behausung, ‖ das Kind unerwachsen
Des Erbes beraubt: ‖ er ritt ostwärts von hinnen.
Er war dem Odoaker ‖ übermässig verhasst,
Der Degen genehmster ‖***
Nachmals musste Dietrich ‖ entbehren
Meinen Vater. ‖ Er war so von Freunden verlassen. 30
Stets an des Volkes Spitze: ‖ ihm war immer Kampf zu lieb.
Kund war er manchen ‖ kühnen Mannen.
[Nicht glaube ich, dass er noch das Leben hat,]
Weiss Ziu, Irmingott ‖ oben vom Himmel,
Dass du niemals noch ‖ Streit führtest
Mit so nahe verwandtem Mann ‖ . . . .
Da wand er vom Arme ‖ gewundene Reife 20

Aus kaiserlicher Goldmünze gefertigt, ‖ wie sie ihm der König gegeben,
Der Hunnen Herrscher: ‖ 'das gebe ich dir nun aus Huld.'
Hadubracht sprach, ‖ Hildebrands Sohn,
'Mit dem Gere soll ‖ der Mann Gabe empfangen,
Spitze wider Spitze. ‖ Du bist dir, alter Hunne,
Uebermässig schlau, ‖ verlockst mich . . . . .
Mit deinen Worten, willst mich ‖ mit deinem Speer werfen.
Bist ein also gealterter Mann, ‖ und führst doch ewig Trug im Schilde. 30
Das sagten mir ‖ Seefahrende
Westwärts über den Wendelsee, ‖ dass ihn der Krieg dahingerafft:
Tod ist Hildebrand, ‖ Herbrands Sohn.'
Hildebrand sprach, ‖ Herebrands Sohn,
*'Wohl sehe ich * an deiner Rüstung*
Dass du daheim ‖ einen wackeren Herren hast,
Dass du noch nicht unter diesem Herrscher ‖ Flüchtling geworden bist.'
*

Weh nun, waltender ‖ Gott, Wehschicksal geschieht.
Ich wallte der Sommer ‖ und Winter sechzig, 20
Wo man mich hinstellte ‖ in das Volk der Schützen,
Ohne dass man mir vor einer Stadt ‖ den Tod bereitete:
Nun soll mich das eigene ‖ Kind mit dem Schwerte hauen,
Zerschmettern mit seiner Waffe, ‖ oder ich ihm zum Tode werden.
Doch kannst du nun leichtlich, ‖ wenn dir deine Kraft zureicht,
Von so vornehmem Manne ‖ Rüstung gewinnen,
Raub erbeuten, ‖ wenn du da einiges Recht hast.
Der möchte nun der feigste sein ‖ der Ostleute,
Der dir jetzt den Kampf weigerte, ‖ nun dich dessen so sehr gelüstet, 30
Den gemeinsamen Streit. ‖ Versuche den Kampf
Wer von beiden sich heute ‖ der Kriegsgewänder rühmen dürfe,
Oder dieser Brünnen ‖ beider walten.'
Da ritten sie erst ‖ mit den Speeren aufeinander
In scharfen Schauern: ‖ es blieb in den Schilden stecken.
Dann stapften zusammen ‖ ??
Zerhieben feindlich ‖ die weissen Schilde
Bis ihnen ihre Bastschilde ‖ klein wurden
Zernichtet mit Waffen ‖ . . . .
*

HILDIBRAND UND ALIBRAND.

Aus der Thidrekssaga, die von einem Norweger um die Mitte des dreizehnten Jahrhunderts nach deutschen Quellen verfasst ist. Sie enthält eine Zusammenfassung deutscher Heldensagen, deren Mittelpunkt Dietrich von Bern ist. Herausgegeben von C. R. Unger 'Saga Thiðriks af Bern.' (Christiania, 1853). Übersetzung von A. Rassmann in 'Die deutsche Heldensage und ihre Heimat' (2 Bde. Hannover, 1856, 1857; 2. Ausg., 1863).

Nun war Meister Hildibrand ganz gerüstet, und Jungherr Konrad ritt auf den Weg mit ihm. Da sprach Konrad zu Hildibrand: 'Guter Meister Hildibrand, wenn du deinen Sohn Alibrand triffst, sprich höflich mit ihm und sage, dass du sein Vater bist; aber wenn du das nicht thust, so befürchte ich, dass das dein Tod werde, ein so gewaltiger Kempe ist er.' Da antwortete Hildibrand: 'Guter Freund, was kannst du mir von ihm sagen? Wie kann ich meinen Sohn Alibrand erkennen, ob er es ist oder ein anderer Mann?' 'Er hat ein weisses Ross,' sagte Konrad, 'und Nägel in {20} den Schuhen, die sind von Gold, sein Schild und Brünne ist weiss wie frischgefallener Schnee und darauf gemalt eine Burg. Kein Mann in Amlungenland ist seines Gleichen, so ein guter Ritter ist er, und du bist nun alt und wirst nicht vor ihm bestehen können.' Da lachte Hildibrand und sprach: 'Wenn auch Alibrand, mein Sohn, sich ein gewaltiger Mann zu sein dünkt, und sein Hochmut so stolz ist, dass er sich mit keinem Mann vergleichen will, so kann es doch sein, so alt wie ich auch bin, dass er mir seinen Namen noch nicht später sagt, als ich ihm den meinen sage.' Darauf schieden sie sich.
Nun ritt Hildibrand rasch den Weg, welcher nach Bern führte, und als er nun so nahe gekommen war, dass er die Stadt sah, da ritt ihm ein Mann entgegen mit zwei Hunden, und auf der linken Seite einem Habicht. Der Mann war gross auf dem Rossesrücken {10} und sass mit Anstand auf seinem Rosse; er hatte ein weisses Ross, und weiss war seine ganze Rüstung und darauf Bern mit vergoldeten Thürmen gezeichnet. Hildibrand ritt dem Mann entgegen und glaubte zu finden, dass er sich nicht weniger zu sein dünke, als er. Und als Alibrand einen Mann mit Waffen sich entgegen reiten sah, und dieser ihm kühn entgegenritt, und er nicht sehen konnte, dass er sich vor ihm etwas beuge, so ward Alibrand zornig, und es schien ihm, als ob dieser sich mit ihm streiten wollte, spannte seinen Helm fest und schwang seinen Schild vor seine Brust, setzte seinen Spiess vor und schlug sein Ross mit den Sporen. Und als Hildibrand {20} sah, wie Alibrand sich gerüstet hatte, hielt er seinen Schild vor seine Brust und setzte seinen Spiess vor und schlug sein Ross mit den Sporen und ritt ihm keinesweges verzagter entgegen: und sie ritten einander an. Da stach jeder mit seinem Spiess in des andern Schild so stark, dass die Spiessschäfte beide entzwei brachen. Und der Alte sprang

sogleich schleunig von seinem Rosse und zog sein Schwert, und desgleichen der Jüngere, dann giengen sie zusammen und schlugen sich lange Zeit, bis dass sie müde waren. Und sie setzten nun ihre Schilde nieder und stützten sich darauf.

{30} Da sprach Alibrand: 'Wer ist dieser alte Mann, der vor mir einige Zeit Stand gehalten hat? Sage schnell deinen Namen und übergieb deine Waffen, so sollst du dein Leben behalten, aber wenn du das nicht willst, so kann das dein Schade werden.' Hildibrand antwortete: 'Willst du meinen Namen wissen, so wirst du zuvor deinen Namen sagen müssen, und du wirst dein Schwert und deine Waffen übergeben müssen, ehe wir uns scheiden, und wenn du das nicht gutwillig willst, so wirst du es doch gezwungen thun müssen.' Da schwang Alibrand sein Schwert überaus hitzig empor und hieb nach dem Alten, und desgleichen schwang Hildibrand sein Schwert empor und hieb gegen ihn. Da erhob sich nun ein harter Kampf, und sie machten den zweiten Angriff halbmal tapferer als zuvor: und nun waren beide müde, und Alibrand setzte den Schild nieder und wollte sich ruhen, und ebenso wollte Hildibrand. Da sprach Alibrand: 'Willst du deinen Namen sagen und deine Waffen übergeben, so sollst du dein Leben behalten, wenn du aber nicht also thust, so sollst du erschlagen werden. Du wolltest deinen {10} Namen nicht sagen, als wir uns begegneten, und das war dir keine Unehre, aber nun musst du ihn sagen mit Unsieg und all deine Waffen mit Unehre lassen, oder im andern Fall den Tod erdulden.' Und nun ward der Jüngere aufs allerwüthendste und wollte ihn wahrlich erschlagen und hieb da aus aller Kraft nach dem Alten: aber er wehrte sich aufs allertapferste. Und da sprach Hildibrand: 'Bist du etwa vom Ylfinge Geschlecht, so sag' es mir und ich gebe dir Frieden, aber wenn das nicht ist, so erschlage ich dich.' Da antwortete Alibrand: 'Wenn du dein Leben behalten willst, so ergieb dich, aber ich bin nicht mehr ein Ylfing als du, und {20} fürwahr du bist thöricht, obschon du alt bist, und sage schnell deinen Namen. Wenn du aber wüsstest, wer ich wäre, so würdest du nicht meinen Vater Ylfing nennen.' Sie drangen darauf aufs allertapferste auf einander ein. Der Alte gieng ihm jetzt nahe und hieb gar stark, und da schlug Hildibrand einen gewaltigen Schlag auf seinen Schenkel, so dass die Brünne entzwei gieng, und Alibrand erhielt nun eine so grosse Wunde, so dass ihm fast sein Fuss unbrauchbar war. Und nun sprach er: 'Sieh hier nun mein Schwert: nun will ich das übergeben, weil ich jetzt nicht länger vor dir stand halten kann. Du hast den bösen Feind in deiner Hand,' {30} und streckte die Hand vor. Und der Alte wandte den Schild weg und streckte die Hand vor, dem Schwert entgegen, und gedachte es zu ergreifen: da hieb Alibrand verstohlen nach dem Alten und wollte ihm die Hand abhauen; aber der Alte schwang den Schild hoch und schleunig empor und sprach: 'Diesen Schlag wird dich dein Weib, aber nicht dein Vater gelehrt haben.' Und der Alte drang so stark vor, dass nun der Junge zur Erde fiel, und der Alte oben auf ihn, und setzte sein Schwert vor seine Brust und sprach: 'Sage mir schnell deinen Namen und dein Geschlecht, oder du musst dein Leben lassen.' Da antwortete Alibrand: 'Den sage ich nun nimmer, denn ich bin nun fortan um mein Leben nicht besorgt, da so eine alte Graugans mich überwunden haben soll.' Hildibrand sprach: 'Willst du dein Leben behalten, so sage mir stracks, ob du bist mein Sohn Alibrand, so bin ich Hildibrand, dein Vater.' Da antwortete der Junge: 'Wenn du bist Hildibrand mein Vater, so bin ich Alibrand dein Sohn.' Da stand Hildibrand schnell auf von ihm, und Alibrand auf seine Füsse, und sie küssten {10} sich und erkannten sich nun beide. Nun ward Hildibrand gar vergnügt über seinen Sohn Alibrand, und Alibrand desgleichen über seinen Vater Hildibrand. Dann sprangen sie auf ihre Rosse und ritten heim zu der Burg. Nun fragte Alibrand: 'Wo schiedest du von König Thidrek von Bern?' Hildibrand antwortete und sagte ihm Alles, wie sie sich schieden in dem Walde, und desgleichen das, dass er wünsche, dass Alibrand hinausreite ihm entgegen mit all seinen Mannen.

Nun ritten sie am Abend zu Alibrands Mutter. Sie gieng ihnen entgegen und sah ihren Sohn Alibrand blutig und wund. Da {20} weinte sie und jammerte und sprach: 'Mein süsser Sohn, wo bist du verwundet? und wer versetzte dir diese Wunde? und wer ist dein Fahrtgenosse?' Da antwortete Alibrand: 'Frau, diese Wunde mag ich wol ertragen, obgleich sie nicht klein ist, die hat mir mein Vater Hildibrand, der Ylfinge Meister, versetzt; er reitet nun hier mit mir.' Da ward sie froh über ihren Sohn und ihren Gatten und gieng ihnen entgegen und schlang ihre beiden Arme um Hildibrands Hals, und nun war jeder von ihnen über den andern erfreut. Und da war nun grosse Freude und Fröhlichkeit diese Nacht.

RASSMANN.

4. KARL DER GROSSE.

AUS EINHARDS LEBENSBESCHREIBUNG KARLS DES GROSSEN.

[Scherer D. p. 43, *E.* p. 39.]

Herausgegeben von Pertz in 'Monumenta Germaniæ historica. Scriptores' II; Jaffé in 'Bibliotheca rerum Germanicarum' Bd. IV.

Cap. XXIX. *Post susceptum imperiale nomen, cum adverteret multa legibus populi sui deesse (nam Franci duas habent leges, in plurimis locis valde diversas), cogitavit, quæ deerant addere et discrepantia unire, prava quoque ac perperam prolata corrigere; sed de his nihil aliud ab eo factum est, nisi quod pauca capitula, et ea imperfecta, legibus addidit. Omnium tamen nationum quæ sub eius dominatu erant iura quæ scripta non erant describere ac litteris mandari fecit. Item barbara et antiquissima carmina, quibus veterum regum actus et bella canebantur, scripsit memoriæque mandavit.* {10} *Inchoavit et grammaticam patrii sermonis. Mensibus etiam iuxta propriam linguam vocabula imposuit, cum ante id temporis apud Francos partim Latinis partim barbaris nominibus pronunciarentur. Item ventos duodecim propriis appellationibus insignivit, cum prius non amplius quam vix quatuor ventorum vocabula possent inveniri. Et de mensibus quidem Ianuarium* Wintarmanoth, *Februarium* Hornung, *Martium* Lentzinmanoth, *Aprilem* Ostarmanoth, *Maium* Winnemanoth, *Iunium* Brachmanoth, *Iulium* Heuvimanoth, *Augustum* Aranmanoth, *Septembrem* Witumanoth, *Octobrem* Windumemanoth, *Novembrem* Herbistmanoth, *Decembrem* {20} Heilagmanoth *appellavit. Ventis vero hoc modo nomina imposuit, ut subsolanum vocaret* ostroniwint, *eurum* ostsundroni, *euroaustrum* sundostroni, *austrum* sundroni, *austroafricum* sundwestroni, *africum* westsundroni, *zephyrum* westroni, *chorum* westnordroni, *circium* nordwestroni, *septemtrionem* nordroni, *aquilonem* nordostroni, *vulturnum* ostnordroni.

PATERNOSTER UND SYMBOLUM APOSTOLICUM.

[Scherer D. p. 43, *E.* p. 39.]

Aus dem Weissenburger Katechismus in einer Handschrift des neunten Jahrhunderts, die sich in der herzoglichen Bibliothek zu Wolfenbüttel befindet. Herausgegeben in den Denkmälern Nr. 56.

Fater unser, thû in himilom bist, giuuîhit sî namo thîn. queme rîchi thîn. uuerdhe uuilleo thîn, sama sô in himile endi in erthu. Broot unseraz emezzîgaz gib uns hiutu. endi farlâz uns sculdhî unsero, sama sô uuir farlâzzem scolôm unserêm. endi ni gileidi unsih in costunga. {10} auh arlôsi unsih fona ubile.

Fater unser, thû in himilom bist, giuuîhit sî namo thîn. Gotes namo ist simbles giuuîhit: auh thanne uuir thiz quedhem, thanne bittem uuir, thaz sîn namo in uns mannom uuerdhe giuuîhit thuruh guodiu uuerc.

{20} Queme rîchi thîn. Rîchi gotes ist simbles endi eogihuuâr: thes bittem uuir thoh, thanne uuir thiz quedem, thaz gotes rîchi sî in uns endi thes diufles giuualt uuerdhe arfirrit fona uns.

Uuerdhe uuillo thîn sama sô in himile endi in erthu. Thes sculun uuir got simbles bitten, thaz sîn uuilleo uuerdhe samalîh in erdhu in mannom, sôso her ist in himile in engilom, cithiu thaz man in erthu sînan uuilleon giuuurchen megîn sama sô engilâ in himile magun.

{10} Broot unseraz emetzîgaz gib uns hiutu. Allo mannes thurftî sintun in themo brôtes namen gameinito, thero er ci thesemo antuuerden lîbe bitharf. bithiu scal man dago gihuuelîches thiz gibet singan, sô huuer sô uuili thaz imo got gidago sînero thurfteo helphe.

{20} Indi farlâz uns sculdhî unsero sama sô uuir farlâzzem scolôm unserêm. Sô huuer sô thiz quidhit, sô bitharf thaz er sô due sô her quithit, huuanda her fluochôt imo mêr thanne her imo guodes bitte, ibu her sô ni duat sô her quidhit: huuanda sô huuer sô andhremo arbolgan ist endi thiz gibet thanne singit, {30} ther bidit imo selbemo thanne ubiles.

Indi ni gileiti unsih in costunga. Ni leitit got eomannan in ubilo thohheinaz; ûzzar thanne her then man farlâzzit, sô ist her sâr in costungôm. thaz meinit haz uuort, thaz her unsih ni farlâzze cithiu thaz uuir in ubil gileitte ni uuerdhên.

Auch arlôsi unsih fona ubile. In thesemo uuorde ist bifangan allero ubilo gihuuelîh, thero manne giterjan megi. bithiu sô huuer sô thiz gibet hlûttru muatu singit, gilouban scal her, thaz {10} inan got thanne gihôrje: huuanda her ni bitit thâr ana elljes eouuihtes, nibu thes got selbo giboot ci bittanne, endi thâr sintun thoh allo mannes thurftî ana bifangano.

Gilaubju in got fater almahtîgon scepphjon himiles enti erdâ. Endi in heilenton Christ, suno sînan einagon, truhtîn unseran. {20} Ther infanganêr ist fona heilegemo geiste, giboran fona Marîûn magadî, giuuîzzinôt bî pontisgen Pilâte, In crûci bislagan, toot endi bigraban. Nidhar steig ci hellju, in thritten dage arstuat fona tóotêm, Ûf steig ci himilom, gisaz ci cesuûn gotes fateres almahtîges: Thanan quemendi ci ardeilenne {30} quecchêm endi dóodêm. Gilaubju in âtum uuîhan, uuîha ladhunga allîcha, Heilegero gimeinidha, Ablâz sundeôno, Fleisges arstantnissi, Liib êuuîgan. Amen.

Vater unser, der du in den Himmeln bist, geheiliget sei dein Name. Es komme dein Reich. Es werde dein Wille, so wie im Himmel auch auf Erden. Unser tägliches (beständiges)

Brot gieb uns heute. Und erlass uns unsere Verschuldungen, so wie wir erlassen unseren Schuldnern. {10} Und nicht geleite uns in Versuchung. Sondern erlöse uns vom Uebel.
Vater unser, der du in den Himmeln bist, geheiliget sei dein Name. Gottes Name ist immer geheiligt: aber wenn wir dies sagen, so bitten wir, dass sein Name in uns Menschen werde geheiligt durch gute Werke.
{20} Es komme dein Reich. Das Reich Gottes ist immer und überall: darum bitten wir jedoch, wenn wir dies sagen, dass Gottes Reich sei in uns, und des Teufels Gewalt werde entfernt von uns.
Es werde dein Wille so wie im Himmel auch auf Erden. Darum sollen wir Gott immer bitten, dass sein Wille werde (geschehe) ganz gleich auf Erden bei den Menschen, wie er geschieht im Himmel bei den Engeln, damit die Menschen auf Erden seinen Willen zu vollbringen (wirken) vermögen, so wie die Engel im Himmel es können.
{10} Unser beständiges Brot gieb uns heute. Alle Bedürfnisse des Menschen sind mit dem Namen des Brotes gemeint, deren er zu diesem gegenwärtigen Leben bedarf. Darum soll an jeglichem Tage dies Gebet hersagen, wer immer will, dass ihm Gott täglich zu seinen Bedürfnissen verhelfe.
{20} Und erlass uns unsere Verschuldungen, so wie wir erlassen unseren Schuldnern. Wenn einer so spricht, so ist es nothwendig, dass er so thut wie er spricht, denn er ladet mehr Fluch auf sich, als er sich Gutes erbittet, wenn er nicht so thut wie er spricht: denn so einer wider anderen erzürnt ist und dies {30} Gebet zu der Zeit hersagt, der erbittet sich dann selbst Übeles.
Und geleite uns nicht in Versuchung. Nicht leitet Gott irgend jemand in ein Uebel: aber wenn er den Menschen verlässt, so ist er sofort in Versuchungen. Das bedeutet das Wort, dass er uns nicht verlassen soll, damit wir nicht in das Uebel verleitet werden.
Sondern erlöse uns vom Uebel. In diesem Worte ist die Gesammtheit aller Uebel befangen, welche dem Menschen zu schaden vermögen. Darum soll, wer dies Gebet in lautrem Gemüthe hersagt, {10} glauben, dass ihn Gott dann höre: weil er nichts anderes damit bittet, als was Gott selbst gebot zu bitten, und es sind doch alle Bedürfnisse des Menschen darin befangen.
Credo in deum patrem omnipotentem, creatorem cæli et terræ. et in Iesum Christum, filium eius unicum, dominum {20} nostrum. Qui conceptus est de spiritu sancto, natus ex Maria virgine, passus sub Pontio Pilato, crucifixus, mortuus et sepultus. descendit ad inferna, tertia die resurrexit a mortuis, ascendit ad cælos, sedet ad dexteram dei patris omnipotentis: inde venturus iudicare vivos et mortuos. Credo in spiritum {30} sanctum, sanctam ecclesiam catholicam, sanctorum communionem, remissionem peccatorum, carnis resurrectionem, vitam æternam. Amen.

AUS DEN FRAGMENTEN DER ÜBERSETZUNG DES MATTHÆUS-EVANGELIUMS.

[Scherer D. 43, E. 39.]

Herausgegeben in Endlicher und Hoffmann 'Fragmenta theotisca' (Vindobonæ, 1834; 2. Aufl. 1841).

Enti see saar alle dhea burgera fuorun *i*ngegin Jesuse enti sô inan gahsâhhun, bâtun *daz* er aufuori ûz fona iro marchôm. *En*ti genc er in sceffilîn, ubarferita dhen *k*eozun enti quam in sîna burc. *En*ti see saar butun imo bifora laman licchen*t*an in bâru enti gasah Jesus iro galaupîn, *qu*had demo lamin: Gatrûê, sunu, forlaaz*sem*u dhir uuerdant dîno suntea; Enti see *saar* ein huuelîhhe scrîbera quhâttun untar im: *Dh*ese lastrôt. enti sô Jesus gasah iro gadanchâ, {10} *qu*h*at*: zahuuiu dencet ir ubil in iuuueremo *muo*te? Huuedar ist gazelira za quedanne: *forl*â*z*seno dhir uuerdant dhîno {20} suntea, *odo* za quhedanne: arstant enti ganc? *Daz* ir auh uuizît, dhaz mannes sunu *hab*êt gauualt in herdhu za forlâzanne suntea, *Duo* quhat dhemo lamin: arstant, nim *diin* betti enti ganc za dînemo hûs. enti er *arstu*ont enti genc za sînemo hûs. Gasâhhun iz *diu* folc, gaforahtun im enti aerlîhho lobôtun *got*, dher solîhha gauualtida forgab mannum.

Et ecce tota civitas exiit obviam Iesu et viso eo rogabant, ut transiret a finibus eorum. Et adscendens in naviculam transfretavit et venit in civitatem suam. Et ecce offerebant ei paralyticum iacentem in lecto, et videns Iesus fidem illorum dixit paralytico: confide fili, remittuntur {10} tibi peccata tua; et ecce quidam de scribis dixerunt intra se: Hic blasphemat. et cum vidisset Iesus cogitationes eorum, dixit: Ut quid cogitatis mala in cordibus vestris? Quid est facilius dicere: dimittuntur tibi peccata tua, aut dicere: surge et ambula? Ut sciatis autem, quoniam filius hominis {20} habet potestatem in terra dimittendi peccata, Tunc ait paralytico: Surge, tolle lectum tuum et vade in domum tuam. et surrexit et abiit in domum suam. Videntes autem turbæ timuerunt et glorificaverunt deum, qui talem potestatem dedit hominibus.

MUSPILLI.

[*Scherer* D. 44, E. 40.]

Muspilli, ein alter heidnischer Name des Feuers (Holzzerstörer), von christlichen Dichtern auf den Weltuntergang übertragen. Die Verse, welche diesen Namen tragen, wurden, wie ihr erster Herausgeber Schmeller vermuthet, vielleicht von Ludwig dem Deutschen (843–876) auf leere Blätter und Ränder der Handschrift geschrieben, in welcher dieselben auf uns gekommen sind. Herausgegeben in den Denkmälern Nr. 3.

Daz hôrtih rahhôn ‖ dia werolt-rehtwîson,
daz sculi der antichristo ‖ mit Êlîase pâgan.
der warch ist kiwâfanit: ‖ denne wirdit untar in wîch arhapan.
khenfun sint sô kreftîc, ‖ diu kôsa ist sô mihhil.
Êlîas strîtit ‖ pî den êwîgon lîp:
wili den rehtkernôn ‖ daz rîhhi kistarkan;
pidiu scal imo helfan ‖ der himiles kiwaltit.
der antichristo stêt ‖ pî demo altfîante,
stêt pî demo Satanâse, ‖ der inan varsenkan scal:
pidiu scal er in deru wîcstetî ‖ wuntêr pivallan. 10
enti in demo sinde ‖ sigalôs werdan.
doh wânit des vilo ‖ wîsero gotmanno

daz der wîho in demo wîge ‖ arwartit werde:
sô daz Êlîases pluot ‖ in erda kitriufit,
so inprinnant die pergâ, ‖ poum ni kistentit
einîch in erdu, ‖ ahâ artruknênt,
muor varswilhit sih, ‖ suilizôt lougiu der himil,
mâno vallit, ‖ prinnit mittilagart,
stên ni kistentit. ‖ denne stûatago in lant
verit mit diu vuiru ‖ viriho wîsôn,
dâr ni mac denne mác andremo ‖ helfan vora demo muspille.
denne daz preita wasal ‖ allaz varprennit 10
enti vuir enti luft ‖ iz allaz arfurpit,
wâr ist denne diu marha, ‖ dâr man dâr eo mit sînên mâgon piec?
diu marha ist farprunnan, ‖ diu sêla stêt pidwungan,
ni weiz mit wiu puaze: ‖ sâr verit si za wîze.

Das hörte ich erzählen ‖ *die Welt-Rechtsgelehrten,*

dass der Antichrist solle ‖ mit Elias kämpfen.
Der Teufel ist gewaffnet, ‖ es wird unter ihnen Streit erhoben.
Die Kämpfer sind so gewaltig, ‖ die Streitsache ist so bedeutend.
Elias streitet ‖ um das ewige Leben:
er will den Gerechten ‖ die Herrschaft stärken;
dazu soll ihm helfen, ‖ der des Himmels waltet.
Der Antichrist steht ‖ bei dem alten Feinde, 20
er steht bei Satanas, ‖ der ihn versenken wird:
darum soll er auf der Walstatt ‖ wund hinfallen
und auf dem Pfade ‖ sieglos werden.
Doch glauben viel ‖ weise Gottesmänner,
dass der heilige in dem Kampfe ‖ verwundet wird.
Wenn des Elias Blut ‖ auf die Erde tropft,
so entbrennen die Berge, ‖ kein Baum bleibt stehn,
kein einziger auf Erden, ‖ die Gewässer vertrocknen,
das Meer verschluckt sich, ‖ es schwelt in Flamme der Himmel,
der Mond fällt, ‖ es brennt Mittelgart, 20
kein Stein bleibt stehn. ‖ Da fährt der Tag des Gerichts
mit Feuer ins Land, ‖ die Menschen heimzusuchen,
da vermag kein Verwandter dem andern ‖ zu helfen vor dem Weltbrand.
Wenn der breite Gluthregen ‖ Alles verbrennt,
und Feuer und Luft ‖ Alles hinwegfegt,
wo ist dann die Mark, ‖ darum man einmal mit seinen Verwandten gestritten?
Die Mark ist verbrannt, ‖ die Seele steht bedrängt,
Weiss nicht, womit sie büsse: ‖ drauf fährt sie zur Höllenpein.

DIE ERSTEN MESSIADEN.

HELJAND.

[*Scherer* D. 46, E. 42.]

Ein altsächsisches alliterirendes Gedicht, von einem sächsischen Geistlichen auf Veranlassung des Kaisers Ludwigs des Frommen um das Jahr 830 verfasst. Herausgegeben von Schmeller, 'Heliand. Poema Saxonicum seculi noni' (2 Bde. München, 1830. 1840); von Sievers (Halle, 1878). Übersetzungen von Grein (1854; 2. Aufl. 1869), Köne (in seiner Ausgabe 1855), Simrock (1856; 3. Aufl. 1882).

JUDAS DER VERRÄTHER.

Gesîðos Cristes
uuacodun thô aftar them uuordun ‖ endi gisâhun thô that uuerod kuman
an thene berg uppen ‖ brahtmu thiu mikilon,
uurêða uuâpanberand. ‖ Uuîsde im Judas,
gramhugdig man; ‖ Judeon aftar sigun,
fiundo folcscepi; ‖ drôg man fiur an gimang,
logna an liohtfatun, ‖ lêdde man faklon
brinnandea fan burg, ‖ thar sie an thene berg uppan
stigun mid strîdu. ‖ Thea stedi uuisse Judas uuel,
huar he thea liudi tô ‖ lêdean scolde. 10
Sagde imu thô te têkne, ‖ thô sie thar tô fôrun

themu folke biforan, ‖ te thiu that sie ni farfengin thar
erlôs ôðren man: ‖ 'ik gangu imu at êrist tô' quað he,
'cussiu ine endi queddiu: ‖ that is Crist selbo.
Thene gi fâhen sculun ‖ folco craftu,
binden ina uppan themu berge ‖ endi ina te burg hinan
lêdien undar thea liudi: ‖ he is lîbes habad
mid is uuordun faruuerkod.' ‖ Uuerod sîðode thô,
antat sie te Criste ‖ kumane uurðun,
grim folc Judeono, ‖ thar he mid is jungarun stôd,
mâri drohtin: ‖ bêd metodogiscapu, 10
torhtero tîdeo. ‖ Thô geng imu treulôs man,
Judas tegegnes ‖ endi te themu godes barne
hnêg mid is hôbdu ‖ endi is hêrron quedde,

custe ina craftagne ‖ endi is quidi lêste,
uuîsde ina themu uuerode, ‖ al sô he êr mid uuordun gehêt
That tholode al mid githuldiun ‖ thiodo drohtin,
uualdand thesara uueroldes ‖ endi sprak imu mid is uuordun tô,
frâgode ine frôkno: ‖ 'behuî kumis thu sô mid thius folcu te mi,

behuî lêdis thu mî sô these liudi tô ‖ endi mi te thesare lêðan thiode
farcôpos mid thînu kussu ‖ under thit kunni Judeono,
meldos mi te thesaru menegi?' ‖ Geng imu thô uuið thea man sprekan,
uuið that uuerod ôðar, ‖ endi sie mid is uuordun fragn,
huene sie mid thiu gesîðiu ‖ sôkean quâmin
sô niutlîco an naht, ‖ 'sô gi uuillean nôd frummien
manno huilicumu.' ‖ Thô sprak imu eft thiu menegi angegin,
quâðun that im hêleand thar ‖ an themu holme uppan
geuuîsid uuâri, ‖ 'the thit giuuer frumid
Judeo liudiun ‖ endi ina godes sunu 10
selbon hêtid: ‖ Ina quâmun uui sôkean herod,
uueldin ina gerno bigeten: ‖ he is fan Galileo lande,
fan Nazarethburg.' ‖ Sô im thô the neriendio Crist
sagde te sôðan, ‖ that he it selbo uuas,
sô uurðun thô an forhtun ‖ folc Judeono,
uurðun underbadode, ‖ that sie under bac fellun
alle efno sân, ‖ erðe gisôhtun,

uuiðerwardes that uuerod: ‖ ni mahte that uuord godes,
thie stemnie antstandan: ‖ uuârun thoh sô strîdige man,
ahliopun eft up an themu holme, ‖ hugi fastnodun,
bundun briostgithâht, ‖ gibolgane gengun
nâhor mid nîðu, ‖ anttat sie thene neriendion Crist
uuerodo biuurpun. ‖ Stôdun uuîse man,
suîðo gornundie ‖ giungaron Kristes
biforan theru derebeon dâdi ‖ endi te iro drohtine sprâkun:
'uuâri it nu thîn uuillio' quâðun sie, ‖ 'uualdand frô mîn,
that sie ûs hêr an speres ordun ‖ spildien môstin 10
uuâpnun uunde, ‖ than ni uuâri ûs uuiht sô gôd,
sô that uui hêr for ûsumu drohtine ‖ dôan môstin
binidiun blêka.' ‖ Thô gibolgan uuarð
snel suerdthegan, ‖ Simon Petrus,
uuel imu innan hugi, ‖ that he ni mahte ênig uuord sprekan:
sô harm uuarð imu an is hertan, ‖ that man is hêrron thar
binden uuelde. ‖ Thô he gibolgan geng,

suîðo thrîstmôd thegan ‖ for is thiodan standen,

hard for is hêrron: ‖ ni uuas imu is hugi tuîfli,
blôth an is breostun, ‖ ac he is bil atôh,
suerd bi sîdu, ‖ slôg imu tegegnes
an thene furiston fiund ‖ folmo crafto,
that thô Malchus uuarð ‖ mâkeas eggiun,
an thea suîðaron half ‖ suerdu gimâlod:
thiu hlust uuarð imu farhauuan: ‖ he uuarð an that hoƀid uund,
that imu herudrôrag ‖ hlear endi ôre
beniuundun brast; ‖ blôd aftar sprang,
uuel fan uundun. ‖ Thô uuas an is uuangun scard 10
the furisto thero fiundo. ‖ Thô stôd that folc an rûm:
andrêdun im thes billes biti. ‖ Thô sprak that barn godes
selƀo te Simon Petruse, ‖ hêt that he is suerd dedi
skarp an skêðia: ‖ 'ef ik uuið thesa scola uueldi', quað he,
'uuið theses uuerodes geuuin ‖ uuîgsaca frummien,
than manodi ik thene mâreon ‖ mahtigne god,
hêlagne fader ‖ an himilrîkea,
that he mi sô managan engil herod ‖ oƀana sandi

uuîges sô uuîsen, ‖ sô ni mahtin iro uuâpanthreki
man adôgen; ‖ iro ni stôdi gio sulic megin samad,
folkes gifastnod, ‖ that im iro ferh aftar thiu
uuerðen mahti. ‖ Ac it haƀad uualdand god,
alomahtig fader ‖ an ôðar gimarkot,
that uui githoloian sculun, ‖ sô huat sô ûs thius thiod tô
bittres brengit: ‖ ni sculun ûs belgan uuiht,
uurêdean uuið iro geuuinne; ‖ huand sô hue sô uuâpno nîð,
grimman gêrheti uuili ‖ gerno frummien,
he suiltit imu eft ‖ suerdes eggiun, 10
dôit im bidrôregan: ‖ uui mid ûsun dâdiun ni sculun
uuiht auuerdian.' ‖ Geng he thô te themu uundon manne,
legde mid listiun ‖ lîk tesamne,
hôƀiduundon, ‖ that siu sân gihêlid uuarð,
thes billes biti, ‖ endi sprak that barn godes
uuið that uurêðe uuerod: ‖ 'mi thunkid uunder mikil,' quað he,
'ef gi mi lêðes uuiht ‖ lêstien uueldun,
huî gi mi thô ni fengun, ‖ than ik undar iuuuomu folke stôd

an themu uuîhe innan ‖ endi thar uuord manag

sôðlîc sagde. ‖ Than uuas sunnon skîn,
diurlîc lioht dages, ‖ than ni uueldun gi mi doan eouuiht
lêðes an thesumu liohte, ‖ endi nu lêdiad mi iuua liudi tô
an thiustrie naht, ‖ al sô man thioðe dôt,
than man thene fâhan uuili ‖ endi he is ferhes haƀad
faruuerkot uuamscaðo.' ‖ Uuerod Judeono
gripun thô an thene godes sunu, ‖ grimma thioda,
hatandiero hôp, ‖ huurƀun ina umbi
môdag manno folc ‖ —mênes ni sâhun— 10
heftun herubendium ‖ handi tesamne,
faðmos mid fitereun: ‖ Im ni uuas sulicaro firinquâla
tharf te githolonne, ‖ thiodarƀedies,
te uuinnanne sulic uuiti, ‖ ac he it thurh thit uuerod deda,
huand he liudio barn ‖ lôsien uuelda,
halon fan helliu ‖ an himilrîki,
an thene uuîdon uuelon: ‖ bethiu he thes uuiht ne bisprak,
thes sie imu thurh inuuidnîð ‖ ôgean uueldun.

Thô uurðun thes sô malsce ‖ môdag folc Judeono,
thiu heri uuarð thes sô hrômeg, ‖ thes sie thena hêlagon Krist
an liðobendion ‖ lêdian môstun,
fôrian an fitereun. ‖ Thie fiund eft geuuitun
fan themu berge te burg. ‖ Geng that barn godes
undar themu heriscepi ‖ handun gebunden,
druƀondi te dale.

Die Gesellen Christi
Erwachten bei den Worten: ‖ *da gewahrten sie Volk*
Den Berg hinauf ziehn ‖ *in brausendem Schwarm,*
Wüthige Waffenknechte. ‖ *Judas wies den Weg,*
Der grimmgesinnte; ‖ *die Juden drangen nach*
In feindlicher Volksschar. ‖ *Sie trugen Feuer bei sich,*
In Lichtgefässen flammend, ‖ *und führten Fackeln*
Brennend aus der Burg, ‖ *da sie den Berg hinauf*
Stiegen zum Streit. ‖ *Die Stätte wusste Judas,* 20
Wohin er die Leute ‖ *geleiten sollte;*
Dazu noch zum Zeichen, ‖ *eh sie zogen, sagt'er*
Dem Volk zum Voraus, dass die Knechte nicht fiengen
Einen andern aus Irrthum: ‖ *'Ich gehe zuerst zu ihm* 20
Und küss ihn kosend: ‖ *das ist Christ selber dann,*
Den ihr fahen sollt ‖ *mit Volkeskraft*

Auf dem Berg, und binden ‖ und zur Burg ihn von hinnen
Geleiten vor die Leute: ‖ er hat sein Leben
Verwirkt durch seine Worte.' ‖ Die Gewaffneten eilten
Bis sie zu Christo ‖ gekommen waren,
Die grimmigen Juden, ‖ wo er mit den Jüngern stand,
Der mächtige Herr, ‖ der Gottesschickung harrend,
Der entscheidenden Zeit. ‖ Da schritt ihm der treulose
Judas entgegen, ‖ vor dem Gotteskinde 30
Mit dem Haupt sich neigend ‖ und seinen Herren grüssend,
Küsste den kräftigen, ‖ mit diesem Kuss
Ihn den Gewaffneten weisend, ‖ wie sein Wort verheissen.
Das trug in Geduld ‖ der theure Herr,
Der Walter dieser Welt; ‖ doch wandt' er das Wort an ihn
Und fragt' ihn frank: ‖ 'Was kommst du mit diesem Volk,
Leitest die Leute her? ‖ Du hast mich den leidigen
Verkauft mit deinem Kusse, ‖ den Kindern der Juden,
Verrathen dieser Rotte.' ‖ Dann rief er die Männer an, 20
Die andern Gewaffneten, ‖ und fragte, wen sie
Mit solchem Gesinde ‖ zu suchen kämen
Bei Nacht und Nebel, ‖ als gedächten sie Noth
Irgend wem zu schaffen. ‖ Da sprach die Waffenschar,
Man habe den Heiland ‖ auf der Höhe des Berges
Ihnen angezeigt, ‖ der da Zwietracht stifte
Unter den Judenleuten ‖ und sich Gottes Sohn
Selber heisse: ‖ 'Den kommen wir suchen,
Und griffen ihn gerne. ‖ Von Galiläaland ist er,
Von Nazarethburg.' ‖ Als nun der Nothhelfer Christ 30
Ohne Säumen sagte, ‖ er selber sei es,
Da ward von Furcht befallen ‖ das Volk der Juden,
So eingeschüchtert, ‖ dass sie hinunter liefen,
Eilends die ebene ‖ Erde zu suchen.
Die Gewaffneten wussten ‖ dem Worte Gottes nicht,
Seiner Stimme zu stehen, ‖ ob streitbare Männer. 20
Doch wieder aufwärts stiegen sie, ‖ stärkten ihr Herz,
Fassten frischen Muth ‖ und voller Bosheit
Giengen sie hastig näher, ‖ bis sie den Nothhelfer Christ
Mit Waffengewalt umgaben. ‖ Die weisen Männer standen
In grossem Kummer, ‖ die Jünger Christi,
Umher bei der heillosen That ‖ und riefen dem Herren zu:
'Wär' es dein Wille nun, ‖ waltender Fürst,
Dass sie an der Speere Spitzen ‖ uns spiessen sollten,

Mit Waffen verwunden, ‖ dann wär' uns nicht so gut
Als standhaft im Streit ‖ für den Herrn zu sterben, 30
Im Kampf zu erbleichen.' ‖ Da erboste sich
Der schnelle Schwertdegen ‖ Simon Petrus:
Ihm wallte wild der Muth, ‖ kein Wort mocht er sprechen,
So härmt es ihn im Herzen, ‖ als sie den Herrn ihm da
Zu greifen begehrten. ‖ Ingrimmig gieng
Der dreiste Degen ‖ vor den Dienstherrn stehn,
Hart vor seinen Herren. ‖ Sein Herz war entschieden,
Nicht blöd in der Brust. ‖ Blitzschnell zog er 20
Das Schwert von der Seite ‖ und schlug und traf
Den vordersten Feind ‖ mit voller Kraft,
Davon Malchus ward ‖ durch des Messers Schärfe
An der rechten Seite ‖ mit dem Schwert gezeichnet,
Am Gehör verhauen: ‖ das Haupt war ihm wund,
Dass ihm waffenblutig ‖ Backen und Ohr
Borst im Gebein, ‖ und das Blut nachsprang
Aus der Wunde wallend. ‖ Als die Wange schartig war
Dem vordersten Feinde, ‖ wich das Volk zurück,
Den Schwertbiss scheuend. ‖ Da sprach der Sohn des Herrn 30
Zu Simon Petrus: ‖ 'Dein Schwert stecke,
Das scharfe, in die Scheide. ‖ Wollt ich vor dieser Schar
Wider Gewaffnete ‖ mit Waffen kämpfen,
Dann möcht ich den mächtigen ‖ Gott wohl mahnen
Den heiligen Vater ‖ im Himmelreiche,
Dass er so manchen Engel ‖ von oben sendete,
Des Kampfs so kundigen, ‖ es könnten diese Männer
Sie im Streit nicht bestehn; ‖ stünde des Volks auch hier
Noch so mächtige Menge, ‖ doch möcht' ihr Leben 20
Bewahrt nicht werden. ‖ Aber der waltende Gott
Hat es anders geordnet, ‖ der allmächtige Vater:
Wir sollen Alles dulden, ‖ was dieses Volk uns
Bitteres bringt. ‖ Wir sollen uns nicht erbosen,
Nicht wider sie wehren, ‖ denn wer da Waffenstreit,
Grimmen Gerkampf ‖ gerne üben mag,
Der soll von des Schwertes ‖ Schärfen umkommen,
Traurigen Tod sterben. ‖ Unser Thun soll
Dem Waltenden nicht wehren.' ‖ Da gieng er zu dem Wunden,
Leitete Leib ‖ zu Leibe weise 30
An seines Hauptes Wunde, ‖ dass heil sofort war
Des Schwertes Biss. ‖ Dann sprach der Geborne Gottes,

Zu der wüthigen Waffenschar: ‖ Wunder nimmt mich,
Wenn euch gelüstete ‖ mir Leides zu thun,
Was fiengt ihr mich nicht früher, ‖ wenn ich unter dem Volk
Im Weihthum war ‖ und manch wahres Wort
Den Sinnigen sagte? ‖ Da schien die Sonne, 20
Das theure Tageslicht: ‖ doch thatet ihr mir nie
Ein Leid bei dem Lichte. ‖ Und nun leitet ihr die Leute
In düstrer Nacht zu mir, ‖ wie man dem Diebe thut,
Den man fahen will, ‖ weil er verfallen ist
Dem Tod, der Übelthäter.' ‖ Der Tross der Juden
Griff da den Gottessohn, ‖ die grimme Rotte,
Der hassvolle Haufen. ‖ Hart umdrängten ihn
Scharen schonungslos: ‖ sie scheuten die Meinthat nicht.
Sie hefteten die Hände ‖ ihm mit harten Banden,
Die Arme mit Armschellen. ‖ Ihm war solche Angstqual 30
Nicht zu dulden Noth, ‖ nicht ertragen
Musst er solche Marter: ‖ für die Menschen that ers,
Erlösen wollt er ‖ der Leute Kinder,
Aus der Hölle heben ‖ in das Himmelreich,
In das weite Wohl. ‖ Darum wehrt' er nicht ab,
Was ihr arger Wille ‖ ihm anthun wollte.
Da ward gar verwegen ‖ die jüdische Waffenschar,
Gar hochmüthig der Haufen, ‖ dass sie den heiligen Christ
In Gliederbanden ‖ leiten durften, 10
Gefesselt führen. ‖ Die Feinde eilten nun
Von dem Berge zur Burg. ‖ Der Geborne Gottes
Gieng unter der Heerschar, ‖ die Hände gebunden,
Betrübt zu Thal.

SIMROCK.

OTFRIEDS EVANGELIEN-HARMONIE.

[*Scherer* D. 48, E. 44.]

Otfried, ein Franke, Schüler des Hrabanus Maurus (776–856) zu Fulda, und des Constanzer Bischofs Salomon I. (839–872); dann in St. Gallen, und später im Benedictinerkloster zu Weissenburg (Elsass). Er widmete sein Gedicht König Ludwig dem Deutschen und zugleich, mit einer lateinischen Vorrede, dem Erzbischof Liutbert von Mainz (863–889). Herausgegeben von Graff (Königsberg, 1831); Kelle (mit Gramm. und Glossar, 3 Bde. Regensburg, 1856–81); Piper (Paderborn, 1878); Erdmann (Halle, 1882). Übersetzungen von Rapp (1858); Kelle (1870).

CUR SCRIPTOR HUNC LIBRUM THEOTISCE DICTAVERIT.

Was líuto filu in flíze, ‖ in managemo ágaleize,
sie thaz in scríp gekleiptin, ‖ thaz się iro námon breittin;

Sie thés in io gilícho ‖ flizzun gúallicho,
in búachon man giméinti ‖ thio iro chúanheiti.
Tharána dátun sie ouh thaz dúam: ‖ óugdun iro wísduam,
óugdun iro kleíni ‖ in thes tíhtonnes reini.
Iz ist ál thuruh nót ‖ so kléino girédinot,
iz dúnkal eigun fúntan, ‖ zisámane gibúntan;
Sie ouh in thíe gisagetin, ‖ thaz then thio búah nirsmáhetin,
joh wól er sih firwésti, ‖ then lésan iz gilústi.
Zi thiu mág man ouh ginóto ‖ mánagero thíoto
hiar námon nu gizéllen ‖ joh súntar ginénnen. 10
Sar Kríachi joh Románi ‖ iz máchont so gizámi,
iz máchont się al girústit, ‖ so thíh es wola lústit;
Sie máchont iz so réhtaz ‖ joh so fílu sléhtaz,
iz ist gifúagit al in éin, ‖ selp so hélphantes béin.
Thie dáti man giscríbe: ‖ theist mannes lúst zi líbe;
nim góuma thera díhta: ‖ thaz húrsgit thina dráhta.

Ist iz prósun slihti: ‖ thaz drénkit thih in ríhti;
odo métres kléini: ‖ theist góuma filu réini.
Sie dúent iz filu súazi, ‖ joh mézent sie thie fúazi,
thie léngi joh thie kúrti, ‖ theiz gilústlichaz wúrti.
Éigun sie iz bithénkit, ‖ thaz síllabą in ni wénkit,

sies álleswio ni rúachent, ‖ ni so thie fúazi suachent;
Joh állo thio zíti ‖ so záltun sie bi nóti,
iz mízit ana bága ‖ al io súlih waga.
Yrfúrbent sie iz réino ‖ joh hárto filu kléino,
selb so mán thuruh nót ‖ sinaz kórn reinot. 10
Ouh selbun búah frono ‖ irréinont sie so scóno;
thar lisist scóna gilust ‖ ána theheiniga ákust.
Nu es fílu manno inthíhit, ‖ in sína zungun scríbit,
joh ílit, er gigáhe, ‖ thaz sínaz io gihóhe:
Wánana sculun Fránkon ‖ éinon thaz biwánkon,
ni sie in frénkisgon bigínnen, ‖ sie gotes lób singen?

Níst si so gisúngan, ‖ mit régulu bithuúngan:
si hábet thoh thia ríhti ‖ in scóneru slíhti.
Íli thu zi nóte, ‖ theiz scóno thoh gilute,
joh gótes wizod thánne ‖ tharána scono hélle;
Tház tharana sínge, ‖ iz scóno man ginenne;
in themo firstántnisse ‖ wir giháltan sin giwísse;
Thaz láz thir wesan súazi: ‖ so mézent iz thie fúazi,
zít joh thiu régula; ‖ so ist gótes selbes brédiga.
Wil thú thes wola dráhton, ‖ thu métar wolles áhton,
in thína zungun wirken dúam ‖ joh sconu vérs wolles dúan: 10
Il io gótes willen ‖ állo ziti irfúllen,
so scribent gótes thegana ‖ in frénkisgon thie regula;
In gótes gibotes súazi ‖ laz gángan thine fúazi,
ni laz thir zít thes ingán: ‖ theist sconi férs sar gidán;
Díhtọ io thaz zi nóti ‖ theso séhs ziti,
thaz thú thih so girústes, ‖ in theru síbuntun giréstes.

Thaz krístes wort uns ságetun ‖ joh drúta sine uns zélitun—
bifora lázu ih iz ál, ‖ so ih bi réhtemen scal;
Wánta sie iz gisúngun ‖ hárto in édilzungun,
mit góte iz allaz ríatun, ‖ in wérkon ouh gizíartun.
Theist súazi joh ouh núzzi ‖ inti lérit unsih wízzi,
hímilis gimácha, ‖ bi thiu ist thaz ánder racha.
Ziu sculun Fránkon, so ih quád, ‖ zi thiu eínen wesan úngimah,
thie líutes wiht ni duáltun, ‖ thie wir hiar óba zaltun?
Sie sint so sáma chuani, ‖ sélb so thie Románi;
ni thárf man thaz ouh rédinon, ‖ thaz Kríachi in thes giwídaron. 10
Sie eígun in zi núzzi ‖ so sámalicho wízzi,
in félde joh in wálde ‖ so sint sie sáma balde;

Ríhiduam ginúagi ‖ joh sint ouh fílu kuani,
zi wáfane snelle ‖ so sínt thie théganą alle.
Sie búent mit gizíugon ‖ (joh warun io thes giwón)
in gúatemo lánte; ‖ bi thíu sint się únscante.

Iz ist fílu feizit, ‖ hárto ist iz giwéizit
mit mánagfalten éhtin; ‖ níst iz bi unsen fréhtin.
Zi núzze grébit man ouh thár ‖ ér inti kúphar,
joh bi thía meina ‖ ísine steina;
Ouh thárazua fúagi ‖ sílabar ginúagi,
joh lésent thar in lánte ‖ góld in iro sante.
Sie sint fástmuate ‖ zi mánagemo guate,
zi mánageru núzzi; ‖ thaz dúent in iro wízzi.
Sie sint fílu redie ‖ sih fíanton zirrettinne;
ni gidúrrun sies bigínnan, ‖ sie éigun se ubarwúnnan. 10
Líut sih in nintfúarit, ‖ thaz iro lánt ruarit,
ni sie bị íro gúati ‖ in thíonon io zi noti;
Joh ménnisgon álle, ‖ ther sé iz ni untarfálle,
(ih weiz, iz gót worahta) ‖ al éigun se iro forahta.
Nist líut, thaz es bigínne, ‖ thaz widar in ringe;
in éigun sie iz firméinit, ‖ mit wáfanon gizéinit.

Sie lértun się iz mit swérton, ‖ nálas mit then wórton,
mit spéron filu wásso; ‖ bi thiu fórahten sie se nóh so.
Ni si thíot, thaz thes gidráhte, ‖ in thiu iz mit ín fehte,
thoh Médị iz sin joh Pérsi, ‖ núb in es thiu wírs si.
Lás ih iu in alawár ‖ in einen búachon (ih weiz wár),
sie in síbbu joh in áhtu ‖ sin Alexándres slahtu,
Ther wórolti so githréwita, ‖ mit suértu sią al gistréwita
úntar sinen hánton ‖ mit fílu herten bánton;
Joh fánd in theru rédinu, ‖ tház fon Macedóniu
ther líut in gibúrti ‖ giscéidiner wúrti. 10
Nist untar ín, thaz thúlte, ‖ thaz kúning iro wálte,
in wórolti nihéine, ‖ ni si thíe sie zugun héime;
Odo in érdringe ‖ ánder thes bigínne
in thihéinigemo thíete, ‖ thaz ubar síe gibíete.
Thes éigun sie io núzzi ‖ in snélli joh in wízzi;
nị intrátent sie nihéinan, ‖ unz sę ínan eigun héilan.

Er ist gizál ubar ál, ‖ io so édilthegan skál,
wíser inti kúani; ‖ thero éigun sie ío ginúagi.

Wéltit er githíuto ‖ mánagero líuto,
joh zíuhit er se réine ‖ selb so síne heime.
Ni sínt, thie ímo ouh derien, ‖ in thiu nan Fránkon werien;
thie snélli sine irbiten, ‖ thaz síe nan umbiriten.
Wanta állaz, thaz sies thénkent, ‖ sie i̠z al mit góte wirkent;
ni dúent sies wíht in noti ‖ ána sin girati.
Sie sint gótes worto ‖ flízig filu hárto,
tház sie thaz gilérnen, ‖ thaz in thia búah zellen; 10
Tház sie thes bigínnen, ‖ iz úzana gisíngen,
joh síe iz ouh irfúllen ‖ mit míhilemo willen.
Gidán ist es nu rédina, ‖ thaz sie sint gúate thegana,
ouh góte thiononti̠ álle ‖ joh wísduames folle.
Nu will ih scríban unser héil, ‖ evangéliono deil,
so wír nu hiar bigúnnun, ‖ in frénkisga zungun;

Thaz síe ni wesen éino ‖ thes selben ádeilo,
ni man in íro gizungi ‖ Kristes lób sungi;
Joh er ouh íro worto ‖ gilóbot werde hárto,
ther sie zímo holeta, ‖ zi gilóubon sinen ládota.
Ist ther in íro lante ‖ iz álleswio nintstánte,
in ánder gizúngi ‖ firnéman iz ni kúnni:
Hiar hor er ío zi gúate, ‖ waz gót imo gibíete,
thaz wír imo hiar gisúngun ‖ in frénkisga zúngun.
Nu fréwen sih es álle, ‖ so wer so wóla wolle,
joh so wér si hold in múate ‖ Fránkono thíote, 10
Thaz wir Kríste sungun ‖ in únsera zungun,
joh wír ouh thaz gilébetun, ‖ in frénkisgon nan lóbotun!

Es waren viel Menschen beflissen ‖ und mannigfach bemüht,
das (Evangelium) in Schrift zu prägen, ‖ damit sie ihren Ruf ausbreiteten;
Zu gleicher Zeit waren sie ‖ darauf bedacht, dass man glänzend
in Büchern darstellte ‖ ihre kühnen Handlungen.
Dabei thaten sie auch die hervorragende That: ‖ sie bewährten ihre Weisheit,
und bewährten ihre Kunst ‖ in des Dichtens Reinheit. 20
Es ist durchaus nach der Regel ‖ so zierlich geredet,
sie haben es so ersonnen, ‖ dass es dunkel und doch wohl zusammengefügt ist;
Sie haben es auch in der Weise gesagt, ‖ dass dem die Bücher nicht überdrüssig wurden,
und der sich wohl zurecht finden konnte, ‖ den es zu lesen gelüstete.
Zu dem Zweck kann man auch genau ‖ mancher Völker
Namen hier nun aufzählen ‖ und besonders namhaft machen.
Vor Allen Griechen und Römer ‖ machen es so geziemend

und richten es ganz zierlich her, ‖ *so wie es dir wohl gefällt;*
Sie machen es so gerade ‖ *und so durchaus schlicht,*
es ist so gut in eines gefügt, ‖ *genau so wie Elfenbein.* 30
Wenn man die Thaten niederschreibt, ‖ *dass schafft dem Manne Lebenslust;*
gieb auf die Dichtung Acht, ‖ *das belebt deinen Geist.*
Ist es der Prosa Schlichtheit, ‖ *die labt dich gerades Wegs;*
oder des Metrums Zierlichkeit, ‖ *das ist eine sehr reine Speise.*
Sie machen es gar süss, ‖ *und messen die (Vers) Füsse,*
die Länge und die Kürze, ‖ *damit es ergötzlich werde,* 20
Sie haben darauf Bedacht genommen, ‖ *dass ihnen keine Silbe fehlt,*
sie erstreben es nicht anders, ‖ *als wie es die Versfüsse verlangen;*
Und alle die Zeiten (Quantitäten) ‖ *haben sie regelrecht gezählt:*
Es misst ohne Ausnahme ‖ *eine jede Silbe das abgewogene Mass.*
Sie fegen es rein ‖ *und mit grosser Sorgfalt*
Genau so, wie ein Mann streng ‖ *sein Korn reinigt;*
Ja dieselben heiligen Bücher ‖ *stellen sie so rein dar;*
daran liest du dir schöne Lust ‖ *ohne irgend welchen Anstoss.*
Da es nun so viele Menschen unternehmen ‖ *und es in ihrer Sprache aufschreiben*
Und sich beeilen und drängen, ‖ *ihr Ansehen zu erhöhen,* 30
Warum sollen die Franken ‖ *allein davon abstehn,*
und nicht in fränkischer Sprache versuchen, ‖ *Gottes Preis zu singen.*
Nicht ist sie (die fränkische Sprache) so an dichterischen Vortrag gewöhnt ‖ *und an der Regel Zwang,*
doch hat sie geraden Ausdruck ‖ *in schöner Einfachheit.*
Also bestrebe du dich rasch, ‖ *dass schön erklinge* 20
Gottes Gesetz ‖ *und wohl darin laute;*
Dass man es darin singe ‖ *und schön vortrage;*
Und wir in dem Verständnisse ‖ *sicher stehn;*
Das lass dir angenehm sein: ‖ *so messen es die Füsse ab,*
Zeitmass und (metrische) Regel; ‖ *das hat Gott selbst gepredigt.*
Willst du wohl darauf bedacht sein, ‖ *das Metrum zu beachten,*
in deiner Sprache eine rühmliche That zu thun ‖ *und schöne Verse zu machen,*
So strebe immer Gottes Willen ‖ *alle Zeit zu erfüllen,*
dann schreiben Gottes Jünger ‖ *auf fränkisch in regelrechten Versen;*
In Gottes süssen Geboten ‖ *lass deine Füsse wandeln,* 30
nicht lass dir die Zeit dazu abgehn: ‖ *so ist sofort ein schöner Vers gemacht;*
Dichte [das] immer sorgsam ‖ *in diesen sechs Zeitabschnitten,*
damit du dich so einrichtest, ‖ *dass du in dem siebenten rasten kannst.*
Was Christi Worte uns gesagt ‖ *und seine Jünger uns erzählt haben,*
dem räume ich durchaus den Vorrang ein, ‖ *wie ich von rechtswegen soll;*
Denn sie haben es vorgetragen ‖ *in gar edlen Sprachen,* 20

haben es Alles mit Gott ersonnen ‖ und zierlich ins Werk gesetzt.
Das ist angenehm und nützlich ‖ und lehrt uns Weisheit;
ist ein himmlischer Zustand, ‖ darum ist es auch ein ander Ding.
Warum sollen die Franken, wie ich sagte, ‖ allein dazu unfähig sein,
die jenen Völkern in nichts nachstehn, ‖ die wir oben nannten?
Sie sind ganz so kühn ‖ sogar wie die Römer;
auch darf man nicht behaupten, ‖ dass die Griechen ihnen über sind.
Sie besitzen sich zum Nutzen ‖ ebensoviel Klugheit,
in Feld und Wald ‖ sind sie ebenso anstellig; 30
hinlänglich reich, ‖ auch sind sie sehr unternehmend,
zu den Waffen behend ‖ sind die Helden alle.
Sie bebauen mit reichen Mitteln ‖ —und waren stets daran gewöhnt—
ein gutes Land; ‖ das lässt sie nicht zu Schanden werden.
Es ist sehr fett, ‖ genugsam ist es bekannt
durch mannigfaltige Erzeugnisse; ‖ aber nicht durch unser Verdienst.
Zu nützlichem Gebrauche gräbt man da auch ‖ Erz und Kupfer
und wahrlich auch ‖ Eis-Steine; 20
füge dazu ferner noch ‖ Silber genug,
auch lesen sie da im Lande ‖ Gold in ihrem Sande.
Sie sind beharrlich ‖ in manchem guten Werke,
in mancher nützlichen Beschäftigung; ‖ das bewirkt ihr Verstand.
Sie sind sehr wohl gerüstet ‖ sich ihrer Feinde zu erwehren;
kaum haben jene gewagt anzufangen, ‖ so haben sie sie überwunden.
Kein Volk entzieht sich ihnen, ‖ das an ihr Land grenzt,
sie müssen ihnen alle ‖ um ihrer Tüchtigkeit willen dienen,
Und alle Menschen, ‖ wenn nicht etwa die See dazwischentritt,
(ich weiss, Gott hat es so angeordnet) ‖ alle haben sie vor ihnen Furcht. 30
Kein Volk wagt es ‖ wider sie zu kämpfen;
sie haben es ihnen ganz klar gemacht, ‖ nämlich mit den Waffen bewiesen.
Sie lehrten sie es mit dem Schwerte, ‖ und nicht etwa mit Worten,
mit sehr scharfen Speeren; ‖ darum fürchten sie sie noch so.
Kein Volk lasse es sich einfallen, ‖ mit ihnen zu fechten,
und wären es die Meder oder Perser, ‖ es müsste ihnen schlecht bekommen. 20
Ich las einmal fürwahr ‖ in einem Buch (ich weiss es genau),
dass sie nach Geschlecht und Art ‖ von Alexanders Stamme sind,
Der die Welt so bedrohte, ‖ mit dem Schwerte sie so ganz niederwarf
unter seinen Händen ‖ mit sehr harten Banden;
Und ich fand in der Erzählung, ‖ dass von Macedonien
das Volk bei seiner Geburt ‖ getrennt wurde.
Nicht duldet man unter ihnen, ‖ dass ein König über sie herrscht,
irgendeiner auf der Welt, ‖ den sie nicht daheim aufgezogen haben;

Oder dass auf dem Erdenrunde ‖ ein anderer es versucht
aus irgendeinem Volke, ‖ über sie zu gebieten. 30
Von dem (ihrem Könige) haben sie immer Nutzen, ‖ von seiner Schnelligkeit und
Klugheit;
sie fürchten sich vor keinem, ‖ so lange sie ihn in voller Gesundheit haben.
Er ist immer schlagfertig, ‖ wie ein Edeldegen soll,
weise und kühn; ‖ und deren haben sie immer genug.
Er herrscht glorreich ‖ über manche Völker,
und sorgt für sie ebenso edel, ‖ wie für die seinen daheim. 20
Es gibt keinen der ihn verletzt, ‖ so lange ihn die Franken schützen;
der seiner Kühnheit Stand hält, ‖ wenn jene ihn schützend umreiten.
Denn Alles was sie denken, ‖ das wirken sie Alles mit Gott;
sie thun ganz und gar nichts ‖ ohne seinen Rath.
Sie bemühen sich um Gottes Wort ‖ sehr fleissig,
dass sie das lernen, ‖ was ihnen die Bücher berichten;
Dass sie auch in Angriff nehmen, ‖ es auswendig herzusagen.
und sie es auch erfüllen ‖ mit kräftigem Willen.—
Davon ist nun die Rede gewesen, ‖ dass sie tüchtige Krieger sind,
und Gott alle unterthan ‖ und voll Weisheit. 30
Jetzt will ich unser Heil schreiben, ‖ eine Auswahl aus den Evangelien,
so wie wir es hier begonnen haben ‖ in fränkischer Mundart;
Dass sie nicht allein ‖ dessen untheilhaftig sind,
dass man in ihrer Zunge ‖ Christi Lob singt;
Und Er in ihrer Sprache ‖ kräftig gelobt werde,
der sie zu sich geholt, ‖ zu seinem Glauben eingeladen hat.
Ist jemand in ihrem Lande, ‖ der es nicht versteht,
in anderer Zunge nicht ‖ vernehmen kann,
Hier hör' er stets in Güte, ‖ was Gott ihm gebietet,
was wir ihm hier gesungen haben ‖ in fränkischer Zunge. 20
Nun freue sich jeder darüber, ‖ der wohlwollend
und freundlich gesinnt ist ‖ dem Frankenvolke,
Dass wir Christum besungen ‖ in unserer Zunge,
und wir auch das erlebten, ‖ dass man ihn auf fränkisch pries!

2.
MYSTICE DE REVERSIONE MAGORUM AD PATRIAM.

Mánot unsih thisu fárt, ‖ thaz wír es wesen ánawart,
wir únsih ouh birúachen ‖ intí eigan lánt suachen.

Thu ni bíst es, wan ih, wís: ‖ thaz lánt thaz heizit páradis.

ih meg iz lóbon harto, ‖ ni girínnit mih thero wórto.
Thóh mir megi lídolih ‖ sprechan wórtogilíh,
ni mag ih thóh mit worte ‖ thes lóbes queman zi̦ énte.
Ni bist es ío giloubo: ‖ sélbo thu i̦z ni scówo;
ni mahtu i̦z óuh noh thanne ‖ yrzellen íomanne.
Thar ist líb ana tód, ‖ líoht ana finstri,
éngilichaz kúnni, ‖ joh éwinigo wúnni.
Wir éigun iz firlázan; ‖ thaz mugun wir ío riazan
joh zen ínheimon ‖ io émmizigen wéinon. 10
Wir fúarun thanana nóti ‖ thuruh úbarmuati,
yrspúan unsih so stíllo ‖ ther unser múatwillo.
Ni wóltun wir gilós sin, ‖ harto wégen wir es scín,
nu riazen élilente ‖ in frémidemo lante;
Nu ligit uns úmbitherbi ‖ thaz unser ádalerbi,
ni níaze̦n sino gúati; ‖ so duat uns úbarmuati.
Thárben wir nu, léwes, ‖ líebes filu mánages,
joh thúlten híar nu nóti ‖ bíttero ziti.

Nu birun wir mórnente ‖ mit séru hiar in lánte,
in mánagfalten wúnton ‖ bi únseren sunton;
Árabeiti mánego ‖ sint uns híar io gárawo,
ni wollen héim wison ‖ wir wenegon wéison.
Wolaga élilenti, ‖ hárto bistu hérti,
thu bist hárto filu suár, ‖ thaz ságen ih thir in álawar.
Mit árabeitin wérbent, ‖ thie héiminges thárbent;
ih haben iz fúntan in mír, ‖ ni fand ih líebes wiht in thír;
Ni fand in thír ih ander gúat ‖ suntar rózagaz muat, 10
séragaz herza ‖ joh mánagfalta smérza.
Ob uns in múat gigange, ‖ thaz unsih héim lange,
zi thémo lante in gáhe ‖ ouh jámar gifáhe:
Farames, so thíe ginoza, ‖ ouh ándara straza,
then wég, ther unsih wénte ‖ zi̦ éiginemo lánte.
Thes selben pádes suazi ‖ suachit réine fuazi;
si thérer situ in mánne, ‖ ther tharána gange:

Thu scalt haben gúati ‖ joh mihilo̦ ótmuati,
in hérzen io zi nóti ‖ waro káritati;
Dua thir zi giwúrti ‖ scono fúriburti.
wis hórsam io zi gúate, ‖ ni hóri themo muate;
Ínnan thines hérzen kust ‖ ni láz thir thesa wóroltlust,
fliuh thia géginwerti: ‖ so quimit thir frúma in henti.

Húgi, wio ih tharfóra quad, ‖ thiz ist ther ánder pad;
gang thésan weg: ih sagen thir éin: ‖ er giléitit thih héim.
So thú thera héimwisti ‖ níuzist mit gilústi,
so bistu góte liober, ‖ ni intratist scádon niamer. 10

Es mahnet uns diese Fahrt, ‖ dass wir dessen seien achtsam,
dass wir für uns auch sorgen ‖ und eigenes Land suchen.
Du bist dessen, glaub ich, nicht verständig: ‖ das Land heisst Paradies.
Ich könnte es loben sehr, ‖ nicht fehlen mir die Worte. 20
Wenn mir könnte der Glieder jedes ‖ sprechen lauter Worte,
nicht vermag ich doch mit Worten ‖ zu Ende des Lobes zu kommen.
Nimmer glaubst du es, ‖ wenn du es selbst nicht schauest,
nicht kannst du es dann noch ‖ erzählen Jemanden.
Da ist Leben ohne Tod, ‖ Licht ohne Finsterniss,
ein englisches Geschlecht ‖ und ewige Wonne.
Wir haben es verlassen: ‖ das mögen wir immer beweinen,
und nach der Heimat ‖ immer beständig weinen.
Wir fuhren von dannen in Eile ‖ aus Übermuth:
es verlockte uns so im stillen ‖ unser Gelüsten. 30
Nicht wollten wir gehorsam sein: ‖ sehr tragen wir den Schein:
nun weinen wir Verbannte ‖ in einem fremden Lande.
Nun liegt uns unbenutzt ‖ unser Erbgut;
nicht geniessen wir seiner Güte; ‖ so thut uns der Übermuth.
Wir entbehren nun leider ‖ gar manches Erfreuliche,
und dulden hier nun aus Noth ‖ bittere Zeiten.
Nun sind wir kummervoll ‖ mit Schmerz hier im Lande
in mannigfaltigen Wunden ‖ wegen unserer Sünden. 20
Manche Drangsale ‖ sind uns hier immer bereit,
nicht wollen die Heimat suchen ‖ wir armen Waisen.
Wohlan du Fremde ! ‖ sehr bist du hart;
du bist sehr viel schwer, ‖ das sage ich dir in Wahrheit.
In Mühsal treiben sich um, ‖ die der Heimat darben.
Ich habe es gefunden bei mir: ‖ nicht fand ich etwas Erfreuliches in dir,
Nicht fand ich in dir anderes Gut, ‖ als Stimmung zum Weinen,
Leidvolles Herz ‖ und mannigfaltigen Schmerz.
Wenn uns in den Sinn käme, ‖ dass uns nach der Heimat verlangte,
zu dem Lande in Eile ‖ auch schmerzliches Verlangen ergriffe: 30
So fahren wir, wie die Genossen, ‖ auch eine andere Strasse,
den Weg, der uns zurückführe ‖ zum eigenen Lande.
Desselben Pfades Süsse ‖ fordert reine Füsse;
es sei diese Sitte im Menschen, ‖ der darauf wandelt:

Du sollst haben Gutheit ‖ und grossen willigen Muth (Demuth),
im Herzen immer nothwendig ‖ wahre Liebe.
Mache dir zur Freude ‖ schöne Entbehrungen.
Sei gehorsam immer zum Guten: ‖ nicht gehorche deinem Gelüste.
Innerhalb deines Herzens Trieb ‖ nicht lass dir diese Weltlust.
Flieh die Zeitlichkeit: ‖ so kommt dir Vortheil in die Hände.
Denke, wie ich da vorhin sagte: ‖ dies ist der andere Pfad;
gehe diesen Weg: ich sage dir eins: ‖ er geleitet dich heim.
Wenn du das Leben in der Heimat ‖ geniessest mit Lust,
so bist du Gott lieber, ‖ nimmer erschrickst du vor Schaden. 20

HÜPPE.

MITTELALTERLICHE RENAISSANCE.

WALTHARIUS MANU FORTIS.

[*Scherer* D. 54, E. 49.]

Von Ekkehard I. von St. Gallen, nach einem deutschen Gedichte um 930 verfertigt. Herausgegeben von J. Grimm in 'Grimm und Schmeller. Lat. Gedichte' (Göttingen, 1838), Peiper (Berlin, 1873), Scheffel und Holder (Stuttgart, 1874) mit Scheffels Übersetzung.

Interea occiduas vergebat Phebus in oras
Ultima per notam signans vestigia Thilen
Et cum Scottigenis post terga reliquit Hiberos.
Hic postquam oceanas sensim calefecerat undas,

Hespera et Ausoniis obvertit cornua terris,
Tum secum sapiens cepit tractare satelles,
Utrum sub tuto per densa silentia castro
Sisteret, an vastis heremi committeret arvis.
Æstuat immensis curarum fluctibus et quid
Jam faceret, sollers arguta indagine quaerit.
Solus enim Hagano fuerat suspectus et illud
Oscillum regis subter conplexibus actum.
Ambigerat prorsus, quæ sit sententia menti
Hostis et an urbem vellent remeare relictam, 10
Pluribus ut sociis per noctem forte coactis,
Primo mane parent bellum renovare nefandum.
An soli insidias facerent propiusque laterent?
Terret ad hæc triviis ignoti silva meatus,
Ne loca fortassis incurreret aspera spinis,
Immo quippe feris, sponsamque amitteret illis.
His ita provisis exploratisque profatur:
'En quocumque modo res pergant, hic recubabo,
Donec circuiens lumen spera reddat amatum:
Ne patriæ fines dicat rex ille superbus 20
Evasisse fuga, furis de more per umbras.'
Dixit, et ecce viam vallo praemuniit artam
Undique præcisis spinis simul et paliuris.
Quo facto ad truncos sese convertit amaro
Cum gemitu et cuicumque suum caput applicat atque
Contra orientalem prostratus corpore partem,

Ac nudum retinens ensem hac voce precatur:
'Rerum factori, sed et omnia facta regenti,
Nil sine permissu cuius vel denique iussu
Constat, ago grates, quod me defendit iniquis 30
Hostilis turmæ telis, nec non quoque probris.
Deprecor ad dominum contrita mente benignum,
Ut qui peccantes non vult sed perdere culpas,
Hos in cælesti prestet mihi sede videri.'
Qui postquam orandi finem dedit, ilico surgens
Sex giravit equos et virgis rite retortis
Vinciit: hi tantum remanebant, nempe duobus

Per tela absumptis ternos rex Gunthere abegit.
His ita compositis procinctum solvit et alte
Ingenti fumans leviabat pondere corpus.
Tum mestam læto solans affamine sponsam,
Moxque cibum capiens ægros recreaverat artus,
Oppido enim lassus fuerat, clipeoque recumbens
Primi custodem somni iubet esse puellam,
Ipse matutinam disponens tollere curam,
Quae fuerat suspecta magis, tandemque quievit.
Ad cuius caput illa sedens solito vigilavit 10
Et dormitantes cantu patefecit ocellos.
Ast ubi vir primum iam expergiscendo soporem
Ruperat, absque mora surgens dormire puellam
Jussit et arrecta se fulciit impiger hasta.
Sic reliquum noctis duxit, modo quippe caballos
Circuit, interdum auscultans vallo propiavit,
Exoptans orbi species ac lumina reddi.

NOTKER.

[*Scherer* D. 56, E. 51.]

Mit dem Beinamen Teutonicus oder Labeo. Er war ein Mönch im Kloster
zu St. Gallen, wo er Übersetzungen aus dem Lateinischen verfasste oder
anregte und 1022 starb. Sein Oheim und Lehrer war Ekkehard I.
Herausgegeben von Hattemer 'Denkmahle des Mittelalters' (3 Bde. St.
Gallen, 1844–49), Piper (Freiburg, 1882 ff.).

BOETHIUS DE CONSOLATIONE PHILOSOPHIÆ.
ITEM PROLOGUS TEUTONICE.

Sanctus paulus kehîez tîen. dîe in sînên zîten uuândon des sûonetagen. táz er
êr nechâme. êr *romanum imperium* zegîenge. únde *antichristus* rîchesôn begóndi.
Uuér zuîuelôt *romanos* íu uuésen állero rîcho hêrren. únde íro geuuált kân ze
énde dero uuérlte? Sô dô mánige líute énnônt tûonouuo gesézene. hára úbere
begóndôn uáren. únde ín állên dísên rîchen keuuáltigo uuíder *romanis* sízzen.
tô íu stûonden íro díng slîfen. {10} únde ze déro tîlegúngo râmen. tîa uuír nû
sehên. Tánnân geskáh pi des chéiseres zîten *zenonis*. táz zuêne chúninga
nórdenân chómene. éinêr ímo den stûol ze romo úndergîeng. únde álla
italiam. ánderêr náhor ímo *greciam* begréif. únde díu lánt. tíu dánnân únz ze
tûonouuo sínt. Énêr hîez in únsera uuîs {20} ôtacher. tíser hîez thioterih. Tô
uuárd táz ten chéiser lústa. dáz er dioterichen uríuntlicho ze hóue ládeta. tára
ze dero mârun *constantinopoli*. únde ín dâr mít kûollichên êron lángo hábeta.
únz er ín dés bíten stûont. táz er ímo óndi. mít ótachere zeuéhtenne. únde
úbe er ín úberuuúnde. *romam* iôh *italiam* mít sînemo {30} dánche zehábenne.
Táz úrlub káb ímo *zeno*. sîn lánt. iôh sîne líute. ze sînên triuôn beuélehendo.
Sô dioterih mít témo uúorte ze *italia* chám. únde er ótaccheren mít nôte guán.
únde ín sâr dáranâh erslûog. únde er fúre ín des lándes uuîelt. tô netéta er ze
êrest nîeht úber dáz. sô demo chéisere lîeb uuás. Sô áber nâh ímo ándere
chéisera uuúrten. tô begónda er tûon. ál dáz in lústa. únde dîen râten án den
lîb. tîe ímo dés neuuâren geuólgig. Fóne díu slûog er *boetíum*. únde sînen suêr
symmachum. únde dáz óuh uuírsera {10} uuás. *iohannem* den bâbes. Sâr des
ánderen iâres. uuárt thioterih ferlóren. sîn néuo alderih zúhta daz rîche ze síh.
Romanum imperium hábeta îo dánnan hína ferlóren sîna *libertatem*. Áber dóh
gothi uuúrten dánnân uertríben fóne *narsete patricio. sub iustino minore.* Sô
châmen áber nórdenan *langobardi*. únde {20} uuîelten *italiæ*. mêr dánne *ducentis
annis.* Nâh *langobardis franci.* tîe uuír nû héizên chárlinga. nâh ín *saxones.* Sô íst
nû zegángen *romanvm imperivm.* nâh tîen uuórten *sancti pauli apostoli.*
Sanctus Paulus verhiess denen, die zu seiner Zeit auf den {20} *Tag des Gerichtes hofften,
dass er nicht eher kommen würde, als bis das römische Reich untergegangen wäre, und*

Antichrist zu herrschen begonnen hätte. Wer bezweifelt, dass die Römer immerdar Herren über alle Reiche sind, und ihre Gewalt sich bis zum Ende der Welt erstreckt? Als damals manche Völker, jenseit der Donau gesessen, hier herüber zu ziehen begannen und {10} in allen diesen Reichen mit Gewalt sich den Römern zu widersetzen, da begann ihre Macht zu sinken und dem Untergange zuzustreben, den wir jetzt sehen. Damals ereignete es sich um die Zeiten Kaiser Zenos, dass zwei Könige von Norden gekommen, der eine den Stuhl zu Rom besetzte und ganz {20} Italien, der andere Griechenland an sich riss und die Länder, die von da ab bis zur Donau liegen. Jener hiess in unserer Sprache Otacher, dieser hiess Dietrich. Da geschah es, dass den Kaiser gelüstete, Dietrich freundlich an seinen Hof zu laden, nach der herrlichen Constantinopolis, und dass er ihn dort mit rühmlichen {30} Ehren lange behielt, bis er ihn darum bat, dass er ihm gestattete mit Otacher zu fechten, und für den Fall er ihn überwände, Rom und Italien mit seiner Zustimmung zu besetzen. Die Erlaubniss gab ihm Zeno, indem er sein Land und seine Leute in seine Treue befahl. Als Dietrich auf die Verabredung nach Italien gekommen und er Otacher mit Mühe besiegt und ihn darnach erschlagen und an seiner Statt das Land beherrschte, da that er zuerst nichts über das hinaus, was dem Kaiser lieb war. Als aber nach ihm andere Kaiser {10} wurden, da begann er zu thun Alles, was ihn lüstete, und denen nach dem Leben zu stellen, die ihm darin nicht folgsam waren. Deshalb tödtete er den Boetius und seinen Schwäher Symmachus und, was noch viel schlimmer war, den Pabst Johannes. Hierauf im nächsten Jahre fand Dietrich seinen Untergang. Sein {20} Neffe Alderich riss das Reich an sich. Das römische Reich hatte von da an auf ewig seine Freiheit verloren. Aber trotzdem wurden die Gothen von Narses dem Patricier unter Justinus dem Jüngeren vertrieben. Hierauf kamen abermals von Norden die Langobarden und beherrschten Italien über zweihundert Jahre {30} lang; nach den Langobarden die Franken, die wir heute Karolinger nennen; nach ihnen die Sachsen. So ist nun das römische Reich nach den Worten Sct. Pauls des Apostels untergegangen.

L.

ROSVITHA VON GANDERSHEIM.

[Scherer D. 57, E. 51.]

Aus einem alten sächsischen Adelsgeschlechte, Nonne im Benediktinerinnenkloster zu Gandersheim, gestorben 967. Sie verfasste sechs lateinische Comœdien, ferner ein Leben Ottos des Grossen und Legenden. Ihre Werke wurden herausgegeben von Barack (Nürnberg, 1858), ihre Comödien allein von Bendixen (Lübeck, 1857); von letzterem auch Übersetzung der Comödien (Altona, 1850, 1853).

CALIMACHUS.

Calimachus.
Anxie diuque gravem sustinui dolorem, quem vestro consilio relevari posse spero.

Amici.
Æquum est, ut communicata invicem compassione patiamur, quicquid unicuique nostrum utriusque eventu fortunæ ingeratur.

Calimachus.
O utinam voluissetis meam compassionem compatiendo mecum partiri!

Amici.
Enuclea, quid patiaris, et, si res exigit, compatiemur; sin autem, animum tuum a nequam intentione revocari nitimur.

Calimachus.
Amo.

Amici.
{10} Quid?

Calimachus.
Rem pulchram, rem venustam.

Amici.
Nec in solo, nec in omni; ideo atomum, quod amas, per hoc nequit intelligi.

Calimachus.
Mulierem.

Amici.
Cum mulierem dixeris, omnes comprehendis.

Calimachus.
Non omnes æqualiter, sed unam specialiter.

Amici.
Quod de subjecto dicitur, non nisi de subjecto aliquo cognoscitur. Unde, si velis nos enarithmum agnoscere, dic primum usiam.

Calimachus.

Drusianam.

Amici.

Andronici hujus principis conjugem?

Calimachus.

Ipsam.

Amici.

Erras, socie; est lota baptismate.

Calimachus.

Inde non curo, si ipsam ad mei amorem attrahere potero.

Amici.

Non poteris.

Calimachus.

{10} Cur diffiditis?

Amici.

Quia rem difficilem petis.

Calimachus.

Num ego primus hujusmodi rem peto, et non multorum ad audendum provocatus sum exemplo?

Amici.

Intende, frater: ea ipsa, quam ardes, sancti Johannis apostoli doctrinam secuta, totam se devovit Deo, in tantum, ut nec ad thorum Andronici, christianissimi viri, jam dudum potuit revocari, quo minus tuæ consentiet vanitati.

Calimachus.

Quæsivi a vobis consolationem, sed incutitis mihi desperationem.

Amici.

Qui simulat, fallit, et qui profert adulationem, vendit veritatem.

Calimachus.

Quia mihi vestrum auxilium substrahitis, ipsam adibo ejusque 20 animo mei amorem blandimentis persuadebo.

Amici.

Haut persuadebis.

Calimachus.

Quippe vetar fatis.

Amici.

Experiemur.

———

Calimachus.

Sermo meus ad te, Drusiana, præcordialis amor.

Drusiana.

Quid mecum velis, Calimache, sermonibus agere, vehementer admiror.

Miraris?

Satis.

Primum de amore.

{10} Quid de amore?

Id scilicet, quod te præ omnibus diligo.

Quod jus consanguinitatis, quæve legalis conditio institutionis compellit te ad mei amorem?

Tui pulchritudo.

Mea pulchritudo?

Immo.

Quid ad te?

Pro dolor! hactenus parum, sed spero, quod attineat postmodum.

Discede, discede, leno nefande; confundor enim diutius tecum {20} verba commiscere, quem sentio plenum diabolica deceptione.

Mea Drusiana, ne repellas te amantem tuoque amore cordetenus inhærentem, sed impende amori vicem.

Lenocinia tua parvi pendo tuique lasciviam fastidio, sed te ipsum penitus sperno.......

Eh heu! Domine Jesu Christe, quid prodest castitatis professionem subiisse, cum is amens mea deceptus est specie? Intende, Domine, mei timorem, intende, quem patior dolorem! Quid mihi, quid agendum sit, ignoro. Si prodidero, civilis per me fiet discordia; si celavero, insidiis diabolicis sine te refragari nequeo. {10} Iube me in te, Christe, ocius mori, ne fiam in ruinam delicato juveni!

Væ mihi infortunato! Ex improviso mortua est Drusiana. Curro sanctumque Johannem advoco.

WANDERNDE JOURNALISTEN.

DAS LUDWIGSLIED.

[*Scherer* D. 60, E. 54.]

Ein Lied auf den Sieg, den der westfränkische König Ludwig III, Sohn Ludwigs des Stammlers, im Jahre 881 bei Saucourt (Sathulcurtis) über die Normannen erfocht; nach dem Tode des Königs von Hucbald († 930), einem Mönche des flandrischen Klosters St. Amandus, aufgezeichnet. Herausgegeben in den Denkmälern Nr. 11.

Einan kuning uueiz ih, ‖ heizsit her Hluduîg,
Ther gerno gode thionôt: ‖ ih uueiz her imos lônôt.

Kind uuarth her faterlôs. ‖ thes uuarth imo sâr buoz:
Holôda inan truhtîn, ‖ magaczogo uuarth her sîn.
Gab her imo dugidî, ‖ frônisc githigini,
Stual hier in Vrankôn: ‖ sô brûche her es lango!
Thaz gideilder thanne ‖ sâr mit Karlemanne,
Bruoder sînemo, ‖ thia czala uuunniôno.
Sô thaz uuarth al gendiôt, ‖ korôn uuolda sîn god,
Ob her arbeidî ‖ sô jung tholôn mahtî.
Lietz her heidine man ‖ obar sêo lîdan,
Thiot Vrankôno ‖ manôn sundiôno. 10
Sume sâr verlorane ‖ uuurdun sumerkorane.
Haranskara tholôta ‖ ther êr misselebêta.
Ther ther thanne thiob uuas, ‖ inder thanana ginas,
Nam sîna vaston: ‖ sîdh uuarth her guot man.
Sum uuas luginâri, ‖ sum skâchâri,
Sum fol lôses, ‖ ind er gibuozta sih thes.
Kuning uuas ervirrit, ‖ thaz rîchi al girrit,
Uuas erbolgan Krist: ‖ leidhôr, thes ingald iz.

Thoh erbarmêdes got, ‖ uuisser alla thia nôt:
Hiez her Hluduîgan ‖ tharôt sâr rîtan.
'Hluduîg, kuning mîn, ‖ hilph mînân liutin!
Heigun sa Northman ‖ harto biduuungan.'
Thanne sprah Hluduîg: ‖ 'hêrro sô duon ih,
Dôt ni rette mir iz, ‖ al thaz thû gibiudist.'

Thô nam her godes urlub, ‖ huob her gundfanon ûf,
Reit her thara in Vrankôn ‖ ingagan Northmannon.
Gode thancôdun ‖ thê sîn beidôdun,
Quâdhun al: 'frô mîn, ‖ sô lango beidôn uuir thîn.' 10
Thanne sprah lûto ‖ Hluduîg ther guoto:
'Trôstet hiu, gisellion, ‖ mîne nôtstallon.
Hera santa mih god ‖ joh mir selbo gibôd,
Ob hiu rât thûhtî, ‖ thaz ih hier gevuhti,
Mih selbon ni sparôtî, ‖ uncih hiu ginerîtî.
Nû uuillih thaz mir volgôn ‖ alle godes holdon.
Giskerit ist thiu hieruuist ‖ sô lango sô uuili Krist.
Uuili her unsa hinavarth, ‖ thero habêt her giuualt.

Sô uuer sô hier in ellian ‖ giduot godes uuillion,
Quimit hê gisund ûz, ‖ ih gilônôn imoz;
Bilîbit her thâr inne, ‖ sînemo kunnie.'
Thô nam er skild indi sper, ‖ ellianlîcho reit her;
Uuolder uuâr errahchôn ‖ sînân uuidarsahchôn.
Thô ni uuas iz burolang, ‖ fand her thia Northman.
Gode lob sagêda, ‖ her sihit thes her gerêda.
Ther kuning reit kuono, ‖ sang lioth frâno,
Joh alle saman sungun: ‖ 'kyrriêleison!'
Sang uuas gisungan, ‖ uuîg uuas bigunnan. 10
Bluot skein in uuangôn, ‖ spilôdun ther Vrankon.
Thâr vaht thegeno gelîh, ‖ nichein sôsô Hluduîg
Snel indi kuoni, ‖ thaz uuas imo gekunni.
Suman thuruhskluog her, ‖ suman thuruhstah her.
Her skancta cehanton ‖ sînân fîanton
Bitteres lîdes. ‖ Sô uuê hin hio thes lîbes!
Gilobôt sî thiu godes kraft: ‖ Hluduîg uuarth sigihaft;
Joh allên heiligôn thanc! ‖ sîn uuarth ther sigikamf.

Uuolar abur Hluduîg, ‖ kuning uuîgsâlîg.
Sô garo sôser hio uuas, ‖ so uuâr sôses thurft uuas,
Gihalde inan truhtîn ‖ bî sînân êrgrehtîn.

Einen König kenne ich, ‖ er heisset Ludwig,
Der gern Gott dienet: ‖ ich weiss, (dass) er ihm es lohnet.
(Als) Kind ward er vaterlos: ‖ des ward ihm bald Ersatz.
(Es) berief ihn der Herr, ‖ sein Erzieher ward er. 20
Er gab ihm Geisteskräfte, ‖ herrliche Degenschaft,

Den Thron hier in Franken: ‖ so brauche er ihn lange.
Das theilte er dann ‖ bald mit Karlmann,
Seinem Bruder, ‖ die Fülle der Wonnen.
Da das ward all vollendet, ‖ prüfen wollte ihn Gott,
Ob er Mühen ‖ so jung dulden könnte.
Er liess heidnische Männer ‖ über See kommen,
Das Volk der Franken ‖ zu mahnen der (seiner) Sünden,
Einige bald verloren ‖ wurden, einige erkoren.
Leidbescherung duldete, ‖ der früher mislebte. 30
Der, der dann Dieb war, ‖ und der von dannen sich rettete,
Nahm seine Fasten. ‖ Seitdem ward er ein guter Mann.
Mancher war Lügner, ‖ mancher Raubmörder,
Mancher voll Zuchtlosigkeit, ‖ und er befreite sich davon.
Der König war entfernet, ‖ das Reich ganz zerrüttet.
Es war erzürnt Christ: ‖ leider! des entgalt es.
Doch erbarmte es Gott, ‖ er wusste all die Noth,
Er hiess Ludwig ‖ dahin bald reiten. 20
'Ludwig, mein König, ‖ hilf meinen Leuten,
Es haben sie die Nordmannen ‖ hart bedrängt.'
Da sprach Ludwig: ‖ 'Herr, so thue ich,
Wenn nicht der Tod mich hindert, ‖ Alles, was du gebietest.'
Da nahm er Gottes Urlaub, ‖ er hob die Kriegsfahne auf,
Er ritt dahin in Franken, ‖ entgegen den Nordmannen.
Gott sagten Dank, ‖ die seiner harrten,
Sie sagten alle: 'Mein Herr, ‖ wie lange harren wir dein!'
Da sprach laut ‖ Ludwig der gute:
'Tröstet euch, Gesellen, ‖ meine Nothgefährten. 30
Her sandte mich Gott, ‖ und mir selbst gebot,
Ob es euch Rath dünkte, ‖ dass ich hier föchte,
Mich selber nicht schonte, ‖ bis ich euch rettete.
Nun will ich, dass mir folgen ‖ alle Gottes Getreuen.
Beschert ist das Hiersein (Leben), ‖ so lange es Christ will;
Will er unsere Hinfahrt, ‖ deren hat er Gewalt.
Wer hier mit Kraft (Eifer) ‖ thut Gottes Willen,
Kommt er gesund davon, ‖ ich lohne es ihm: 20
Bleibt er darin (im Kampfe), ‖ seinem Geschlechte.'
Da nahm er Schild und Speer, ‖ gewaltiglich ritt er.
Er wollte die Wahrheit darlegen ‖ seinen Widersachern.
Da war es nicht gar lange, ‖ er fand die Nordmannen.
Gott sagte er Lob. ‖ Er sieht, dessen er begehrte.
Der König ritt kühn, ‖ sang ein heilig Lied,

Und alle zusammen sangen: | 'Kyrie eleison!'
Der Sang war gesungen, | der Kampf war begonnen.
Blut schien in den Wangen, | es freuten des sich die Franken.
Da focht der Degen jeglicher, | keiner so wie Ludwig, 30
Schnell und kühn: | das war ihm angeboren.
Manchen durchschlug er, | manchen durchstach er.
Er schenkte zu Handen | seinen Feinden
Bitteres Trankes. | So weh ihnen stets des Lebens!
Gelobt sei Gottes Kraft: | Ludwig ward sieghaft.
Und allen Heiligen Dank! | Sein ward der Siegkampf.
Heil denn Ludwig, | König kampfselig!
So gerüstet wie er stets war, | wo irgend des Noth war,
Erhalte ihn der Herr | bei seiner Herrlichkeit.

HÜPPE.

SANGALLER RHETORIK.

[*Scherer* D. 61, E. 55.]

Bruchstück eines Jagdgedichtes aus dem Capitel 'quid sit elocutio' der Sangallischen Rhetorik. Herausgegeben in den Denkmälern Nr. 26.

Der heber gât in lîtun, | trégit spér in sîtun:
sîn báld éllin | ne lâzet ín véllin .....
Imo sínt fûoze | fûodermâze,
ímo sínt púrste | ébenhô fórste 10
únde zéne sîne | zuuélifélnîge.

Der Eber geht auf der Leite (dem Abhang), | trägt einen Speer in der Seite:
Seine kühne Kraft | lässt ihn nicht fallen....
Er hat Füsse | fudermässig (von dem Mass einer Wagenlast)
Er hat Borsten | ebenso hoch wie der Wald,
Und seine Zähne sind | zwölf Ellen lang.

---

19. LATEINISCHE LITERATUR.

RUDLIEB.

[Scherer D. 68, E. 62.]

Ein nur fragmentarisch erhaltenes lateinisches Gedicht, um 1050, wahrscheinlich in Baiern, verfasst. Herausgebeben von Schmeller in 'Grimm und Schmeller. Lateinische Gedichte des x. u. xi. Jh.' (Göttingen, 1838), Seiler (Halle, 1882).

RUDLIEB SPIELT DIE HARFE. SEIN NEFFE UND EIN FRÄULEIN TANZEN UND WÜRFELN.

Pulsans mox læva digitis geminis, modo dextra
Tangendo chordas dulces reddit nimis odas,
Multum distincte faciens variamina quæque,
Quod pede saltandi manibus neumas vel agendi
Nescius omnino citus hæc perdisceret ambo.
Qui prius audacter chordas pulsant ioculanter,
Auscultant illi taciti modulare nec ausi.
Sic tribus insolitis actis dulcissime rithmis
Quartum poscit hera faceret petit et sua nata,
Eius contribulis quem saltaret vel herilis. 10
Quem per sistema sive diastema dando responsa
Dum mirabiliter operareturve decenter,
Surrexit iuvenis, quo contra surgit herilis.
Ille velut falcho se girat et hæc ut hirundo;
Ast ubi conveniunt, citius se præteriebant;
Is se movisse, sed cernitur illa natasse,
Neutrum saltasse neumas manibus variasse
Nemo corrigere quo posset, si voluisset.
Tunc signum dederant, ibi multi quod doluerunt
Deponendo manus, finitus sit quia rithmus. 20
Insimul et resident et in alterutrum nimis ardent
Lege maritali cupientes consociari,

Illius id matre fieri nimium cupiente
Atque facultante, quod vellent, sermocinare.
Hunc dominella rogat, quo secum tessere ludat,
Annulus ut victi donetur ter superanti.
Tunc is: 'qui ludum, quem ludamus modo primum,

Acquirat,' dixit 'digitalis uterque suus sit.'
Hæc ea laudavit ludens et eum superavit,
Gratis perdente iuvene gratis sibi dante.
Quæ nimium læta, se sic habuisse trophæa,
Ludendo proprium cito perdebat digitalem, 10
Quem trahit a digito iaciebat eique rotando.
In cuius medio nodus fuerat cavus intro;
Hunc ni laxaret, digito non inposuisset.

DER ERZPOET.

[Scherer D. 75, E. 68.]

Ein wandernder Geistlicher von adlichem Geschlecht, Namens Walther,
gelegentlich am Hofe Friedrich Barbarossas; Schützling des Kanzlers und
Kölner Erzbischofs Reinald von Dassel. Er verfasste Vagantenlieder.
Herausgegeben von Schmeller 'Carmina burana' (Stuttgart, 1847);
Übersetzung von Laistner 'Golias' (Stuttgart, 1879).

BEICHTE.

Estuans interius
ira vehementi
in amaritudine
loquar meę menti:
factus de materia,
cinis elementi
similis sum folio 20
de quo ludunt venti.

Cum sit enim proprium
viro sapienti
supra petram ponere
sedem fundamenti,
stultus ego comparor
fluvio labenti,
sub eodem tramite
nunquam permanenti.

Feror ego veluti

sine nauta navis,
ut per vias aeris 20
vaga fertur avis,
non me tenent vincula,
non me tenet clavis,
quęro mihi similes,
et adiungor pravis.

Mihi cordis gravitas
res videtur gravis;
iocus est amabilis
dulciorque favis;
quicquid Venus imperat
labor est suavis,
quę nunquam in cordibus
habitat ignavis.

Via lata gradior
more iuventutis, 10
inplicor et vitiis
inmemor virtutis,
voluptatis avidus
magis quam salutis,
mortuus in anima
curam gero cutis.

Pręsul discretissime,
veniam te precor:
morte bona morior,
nece dulci necor, 20
meum pectus sauciat
puellarum decor,
et quas tactu nequeo,
saltem corde męchor.

Res est arduissima
vincere naturam,
in aspectu virginis
mentem esse puram;
iuvenes non possumus
legem sequi duram, 30
iuvenumque corporum

non habere curam.

Quis in igne positus
igne non uratur?
Quis Papię demorans
castus habeatur,
ubi Venus digito
iuvenes venatur,
oculis inlaqueat,
facie prędatur?

Si feras Hippolytum
hodie Papię,
non erit Hippolytus
in sequenti die.
Veneris ad thalamum
omnis currunt vię 10
non est in tot turribus
turris Galatię.

Secundo redarguor
etiam de ludo.
Sed cum ludus corpore
me dimittat nudo,
frigidus exterius
mentis ęstu sudo,
tunc versus et carmina
meliora cudo. 20

Tertio capitulo
memoro tabernam.
Illam nullo tempore
sprevi, neque spernam,
donec sanctos angelos
venientes cernam,
cantantes pro mortuis
'Requiem ęternam.'

Meum est propositum
in taberna mori, 30
ubi vina proxima
morientis ori;
tunc cantabunt lętius

angelorum chori:
'Deus sit propitius
isti potatori.'

Poculis accenditur
animi lucerna,
cor inbutum nectare
volat ad superna;
mihi sapit dulcius
vinum de taberna,
quam quod aqua miscuit
pręsulis pincerna.

Loca vitant publica
quidam poetarum, 10
et secretas eligunt
sedes latebrarum,
student, instant, vigilant,
nec laborant parum,
et vix inde reddere
possunt opus clarum.

Ieiunant et abstinent
poetarum chori,
vitant rixas publicas
et tumultus fori, 20
et, ut opus faciant
quod non possit mori,
moriuntur studio
subditi labori.

Tales versus facio,
quale vinum bibo;
nihil possum facere,
nisi sumpto cibo;
nihil valent penitus
quę ieiunus scribo, 30
Nasonem post calicem
carmine pręibo.

Mihi nunquam spiritus
poetrię datur,

nisi prius fuerit
venter bene satur;
cum in arce cerebri
Bachus dominatur,
in me Phębus irruit,
et miranda fatur.

Unicuique proprium
dat natura munus:
ego nunquam potui
scribere ieiunus;
me ieiunum vincere
posset puer unus; 10
sitim et ieiunium
odi tamquam funus.

Unicuique proprium
dat natura donum;
ego versus faciens
bibo vinum bonum
et quod habent purius
dolia cauponum;
tale vinum generat
copiam sermonum. 20

Ecce, meę proditor
pravitatis fui,
de qua me redarguunt
servientes tui,
sed eorum nullius
accusator fui,
quamvis velint ludere
seculoque frui.

Iam nunc in pręsentia
pręsulis beati, 30
secundum dominici
regulam mandati
mittat in me lapidem,
neque parcat vati
cuius non sit animus
conscius peccati.

Sum locutus contra me
quicquid de me novi,
et virus evomui
quod tam diu fovi,
vita vetus displicet,
mores placent novi,
homo videt faciem,
corda patent Iovi.

Iam virtutes diligo,
vitiis irascor, 10
renovatus animo
spiritu renascor,
quasi modo genitus
lacte novo pascor,
ne sit meum amplius
vanitatis vas cor.

Electe Colonię
parce confitenti,
fac misericordiam
veniam petenti, 20
et da pęnitentiam
culpas sic dicenti.
Feram quicquid iusseris
animo libenti.

Assis ergo subditis
inmemor irarum,
parcit enim subditis
leo rex ferarum,
et vos idem facite,
principes terrarum; 30
quod caret dulcidine,
nimis est amarum.

Cum sit fama multiplex
de te divulgata,
veritati consonent
omnia prolata;
colorare stultum est
bene colorata;

et non decet aliquem
serere iam sata.

Raptus ergo specie
famę decurrentis
veni non inmodicum
verba dare ventis,
sed ut rorem gratię
de profundo mentis, 10
pręcepit ut dominus
trahant offerentis.

Vide, si complaceat
tibi me tenere;
in scribendis litteris
certus sum valere,
et si forsan accidat
opus inminere,
vices in dictamine
potero supplere. 20

Hoc si recusaveris,
audi quod attendas:
paupertatis oneri
pie condescendas,
et ad pęnas hominis
huius depellendas
curam aliquatenus
muneris impendas.

Pater mi, sub brevi
multa comprehendi; 30
quia doctis decens est
modus hic loquendi;
et ut prorsus resecem
notam applaudendi,
non in verbo longius
placuit protendi.

DAS ANTICHRISTSPIEL.

[Scherer D. 77, E. 70.]

Ein lateinisches Drama aus der Mitte des zwölften Jahrhunderts, früher Wernher von Tegernsee, dem Verfasser eines Marienlebens, zugeschrieben, weil die Handschrift aus Tegernsee stammt. Herausgegeben von von Zezschwitz 'Vom römischen Kaisertum deutscher Nation ein mittelalterliches Drama' (Leipzig, 1877); W. Meyer (München, 1882); Übersetzung von Zezschwitz (Leipzig, 1878).

Statim ingreditur Antichristus sub aliis indutus loricam comitantibus eum Ypocrisi a dextris et Heresi a sinistris, ad quas ipse cantat:

Mei regni venit hora.
per vos ergo sine mora
fiat, ut conscendam regni solium.
me mundus adoret et non alium.
Vos ad hoc aptas cognovi,
vos ad hoc hucusque fovi.
ecce labor vester et industria 10
nunc ad hoc sunt mihi necessaria.
En Christum gentes honorant
venerantur et adorant.
eius ergo delete memoriam
in me suam transferentes gloriam.
ad Ypocrisin: In te pono fundamentum.
ad Heresim: Per te fiet incrementum.
ad Ypocrisin: Tu favorem laicorum exstrue.
ad Heresim: Tu doctrinam clericorum destrue.
Tunc illę: 20
Per nos mundus tibi credet,
nomen Christi tibi cedet.
Ypocrisis:nam per me favorem dabunt laici.
Heresis: et per me Christum negabunt clerici.

Tunc precedent eum ipso paulatim sequente. Et postquam venerint ante sedem regis Ierosolimæ Ypocrisis insusurret ypocritis annuntians eis adventum Antichristi. Qui statim occurrunt sibi cantantes:

Sacra religio ‖ iam diu titubavit.
matrem ecclesiam ‖ vanitas occupavit.

Ut quid perditio ‖ per viros faleratos?
deus non diligit ‖ seculares prelatos.
Ascende culmina ‖ regiæ potestatis.
per te reliquiæ ‖ mutentur vetustatis.

Tunc Antichristus:

Quomodo fiet hoc? ‖ ego sum vir ignotus. 10

Tunc ipsi:

Nostro consilio ‖ mundus favebit totus.
Nos occupavimus ‖ favorem laicorum.
nunc per te corruat ‖ doctrina clericorum.
Nostris auxiliis ‖ hunc tronum occupabis:
tu tuis meritis ‖ cetera consummabis.

Tunc Antichristus veniens ante sedem regis Ierosolimæ cantat ad ypocritas:

Quem sub ecclesiæ ‖ gremio concepistis,
longis conatibus ‖ me tandem genuistis. 20
Ascendam igitur ‖ et regna subiugabo,
deponam vetera, ‖ nova iura dictabo.

Tunc exuentes ei superiora indumenta ascendunt expositis gladiis et deponentes regem Ierosolimis coronant Antichristum cantantes:

Firmetur manus tua et exaltetur d(extera) t(ua).

Tunc rex Ierosolimis ascendit ad regem Teotonicorum solus cantans:

Deceptus fueram ‖ per speciem bonorum.
ecce destituor ‖ fraude simulatorum. 30
Regni fastigia ‖ putabam * beata,
si essent talium ‖ edictis ordinata.
Romani culminis ‖ dum esses advocatus,
sub honore viguit ‖ ecclesiæ status.
Nunc tuæ patens est ‖ malum discessionis.
viget pestiferæ ‖ lex superstitionis.

Interim ypocritę conducunt Antichristum in templum domini ponentes ibi tronum suum. Ecclesia vero quæ ibi remanserat multis contumeliis et verberibus affecta redibit ad sedem apostolici.

Tunc Antichristus dirigit nuntios suos ad singulos reges, et primo ad regem Grecorum dicens:

Scitis divinitus ‖ ad hoc me vobis datum,
ut per omnes habeam ‖ terras principatum.
Ad hoc idoneos ‖ ministros vos elegi,
per quos totus mundus ‖ subdatur nostræ legi.
Hinc primo terminos ‖ Grecorum occupate. 10
Grecos terroribus ‖ aut bello subiugate.

Qui venientes ad regem Grecorum cantant coram eo:

Rex tibi salus sit ‖ dicta a salvatore
nostro, regum et orbis ‖ totius rectore.
Qui sicut scripturis ‖ mundo fuit promissus,
descendit de cælis ‖ ab arce patris missus.
Ille semper idem ‖ manens in deitate
ad vitam sua nos ‖ invitat pietate.
Hic se vult a cunctis ‖ ut deum venerari
et a toto mundo ‖ se iubet adorari. 20
Huius edicti formam ‖ si tu preteribis,
in ore gladii ‖ cum tuis interibis.

Quibus ille:

Libenter exhibeo ‖ regi famulatum,
quem tanto dicitis ‖ honore sublimatum.
Honor est et gloria ‖ tali obedire,
huic tota mente ‖ desidero servire.

Et hoc iterans venit ad presentiam Antichristi et stans coram eo cantat:

Tibi profiteor ‖ decus imperiale. 30
quo tibi serviam ‖ ius postulo regale.

Et flexo genu offert ei coronam. Tunc Antichristus depingens primam litteram nominis sui regi et omnibus suis in fronte et coronam ei in capite reponens cantat:

Vive per gratiam ‖ et suscipe honorem,
dum me recognoscis ‖ cunctorum creatorem.

Tunc ille revertitur ad sedem suam.
Iterum Antichristus dirigit ypocritas ad regem Francorum cum muneribus dicens:

Hęc munera regi ‖ Francorum offeretis,
quem cum suis ad nos ‖ per illa convertetis.
Hi nostro ritui ‖ formam adinvenere,
nostro adventui ‖ viam preparavere.
Horum subtilitas ‖ nobis elaboravit
tronum conscendere, ‖ quem virtus occupavit.

{10} Tunc ypocritæ acceptis muneribus vadunt ad regem Francorum et stantes coram eo cantant:

Rex tibi salus sit et c.

ultimam clausulam ista commutantes:

Sed de tui regni ‖ certus deuotione
rependit tibi vicem ‖ voluntatis bonæ.

Tunc rex acceptis muneribus cantat:

Libenter exhibeo et c.

Et hoc iterans venit ad presentiam Antichristi et flexo genu offert ei coronam cantans:

Tibi profiteor et c. 20

Antichristus eo suscepto in osculum signans eum et suos in frontibus et imponens ei coronam cantat:

Vive per gratiam et c.

Tunc iterum dirigit ypocritas ad regem Teotonicorum cantans:

Excellens est in armis ‖ vis Teotonicorum,
sicut testantur robur ‖ experti eorum.

Regem muneribus ‖ est opus mitigari.
est cum Teotonicis ‖ incautum preliari.
Hi secum pugnantibus ‖ sunt pessima pestis.
hos nobis subicite ‖ donis si potestis. 30

Tunc ypocritæ acceptis muneribus transeunt ad regem cantantes coram eo:

Rex tibi salus sit et c.

ultimum versum iterum isto commutantes:

Et his te honorans ‖ muneribus absentem
amicum cernere ‖ desiderat presentem.

Tunc rex Teotonicorum cantat:

Fraudis versutias ‖ compellor experiri,
per quas nequitia ‖ vestra solet mentiri.
Sub forma veritas ‖ virtutis putabatur;
ostendit falsitas, ‖ quod forma mentiatur.
Per vos corrupta est ‖ fides Christianorum.
per me conteretur ‖ regnum simulatorum.
Plena sunt fraudibus ‖ munera deceptoris.
iniquus corruet ‖ per gladium ultoris.
Secum pecunia ‖ sit in perditionem, 10
gravem iniuria ‖ exspectat ultionem.

Tunc ypocritæ confusi redeunt et stantes coram Antichristo c(antant):

O regni gloria ‖ caput totius mundi,
offensam aspice ‖ populi furibundi.
Certe predictum est ‖ per fidem antiquorum,
quod tu subities ‖ cervices superborum.
Si virtute tua ‖ totus orbis subsistit,
qua vi teotonicus ‖ furor tibi resistit?
Tuam Germania ‖ blasphemat dicionem,
extollit cornua ‖ contra religionem. 20
Respice igitur ‖ nostram confusionem,
in ea iudica ‖ tuam offensionem.
Tuam potentiam ‖ iniuria testatur,
cuius imperio ‖ ruinam comminatur.

Tunc Antichristus:

Consummabo uere ‖ gentem perditionis
pro tanto scandalo ‖ sanctæ religionis.
Ecce superbiam ‖ humanæ potestatis
teret potentia ‖ divinæ maiestatis.

{30} Tunc dirigit singulos nuntios ad reges dicens eis:

Ite congregantes ‖ facultates regnorum.
conculcent impetu ‖ furorem superborum.

Nuntii vero venientes coram regibus c(antant):

Ecce noster dominus ‖ et deus deorum
per nos exercitum ‖ convocavit suorum.

Ut per hos teotonicum ‖ condempnet furorem,
in bello martyrum ‖ consignabit cruorem.

Tunc reges conveniunt ante tronum Antichristi. Quibus ille:

Consummabo vere et c.
Ite Germaniæ ‖ terminos invadetis,
superbum populum ‖ cum rege conteretis.

Tunc omnes cantant:

Deus nobiscum est, ‖ quos tuetur potenter.
Pro fide igitur ‖ pugnemus confidenter.

{10} Et disponentes acies suas in occursum Teotonicorum congrediuntur
cum eis et superatur exercitus Antichristi. Tunc rex Teotonicorum rediens et
sedens in trono suo cantat:

Sanguine patriæ ‖ honor est retinendus,
Virtute patriæ ‖ est hostis expellendus.
Ius dolo perditum ‖ est sanguine venale.
sic retinebimus ‖ decus imperiale.

Tunc ypocritæ adducunt claudum coram Antichristo, quo sanato rex
Teotonicorum hesitabit in fide. Tunc iterum adducunt leprosum, et illo

sanato rex plus dubitabit. Ad ultimum important {20} feretrum, in quo iacebit quidam simulans se in prelio occisum. Iubet itaque Antichristus ut surgat dicens:

Signa semper querunt ‖ rudes et infideles.
surge velociter, ‖ quis sim ego reveles.

Tunc ille de feretro cantat:

Tu sapientia ‖ supernæ veritatis
virtus invicta es ‖ divinæ maiestatis.

Et ypocritæ secum c(antant):

Tu sapientia et c.

Tunc rex Teotonicorum videns signum seducitur dicens:

Nostro nos impetu ‖ semper periclitamur, 30
adversus dominum ‖ incauti preliamur.
In huius nomine ‖ mortui suscitantur
et claudi ambulant ‖ et leprosi mundantur.
Illius igitur ‖ gloriam veneremur

FRAU WELT.

HIMMEL UND HÖLLE.

[*Scherer* D. 87, E. 78.]

Aus einer Bamberger Handschrift des elften Jahrhunderts in der Königl. Bibliothek zu München. Von einem Geistlichen verfasst, in vier mal gehobenen Versen ohne Alliteration und Reim, wie sonst nur das angelsächsische Ormulum. Herausgegeben in den Denkmälern Nr. 30.

In dero hello
dâ ist dôt âne tôt,
karôt unde jâmer,
al unfrouwida,
mandunge bresto,
beches gerouche,
der sterkiste svevelstank,
verwâzzenlîch genibile,
des tôdes scategruoba,
alles truobisales waga, 10
der verswelehente loug,
die wallenten stredema
viurîner dunste,
egilîch vinster,
diu iemêr êwente brunst,
diu vreissamen dôtbant,
diu betwungeniste phragina,
claga, wuoft âne trôst,
wê âne wolun,
wîzze âne restî 20
aller wênigheite nôt,
diu hertiste râcha,
der handegôste ursuoch,
daz sêrigę elelentduom,
aller bittere meist,
kâla âne vriste,

ungenâdône vlîz,
uppigiu riuwa,
karelîch gedôzze,

weinleiches ahhizôt,
alles unlustes
zâlsam gesturme,
forhtône bîba,
zano klaffunga,
aller wêskreio meist,
diu iemêr werentę angest, 10
aller skandigelîch,
daz scamilîchestę offen
aller tougenheite,
leides unende
und aller wêwigelîch,
marter unerrahlîch
mit allem unheile,
diu wêwiglîche haranskara,
verdamnunga swereden
âne alle erbarmida, 20
iteniuwiu sêr
âne guot gedinge,
unverwandellîch ubel,
alles guotes âteil,
diu grimmigiste heriscaft,
diu vîantliche sigenunft,
griulîch gesemine,
der vûlidą unsûbrigheit
mit allem unscône,
diu tiuvallîche anesiht, 30
aller egisigilîch,
alles bales unmez,
diu leitlîche heima,
der helle karkâre,
daz rîchiste trisehûs

alles unwunnes,
der hizze abgrunde,
unbigebenlîch flor,
der tiuvalo tobeheit,
der ursinniglîche zorn
und aller ubelwillo,
der ist dâ verlâzen
in aller âhtunga vlîz
und in alla tarahaftî
dero hella erbon, 10

âne zîtes ende,
iemêr in êwa.
Sô ist taz hellerîche
einis teilis getân.

In der Hölle
Ist Tod ohne Tod,
Wehklage und Jammer,
Eitel Freudlosigkeit,
Der Seligkeit Abbruch,
Peches Rauchen,
Der stärkste Schwefelgestank,
Verfluchtes Nebelgewölk,
Des Todes Schattengrube,
Aller Trübsal Wiege, 10
Die verschlingende Lohe,
Die wallenden Strudel
Feuriger Dünste,
Entsetzliche Finsterniss,
Die ewigwährende Feuersbrunst,
Die furchtbaren Todesbande,
Die bekümmertste Drangsal,
Klage, Jammern ohne Trost,
Weh ohne Linderung,
Peinigung ohne Rast 20
Aller Kümmerniss Noth,
Die härteste Vergeltung,
Das schärfste Verhör,
Das schmerzliche Elend,
Die Summe aller Bitterniss,
Qual ohne Ende,
Der Ungnade Eifern,
Wuchernde Reue,
Trauriges Getöse,
Klageliedes Ächzen,
Aller Unlust
Gefahrvoll Getümmel,
Das Beben der Furcht,
Zähne Klappen,
Das durchdringendste Wehgeschrei,
Die immerwährende Angst, 10
Schmach und Schande,
Die beschämendste Offenbarung

Aller Geheimnisse,
Leides Unendlichkeit
Und jegliches Wehes,
Zahllose Marter
Mit allem Unheil,
Die schmerzliche Peinigung,
Der Verdammniss Qualen
Ohn all Erbarmen, 20
Unerhörte (ganz neue) Schmerzen
Ohne gute Hoffnung,
Unwandelbares Übel,
Alles Guten Untheilhaftigkeit,
Die grimmigste Herrschaft,
Der feindliche Sieg
Gräuliche Versammlung,
Der Fäulniss Unsauberkeit
Mit allem Unschönen,
Der teuflische Anblick 30
Aller Schrecknisse,
Alles Bösen Übermass,
Die leidvolle Heimat,
Der Hölle Kerker,
Das reichste Schatzhaus
Aller Unwonne,
Der Hitze Abgrund,
Unablässiges Verderben,
Der Teufel Toben,
Der unsinnige Zorn
Und jedes Übelwollen,
Das ist da losgelassen
Auf eifernde Verfolgung
Und zu jeder Schädigung
Der Hölle Erben, 10
In endloser Zeit
Immer in Ewigkeit.
So ist das Höllenreich
Ungefähr beschaffen.

DIE WIENER GENESIS.

[*Scherer D. 82, E. 74.*]

Enthält mehrere Stücke, die vermuthlich an Stelle von Predigten zum
Vorlesen bestimmt waren und zum Theil noch aus dem elften Jahrhundert
herrühren. Scherer unterscheidet sechs verschiedene Verfasser.
Herausgegeben von Graff 'Diutisca' III (1829); Hoffmann 'Fundgruben II'
(1837); Massmann 'Deutsche Gedichte des zwölften Jahrhunderts' (1837).

Dô diu vrouwa Sâra
gelebete hundert jouch siben und zueinzich jâre,
dise werlt si begab.
Abrahâm choufte ir ein grab,
und bevalech si scône
mit stanch aller bîmentône. 20
vile harte er si chlagete:
ze lezzist er gedagite.
do begunde er sich trôsten:
waz mahte er dô bezzeres tuon?
sô tuot unser igelîch
sô ime gescihet samelîch.

Dô iz zuo diu cham,
daz Ysaac scolte gehîwan,
sîn vater Abrahâm
eiskôte sînen amman:
den hiez er suerigen,
sô in got muose nerigen,
daz er der liute,
dâ er under bûte,
niemmer wib ne gewunne
Ysaac sîneme chinde: 10
er hiez in dar varen,
dannen er geborn was,
zuo sines bruoder hûs Nachor,
daz ime Batuel gâbe sîne tohter,
die scônen Rebeccen,
Ysaac ze gebetten.
[Der scalch sprach] obe man ime ire niene gâbe,
waz er des mahte?
er ne scolte ouch sich des pelgen,

ob si ime ne wolte volgen. 20
[Abrahâm chod] 'des eides sîs dû ledich,
ob dir ne volge diu magit.'
In deme ente
luoder zewô olbenten
mit mislîchen dingen
der magide ze minnen.
alsô er dare cham,
er irbeizta bi einem brunnan.
dô der âbant zuo seich,
daz fihe man ze trenche treib. 30
er stuont bette

daz in got gewerte
daz er ime daz wîb erougte
diu sîneme hêrren scolte.
[Er chot] 'nû wil ich haben ze zeichen
welihe got mir eiche,
suelehe maged ich pitte
daz si mir des wazzeres scepphe,
ob mir got verlîhit,
daz si mir des nieht verzîhet,
si ne heizze mich selben trinchen 10
jouch mîne olbenten:
diu scol mîneme hêrren
ze minnen jouch ze êren.'
Bi daz er daz gebet nider lie,
diu scône Rebecca zuo gie,
und manech maged anderiu,
der ire gelîch was neheiniu.
Er sprach ire zuo:
'wande ne trenchest dû mich, vrouwa?'
ime selben si scanchte, 20
sîn olbenten si ouch tranchte.
got er gnâdôte
daz er in sô sciere erhôrte.
Er gab ir ze minnen
zuêne ôringe
und zuêne armpouge
ûz alrôteme golde,
und frâgete si sâre
wes tohter si wâre.
Si sprach, Abrahâm 30

wâre ir vater ôheim.
si bat in ze hûs,
sprah, dâ wâre vile houwes:

dâ mahten geste
haben guote reste.
Nieht si ne tualte
ê si ir vater al gezalte.
si begunde zeigan
ire bruoder Lâban
bouge unde ôringe
die si enphie von deme jungelinge.
er liuf dar sciere,
sprach, wand er ze hûs ne vuore? 10
Dô er dare cham,
dô ward er wole inphangan.
vile wole si in handelôten,
maniges si in vrâgôten,
nâh allem niumâre,
waz sîn gewerf wâre.
[Er chot] sîn hêrre hête in dare gesant
umb einen michelen ârant,
sîneme junchêrren umb ein wîb
diu guot wâre und êrlîch, 20
die scônen Rebeccen
deme hêrren Ysaac ze gebetten.
Sînen hêrren er lobete
waz er rîhtuomes habete,
fihis unde scatzes
manichvaltes nutzes;
und wie wole ire gescâhe
ob si in gnâme.
ob si iz wolten tuon,

daz si in des liezzen spuon:
ob si des ne wolten,
daz si in niene tualten.
Si sprâchen daz si gotes willen
niene wolten stillen:
'hie ist unser tohter
ân aller slahte laster:
suie sciere dir gevalle,
var heim mit alle.'

Er wart vil vrô 10
solicher antwurtô.
silberîne napphe,
guldîne chopphe,
vile guot gewâte
ze chemenâten er brâhte:
er gébete zêriste
der junchvrouwen aller bezzeste;
deme vater und dere muoter
jouch ir bruoder.
Guot wâren die gebe, 20
wol geviel sîn rede.
si sâzen ze muose
mit vrôlîcheme gechôse.
dâ was spil unde wunne
under wîben unde manne.
vone benche ze benche
hiez man allûteren wîn scenchen;
si spilten unde trunchan
unz in iz der slâf binam.
Alsô der tach cham, 30
ûf was der Ysaachis man:
des urloubes er bat,

daz ime nieman ne gab:
si bâten daz er dâ wâre
zehen tage fristmâle.
daz dûhte in ze lenge:
[er chot] ze wiu si in scolten tuellen?
er bat sich lâzzen,
daz is sînen hêrren ieht dorfte irdrizzen.
Do si sînen ernist gesâhen,
die maged si frâgeten,
obe si ime wolte volgen 10
zuo eigenen seliden.
si sprach gerne vuore
suâ ire ieht guotes gescâhe.
Ze stete si ime se gâben
mit scônen mageden;
si gâben ir mite ir ammen,
daz si der daneverte deste min mahte erlangen.
Ze rosse si giengen,
mit âmare si scieden.

vater unde muoter 20
jouch ire bruoder,
si bâten unseren trehtîn
daz si sâlich muose sîn
ze tûsent tûsent jâren,
und alle die von ire châmen.
Isaac was ûz gegangen
zuo einem brunnen,
daz er ouch sâhe
waz tâten sîne snitâre.
Also iz zuo deme âbande seig, 30
sîn man mit dere junchvrouwen zuo reit.
Der hêrre ire gegen gie,

vil wole er si enphie.
er vie sie behende,
er gie mit ire spilende
uber daz scône velt:
er leite sie in sîn gezelt.

Als die Frau Sara
hundert und sieben und zwanzig Jahr gelebt hatte,
verliess sie diese Welt.
Abraham kaufte ihr ein Grab,
und bestattete sie schön
mit Weihrauch von allen Specereien. 20
er betrauerte sie gar sehr;
zuletzt schwieg er.
Da begann er sich zu trösten:
was konnte er da Besseres thun?
so thut ein jeglicher von uns,
wenn ihm Ähnliches geschieht.
Da es dazu kam,
dass Isaac heirathen sollte,
da heischte sein Vater
Abraham seinen Diener:
den hiess er schwören,
so ihn Gott erhalten müsse,
dass er von den Leuten,
darunter er wohnte,
nimmer ein Weib gewinne
für sein Kind Isaac. 10
Er hiess ihn dahin reisen,

von wo er geboren war,
zu seines Bruders Hause, Nachor,
dass ihm Batuel seine Tochter gäbe,
die schöne Rebecca,
Isaac zur Frau.
Der Diener sprach: Wenn man ihm sie nicht gäbe,
was er da machte?
Er sollte auch sich nicht darob erzürnen,
wenn sie ihm nicht folgen wollte. 20
Abraham sprach: Des Eides seiest du ledig,
wenn dir das Mädchen nicht folgt.
Zu diesem Zwecke
Belud er zwei Kameele
mit mannigfachen Dingen
dem Mädchen zur Liebe.
Als er dahin kam,
rastete er bei einem Brunnen.
Da der Abend sich senkte,
trieb man das Vieh zur Tränke. 30
Er begann zu beten,
dass ihm Gott gewährte,
dass er ihm das Weib zeige,
die für seinen Herrn sollte.
Er sprach: 'Nun will ich zum Zeichen haben,
die mir Gott zueigne:
welches Mädchen ich bitte,
dass sie mir Wasser schöpfe,
so mir Gott verleihet
dass sie mir das nicht versagt,
mich selbst trinken heisse 10
und auch meine Kameele,
die soll meinem Herrn
zu Liebe und zu Ehren sein,'
Als er das Gebet beendigte,
kam die schöne Rebecca herzu,
und manche andere Mädchen,
von denen ihr keine gleich war.
Er sprach ihr zu:
Warum giebst du mir nicht zu trinken, Frau?
Sie schenkte ihm selber, 20
sie tränkte auch seine Kameele.
Er dankte Gott,
dass er ihn so schnell erhörte.

Er gab ihr aus Liebe
zwei Ohrringe
und zwei Armspangen
aus ganz rothem Golde
und fragte sie sogleich,
wes Tochter sie wäre.
Sie sprach, Abraham 30
wäre ihres Vaters Oheim.
Sie bat ihn nach Hause,
sprach, da wäre viel Heu:
da könnten Gäste
gute Rast haben.
Sie rastete nicht,
ehe sie ihrem Vater Alles erzählte.
Sie begann zu zeigen
ihrem Bruder Laban
die Spangen und Ohrringe,
die sie von dem Jüngling empfieng.
Er lief dahin schnell,
sprach, warum er nicht nach Hause käme? 10
Da er dahin kam,
da ward er wohl empfangen,
sie behandelten ihn sehr gut,
fragten ihn manches,
nach jeder Neuigkeit,
was sein Geschäft wäre.
Er sprach, sein Herr hätte ihn daher gesandt
wegen eines grossen Anliegens (errand)
wegen einer Frau für seinen jungen Herrn,
die gut wäre und ehrsam, 20
nämlich wegen der schönen Rebecca,
für den Herrn Isaac zur Gemahlin.
Er lobte seinen Herrn,
wie viel er Reichthum hätte,
an Vieh und Schätzen
mannigfachen Nutzens,
und wie wohl ihr geschähe,
wenn sie ihn nähme.
Wenn sie es thun wollten,
so sollten sie ihn das schnell thun lassen;
wenn sie es nicht wollten,
so sollten sie ihn nicht verzögern,
Sie sprachen, sie wollten Gottes Willen

nicht aufhalten:
hier ist unsre Tochter
ohne irgend welchen Tadel:
wie schnell es dir gefällt,
so fahre heim mit ihr.
Er ward sehr froh 10
über solche Antwort.
Silberne Schalen,
goldene Becher,
viel gute Gewänder
brachte er zur Kammer;
er gab zuerst
der Jungfrau das Allerbeste
dem Vater und der Mutter
und auch ihrem Bruder.
Gut waren die Gaben, 20
wohl gefiel seine Rede.
sie sassen zum Mahle
mit fröhlichem Gekose.
Da gab es Spiel und Freude
unter Frauen und Männern.
Von Tische zu Tische
liess man lauteren Wein schenken;
sie spielten und tranken,
bis der Schlaf es ihnen benahm.
Als der Tag kam, 30
auf war da der Diener Isaacs;
er bat um Urlaub,
den ihm aber Niemand gab:
sie baten ihn, das er da bliebe
zehn Tage Zeit.
Das däuchte ihm zu lange:
er sprach, wozu sie ihn verzögern wollten?
er bat, dass sie ihn entliessen,
dass es seinen Herrn nicht möchte verdriessen.
Als sie seinen Ernst sahen,
da fragten sie das Mädchen,
ob sie ihm folgen wollte 10
zu eigener Wohnung.
Sie sprach, sie gienge gerne,
wo ihr etwas Gutes geschähe.
Sogleich gaben sie sie ihm
mit schönen Mägden;

sie gaben ihr ihre Amme mit,
damit sie der Abschied desto weniger schmerze.
Sie giengen zu den Rossen,
sie schieden mit Leid.
Vater und Mutter 20
und auch ihr Bruder,
sie baten unsern Herrgott,
dass sie möchte selig sein
tausend tausend Jahre,
und alle die von ihr kämen.
Isaac war ausgegangen
zu einem Brunnen,
dass er auch sähe,
was seine Schnitter thäten.
Als es sich zu Abend neigte, 30
ritt sein Mann mit der Jungfrau herzu.
Der Herr gieng ihr entgegen,
empfieng sie sehr wohl.
Er fasste sie behende,
er gieng mit ihr scherzend
über das schöne Feld:
er leitete sie in sein Zelt.

M.

DAS LEBEN JESU.

[*Scherer* D. 83, E. 74.]

In der Vorauer Handschrift. Von einem unbekannten Verfasser, früher der Frau Ava, Verfasserin dreier geistlicher Gedichte, zugeschrieben. Herausgegeben von Diemer 'Deutsche Gedichte des elften und zwölften Jahrhunderts' (Wien, 1849).

Dô hûb er ain stimme,
dô lêrter uns die uîande minnen.
er sprach: nu uergip in, herre uater got;
si ne wizzen, waz si tônt. 10
z'einer sexte daz ergie,
daz man in an den galgen hie.
dâ uaht er in agone

daz chanf unze an die nône;
dô wart gesceiden der strît,
dô gesigte uns der lîp.
er sprach: iz ist al uerendôt.
dô gieng iz an den tôt,
dô geschiet sîn heiligiu sêle
uon den lîplîchen sêre. 20
durch unsich leid er die nôt.
nu sehet, wî ir im sîn lônôt.
Owî Marîâ Magdalênâ,

wî gestônte du ie dâ,
dâ du dînen herren guoten
sâhe hangen unde bluoten,
unde du sâhe an sînem lîbe
die gestochen wunden.
wî mohtest du vertragen
die laitlîchen chlage
sîner trût mûter
Sancte Marîen der guoten!
wie manigen zaher si gâben 10
ze dem selben mâle
dîniu chûsken ougen,
mîn uil liebiu frouwe,
dô du sus sâhe handelôn
dîn unsculdigen sun,
dô man marterôte alsô sêre
daz fleisk, daz er uon dir genomen hete.
Owî Josep der guote,
dô du mînen herren ab dem crûce huobe,
hete ich dô gelebet, 20
ich hete dir uaste zuo gechlebet
ze der piuilde hêre
mînes uil lieben herren.
Owî Nychodêmus,
wane moht ich dir etewaz
liebes erbieten
ze lône unde ze mieten,
daz du in abe huobe
unde in sô scône begruobe!
Dô got allez daz gewan, 30
dar umbe er her in werlt chom,
dô liez er sînen lîchnamen

zu der erde begraben.
die ze der erde worden wâren,
daz in die emphiengen,
daz was alsô geordenôt;
diu erde was geheiligôt,
dâ er dô zwêne tage
geruowet in dem grabe;
in der selben friste
dô zestôrte er die helle ueste:
er uuor mit lewen chreften, 10
die grintel muosen bresten;
die gaiste ungehiure
di sprâchen in dem uiure,
wer der wære,
der sô gewaltichlîchen quæme:
er bringet uns ein michel lieht,
er ne wonet hie mit uns niht;
neheine sunde habete er getân
er ne mach hie niht bestân.
An der stunde 20
dô gesigt er an dem hellehunde;
sîne chîwen er im brach,
uil michel leit ime dâ gescach.
ich weiz, er in pant
mit sîner zeswen hant,
er warf in an den hellegrunt,
er leit ime einen bouch in sînen munt,
daz dem selben gûle
allez ane offen stûnte daz mûle:
swer durch sîne sunde 30
chome in sîne slunden,
daz der freislîche hunt
niht gelûchen mege den munt,

daz er in durch pîhte unde durch pûze
sînes vndanches muezze lâzzen.
Dô ne wolte er niuht uermîden,
dô chêrt er sich ze den sînen,
die in der uinster wâren;
ein niuz lieht si sâhen;
uil harte frouten si sich des,
si sprâchen: aduenisti, desiderabilis!

Er sprach: mîn erbarmede mich ne liez,
ich tæte, alsô ich iu gehiez; 10
ich hân durch iuwere nôt
erliten einen crimmechlîchen tôt;
die mich habent geminnet,
di wil ich fuoren hinnen.
swer hiute hie bestât,
des ne wirt niemer nehein rât
in desme hellesêre,
des ne gewîse ih nimer mêre.
Dô fuort er si alle
mit herige uon der helle,
er gab in allen gelîche 20
wider sîn rîche,
die si uon sculden haten uerlorn;
dô was gestillet sîn zorn.

Da erhob er eine Stimme,
da lehrte er uns die Feinde lieben.
Er sprach: Nun vergieb ihnen, Herr Vater Gott;
sie wissen nicht, was sie thun. 10
Es geschah zu Mittag,
dass man ihn an den Baum hieng.
Da kämpfte er in Todesschmerzen
den Kampf bis drei Uhr Nachmittags.
Da ward der Streit geschieden,
der Leib besiegte uns.
Er sprach: es ist ganz vollbracht.
Da gieng es an den Tod,
da schied seine heilige Seele
von den leiblichen Leiden. 20
Unsertwegen litt er die Noth,
nun sehet, wie ihr ihm dafür lohnet.
Wehe, Maria Magdalena,
Wie standest du je da,
da du deinen guten Herren
hängen und bluten sahest
und sahest an seinem Leibe
die gestochenen Wunden.
Wie konntest du ertragen
die traurige Klage
seiner lieben Mutter,
der guten Sancta Maria!

wie manche Zähre sie gaben 10
zu demselben Male,
deine keuschen Augen,
meine viel liebe Frau,
da du deinen unschuldigen Sohn
so behandeln sahest,
da man so sehr marterte
das Fleisch, das er von dir genommen hatte.
Ach, Joseph du guter,
da du meinen Herrn vom Kreuze hubest,
hätte ich damals gelebt, 20
ich hätte dir fest angehangen
bei dem hehren Begräbniss
meines viel lieben Herren.
Ach, Nikodemus,
warum konnte ich dir nicht etwas
Liebes erzeigen
zum Lohne und zum Preise dafür,
dass du ihn abhubest
und ihn so schön begrubest!
Als Gott alles das gewonnen hatte, 30
weshalb er herab in die Welt kam,
da liess er seinen Körper
zur Erde begraben.
Dass ihn die empfiengen,
die zu Erde geworden waren,
das war so verordnet.
Die Erde war geheiligt,
wo er da zwei Tage
in dem Grabe geruht.
In derselben Frist
zerstörte er die Höllenburg;
er fuhr hin mit Löwenkraft, 10
die Riegel mussten bersten,
die Geister, ungeheuer,
die sprachen in dem Feuer,
wer der wäre,
der so gewaltiglich käme?
Er bringt uns ein grosses Licht,
er wohnet hier nicht mit uns;
er hat keine Sünde gethan,
er wird hier nicht bleiben.
Zu der Stunde 20

siegte er ob dem Höllenhunde;
er brach ihm seine Kiefer;
viel Leid geschah ihm da.
Ich weiss, er band ihn
mit seiner rechten Hand,
er warf ihn in den Höllengrund,
er legte ihm einen Ring in seinen Mund,
dass demselben Scheusal
immerdar das Maul offen stünde:
wer durch seine Sünde 30
in seinen Schlund komme,
dass der schreckliche Hund
nicht das Maul schliessen könne,
dass er ihn durch Beichte und Busse
wider Willen los lassen müsse.
Da wollte er nicht unterlassen,
er kehrte sich zu den Seinen,
die in der Dunkelheit waren.
Sie sahen ein neues Licht,
sie freuten sich des sehr.
Sie sprachen: Advenisti, desiderabilis!
Er sprach: meine Barmherzigkeit liess mich nicht,
ich thäte denn, wie ich euch verhiess; 10
ich habe wegen eurer Noth
einen grimmigen Tod erlitten;
die mich geliebt haben,
die will ich von hinnen führen.
Wer heute hier bleibt,
für den giebt es nimmer Hülfe
in diesem Höllenschmerz,
nach dem sehe ich nie mehr.
Da führte er sie alle
in Schaaren aus der Hölle,
er gab ihnen allen gleich 20
sein Reich wieder,
das sie durch ihre Schuld verloren hatten;
da war sein Zorn gestillt.

M.

DAS ANNOLIED.

[*Scherer* D. 82, E. 74.]

Um 1110 zu Ehren des Bischofs Anno von Cöln († 1075) von einem niederrheinischen Dichter, wahrscheinlich im Kloster Siegburg verfasst. Herausgegeben von Bezzenberger (Quedlinburg, 1848) und Roth (München, 1847).

1.

Wir hôrten ie dikke singen
von alten dingen:
wi snelle helide vuhten,
wi si veste burge brêchen,
wi sich liebin winiscefte schieden,
wi rîche kunige al zegiengen.
nû ist cît daz wir denken,
wi wir selve sulin enden.
Crist, der unser hêrro guot
wi manige ceichen her uns vure duot, 10
als er ûffin Sigeberg havit gedân
durch den diurlîchen man
den heiligen bischof Annen
durch den sînin willen.
dâ bî wir uns sulin bewarin,
wante wir noch sulin varin
von disime ellendin lîbe hin cin êwin,
dâ wir iemr sulin sîn.

Wir hörten oftmals singen
von alten Begebenheiten:
Wie schnelle Helden fochten,
Wie sie feste Burgen brachen,
wie sich liebe Freundschaften schieden,
wie mächtige Könige untergiengen.
nun ist Zeit, dass wir denken,
wie wir selber enden werden.
Christ, unser guter Herr,
Wie manche Zeichen er vor uns thut, 10
wie er auf dem Siegberg gethan
durch den trefflichen Mann,

den heiligen Bischof Anno,
um seinen Willen kund zu thun.
daran sollen wir uns eine Lehre nehmen,
dieweil wir noch die Reise vor uns haben
von diesem elenden Leben hin zur Ewigkeit,
wo wir dann immerdar sein sollen.

L.

2.

Duo Cêsar duo widere ci Rôme gesan,
si ni woltin sîn niht intfân:
si quâdin daz er durch sîni geile
haviti virlorin des heris ein michil deil,
daz her in vremidimo lante
ân urlôf sô lange havite.
mit zorne her duo wider wante
ci diutischimo lante,
dâ her hât irkunnôt
manigin helit vili guot; 10
her sante zuo den heirrin
die dâr in rîche wârin:
her clagitin allin sîni nôth.
her bôt un golt vili rôt;
her quad daz her si wolti gern irgezzin,
obir un ieht ci leide gedân hetti.
Duo si virnâmin sînin willen,
si saminôtin sich dar alle:
ûzir Gallia unti Germanie
quâmin imi scarin manige 20
mit schînintin helmen,
mit vestin halspergin.
si brâhtin manigin scônin schiltrant;
als ein vluot vuorin sin daz lant.

duo ci Rôme her bigondi nâhin,
duo irvorhtim dâr manig man,
wanti si sâgin schînin
sô breite scarin sîni,
vanin ingegin burtin:
des lîbis si alle vorhtin.

Cato unti Pompeiûs
rûmitin rômischi hûs;
al der senâtûs;
mit sorgen vluhin si dirûz. 10
her vuor un nâh jaginta,
wîtini slahinta,
unz in Egypti lant:
sô michil ward der herebrant.
Wer mohte gecelin al die menige
die Cesari îltin in gegine
van ôstrit allinthalbin,
alsi der snê vellit ûffin alvin,
mit scarin unti mit volkin,
alsi der hagil verit van den wolkin. 20
mit minnerem herige
genanter an die menige.
duo ward diz hertisti volcwîg,
alsô diz buoch quît,
daz in disim merigarten
ie gevrumit wurde.
Oy wi di wâfini clungin,
dâ di marih cisamine sprungin!
herehorn duzzin,
becche bluotis vluzzin; 30

derde diruntini dunriti,
di helli in gegine glimite,
dâ di hêristin in der werilte
suohtin sich mit suertin.
duo gelach dir manig breiti scari
mit bluote birunnin gari.
dâ mohte man sîn douwen
durch helme virhouwin
des rîchin Pompeiis man:
Cêsar dâ den sige nam. 10

*Als Cæsar da wieder nach Rom sich begab,
da wollten sie ihn nicht empfangen.
Sie sagten, dass er durch seinen Übermuth
einen grossen Theil des Heeres verloren habe,
welches er in fremdem Lande
ohne Erlaubniss so lange gehabt hatte.
Mit Zorn wandte er sich da zurück*

zu dem deutschen Lande,
wo er kennen gelernt hatte
manchen sehr guten Helden. 10
Er sandte zu den Herren,
die da im Lande waren:
er klagte ihnen allen seine Noth,
er bot ihnen Gold sehr roth;
er sagte, dass er ihnen gern ersetzen wollte,
wenn er ihnen je etwas zu Leide gethan hätte.
Da sie seinen Willen vernahmen,
so sammelten sich da alle:
aus Gallien und Germanien
kamen ihm da manche Schaaren 20
mit glänzenden Helmen,
mit starken Panzerhemden.
Sie brachten manchen schönen Schildesrand;
wie eine Fluth kamen sie in das Land.
Da er sich Rom zu nahen begann,
da fürchtete sich mancher Mann,
denn sie sahen glänzen
seine Schaaren so breit,
die Fahnen entgegen getragen:
sie fürchteten sich alle des Lebens.
Cato und Pompejus
räumten das römische Haus;
der ganze Senat,
mit Sorgen flohen sie daraus. 10
Er fuhr ihnen nach jagend,
weithin schlagend,
bis nach Egyptenland:
so gross ward die Kriegsflamme.
Wer möchte all die Vielen zählen,
die dem Cæsar entgegen eilten,
von ostwärts allenthalben,
wie der Schnee fällt auf den Bergen,
mit Kriegsschaaren und mit Völkern,
wie der Hagel fährt von den Wolken. 20
Mit kleinerem Heere
wagte er sich an die Vielen.
Da ward der härteste Volkskampf,
wie das Buch sagt,
der auf dieser Erden
je gethan ward.

Hei, wie die Waffen klangen,
als die Pferde zusammen sprangen!
Die Heerhörner dröhnten,
Bäche Blutes flossen; 30
die Erde unten donnerte,
die Hölle glühte ihnen entgegen,
da die Stolzesten in der Welt
sich mit Schwertern suchten.
Da lag da manche breite Schaar
mit Blute gar beronnen.
Da konnte man sterben sehn,
erschlagen durch die Helme,
des mächtigen Pompejus Mannen:
Cæsar gewann da den Sieg. 10

DIE KAISERCHRONIK.

[*Scherer D.* 82, *E.* 74.]

Geschichte der römischen Kaiser von Julius Cæsar bis auf Konrad III und den Kreuzzug vom Jahre 1147, in einigen, aber nicht den ältern Handschriften, nur bis zum Tode Lothars von Sachsen (1137). Ein Sammelwerk mit vielen eingestreuten gelehrten Sagen und Legenden. Die älteste uns überlieferte Fassung entstand um das Jahr 1150 in Regensburg und rührt wahrscheinlich von dem Verfasser des Rolandsliedes, dem Pfaffen Konrad, her, der aber dabei ein älteres Werk überarbeitete und fortsetzte. Später ist die Chronik mehrfach in reine Reime umgearbeitet und zuletzt bis auf Rudolf von Habsburg fortgesetzt worden. Nach der ältesten Handschrift im österreichischen Stifte Vorau herausgegeben von Diemer (Bd. I Wien, 1849), nach allen Handschriften, aber unkritisch von Massmann (3 Bde. Quedlinburg und Leipzig, 1849–54).

Ain man hie vor was:
(mîn vater sagete mir daz)
der zôch im ain guoten garten,
des flîzt er sich vil harte;
dar inne zôch er wurze unt crût:
der carte wart im inneclîchen trût.
ein hierz wart sîn gewar,

nahtes slaich er dar
uber aine stigelen nidere:
dâ spranch er allez ubere,
dise vil guote wurze
di dûhten in suoze,
unze der garte aller wuoste gelach.
daz traip er vil manigen tach.
der gartenære wart sîn gewar:
vil sciere gereht er sich dar;
als er wider ûz solte varn, 10
dô rach der arme sînen scaden:
daz aine ôre er im ab slûoch.
diu snelle in dane truoch.
der man vârte sîn aver,
er erreichet im den zagel;
er sluoch in im halben abe:
er sprach 'diz zaichen dû trage!
smirzet iz dich iht sêre,
dune chumest her wider niht mêre.'
Iz gescach in luzel stunden: 20
dem hierze gehailten sîne wunden.
er straich hin widere
an sîn alte stigelen:
crût unt wurze
leget er im allez wuoste.
der man wart sîn inne;

mit vil guoten sinnen
îlt er mit nezzen
den garten all umbe sezzen.
alse der hirz wolte widere
über sîn alte stigelen,
der man begraif sînen spiez,
den hirz er dô an lief,
durch den pûch er in stach,
daz wart er dar nâh sprach:
'diu suoze wirt dir ze sûre: 10
mîner wurze arnest du vil tiure.'
sînen hirz er dô entworhte
sô er von rehte solte.
ain vohe charge
lac dâ bî in ainer vurhe:
alse der man her dane entwaich

diu vohe dar zuo slaich:
daz herze si im enzucte,
ir wec si dâ mit ructe.
Alse der man wider chom,
sîn gejac geviel im aller vil wol. 20
do er des herzen niene vant,
er sluoch zesamene mit der hant;
er île âne zwîvel,
er sagetez sînem wîbe:
'ich wil dir ain grôz mære sagen:
der hirz den ich ervellet hân
der was michel unt guot,
wan daz er nehain herze in im entruoch.'
Dô antwurte im daz wîp 30
'daz west ich ê wol vor maniger zît;

want der hierz lait ê den smerzen;
unt het er dehain herze.
do er daz ôre unt den zagel hete verlorn,
er newâre niemer mêr in dînen garten chomen.'

Ein Mann wohnte früher hier, —
mein Vater sagte mir das, —
der bestellte sich einen guten Garten:
dessen befleissigte er sich sehr;
darin zog er Wurzeln und Kraut:
der Garten war ihm sehr lieb.
Ein Hirsch wurde seiner gewahr.
Nachts schlich er dahin
über eine niedrige Stiegel:
da sprang er immer über,
diese vortrefflichen Wurzeln
deuchten ihm süss.
Der Garten lag ganz wüste.
Das trieb er gar manchen Tag.
Der Gärtner ward seiner gewahr:
sehr schnell machte er sich dahin;
als der Hirsch heraus gehn wollte, 10
da rächte der Arme seinen Schaden:
das eine Ohr schlug er ihm ab.
Seine Schnelligkeit trug ihn von dannen.
Der Mann stellte ihm abermals nach,
er erreichte ihm den Schwanz;

er schlug ihn ihm halb ab,
er sprach: 'dies Zeichen trage du!
schmerzet es dich etwa sehr,
so kommst du nicht wieder her.'
Es begab sich, dass in wenig Stunden 20
dem Hirsche heilten seine Wunden.
Er strich wieder hin
nach seiner alten Stiegel.
Kraut und Wurzeln
verwüstete er ihm ganz und gar.
Der Mann ward es inne;
mit sehr guten Sinnen
eilte er mit Netzen
den Garten ganz zu umsetzen.
Als der Hirsch zurück wollte
über seine alte Stiegel,
da ergriff der Mann seinen Spiess,
den Hirsch er anlief;
er stach ihn durch den Bauch.
Darauf sprach er das Wort:
'die Süsse wird dir sauer, 10
meine Wurzeln bezahlst du theuer!'
da zerlegte er seinen Hirsch,
wie er von Rechts wegen sollte.
Ein schlauer Fuchs
lag dabei in einer Furche.
Als der Mann von dannen gieng,
schlich der Fuchs herzu,
entzuckte ihm das Herz
und entwich damit ihres Wegs.
Als der Mann wieder kam,
gefiel ihm seine Jagdbeute ganz wohl. 20
Da er das Herz nicht fand,
schlug er zusammen mit der Hand;
er eilte, ohne sich zu besinnen,
und sprach zu seinem Weibe:
'Ich will dir ein grosses Wunder sagen:
der Hirsch, den ich erlegt habe,
der war gross und gut,
aber er trug kein Herz in sich.'
Da antwortete ihm die Frau: 30
'das wusste ich schon vor langer Zeit,
weil der Hirsch früher den Schmerz litt;

und hätte er irgend ein Herz gehabt,
als er das Ohr und den Schwanz verloren hatte,
er wäre nie wieder in deinen Garten gekommen.'

HEINRICH VON MÖLK.

[*Scherer D.* 84, *E.* 76.]

Didaktischer Dichter aus ritterlichem Stande um 1160. Er trat aus Überdruss am weltlichen Leben in das österreichische Kloster Mölk als Laienbruder und verfasste zwei Gedichte 'Mahnung an den Tod' und das 'Pfaffenleben,' das unvollendet blieb. Neu herausgegeben von Heinzel (Berlin, 1867).

MAHNUNG AN DEN TOD.

Doch verhenge wir daz etwer
muge ân aller slachte sêr
geleben sînen jungisten tac,
daz doch vil ubel geschehen mac,
nû waz ist der rede mêre?
als schier sô diu arm sêle 10
den lîchnamen begît,
nû sich, armer mensch, wie er lît.
het er gephlegen drîer rîche,
im wirt der erden ebengelîche
mit getäilet als einem durftigen.
ouch sehe wir sumlîch ligen
mit schœnen phellen bedechet,

mit manigem liechte bestechet,
mirre unt wîrouch
wirt dâ gebrennet ouch;
unt wirt des verhenget
daz diu bivilde wirt gelenget
unt sich sîne vriunde gar
gemäinlîchen gesamnent dar,
sô ist daz in ir aller phlege,
wie man in hêrlîchen bestaten mege.
owê, vertäiltiu hêrschaft! 10
swenne diu tîvellîch hellecraft

die armen sêle mit gewalte verswilhet,
waz hilfet, swâ man bivilhet
daz vil arme gebäine,
sô der armen sêle mitgemäine
aller häiligen widertäilet wirt?
wê der nacht diu in danne gebirt!
nû lâzze wir des sîn verhenget,
daz bivilde werde gelenget
zwêne tage oder drî, 20
oder swaz ez länger dar uber sî,
daz ist doch ein chläglîch hinevart.
nicht des, daz ie geborn wart,
wirt sô widerzæme
noch der werlt sô ungenæme.
Nû ginc dar, wîp wolgetân,
unt schowe dînen lieben man
unt nim vil vlîzchlîchen war
wie sîn antlutze sî gevar,

wie sîn scäitel sî gerichtet,
wie sîn hâr sî geslichtet.
schowe vil ernstlîche
ob er gebâr icht vrœlîchen,
als er offenlîchen unt tougen
gegen dir spilte mit den ougen.
nu sich, wâ sint sîniu mûzige wart
dâ mit er der frowen hôhvart
lobet unt säite?
nû sich in wie getâner häite 10
diu zunge lige in sînem munde
dâ mit er diu troutliet chunde
beeagenlîchen singen!
nûnc mac si nicht fur bringen
daz wort noch die stimme.
nû sich, wâ ist daz chinne
mit dem niwen barthâre?
nû sich wie recht undâre
ligen die arme mit den henden
dâ mit er dich in allen enden 20
trout unt umbevie!
wâ sint die fûze dâ mit er gie
hôfslîchen mit den frowen?
dem mûse dû diche nâch schowen

wie die hosen stûnden an dem bäine:
die brouchent sich nû läider chläine.
er ist dir nû vil fremde,

dem dû ê die sîden in daz hemde
mûse in manigen enden wîten.
nû schowe in an allen mitten:
dâ ist er geblæt als ein segel.
der bœse smach unt der nebel
der vert ûz dem uberdonen
unt læt in unlange wonen
mit samt dir ûf der erde.
owê, dirre chläglîche sterbe
unt der wirsist aller tôde 10
der mant dich, mensch, dîner brœde.

Doch setzen wir den Fall, dass einer
ohne jeder Art Schmerz
den jüngsten Tag zu erleben vermöchte,
was doch schwerlich eintreten wird,
nun was ist darüber zu sagen?
So bald die arme Seele 10
den Leib verlässt,
nun sieh, armer Mensch, wie er daliegt.
Hat er auch drei Reiche beherrscht,
ihm wird ebensoviel Erde
mitgetheilt, wie einem Dürftigen.
Auch sehen wir manch einen liegen
mit schönen Teppichen bedeckt,
mit manchem Lichte besteckt,
Myrrhe und Weihrauch
wird da auch verbrannt;
und es wird angeordnet,
dass das Begräbniss hinausgeschoben wird,
und sich seine Freunde alle
ins gemein da versammeln,
dann sind alle darum bemüht,
wie man ihn herrlich bestatten möge.
O weh! enterbte Herrschaft! 10
Wenn die teuflische Höllenmacht
die arme Seele mit Gewalt verschlingt,
was hilft es, wo immer man
das elende Gebein begräbt,

wenn der armen Seele die Gemeinschaft
aller Heiligen aberkannt wird?
Weh der Nacht, die ihn dann hinwegrafft!
Nun wollen wir annehmen,
das Begräbniss werde verschoben
zwei oder drei Tage, 20
oder auch noch etwas darüber,
es ist doch ein klägliches Abfahren.
Nichts, was je geboren ward,
wird so abstossend
und der Welt so unangenehm.
Nun tritt hin, schöne Frau,
und schaue an deinen lieben Mann
und betrachte sorgfältig,
wie sein Antlitz gefärbt ist,
wie sein Scheitel gerichtet,
wie sein Haar geschlichtet.
Sieh recht genau zu,
ob er sich auch fröhlich zeigt
wie damals, als er öffentlich und ins geheim
die Augen nach dir blitzen liess.
Nun sieh, wo sind seine müssigen Worte,
mit denen er von der Frauen-Pracht
lobend erzählte?
Nun sieh, wie lahm (wörtlich: in welcher Verfassung) 10
ihm die Zunge im Munde liegt,
mit der er Liebeslieder
anmuthig singen konnte!
Nun vermag sie nicht hervorzubringen
Worte noch auch nur einen Laut.
Nun sieh, wo ist das Kinn
mit dem neuen Barthaare?
Nun schau, wie schlaff
die Arme und Hände da liegen,
mit denen er dich aller Enden 20
koste und umfieng!
wo sind die Füsse, mit denen er schritt
in höfischer Zucht unter den Frauen?
ihm musstest du oftmals nachblicken,
wie die Hosen ihm am Beine sassen:
die nutzen sich nun leider wenig ab.
er ist dir nun gar fremd,
dem du ehemals die Seide ins Hemd

an mancher Stelle hineinziehen musstest.
nun schau ihn in der Mitte an:
da ist er aufgebläht wie ein Segel.
schlimmer Geruch und Dunst
steigt aus dem Bahrtuch
und lässt ihn nicht lange (mehr)
mit dir auf Erden wohnen.
Weh über dies klägliche Sterben!
Ja der schlimmste Tod 10
der gemahnt dich, Mensch, deiner Schwäche.

TROST IN VERZWEIFLUNG.

[*Scherer* D. 86, E. 78.]

Ein poetisches Fragment von einem unbekannten Dichter. Herausgegeben von Scherer Zeitschrift für deutsches Alterthum, B. 20.

Daz ich dem herzen sô nâhen gesprochen hân,
daz hân ich ân schulde niht getân:
grôziu nôt ist mir von im kunt:
ez sanchte mich unz in den grunt,
ez hât mir sô vil ze leide getân
dâ von ich immer gnuoch ze sagen hân.
wande dô mir got geschuof daz leben,
hiet er mir dô ein herze gegeben,

daz ein lîp möhte getragen,
des wolt ich im immer gnâde sagen:
wande es wær tûsent man genuoch
des ich eine an mînem herzen truoch.
Sâ dô ich êrste wart geborn,
dô het mîn herze ûf mich gesworn.
nu wesse ich des eides niet
und volgete im als ez mir riet.
nu leitt ez mich einen tieffen wech
und versatzte dô prukke unde stech. 10
dô ich wider wolde varn,
mit strichen und mit hâlscharn
het ez mich umbesetzet,

sô ein hasen in einem netze.
nu chunde ich niht ûz gewenchen.
dô begunde ich denchen
'ez hât mich verrâten.'
daz ich im ie gevolgit, daz rou mich ze spâte:
wande ez chunde ân schaden niht ergân.
ich sach di vîende bî mir stân; 20
der chom dô ein michel her:
dô satzte ich mich ze deheiner wer.

si sluogen mir ein verchwunden:
deheiner wer ich begunde.
dô ich ze verhe was versniten,
iesâ chunde ich wol der wunde site,
daz ich ir nimmer mohte genesen,
ez muos mîn tôt wesen.
vil sêre rou mich daz leben.
nu chunde ich mir deheinen trôst gegeben:
wande an den selben stunden
dô gedâhte ich nâch der wunden
'waz hilfet aller arztlist, 10
sît diu wunde sô tief und verborgen ist.
si muoz ungeheilt bestân
und mac mir wol ze dem tôde gân.'
iedoch bat ich allenthalben
swâ man pflach guoter salben,
daz man mir ein wênich streich dar an.
nu vant ich nie deheinen sô guoten man
der mir durch got gein einem hâre wolt geben.
dô swant mir nâch mîn leben,
wande niemen wart sô guot 20
der mir trœsten wolt den muot.

dô wart ich trûrich und unfrô.
iedoch chom ez alsô
daz mir ein rîcher herre enbôt,
er wolt mir buozen mîn nôt
und âne mâsen machen heil.
dô wart ich frœlîch unde geil.
Nu wil ich iu sagen an disen stunden,
welhez doch sîn di wunden
und der vîende hâlscharn
den ich ân schaden niht moht enpfarn. 10

dô ich in mîner chintheit
durch mînes herzen eit
dem tiufel und der werlt wart undertân,
dô ich mich dô chunde enstân,
dô erchande ich schier durch nôt
daz mich daz herze leittet ûf den tôt.
nu wolt ich di werlt iesâ hân gelân.
nu begunde si mich vaste zuo ir vân
mit ir manigen tûsent listen,
daz ich ez vur baz friste 20
unz si mich sô zuo ir het genomen

daz ich mit nihte von ir chunde chomen.
wande si twanch mir hende und vuoze
mit ir bittern suoze
und mînen lîp alsô gar:
dô ich ir rehte genam war,
sô gedâhte ich ich muose bî ir bestân,
und swie ich si immer wolde gelân.
dô nam ich aber in mînen muot,
ob dehein heilige wær sô guot
der mir durch got ze helfe chæme
und mich genædechlîch von der werlt næme. 10
swie vil ich dô gebat und gelas,
wânde ich des tiufels martiræer was,
sô half mir ir deheiner niet:
an mir verzagte alliu himelischiu diet.
nu wart ouch mir sô zorn,
ich wânde ich wær zer helle geborn.
ich lie dô mîn gebet stân,
ze beiden handen liez ich ez gân.
dô ich michs aller minste versach,
nu hœret welch ein gluke mir dô geschach! 20

Wenn ich dem Herzen so viel Vorwürfe gemacht habe,
so habe ich das nicht ohne guten Grund gethan.
Grosse Noth habe ich von ihm erfahren:
es senkte mich bis in den Grund,
es hat mir so viel zu Leide gethan,
dass ich davon Zeit Lebens genug zu erzählen habe.
Ja, hätte Gott, als er mir das Leben schuf,
mir auch ein Herz gegeben,
das ein Leib tragen könnte,

so würde ich ihm immer Dank dafür sagen.
Aber es wäre für tausend Menschen genug gewesen,
was ich allein in meinem Herzen trug.
Gleich zuerst als ich geboren wurde,
da hatte sich mein Herz schon gegen mich verschworen.
Ich aber wusste von dem Eide nichts
und folgte ihm, wie es mir rieth.
Da führte es mich einen tiefen Weg
und versetzte Brücke und Steg. 10
Als ich zurückkehren wollte,
da hatte es mich mit Stricken
und heimlichen Fallen umstellt
und mich gefangen, wie einen Hasen in einem Netze.
Da konnte ich nicht von der Stelle.
Nun erst kam mir der Gedanke:
es hat mich verrathen.
Dass ich ihm je gefolgt, das reute mich zu spät:
nun konnte es ohne Schaden nicht mehr ablaufen.
Ich sah die Feinde dicht bei mir stehn; 20
deren kam da eine so gewaltige Schar über mich,
dass ich mich nicht erst zur Wehr setzte.
Sie schlugen mir eine tiefe Wunde.
Ich liess mich nicht auf irgend welchen Widerstand ein.
Als ich lebensgefährlich getroffen war,
da erkannt' ich sofort das Wesen der Wunde,
dass ich nimmermehr genesen konnte,
dass es mein Tod wäre.
Gar sehr war mir das Leben zur Last.
Ich konnte mir keinen Trost geben.
Damals dacht' ich bei meiner Wunde:
'Was hilft alle Kunst der Ärzte, 10
da die Wunde so tief und verborgen ist?
Sie muss ungeheilt bleiben
und wird mir wohl noch den Tod bringen.'
Dennoch bat ich allenthalben,
wo man gute Salben hatte,
man möchte mir ein wenig darauf streichen.
Aber ich fand keinen einzigen barmherzigen Menschen,
der mir um Gottes Willen auch nur um eines Haares Werth gegeben hätte.
Da schwand mir beinahe das Leben,
denn niemand war so gütig 20
mich zu trösten.
Da wurde ich traurig und unfroh;

doch kam es dann so,
dass mir ein mächtiger Herr entbot,
er wollte mir meine Noth lindern
und mich ohne Narben heilen.
Da wurde ich fröhlich und heiter.
Nun will ich euch aber auch sagen,
was die Wunden waren
und der Feinde Hinterhalt,
denen ich ohne Schaden nicht entgehn konnte. 10
Nachdem ich in meiner Kindheit
in Folge der Verschwörung meines Herzens
dem Teufel und der Welt unterthan geworden,
musste ich, so bald ich
zu Verstande kam, erkennen,
dass mich daz Herz in den Tod führte.
Da hätte ich gerne die Welt verlassen,
aber sie zog mich nun erst recht an sich
mit ihren tausendfältigen Künsten,
so dass ich es weiter hinausschob, 20
bis sie mich so fest an sich geschlossen hatte,
dass ich auf keine Weise mehr von ihr loskommen konnte.
Denn sie fesselte mir Hände und Füsse
mit ihrer bitteren Süsse
und nahm mich so ganz gefangen,
dass ich meinte, ich müsse bei ihr bleiben,
wie sehr ich auch strebte, von ihr zu lassen.
Nun richtete ich wieder meine Gedanken darauf,
ob nicht einer der Heiligen so gütig wäre
mir um Gottes Willen zu Hilfe zu kommen
und mich gnädig von der Welt zu befreien. 10
Wie viel ich da auch betete und klagte,
denn um des Teufels Willen litt ich Qual,
kein einziger hat mir geholfen:
an mir verzweifelten alle himmlischen Heerscharen.
Da überkam auch mich der Zorn,
ich meinte, ich wäre für die Hölle geboren.
Und liess mein Beten sein,
mit beiden Händen warf ich es weg.
Aber da ich mich dessen am wenigsten versah,
hört, welch ein Glück mir da geschah! 20

DIE KREUZZÜGE.

EZZOS GESANG VON DEN WUNDERN CHRISTI.

[*Scherer* D. 89, E. 80.]

Ezzo, Scholasticus zu Bamberg, verfasste das Gedicht im Auftrag des
Bischofs Günther von Bamberg, vermuthlich auf einer Pilgerfahrt nach
Jerusalem, 1064. Herausgegeben in den Denkmälern Nr. 31; vgl. auch
Zeitschrift für deutsches Alterthum XXIII, 210.

Duo got mit sîner gewalt
sluoch in êgyptisce lant,—
mit zehen blâgen er se sluoch,—
Môyses der vrônebote guot,
er hiez slahen ein lamb:
vil tougen was der sîn gedanc.
mit des lambes pluote
die ture er segenôte,
er streich ez an daz uberture:
der slahente engel vuor dâ vure. 10
swâ er daz pluot ane sah,
scade dâ inne nien gescah.

Daz was allez geistlîch,
dàz bezeichnôt christenlîchiu dinc:
der scate was in hanten,
diu wârheit ûf gehalten.
duo daz wâre ôsterlamp

chom in der Juden gwalt
unt daz opher mâre
làg in crûcis altâre,
duo wuoste der unser wîgant
des alten wuotrîches lant:
den tievel unt al sîn here,
dèn versualh daz rôte toufmere.

Von dem tôde starp der tôt.
diu helle wart beroubôt,
duo daz mâre ôsterlamp 10
fur unsih geopheret wart.

daz gab uns frîlîche vart
in unser alterbelant,
beidiu wege unte lant,
dar hab wir geistlîchen ganc.
daz tagelîche himelprôt;
der gotes prunno ist daz pluot:
swâ daz stuont an dem uberture,
der slahente engel vuor dâ fure.

Spiritalis Israel, 20
nû scowe wider dîn erbè.
wante dû irlôset bist
de jugo Pharaonis.
der unser alte vîant
der wert uns daz selbe lant,
er wil uns gerne getaren:
den wec scul wir mit wîge varen.

der unser herzoge ist sô guot:
ub uns ne gezwîvelôt daz muot,—
vil michel ist der sîn gewalt,—
mit im besizze wir diu lant.

O crux benedicta,
àller holze beszista,
an dir wart gevangan
der gir Levîâthan.
lîp sint dîn este, wante wir
den lîb ernereten ane dir. 10
jâ truogen dîn este
die burde himelisce.
an dich flôz daz frône pluot.
dîn wuocher ist suoz unte guot,
dâ der mite irlôset ist
manchunn allez daz der ist.

Trehtîn, dû uns gehieze
daz dû wâr verlieze.
du gewerdôtost uns vore sagen,
swenn dû wurdest, hêrre, irhaben 20
vòn der erde an daz crûci,
dû unsih zugest zuoze dir.
dîn martere ist irvollôt.

nû leiste, hêrre, dîniu wort.
nû ziuch dû, chunich himelisc,
ùnser herze dar dâ dû bist,

daz wir die dîne dienestman
von dir ne sîn gesceidan.

O crux salvatoris,
dû unser segelgerte bist.
disiu werlt elliu ist daz meri,
mîn trehtîn segel unte vere,
dîu rehten werch unser seil:
dîu rihtent uns die vart heim.
der segel, der wâre geloubo,
der hilfet uns der wole zuo. 10
Der heilige âtem ist der wint,
der vuoret unsih an den sint.
himelrîche ist unser heimuot,
dâ sculen wir lenten, gotelob.

Als Gott mit seiner Gewalt
schlug in Egyptenland,—
mit zehn Plagen schlug er sie,—
Moses, der treffliche heilige Bote,
er hiess ein Lamm schlachten:
sehr geheim war seine Absicht.
Mit des Lammes Blute
segnete er die Thür,
er strich es an den Überpfosten:
der Würgengel fuhr da vorüber. 10
Wo er das Blut erblickte,
in dem Hause geschah kein Schade.

Das war Alles geistlich zu verstehn,
das bezeichnet christliche Dinge.
Das Schattenbild war vorhanden,
die Wahrheit aufbewahrt.
Als das wahre Osterlamm
kam in der Juden Gewalt,
und das herrliche Opfer
lag auf des Kreuzes Altar,
da verwüstete unser Held
des alten Wüthrichs Land:

den Teufel und sein ganzes Heer,
die verschlang das rothe Taufmeer.

Von dem Tode starb der Tod.
Die Hölle war beraubt,
als das herrliche Osterlamm 10
für uns geopfert ward.
Das gab uns freie Fahrt
in unser altererbtes Land,
über Weg und Steg
thun wir einen geistlichen Gang.
Das tägliche Himmelsbrot;
Gottes Brunnen ist das Blut:
wo das stand an dem Überpfosten,
da schritt der Würgengel vorüber.

Geistliches Israel, 20
nun erblicke von neuem dein Erbe,
dieweil du erlöset bist
von dem Joche Pharaos.
Unser alter Feind
der verwehrt uns nun dasselbe Land,
er will uns gerne schädigen:
den Weg müssen wir mit Kampf zurücklegen.
Unser Herzog ist so gut:
Wenn uns nicht zweifelt das Gemüth,
gar gross ist seine Gewalt,—
mit ihm behaupten wir das Land.

O gebenedeites Kreuz,
aller Hölzer bestes,
an dir ward gefangen
der gierige Leviathan.
Leben sind deine Äste, dieweil wir
das Leben gerettet an dir. 10
Ja es trugen deine Äste
die himmlische Bürde.
Auf dich floss das hehre Blut.
Dein Wuchs ist lieblich und gut,
damit erlöset ist
die ganze Menschheit, die da ist.

Herr, du hast uns verheissen,

was du in Wahrheit vollführen wolltest.
Du geruhtest uns zu versprechen,
wenn du würdest, Herr, erhoben 20
von der Erde auf das Kreuz,
du würdest uns zu dir ziehen.
Deine Marter ist erfüllt.
Nun erfülle, Herr, deine Worte.
Nun zieh du, himmlischer König,
unser Herz dahin, wo du bist,
damit wir, deine Vasallen,
von dir nicht getrennt sind.

O Kreuz des Erlösers,
du bist unsere Segelstange.
Diese ganze Welt ist das Meer,
mein Herr der segelnde Ferge,
die guten Werke sind unser Seil:
die bestimmen unsere Heimfahrt.
Das Segel, der wahre Glaube,
der hilft uns wohl dazu. 10
Der heilige Geist ist der Wind,
der führt uns über die Fluth.
Das Himmelreich ist unsre Heimat,
da sollen wir landen, Gottlob.

WILLIRAMS ERKLÄRUNG DES HOHEN LIEDES.

[*Scherer* D. 90, E. 81.]

Williram von Geburt ein Franke, in Paris erzogen, Mönch zu Fulda, Scholasticus zu Bamberg, und später Abt zu Ebersberg in Baiern, wo er 1085 starb. Herausgegeben von Seemüller 'Willirams deutsche Paraphrase des Hohen Liedes' (Strassburg, 1878).

(Cap. III. v. 11.) *Egredimini et videte, filiæ Syon, regem Salomonem in diademate quo coronavit eum mater sua in die sponsionis illius et in die lætitiæ cordis eius.* G ê t   û z , ír iúncfróuuon, ír da búiuuet in Syon! tûot uuára dés cúninges Salomonis unte der corônon, da ín sîn mûoter mít hât gezîeret in {20} sînemo máheltáge unte in démo táge sîner fréuue! Ír gûoten sêla, ír der hîe bírt *positæ in specula fidei*, unte ír gedínge hât daz ír cúmet *in atria cælestis Hierusalem*, tûot iu sélbon êinan rûm, daz íuuich nechêin uuérlih *strepitus* geírre, ír ne gehúget álliz ána der *mysteriorum* íuueres *redemptoris* unte der dúrninon corônon, dîe ímo *Judaica gens* ûf sázta, díu sîn mûoter uuás *secundum carnem*. Dîe dúrnînon corônon dîe trûog ér gérno dúrh íuueren uuíllon, daz íuuih *cælestis gloria amplecteretur*. Daz neuuárt álliz nîet sînes úndanches, nóbe nâh sînemo uuíllen, uuánt íz gescáh in sînemo máheltáge, do ér ímo sélbemo máhelta mít démo uuídemen sînes hêiligen blûotes dîe *Ecclesiam non habentem maculam aut rugam*; íz gescáh ôuh in démo táge sînero fréuue, do ér sích fréuueta, daz mít sînemo tôde díu uuérlt irlôset uuárt uóne des tûiueles geuuálte unte uóne démo êuuegen tôde.

{10} (Cap. IV. v. 1.) *Quam pulchra es, amica mea; quam pulchra es. oculi tui columbarum absque eo quod intrinsecus latet.* U u î e   s c ô n e   d u   b í s t, f r û i n t i n   m î n,   u u î e   s c ô n e   d u   b í s t!   D î n   ô i g o n   s i n t t û b o n   ô i g o n   â n e   d á z,   d a z   á n   d í r   í n l a c h e n e s u e r h ó l a n   í s t.   Du bíst scône an dînen uuérchon, uuánte dú nîet scántlîches ne tûost, daz mînen ôugen mísselîche; du bíst ôuh scône an dînen uuórton, uuante dú in dîner *prædicatione* nîene mêinest âne mîn êra unte *fraternam utilitatem*. Dîn ôugon sínt tûbon ôugon, uuánte díu êinuáltige an dír skînet, dîe dích der *spiritus sanctus* lêret, *qui per columbam figuratur*. Díu scône íst an dír {20} âne dáz, daz nóh ínlachenes an dír uerhólan íst, daz íst díu *spes cælestium præmiorum*, dîe íh nóh dir gíbon *in fine seculorum.*

Capilli tui sicut grex caprarum quæ ascenderunt de monte Galaad. (v. 2.) *Dentes tui sicut grex tonsarum ovium quæ ascenderunt de lavacro, omnes gemellis fœtibus, et sterilis non est in eis.* D î n   u á h s   í s t   s á m o   g ê i z z e   c ó r t e r,   d á z   d e r   g ê t û f f e   d é m o   b é r g e   G a l a a d,   u n t e   s í n t   á b o   d î n e   z é n e s á m o   d a z   c ó r t e r   d é r o   g e s c ó r e n o n   s c â f f o,   d î e   d e r û f g ê n t   u ó n e   u u á s k e   á l   m i t   z u î n e l e r o   z ú h t e   u n t e í r o   n e c h ê i n   í s t   ú n b â r i g.   In dînen *conuenticulis* skînent bêide *doctores* ióh *auditores*. Díu {30} ménige *fidelium auditorum* íst glîh démo gêiz córtare, uuánte sîe síh *peccatores* bekénnent, *capra enim sacrificium est pro peccato*, unte dóh sîe sîn *constituti in seculari actione*, díu âne súnta uuésan nemág, sîe stégerent îe dóh gérno mít íro gelôiben, mít gebéte, mít *eleemosyna* unte mít ánderen uuóletâten ze démo gíth húffen *id est ad me.* Álso Galaad uuás *aceruus testimonii inter Jacob et Laban*, álso bín íh ín *apud patrem testis in cælo fidelis.* Álso der hûffo sích búret an êinemo stêine unte álso ûf uuéhset, álso bín íh ín *lapis angularis, super quem ædificandi sunt*, ánne mír uíndent ôuh sîe dîe uuêida des êuuegen lîbes. Ábo dîne *doctores*, dîe der *per dentes figurantur*, uuánte sîe *cibos sacræ scripturæ exponendo comminuunt, ut possint glutiri a populis*, dîe sínt glîch dén gescórenon scâffon, dîe der uóne uuáske gênt, uuánte sîe bêide sínt *abluti baptismo* unte állen uuérlîchen rîchdûom uuílligo hína hând geuuórfan nâh mînemo râte, *ut me expeditius sequi possint*, unte sîe sínt ôuh *gemellis fœtibus*, uuánte sîe hábent *dilectionem meam et proximi*; {10} uóne dánnan níst íro nechêin únbârig, *quia omnia quæcumque faciet prosperabuntur.*

(*v.* 3.) *Sicut vitta coccinea labia tua, et eloquium tuum dulce.* D î n e   l é f s a   s í n t s á m o   ê i n   r ô t a   b í n t a   u n t e   d î n   g e k ô s e   í s t   s û o z z e. Dîne *doctores, qui per labia figurantur*, dîe kúndent démo lûite dîe rôte mînes blûotes, da mít íh sîe erlôsta, unte sîe sínt ôuh *ardentes in fraterna dilectione*, álse *coccus* brínnet *in suo colore*, unte sîe héftent *multitudinem auditorum in unitatem fidei*, álse díu bínta zesámene duínget dîe ménige déro lókko. Íro gekôse íst ôuh sûozze, uuánte sîe dîe sûozze des êuuegen lîbes démo lûite {20} kúndent.

DAS ALEXANDERLIED.

[*Scherer D.* 92, *E.* 83.]

Von dem Pfaffen Lamprecht nach dem französischen Original des Alberich von Besançon wahrscheinlich um 1130 verfasst. Herausgegeben von Weismann, mit Übersetzung (2 Bde. Frankfurt, 1850); und in Diemers 'Deutschen Gedichten des XI. und XII. Jahrhunderts' (Wien, 1849); am besten von Kinzel (Halle 1884).

Dô wir fûren bî dem mere,
dô reit ih ûzer dem here
mit drîn dûsint mannen.
dô hûbe wir unsih dannen

und wolden wundir besehen.
dô sâhe wir verre dannen stên
einen hêrlîchen walt.
daz wunder daz was manicfalt,
daz wir dâ vernâmen.
dô wir dâ bî quâmen,
dô hôrte wir dar inne
manige scône stimme,
lîren unde harfen clanc
und den sûzesten sanc, 10
der von menschen ie wart gedâcht,
wêrer allir zesamene brâht,
der ne kunde sih dar zô niet gegaten.
vil harte wunniclîch der scate
under den boumen dâr was.
da entsprungen blûmen unde gras

und wurze maniger kunne.
ih wêne ie walt gewunne
alsô manige zîrheit.
er was lanc unde breit. 20
der selbe walt der lach,
alsih û der von sagen mach,
an einer scônen ouwen.
dâr môste wir scowen
manigen edelen brunnen,
der ûz den walde quam gerunnen
lûtir unde vil kalt.
ih und mîne helede balt

heten dâ wundiris gemach,
daz uns ze liebe dâ gescah.
daz ne wil ih sô niwit verdagen,
ih ne wil iz iu flîzlîche sagen.
Der edele walt frône
was wunderlîchen scône.
des nâme wir allis goume.
hô wâren di boume,
di zelgen dicke unde breit.
nâh der rehten wârheit, 10
daz was ein michil wunne.
dâ ne mohte di sunne
an di erde niht geschîne.
ih unde di mîne,
wir liezen unse ros stân
und giengen in den walt sân
durh den wunniclîchen sanc.
di wîle dûhte uns harte lanc,
biz wir dare quâmen,
dâr wir vernâmen, 20
waz wunderis dâ mohte sîn.
vil manich scône magetîn
wir al dâ funden,
di dâ in den stunden
spilten ûf den grûnen clê.
hundirt tûsint unde mê
di spileten unde sprungen;
hei wî scône si sungen,

daz beide cleine unde grôz

durh den sûzlîchen dôz,
den wir hôrten in den walt,
ih und mîne helede balt,
vergâzen unse herzeleit
und der grôzen arbeit
und alliz daz ungemah
und swaz uns leides ie gescach.
uns allen dô bedûhte,
alsiz wol mohte, 10
daz wir genûc habeten
di wîle daz wir lebeten,
frowede unde rîcheit.
da vergaz ih angist unde leit
unde mîn gesinde,
unde swaz uns von kinde
ie leides gescach
biz an den selben tach.
mir dûhte an der stunt,
ih ne wurde niemer ungesunt, 20
ob ih dâr imer mûste wesen,
sô wâre ih garwe genesen
von aller angistlîcher nôt
und ne forhte niwit den tôt.
Woldir nû rehte verstân,
wî iz umbe di frowen quam,

wannen si bequâmen
oder wilich ende si nâmen,
des mach û wol besunder
nemen michil wunder.
swanne der winter abe ginc
und der sumer ane ginc
und iz begunde grûnen
und di edelen blûmen
in den walt begunden ûf gân,
dô wâren si vil wol getân. 10
lieht was ir glîze,
ir rôte unde ir wîze
vil verre von in schein.
blûmen ne wart nie nehein,
di scôner wesen mohte.
si wâren, alsuns bedûhte,
rehte sinewel als ein bal

und vaste beslozzen ubir al;
si wâren wunderlîchen grôz.
alse sih di blûme obene entslôz, 20
daz merket an uheren sinne,
sô wâren dar inne
megede rehte vollencomen.
ih sagû, alsichz hân vernomen.
si giengen unde lebeten,
menschen sin si habeten
unde redeten unde bâten
rehte alse si hâten

aldir umbe zwelif jâr.
si wâren gescaffen, daz is wâr,
scône an ir lîbe.
ih ne sach nie von wîbe
scôner antluzze mê,
noh ougen alsô wol stê.
ir hande unde ir arme
wâren blanc alseinen harme
unde fuoze unde bein.
undir in ne was nehein, 10
si ne phlêge scôner hubischeit.
si wâren mit zuhten wol gemeit
unde lacheten unde wâren frô
unde sungen alsô,
daz ê noh sint nehein man
sô sûze stimme ne vernam.
Mugint irs getrûwen,
sô solden dise frowen
alliz an den scate wesen,
sîne mohten andirs nit genesen. 20
swilhe di sunne beschein,
der ne bleib ze lîbe nie nehein.
daz wunder daz was manicfalt.
dô wart irschellet der walt
von der sûzer stimme,
di dâ sungen inne,
di fugele unde di magetîn;
wî mohtiz wunniclîcher sîn
frô unde spâte.

al ir lîbis gewête

was ane si gewassen
ane hûte und ane vasse.
in was getân di varwe
nâh den blûmen garwe
rôt unde ouh wîz sô der snê.
dô wir si zuns sâgen gê,
zô zin spilete uns der lîb.
sus lussame wîb
sint der werlt unkunt. 10
* *

owê daz wir sô schiere verlorn
daz michele gemach!
diz wunder ih alliz sah
selbe mit mînen ougen.
des mugent ir gelouben.
diz werte, alsih û sage,
drî mânede unde zwelif tage,
daz ih und mîne helede balt
wâren in dem grûnen walt
und bî der scônen owen 20
mit den lieben frowen
und wunne mit in habeten
unde mit froweden lebeten.
vil jâmerlîche uns dô gescach,

daz ih verclagen nit ne mach.
dô di zît vollenginc,
unse frowede di zeginc:
di blûmen gare verturben
und die scônen frowen sturben.
di boume ir loub liezen
und di brunnen ir fliezen
unde di fugele ir singen.
dô begunde dwingen
unfrowede mîn herze 10
mit manicfalder smerze.
freislîch was mîn ungemah,
daz ih alle tage sah
an den scônen frowen.
owê wî si mih rûwen,
dô ih si sah sterben
und di blûmen verterben,
dô schiet ih trûrich dannen

mit allen mînen mannen.

Als wir hinzogen an dem Meere,
Da ritt ich ausser meinem Heere
Mit dreien tausend Mannen.
Darauf huben wir uns von dannen
Und gedachten Wunder zu sehen;
Da sahn wir fern von dannen stehen
Einen grossen, prächtigen Wald.
Das Wunder das war mannigfalt,
Das wir da vernahmen.
Als hinzu wir kamen,
Da höreten wir wohl in ihm
Manche wunderschöne Stimm,'
Leier und Harfenklang
Und den süssesten Gesang, 10
Der je von Menschen ward erdacht,
Wär er all zusammengebracht,
Der könnte sich mit dem nicht gatten.
Gar dicht und wonniglich der Schatten
Unter diesen Bäumen was.
Da entsprossen Blumen und Gras
Und würz'ge Kräuter mancherhand.
Noch nie in einem Walde fand
Man also viele Zier bereit;
Lang war dieser und auch breit. 20
Dieser selbe Wald der lag,
Wie ich es euch wohl sagen mag,
In einer schönen Auen.
Da sollten wir auch schauen
Manchen edlen Bronnen,
Der aus dem Wald kam geronnen
Kühlig und erquickend klar.
Ich und meine kühne Schar
Sahen Wundergleiches da,
Das uns zu Liebe da geschah.
Das will ich jetzt auch nicht verschweigen,
Mit Fleisse will ich es euch zeigen.
Der herrliche, der edle Wald
War wunderbarlich schön gestalt'.
Wir konnten's all' genau gewahren.
Stattlich hoch die Bäume waren,
Die Zweige waren breit und dicht,

Nur Wahrheit gibt euch mein Bericht. 10
Das war eine grosse Wonne.
Da konnte nicht die Sonne
Hindurch bis zu der Erde scheinen.
Ich und die Meinen
Wir liessen unsre Rosse stehn,
Um alsbald in den Wald zu gehn
Nach dem wonniglichen Sang.
Gar lang und weit der Weg sich wand,
Bis wir dorthin kamen,
Wo wir nun vernahmen, 20
Was Wunder darin mochte sein.
Gar viele schöne Mägdelein
Wir in dem Walde funden,
Die spielten in diesen Stunden
Auf dem grünen Klee umher,
Hunderttausend und noch mehr;
Die spieleten und sprangen,
Hei, wie schön sie sangen,
Dass wir alle, Kleine und Grosse,
Durch das liebliche Getose,
Das aus dem Walde zu uns scholl,
Ich und meine Helden wohl,
Vergassen unser Herzeleid
Und all die Mühe in dem Streit.
Wir fühlten alle Noth vergehn
Und was uns Leides je geschehn.
Da schien es allen uns fürwahr,
Was auch gar kein Wunder war, 10
Dass zur Genüge sei gegeben
Uns für die Weile, die wir leben,
Freude und des Reichthums Glanz.
Angst und Leid vergass ich ganz,
Ich und all die Meinen,
Und was von Kindesbeinen
Bis an denselben Tag fürwahr
Uns Leides je geschehen war;
Mir deuchte wohl zu dieser Stund',
Ich würde nimmer ungesund; 20
Wär' ich dort immerdar gewesen,
Ich wäre ganz und gar genesen
Von aller Angst und aller Noth
Und hätte nicht gescheut den Tod.

Wollt ihr nun rechte Einsicht han,
Wie's mit den Frauen war gethan,
Von wannen diese kamen,
Oder welches Ende sie nahmen,
Von Allem mag euch das fürwahr
Erscheinen höchlich wunderbar.
Sobald der Winter gieng von dann,
Und die Sommerszeit begann,
Und es grün ward überall,
Und die edlen Blumen ohne Zahl
Im Wald begannen aufzugehn,
Da waren die gar schön zu sehn. 10
Von Lichte strahleten sie ganz,
In rothem und in weissem Glanz
Schimmerten gar ferne sie.
Solche Blumen waren nie,
Welche schöner mochten blühn.
Sie waren, wie es uns erschien,
Völlig rund als wie ein Ball
Und fest verschlossen überall;
Sie waren wunderbarlich gross.
Und wenn die Blume sich oben erschloss, 20
Das merket wohl in euerem Sinne,
So fanden sich darinne
Mägdlein ganz und gar vollkommen.
Ich sag's euch, wie ich's hab' vernommen.
Sie wandelten lebendig
Und sprachen so verständig
Und fühlten Menschenlust und Sinn;
Sie hatten völlig, wie es schien,
Ein Alter um das zwölfte Jahr.
Sie waren herrlich, das ist wahr,
Geschaffen an ihrem Leibe.
Ich hab' an keinem Weibe
Ein schöner Antlitz je gesehn
Noch Augen also herrlich stehn;
Händ' und Arme waren hell
Wie eines Hermelines Fell,
So auch die Füsse und die Beine;
Es war von ihnen keine, 10
Die nicht der Schönheit Reiz besass.
Auch trieben sie in Züchten Spass
Und lachten viel und waren froh,

Und ihr Gesang entzückte so,
Dass nie vordem und seit der Frist
So süsse Stimm' erschollen ist.
Doch musste diesen Frauen,—
Darauf dürft ihr vertrauen—
Lebenslust der Schatten geben;
Sie konnten ohne den nicht leben. 20
Traf sie die Sonne mit ihrem Scheine,
So blieb am Leben ihrer keine.
Das Wunder das war mannigfalt.
Da erscholl ringsum der Wald
Von dem süssen Klingen
Derer, die darinne singen,
Die Vögel und die Mägdelein;
Wie konnt' es wonniglicher sein,
Früh und spät zu jeder Zeit.
Ihres Leibes ganzes Kleid
Fest an sie gewachsen war
An die Haut und an das Haar.
An Farbe waren sie genau
So wie die Blumen auf der Au
Roth und weiss wie Schnee gethan.
Da wir sie zu uns gehen sahn,
Da drängte ihnen der Leib entgegen,
Denn Fraun, die solche Lust erregen,
Sind noch der Welt nicht worden kund. 10
* *

O weh, dass wir so schnell verloren
Das wonnige Behagen!
Dies Wunder, kann ich sagen,
Durft ich mit meinen Augen schaun:
Ihr möget meinen Worten traun.
Dies währte, wie ich euch jetzt sage,
Drei Monate und noch zwölf Tage,
Dass ich mit meiner Heldenschar
In dem grünen Walde war
Und bei den schönen Auen 20
Mit den lieben Frauen,
Und wir in Lust mit ihnen lebten
Und in Wonn' und Freude schwebten.
Doch grosses Leid geschah uns dann,
Das nie genug ich klagen kann.
Da die Zeit zu Ende gieng,

Unsre Freude auch zergieng:
Die Blumen ganz und gar verdarben
Und die schönen Frauen starben.
Ihr Laub die Bäume liessen
Und die Brunnen ihr Fliessen
Und die Vögelein ihr Singen.
Da begunnte auch zu zwingen
Ungemach und Gram mein Herze 10
Mit mannigfaltigem Schmerze.
Schrecklich war der Jammer da,
Den ich alle Tage sah
An den schönen Frauen.
O weh, dass ich musste schauen,
Wie sie alle starben,
Und die Blumen verdarben:
Da schied in Trauer ich von dannen
Mit allen meinen Mannen.

DAS ROLANDSLIED.

[*Scherer D.* 91, *E.* 82.]

Das Rolandslied, oder der Zug Kaiser Karls gegen die spanischen Sarazenen, wurde von dem Pfaffen Konrad nach einem französischen Vorbild gedichtet. Er schrieb es an dem Hofe des Welfen Heinrichs des Stolzen um 1130. Herausgegeben von W. Grimm (Göttingen, 1838); und von Bartsch (Leipzig, 1874).

1.
GENELUNS BOTSCHAFT.

Ûf spranc der helt Ruolant; 20
er sprach 'gevellet iz den fursten allen samt,

und wil iz mîn herre gestaten,
so ist Genelûn, mîn stiefvater,
der aller tûristen boten einer,
den ich in deme rîche chan gezeigen;
er ist wîse und chuone,
redehaft genuoge;

er ist ein helt lussam
wâ vunde man nu deheinin man,
der deme rîche baz gezæme?
er ist ein furste alsô mære, 10
man en scol ins niht erlâzen.'
die fursten, alsô si sâzen,
vestenden alle under in,
iz ne möchte nieman sô wole sîn;
er gezême wole dem rômischeme vogete,
sware er in senden wolte.
Genelûn erbleichte harte;
hinze Ruolante er warte.
er sprach: 'nu hât mich der herre Ruolant
ûz disme rîche versant, 20
daz ich unter den heiden irsterbe
und ime daz erbe werde.
ach unde wê geschehe dir!
waz wîzest du mir?
mit bôsen geisten bist du gemuot.
nu ist iz aller êrist her ûz erbluot,
daz du mir ie riete an den lîb.

dîn muoter ist mîn wîb:
mîn sun Baldewîn
scholde dîn bruoder sîn.
vergezzen hâst du der trûwen;
iz scol dich vil sêre gerûwen,
scol ich mînen lîp hân,
des du nu zuo mir hâst getân.
iz wirt dir vile swære.
du gehœrest nûwe mære. 10
des gât mich ane michil nôt;
in deme ellende lige ich ungerne tôt.'
Karl der rîche
der manete in gezogenlîche:
'Genelûn, geswige mîn,
lâ dise unrede sîn.
du bist ein wîse herre;
nune zurne nicht sô sêre.
genc here nâher,
mîne botscaph zenphâhen.
vare vrôlîchen hinnen; 20
handele iz mit sinnen.

erwirvest du deme rîche dehein êre,
al dîn chunne vrowit sich iemir mêre.'
Genelûn werte sich gnuoch;
der keiser bôt ime ie den hantscuoch.
er tete die wulvîne blicke;
er rief vile dicke:
'dize hâst du, Ruolant, getân!
uble muoz iz ime ergân
unde sînen zwelf gesellen!
nû habent si allen ir willen.'

Auf sprang der Held Roland, 20
er sprach: 'gefällt es den Fürsten gesammt,
und will es mein Herr gestatten,
so ist Genelun, mein Stiefvater,
der allerbesten Boten einer,
den ich in dem Reiche kann zeigen;
er ist weise und kühn,
beredt genug;
er ist ein lustsamer (schöner) Held.
Wo fände man nun irgendeinen Mann,
der dem Reiche besser ziemte?
er ist ein Fürst so preiswürdig, 10
man soll ihn dessen nicht erlassen.'
Die Fürsten, wie sie sassen,
bestätigten (es) alle unter einander,
es möchte niemand so passend sein;
er ziemete wohl dem römischen Vogte (Kaiser),
wohin er ihn auch senden wollte.
Genelun erbleichte sehr;
hin zu Roland er schaute.
Er sprach: 'Nun hat mich der Herr Roland
aus diesem Reiche versandt, 20
dass ich unter den Heiden sterbe
und ihm das Erbe werde.
Ach und Weh geschehe dir!
Was rächest du an mir?
Mit bösen Geistern bist du beseelt.
Jetzt ist es endlich heraus erblüht,
dass du mir immer nach dem Leben standest.
Deine Mutter ist mein Weib;
mein Sohn Baldewin
sollte dein Bruder sein.

Vergessen hast du der Treue;
es soll dich gar sehr gereuen,
soll ich mein Leben behalten,
was du nun an mir hast gethan.
Es wird dir sehr schlimm.
Du hörst neue Märe.
Dazu zwingt mich grosse Noth; 10
in der Fremde liege ich ungerne todt.'
Karl der gewaltige,
der mahnte ihn würdevoll:
'Genelun, mein Schwager,
lass die schlimme Rede sein.
Du bist ein weiser Herr;
nun zürne nicht so sehr.
Komm her näher,
meine Botschaft zu empfahen,
fahre fröhlich von hinnen; 20
behandle es mit Verstand.
Erwirbst du dem Reiche eine Ehre,
all dein Geschlecht freut sich immer mehr.'
Genelun wehrte sich genug;
der Kaiser bot ihm den Handschuh.
Er that die wölfischen Blicke;
er rief sehr oft:
'Dies hast du, Roland, gethan!
übel soll es ihm ergehn
unde seinen zwölf Gesellen!
nun haben sie ihren Willen ganz erreicht.' 30

HÜPPE.

2.
ROLANDS ENDE.

Ruolant chêrte gegen Yspanie
verre von den erslagenen;
er gesaz zuo ainem boume,
dâ beit er vil chûme.
In ainer sîner hant
truog er daz horn Olivant,
in der anderen Durndarten.
Ain haiden im gewarte:

mit bluote er sich allen bestraich,
vil tougenlîchen er im nâch slaich. 10
Dô gedâchte der haiden:
'Unter disen vir stainen
dâ erstirbet Ruolant;
Durndarten nim ich ze mîner hant
unt Olivantem;
sô sage ich in dem lante,
daz wir gesiget haben
unt ich habe Ruolanten erslagen.
Des frout sich imer mêre
elliu arâbiskiu erde.' 20
Ruolant was von den sînen chomen,
sô man geschiezen maht ainen bogen,
unter den marmilstainen;
dô wânte der haiden,
daz er tôt wâre.

Dô enthîlt sich der helt mâre,
unz im der haiden sô nâhen chom;
ûf zucht er daz horn,
uber den helm er in sluoc,
daz im daz verhbluot
ûz sînen ougen spranc.
Er sprach: 'Daz du habis undanc,
daz du mir ie sô nâhen torstest chomen.
Olivant ist zechloben!'
Er rezurnte vil harte, 10
sus redeter ze Durndarte:
'Nu ich dîn nicht scol tragen,
dune wirst niemir mennisken ze scaden.'
daz swert er ûf huop,
in den stain er iz sluoc;
iz ne tet sîn nehain war.
Er sluoc iz aver dar
mit paiden sînen hanten;
daz swert er umbe wante,
er versuocht iz zehen stunt. 20
Er sprach: 'Lâgestu in des meres grunt,
daz du dehainem christen man
niemir mêre wurdest ze ban!
scol dich dehain haiden tragen,
daz wil ich imer gote chlagen!'

Mit grimme er aver sluoc.
dô daz swert vor im gestuont
âne mâl unt âne scarte,
dô redet er ave ze Durndarte:

'ich bechenne wol dînen site,
daz du nicht des vermite,
swâ ich dich hin gebôt,
den was geraite der tôt
di wîle ich tochte.'

Roland kehrte gegen Spanien
fern von den Erschlagenen;
er setzte sich an einem Baume nieder,
da konnte er kaum den Tod erwarten.
In seiner einen Hand
trug er das Horn Olivant,
in der andern Durndart.
Ein Heide beobachtete ihn:
mit Blut bestrich er sich über und über,
ganz heimlich schlich er ihm nach. 10
Da dachte der Heide:
'Unter diesen vier Steinen
da erstirbt Roland;
Durndart nehme ich dann an mich
und Olivant;
und verkünde in dem Lande,
dass wir gesiegt haben,
und ich Roland erschlug.
Darüber freut sich immerdar
die ganze arabische Welt.' 20
Roland war von den Seinen abgekommen
so weit man mit einem Bogen schiessen kann,
unter den Marmorsteinen;
da wähnte der Heide
dass er tod wäre.
Da rührte sich der ruhmreiche Held nicht,
bis ihm der Heide ganz nahe kam;
empor zückte er das Horn,
über den Helm schlug er ihn,
dass ihm das Lebensblut
aus den Augen sprang.
Er sprach: 'Verwünscht sollst du sein,

dass du mir je so nahe zu kommen wagtest.
Olivant ist zerschlagen!'
Er erzürnte sehr heftig, 10
so redete er Durndart an:
'Da ich dich nun nicht länger führen soll,
so wirst du nimmer mehr Menschen zu Schaden!'
Das Schwert hob er empor,
auf den Stein schlug er es;
es that nicht dergleichen.
Er schlug es wiederum darauf
mit beiden Händen;
das Schwert drehte er um,
er versuchte es zehn mal. 20
Er sprach: 'Liegest du an dem Meeresgrunde,
dass du keinem Christen
jemals mehr den Tod brächtest!
Soll ein Heide dich führen,
das will ich ewig Gott klagen!'
Grimmig schlug er noch einmal.
als das Schwert vor ihm Stand hielt
ohne Mal und ohne Scharte,
da redete er wiederum zu Durndart:
'Ich kenne wohl deine Art,
dass du nichts unterliessest,
gegen wen ich dich auch führte,
denen war der Tod bereitet
so lange ich bei Kräften war.'

KÖNIG ROTHER.

[*Scherer D.* 93, *E.* 85.]

Von einem Spielmann um die Mitte des zwölften Jahrhunderts in Baiern verfasst. Das Gedicht beruht auf sagenhafter Grundlage und ist die Umgestaltung eines älteren Gedichts. Herausgegeben von Rückert (Leipzig 1872), v. Bahder (Halle 1884).

BEFREIUNG DER SÖHNE BERCHTERS.

Der zît iz nâhôte

vil harde genôte,
daz Constantîn zô tiske gie.
Dieterich des nicht nelie, 10
her quême mit sînin mannen
vor den kuninc gegangen.
dô man daz wazzer nam,
die juncvrouwe lossam
ginc vor deme tiske umbe
heize weinunde,
ab sie iemanne sô lêve hête getân,
der die botin lossam
ûffe den lîf torste nemen.
ir nechein torste sie des geweren:
herzogin die rîchen 20
virzigin ir gelîche,
biz sie zô den recken quam
mit deme die rât was getân.

dô sprach die magit êrlich
'nu gedenke, helit Dieterich,
aller dînir gôte
unde hilf mir ûz der nôte.
nim die botin ûffe daz leven,
die heizit dir die kuninc geven.
irzagit sîn mînis vater man:
sie ne turrin sie nicht bestân.
doch sal die edelecheit dîn
mit samt mir geteilit sîn, 10
daz ich der genieze.
swê gerne du daz liezes,
dich ne lâze dîn tuginthafter môt.
du salt mich geweren, helit gôt.'
'Gerne' sprach Dieterich,
'sint irs gerôchit ane mich.
iz ne gât mî nicht wene an den lîf.
doch werdich dîn burge, schône wîf.'
Die botin gab dô Constantîn 20
Dieterîche ûffe den lîf sîn.
der hêrre sie dô ober nam:
dô volgetin ime des kuningis man
zô deme kerkâre,
dâr sie mit nôtin wâren.

die ellenden haftin
lâgin in unkreftin
unde leveden bermelîche.
Berchter der rîche
stunt unde weinôte,
dô her den schal gehôrte.
den kerkêre man ûf brach,
dar în schein dô der tach.
schîre quam in daz liecht,
des newârin sie gewone niecht. 10
Erwîn was der êrste man
der ûz deme kerkêre quam.
alsen der vater an gesach,
wie grôz sîn herzerûwe was!
her kârte sich hin umbe
unde wranc sîne hende,
her ne torste nicht weinen,
unde ne stunt ime nie sô leide,
sint in sîn môter getrôc.
Erwîn der helit gôt 20
was von deme lîf getân
alsô von rechte ein arm man.
Sie nâmin die zwelf grâven
ûz deme kerkâre
und iegelich sînen man.
die rîtâr alsô lossam
sie wârin swarz unde sale,
von grôzen nôtin missevare.
Lûpolt der meister
ne mochte nicht geleisten 30
wan ein bôse schurzelîn,
daz want her umbe den lîf sîn.
dô was der weinige man

harte barlîche getân,
zoschundin unde zeswellôt.
Dieterich der helit gôt
stunt trûrich von leide
unde ne wolde doch nicht weinen
umbe die botin lossam.
Berchter der alde man
ginc al umbe
die haften schouwunde.

done rûwen in nichein dinc 10
harter dan sîne schônen kint.
Dieterich der hêre
heiz die botin hêren
vôren zô den herbergen sîn,
wan Lûpolt unde Erwîn
die liez man eine gân,
daz er ne plach nehein man.
dô sprach Erwîn der mêre
'Lûpolt, trût hêre,
sie du einin grâwin man 20
mit deme schônin barte stân,
der mich schouwôte
wunderen nôte.
her kârte sich umbe
und wranc sîne hande.
her ne torste nicht weinen,
unde ne stunt ime doch nie sô leide.
waz ob got der gôte
durch sîne ôtmôte
ein grôz zeichin wil begân, 30
daz wir kumin hinnân?
daz is wâr, brôdir mîn,
her mach wole unse vatir sîn.'

dô lachetin sie beide
von vroweden unde leide.
Die ellenden geste
wârin hantfeste
biz an den anderen dac.
die juncvrouwe ern vater bat,
daz her sie lieze dare gân,
sie wolden selve dienan.
orlof er der kuninc gaf.
wê schîre sie over hof getraf 10
zô deme hêrren Dieterîche!
dô hiez man al gelîche
die vremedin rîtâr ûz gân.
dâr nebeleib nichein man
wan der verchmâge
die uber mere wârin gevaren.
den botin alsô lossam
den legete man gôt gewant an

unde vazzede sie vlîziclîche,
daz quam von Dieterîche. 20
der tisc wart gerichtôt.
Berchter der helt gôt
was trochtsâze
die wîle sîne kint âzen.
Alse die hêrren gesâzen,
ir leides ein teil virgâzen.
dô nam die recke Dieterich
eine harfin, die was êrlich,
unde scleich hinder den umbehanc.
wie schîre ein leich dar ûz klanc! 30

swilich ir begunde trinkin,
deme begundiz nidir sinkin
Daz er iz ûffe den tisc gôt.
swilich ir abir sneit daz brôt,
deme intfiel daz mezses durch nôt.
sie wurdin von trôste witzelôs.
wie manich sîn trûren virlôs!
sie sâzin alle und hôrtin
war daz spil hinnen kârte.
lûde der eine leich klanch: 10
Luppolt ober den tisc spranch
unde der grâve Erwîn.
sie heizin en willekume sîn,
den rîchen harfâre
unde kustin in zewâre.
wie rechte die vrouwe dô sach
daz her der kuninc Rôther was!

Um die Zeit
War es gerade so weit,
Dass Constantin zu Tische gieng.
Dietrich kam auch
Mit seinen Mannen 10
Vor den König gegangen.
Als man das Wasser reichte,
Gieng die liebliche Jungfrau
Um den Tisch herum
Unter heissen Thränen fragend,
Ob sie sich einem so freundlich erwiesen hätte,
Dass er für die wackeren Boten

Mit seinem Leben einzustehn wagte.
Ihr wagte keiner das zuzugestehn:
Die mächtigen Herzoge 20
Wiesen ihre Bitte alle zurück,
Bis sie an den Recken kam,
Mit dem die Verabredung getroffen war.
Da sprach die herrliche Maid:
'Nun gedenke, Held Dietrich,
An alle deine Güte
Und hilf mir aus der Noth.
Steh ein für die Boten mit deinem Leben,
Die befiehlt der König dir auszuliefern.
Verzagt sind meines Vaters Mannen;
Sie wagen es nicht, sie auf sich zu nehmen.
Doch will ich von deiner edeln That,
Einen Theil auf mich nehmen, 10
Damit deren Ruhm auch auf mich falle.
Wie gerne du das auch unterliessest,
Es sei denn, dass dich dein tugendhafter Sinn verliess,
Du musst es mir gewähren, wackerer Held.'
'Gerne,' sprach Dietrich,
'Weil ihr mich darum bittet.
Mehr als das Leben kann es nicht kosten.
Ich werde also dein Bürge, schöne Frau.'
Da gab Constantin die Boten 20
Dietrich gegen Einsatz seines Lebens.
Der Held aber übernahm sie.
Da folgten ihm des Königs Mannen
Zu dem Kerker,
Wo sie in Noth waren.
Die armen Gefangenen
Lagen da entkräftet
Und lebten erbarmungswürdig.
Berchter der mächtige
Stand und weinte,
Als er den Lärm hörte.
Den Kerker brach man auf,
Da schien der Tag hinein.
Plötzlich drang das Licht zu ihnen,
Dessen waren sie ungewohnt. 10
Erwin, war der erste Mann,
Der aus dem Kerker trat.
Als ihn der Vater erblickte,

Wie gross war da sein Herzeleid!
Er wandte sich um
Und rang seine Hände,
Und wagte nicht zu weinen,
Und doch war ihm nie so weh,
Seit ihn seine Mutter geboren.
Erwin, der treffliche Held, 20
War von Kräften gekommen
Wie es für einen Armen natürlich wäre.
Sie nahmen die zwölf Grafen
Aus dem Kerker,
Und ein jeder seinen Getreuen.
Die sonst so glänzenden Ritter
Sie waren schwarz und schmutzig,
Von grossen Nöthen blass.
Lupolt der Meister
Hatte nichts aufzuweisen 30
Als ein armselig Schürzlein,
Das wand er sich um den Leib.
Da war der elende Mann
Gar sehr entblösst,
Zerschunden und vor Hunger aufgedunsen.
Dietrich, der wackere Held,
War traurig von Wehe
Und wollte doch nicht weinen
Um die lieben Boten.
Berchter, der alte Mann,
Gieng um und um,
Die Gefangenen beschauend.
Um keinen empfand er bittereres Leid 10
Als um seine schönen Kinder.
Dietrich der Herr
Hiess die ansehnlichen Boten
Zu seiner Herberge führen,
Ausser Lupolt und Erwin;
Die liess man allein gehn,
Ihrer nahm sich niemand an.
Da sprach Erwin der ruhmreiche
Lupolt, trauter Herr,
Sieh dort einen grauen Mann 20
Mit einem schönen Barte stehn,
Der mich angeblickt
Mit ängstlichem Eifer.

Er wandte sich um
Und rang die Hände.
Er wagte nicht zu weinen,
Und war ihm doch nie so weh zu Muthe.
Vielleicht will der gütige Gott
In seiner Gnade
Ein grosses Wunder thun, 30
dass wir von hinnen kommen.
Wahrlich, lieber Bruder,
Es könnte unser Vater sein.'
Da lachten sie beide
Vor Freude und vor Leide.
Die unglücklichen Fremdlinge
Waren gegen Bürgschaft freigelassen
Bis zum andern Tag.
Die Jungfrau bat ihren Vater,
Dass er sie dahin gehn liess,
Sie wollte ihnen selber aufwarten.
Der König erlaubte es ihr.
Wie rasch sie über den Hof eilte 10
Zu dem Herren Dietrich!
Da liess man alle
Die fremden Ritter hinausgehn.
Da blieb niemand zurück
Ausser den Blutsverwandten
Die übers Meer gefahren waren.
Den stattlichen Boten
Legte man gutes Gewand an
Und kleidete sie sorgfältig,
Das gieng von Dietrich aus. 20
Der Tisch wurde gerichtet.
Berchter, der edle Held,
War Truchsess,
Dieweil seine Kinder assen.
Als die Herren sich gesetzt hatten,
Vergassen sie ihres Leides ein wenig.
Da nahm der Recke Dietrich
Eine Harfe, die war herrlich,
Und schlich hinter den Vorhang.
Wie rasch ein Leich daraus hervorklang! 30
Wer im Begriff war zu trinken,
Dem begann der Trank (nieder) zu sinken,
Dass er ihn auf den Tisch vergoss.

Wer das Brot schnitt,
Dem entfiel das Messer vor innerer Bewegung.
Diese Tröstung brachte sie fast von Sinnen.
Wie mancher liess da ab von seiner Trauer!
Sie sassen alle und hörten
Worauf das Spiel hinaus gienge.
Laut erklang der eine Leich: 10
Luppolt sprang über den Tisch
Und mit ihm Graf Erwin.
Sie hiessen ihn willkommen
Den mächtigen Harfner
Und küssten ihn fürwahr.
Wie deutlich die Frau da erkannte,
Dass er der König Rother war!

DAS VOLKSEPOS.

DAS NIBELUNGENLIED.

[*Scherer* D. 110, E. 101.]

Die Handschriften, welche das Nibelungenlied überliefern, zerfallen in drei Hauptklassen, vertreten durch die Hohenems-Münchener Hs. (A), die allein steht, die St. Galler Hs. (B) und die Hohenems-Lassbergische Hs. (C). Lachmann erklärte die kürzeste Fassung A für einen Repräsentanten des ursprünglichsten Textes, B für Überarbeitung einer Handschrift der Klasse A, C für Überarbeitung einer Handschrift der Klasse B. Er legte A seinen Ausgaben zu Grunde; 'Der Nibelunge Noth und die Klage' (Berlin, 1826, 1841, 1851). Dagegen erklärte Holtzmann und Zarncke die Klasse C für die ursprünglichste und legten die Hs. C ihren Ausgaben zu Grunde; Holtzmann (Stuttgart, 1857), Zarncke (Leipzig 1856, fünfte Aufl. 1875). Pfeiffer erklärte den Ritter von Kürenberg für den Verfasser des Nibelungenliedes. Bartsch stimmte ihm bei, indem er eine verlorene Urgestalt des Gedichts zu erweisen suchte, und legte seinen Ausgaben B zu Grunde (3 Bde. Leipzig, 1870–1880).

VIII. LIED.

Gunthêr und Hagne, ‖ die reken vil balt,
lobeten mit untriuwen ‖ ein pirsen in den walt.
mit ir scharpfen gêren ‖ si wolden jagen swîn
beren unde wisende: ‖ waz kunde küeners gesîn?

Si hiezen herbergen ‖ für den grüenen walt
gêns wildes abeloufe ‖ die stolzen jägere balt,
dâ si dâ jagen solden, ‖ ûf einen wert vil breit.
dô was ouch komen Sîfrit: ‖ daz wart dem künege geseit.

Von den jeitgesellen ‖ wurden dô bestân
die warte an allen enden. ‖ dô sprach der küene man,
Sîfrit der vil starke, ‖ 'wer sol uns in den walt
wîsen nâch dem wilde, ‖ ir degne küene unde balt?'

'Wellen wir uns scheiden,' ‖ sprach dô Hagene,
'ê daz wir beginnen ‖ hie ze jagene?
dâ bî mugen bekennen ‖ ich und die hêrren mîn

wer die besten jägere ‖ an diser waltreise sîn.

Liute unde hunde ‖ sulen wir teilen gar:
sô kêre islîcher ‖ dâ er gerne var. 10
der danne jage beste, ‖ der sol des haben danc.'
der jäger bîten ‖ wart bî ein ander niht lanc.

Dô sprach der hêrre Sîfrit ‖ 'ich hân der hunde rât,
wan einen bracken, ‖ der sô genozzen hât
daz er die verte erkenne ‖ der tiere durch den tan.
wir komen wol ze jeide,' ‖ sprach der Kriemhilde man.

Dô nam ein alter jägere ‖ einen spürhunt:
er brâhte den hêrren ‖ in einer kurzer stunt
dâ si vil tiere funden. ‖ swaz der von leger stuont,
diu erjeiten die gesellen, ‖ sô noch guote jeger tuont.

Einen eber grôzen ‖ vant der spürhunt.
als er begunde vliehen, ‖ dô kom an der stunt
des gejeides meister ‖ bestuont in ûf der slâ.
daz swîn zorneclîchen ‖ lief an den küenen degen sâ.

Dô sluoc in mit dem swerte ‖ Kriemhilde man:
ez hete ein ander jegere ‖ sô sanfte niht getân. 10
dô ern hete ervellet, ‖ man vie den spürhunt.
dô wart sîn rîch gejeide ‖ allen Burgonden kunt.

Sie hôrten allenthalben ‖ ludem unde dôz.
von liuten und von hunden ‖ der schal was sô grôz,
daz in dâ von antwurte ‖ der berc und ouch der tan.
vier unde zweinzec ruore ‖ die jeger hêten verlân.

Dô muosen vil der tiere ‖ verliesen dâ daz leben.
dô wânden sie füegen ‖ daz man solde geben
in den prîs des jeides: ‖ des kunde niht geschehen,
dô der starke Sîfrit ‖ wart zer viwerstat gesehen.

Daz jeit was ergangen, ‖ unde doch niht gar.
die zer viwerstat wolden, ‖ die brâhten mit in dar

vil maneger tiere hiute ‖ und wildes genuoc.
hei waz man ze kuchen ‖ für daz ingesinde truoc!

Dô hiez der künic künden ‖ den jägern wol geborn
daz er enbîzen wolde. ‖ dô wart lûte ein horn 10
zeiner stunt geblâsen: ‖ dâ mite wart bekant
daz man den fürsten edele ‖ dâ zen herbergen vant.

Dô sprach der hêrre Sîfrit ‖ 'nu rûmen wir den tan!'
sîn ros truoc in ebene: ‖ si îlten mit im dan.
si ersprancten mit ir schalle ‖ ein tier gremelich,
einen beren wilden. ‖ dô sprach der degen hinder sich:

'Ich wil uns hergesellen ‖ kurzwîle wern.
ir sult den braken lâzen. ‖ ich sihe einen bern:
der sol mit uns hinnen ‖ zen herbergen varn.
ern fliehe danne sêre, ‖ ern kan sichs nimmer bewarn.'

Der brake wart verlâzen, ‖ der bere spranc von dan.
dô wolde in errîten ‖ Kriemhilde man.
er kom in ein gevelle: ‖ done kund ez niht wesen.
daz starke tier dô wânde ‖ vor den jägeren genesen.

Dô spranc von sîme rosse ‖ der stolze rîter guot,
er begunde nâch loufen. ‖ daz tier was unbehuot, 10
ez enkund im niht entrinnen: ‖ dô vie erz sâ zehant,
ân alle wunden ‖ der helt ez schiere gebant.

Krazen noch gebîzen ‖ kund ez niht den man.
er band ez zuo dem satele: ‖ ûf saz der snelle sân,
er brâht ez an die viwerstat ‖ durch sînen hôhen muot,
zeiner kurzwîle, ‖ der degen küene unde guot.

Als er gestuont von rosse, ‖ dô lôste er im diu bant
von fuoze und ouch von munde. ‖ do erlûte sâ zehant
vil lûte daz gehünde, ‖ swaz es den bern sach.
daz tier ze walde wolde: ‖ des heten die liute ungemach.

Der bere von dem schalle ‖ durch die kuche geriet:

hey waz er kuchenknehte ‖ von dem viwer schiet!
vil kezzele wart gerüeret, ‖ zerfüeret manic brant:
hei waz man guoter spîse ‖ in dem aschen ligen vant!

Dô sprungen von dem sedele ‖ die hêrren und ir man.
der bere begunde zürnen: ‖ der künic hiez dô lân 10
allez daz gehünde ‖ daz an seilen lac.
und wær ez wol verendet, ‖ si heten vrœlîchen tac.

Mit bogen und mit spiezen ‖ (niht langer man daz lie)
dar liefen dô die snellen, ‖ dâ der bere gie.
dô was sô vil der hunde, ‖ daz dâ nieman schôz.
von des liutes schalle ‖ daz birge allez erdôz.

Der ber begunde vliehen ‖ vor den hunden dan:
im kunde niht gevolgen ‖ wan Kriemhilde man.
er erlief in mit dem swerte, ‖ ze tôde er in dô sluoc.
hin wider zuo dem viwre ‖ man den beren dô truoc.

Dô sprâchen die daz sâhen, ‖ er wær ein kreftic man.
die stolzen jeitgesellen ‖ hiez man ze tische gân.
ûf einen schœnen anger ‖ saz ir dâ genuoc.
hei waz man rîterspîse ‖ den stolzen jegern dô truoc!

Dô sprach der hêrre Sîfrit ‖ ‘wunder mich des hât,
sîd man uns von kuchen ‖ gît sô manegen rât, 10
war umbe uns die schenken ‖ dar zuo niht bringen wîn.
man pflege baz der jegere, ‖ ich wil niht jeitgeselle sîn.

Dô sprach der Niderlende ‖ ‘ir lîp der habe undanc.
man sold mir siben soume ‖ met und lûtertranc
haben her gefüeret. ‖ dô des niht mohte sîn,
dô sold man uns gesidelet ‖ haben nâher an den Rîn.’

Dô sprach von Tronje Hagne ‖ ‘ir edelen rîter balt,
ich weiz hie vil nâhen ‖ einen brunnen kalt
(daz ir niht enzürnet): ‖ dâ sul wir hine gân.’
der rât wart manegem degne ‖ ze grôzen sorgen getân.

Dô si wolden dannen ‖ zuo der linden breit,
dô sprach von Troneje Hagne ‖ 'mir ist des vil geseit
daz niht gevolgen kunde ‖ dem Kriemhilde man,
swenner welle gâhen: ‖ wold er uns daz sehen lân!'

Dô sprach von Niderlande ‖ der küene Sîfrit
'daz muget ir wol versuochen, ‖ welt ir mir volgen mit 10
ze wette zuo dem brunnen. ‖ sô daz ist getân,
man jehe dem gewinnes ‖ den man siht gewunnen hân.'

'Nu welle ouch wirz versuochen,' ‖ sprach Hagne der degen.
dô sprach der starke Sîfrit ‖ 'sô wil ich mich legen
für iuwer füeze ‖ nider an daz gras.'
dô er daz gehôrte, ‖ wie liep daz Gunthêre was!

Dô sprach der degen küene ‖ 'ich wil iu mêre sagen,
allez mîn gewæte ‖ wil ich mit mir tragen,
den gêr zuo dem schilde, ‖ und mîn pirsgewant.'
den kocher zuo dem swerte ‖ schier er umbe gebant.

Dô zugen si diu kleider ‖ von dem lîbe dan:
in zwein wîzen hemden ‖ sach man si beide stân.
sam zwei wildiu pantel ‖ si liefen durch den klê:
doch sach man bî dem brunnen ‖ den küenen Sîfriden ê.

Den brîs von allen dingen ‖ truoc er vor manegem man.
daz swert lôst er schiere, ‖ den kocher leit er dan, 10
den starken gêr er leinde ‖ an der linden ast:
bî des brunnen fluzze ‖ stuont der hêrlîche gast.

Die Sîfrides tugende ‖ wâren harte grôz.
den schilt er leite nidere ‖ dâ der brunne flôz:
swie harte sô in durste, ‖ der helt doch niht entranc
ê der künec getrunke. ‖ des seit er im vil bœsen danc.

Der brunne was küele ‖ lûter unde guot.
Gunthêr sich dô neigte ‖ nider zuo der vluot:
als er hete getrunken, ‖ dô rihte er sich von dan.
alsam het ouch gerne ‖ der küene Sîfrit getân.

Do engalt er sîner zühte. ‖ den bogen und daz swert,
daz truoc allez Hagne ‖ von im danwert,
und spranc dâ hin widere ‖ da er den gêre vant.
er sach nâch einem bilde ‖ an des küenen gewant.

Dô der hêrre Sîfrit ‖ ob dem brunnen tranc,
er schôz in durch daz criuze, ‖ daz von der wunden spranc 10
daz bluot von dem herzen ‖ vaste an Hagnen wât.
solher missewende ‖ ein helt nu nimmer begât.

Der hêrre tobelîchen ‖ von dem brunnen spranc:
im ragete von den herten ‖ ein gêrstange lanc.
der fürste wânde vinden ‖ bogen oder swert:
sô müeste wesen Hagne ‖ nâch sîme dienste gewert.

Dô der sêre wunde ‖ des swertes niht envant,
done het et er niht mêre ‖ wan des schildes rant:
er zuct in von dem brunnen, ‖ dô lief er Hagnen an:
done kund im niht entrinnen ‖ des künic Gunthêres man.

Swie wunt er was zem tôde, ‖ sô kreftclîch er sluoc,
daz ûzer dem schilde ‖ dræte genuoc
des edelen gesteines: ‖ der schilt vil gar zerbrast.
sich hete gerne errochen ‖ der vil hêrlîche gast.

Dô was gestrûchet Hagne ‖ vor sîner hant zetal.
von des slages krefte ‖ der wert vil lûte erhal. 10
het er sîn swert enhende, ‖ sô wær ez Hagnen tôt.
sêre zurnde der wunde: ‖ des twanc in êhaftiu nôt.

Erblichen was sîn varwe: ‖ ern mohte niht gestên
sînes lîbes sterke ‖ muoste gar zergên,
wand er des tôdes zeichen ‖ in liehter varwe truoc
sît wart er beweinet ‖ von schœnen vrouwen genuoc.

Dô viel in die bluomen ‖ der Kriemhilde man:
daz bluot von sîner wunden ‖ sach man vaste gân.
dô begunder schelden ‖ (des twanc in grôziu nôt)
die ûf in gerâten ‖ heten ungetriwe den tôt.

Dô sprach der verchwunde ‖ 'jâ ir bœsen zagen,
waz helfent mîniu dienest, ‖ sîd ir mich habet erslagen?
ich was iu ie getriuwe; ‖ des ich enkolten hân.
ir habet an iwren friunden ‖ leider übele getân.

Die rîter alle liefen ‖ dâ er erslagen lac.
ez was ir genuogen ‖ ein vröudelôser tac. 10
die iht triwe hêten, ‖ von den wart er gekleit:
daz hete ouch wol verdienet ‖ umbe alle liute der helt gemeit.

Der künec von Burgonden ‖ klagte ouch sînen tôt.
dô sprach der verchwunde ‖ 'daz ist âne nôt,
daz der nâch scaden weinet, ‖ der in dâ hât getân.
der dienet michel schelden: ‖ ez wære bezzer verlân.'

Dô sprach der grimme Hagne ‖ 'jan weiz ich waz ir kleit.
ez hât nu allez ende an uns, ‖ sorge unde leit:
wir vinden ir nu wênic ‖ die getürren uns bestân.
wol mich daz ich des heldes ‖ hân ze râte getân.'

'Ir muget iuch lîhte rüemen,' ‖ sprach hêr Sîfrit.
'het ich an iu erkunnet ‖ den mortlîchen sit,
ich hete wol behalten ‖ vor iu mînen lîp.
mich riwet niht sô sêre ‖ sô vrou Kriemhilt mîn wîp.

Nu müeze got erbarmen ‖ daz ich ie gewan den suon
dem man itewîzen ‖ sol daz her nâch tuon 10
daz sîne mâge ieman ‖ mortlîch hânt erslagen.
möhte ichz verenden, ‖ daz sold ich billîchen klagen.'

Dô sprach jæmerlîche ‖ der verchwunde man
'welt ir, künic edele, ‖ triwen iht begân
in der werlde an iemen, ‖ lât iu bevolhen sîn
ûf iuwer genâde ‖ die lieben triutinne mîn.

Lât si des geniezen ‖ daz si iwer swester sî:
durch aller fürsten tugende ‖ wont ir mit triwen bî.
wan mir wartent lange ‖ mîn vater und mîne man.
ez enwart nie leider ‖ an liebem vriunde getân.'

Die bluomen allenthalben ‖ von bluote wâren naz.
dô rang er mit dem tôde: ‖ unlange tet er daz,
wan des tôdes zeichen ‖ ie ze sêre sneit.
ouch muoste sân ersterben ‖ der recke küene unde gemeit.

Dô die hêrren sâhen ‖ daz der helt was tôt,
si leiten in ûf einen schilt ‖ (der was von golde rôt), 10
und wurden des ze râte, ‖ wie daz solde ergân
daz man ez verhæle ‖ daz ez Hagne hete getân.

Dô sprâchen ir genuoge ‖ 'uns ist übel geschehen.
ir sult ez heln alle, ‖ und sult gelîche jehen,
da er jagen rite aleine, ‖ Kriemhilde man,
in slüegen schâchære, ‖ dâ er füere durch den tan.'

Dô sprach von Troneje Hagne ‖ 'ich bring in in daz lant.
mir ist vil unmære, ‖ wirt ez ir bekant,
diu sô hât betrüebet ‖ den Brünhilde muot.
ez ahtet mich vil ringe, ‖ swaz si nu weinens getuot.'

Dô biten si der nahte ‖ und fuoren über Rîn.
von helden kunde nimmer ‖ wirs gejaget sîn.
ein tier daz si dâ sluogen, ‖ daz weinden edeliu kint.
jâ muosten sîn enkelten ‖ vil guoter wîgande sint.

Gunther und Hagen, ‖ die Recken wohlgethan,
Beriethen mit Untreuen ‖ ein Birschen in den Tann. 10
Mit ihren scharfen Spiessen ‖ wollten sie jagen gehn
Bären und Wisende: ‖ was könnte Kühn'res geschehn?

Da liess man herbergen ‖ bei dem Walde grün
Vor des Wildes Wechsel ‖ die stolzen Jäger kühn,
Wo sie da jagen wollten, ‖ auf breitem Angergrund.
Gekommen war auch Siegfried: ‖ das ward dem Könige kund.

Von den Jagdgesellen ‖ ward umhergestellt
Die Wart an allen Enden: ‖ da sprach der kühne Held
Siegfried der starke: ‖ 'Wer soll uns in den Tann
Nach dem Wilde weisen, ‖ ihr Degen kühn und wohlgethan?' 20

'Wollen wir uns scheiden,' ‖ hub da Hagen an,
'Ehe wir beginnen ‖ zu jagen hier im Tann?
So mögen wir erkennen, ‖ ich und die Herren mein,
Wer die besten Jäger ‖ bei dieser Waldreise sei'n.

Die Leute und die Hunde, ‖ wir theilen uns darein:
Wohin ihn lüstet, fahre ‖ dann jeglicher allein,
Und wer das Beste jagte, ‖ dem sage man den Dank.'
Da weilten die Jäger ‖ bei einander nicht mehr lang.

Da sprach der Herre Siegfried: ‖ 'der Hunde hab ich Rath:
Ich will nur einen Bracken, ‖ der so genossen hat, 30
Dass er des Wildes Fährte ‖ spüre durch den Tann:
Wir kommen wohl zum Jagen!' ‖ so sprach der Kriemhilde Mann.

Da nahm ein alter Jäger ‖ einen Spürhund
Und brachte den Herren ‖ in einer kurzen Stund,
Wo sie viel Wildes fanden: ‖ was des vertrieben ward,
Das erjagten die Gesellen, ‖ wie heut nach guter Jäger Art. 20

Einen grossen Eber ‖ trieb der Spürhund auf.
Als der flüchtig wurde, ‖ da kam in schnellem Lauf
Derselbe Jagdmeister ‖ und nahm ihn wohl aufs Korn:
Anlief den kühnen Degen ‖ das Schwein in grimmigem Zorn.

Da schlug es mit dem Schwerte ‖ der Kriemhilde Mann:
Das hätt ein andrer Jäger ‖ nicht so leicht gethan.
Als er es gefället, ‖ fieng man den Spürhund.
Da ward sein reiches Jagen ‖ den Burgonden allen kund.

Da vernahm man allenthalben ‖ Lärmen und Getos.
Von Leuten und von Hunden ‖ ward der Schall so gross, 30
Man hörte widerhallen ‖ den Berg und auch den Tann.
Vierundzwanzig Hunde ‖ hatten die Jäger losgethan.

Da wurde viel des Wildes ‖ vom grimmen Tod ereilt.
Sie wähnten es zu fügen, ‖ dass ihnen zugetheilt
Der Preis des Jagens würde: ‖ das konnte nicht geschehn,
Als bei der Feuerstätte ‖ der starke Siegfried ward gesehn. 20

Die Jagd war zu Ende, ‖ und doch nicht ganz und gar.

Die zu der Herberg wollten ‖ brachten mit sich dar
Häute mancher Thiere, ‖ dazu des Wilds genug.
Hei! was man zur Küche ‖ vor das Ingesinde trug!

Da liess der König künden ‖ den Jägern wohlgeborn
Dass er zum Imbiss wolle; da wurde laut ins Horn
Einmal gestossen: ‖ also ward bekannt,
Dass man den edeln Fürsten ‖ bei den Herbergen fand.

'Da sprach der edle Siegfried: ‖ 'Nun räumen wir den Wald.'
Sein Ross trug ihn eben, ‖ die Andern folgten bald. 30
Sie verscheuchten mit dem Schalle ‖ ein Waldthier fürchterlich,
Einen wilden Bären; ‖ da sprach der Degen hinter sich:

'Ich schaff uns Jagdgesellen ‖ eine Kurzweil.
Da seh ich einen Bären: ‖ den Bracken löst vom Seil.
Zu den Herbergen ‖ soll mit uns der Bär:
Er kann uns nicht entrinnen ‖ und flöh er auch noch so sehr.' 20

Da lösten sie den Bracken, ‖ der Bär sprang hindann.
Da wollt ihn erreiten ‖ der Kriemhilde Mann;
Er fiel in ein Geklüfte: ‖ da konnt er ihm nicht bei;
Das starke Thier wähnte ‖ von den Jägern schon sich frei.

Da sprang von seinem Rosse ‖ der stolze Ritter gut,
Und begann ihm nachzulaufen. ‖ Das Thier war ohne Hut,
Es konnt ihm nicht entrinnen, ‖ er fieng es allzuhand;
Ohn es zu verwunden ‖ der Degen eilig es band.

Kratzen oder beissen ‖ konnt es nicht den Mann.
Er band es auf den Sattel: ‖ aufsass der Schnelle dann; 30
Er bracht es zu dem Herde ‖ in seinem hohen Muth
Zu einer Kurzweile, ‖ der Degen edel und gut.

Als er von Ross gestiegen, ‖ löst er ihm das Band
Vom Mund und von den Füssen: ‖ die Hunde gleich zur Hand
Begannen laut zu heulen, ‖ als sie den Bären sahn.
Das Thier zu Walde wollte: ‖ das erschreckte manchen Mann. 20

Der Bär in die Küche ‖ von dem Lärm gerieth;
Hei! was er Küchenknechte ‖ von dem Feuer schied!

Gerückt ward mancher Kessel, ‖ *zerzerret mancher Brand;*
Hei! was man guter Speisen ‖ *in der Asche liegen fand!*

Da sprangen von den Sitzen ‖ *die Herren und ihr Bann.*
Der Bär begann zu zürnen; ‖ *der König wies sie an*
Der Hunde Schar zu lösen, ‖ *die an den Seilen lag;*
Und wär es wohl geendet, ‖ *sie hätten fröhlichen Tag.*

Mit Bogen und mit Spiessen, ‖ *man versäumte sich nicht mehr,*
Liefen hin die Schnellen, ‖ *wo da gieng der Bär;* 30
Doch wollte Niemand schiessen, ‖ *von Hunden wars zu voll.*
So laut war das Getöse, ‖ *dass rings der Bergwald erscholl.*

Der Bär begann zu fliehen ‖ *vor der Hunde Zahl;*
Ihm konnte Niemand folgen ‖ *als Kriemhilds Gemahl.*
Er erlief ihn mit dem Schwerte, ‖ *zu Tod er ihn da schlug.*
Wieder zu dem Feuer ‖ *das Gesind den Bären trug.* 20

Da sprachen Die es sahen, ‖ *er wär ein starker Mann.*
Die stolzen Jagdgesellen ‖ *rief man zu Tisch heran:*
Auf einem schönen Anger ‖ *sassen ihrer genug.*
Hei! was man Ritterspeise ‖ *vor die stolzen Jäger trug!*

Da sprach der edle Siegfried: ‖ *'Mich verwundert sehr,*
Man bringt uns aus der Küche ‖ *doch so viel daher,*
Was bringen uns die Schenken ‖ *nicht dazu den Wein?*
Pflegt man so der Jäger, ‖ *will ich nicht Jagdgeselle sein.'*

Da sprach der Niederländer: ‖ *'Ich sag euch wenig Dank.*
Man sollte sieben Säumer ‖ *mit Meth und Lautertrank* 30
Mir hergesendet haben; ‖ *konnte das nicht sein,*
So hätte man uns besser ‖ *gesiedelt näher dem Rhein.'*

Da sprach von Tronje Hagen: ‖ *'Ihr edeln Ritter schnell,*
Ich weiss hier in der Nähe ‖ *einen kühlen Quell:*
Dass ihr mir nicht zürnet, ‖ *da rath ich hinzugehn.'*
Der Rath war manchem Degen ‖ *zu grosser Sorge geschehn.* 20

Als sie von dannen wollten ‖ *zu der Linde breit,*
Da sprach von Tronje Hagen: ‖ *'Ich hörte jederzeit,*
Es könne Niemand folgen ‖ *Kriemhilds Gemahl,*

Wenn er rennen wollte; ‖ hei! schauten wir doch das einmal!'

Da sprach von Niederlanden ‖ Siegfried der Degen kühn:
'Das mögt ihr wohl versuchen: ‖ wollt ihr zur Wette hin
Mit mir an den Brunnen? ‖ Wenn der Lauf geschieht,
Soll der gewonnen haben, ‖ welchen man den Vordersten sieht.'

'Wohl, lasst es uns versuchen,' ‖ sprach Hagen der Degen.
Da sprach der starke Siegfried: ‖ 'So will ich mich legen 30
Hier zu euern Füssen ‖ nieder in das Gras.'
Als er das erhörte, ‖ wie lieb war König Gunthern das!

Da sprach der kühne Degen: ‖ Ich will euch mehr noch sagen:
All meine Geräthe ‖ will ich mit mir tragen,
Den Speer sammt dem Schilde, ‖ dazu mein Birschgewand.'
Das Schwert und den Köcher ‖ er um die Glieder schnell sich band. 20

Abzogen sie die Kleider ‖ von dem Leibe da;
In zwei weissen Hemden ‖ man Beide stehen sah.
Wie zwei wilde Panther ‖ liefen sie durch den Klee;
Man sah bei dem Brunnen ‖ den kühnen Siegfried doch eh.

Den Preis in allen Dingen ‖ vor Manchem man ihm gab.
Da löst' er schnell die Waffe, ‖ den Köcher legt' er ab.
Den starken Wurfspiess lehnt' er ‖ an den Lindenast:
Bei des Brunnens Flusse ‖ stand der herrliche Gast.

Siegfriedens Tugenden ‖ waren gut und gross.
Den Schild legt' er nieder ‖ wo der Brunnen floss; 30
Wie sehr ihn auch dürstete, ‖ der Held nicht eher trank
Bis der Wirth getrunken: ‖ dafür gewann er übeln Dank.

Der Brunnen war lauter, ‖ kühl und auch gut;
Da neigte sich Gunther ‖ hernieder zu der Fluth.
Als er getrunken hatte, ‖ erhob er sich hindann;
Also hätt auch gerne ‖ der kühne Siegfried gethan. 20

Da entgalt er seiner Tugend; ‖ den Bogen und das Schwert
Trug Hagen beiseite ‖ von dem Degen werth.
Dann sprang er schnell zurücke, ‖ wo er den Wurfspiess fand
Und sah nach einem Zeichen ‖ an des Kühnen Gewand.

Als der edle Siegfried ‖ aus dem Brunnen trank,
Schoss er ihm durch das Kreuze, ‖ dass aus der Wunde sprang
Das Blut ihm von dem Herzen ‖ hoch an Hagens Staat.
Kein Held begeht wieder ‖ also grosse Missethat.

Der Held in wildem Toben ‖ von dem Brunnen sprang;
Ihm ragte von den Schultern ‖ eine Speerstange lang. 30
Nun wähnt' er da zu finden ‖ Bogen oder Schwert:
So hätt er Lohn Herrn Hagen ‖ wohl nach Verdienste gewährt.

Als der Todwunde ‖ sein Schwert nicht wiederfand,
Da blieb ihm nichts weiter ‖ als der Schildesrand.
Den rafft' er von dem Brunnen ‖ und rannte Hagnen an:
Da konnt ihm nicht entrinnen ‖ König Gunthers Unterthan. 20

Wie wund er war zum Tode, ‖ so kräftig doch er schlug,
Dass von dem Schilde nieder ‖ rieselte genug
Des edeln Gesteines; ‖ der Schild zerbrach auch fast:
So gern gerochen hätte ‖ sich der herrliche Gast.

Gestrauchelt war da Hagen ‖ von seiner Hand zu Thal;
Der Anger von den Schlägen ‖ erscholl im Wiederhall.
Hätt er sein Schwert in Händen, ‖ so wär es Hagens Tod.
Sehr zürnte der Wunde; ‖ es zwang ihn wahrhafte Noth.

Seine Farbe war erblichen, ‖ er konnte nicht mehr stehn.
Seines Leibes Stärke ‖ musste ganz zergehn, 30
Da er des Todes Zeichen ‖ in lichter Farbe trug.
Er ward hernach beweinet ‖ von schönen Frauen genug.

Da fiel in die Blumen ‖ der Kriemhilde Mann:
Das Blut von seiner Wunde ‖ stromweis nieder rann.
Da begann er die zu schelten, ‖ ihn zwang die grosse Noth,
Die da gerathen hatten ‖ mit Untreue seinen Tod. 20

Da sprach der Todwunde: ‖ Weh, ihr bösen Zagen,
Was helfen meine Dienste, ‖ da ihr mich habt erschlagen?
Ich war euch stets gewogen ‖ und sterbe nun daran.
Ihr habt an euern Freunden ‖ leider übel gethan.'

Hinliefen all die Ritter, ‖ wo er erschlagen lag.

Es war ihrer Vielen ‖ ein freudeloser Tag.
Wer irgend Treue kannte, ‖ von dem ward er beklagt:
Das hatt auch wohl um Alle ‖ verdient der Degen unverzagt.

Der König von Burgonden ‖ beklagt' auch seinen Tod.
Da sprach der Todwunde: ‖ 'Das thut nimmer Noth, 30
Dass der um Schaden weinet, ‖ durch den man ihn gewann:
Er verdient gross Schelten, ‖ er hätt es besser nicht gethan.'

Da sprach der grimme Hagen: ‖ Ich weiss nicht, was euch reut;
Nun hat zumal ein Ende ‖ unser sorglich Leid.
Nun mags nicht Manchen geben, ‖ der uns darf bestehn;
Wohl mir, dass seiner Herrschaft ‖ durch mich ein End ist geschehn.' 20

Ihr mögt euch leichtlich rühmen,' ‖ sprach Der von Niederland;
Hätt ich die mörderische ‖ Weis an euch erkannt,
Vor euch hätt ich behalten ‖ Leben wohl und Leib.
Mich dauert nichts auf Erden ‖ als Frau Kriemhilde mein Weib.

Auch mag es Gott erbarmen, ‖ dass ich gewann den Sohn,
Der nun auf alle Zeiten ‖ bescholten ist davon,
Dass seine Freunde Jemand ‖ meuchlerisch erschlagen:
Hätt ich Zeit und Weile, ‖ das müsst ich billig beklagen.'

Da sprach im Jammer weiter, ‖ der todwunde Held:
Wollt ihr, edler König, ‖ je auf dieser Welt 30
An Jemand Treue üben, ‖ so lasst befohlen sein
Auf Treue und auf Gnaden ‖ euch die liebe Traute mein.

Lasst sie es geniessen, ‖ dass sie eure Schwester sei:
Bei aller Fürsten Tugend, ‖ steht ihr mit Treue bei!
Mein mögen lange harren ‖ mein Vater und mein Bann:
Es ward am lieben Freunde ‖ nimmer übler gethan.' 20

Die Blumen allenthalben ‖ waren vom Blute nass.
Da rang er mit dem Tode, ‖ nicht lange that er das,
Denn des Todes Waffe ‖ schnitt immer allzusehr.
Auch musste bald ersterben ‖ dieser Degen kühn und hehr.

Als die Herren sahen, ‖ der Degen sei todt,
Sie legten ihn auf einen Schild, ‖ der war von Golde roth:

Da giengen sie zu Rathe, ‖ wie es sollt ergehn,
Dass es verhohlen bliebe, ‖ es sei von Hagen geschehn.

Da sprachen ihrer Viele: ‖ 'Ein Unfall ist geschehn;
Ihr sollt es Alle hehlen ‖ und Einer Rede stehn: 30
Als er allein ritt jagen, ‖ der Kriemhilde Mann,
Da schlugen ihn die Schächer, ‖ als er fuhr durch den Tann.'

Da sprach von Tronje Hagen: ‖ 'Ich bring ihn in das Land.
Mich soll es nicht kümmern, ‖ wird es ihr auch bekannt, 10
Die so betrüben konnte ‖ Brunhildens hohen Muth;
Ich werde wenig fragen ‖ wie sie nun weinet und thut.'

Da harrten sie des Abends ‖ und fuhren überrhein;
Es mochte nie von Helden ‖ so schlimm gejaget sein.
Ihr Beutewild beweinte ‖ noch manches edle Weib,
Sein musste bald entgelten ‖ viel guter Weigande Leib.

AUS DEM XIV. LIED.

Dô reit von Tronje Hagne ‖ zaller vorderôst:
er was den Niblungen ‖ ein helflîcher trôst.
do erbeizte der degen küene ‖ nider ûf den sant,
sîn ros er harte balde ‖ zuo eime boume gebant. 20

Daz wazzer was engozzen, ‖ diu schif verborgen:
ez ergie den Niblungen ‖ zen grôzen sorgen,
wie si kœmen übere: ‖ der wâc was in ze breit.
do erbeizte zuo der erden ‖ vil manic rîter gemeit.

'Belîbet bî dem wazzer, ‖ ir stolzen rîter guot.
ich wil die vergen suochen ‖ selbe bî der fluot,
die uns bringen übere ‖ in Gelpfrâtes lant.'
dô nam der starke Hagne ‖ sînen guoten schildes rant.

Er was wol gewâfent. ‖ den schilt er dannen truoc,
sînen helm ûf gebunden: ‖ lieht was er genuoc. 10
dô truoc er ob der brünne ‖ ein wâfen alsô breit,
daz ze beiden ecken ‖ vil harte vreislîchen sneit.

Dô suohte er nâh den vergen ‖ wider unde dan.
er hôrte wazzer giezen: ‖ losen er began.
in einem schœnen brunnen ‖ tâten daz wîsiu wîp:
die wolten sich dâ küelen ‖ unde badeten iren lîp.

Hagne wart ir innen, ‖ er sleich in tougen nâch.
dô si daz versunnen, ‖ dô was in dannen gâch.
daz si im entrunnen, ‖ des wâren si vil hêr.
er nam in ir gewæte: ‖ der helt enschadete in niht mêr.

Dô sprach daz eine merwîp ‖ (Hadburc was si genant)
'edel rîter Hagne, ‖ wir tuon iu hie bekant,
swenne ir uns gebet widere ‖ unser gewant,
wie iu sî ze den Hiunen ‖ iwer hovereise gewant.'

Si swebten sam die vogele ‖ vor im ûf der fluot:
des dûhten in ir sinne ‖ starc unde guot: 10
swaz si im sagen wolden, ‖ er geloubte in dester baz.
des er dô hinze in gerte, ‖ wol beschieden si im daz.

'Ir muget wol rîten ‖ in Etzelen lant.
des setze ich iu ze bürgen ‖ mîn triwe hie zehant,
daz helde nie gefuoren ‖ in deheiniu rîche baz
nâch alsô grôzen êren: ‖ nu geloubet wærlîchen daz.'

Der rede was dô Hagne ‖ in sîme herzen hêr:
dô gab er in ir kleider ‖ und sûmte sich niht mêr.
dô si an geleiten ‖ ir wunderlich gewant,
dô sageten sim rehte ‖ die reise in Etzelen lant.

Dô sprach daz ander merwîp ‖ (diu hiez Siglint)
'ich wil dich warnen, Hagne, ‖ Aldrîânes kint.
durch der wæte liebe ‖ hât mîn muome dir gelogen:
kumstu zen Hiunen, ‖ sô bistu sêre betrogen.

Jâ soltu wider kêren: ‖ daz ist an der zît;
wan ir helde küene ‖ alsô geladen sît 10
daz ir sterben müezet ‖ in Etzelen lant.
swelhe dar gerîtent, ‖ die habent den tôt an der hant.'

Dô sprach in grimmem muote ‖ der küene Hagene
'daz wære mînen hêrren ‖ müelich ze sagene,
daz wir zen Hiunen solden ‖ verliesen alle en lîp.
nu zeig uns überz wazzer, ‖ aller wîseste wîp.'

Si sprach 'sît du der verte ‖ niht wellest haben rât,
swâ oben bî dem wazzer ‖ ein herberge stât,
dar inne ist ein verge, ‖ und nindert anderswâ.'
der mære der er vrâgte, ‖ der geloubet er sich dâ.

Dem ungemuoten recken ‖ sprach diu eine nâch
'nu bîtet noch, er Hagene: ‖ jâ ist iu gar ze gâch.
vernemet noch baz diu mære, ‖ ir sult iuch wol bewarn,
und sult ouch mit dem vergen ‖ vil bescheidenlîchen varn.

Der ist sô grimmes muotes, ‖ der lât iuch niht genesen,
irn welt mit guoten sinnen ‖ bî dem helde wesen. 10
welt ir daz er iuch füere, ‖ sô gebet ir im den solt.
her hüetet disses landes ‖ unt ist Gelfrâte holt.

Und komet er niht bezîte, ‖ sô rüefet über fluot,
unt jehet ir heizet Amelrîch. ‖ der was ein helt guot,
der durch vîntschefte ‖ rûmte dize lant.
sô kumet iu der verge, ‖ swenne im der name wirt erkant.'

Der übermüete Hagne ‖ den vrouwen dô neic:
er en reite niht mêre, ‖ wan daz er stille sweic.
dô gie er bî dem wazzer ‖ hôher an den sant,
dâ er anderthalben ‖ eine herberge vant.

Dô ruoft er mit der krefte ‖ daz al der wâc erdôz
von des heldes sterke: ‖ diu was michel unde grôz:
'nu hol mich Amelrîchen: ‖ ich bin der Elsen man,
der durch starke vîntschaft ‖ von disem lande entran.'

Vil hôhe anme swerte ‖ ein bouc er im dô bôt
(lieht unde schœne ‖ was er und goldes rôt), 10
daz man in über fuorte ‖ in Gelphrâtes lant
der übermüete verge ‖ nam selbe dez ruoder an die hant.

Ouch was der selbe schifman ‖ niulîch gehît.
diu gir nâch grôzem guote ‖ vil bœsez ende gît.
dô wolt er verdienen ‖ daz Hagnen golt vil rôt:
des leit er von dem degne ‖ den swertgrimmegen tôt.

'Ir muget wol sîn geheizen ‖ bî namen Amelrîch:
des ich mich hie verwæne, ‖ dem sît ir ungelîch.
von vater und von muoter ‖ was er der bruoder mîn.
nu ir mich betrogen hât, ‖ ir müezet dishalben sîn.'

'Nein durch got den rîchen,' ‖ sprach dô Hagene.
'ich bin ein vremder recke ‖ unt sorge ûf degene.
nu nemt vriuntlîche ‖ hin mînen solt,
daz ir mich über füeret: ‖ ich bin iu wærlîchen holt.'

Er huop ein starkez ruoder ‖ michel unde breit,
er sluoc ûf Hagenen ‖ (des wart er ungemeit), 10
daz er in dem schiffe ‖ strûhte an sîniu knie.
sô rehte grimmer verge ‖ kom zuo dem Tronjære nie.

Mit grimmegen muote ‖ greif Hagene zehant
vil balde ze einer scheide, ‖ dâ er ein wâfen vant:
er sluoc im ab daz houbet ‖ und warf ez an den grunt.
diu mære wurden schiere ‖ dô den Burgonden kunt.

In den selben stunden, ‖ dô er den schifman sluoc,
daz schif flôz enouwe: ‖ daz was im leit genuoc.
ê erz gerihte widere, ‖ müeden er began:
doch zôch vil krefteclîche ‖ des künic Guntheres man.

Mit zügen harte swinden ‖ kêrte ez der gast,
unz im daz starke ruoder ‖ an sîner hant zebrast.
er wolde zuo den recken ‖ ûz an einen sant:
dô was dâ heinz mêre: ‖ hei wie schiere erz gebant!

Mit gruoze in wol enphiengen ‖ die edelen rîter guot.
dô sâhens in dem schiffe ‖ riechen daz bluot 10
von einer starken wunden ‖ die er dem vergen sluoc.
dô wart von degnen ‖ Hagne gevrâget genuoc.

Dô sprach er lougenlîche ‖ 'dâ ich daz schif vant,
bî einer wilden wîden, ‖ dâ lôstez mîn hant.
ich hân deheinen vergen ‖ hiute hie gesehen:
ez ist ouch niemen leide ‖ von mînen schulden geschehen.'

Dô sprach von Burgonden ‖ der hêrre Gêrnôt
'hiute muoz ich sorgen ‖ ûf lieber vriunde tôt,
sît wir der schifliute ‖ niht bereit hân,
wie wir komen übere. ‖ des muoz ich trûric gestân.'

Lûte rief dô Hagne ‖ 'leget nider ûf daz gras,
ir knehte, daz gereite. ‖ ich gedenke daz ich was
der aller beste verge ‖ den man bî Rîne vant:
jâ trouwe ich iuch wol bringen ‖ über in Gelfrâtes lant.'

Daz si deste balder ‖ kœmen über fluot,
diu ros si an sluogen: ‖ der swimmen daz wart guot, 10
wan der starken ünden ‖ deheinz in dâ benam.
etlîchez ouwet, ‖ als im diu müede gezam.

Dô truogen si ze sciffe ‖ ir golt und ouch ir wât,
sît si der verte ‖ niht mohten haben rât.
Hagne der was meister: ‖ des fuorter ûf den sant
vil manegen zieren recken ‖ in daz unkunde lant.

Zem êrsten brâht er übere ‖ tûsent rîter hêr,
dar zuo sîne recken. ‖ dannoch was ir mêr:
niun tûsent knehte ‖ fuort er an daz lant.
des tages was unmüezic ‖ des küenen Tronjæres hant.

'Nu enthalt iuch,' sprach Hagne, ‖ 'ritter unde kneht.
man sol vriunden volgen: ‖ jâ dunket ez mich reht.
vil ungefüegiu mære ‖ diu tuon ich iu bekant:
wiren komen nimmer mêre ‖ wider in Burgonden lant.'

Dô flugen disiu mære ‖ von schare baz ze schare.
des wurden snelle ‖ helde missevare, 10
dô si begunden sorgen ‖ ûf den herten tôt
an dirre hovereise: ‖ des gie in wærlîchen nôt.

Da ritt von Tronje Hagen ‖ den Andern all zuvor;
Er hielt den Nibelungen ‖ wohl den Muth empor.
Da schwang der kühne Degen ‖ sich nieder auf den Sand,
Wo er sein Ross in Eile ‖ fest an einem Baume band.

Die Flut war ausgetreten, ‖ die Schiff' verborgen:
Die Nibelungen kamen ‖ in grosse Sorgen
Wie sie hinüber sollten? ‖ das Wasser war zu breit.
Da schwang sich zu der Erde ‖ mancher Ritter allbereit. 20

'Bleibet bei dem Wasser, ‖ ihr stolzen Ritter gut.
Ich selber will die Fergen ‖ suchen bei der Flut,
Die uns hinüber bringen ‖ in Gelfratens Land.'
Da nahm der starke Hagen ‖ seinen guten Schildesrand.

Er war wohl gewaffnet: ‖ den Schild er mit sich trug,
Den Helm aufgebunden, ‖ der glänzte licht genug;
Überm Harnisch führt' er ‖ eine breite Waffe mit,
Die an beiden Schärfen ‖ aufs allergrimmigste schnitt.

Er suchte hin und wieder ‖ nach einem Schiffersmann,
Er hörte Wasser giessen: ‖ zu lauschen hub er an: 30
In einem schönen Brunnen ‖ that das manch weises Weib;
Die wollten sich da kühlen ‖ und badeten ihren Leib.

Hagen sie gewahrend ‖ wollt ihnen heimlich nahn:
Sie stürzten in die Wellen, ‖ als sie sich des versahn.
Dass sie ihm entronnen, ‖ freuten sie sich sehr;
Er nahm ihnen ihre Kleider ‖ und schadet' ihnen nicht mehr. 20

Da sprach das eine Meerweib, ‖ Hadburg war sie genannt:
'Hagen, edler Ritter, ‖ wir machen euch bekannt,
Wenn ihr uns zum Lohne ‖ die Kleider wiedergebt,
Was ihr bei den Heunen ‖ auf dieser Hoffahrt erlebt.'

Sie schwebten wie die Vögel ‖ vor ihm auf der Flut.
Ihr Wissen von den Dingen ‖ däuchte den Helden gut:
Da glaubt' er um so lieber ‖ was sie ihm wollten sagen,
Sie beschieden ihn darüber ‖ was er begann sie zu fragen:

Sie sprach: Ihr mögt wohl reiten ‖ in König Etzels Land,

Ich setz euch meine Treue ‖ *dafür zum Unterpfand:* 30
Es fuhren niemals Helden ‖ *noch in ein fremdes Reich*
Zu solchen hohen Ehren, ‖ *in Wahrheit, das sag ich euch.'*

Die Rede freute Hagen ‖ *in seinem Herzen sehr;*
Die Kleider gab er ihnen ‖ *und säumte sich nicht mehr.*
Als sie umgeschlagen ‖ *ihr wunderbar Gewand,*
Vernahm er erst die Wahrheit ‖ *von der Fahrt in Etzels Land.* 20

Da sprach das andre Meerweib ‖ *mit Namen Siegelind:*
'Ich will dich warnen, Hagen, ‖ *Aldrianens Kind.*
Um der Kleider willen ‖ *hat meine Muhm gelogen;*
Und kommst du zu den Heunen, ‖ *so bist du schmählich betrogen.*

'Wieder umzukehren, ‖ *wohl wär es an der Zeit,*
Dieweil ihr kühnen Helden ‖ *also geladen seid,*
Dass ihr sterben müsset ‖ *in König Etzels Land:*
Die da hinreiten, ‖ *haben den Tod an der Hand.'*

Da sprach in grimmem Muthe ‖ *der kühne Recke Hagen:*
'Das liessen meine Herren ‖ *schwerlich sich sagen,* 30
Dass wir bei den Heunen ‖ *verlören all den Leib:*
Nun zeig uns übers Wasser, ‖ *du allerweisestes Weib.'*

Sie sprach: 'Willst du nicht anders ‖ *und soll die Fahrt geschehn,*
So siehst du überm Wasser ‖ *eine Herberge stehn:*
Darinnen wohnt ein Fährmann ‖ *und nirgend sonst umher.'*
Der Mär, um die er fragte, ‖ *glaubte nun der Degen hehr.* 20

Dem unmuthsvollen Recken ‖ *rief noch die eine nach:*
'Nun wartet, Herr Hagen, ‖ *euch ist gar zu jach;*
Vernehmet noch die Kunde, ‖ *wie ihr kommt durch das Land.*
Der Herr dieser Marke, ‖ *der ist Else genannt.*

Der ist so grimmes Muthes, ‖ *er lässt euch nicht gedeihn,*
Wollt ihr nicht verständig ‖ *bei dem Helden sein.*
Soll er euch überholen, ‖ *so gebt ihm guten Sold;*
Er hütet dieses Landes ‖ *und ist Gelfraten hold.*

Und kommt er nicht bei Zeiten, ‖ *so rufet über Flut,*
Und sagt, ihr heisset Amelreich; ‖ *das war ein Degen gut,* 30

Der seiner Feinde willen ‖ räumte dieses Land:
So wird der Fährmann kommen, ‖ wird ihm der Name bekannt.'

Der übermüthge Hagen ‖ dankte den Frauen hehr.
Der Degen schwieg stille, ‖ kein Wörtlein sprach er mehr;
Dann gieng er bei dem Wasser ‖ hinauf an dem Strand,
Wo er auf jener Seite ‖ eine Herberge fand. 20

Da rief er so gewaltig, ‖ der ganze Strom erscholl
Von des Helden Stärke, ‖ die war so gross und voll:
'Mich Amelreich hol über; ‖ ich bin es, Elses Mann,
Der starker Feindschaft willen ‖ aus diesen Landen entrann.

Hoch an seinem Schwerte ‖ er ihm die Spange bot;
Die war schön und glänzte ‖ von lichtem Golde roth,
Das man ihn überbrächte ‖ in Gelfratens Land.
Der übermüthge Ferge ‖ nahm selbst das Ruder in die Hand.

Derselbe Schiffsmann hatte ‖ neulich erst gefreit,
Die Gier nach grossem Gute ‖ oft böses Ende leiht. 30
Er dachte zu verdienen ‖ Hagens Gold so roth;
Da litt er von dem Degen ‖ den schwertgrimmigen Tod.

Ihr möget euch wohl nennen ‖ mit Namen Amelreich:
Des ich mich hier versehen, ‖ dem seht ihr wenig gleich.
Von Vater und Mutter ‖ war er der Bruder mein;
Nun ihr mich betrogen habt, ‖ so müsst ihr diesshalben sein.' 20

'Nein! um Gottes willen,' ‖ sprach Hagen dagegen.
'Ich bin ein fremder Ritter, ‖ besorgt um andre Degen:
Nun nehmt, den ich geboten, ‖ freundlich hin den Sold,
Und fahret uns hinüber: ‖ ich bin euch wahrhaftig hold.'

Der Fährmann hob ein Ruder, ‖ stark, gross und breit,
Und schlug es auf Hagen; ‖ dem that es solches Leid,
Dass er im Schiffe nieder ‖ strauchelt' auf das Knie.
Solchen grimmen Fährmann ‖ fand der von Tronje noch nie.

Mit grimmigem Muthe ‖ griff Hagen gleich zur Hand
Zur Seite nach der Scheide, ‖ wo er ein Waffen fand: 30
Er schlug das Haupt vom Rumpf ihm ‖ und warf es auf den Grund.

Bald macht' er diese Mären ‖ auch den Burgonden kund.

Im selben Augenblicke, ‖ als er den Fährmann schlug,
Glitt das Schiff zur Strömung: ‖ das war ihm leid genug.
Eh er es richten konnte, ‖ fiel ihn Ermüdung an:
Da zeigte grosse Kräfte ‖ König Gunthers Unterthan. 20

Er versucht' es umzukehren ‖ mit schnellem Ruderschlag,
Bis ihm das starke Ruder ‖ in der Hand zerbrach.
Er wollte zu den Recken ‖ sich wenden an den Strand;
Da hatt er keines weiter: ‖ wie bald er es zusammen band.

Mit Gruss ihn wohl empfiengen ‖ die schnellen Ritter gut:
Sie sahen in dem Schiffe ‖ rauchen noch das Blut
Von einer starken Wunde, ‖ die er dem Fährmann schlug:
Da wurde von dem Degen ‖ gefraget Hagen genug.

Er sprach mit Lügenworten: ‖ 'Als ich das Schifflein fand
Bei einer wilden Weide, ‖ da löst' es meine Hand. 30
Ich habe keinen Fergen ‖ heute hier gesehn,
Es ist auch Niemand Leides ‖ von meinetwegen geschehn.'

Da sprach von Burgonden ‖ der Degen Gernot:
'Heute muss ich bangen ‖ um lieber Freunde Tod,
Da wir keinen Schiffsmann ‖ hier am Strome sehn:
Wie wir hinüber kommen, ‖ drob muss ich in Sorgen stehn.' 20

Laut rief da Hagen: ‖ 'Legt auf den Boden dar,
Ihr Knechte, das Geräthe: ‖ mir gedenkt noch, dass ich war
Der allerbeste Ferge, ‖ den man am Rheine fand:
Ich will euch wohl hinüber ‖ bringen in Gelfratens Land.'

Dass sie desto schneller ‖ kämen über Flut,
Anbanden sie die Rosse; ‖ ihr Schwimmen war so gut,
Dass ihnen auch nicht Eines ‖ die starke Flut benahm.
Einge trieben ferner, ‖ als ihnen Müdigkeit kam.

Sie trugen zu dem Schiffe ‖ ihr Gold und auch den Staat,
Da sie der Hofreise ‖ nicht wollten haben Rath. 30
Hagen fuhr sie über; ‖ da bracht er an den Strand
Manchen zieren Recken ‖ in das unbekannte Land.

Zum ersten bracht er über ‖ *tausend Ritter hehr,*
Dazu auch seine Recken; ‖ *dann kamen ihrer mehr,*
Neun tausend Knechte, ‖ *die bracht er an das Land:*
Des Tages war unmüssig ‖ *des kühnen Tronejers Hand.*

'Nun seht euch vor,' sprach Hagen, ‖ *'sei's Ritter oder Knecht,*
Man soll Freunden folgen; ‖ *das dünkt mich gut und recht.*
Eine ungefüge Märe ‖ *mach ich euch bekannt:*
Wir kommen nimmer wieder ‖ *heim in der Burgonden Land.'* 20

Da flogen diese Mären ‖ *von Schar zu Schar umher:*
Da wurden bleich vor Schrecken ‖ *Degen kühn und hehr,*
Als sie die Sorge fasste ‖ *vor dem harten Tod*
Auf dieser Hofreise: ‖ *das schuf ihnen wahrlich Noth.*

AUS DEM XX. LIEDE.

Der edel margrâve ‖ rief dô in den sal
'ir küene Nibelunge, ‖ nu wert iuch über al.
ir soldet mîn geniezen, ‖ nu engeltet ir mîn.
ê dô wâr wir friunde: ‖ der triwe wil ich ledic sîn.'

Dô erschrahten dirre mære ‖ die nôthaften man:
wan ir deheiner fröude ‖ nie dâ von gewan,
daz mit in wolde strîten ‖ dem si dâ wâren holt.
si heten von vînden ‖ vil michel arbeit gedolt.

'Nune welle got von himele,' ‖ sprach Gunther der degen,
'daz ir iuch genâden ‖ sült an uns bewegen, 10
unt der vil grôzen triuwe, ‖ der wir doch heten muot.
ich wil iu des getrouwen ‖ daz ir ez nimmer getuot.'

'Jane mag ichs niht gelâzen,' ‖ sprach der küene man:
'ich muoz mit iu strîten, ‖ wan ichz gelobt hân.
nu wert iuch, küene helde, ‖ sô lieb iu sî der lîp.
mich enwoltes niht erlâzen ‖ des künic Etzelen wîp.'

'Ir widersagt uns nu ze spâte,' ‖ sprach der künic hêr.

'nu müez iu got vergelten, ‖ vil edel Rüedegêr,
triuwe unde minne ‖ die ir uns hapt getân.
ob ir ez an dem ende ‖ woldet güetlîcher lân,

Wir soltenz immer dienen, ‖ daz ir uns hapt gegeben,
ich unt mîne mâge, ‖ ob ir uns liezet leben.
der hêrlîchen gâbe, ‖ dô ir uns brâhtet her
in Etzeln lant zen Hiunen, ‖ des gedenct, vil edel Rüedegêr.'

'Wie wol ich iu des gunde,' ‖ sprach Rüedegêr der degen,
'daz ich iu mîne gâbe ‖ mit vollen solde wegen 10
alsô willeclîche ‖ als ich des hete wân!
sone wurde mir dar umbe ‖ nimmer schelten getân.'

'Erwindet edel Rüedegêr,' ‖ sprach dô Gêrnôt.
'wan ez wirt deheiner ‖ gesten nie erbôt
sô rehte minneclîchen ‖ als ir uns hapt getân,
des sult ir wol geniezen, ‖ ob wir bî lebene bestân.'

'Daz wolde got,' sprach Rüedegêr, ‖ 'vil edel Gêrnôt,
daz ir ze Rîne wæret ‖ und ich wære tôt
mit etlîchen êren, ‖ sîd ich iuch sol bestân!
ez wart an ellenden ‖ von friunden noh nie wirs getân.'

'Nu lône iu got, hêr Rüedegêr,' ‖ sprach dô Gêrnôt,
'der vil rîchen gâbe. ‖ mich riwet iwer tôt,
sol an iu verderben ‖ so tugentlîcher muot.
hie trag ich iwer wâffen, ‖ daz ir mir gâbet, helt guot.

Daz ist mir nie geswichen ‖ in aller dirre nôt:
under sînen ecken ‖ lît manic rîter tôt. 10
ez ist lûter unde stæte, ‖ hêrlîch unde guot.
ich wæn sô rîche gâbe ‖ ein reke nimmer mêr getuot.

Und welt ir niht erwinden ‖ irn welt zuo uns gân,
slaht ir mir iht der friunde ‖ die ich hinne hân,
mit iwer selbes swerte ‖ nim ich iu den lîp:
sô riwet ir mich, Rüedegêr, ‖ unde iwer hêrlîchez wîp.'

'Daz wolde got, hêr Gêrnôt, ‖ und meht ez ergân,
daz aller iwer wille ‖ wære hie getân
und daz genesen wære ‖ iwer friunde lîp!
jâ sol iu wol getrûwen ‖ beidiu mîn tohter und mîn wîp.'

Dô sprach von Burgonden ‖ der schœnen Uoten kint
'wie tuot ir sô, hêr Rüedegêr? ‖ di mit mir komen sint,
si sint iu alle wæge. ‖ ir grîfet übel zuo.
die iwer schœne tohter ‖ welt ir verwitwen ze fruo.

Swenne ir und iwer recken ‖ mit strîte mich bestât,
wie reht unfriuntlîche ‖ ir daz schînen lât 10
daz ich iu wol getrûwe ‖ für alle ander man,
dâ von ich ze wîbe ‖ iwer tohter mir gewan.'

'Gedenket iwer triuwen, ‖ vil edel künic hêr,
gesende iuch got von hinne.' ‖ sô sprach Rüedegêr.
'lât die juncvrouwen ‖ niht engelten mîn:
durch iwer selbes tugende ‖ sô ruochet ir genædic sîn.'

'Daz tæt ich billîche,' ‖ sprach Gîselher daz kint:
'die hôhen mîne mâge, ‖ di noch hier inne sint,
suln die von iu sterben, ‖ sô muoz gescheiden sîn
diu vil stæte friuntschaft ‖ zuo dir unde der tohter dîn.'

'Nu müez uns got genâden,' ‖ sprach der küene man.
dô huoben si die schilde, ‖ alsô si wolden dan
strîten zuo den gesten ‖ in Kriemhilte sal.
dô rief vil lûte Hagene ‖ von der stiege hin zetal

'Belîbet eine wîle, ‖ vil edel Rüedegêr.'
alsô sprach dô Hagene. ‖ 'wir wolden reden mêr, 10
ich und mîne hêrren, ‖ als uns des twinget nôt.
waz mack gehelfen Etzeln ‖ unser ellender tôt?'

'Ich stên in grôzen sorgen,' ‖ sprach aber Hagene.
'den schilt den mir vrou Gotlint ‖ gab ze tragene,
den habent mir die Hiunen ‖ zerhouwen von der hant.
ich fuort in friuntlîche ‖ in daz Etzelen lant.

Daz des got von himele ‖ ruochen wolde
daz ich schilt sô guoten ‖ noch tragen solde
sô den du hâst vor hende, ‖ vil edel Rüedegêr!
so bedorfte ich in dem sturme ‖ deheiner halsperge mêr.’

‘Vil gerne wær ich dir guot ‖ mit mînem schilde,
getörst ich dirn gebieten ‖ vor Kriemhilde.
doch nim du in hin, Hagene, ‖ unt trag in an der hant.
hey soldest du in füeren ‖ in der Burgonden lant!’

Do er im sô willeclîchen ‖ den schilt ze geben bôt,
dô wart genuoger ougen ‖ von heizen trehen rôt. 10
ez was diu leste gâbe ‖ die sider immer mêr
bôt deheinem degene ‖ von Bechlâren Rüedegêr.

Swie grimme Hagen wære ‖ unt swie zornic gemuot,
ja erbarmet im diu gâbe ‖ die der helt guot
bî sînen lesten zîten ‖ sô nâhen het getân.
vil manic ritter edele ‖ mit im trûren began.

‘Nû lône iu got von himele, ‖ vil edel Rüedegêr.
ez wirt iwer gelîche ‖ deheiner nimmer mêr,
der ellenden recken ‖ so hêrlîchen gebe.
sô sol daz got gebieten ‖ daz iwer tugende immer lebe.’

‘Sô wê mich dirre mære.’ ‖ sô sprach ab Hagene.
‘wir heten ander swære ‖ sô vil ze tragene:
sul wir mit friunden strîten, ‖ daz sî got gekleit.’
dô sprach der marcgrâve ‖ ‘daz ist mir inneclîche leit.’

‘Nu lôn ich iu der gâbe, ‖ vil edel Rüedegêr,
swie halt gein iu gebâren ‖ dise reken hêr, 10
daz nimmer iuch gerüeret ‖ mit strîte hie mîn hant,
ob ir si alle slüeget, ‖ die von Burgonden lant.’

Des neig im mit zühten ‖ der guote Rüedegêr.
si weinten allenthalben. ‖ daz disiu herzen sêr
niemen scheiden kunde, ‖ daz was ein michel nôt.
vater aller tugende ‖ lac an Rüedegêre tôt.

Dô sprach von dem hûse ‖ Volkêr der spileman:
'sît mîn geselle Hagene ‖ den vride hât getân,
den sult ir alsô stæte ‖ haben von mîner hant.
daz hapt ir wol verdienet, ‖ dô wir kômen in daz lant.

Vil edel marcgrâve, ‖ ir sult mîn bote sîn.
dise rôte bouge ‖ gab mir diu margrâvîn,
daz ich si tragen solde ‖ hie zer hôchgezît:
die mugt ir selbe schouwen, ‖ daz ir des mîn geziuge sît.'

'Daz wolde got der rîche,' ‖ sprach dô Rüedegêr,
'daz iu diu margrâvinne ‖ noch solte geben mêr! 10
diu mære sag ich gerne ‖ der triutinne mîn,
gesihe ich si gesunder: ‖ des sult ir âne zwîfel sîn.'

Als er im daz gelobte, ‖ den schilt huop Rüedegêr:
des muotes er ertobte: ‖ do enbeit er dâ niht mêr,
dô lief er zuo den gesten, ‖ einem degen gelîch.
manegen slac vil swinden ‖ sluoc der margrâve rîch.

Die zwêne stuonden hôher, ‖ Volkêr und Hagene,
wan ez im ê gelobten ‖ die zwêne degene:
noch vant er als küenen ‖ bî den türnen stân,
daz Rüedegêr des strîtes ‖ mit grôzen sorgen began.

Durch mortræchen willen ‖ sô liezen si dar in
Gunther und Gêrnôt: ‖ si heten helde sin.
dô stuond hôher Gîselher: ‖ zwâr ez was im leit.
er versach sich noch des lebenes; ‖ dâ von er Rüedegêren meit.

Dô sprungen zuo den vînden ‖ des margrâven man.
man sach si nâch ir hêrren ‖ vil tugentlîchen gân. 10
diu snîdunde wâfen ‖ si truogen an der hant:
des brast dâ vil der helme ‖ und manic hêrlîcher rant.

Dô sluogen die vil müeden ‖ vil manegen swinden slac
den von Bechelâren, ‖ der eben unt tiefe wac,
durch die vesten ringe ‖ vast unz ûf daz verch.
si tâten in dem sturme ‖ diu vil hêrlîchen werch.

Daz edel ingesinde ‖ was nu komen gar:
Volkêr und Hagene ‖ die sprungen balde dar.
sine gâben fride niemen, ‖ wan dem einem man.
von ir beider hende ‖ daz bluot nider durch helme ran.

Wie rehte gremlîche ‖ vil swerte drinne erklanc!
vil der schiltspange ‖ ûz den slegen spranc:
des reis ir schiltsteine ‖ nider in daz bluot,
si vâhten alsô grimme, ‖ daz manz nimmer mêr getuot.

Der vogt von Bechelæren ‖ gie wider unde dan,
alsô der mit ellen ‖ in sturme werben kan. 10
dem tet des tages Rüedegêr ‖ harte wol gelîch
daz er ein rekhe wære ‖ vil küene unde lobelîch.

Vil wol zeigte Rüedegêr ‖ daz er was stark genuoc,
küene, und wol gewâfent: ‖ hey waz er helde sluoc!
daz sach ein Burgonde: ‖ zorns was im nôt.
dâ von begunde nâhen ‖ des edeln Rüedegêres tôt.

Gêrnôt der starke, ‖ den helt den rief er an.
er sprach zem margrâven: ‖ 'ir welt mir mîner man
niht genesen lâzen, ‖ vil edel Rüedegêr.
daz müet mich âne mâze: ‖ ichn kans niht an gesehen mêr.

Nu mag iu iwer gâbe ‖ wol ze schaden komen,
sît ir mîner friunde ‖ hapt sô vil benomen.
nu wendet iuch her umbe, ‖ vil edel küene man.
iwer gâbe wirt verdienet ‖ sô ich iz aller hœhste kan.'

Ê daz der margrâve ‖ zuo im volkœme dar,
des muosen liehte ringe ‖ werden missevar. 10
dô sprungen zuo ein ander ‖ die êren gernde man.
ir ietweder schermen ‖ für starke wunden began.

Ir swert sô scharpf wâren, ‖ sine kunde niht gewegen.
dô sluoc Gêrnôten ‖ Rüedegêr der degen
durch flinsherten helmen ‖ daz nider flôz daz bluot.
daz vergalt im sciere ‖ der rîter küen unde guot.

Die Rüedegêres gâbe ‖ an hende er hôh erwac:
swie wunt er wær zem tôde, ‖ er sluog im einen slac
durch den schilt vil guoten ‖ unz ûf diu helmgespan.
dâ von muos ersterben ‖ dô der Gotelinden man.

Jane wart nie wirs gelônet ‖ sô rîcher gâbe mêr.
dô vielen beide erslagne, ‖ Gêrnôt und Rüedegêr,
gelîch in dem sturme ‖ von ir beider hant.
alrest erzurnde Hagne, ‖ dô der den grôzen schaden bevant.

Dô sprach der von Tronge ‖ ‘ez ist uns übel komen.
wir haben an in beiden ‖ sô grôzen schaden genomen, 10
den wir nimmer überwinden, ‖ ir liut und ouch ir lant.
die Rüedegêres helde ‖ sint unser ellenden phant.’

‘Owê mich mînes bruoder, ‖ der tôt ist hie gefrumt.
waz mir der leiden mære ‖ ze allen zîten kumt!
ouch muoz mich immer riuwen ‖ der edel Rüedegêr.
der schade ist beidenthalben ‖ unt diu grœzlîchen sêr.’

Dô der junge Gîselher ‖ sach sînen bruoder tôt,
die dô dar inne wâren, ‖ die muosen lîden nôt.
der tôt der suochte sêre ‖ dâ sîn gesinde was.
der von Bechelâren ‖ dô langer einer niht genas.

‘Der tôt uns sêre roubet,’ ‖ sprach Gîselher daz kint.
‘nu lâzet iwer weinen, ‖ unt gê wir an den wint,
daz uns die ringe erkuolen, ‖ uns strîtmüeden man.
jâ wæn uns got hie langer ‖ niht ze lebene gan.’

Den sitzen disen leinen ‖ sach man manegen degen.
si wâren aber müezic: ‖ dâ wâren tôt gelegen 10
die Rüedegêres helde. ‖ zergangen was der dôz.
sô lange wert diu stille ‖ daz sîn Etzeln verdrôz.

‘Owê dirre dienste,’ ‖ sprach des küneges wîp:
‘dine sint niht sô stæte, ‖ daz unser vînde lîp
müge des engelten ‖ von Rüedegêres hant.
er wil si wider bringen ‖ in der Burgonde lant.

Waz hilfet, künic Etzel, ‖ daz wir geteilet hân
mit im swaz er wolde? ‖ der helt hât missetân.
der uns dâ solde rechen, ‖ der wil der suone pflegen.'
des antwurt ir dô Volkêr, ‖ der vil zierlîche degen,

'Der rede en ist sô niht leider, ‖ vil edels küneges wîp.
getörst ich heizen liegen ‖ alsus edeln lîp,
sô het ir tievellîchen ‖ an Rüedegêr gelogen.
er unt die sîne degene ‖ sint an der suone gar betrogen.

Er tet sô willeclîche ‖ daz im der künec gebôt,
daz er unt sîn gesinde ‖ ist hie gelegen tôt. 10
nu seht al umbe, Kriemhilt, ‖ wem ir nu gebieten welt.
iu hât unz an den ende ‖ gedienet Rüedegêr der helt.

Welt ir daz niht gelouben, ‖ man sol iuchz sehen lân.'
durch ir herzen sêre ‖ sô wart duo daz getân,
man truoc den helt verhouwen ‖ dâ in der künic sach.
der Etzelen degenen ‖ sô rehte leide nie geschach.

Dô si den margrâven ‖ tôten sâhen tragen,
ez enkunde ein schrîber ‖ gebriefen noch gesagen
die manegen ungebærde ‖ von wîbe und ouch von man,
diu sich von herzen jâmer ‖ aldâ zeigen began.

Da rief der edle Markgraf ‖ hinüber in den Saal:
Ihr kühnen Nibelungen, ‖ nun wehrt euch allzumal.
Ihr solltet mein geniessen, ‖ ihr entgeltet mein;
Einst waren wir befreundet: ‖ der Treue will ich ledig sein.' 20

Da erschraken dieser Märe ‖ die Nothbedrängten sehr.
Es ward davon der Freude ‖ bei Niemanden mehr,
Dass sie bestreiten wollten ‖ dem Jeder Liebe trug:
Sie hatten von den Feinden ‖ schon Leid erfahren genug.

'Das verhüte Gott vom Himmel!' ‖ sprach Gunther der Degen,
'Dass ihr eurer Freundschaft ‖ also thut entgegen
Und der grossen Treue, ‖ worauf uns sann der Muth:
Ich will euch wohl vertrauen, ‖ dass ihr das nimmermehr thut!'

'Es ist nicht mehr zu wenden,' ǀ sprach der kühne Mann,
'Ich muss mit euch streiten, ǀ wie ich den Schwur gethan. 30
Nun wehrt euch, kühne Helden, ǀ so lieb euch sei der Leib:
Mir wollt es nicht erlassen ǀ des Kön'g Etzel Weib.'

'Ihr widersagt uns allzuspät,' ǀ sprach der König hehr.
'Nun mög euch Gott vergelten, ǀ viel edler Rüdiger,
Die Treue und die Liebe, ǀ die ihr an uns geübt,
Wenn ihr bis an das Ende ǀ uns so gewogen auch bliebt. 20

Wir wolltens immer danken, ǀ was ihr uns gegeben,
Ich und meine Freunde, ǀ liesset ihr uns leben:
Ihr gabt uns hehre Gaben, ǀ als ihr uns führtet her
Ins Heunenland zu Etzeln; ǀ bedenkt das, edler Rüdiger!'

'Wie gern ich euch das gönnte!' ǀ sprach Rüdiger der Degen,
'Wenn ich euch meiner Gabe ǀ die Fülle dürfte wägen
Nach meinem Wohlgefallen; ǀ wie gerne thät ich das,
So mir es nicht erwürbe ǀ der edeln Königin Hass!'

'Lasst ab, edler Rüdiger,' ǀ sprach da Gernot,
'Nie ward ein Wirth gefunden, ǀ der es den Gästen bot 30
So freundlich und so gütlich, ǀ als uns von euch geschehn:
Des sollt ihr auch geniessen, ǀ so wir lebendig entgehn.'

'Das wollte Gott,' sprach Rüdiger, ǀ 'viel edler Gernot,
Dass ihr am Rheine wäret, ǀ und ich wäre todt:
So rettet' ich die Ehre, ǀ da ich euch soll bestehn;
Es ist an fremden Dingen ǀ von Freunden nie so arg geschehn.' 20

'Nun lohn euch Gott, Herr Rüdiger,' ǀ sprach da Gernot,
'Eure reiche Gabe. ǀ Mich reuet euer Tod,
Soll an euch verderben ǀ so tugendlicher Muth.
Hier trag ich eure Waffe, ǀ die ihr mir gabet, Degen gut.

Die hat mir nie versaget ǀ in aller dieser Noth;
Es fiel vor ihrer Schärfe ǀ so mancher Ritter todt;
Sie ist stark und lauter, ǀ herrlich und gut;
Gewiss, so reiche Gabe ǀ nie wieder ein Recke thut.

Und ist euch nicht zu rathen, ǀ und wollt ihr uns bestehn,

Erschlagt ihr mir die Freunde, ‖ die hier noch bei mir stehn, 30
Mit Euerm Schwerte nehm ich ‖ Leben euch und Leib:
So reuet ihr mich, Rüdiger, ‖ und euer herrliches Weib.'

'Das wolle Gott, Herr Gernot, ‖ und möchte das geschehn,
Dass hier Alles könnte ‖ nach euerm Willen gehn,
Und dass gerettet würde ‖ eurer Freunde Leib:
Euch sollten wohl vertrauen ‖ meine Tochter und mein Weib.' 20

Da sprach von Burgonden ‖ der schönen Ute Kind;
'Wie thut ihr so, Herr Rüdiger? ‖ Die mit mir kommen sind,
Die sind euch All gewogen; ‖ ihr greifet übel zu:
Eure schöne Tochter ‖ wollt ihr verwittwen allzufruh.

Wenn ihr und eure Recken ‖ mich wollt im Streit bestehn,
Wie wäre das unfreundlich, ‖ wie wenig liess es sehn,
Dass ich euch vertraute ‖ vor jedem andern Mann,
Als ich zu einem Weibe ‖ eure Tochter mir gewann.'

'Gedenkt eurer Treue, ‖ viel edler König hehr,
Und schickt euch Gott von hinnen,' ‖ so sprach Rüdiger, 30
'So soll es nicht entgelten ‖ die liebe Tochter mein:
Bei aller Fürsten Tugend ‖ geruht ihr gnädig zu sein.'

'So sollt ichs billig halten,' ‖ sprach Geiselher das Kind,
'Doch meine hohen Freunde, ‖ die noch im Saale sind,
Wenn die vor euch ersterben, ‖ so muss geschieden sein
Diese städte Freundschaft ‖ zu dir und der Tochter dein.' 20

'Nun möge Gott uns gnaden,' ‖ sprach der kühne Mann.
Da hoben sie die Schilde, ‖ als wollten sie hinan
Zu streiten mit den Gästen ‖ in Kriemhildens Saal;
Überlaut rief Hagen da ‖ von der Stiege zu Thal:

'Noch harret eine Weile, ‖ viel edler Rüdiger.'
Also sprach da Hagen: ‖ 'Wir reden erst noch mehr,
Ich und meine Herren, ‖ uns zwingt dazu die Noth.
Was hilft es Etzeln, finden ‖ wir in der Fremde den Tod?'

'Ich steh in grosser Sorge,' ‖ sprach wieder Hagen.
'Den Schild, den Frau Gotlinde ‖ mir gab zu tragen, 30

Den haben mir die Heunen ‖ zerhauen vor der Hand:
Ich bracht ihn doch mit Treue ‖ her in König Etzels Land.

Dass es Gott im Himmel ‖ vergönnen wollte,
Dass ich so guten Schildes ‖ geniessen sollte,
Als du hast vor den Händen, ‖ viel edler Rüdiger:
So bedürft ich in dem Sturme ‖ keiner Halsbergen mehr.' 20

'Gern wollt ich dir dienen ‖ mit meinem Schilde,
Dürft ich dir ihn bieten ‖ vor Kriemhilde.
Doch nimm ihn immer, Hagen, ‖ und trag ihn an der Hand:
Hei! dürftest du ihn führen ‖ heim in der Burgonden Land!'

Als er den Schild zu geben ‖ so willig sich erbot,
Da wurden Mancher Augen ‖ von heissen Thränen roth.
Es war die letzte Gabe, ‖ es durfte nimmermehr
Einem Degen Gabe bieten ‖ von Bechlaren Rüdiger.

Wie grimmig auch Hagen, ‖ wie zornig war sein Muth,
Ihn erbarmte doch die Gabe, ‖ die der Degen gut 30
So nahe seinem Ende ‖ noch an ihn gethan.
Mancher edle Ritter ‖ mit ihm zu trauern begann.

'Nun lohn euch Gott vom Himmel, ‖ viel edler Rüdiger.
Es giebt eures Gleichen ‖ auf Erden nimmermehr,
Der heimatlosen Degen ‖ so milde Gabe gebe:
So möge Gott gebieten, ‖ dass eure Tugend immer lebe.' 20

'O weh mir dieser Märe,' ‖ sprach wieder Hagen,
'Wir hatten Herzensschwere ‖ genug zu tragen:
Da müsse Gott erbarmen, ‖ gilts uns mit Freunden Streit!'
Da sprach der Markgraf wieder: ‖ 'Das ist mir inniglich leid.'

'Nun lohn ich euch die Gabe, ‖ viel edler Rüdiger.
Was immer wiederfahre ‖ diesen Recken hehr,
Es soll euch nicht berühren ‖ im Streite meine Hand,
Ob ihr sie all erschlüget, ‖ Die von der Burgonden Land.'

Da neigte sich ihm dankend ‖ der gute Rüdiger. 30
Sie weinten allenthalben. ‖ Dass nicht zu wenden mehr
Dieser Herzensjammer, ‖ das war eine grosse Noth.

Der Vater aller Tugend ‖ fand an Rüdiger den Tod.

Da sprach von der Stiege ‖ Volker, der Fiedelmann:
'Da mein Geselle Hagen ‖ euch bot den Frieden an,
So biet ich auch so stäten ‖ euch von meiner Hand;
Das habt ihr wohl verdienet, ‖ da wir kamen in das Land. 20

Ihr sollt, viel edler Markgraf, ‖ mein Bote werden hier:
Diese rothen Spangen ‖ gab Frau Gotlinde mir,
Dass ich sie tragen sollte ‖ bei dieser Lustbarkeit;
Ihr mögt sie selber schauen, ‖ dass ihr des mein Zeuge seid.'

'Wollt es Gott, der Reiche,' ‖ sprach da Rüdiger,
'Dass die Markgräfin ‖ euch geben dürfte mehr.
Die Märe sag ich gerne ‖ der lieben Trauten mein,
Seh ich gesund sie wieder: ‖ des sollt ihr ausser Zweifel sein.'

Nach diesem Angeloben ‖ den Schild hob Rüdiger,
Sein Muth begann zu toben: ‖ nicht länger säumt' er mehr; 30
Auf lief er zu den Gästen ‖ wohl einem Helden gleich:
Viel kraftvolle Schläge ‖ schlug da dieser Markgraf reich.

Da wichen ihm die Beiden, ‖ Volker und Hagen, weit,
Wie ihm verheissen hatten ‖ die Recken kühn im Streit.
Noch traf er bei der Thüre ‖ so manchen Kühnen an,
Dass Rüdiger die Feindschaft ‖ mit grossen Sorgen begann. 20

Aus Mordgierde liessen ‖ in das Haus ihn ein
Gernot und Günther, ‖ das mochten Helden sein.
Zurück wich da Geiselher, ‖ fürwahr, es war ihm leid:
Er hoffte noch zu leben, ‖ drum mied er Rüdigern im Streit.

Da sprangen zu den Feinden ‖ Die in Rüdgers Lehn,
Man sah sie hohen Muthes ‖ bei ihrem Herren gehn,
Schneidende Waffen ‖ trugen sie an der Hand:
Da brachen viel der Helme ‖ und mancher schöne Schildesrand.

Da schlugen auch die Müden ‖ manchen starken Schlag
Auf die von Bechlaren, ‖ der tief und eben brach 30
Durch die festen Panzer ‖ und drang bis auf das Blut:
Sie thaten in dem Sturme ‖ viel Wunder herrlich und gut.

Das edle Heergesinde ‖ war nun in dem Saal;
Volker und Hagen, ‖ die sprangen hin zumal:
Sie gaben Niemand Frieden ‖ als dem Einen Mann;
Das Blut von ihren Hieben ‖ von den Helmen niederrann. 20

Wie da der Schwerter Tosen ‖ so furchtbar erklang,
Dass unter ihren Schlägen ‖ das Schildgespäng zersprang!
Die Schildsteine rieselten ‖ nieder in das Blut;
Da fochten sie so grimmig, ‖ wie man es nie wieder thut.

Der Vogt von Bechlaren ‖ schuf hin und her sich Bahn,
Wie Einer der mit Kräften ‖ im Sturme werben kann;
Des Tages ward an Rüdiger ‖ herrlich offenbar,
Dass er ein Recke wäre ‖ kühn und ohne Tadel gar.

Wohl erwies da Rüdiger, ‖ dass er stark genug,
Kühn und wohlgewaffnet; ‖ hei! was er Helden schlug! 30
Das sah ein Burgonde, ‖ dem schuf es Zorn und Noth:
Davon begann zu nahen ‖ des edeln Rüdigers Tod.

Gernot, der starke, ‖ rief den Helden an,
Er sprach zum Markgrafen: ‖ Ihr wollt von unserm Bann
Niemand leben lassen, ‖ viel edler Rüdiger:
Das schmerzt mich ohne Massen; ‖ ich ertrag es länger nicht mehr. 20

Nun mag euch eure Gabe ‖ zu Unstatten kommen,
Da ihr mir der Freunde ‖ habt so viel benommen;
Nun bietet mir die Stirne, ‖ ihr edler, kühner Mann:
Eure Gabe wird verdienet, ‖ so gut ich immer nur kann.'

Bevor da der Markgraf ‖ zu ihm gedrungen war,
Ward noch getrübt vom Blute ‖ manch lichter Harnisch klar.
Da liefen sich einander ‖ die Ehrbegiergen an:
Jedweder sich zu schirmen ‖ vor starken Wunden begann.

Ihre Schwerter waren schneidig, ‖ es schirmte nichts dagegen.
Da schlug Gernoten ‖ Rüdiger der Degen 30
Durch den steinharten Helm, ‖ dass niederfloss das Blut:
Das vergalt ihm balde ‖ dieser Ritter kühn und gut.

Da schwang er Rüdgers Gabe, ‖ die ihm in Händen lag:

Wie wund er war zum Tode, ‖ *er schlug ihm einen Schlag*
Durch des Helmes Bänder ‖ *und durch den festen Schild,*
Davon ersterben musste ‖ *der gute Rüdiger mild.* 20

Nie ward so reicher Gabe ‖ *so schlimm gelohnet mehr.*
Da fielen beid erschlagen, ‖ *Gernot und Rüdiger,*
Im Sturme gleichermassen ‖ *von beider Kämpfer Hand.*
Da erst ergrimmte Hagen, ‖ *als er den grossen Schaden fand.*

Da sprach der Held von Tronje: 'Es ist uns schlimm bekommen:
So grossen Schaden haben ‖ *wir an den Zwein genommen,*
Dass wir ihn nie verwinden, ‖ *noch auch ihr Volk und Land.*
Uns Heimatlosen bleiben ‖ *nun Rüdgers Helden zu Pfand.'*

'Weh mir um den Bruder! ‖ *der fiel hier in den Tod:*
Was mir zu allen Stunden ‖ *für leide Märe droht!* 30
Auch muss mich immer reuen ‖ *der gute Rüdiger:*
Der Schad ist beidenthalben ‖ *und grossen Jammers Beschwer.*

Als der junge Geiselher ‖ *sah seinen Bruder todt,*
Die da im Saale waren, ‖ *die mussten leiden Noth.*
Der Tod warb um Beute ‖ *unter Rüdgers Heer;*
Deren von Bechlaren ‖ *entgieng kein Einziger mehr.* 20

'Uns raubt der Tod die Besten,' ‖ *sprach Geiselher das Kind,*
'Nun lasset ab mit Weinen, ‖ *und gehn wir an den Wind,*
Dass sich die Panzer kühlen ‖ *uns streitmüden Degen:*
Es will nicht Gott vom Himmel, ‖ *dass wir länger leben mögen.'*

Den sitzen, den sich lehnen, ‖ *sah man manchen Mann.*
Sie waren wieder müssig; ‖ *Die in Rüdgers Bann*
Waren all erlegen; ‖ *verhallt war Drang und Stoss.*
Die Stille währte lange, ‖ *bis es Etzeln verdross.*

'O weh dieser Dienste!' ‖ *sprach des Königs Weib.*
'Er ist nicht so getreue, ‖ *dass unser Feinde Leib* 30
Des entgelten müsste, ‖ *von Rüdigers Hand:*
Er will sie wiederbringen ‖ *in der Burgonden Land.*

Was hilft uns, König Etzel, ‖ *dass wir an ihn verthan*
Wes er nur begehrte? ‖ *Er hat nicht wohl gethan!*

Der uns rächen sollte, ‖ *will der Sühne pflegen.'*
Da gab ihr Volker Antwort, ‖ *dieser zierliche Degen.* 20

'Dem ist nicht also, leider, ‖ *viel edles Königsweib;*
Und dürft ich Lügen strafen ‖ *ein so hehres Weib,*
So hättet ihr recht teuflisch ‖ *auf Rüdiger gelogen:*
Er und seine Degen ‖ *sind um die Sühne gar betrogen.*

So williglich vollbracht er ‖ *was der König ihm gebot,*
Dass er und sein Gesinde ‖ *hier fielen in den Tod.*
Nun seht euch um, Kriemhilde, ‖ *wem ihr gebieten wollt:*
Euch war bis an sein Ende ‖ *Rüdiger getreu und hold.*

Wollt ihr das nicht glauben, ‖ *so schaut es selber an.'*
Zu ihrem Herzleide ‖ *ward es da gethan:* 30
Man trug den Held erschlagen hin ‖ *wo ihn der König sah.*
König Etzels Degen ‖ *so leid wohl nimmer geschah.*

Als sie den Markgrafen ‖ *todt sahen vor sich tragen,*
Da vermöcht euch kein Schreiber ‖ *zu deuten noch zu sagen*
Die ungebärdge Klage ‖ *so von Weib als Mann,*
Die sich aus jammernden Herzen ‖ *da zu zeigen begann.*

DAS JÜNGERE HILDEBRANDSLIED.

[*Scherer* D. 128, E. 119.]

Aus einer Sammlung, die noch andere bänkelsängerische Umdichtungen
älterer Volkssagen enthält (Ortnit, Wolfdietrich, Etzels Hofhaltung, Ecken
Ausfahrt, Riese Sigenot, Dieterich und seine Gesellen, Zwerg Laurin, den
Rosengarten, das Meerwunder, und Herzog Ernst). Sie wurde 1472 von
einem Franken Caspar von der Roen angelegt und heisst nach ihm 'das
Heldenbuch Caspars von der Roen.' Herausgegeben in Von der Hagen und
Primisser 'Der Helden Buch in der Ursprache' (Berlin 1820–25) Th. 2.

DER VATER MIT DEM SOHN.

'Ich solt zu land[2] ausreiten'
sprach meister Hildeprant,

'das mir vor langen zeiten
die weg warn vnbekant;
fan Pern[3] in landen waren
vil manchen lieben tag,
das ich in dreissig iaren
fraw Gut ich nie enpflag[4].'
'Wolstu zu land ausreiten'
sprach hertzog Abelan,
'so kom dir pald peizeiten[5]
ein degen also schon:
das ist dort auf des Perners marck
der iunge Hildeprant: 10
werstu santtzwelft[6] in harnisch starck,
von im wirst angerant.'
'Ist er mit reiten den als wilt[7]
aus seinem vbermut,
ich verhaw im pald sein grunen schilt:
es tut im nymer gut;
ich verschrot im sein geschmeide
mit einem schirmeschlagk,[8]
das er seinr muter seite
ein iemerliche clag.'
'Nein' sprach Diterich von Peren,
'Hilprant, des ich nit wolt.
las reiten in gar geren[9]:
dem iungen pin ich holt;
vnd sprich im zu ein freuntlich wort
wol durch den willen mein:
ich weis das er es gerne hort
als lieb als wir im sein.'
Hiltprant der sprach mit siten
'werlich, das det mir ant;
sölt ich den degen piten,
das wer mir ymer schant.
e wolt ich mit im fechten:
des kunt er nit denpern[10];
mit allen meinen mechten:
villeicht so tut ers gern.'
Do nun der alt Hilprande
durch den rossengartn ausreit
ind marck des Perners lande,
kom er in gros arbeit:
wol von dem iungen mit gewalde

do wurd er angerant:
'nun sag du mir, du alder,
was suchst in dissem lant?
Dein harnisch lauter vnd helle
alsam dein zechen[11] sint:
du machst mich, degen schnelle,
mit gesehenden augen plint.
du solst pas haben dein hute[12]
doheinen[13] dein gemach
pei einer heissen glute.'
der alt der lacht vnd sprach:
'Solt ich doheim beleiben
vnd haben gut gemach?
vil streitens mussz ich treiben:
das machet mich oft schwach;
in Walhen vnd in Vnger
geriten[14] manch herfart: 10
des glaub du mir, du iunger,
darvmb grabt[15] mir mein part.'
'Dein part wil ich ausrauffen:
das müst du sehen an;
das dir das plut mussz lauffen
vnd auf dem harnisch stan.
dein harnisch vnd dein grünen schilt
den mustu mir auch geben,
vnd mein gefangen, ob du wilt,
wiltu icht lenger leben.' 20

Do man vil freuden pflage
mit aller köstlichkeit,
an dem virtzehenden tage,
der alt sich do bereit
vnd bestellt[16] an dem hoffe
was im misfallen was
mit ritern, knechten, graffen,
das es darnach stund pas. 30
Sie het irn hoff alleine,
fraw Gut vnd auch ir sun.
der alt Hilprant gemeine,
der must zu hoff sein nün
inn Lamparten[17] zu Pern[18];

dohin stund im sein syn,
er gesegnet sie in ern
vnd reit domit dohin;
Vnd kom genn Pern geriten:
do was er lieb vnd wert,
vnd heten kaum erpiten,[19]
sie fragten was er hert:[20]
er sagt wies gangen were
des las wir auch darvon
vnd singen dovon nit mere.
got wol vns peibestan.[21]

(29 *lied hat das geticht der vater mit dem sun.*)

GUDRUN.

[*Scherer* D. 132, *E.* 124.]

Nicht viel später gedichtet als das Nibelungenlied. Nur in einer Handschrift
der berühmten Ambraser Sammlung, die für Kaiser Maximilian I. (1502–
1515) angefertigt wurde, erhalten. Herausgegeben von Vollmer (Leipzig,
1845), Bartsch (Leipzig, 1865), Martin (Halle, 1872; 1883), Symons (Halle,
1883). Übersetzungen von Simrock, A. v. Keller, Niendorf u. a.

1.
HORANDS GESANG (372–389 ed. Martin).

Daz kam an einen âbent ‖ daz in sô gelanc,
daz von Tenemarke ‖ der küene degen sanc
mit sô hêrlîcher stimme, ‖ daz ez wol gevallen
muose al den liuten. ‖ dâ von gesweic der vogellîne schallen. 10

Daz hôrte der künic gerne ‖ und alle sîne man,
dâ von von Tenen Hôrant ‖ der vriunde vil gewan.
ouch hete ez wol gehœret ‖ diu alte küniginne.
ez erhal ir durch daz venster, ‖ dâ si was gesezzen an der zinne.

Dô sprach diu schœne Hilde ‖ 'waz hân ich vernomen?
diu aller beste wîse ‖ ist in mîn ôren komen,
die ich ze dirre welte ‖ von ieman hân ervunden.

daz wolte got von himele, ‖ daz si mîne kameræ
re kunden!'

Dô sprâchen Hagenen helde ‖ 'herre, lât vernemen.
nieman lebet sô siecher, ‖ im möhte wol gezemen
hœren sîne stimme, ‖ diu gêt ûz sînem munde.'
'daz wolte got von himele' ‖ sprach der künec, 'daz ich si selbe kunde!'

Dô er drî dœne ‖ sunder vol gesanc,
alle die ez hôrten ‖ dûhte ez niht sô lanc. 10
si hætens niht geahtet, ‖ einer hende wîle,
obe er solte singen, ‖ daz einer möhte rîten tûsent mîle.

Diu tier in dem walde ‖ ir weide liezen stên.
die würme die dâ solten ‖ in dem grase gên,
die vische die dâ solten ‖ in dem wâge vliezen,
die liezen ir geverte. ‖ jâ kunde er sîner vuoge wol geniezen.

Es geschah an einem Abend, ‖ dass ihnen so gelang,
Dass vom Dänenlande ‖ der kühne Degen sang
Mit so herrlicher Stimme, ‖ dass es Wohlgefallen
Musste all den Leuten: ‖ davon geschwieg der kleinen Vöglein Schallen.

Der König hört' es gerne ‖ und Die in seinem Bann;
Horand der Däne ‖ sich manchen Freund gewann. 20
Auch ward die alte Königin ‖ seines Singens inne;
Es erscholl ihr durch das Fenster, ‖ als sie oben sass an der Zinne.

Da sprach die schöne Hilde: ‖ 'Was ist das für Gesang?
Die allerschönste Weise ‖ zu meinen Ohren drang,
Die ich je auf Erden ‖ von Jemand hörte singen:
Wollte Gott vom Himmel, ‖ dass sie könnten meine Kämmerlinge.' 20

Da sprachen Hagens Helden: ‖ 'Herr, wir thun euch kund,
Niemand kann so siechen, ‖ er würde bald gesund,
Wenn man ihm sein Singen ‖ anzuhören gönnte.'
'Wollte Gott vom Himmel,' ‖ sprach der König, 'dass ichs selber könnte!'

Als er schon das dritte ‖ Lied zu Ende sang,
Allen die es hörten, ‖ währt' es nicht zu lang:
Es deuchte sie in Wahrheit ‖ nur spannenlange Weile,
Wenn er immer sänge, ‖ während Einer ritte tausend Meilen.

Die Thier' im Walde liessen ‖ ihre Weide stehn;
Die Würme, die da sollten ‖ in dem Grase gehn, 30
Die Fische, die da sollten ‖ in dem Wasser fliessen,
Verliessen ihre Fährte: ‖ wohl dürft' ihn seiner Künste nicht verdriessen.

2.
GUDRUN ALS WÄSCHERIN.

Nû swîgen wir der degene, ‖ ich wil iuch lân vernemen,
die wol mit vreuden wæren, ‖ wie den daz mac gezemen,
daz si müezen waschen ‖ in den vremeden landen.
Kûdrûn unde Hildeburc ‖ die wuoschen alle zît ûf einem sande.

Ez was in einer vasten ‖ umb einen mitten tach.
ein vogel kam gevlozzen. ‖ Kûdrûn dô sprach
'owê vogel schœne, ‖ du erbarmest mir sô sêre,
daz dû sô vil gevliuzest ‖ ûf diseme vluote' sprach diu maget hêre.

Dô sprach der engel hêre ‖ 'dû maht dich wol versehen,
maget vil ellende: ‖ dir sol grôz liep geschehen. 10
wilt dû mich vrâgen ‖ von dîner mâge lande,
ich bin ein bote der dîne, ‖ wan got ze trôste mich dir here sande.'

Dô sprach diu gotes arme ‖ 'sît dich Krist hât gesant
uns vil ellenden ‖ ze trôste in ditze lant,
dû solt mich lâzen hœren, ‖ bote dû vil guoter:
lebet noch inder Hilde? ‖ diu was der armen Kûdrûnen muoter.'

Dô sprach der vil hêre ‖ 'ich wil dir verjehen.
Hilden dîne muoter ‖ hân ich gesunt gesehen,
dô si ein her grœzer ‖ dir vrumte her ze lande,
dan witewe oder künne ‖ durch lieber vriunde willen ie gesande.'

Dô sprach diu maget edele ‖ 'bote dû vil hêr,
lâ dich des niht verdriezen, ‖ ich wil dich vrâgen mêr. 10
lebet noch indert Ortwîn, ‖ der künec von Ortlande,
und Herwîc mîn vriedel? ‖ diu mære ich harte gerne bekande.'

Dô sprach der engel hêre ‖ 'daz tuon ich dir wol kunt.
Ortwîn unde Herwîc ‖ die sint wol gesunt.
die sach ich in den ünden ‖ ûf des meres muoder.
die ellenthaften degene ‖ zugen vil gelîche an einem ruoder.'

Si sprach 'sô hôrte ich gerne, ‖ hâst dû daz vernomen,
sol von Tenemarke ‖ Hôrant here komen
mit den sînen helden, ‖ die mich in sorgen liezen?
den weiz ich alsô biderben, ‖ deich armiu maget sîn möhte wol geniezen.'

Dir kumt von Tenemarke ‖ Hôrant der neve dîn
ûf urliuge starke ‖ er und die recken sîn.
er sol daz Hilden zeichen ‖ tragen in sînen handen,
sô die Hegelinge ‖ koment zuo den Hartmuotes landen.'

Dô sprach aber Kûdrûn ‖ 'kanst dû mir gesagen,
lebet noch Wate von Stürmen? ‖ sô wolte ich niht klagen. 10
des vreuten wir uns alle, ‖ swenne daz geschæhe,
daz ich ouch Fruoten ‖ den alten bî mînem zeichen gesæhe.'

Dô sprach aber der engel ‖ 'dir kumt in ditze lant
Wate von den Stürmen. ‖ der hât an sîner hant
ein starkez stierruoder ‖ in einem kiel bî Fruoten.
bezzer vriunde deheiner ‖ darftû niht bî urliuge muoten.'

Dô muoste von in scheiden ‖ der bote vil hêr.
die ellenden vrouwen ‖ vrâgten dô niht mêr.
jâ was in mit gedanken ‖ liep unde swære,
die in dâ helfen solten, ‖ wâ daz vil werde ingesinde wære.

Schweigen wir der Degen ‖ und vernehmen nun
Wie es denen anstand, ‖ die billig sollten ruhn,
Dass sie waschen mussten ‖ in dem fremden Lande:
Gudrun und Hildeburg, ‖ die wuschen alle Tage bei dem Strande.

Es war in den Fasten ‖ und um den mitten Tag,
Ein Vogel kam geschwommen: ‖ nun hört wie Gudrun sprach:
'O weh, schöner Vogel, ‖ du musst mich auch erbarmen,
Dass du einher geschwommen ‖ kommst auf diesen Fluten,' sprach die Arme. 20

Da sprach der hehre Engel: ‖ ‘Du magst dich Glücks versehn,
Arme Heimatlose, ‖ das soll dir bald geschehn.
Willst du mich fragen ‖ von deinem Heimatlande,
Ich bin der Deinen Bote; ‖ Gott schickt mich dir zum Trost zu diesem Strande.’

Da sprach die Unselige: ‖ ‘Hat Christus dich gesandt
Uns armen Heimatlosen ‖ zum Trost in dieses Land,
Du sollst mich hören lassen, ‖ Bote, du mein guter,
Ist Hilde noch am Leben? ‖ sie war der armen Gudrun Mutter.’ 20

Da sprach der hehre Bote: ‖ ‘Das will ich dir sagen:
Hilde, deine Mutter ‖ sah ich gesund vor Tagen,
Als sie dir ein grösser ‖ Heer zu Hülfe sandte,
Als jemals liebem Kinde ‖ eine Mutter oder Nahverwandte.’

Da sprach die edle Jungfrau: ‖ ‘Edler Bote hehr,
Lass dich es nicht verdriessen, ‖ ich frage dich noch mehr:
Ist Ortwein der König ‖ von Ortland noch am Leben?
Und Herwig, mein Geliebter? ‖ der Frage hört ich gerne Antwort geben.’

Da sprach der hehre Engel: ‖ ‘Das mach ich dir wohl kund:
Ortwein und Herwig ‖ sind beide noch gesund. 30
Ich sah sie heute fahren ‖ auf des Meeres Wegen;
An Einem Ruder zogen ‖ mit gleicher Kraft die beiden starken Degen.’

Sie sprach: ‘So hört’ ich gerne, ‖ sofern es dir bekannt,
Soll auch Horand kommen, ‖ der Held von Dänenland?
Mit seinen kühnen Helden, ‖ die mich liessen hier in Sorgen:
Ich weiss ihn so tapfer, ‖ ich armes Mägdlein wäre wohlgeborgen.’ 20

‘Auch Horand dein Neffe ‖ kommt von Dänemark
Zu manchem heissen Treffen ‖ mit seinen Recken stark.
Er soll in seinen Händen ‖ tragen Hildens Zeichen,
Wenn die Hegelingen ‖ kommen zu Hartmuthens Reichen.’

Da sprach wieder Gudrun: ‖ ‘Kannst du mir sagen,
Lebt Wate noch von Sturmland? ‖ so wollt ich nicht klagen.
Des freuten wir uns alle, ‖ wenn das geschähe,
Dass ich auch Herrn Frute ‖ den alten bei meinem Banner sähe.’

Da sprach der Engel wieder: ‖ ‘Dir kommt in dieses Land

Wate von Sturmland: ‖ *der hält in seiner Hand* 30
Ein starkes Steuerruder ‖ *in Einem Kiel mit Fruten:*
Bessre Freunde darfst du ‖ *zum Krieg nicht wünschen in deinem Muthe.'*

Da musste sie verlassen ‖ *der Gottesbote hehr;*
Die heimatlosen Frauen ‖ *fragten da nicht mehr.*
Doch lag auf ihren Herzen ‖ *noch grossen Kummers Schwere,*
Wo nun ihrer Helfer ‖ *werthes Ingesinde wäre.*

3.
DER ENTSCHEIDUNGSKAMPF.

Nû nâhent ez dem strîte. ‖ der helt ûz Sturmlant
begunde ein horn blâsen, ‖ daz manz über sant 10
wol von sînen kreften ‖ hôrte drîzic mîle.
die von Hegelingen ‖ begunden zuo dem Hilden zeichen îlen.

Dô blies er ander stunde. ‖ daz tete er umbe daz,
daz iegelîcher recke ‖ in den satel saz
und daz si ir schar schikten ‖ dar si wolten kêren.
man gevriesch in den strîten ‖ nie alten recken alsô hêren.

Er blies ze dritten stunden ‖ mit einer krefte grôz,
daz im der wert erwagete ‖ und im der wâc erdôz.
Ludewîges eckesteine ‖ ûz der mûre möhten rîsen.
dô hiez er Hôranden ‖ der schœnen Hilden zeichen dannen wîsen. 20

Si vorhten Waten sêre. ‖ dâ wart nieman lût.
man hôrte ein ros ergrînen. ‖ daz Herwîges trût
stuont obene in der zinne. ‖ statelîche rîten
sach man die küenen, ‖ die mit Hartmuoten wolten strîten.

Nû was komen Hartmuot ‖ unde sîne man
ze vlîze wol gewâpent ‖ ûz der porten dan.
von vremeden und von kunden ‖ durch die venstersteine
erglasten in die helme. ‖ jâ was ouch Hartmuot dâ niht eine.

Dô sach man Hartmuoten ‖ rîten vor der schar.
ob er ein keiser wære, ‖ sô kunde er nimmer gar 10
vlîziclîcher werben. ‖ ez lûhte gên der sunnen

allez sîn gewæte. ‖ im was noch hôhes muotes unzerunnen.

Dô hete Ortwînen ‖ Hartmuot erkorn.
swie er sîn niht erkande, ‖ doch houte er mit den sporn
sîn ros, daz spranc vil wîte. ‖ er reit ûf Ortwînen.
ir sper si neigten bêde: ‖ dâ von man sach liehte brünne erschînen.

Diu ros ûf gesprungen. ‖ dô huop sich michel klanc
von der künege swerten. ‖ man mohte in sagen danc,
daz si den strît erhuoben ‖ sô rehte ritterlîchen.
si wâren beide küene. ‖ si wolten einander niht entwîchen.

Dô sach von Tenen Hôrant ‖ Ortwînen wunt.
dô begunde er vrâgen, ‖ wer hæte ungesunt
gemachet in dem strîte ‖ sînen lieben herren.
Hartmuot der lachte: ‖ jâ wârens von einander vil unverren.

Ortwîn sagete im selbe ‖ ʻdaz tete her Hartmuot.ʼ
dô gap daz Hilden zeichen ‖ von im der degen guot, 10
daz er wol kunde bringen ‖ nâch maneger grôzer êre
ze schaden sînen vînden. ‖ des dranc er nâch Hartmuoten sêre.

Hartmuot bî im hôrte ‖ ungevüegen schal.
er sach daz bluot rîlîchen ‖ vliezen hin ze tal
vil manegen ûz den wunden ‖ nider zuo den vüezen.
dô sprach der degen küene ‖ ʻden schaden sol ich mînen helden büezen.ʼ

Dô kêrte er sich hin umbe ‖ da er Hôranden sach.
von ir beider ellen ‖ balde daz geschach,
daz viur von den ringen ‖ in drâte vür die ougen.
sich bugen swertes ecke ‖ von ir handen ûf den helmbougen.

Er wunte Hôranden, ‖ als ouch ê geschach
dem küenen Ortwînen, ‖ daz im ein rôter bach
vlôz ûz sînen ringen ‖ von Hartmuotes handen.
er was sô rehte biderbe: ‖ wer solte muoten dô nâch sînen landen?

Lûte ruoft dô Herwîc ‖ ʻist iemen daz erkant,
wer ist jener alte? ‖ der hât mit sîner hant 10

sô vil der tiefen wunden ‖ allez hie gehouwen
von sînem starken ellen, ‖ daz ez beweinen müezen schœne vrouwen.'

Daz erhôrte Ludewîc, ‖ der voget ûz Ormanîn.
'wer ist der in der herte ‖ hât gevrâget mîn?
ich bin geheizen Ludewîc ‖ von Ormanîerîche.
möhte ich mit den vînden ‖ gestrîten wol, daz tæte ich sicherlîche.'

'Ich bin geheizen Herwîc: ‖ dû næme mir mîn wîp.
die muost dû geben widere, ‖ oder unser eines lîp
muoz dar umbe sterben, ‖ dar zuo der recken mêre.'
dô sprach der künic Ludewîc ‖ 'dû dröust mir in mîm lande gar ze sêre.

Dû hâst mir dîne bîhte ‖ âne nôt getân.
ir ist hie noch mêre, ‖ den ich genomen hân
ir guot unde ir mâge. ‖ des solt dû mir getrouwen,
ich sol ez alsô schaffen, ‖ daz dû nimmer küssest dîne vrouwen.'

Nâch dem selben worte ‖ liefens einander an,
die zwêne rîche künege. ‖ swerz dâ guot gewan, 10
der holte ez unsanfte. ‖ von ir jungelingen
von ir beider zeichen ‖ sach man manegen guoten zuo in springen.

Herwîc was biderbe ‖ und küene genuoc.
der vater Hartmuotes ‖ den jungen künic sluoc,
daz er begunde strûchen ‖ vor Ludewîges handen.
er wolte in hân gescheiden ‖ von sînem lîbe und von sînen landen.

Wæren niht sô nâhen ‖ die Herwîges man,
die im mit vlîze hulfen, ‖ sô kunde er nimmer dan
âne sîn ende ‖ von im sîn gescheiden.
alsô kunde Ludewîc ‖ der alte den kinden bî im leiden.

Die hulfen Herwîge, ‖ daz er dâ genas.
dô er sînes valles ‖ wider komen was,
dô blikte er harte schiere ‖ ze berge gegen der zinne,
obe er indert sæhe ‖ dar inne stên sîns herzen triutinne.

Er gedâhte in sînem muote ‖ 'ach wie ist mir geschehen!

ob mîn vrou Kûdrûn ‖ ditze hât gesehen, 10
gelebe wir daz immer ‖ deich si sol umbevâhen,
si tuot mir itewîze, ‖ sô ich bî mîner vrouwen lige nâhen.

Daz mich der alte grîse ‖ hie nider hât geslagen,
des scham ich mich vil sêre.' ‖ sîn zeichen hiez er tragen
hin nâch Ludewîge ‖ mit den sînen mannen.
si drungen nâch den vînden: ‖ si wolten in lâzen niht von dannen.

Ludewîc der hôrte ‖ hinder im den schal.
dô kêrte er wider umbe ‖ gegen im ze tal.
dô hôrte man ûf den helmen ‖ swerte vil erdiezen.
die dâ bî in wâren, ‖ die mohte ir beider grimmes wol verdriezen.

Der Kûdrûnen vriedel ‖ under helme über rant
erreichte Ludewîgen ‖ mit ellenthafter hant.
er wundet in sô sêre, ‖ daz er niht mohte gestrîten.
dâ von muoste Ludewîc ‖ des grimmen tôdes dâ vor im erbîten.

Er sluoc im ander stunde ‖ einen vesten swanc,
daz des küneges houbet ‖ von der ahsel spranc. 10
er hete im wol vergolten, ‖ daz er was gevallen.
der künic was erstorben: ‖ des muosten schœniu ougen über wallen.

Dô sprach ze sînen mannen ‖ Hartmuot der degen
'nû wendet mit mir dannen. ‖ ir ist hie vil gelegen,
die uns slahen wolten ‖ in den herten strîten.
nû kêret zuo der bürge, ‖ unz wir bezzerre wîle erbîten.'

Si heten vil der degene ‖ hinder in verlân.
wær daz lant ir eigen, ‖ si enkunden hân getân
niht bezzers in dem strîte. ‖ si wolten zuo der selde.
Wate sûmte starke ‖ si mit tûsent sîner guoten helde.

Er was unz an die porte ‖ mit grôzer kraft gegân,
dâ Hartmuot hine wolte ‖ mit den sînen man.
si kundenz niht verenden: ‖ in zowet es harte kleine,
si sâhen ab der mûre ‖ werfen mit manegem lâzsteine.

Dô sach in her Hartmuot ‖ vor dem bürge tor.
er sprach 'daz wir verdienet ‖ haben hie bevor, 10
daz wil sich wærlîche ‖ hiute an uns erzeigen,
die gesunden haben sorge. ‖ jâ lît hie harte vil der veigen.

Ich mac niht gevliegen: ‖ veder hân ich niht.
ich enmac ouch under die erde, ‖ swaz anders mir geschiht.
wir mugen ouch vor den vînden ‖ niht zuo den ünden.
den besten mînen willen ‖ wil ich iu bescheidenlîchen künden.

Sîn mac niht anders werden, ‖ ir edele ritter guot.
erbeizet zuo der erden ‖ und houwet heizez bluot
ûz den liehten ringen: ‖ des lât iuch niht verdriezen.'
si stuonden von den satelen: ‖ diu ros si hinder sich ze rugge stiezen.

'Nû zuo, ir mæren helde!' ‖ sprach dô Hartmuot.
'gêt nâher zuo der selde. ‖ ez sî übel oder guot,
ich muoz ze Waten dem alten. ‖ swie mir dâ gelinge,
ich wil doch versuochen, ‖ ob ich in hôher von der porten bringe.

Mit ûf geworfen swerten ‖ begunden si dô gân
Hartmuot der küene ‖ unde ouch sîne man. 10
do bestuont er Waten den grimmen: ‖ daz was dem helde ein êre.
dô hôrte man swert erklingen. ‖ dô starp guoter ritter dester mêre.

Schiere kam Ortrûn ‖ von Ormanîelant
diu junge küniginne ‖ mit windender hant
ze vroun Kûdrûnen. ‖ diu junge maget hêre
viel ir vür die vüeze. ‖ si klagete ir vater Ludewîgen sêre.

Si sprach 'lâ dich erbarmen, ‖ edelez vürsten kint,
sô vil mîner mâge, ‖ die hie erstorben sint,
und gedenke, wie dir wære, ‖ dô man sluoc den vater dînen.
edele küniginne, ‖ nû hân ich hiute vloren hie den mînen.

Nû sich, maget edele: ‖ diz ist ein grôziu nôt.
mîn vater und mîne mâge ‖ sint aller meiste tôt.
nû stêt der recke Hartmuot ‖ vor Waten in grôzer vreise.
verliuse ich den bruoder, ‖ sô muoz ich immer mêre sîn ein weise.

Und lâz mich des geniezen' ‖ sprach daz edele kint:
'so dich nieman klagete ‖ der aller, die hie sint, 10
dû hetest niht vriunde mêre ‖ danne mich vil eine.
swaz dir ieman tæte, ‖ sô muoste ich ze allen zîten umb dich weinen.'

Dô sprach diu Hilden tohter ‖ 'des hâst dû vil getân.
ich weiz niht, wie ich möhte ‖ den strît understân,
ich enwære danne ein recke, ‖ daz ich wâpen trüege:
sô schiede ich ez gerne, ‖ daz dir dînen bruoder nieman slüege.'

Si weinte angestlîche. ‖ wie tiure si si bat,
unze daz vrou Kûdrûn ‖ in daz venster trat.
si winkte mit der hende ‖ und vrâgte si der mære,
ob von ir vater lande ‖ ieman guoter dar komen wære.

Des antwurte Herwîc, ‖ ein edel ritter guot
'wer sît ir, juncvrouwe, ‖ diu uns vrâgen tuot?'
si sprach 'ich heize Kûdrûn ‖ und bin daz Hagenen künne.
swie rîche ich hie vor wære, ‖ sô sihe ich hie vil wênec dehein wünne.'

Er sprach 'sît ir ez Kûdrûn, ‖ diu liebe vrouwe mîn,
sô sol ich iu gerne ‖ immer diende sîn: 10
sô bin ich ez Herwîc ‖ und kôs iuch mir ze trôste,
und lâze iuch daz wol schouwen, ‖ deich iuch von allen sorgen gerne lôste?'

Si sprach 'welt ir mir dienen, ‖ ritter ûz erkorn,
sô sult ir uns vervâhen ‖ daz vür deheinen zorn.
mich bitent vlîziclîche ‖ hie die schœnen meide,
daz man Hartmuoten ‖ von Waten dem alten ûz dem strîte scheide.'

'Daz sol ich gerne leisten, ‖ vil liebiu vrouwe mîn.'
lûte ruoft dô Herwîc ‖ zuo den recken sîn
'nû sult ir mîniu zeichen ‖ ze Waten vanen bringen.'
dô sach man Herwîgen ‖ unde al die sîne sêre dringen.

Ein herter vrouwen dienest ‖ wart von im getân.
Herwîc ruoft dô lûte ‖ den alten Waten an.
er sprach 'Wate, lieber vriunt, ‖ gunnet daz man scheide
disen strît vil swinden: ‖ des bitent iuch die minniclîche meide.'

Wate sprach mit zorne ‖ 'her Herwîc, nu gêt hin!
solt ich vrouwen volgen, ‖ war tæte ich mînen sin? 10
solte ich sparn die vînde? ‖ daz tæte ich ûf mich selben.
des volge ich iu nimmer. ‖ Hartmuot muoz sîner vrevele engelden.'

Durch Kûdrûnen liebe ‖ zuo in beiden spranc
Herwîc der küene. ‖ der swerte vil erklanc.
Wate was erzürnet: ‖ er kunde daz wol leiden,
daz in strîte nieman ‖ in von sînen vînden torste scheiden.

Dô sluoc er Herwîgen ‖ einen tiuren slac,
der dâ wolte scheiden, ‖ daz er vor im lac.
dô sprungen sîne recken ‖ und hulfen im von dannen.
genomen wart dô Hartmuot ‖ vor Herwîge und vor allen sînen mannen.

Es nahte nun zum Streite: ‖ der Held von Sturmland
Begann ein Horn zu blasen, ‖ dass man es von dem Strand
Durch seine starken Kräfte ‖ wohl hörte dreissig Meilen.
Die von Hegelingen ‖ sah man zu Frau Hildens Banner eilen.

Er blies zum andern Male: ‖ das that er deswegen,
Dass sich in die Sättel ‖ schwängen all die Degen,
Und die Scharen richteten, ‖ wohin sie sollten reiten;
Solchen greisen Recken ‖ sah man nie so herrlich in den Streiten.

Er blies zum dritten Male ‖ mit einer Kraft so voll,
Dass ihm die Flut erbebte ‖ und rings der Strand erscholl; 30
Die Ecksteine wollten ‖ aus der Mauer fallen.
Er gebot Horanden, ‖ dass er Hildens Banner liesse wallen.

Sie bangten all vor Waten: ‖ da wurde Niemand laut;
Man hört' ein Ross wohl wiehern. ‖ König Herwigs Braut
Stand oben in den Zinnen. ‖ Stolz von dannen reiten
Sah man die Kühnen, ‖ die mit König Hartmuth wollten streiten. 20

Nun zog auch König Hartmuth ‖ und Die in seinem Bann
Mit allem Fleiss gewappnet ‖ aus dem Thor heran.
Man sah die Helme glänzen ‖ durch die Fenstersteine
Den Heimischen und Fremden; ‖ wohl war auch König Hartmuth nicht alleine.

Da sah man Hartmuthen ‖ reiten vor dem Heer;
Wenn er ein Kaiser wäre, ‖ er könnte nimmermehr
Sich stattlicher gehaben; ‖ ihm glänzten in der Sonnen
Die lichten Eisenkleider; ‖ hoher Muth war ihm noch unzerronnen.

Da hatte sich Ortweinen ‖ Hartmuth auserkorn;
Obwohl er ihn nicht kannte, ‖ doch trieb er mit den Sporen 30
Sein Ross in weiten Sprüngen ‖ heran zu Ortweinen.
Die Speere neigten Beide: ‖ da sah man bald die lichten Panzer scheinen.

Aufsprangen ihre Rosse: ‖ da hub sich lauter Klang
Von der Könge Schwertern; ‖ sie verdienten beide Dank,
Dass sie den Kampf erhuben ‖ mit so scharfen Streichen.
Es waren kühne Helden: ‖ Keiner wollte vor dem andern weichen. 20

Da sah Horand der Däne ‖ Ortweinen wund;
Da hub er an zu fragen: ‖ 'Wer mir ungesund
Den lieben Herren machte ‖ im Streit, das wüsst ich gerne.'
Hartmuth der lachte; sie waren ‖ sich einander nicht zu ferne.

Da sagt ihm Ortwein selber: ‖ 'Das that Herr Hartmuth.'
Da gab Frau Hildens Zeichen ‖ hinweg der Degen gut,
Das er wohl tragen konnte ‖ sich selbst zu grosser Ehre
Und dem Feind zum Schaden: ‖ Hartmuthen eilte hinterdrein der hehre.

Hartmuth in seiner Nähe ‖ vernahm gar lauten Schall;
Dabei sah er stürzen ‖ des rothen Blutes Schwall 30
Manchem aus den Wunden ‖ nieder zu den Füssen.
Da sprach der kühne Degen: ‖ 'Meiner Helden Schaden sollt ihr büssen.'

Da wandt er sich hinwieder ‖ wo er Horand sah.
Durch der Helden Stärke ‖ bald geschah es da,
Dass Funken aus den Ringen ‖ vor ihre Augen flogen,
Und auf den Helmspangen ‖ sich die geschwungnen Schwerterspitzen bogen. 20

Wie erst dem kühnen Ortwein, ‖ so schlug er darnach
Nun Horand eine Wunde, ‖ dass ihm ein rother Bach
Von Hartmuthens Händen ‖ entsprang den Panzerringen.
Der Degen war so tapfer: ‖ wer wollt ihm da sein Land noch aberzwingen?

Laut rief da Herwig: ‖ 'Ist das hier wem bekannt:

Wer ist jener Alte? ‖ der hat mit seiner Hand
So viel der tiefen Wunden ‖ schon allhie gehauen
Mit seinen starken Kräften, ‖ dass es beweinen müssen schöne Frauen.'

Das erhörte Ludwig, ‖ der Vogt der Normandie.
'Wer ist es, der im Kampfe ‖ nach mir fragte hie? 30
Ich bin geheissen Ludwig ‖ von Normandie dem Reiche:
Wüsst ich mit den Feinden ‖ noch zu streiten, säh man mich nicht weichen.'

'Herwig bin ich geheissen: ‖ du nahmest mir mein Weib:
Die musst du wieder geben, ‖ sonst büsst es der Leib
Eines von uns beiden ‖ und Manches der Getreuen.'
Da sprach der König Ludwig: ‖ 'Willst du mir so in meinem Lande dräuen?' 20

'Du hast mir deine Beichte ‖ hier ohne Noth gethan.
Hier ist noch mancher Andre, ‖ dem ich abgewann
Sein Gut und seine Freunde: ‖ du darfst mir zugetrauen,
Ich will es also schaffen, ‖ dass du nimmer küssest deine Fraue.'

Nach dieser Rede liefen ‖ sich einander an
Die beiden reichen Könige. ‖ Wer Glück bis jetzt gewann
Dem ergiengs nun übel ‖ durch seines Herrn Misslingen.
Von ihren Bannern sah man ‖ manchen Helden hin zu ihnen springen.

Herwig war tapfer ‖ und war auch kühn genug;
Der Vater Hartmuthens ‖ den jungen König schlug, 30
Dass er von Ludwigs Händen ‖ nieder musste fallen;
Er hätt ihn gern geschieden ‖ von seinem Leib und seinen Landen allen.

Waren nicht so nahe ‖ Die in Herwigs Heer,
Die ihm zu Hülfe sprangen, ‖ so konnt er nimmermehr
Bis zu seinem Ende ‖ von Ludwigen scheiden:
So wusste der Alte ‖ den Jungen seine Nähe zu verleiden. 20

Sie halfen Herwigen, ‖ dass er am Leben blieb.
Als er sich nun erholte ‖ von des Alten Hieb,
Empor sah man ihn blicken ‖ zu des Schlosses Zinnen,
Ob auch seine Traute ‖ von dort herab gesehn auf sein Beginnen.

Er gedacht in seinem Muthe: ‖ 'Ach, wie ist mir geschehn!
Wenn Gudrun meine Herrin ‖ Solches hat ersehn,

Erleb ich je die Stunde, ‖ dass ich sie soll umfahen,
So wird sie mirs verweisen, ‖ wenn ich sie zu küssen will ihr nahen.

Dass mich der greise Alte ‖ hier nieder hat geschlagen,
Des muss ich sehr mich schämen.' ‖ Sein Banner liess er tragen 30
Gegen König Ludwig ‖ vor allen seinen Mannen.
Sie folgten ihrem Feinde: ‖ der sollte nun mit Nichten mehr von dannen.

Ludwig erhörte ‖ hinter sich den Schall,
Da wandt er sich zurücke ‖ wider ihn zumal;
Da hört' er auf den Helmen ‖ Schwerter viel erschallen
Die da bei ihm waren, ‖ denen mochte wohl der Könge Grimm missfallen. 20

Gudrunens Trauter ‖ unter Helm und Schildesrand
Erreichte Ludwigen ‖ mit kraftreicher Hand:
Er schlug ihm solche Wunde, ‖ er konnte sich nicht rühren:
Da musste König Ludwig ‖ hier den grimmen Tod von ihm erküren.

Er schlug ihm gleich zur Stunde ‖ so festen Schwertesschwang,
Dass das Haupt dem König ‖ von der Achsel sprang.
Er hatt ihm wohl vergolten, ‖ dass er war gefallen.
Der König war erstorben: ‖ da mussten schöne Augen überwallen.

Da sprach zu seinen Mannen ‖ Hartmuth der Degen:
'Nun kehrt mit mir von dannen: ‖ so Mancher ist erlegen, 30
Die uns erschlagen wollten ‖ in diesem harten Streiten:
Wir wollen heim zum Schlosse: ‖ da mögen wir wohl harren bessrer Zeiten.'

Sie hatten viel der Degen ‖ gelassen hinter sich;
Wär das Land ihr eigen, ‖ sie hätten sicherlich
Nicht besser sich gehalten; ‖ nun zogen sie vom Felde.
Da sammelte sich Wate ‖ wohl mit tausend seiner kühnen Helden. 20

Er zog bis an die Pforte ‖ heran mit grosser Kraft,
Wo Hartmuth einziehn wollte ‖ mit seiner Ritterschaft—
Doch könnt ers nicht vollbringen. ‖ Er liess sichs nicht verdriessen,
Dass sie von der Mauer ‖ manchen Laststein sahen niederschiessen.

Da sah ihn Herr Hartmuth ‖ vor der Veste Thor.
Er sprach: 'Was wir verdienet ‖ haben hiebevor,
Das will sich heute wahrlich ‖ mit Zorn an uns bekunden:

Die Gesunden haben Sorge ‖ und ringsum liegen viel der Fährlichwunden.

Ich kann jedoch nicht fliegen; ‖ Federn hab ich nicht.
Noch durch die Erde kriechen, ‖ wär es gleich hier Pflicht. 30
Uns wehren auch die Feinde, ‖ dass wir ans Wasser kämen:
Meinen Rath den besten ‖ lass ich euch bescheidentlich vernehmen.

Es kann nicht anders werden, ‖ ihr edeln Ritter gut,
Steigt nieder zu der Erden ‖ und hauet heisses Blut
Aus den lichten Ringen! ‖ das lasst euch nicht verdriessen.'
Sie sprangen aus den Sätteln, ‖ indem sie rasch zurück die Rosse stiessen. 20

'Nun zu, ihr Ehrenfesten,' ‖ sprach da Hartmuth:
'Geht näher zu der Veste! ‖ seis übel oder gut,
Ich muss zum alten Wate: ‖ wie mir da gelinge,
Ich will doch versuchen, ‖ ob ich den nicht von der Pforte bringe.'

Mit aufgehobnen Schwertern ‖ schritten sie heran,
Hartmuth der kühne ‖ und Die in seinem Bann.
Er bestand den grimmen Wate: ‖ des freute sich der Degen.
Man hörte Schwerter klingen: ‖ da sind der Helden desto mehr erlegen.

Eilends kam da Ortrun, ‖ die bang die Hände wand,
Die junge Königstochter ‖ von der Normannen Land, 30
Zu Gudrun der schönen: ‖ die junge Maid, die hehre,
Fiel ihr zu Füssen klagend, ‖ dass ihr Vater Ludwig erschlagen wäre.

Sie sprach: 'Lass dich erbarmen, ‖ edles Fürstenkind,
So vieler von den Meinen, ‖ die hier erstorben sind;
Gedenke, wie zu Muthe ‖ dir war, als man dir deinen
Vater hat erschlagen: ‖ nun hab ich hier verloren heut den meinen. 20

Nun sieh, edle Königin, ‖ wie gross ist diese Noth:
Mein Vater, meine Freunde, ‖ schier Alle sind sie todt;
Nun seh ich auch den Bruder ‖ Waten mir gefährden!
Wird Hartmuth auch erschlagen, ‖ so muss ich ganz zu einer Waise werden.

Vergilt nun meine Liebe' ‖ sprach das edle Kind,
'Als Niemand dich beklagte ‖ von Allen, die hier sind,
Und du zum Freunde hattest ‖ niemand als mich alleine;
Man that dir viel zu Leide; ‖ zu allen Zeiten musst ich um dich weinen.'

Da sprach die Tochter Hildens: ‖ *'Das hast du oft gethan;*
Doch weiss ich nicht, wie diesem ‖ *Streit ich wehren kann: 30*
Wär ich nur ein Recke, ‖ *dass ich Waffen trüge,*
Ich wollt ihn gerne scheiden, ‖ *dass den Bruder Niemand dir erschlüge.'*

Mit ängstlichen Klagen ‖ *flehte sie und bat,*
Bis da endlich Gudrun ‖ *in das Fenster trat:*
Sie winkte mit der weissen Hand ‖ *und fragte laut um Märe,*
Ob aus ihrer Heimat ‖ *nicht hier jemand in der Nähe wäre? 20*

Da gab ihr Herwig Antwort, ‖ *ein edler Ritter gut:*
'Wer seid ihr, edle Jungfrau, ‖ *die solche Frage thut?'*
Sie sprach: 'Ich heisse Gudrun, ‖ *die Enkelin des Hagen:*
Wie reich ich war vor Zeiten, ‖ *hier seh ich anders nichts als leide Tage.'*

Er sprach: 'Seid ihr es, Gudrun, ‖ *die liebe Herrin mein?*
Euch zu dienen will ich ‖ *stets beflissen sein;*
Ich aber heisse Herwig, ‖ *den eure Huld soll trösten:*
Ich lass euch das wohl schauen, ‖ *dass ich euch gern aus allem Leid erlöste.'*

Sie sprach: 'Wollt ihr mir dienen, ‖ *Ritter auserwählt,*
So hoff ich, dass ihr solches ‖ *mir nicht zum Unrecht zählt: 30*
Mich bitten hier so dringend ‖ *diese schönen Maide,*
Dass man Hartmuthen ‖ *von dem Grimm des alten Wate scheide.'*

'Das will ich gerne leisten, ‖ *liebe Herrin du.'*
Laut rief da Herwig ‖ *seinen Recken zu:*
'Nun bringt zu Watens Feinden ‖ *mein Banner hin geschwinde.'*
Da drängte durch die Scharen ‖ *sich Herwig und all sein Ingesinde. 20*

Da ward von Herwig Grosses ‖ *im Frauendienst gethan;*
Mit lauter Stimme rief er ‖ *den alten Wate an:*
'Wate,' sprach er, 'lieber Freund, ‖ *vergönnet uns zu scheiden*
Dieses grimme Streiten: ‖ *das bitten euch die minniglichen Maide.'*

Wate sprach im Zorne: ‖ *'Herr Herwig geht doch hin!*
Soll ich nun Frauen folgen? ‖ *wo hätt ich meinen Sinn,*
Wenn ich die Feinde sparte? ‖ *da wär ich wohl zu schelten;*
Darin folg ich euch nimmer: ‖ *Hartmuth muss seiner Frevel hier entgelten.'*

Gudrun zu Liebe ‖ *zu den Kämpfern sprang*

Herwig der kühne; ‖ *da vernahm man Schwerterklang.* 30
Wate war erzürnet, ‖ *er mocht es niemals leiden,*
Wenn es Jemand wagte, ‖ *ihn im Kampf von seinem Feind zu scheiden.*

Da schlug er Herwigen ‖ *einen grimmen Schlag,*
Dass Der sie scheiden wollte ‖ *vor ihm am Boden lag.*
Da sprangen seine Recken ‖ *und halfen ihm von dannen.*
Gefangen ward da Hartmuth ‖ *Herwig zum Trotz und allen seinen Mannen.*

Fußnoten:
[2] heim.
[3] von Bern.
[4] pflegen, sehen.
[5] bald bei Zeiten.
[6] mit Zwölfen.
[7] so wild.
[8] Fechterstreich.
[9] gern.
[10] entbehren.
[11] Wappen.
[12] Hut.
[13] zu Haus.
[14] geritten.
[15] ergrauen.
[16] ordnen.
[17] Lombardei.
[18] Verona.
[19] erwarten.
[20] hören.
[21] beistehn.

DIE HÖFISCHEN EPEN.

HEINRICH VON VELDEKE.

[*Scherer D*. 145, *E*. 138.]

DIE ÆNEIDE.

Heinrich von Veldeke, der Begründer des höfischen Minneepos, in der Nähe von Maestricht geboren, aus ritterlichem Geschlechte, lebte am Hofe zu Cleve und am thüringischen Hofe des Landgrafen Hermann. Die Æneide verfasste er nach einem französischen Vorbild und vollendete sie vor 1190. Herausgegeben von Ettmüller (Leipzig, 1852) und Behaghel (Heilbronn, 1882). Ausserdem dichtete er eine Servatiuslegende (her. von Bormans, Maestricht 1858) und Lieder (her. von Lachmann und Haupt, Minnesangs Frühling Nr. 9).

Dœ der hêre Ênêas
te herbergen komen was, 10
der rîke end der mâre,
sîne kamerâre
hiet he dœ tœ hem gân.
dœ sand der edele Troiân
nusken ende bouge,
sô nieman met sînen ougen
beter dorchte beskouwen,
tœ Laurente den frouwen,
gordel ende vingerlîn,
die niet beter dorchten sîn, 20

want he was Lâvînen holt.
he sand er ein dûre houvetgolt,
herre meisterinnen
te gâven end te minnen.
dar nâ sande Ênêas
sîn gâve, die vel gœt was,
den frouwen al besonder,
want der was ein wonder
dâ te kemenâden.
des was wale berâden 10
Ênêas der hêre,

dat he gœt gaf omb êre.
Dœ Ênêas der wîgant
sîn kleinôde hade gesant
te Laurente den frouwen,
dœ sî't begonden skouwen,
do was et vel lovebâre.
skiere vernam die mâre
die alde koninginne.
si was nâ ût heren sinne 20
komen dorch den grôten toren.
here witte hade sî nâ verloren;
sî wart vel ovele gedân.
her dochter hiet sî tœ her gân,
die joncfrouwe lussam.
dœ die maget dare quam,
dœ sprac die koningin over lût:
'wie frô du nu bist, ovel hût,
mines herten rouwen !
du macht mir des getrouwen: 30

mir es leit, dat ich dich ie gedrœch,
dat ich dich niet te dôde slœch
als skiere, alse ich dich gewan,
nu Turnus der edel man
van dînen skulden es erslagen.
et moet wal al die werelt klagen,
dat du ie worde geboren.
dorch dînen willen hât verloren
menich man sînen lîf.
dat ich ie wart dîns vader wîf, 10
dat quam van onheile,
dat ich hem ie wart te deile.'
Aver sprac die koninginne
met grôten onsinne
end met grôten torne:
'ôwê mir verlornen,
dat ich den onnutten man
dînen vader ie gewan,
dat mir met hem ie wart vergeven!
ich ensal niet lange mogen leven, 20
end al mochte ich, ich enwolde,
sint dat ich gesien solde,
dat du end der Troiân

vor mir gekrônet solde gân,
dat doch skiere mœt wesen,
sô mochte ich ovele genesen.
dat gienge mir harde ût den spele.
nu dîn vader wele

Ênêâse sîn rîke
lâten, he dœt bôslîke.
ich mochte et ovele gesien.
leide mœte û geskien,
dir van hem end hem van dir.'
'frouwe, wes ontgelde wir?'
sprac Lâvînâ die maget,
'dat ir den goden van ons klaget
end ons geflœket sô vele?
onheil hebbe, swe et hebben wele. 10
Vrouwe,' sprac dat megedîn:
'des ander rât enmach sîn,
des mœt man sich getrôsten.
ich love es got den hôsten,
dat he mich wale hât gewert,
des ich lange hân gegert
omb den edelen Troiân,
want nie wart nehein man
der dogende sîn gelîke.
end mocht ich tien konincrîke 20
met einen andern man gewinnen,
ich enmochte en niet geminnen.
ich wolde ê kiesen den dôt.
ir moget ûch mouwen âne nôt,
welt ir ûch sterven dorch den toren:
sô hât ir ovele verloren
ûwer lof end ûwern lîf.
dœt alse ein wetich wîf
end bedenket ûch bat.
ich wele û râden dat, 30
dat ir dorch toren niet endœt,

dat niemanne donke gœt',
sprac sî, 'frouwe mœder mîn.'
'des mœtes du onsâlich sîn,'
sprac die frouwe weder
end viel an her bedde neder.

met menegen rouwen sî lach
ich enweit wie menegen dach,
went her der dôt in't herte quam,
de her den lîf onsachte nam.
Dat dœ der hêre Ênêas 10
gefrouwet ende gêret was,
dat liet he wale skînen
end sach dœ Lâvîne
als decke als hen geluste.
he halstes ende kuste,
dat sî van hem gerne nam,
went dat dagedinc quam
ende die brûtlocht wart.
mekel wart die tœvart.
dare quâmen in allen sîden 20
die vorsten vele wîden
in skepen end an der strâten
end ridder ûter mâten.
Die speleman end die varende diet,
sî versûmden sich niet,
die wereltlîken lûde.
dat dâden sî noch hûde,
dâ solîch hôtît wâre;
gefriesken sî die mâre,
sî togen allenthalven tœ. 30
alsô dâden sî dœ,
die et hadden vernomen.
sî mochten gerne dare komen
ende frôlîke,
want sî worden dâ rîke,
alsô dat billîch was.

dœ wart der hêre Ênêas
te koninge gekrônet.
dœ war hem wale gelônet.
sînre arbeide
met grôter rîcheide.
te êren er oppert sînen goden,
die hem die vart dare geboden,
end lônde den sînen.
dœ krônde man Lâvîne
t'einre koninginnen. 10
sî was dœ herre minnen

komen te lieven ende
ân alle missewende.
mekel was die hôtît
end dat gestœle dat was wît.
hêrlîke man't dâ ane vienc.
der koninc dœ te diske gienc
end die vorsten edele
iegelîch an sîn gesedele,
arme ende rîke, 20
harde frôlîke.
met flîte dâ gedienet wart.
dâ wart die spîse niet gespart.
de sich des flîten wolde,
dat he seggen solde,
wie dâ gedienet wâre,
et wâre ein lange mâre,
wan als ich seggen wele:
man gaf hen allen te vele,
eten ende drinken. 30
des ieman konde erdenken
end des sîn herte gerde,
wie wale man sî's gewerde.

Do sî alle frô sâten
end dronken ende gâten
vel wale nâ heren willen,
do enwas et dâ niet stille.
dâ was gerochte sô grôt,
dat es die bôsen verdrôt.
dâ was spil end gesanc
end behurt ende dranc,
pîpen ende singen,
vedelen ende springen, 10
orgeln ende seitspelen,
meneger slachte frouden vele.
der nouwe koninc Ênêas,
de dâ brûdegome was,
he bereide die speleman.
der gâven er selve began,
want he dâ was alre hêrest.
van dû hœf he't alre êrest,
so et wale koninge getam.
swe dâ sîne gâve nam, 20

dem ergienc et sâllîke,
want he was es rîke
iemer sint went an sîn ende
ende halp ouch sînen kinden,
die wîle dat sî mochten leven,
want he konde wale geven
ende hadde ouch dat gœt,
dar tœ den willigen mœt.
Dar nâ die vorsten rîke
gâven vollîke, 30
her iegelîch met sînre hant,
dûre pellîn gewant
ende ros ende skat,
silver ende goltvat,
mûle ende ravîte,

pelle ende samîte
gans ende ongeskrôden
end menegen bouch rôden
dorchslagen guldîn,
tsovel ende harmîn
gâven die vorsten.
die wale geven dorsten,
hertogen ende grâven,
den speleman sî gâven
grôtlîke ende sô, 10
dat si alle dannen skieden frô
end lof den koninge songen
iegelîch an sînre tongen.
Dâ was mekel hêrskap,
wonne ende wertskap.
iedoch klagede Ênêas,
dat her sô wênich dâ was,
die sînes gœdes gerden.
einen mânôt dœ werde
die brûtlocht end die hôtît, 20
dat man dâ gaf enwederstrît.
dâ wâren vorsten hêre,
die dorch her selves êre
end dorch den koninc gâven.
hertogen ende grâven
end ander koninge rîke,
die gâven grôtlîke,

die wênich achten den skaden.
si gâven soumâr wale geladen
met skatte end met gewande. 30
ich enfriesc in den lande
neheine hôtît sô grôt,
der alsô menich genôt.
Dâ vane sprac man dœ wîden.
ich envernam van hôtîde

in alre wîlen mâre,
die alsô grôt wâre,
als dœ hadde Ênêas,
wan die te Meginze was,
die wir selve sâgen.
des endorfe wir niet frâgen.
die was betalle onmetelîch,
dâ der keiser Frederîch
gaf twein sînen sonen swert,
dâ menich dûsont marke wert 10
vertert wart ende gegeven.
ich wâne, alle die nu leven,
neheine grôter hân gesien.
ich enweit, wat noch sole geskien:
des enkan ich ûch niet bereiden.
ich envernam van swertleiden
nie wârlîke mâre,
da so menich vorste wâre
end alre slachte lûde.
her levet genœch noch hûde, 20
die't weten wârlîke.
den keiser Frederîke
geskîede sô menich êre,
dat man iemer mêre
wonder dâ vane seggen mach
went an den jongesten dach
âne logene vor wâr.
et wert noch over hondert jâr
van hem geseget end geskreven,
dat noch allet es verholen bleven. 30

Als der Herr Æneas
zur Herberge gekommen war, 10
er, der mächtige und berühmte,

da hiess er seine Kämmerer
zu sich kommen.
Da sandte der edle Trojaner
Spangen und Armringe,
wie Niemand mit seinen Augen
bessere sehen konnte,
den Frauen nach Laurente,
Gürtel und Ringe,
die nicht besser sein konnten: 20
denn er war ihr sehr hold.
Er sandte ein kostbares Hauptgold
ihrer Meisterin
zur Gabe und zum Andenken.
Danach sandte Æneas
seine Gabe, die sehr gut war,
all den Frauen besonders,
denn deren war eine grosse Menge,
hin zu den Gemächern,
die sehr wohl bestellt waren. 10
Æneas, der berühmte,
gab das Gut um der Ehre willen.
Als Æneas, der Held,
sein Kleinod geschickt hatte
nach Laurente zu den Frauen,
da sie es zu beschauen anfiengen,
da war es sehr lobenswerth.
Bald vernahm die Kunde
die alte Königin.
Da war sie von Sinnen gekommen 20
durch ihren grossen Zorn;
sie hatte ihren Verstand verloren;
sie ward sehr böse.
Sie liess ihre Tochter herauskommen,
die liebliche Jungfrau.
Als sie da zu ihr kam,
da sprach die Königin überlaut:
Wie froh du nun bist, böse Haut,
meines Herzens Kummer.
Du magst mir das glauben: 30
mir ist es leid, dass ich dich je gebar;
dass ich dich nicht zu Tode schlug
sobald als ich dich gewann!
Nun Turnus, der edle Mann,

durch deine Schuld erschlagen ist,
muss es die ganze Welt beklagen,
dass du je geboren wurdest.
Denn deinetwillen hat mancher Mann
sein Leben verloren.
Dass ich deines Vaters Frau ward, 10
das kam von Unheil,
dass ich ihm zu Theil ward.'
Wieder sprach die Königin
mit grosser Wuth
und mit grossem Zorne:
'Wehe mir Verlorenen,
dass ich den unnützen Mann,
deinen Vater, je gewann,
dass mir mit ihm eine böse Gabe wurde.
Nun werde ich nicht länger leben, 20
und könnte ich, ich wollte nicht.
Seit ich das erleben sollte,
dass du und der Trojaner
vor mir gekrönt gehn solltet,
was doch bald geschehn muss,
so würde ich übel am Leben bleiben:
dass ist mir sehr ausser dem Spass.
Nun dein Vater dem Æneas
sein Reich geben will,
so handelt er sehr böslich.
Ich könnte es schwer ansehn.
Leid müsse euch geschehn,
dir von ihm, und ihm von dir.'
'Frau, womit verdienen wir,'
sprach Lavine, die Jungfrau,
'dass ihr den Göttern von uns klaget
und uns so sehr verflucht?
Unheil habe, wer es haben will.' 10
'Frau,' sprach das Mädchen,
'wogegen es keinen andern Rath giebt,
des muss man sich trösten.
Ich lobe darob Gott den Herrn,
dass es mir wohl gewährt hat,
dessen ich lang begehrt habe
wegen des edlen Trojaners:
denn nie gab es einen Mann,
der an Tugend ihm gliche.

Und könnt ich zehn Königreiche 20
mit Turnus gewinnen,
ich könnte ihn nicht lieben,
ich wollte lieber den Tod wählen.
Ihr mühet euch ohne Noth.
Wollt ihr euch aus Ärger tödten,
so habt ihr übel verloren
euer Lob und euren Leib.
Nun thut wie ein weises Weib
und bedenkt euch noch besser.
Ich will euch das rathen, 30
dass ihr aus Zorn nicht thut,
was Niemand gut dünkt.'
'Frau Mutter mein,' sprach sie.
'Du musst darum unselig sein,'
sprach die Königin wieder
und fiel auf ihr Bette nieder.
Sie lag in voller Betrübniss,
ich weiss nicht wie viel Tage,
bis ihr der Tod ans Herz kam,
der ihr unsanft das Leben nahm.
Dass da der Herr Æneas 10
erfreut und geehrt war,
das liess er wohl sehn,
und sah da Lavinen,
so oft als er wünschte.
Er halste und küsste sie,
was sie gern von ihm annahm;
bis der Tag kam
und die Heimführung statt fand.
Gross war da der Zudrang.
Da kamen von allen Seiten 20
weither die Fürsten,
auf Schiffen und auf Strassen,
und Ritter ohne Zahl.
Die Spielleute und die fahrenden Leute,
die versäumten sich nicht,
und die aussätzigen Menschen.
So thäten sie noch heute,
wo solch ein Fest wäre;
hörten sie die Kunde,
sie zögen allenthalben zu. 30
So thaten sie da,

die es vernommen hatten.
Sie mochten gern dahin kommen,
und fröhlich,
denn sie wurden da reich,
wie das billig war.
So ward der Herr Æneas
zum König gekrönt.
Da ward ihm der Lohn
für seine Trübsal.
Mit grossem Reichthum
opferte er seinen Göttern zu Ehren,
die ihm die Fahrt dahin geboten hatten,
und belohnte die Seinen.
Da krönte man Lavinen
zu einer Königin. 10
Sie war da an das liebe Ende
ihrer Liebe gekommen
ohne alles Missgeschick.
Gross war das Fest,
und die Sitze waren weit.
Man fieng es da herrlich an.
Der König gieng zu Tische
und die edelen Fürsten,
jeder an seinen Platz,
Arme und Reiche, 20
alle sehr fröhlich.
Da ward gut bedient,
da ward die Speise nicht gespart.
Wer sich dessen befleissigen wollte,
dass er es merken sollte,
wie da bedient ward,
es wär eine lange Geschichte:
ich will euch denn also sagen,
man gab ihnen alles zu viel.
Essen und Trinken; 30
was Jemand nur denken konnte,
und das sein Herz begehrte,
wie wohl man ihnen das gewährte!
Als sie alle froh sassen
und tranken und assen
sehr gut nach ihrem Belieben,
da war es da nicht stille:
da war das Gerufe so gross,

dass es die Bösen verdross.
Da war Spiel und Gesang,
Turnieren und Drang,
Pfeifen und Singen,
Fiedeln und Springen, 10
Orgeln und Saitenspiel,
mancher Art Freude viel.
Der neue König Æneas,
der da Bräutigam war,
er bezahlte die Spielleute.
Er begann selbst sie zu beschenken,
denn er war der Allerhehrste,
deshalb begann er es zuerst,
wie ihm als König wohl geziemte.
Wer da seine Gabe empfieng, 20
dem gieng es selig:
denn er ward reich
für immer bis an sein Ende,
und half auch seinen Kindern,
so lange als sie leben mochten:
denn er konnte gut geben,
und hatte auch grosses Gut,
und dazu willigen Sinn.
Danach gaben die reichen
Fürsten sehr freigebig, 30
ihrer jeder mit seiner Hand,
theures Pfellelgewand,
dazu Pferde und Geld,
Silber- und Goldgefässe,
Maulthiere und Renner,
Pfellel und Sammet,
ganz und unzerschnitten,
und manchen goldnen Reif,
golden durchschlagen
Zobel und Hermelin
gaben die Fürsten.
die wohl geben durften,
Herzöge und Grafen
gaben den Spielleuten
grossartig und so, 10
dass sie alle froh von dannen schieden
und dem König Lob sangen,
ihrer jeglicher in seiner Zunge.

Da war viel Herrlichkeit,
Wonne und Gastmahl.
Dennoch klagte Herr Æneas
dass so wenig da waren,
die seines Gutes begehrten.
Einen Monat währte
die Heimführung und das Fest, 20
dass man da um die Wette gab.
Da waren hehre Fürsten,
die um ihrer eigenen Ehre
und um des Königs wegen gaben.
Herzöge und Grafen
und andre reiche Könige,
die gaben grossartig,
sie die wenig des Schadens achteten:
Saumpferde, gut beladen
mit Schätzen und Gewändern. 30
Ich hörte in dem Lande
von keinem Feste so gross,
dessen so Viele genossen.
Davon sprach man da weit.
Ich vernahm von keinem Feste,
in aller Zeit Kunde,
das so gross gewesen wäre,
als da Æneas hatte,
ausser dem, welches zu Mainz war,
das wir selber sahen.
Danach dürfen wir nicht fragen;
das war durchaus unermesslich,
als der Kaiser Friederich
seinen zwei Söhnen das Schwert gab.
Manch tausend Mark werth 10
ward da verzehrt und vergeben.
Ich wähne, alle die jetzt leben,
haben kein grösseres gesehn:
ich weiss nicht, was noch geschehen soll,
davon kann ich euch nichts berichten.
Ich vernahm von einem Ritterschlag
nie wahrhafte Kunde,
wo so viele Fürsten gewesen wären,
und so mancher Art Leute.
Es leben ihrer noch genug heute, 20
die es wahrlich wissen.

Dem Kaiser Friederich
geschah so manche Ehre,
dass man immer mehr
davon Wunder sagen mag
bis an den jüngsten Tag,
ohne Lügen fürwahr.
Es wird noch über hundert Jahr
von ihm gesagt und geschrieben.
Hier möge die Rede nun bleiben. 30

M.

MORIZ VON CRAON.

[*Scherer D.* 151, *E.* 143.]

Das Gedicht ist von einem Nachahmer Veldekes verfasst, und erzählt das Liebesabenteuer des französischen Dichters Moriz von Craon. Herausgegeben von Haupt in den 'Festgaben für Homeyer' (Berlin, 1871).

Ditz was in der stunde
dô ez sumern begunde.
die vogele in dem walde
lûte unde balde
sungen manege stimme.
die rôsen und die brimme
bluoten alle widerstrît.
ez was rehte an der zît
sô man unfreude hazzet.
sich hâte gevazzet 10
der walt unde schœniu kleit
gegen dem sumer an geleit,
diu loup grüene und drunder gras,
daz ez schône gemuoset was
mit maneger hande blüete.
ditz machet guot gemüete,
swer an freude hât gedanc,
und ouch der vogele süezer sanc.
fruo an einem morgen
dô mohte si von sorgen 20

geslâfen noch geligen dâ.
diu frouwe stuont ûf sâ.

dô gienc si durch ir trûre
dâ über die burcmûre
ein loube was gehangen.
dar kam si eine gegangen:
in ein venster si gestuont,
als senendiu wîp ofte tuont
den leit von liebe ist geschehen;
diu muoz man trûrende sehen.
alsô was ez ir ergân.
ir wîze hant wol getân 10
leites an daz wange
und loste dem vogelgesange.
dô sanc vil wol diu nahtegal.
si sprach 'wol in der leben sal
mit freuden, als ich tæte
ob ich mirs gestatet hæte.
nû muoz ich immer mêre
mit grôzem schaden ân êre
mîne jugent verslîzen.
wem sol ich daz nû wîzen 20
daz ich hin für vergebene
eim tôtlîchen lebene
muoz sîn bereit und undertân?
des gunde ich mir: des sol ichz hân.
daz muoz gote sîn geklaget.'
nû was diu juncfrouwe, ir maget,

geslichen ouch durch baneken dar
und hôrte ir frouwen klage gar.
swie schuldic si wære,
si muote doch ir swære,
daz si dâ mohte niht gestên,
und wolte wider in gên:
ir klage was sô jâmerlich.
dô sach diu frouwe hinder sich
und sprach zehant wider sie
'bistû deheine wîle hie?' 10
'jâ ich hân ez gar vernomen
daz iu ist in daz herze komen.
daz müejet mich und ist mir leit.

ich sagte iu ê die wârheit:
dô moht ir des gelouben niet.
sô wizzet doch daz ichz iu riet.'
'jâ ich weiz rehte,
der mich fröuwen mehte,
der swante sîne sünde
als stille des meres ünde. 20
ich mac ab nimmer werden frô,
ez füege sich mir dannoch sô
daz er mich noch frô gesetze

und ouch mit güete ergetze
von dem ich disen kumber trage
beide naht unde tage.
mich riuwet daz im ie geschach
von mir dehein ungemach.
diu riuwe kumet ze spâte.
hete ich dînem râte
gevolgt, daz wære mir guot.
swer âne rât dicke tuot 10
nâch sînem willen für sich,
den geriwet ez, alse mich.
nû riuwet mich ez z'unzît.
ich wânde daz der wîbe strît
ze rehte vor solte gân.
dâ von ich disen schaden hân.
nû ist daz reht an mir gebrochen.
er hât sich an mir gerochen
dâ mite daz er mich mîdet.
mîn herze kumber lîdet 20
und nôt biz an mîn ende.
an ditz gestrakt gebende
bin ich von schulden gevallen.
von diu râte ich in allen,
swer stæteclîcher minne
hin für beginne,
daz der an mînen kumber sehe
und hüete daz im same geschehe.'

Nû lâzet dise rede varn.
tiuschiu zunge diu ift arn:
swer dar in wil tihten,
sol diu rede sich rihten,

sô muoz er wort spalten
und zwei zesamen valten.
daz tæte ich gerne, kunde ich daz,
meisterlîcher unde baz.

Das war zu der Zeit,
da der Sommer nahte:
die Vögel in dem Walde
laut und keck
sangen mit mancherlei Stimmen.
Rosen und Ginster
blühten alle um die Wette.
Es war gerade zu der Zeit,
wo man Freudlosigkeit hasst.
Es hatte sich geschmückt 10
der Wald und schönes Gewand
für den Sommer angelegt,
grünes Laub und drunter Gras,
dass es ein schöner Teppich war
von mancherlei Blüthen.
Dies schafft ein gut, zufriednes Gemüth,
wenn man auf Freude sinnen darf,
und dazu der Vögel süsser Sang.
Früh, an einem Morgen
da konnte sie vor Sorgen 20
nicht schlafen noch länger liegen dort.
Da erhob sich die Herrin sofort
und gieng, ihrer Trauer nachzuhängen
dorthin, wo über der Burgmauer
eine Laube hieng.
Dahin kam sie alleine gegangen:
in ein Fenster sie trat,
wie sehnsüchtige Frauen oftmals thun,
denen die Liebe Leid gebracht;
die muss man in Trauer sehen.
So war es ihr ergangen.
Ihre weisse schön geformte Hand 10
lehnte sie an die Wange
und lauschte dem Vogelsange.
Da sang gar süss die Nachtigall.
Sie sprach 'Wohl ihm, der leben darf
in Freuden, wie ich es thun könnte,
wenn ich mirs gegönnt hätte.

Nun muss ich aber immerdar
zu meinem grossen Schaden und ohne Ehre
meine Jugend verderben.
Und wem soll ich daraus einen Vorwurf machen, 20
dass ich hinfür vergebens
einem todähnlichen Leben
verfallen und unterthan sein muss?
Ich gönnt' es mir: drum muss ich's haben.
Das muss Gott geklagt sein.'
Nun war die Jungfrau, ihre Dienerin,
auch leise dahin gegangen, um zu spazieren,
und hörte ihrer Herrin Klage ganz an.
Wenn sie auch schuldig war,
so dauerte sie doch ihr Kummer so sehr,
dass sie da nicht stehn bleiben mochte
und wieder in's Haus gehn wollte:
so jämmerlich war jener Klage.
Da sah sich die Dame um
und sprach sofort zu ihr
'Bist du schon einige Zeit hier?' 10
'Ja, ich habe alles vernommen
was euch in's Herz gedrungen ist.
das schmerzt mich und thut mir leid.
Ich hab euch vordem die Wahrheit gesagt,
da aber wolltet ihrs nicht glauben.
ihr wisst doch noch, dass ich euch meinen Rath gegeben habe.'
'Ja, ich weiss recht wohl,
der mich zu erfreuen vermöchte,
der würde sein Vergehen so stille
zu Nichte gemacht haben wie des Meeres Wogen. 20
Ich kann aber nimmermehr froh werden,
es sei denn, dass mir das Glück noch werde,
dass er mich fröhlich macht
und mit Güte entschädigt,
von dem ich bei Tag und bei Nacht
diesen Kummer trage.
Mich reut, dass ihm je von mir
ein Ungemach geschehen.
Die Reue kommt zu spät.
Hätte ich deinem Rathe
gefolgt, das wäre mir gut gewesen.
Wer häufig ohne Rath handelt 10
nach seinem Willen für sich,

den reut es so wie mich.
Doch kommt mir die Reue zur Unzeit.
Glaubt' ich doch, dass Weiberlaune
mit Recht den Vorrang hätte.
davon hab' ich diesen Schaden.
Nun ist das Recht an mir gebrochen.
Er hat sich damit an mir gerächt,
dass er mir aus dem Wege geht.
In meinem Herzen leid' ich Kummer 20
und Noth bis an mein Ende.
In diese ausgespannte Fessel
bin ich durch meine Schuld gefallen.
Deshalb rathe ich allen,
die sich mit stäter Liebe
fürder befassen,
dass sie auf mein Leid blicken
und sich hüten, dass ihnen so geschehe.
Lasst diese Sache nun gehn
Deutsche Sprache die ist arm:
wenn einer darin dichten wolle,
so muss er, soll seine Rede glatt werden,
die Worte spalten
und zwei zusammen falten.
Das hätte ich gerne, wenn ich es vermöchte,
meisterlicher und besser gemacht.

HARTMANN VON AUE.

[*Scherer D*. 155, *E*. 148.]

Aus einem Dienstmannengeschlecht von Aue; geboren gegen 1170 in Schwaben. Er erhielt Unterricht im lateinischen und französischen, schloss sich einer Kreuzfahrt an 1197. Die Reihenfolge seiner Dichtungen ist abgesehen von den Liedern (herausg. in Lachmann und Haupts 'des Minnesangs Frühling,' Nr. 21) vermuthlich die folgende: vor 1197 sind verfasst Erec (herausg. von Haupt, Leipzig, 1839, zweite Ausg. 1871), Gregorius (herausg. von Lachmann, Berlin, 1838; Paul, Halle 1873, 1882), erstes Büchlein (herausg. von Haupt 'Die Lieder und Büchlein und der arme Heinrich,' Leipzig 1842, zweite Ausg. 1881); nach dem Kreuzzuge der arme Heinrich (herausg. ausser von Haupt von Brüder Grimm 1815, Müller 1842, Paul 1882; übers. von Simrock), zweites Büchlein (s. o.), Iwein (herausg. von

Benecke und Lachmann, Berlin 1827, vierte Aufl. 1877; übers. von Graf
Baudissin). Sämmtl. Werke herausg. von Bech (3 Bde. Leipzig 1867–1869 u.
ö.).

1.
DER ARME HEINRICH.

Dô dô der arme Heinrich
driu jâr dâ getwelte 10
unde im got gequelte
mit grôzem jâmer den lîp,
nû saz der meier und sîn wîp
unde ir tohter, diu maget
von der ich iu ê hân gesaget,

bî im in ir unmüezekeit
und begunden klagen ir herren leit.
diu klage tet in michel nôt:
wan sî vorhten daz sîn tôt
sî sêre solte letzen
und vil gar entsetzen
êren unde guotes
und daz herters muotes
würde ein ander herre.
si gedâhten alsô verre 10
unz dirre selbe bûman
alsus frâgen began.
Er sprach 'lieber herre mîn,
möht ez mit iuwern hulden sîn,
ich frâgte vil gerne.
sô vil ze Sâlerne
von arzenîen meister ist,
wie kumet daz ir deheines list
ze iuwerme ungesunde
niht gerâten kunde? 20
herre, des wundert mich.'
dô holte der arme Heinrich
tiefen sûft von herzen
mit bitterlîchem smerzen:
mit solher riuwe er dô sprach
daz ime der sûft daz wort zerbrach.
'Ich hân disen schemelîchen spot
vil wol gedienet umbe got.

wan dû sæhe wol hie vor
daz hôh offen stuont mîn tor 30

nâch werltlîcher wünne
und daz niemen in sîm künne
sînen willen baz hete dan ich:
und was daz doch unmügelich,
wan ich enhete niht gar.
dô nam ich sîn vil kleine war
der mir daz selbe wunschleben
von sînen gnâden hete gegeben.
daz herze mir dô alsô stuont
als alle werlttôren tuont, 10
den daz saget ir muot
daz si êre unde guot
âne got mügen hân.
sus troug ouch mich mîn tumber wân,
wan ich in lützel ane sach
von des genâden mir geschach
vil êren unde guotes.
dô dô des hôhen muotes
den hôhen portenære verdrôz,
die sælden porte er mir beslôz. 20
dâ kum ich leider niemer in:
daz verworhte mir mîn tumber sin.
got hât durch râche an mich geleit
ein sus gewante siecheit
die niemen mag erlœsen.
nu versmæhent mich die bœsen,
die biderben ruochent mîn niht.

swie bœse er ist der mich gesiht,
des bœser muoz ich dannoch sîn:
sîn unwert tuot er mir schîn,
er wirfet d'ougen abe mir.
nû schînet êrste an dir
dîn triuwe die dû hâst,
daz dû mich siechen bî dir lâst
und von mir niht enfliuhest.
swie dû mich niht enschiuhest,
swie ich niemen liep sî danne dir, 10
swie vil dîns heiles stê an mir,
du vertrüegest doch wol mînen tôt.

nû wes unwert und wes nôt
wart ie zer werlte merre?
hie vor was ich dîn herre
und bin dîn dürftige nû.
mîn lieber friunt, nû koufest dû
und mîn gemahel und dîn wîp
an mir den êwigen lîp
daz dû mich siechen bî dir lâst. 20
des dû mich gefrâget hâst,
daz sage ich dir vil gerne.
ich kunde ze Sâlerne

keinen meister vinden
der sich mîn underwinden
getörste oder wolte.
wan dâ mite ich solte
mîner sühte genesen,
daz müeste ein solch sache wesen
die in der werlte nieman
mit nihte gewinnen kan.
mir wart niht anders dâ gesaget
wan ich müeste haben eine maget 10
diu vollen êrbære
und ouch des willen wære
daz sî den tôt durch mich lite
und man sî zuo dem herzen snite,
und mir wære niht anders guot
wan von ir herzen daz bluot.
nû ist genuoc unmügelich
daz ir deheiniu durch mich
gerne lîde den tôt.
des muoz ich schemelîche nôt 20
tragen unz an mîn ende.
daz mirz got schiere sende!'
Daz er dem vater hete gesagt,
daz erhôrte ouch diu reine magt:
wan ez hete diu vil süeze
ir lieben herren füeze
stânde in ir schôzen.
man möhte wol genôzen
ir kintlîch gemüete
hin ze der engel güete. 30
sîner rede nam sî war

unde marhte sî ouch gar:

si enkam von ir herzen nie
unz man des nahtes slâfen gie.
dô sî zir vater füezen lac
und ouch ir muoter, sô sî pflac,
und sî beide entsliefen,
manegen sûft tiefen
holte sî von herzen.
umbe ir herren smerzen
wart ir riuwe alsô grôz
daz ir ougen regen begôz 10
der slâfenden füeze.
sus erwahte sî diu süeze.
Dô sî der trehene enpfunden,
si erwachten und begunden
sî frâgen waz ir wære
und welher hande swære
sî alsô stille möhte klagen.
nu enwolte sî es in niht sagen.
und dô ir vater aber tete
vil manege drô unde bete 20
daz sî ez ime wolte sagen,
sî sprach 'ir möhtent mit mir klagen.
waz möht uns mê gewerren
danne umb unsern herren,
daz wir den suln verliesen
und mit ime verkiesen
beide guot und êre?
wir gewinnen niemer mêre
deheinen herren alsô guot
der uns tuo daz er uns tuot.' 30
Sî sprâchen 'tohter, dû hâst wâr.

nû frumet uns leider niht ein hâr
unser riuwe und dîn klage:
liebez kint, dâ von gedage.
ez ist uns alsô leit sô dir,
leider nû enmuge wir
ime ze keinen staten komen.
got der hât in uns benomen:
het ez iemen anders getân,
der müese unsern fluoch hân.'

Alsus gesweigeten sî sî dô. 10
die naht bleip sî unfrô
und morne allen den tac.
swes iemen anders gepflac,
diz enkam von ir herzen nie
unz man des andern nahtes gie
slâfen nâch gewonheit.
dô sî sich hete geleit
an ir alte bettestat,
sî bereite aber ein bat
mit weinenden ougen: 20
wan sî truoc tougen
nâhe in ir gemüete
die aller meisten güete
die ich von kinde ie vernam.
welch kint getete ouch ie alsam?
des einen sî sich gar verwac,
gelebetes morne den tac,

daz sî benamen ir leben
umbe ir herren wolte geben.

Als so der arme Heinrich
Drei Jahre dort geblieben war, 10
Während Gott ihm immerdar
Mit Jammer schlug den siechen Leib,
Da sass der Meier und sein Weib
Und ihre Tochter, die Magd,
Von der euch eben ward gesagt,
Bei ihm in kurzer Mussezeit
Und beklagten ihres Herren Leid.
Ihnen that wohl solche Klage Noth,
Denn sie fürchteten, sein Tod
Möchte sie schwer verletzen
Und sie gar entsetzen
Der Ehren und des Gutes,
Wenn ungnädgern Muthes
Ein Andrer Gutsherr würde.
Lange trugen sie die Bürde 10
Der Sorgen, bis der Bauersmann
So zu fragen begann:
Er sprach: 'Lieber Herre mein,
Möcht es mit euern Hulden sein,

so fragt' ich euch gerne:
Da doch zu Salerne
Viel Meister sind der Arzenei,
Wie kommts, dass keiner war dabei,
Der eure Sucht zu heilen
Rath wusste zu ertheilen? 20
Herr, darüber wundr' ich mich.'
Da zog der arme Heinrich
Einen Seufzer tief vom Herzen
Herauf mit bittern Schmerzen,
Worauf er so bekümmert sprach,
Dass der Seufzer ihm das Wort zerbrach:
'Ich habe diesen Schimpf und Spott
Nur zu wohl verdient um Gott:
Denn du sahest wohl hievor,
Dass weit offen stand mein Thor 30
Weltlicher Lust und Eitelkeit,
Und dass Niemand weit und breit
Seinem Willen nachhieng so wie ich.
Daran that ich freventlich,
So ohnmächtig wie ich war.
Denn wenig nahm ich dessen wahr,
Dessen Gnade mir dies Leben
Nach allen Wünschen gegeben.
So verirrt war da mein Herz
Wie Weltkindern allerwärts: 10
Immer wähnt ihr blöder Sinn,
Dass sie Ehr und Glücks Gewinn
Möchten ohne Gott empfahn.
So trog auch mich mein dummer Wahn,
Denn ich achtet' ihn gering,
Von des Gnaden ich empfieng
Der Ehren viel und Gutes.
Als da des Übermuthes
Den hohen Himmelsherrn verdross,
Des Heiles Thor er mir verschloss: 20
Da geh ich leider nimmer ein:
Mein Leichtsinn schuf mir diese Pein.
Zur Strafe hat mir Gott gesandt
Ein Siechthum, aus dessen Band
Niemand mich erlösen kann.
Nun verschmäht mich der geringste Mann;
Der Biedre selbst vor mir erschrickt.

Wie gering er sei, der mich erblickt,
Er glaubt, dass ich noch schlechter sei.
Er legt mir seinen Unwerth bei
Und kehrt die Augen ab von mir.
Nun wird erst offenbar an dir
Die grosse Treue, die du hegst,
Dass du mich Siechen hier erträgst
Und nicht vor meinem Anblick fliehst.
Doch wie du ohne Scheu mich siehst,
Wie Niemand sonst mir Liebes thut, 10
Wie sehr dein Wohl auf mir beruht,
Du ertrügest doch wohl meinen Tod.
Nun, wessen Schmach und wessen Noth
War je so auserlesen?
Der zuvor dein Herr gewesen,
Spricht dein bedürftig bei dir zu.
Nun, lieber Freund, verdienest du,
Dein gutes Weib und mein Gemahl,
An mir den ewgen Freudensaal,
Dass ihr mich Siechen hier ertragt. 20
Doch was du mich vorhin gefragt,
Das sag ich dir gerne.
Ich konnte zu Salerne
Keinen Meister finden,
Der mein sich unterwinden
Dürfte oder wollte.
Denn womit ich sollte
Genesen meiner Noth und Pein,
Das musste eine Sache sein,
Die auf dieser Erde man
Um keinen Preis erlangen kann.
Mir ward nichts anders da gesagt,
Als ich brauchte eine Magd, 10
Die bei vollen Jahren rein
Und entschlossen müsste sein
Den Tod für mich zu leiden.
Man würd ihr Herz zerschneiden,
Denn nichts anders wär mir gut
Als des Mädchens Herzeblut.
Nun findet sich, das ist wohl klar,
Solch ein Mädchen nimmerdar,
Die für mich leiden will den Tod.
Drum muss ich schmähliche Noth 20

Tragen bis an mein Ende,
Dass Gott es bald mir sende!'
Was dem Vater ward gesagt,
Das hörte auch die reine Magd,
Denn es hielt die Süsse
Ihres lieben Herren Füsse
In ihrem Schoose stehen.
Da mochte man wohl sehen,
Ihr kindlich Gemüthe
Glich englischer Güte. 30
Seiner Rede nahm sie wahr
Und behielt sie immerdar;
Nur auf ihn war sie bedacht,
Bis man zu Bett gieng in der Nacht
Und die Gute, wie sie pflag,
Zu ihrer Eltern Füssen lag.
Als sie nun beide schliefen,
Holte sie manchen tiefen
Seufzer aus ihrem Herzen.
Um ihres Herren Schmerzen
Ward ihr Kummer so gross,
Ihrer Augen Regen begoss 10
Der Schlafenden Füsse:
So erweckte sie die Süsse.
Als der Thränen gewahr
Ward das fromme Elternpaar,
Fragten sie, was ihr wäre,
Dass sie so manche Zähre
Vergösse unter Klagen?
Da wollte sie's nicht sagen.
Doch als der Vater in sie drang,
Erst bittend, drohend dann mit Zwang, 20
Da that sie ihm den Kummer kund.
'Ihr hättet selbst zu klagen Grund,
Denn was möcht uns näher gehn,
Als was unserm Herrn geschehn,
Den wir bald sollen missen,
Denn dann wird uns entrissen
Gut und Ehre werden:
Finden wir doch auf Erden
Keinen Herrn so mild und gut,
Der uns thu, was er uns thut.' 30
Sie sprachen: 'Tochter, das ist wahr,

Nur frommt uns leider nicht ein Haar
Das Leid, und weinten wir uns blind.
Darum schweig, liebes Kind,
Es ist uns auch so leid wie dir;
Aber leider mögen wir
Ihm nicht zu Statten kommen.
Gott hat ihn uns benommen:
Hätt es ein Andrer gethan,
So müsst er unsern Fluch empfahn.'
Zum Schweigen ward sie so gebracht. 10
Doch blieb ihr weh die ganze Nacht
Und morgen den vollen Tag.
Was Jemand that, was Jemand sprach,
Dies kam von ihrem Herzen nie,
Bis des andern Abends sie
Wie gewöhnlich schlafen gieng.
Als sie ihr altes Bett umfieng,
Wieder, wie sie gestern that,
Machte sie ein Thränenbad
Und weint' in ihren Sorgen, 20
Denn sie trug verborgen
Im innersten Gemüthe
Die grösste Herzensgüte,
Die Gott noch einem Kind verlieh.
Wann that auch je ein Kind wie sie?
Sie nahm sich ernstlich in den Sinn,
Brächte sie die Nacht nur hin
So wollte sie ihr Leben
Um ihren Herren geben.

SIMROCK.

2.
IWEIN.

Daz smæhen daz vrou Lûnete
dem herren Îweine tete,
daz gæhe wider kêren,
der slac sîner êren,
daz sî sô von ime schiet
daz si in entrôste noch enriet,
daz smæhlîche ungemach,
dazs im an die triuwe sprach, 10

diu versûmde riuwe
und sîn grôziu triuwe
sînes stæten muotes,
diu verlust des guotes,
der jâmer nâch dem wîbe:
die benâmen sîme lîbe
beide vreude unde den sin.
nâch eime dinge jâmert in,
daz er wære etswâ
daz man noch wîp enweste wâ 20
und niemer gehôrte mære
war er komen wære.
Er verlôs sîn selbes hulde:
wan ern mohte die schulde
ûf niemen anders gesagen:

in het sîn selbes swert erslagen.
ern ahte weder man noch wîp,
niuwan ûf sîn selbes lîp.
er stal sich swîgende dan
(daz ersach dâ nieman)
unz er kom vür diu gezelt
ûz ir gesihte an daz velt.
dô wart sîn riuwe alsô grôz
daz im in daz hirne schôz
ein zorn unde ein tobesuht, 10
er brach sîn site und sîne zuht
und zarte abe sîn gewant,
daz er wart blôz sam ein hant.
sus lief er über gevilde
nacket nâch der wilde.
Dô diu juncvrouwe gereit,
dô was dem künege starke leit
hern Îweines swære,
und vrâgte wâ er wære
(er wold in getrœstet hân) 20
unde bat nâch ime gân.
und als in nieman envant,
nû was daz vil unbewant
swaz man ime dâ gerief,
wander gegen walde lief.
er was ein degen bewæret
und ein helt unerværet:

swie manhaft er doch wære

und swie unwandelbære
an lîbe unde an sinne,
doch meistert vrou Minne
daz im ein krankez wîp
verkêrte sinne unde lîp.
der ie ein rehter adamas
rîterlîcher tugende was,
der lief nû harte balde
ein tôre in dem walde.
Nû gap im got der guote, 10
der in ûz sîner huote
dannoch niht volleclîche enliez,
daz im ein garzûn widerstiez,
der einen guoten bogen truoc:
den nam er im und strâlen gnuoc.
als in der hunger bestuont,
sô teter sam die tôren tuont:
in ist niht mêre witze kunt
niuwan diu eine umbe den munt.
er schôz prîslichen wol: 20
ouch gienc der walt wildes vol:
swâ daz gestuont an sîn zil,
des schôz er ûz der mâze vil.
ouch muose erz selbe vâhen,
âne bracken ergâhen.
sone heter kezzel noch smalz,

weder pfeffer noch salz:
sîn salse was diu hungernôt,
diuz im briet unde sôt
daz ez ein süeziu spîse was
und wol vor hunger genas.
Dô er des lange gepflac,
er lief umb einen mitten tac
an ein niuweriute.
dane vander nie mê liute
wan einen einigen man: 10
der selbe sach im daz wol an
daz er niht rehtes sinnes was.
der vlôch in, daz er genas,
dâ bî in sîn hiuselîn.

dane wânder doch niht sicher sîn
unde verrigelt im vaste de tür:
dâ stuont im der tôre vür.
der tôre dûht in alze grôz:
er gedâhte 'tuot er einen stôz,
diu tür vert ûz dem angen, 20
und ist um mich ergangen.
ich arme, wie genise ich?'
ze jungest dô verdâhter sich
'ich wil im mînes brôtes gebn:
sô lât er mich vil lîhte lebn.'
Hie gienc ein venster durch die want:
dâ durch rahter die hant
und leit im ûf ein bret ein brôt:

daz suozt im diu hungers nôt;
wand er dâ vor, daz got wol weiz,
sô jæmerlîches nie enbeiz.
waz welt ir daz der tôre tuo?
er az daz brôt und tranc dâ zuo
eines wazzers daz er vant
in einem einber an der want,
unde rûmtez im ouch sâ.
der einsidel sach im nâ
und vlêget got vil sêre 10
daz er in iemer mêre
erlieze selher geste;
wand er vil lützel weste
wie ez umbe in was gewant.
nu erzeicte der tôre zehant
daz der tôre und diu kint
vil lîhte ze wenenne sint.
er was dâ zuo gnuoc wîse
daz er nâch der spîse
dar wider kom in zwein tagen, 20
und brâhte ein tier ûf im getragen
und warf im daz an die tür.
daz machte daz er im her vür
deste willeclîcher bôt
sîn wazzer unde sîn brôt:

erne vorht in dô niht mê
und was im bezzer danne ê,

und vant ditz ie dâ gereit.
ouch galt er im die arbeit
mit sînem wiltpræte.
daz wart mit ungeræte
gegerwet bî dem viure.
im was der pfeffer tiure,
daz salz, unde der ezzich.
ze jungest wenet er sich 10
daz er die hiute veile truoc,
unde kouft in beiden gnuoc
des in zem lîbe was nôt,
salz unde bezzer brôt.
Sus twelte der unwîse
ze walde mit der spîse,
unze der edele tôre
wart gelîch eim môre
an allem sîme lîbe.
ob im von guotem wîbe 20
ie dehein guot geschach,
ob er ie hundert sper zebrach,
gesluoc er viur ûz helme ie,
ob er mit manheit begie
deheinen loblîchen prîs,
wart er ie hövesch unde wîs,
wart er ie edel unde rîch:
dem ist er nû vil ungelîch.
Er lief nû nacket beider,
der sinne unde der cleider, 30
unz in zeinen stunden

slâfende vunden
drie vrouwen dâ er lac,
wol umb einen mitten tac,
nâ ze guoter mâze
bî der lantstrâze
diu in ze rîten geschach.
und alsô schiere do in ersach
diu eine vrouwe von den drin,
dô kêrte sî über in
und sach in vlîzeclîchen an. 10
nû jach des ein ieglich man
wie er verlorn wære:
daz was ein gengez mære

in allem dem lande:
und daz sî in erkande,
daz was des schult; und doch niht gar,
sî nam an im war
einer der wunden
diu ze manegen stunden
an im was wol erkant, 20
unde nande in zehant.
Sî sprach her wider zuo den zwein
'vrouwe, lebt her Îwein,
sô lît er âne zwîvel hie,
oder ichn gesach in nie.'
Ir höfscheit unde ir güete
beswârten ir gemüete,
daz sî von grôzer riuwe
und durch ir reine triuwe
vil sêre weinen began, 30
daz eim alsô vrumen man
diu swacheit solte geschehn

daz er in den schanden wart gesehn.
Ez was diu eine von den drin
der zweier vrouwe under in:
nû sprach sî zuo ir vrouwen
'vrouwe, ir mugt wol schouwen
daz er den sin hât verlorn.
von bezzern zühten wart geborn
nie rîter dehein
danne mîn her Îwein,
den ich sô swache sihe lebn. 10
im ist benamen vergebn,
ode ez ist von minnen komen
daz im der sin ist benomen.
und ich weiz daz als mînen tôt
daz ir alle iuwer nôt,
die iu durch sînen übermuot
der grâve Âliers lange tuot
und noch ze tuonne willen hât,
schiere überwunden hât,
ober wirdet gesunt. 20
mir ist sîn manheit wol kunt:
wirt er des lîbes gereit,
er hât in schiere hin geleit:

und sult ir ouch vor ime genesn,
daz muoz mit sîner helfe wesn.'

Diu vrouwe was des trôstes vrô.
sî sprach 'unde ist der suht also
daz sî von dem hirne gât,
der tuon ich im vil guoten rât,
wand ich noch einer salben hân
die dâ Feimorgân
machte mit ir selber hant.
dâ ist ez umbe sô gewant
daz niemen hirnsühte lite,
wurd er bestrichen dâ mite, 10
erne wurde dâ zestunt
wol varende unde gesunt.'
sus wurden sî ze râte
und riten alsô drâte
nâch der salben alle drî:
wand ir hûs was dâ bî
vil kûme in einer mîle.
nû wart der selben wîle
diu juncvrouwe wider gesant,
diu in noch slâfende vant. 20
Diu vrouwe gebôt ir an daz lebn
dô sî ir hâte gegebn
die bühsen mit der salben,
daz si in allenthalben
niht bestriche dâ mite
wan dâ er die nôt lite,
dâ hiez sî sî strîchen an:
so entwiche diu suht dan,

under wær zehant genesn.
dâ mite es gnuoc möhte wesn,
daz hiez sî an in strîchen;
und daz si ir nämelîchen
bræhte wider daz ander teil:
daz wære maneges mannes heil.
ouch sante sî bî ir dan
vrischiu kleider, seit von gran
und cleine lînwât, zwei,
schuohe und hosen von sei. 10
Nû reit sî alsô balde,

daz sî in in dem walde
dannoch slâfende vant,
und zôch ein pfert an der hant,
daz vil harte sanfte truoc
(ouch was der zoum rîche gnuoc,
daz gereite guot von golde),
daz er rîten solde,
ob ir daz got bescherte
daz sî in ernerte. 20
Dô si in ligen sach als ê,
nûne tweltes niuwet mê,
sî hafte zeinem aste
diu pfert beidiu vaste,
und sleich alsô lîse dar
daz er ir niene wart gewar.

mit ter vil edelen salben
bestreich si in allenthalben
über houpt und über vüeze.
ir wille was sô süeze
daz sî daz alsô lange treip
unz in der bühsen niht beleip.
des wær doch alles unnôt,
dâ zuo und man irz verbôt;
wan daz si im den willen truoc,
esn dûhtes dannoch niht genuoc, 10
und wær ir sehsstunt mê gewesn:
sô gerne sach sî in genesn.
Und dô siz gar an in gestreich,
vil drâte sî von im entweich,
wand sî daz wol erkande,
daz schemelîchiu schande
dem vrumen manne wê tuot,
und barc sich durch ir höfschen muot,
daz sî in sach und er sî niht.
sî gedâhte 'ob daz geschiht 20
daz er kumt ze sinnen,
und wirt er danne innen
daz ich in nacket hân gesehn,
sô ist mir übele geschehn:
wan des schamt er sich sô sêre
dazer mich nimmer mêre

willeclichen an gesiht.'
alsus enoucte sî sich niht
unz in diu salbe gar ergienc
und er ze sinnen gevienc.
Dô er sich ûf gerihte
und sich selben ane blihte
und sich sô griulîchen sach,
wider sich selben er dô sprach
'bistuz Îwein, ode wer?
hân ich geslâfen unze her? 10
wâfen, herre, wâfen,
sold ich dan nimmê slâfen!
wand mir mîn troum hât gegebn
ein vil harte rîchez lebn.
Ouwî waz ich êren pflac
die wîl ich slâfende lac!
mir hât getroumet michel tugent:
ich hete geburt unde jugent,
ich was schœne unde rîch
und diseme lîbe vil unglîch; 20
ich was hövesch unde wîs
und hân vil manegen herten prîs
ze rîterschefte bejagt,
hât mir mîn troum niht missesagt.

ich bejagte swes ich gerte
mit sper und mit swerte:
mir ervaht mîn eines hant
ein schœne vrowen, ein rîchez lant;
wan daz ich ir doch pflac,
sô mir nû troumte, unmanegen tac,
unze mich der künec Artûs
von ir vuorte ze hûs.
mîn geselle was her Gâwein,
als mir in mîme troume schein. 10
sî gap mir urloup ein jâr
(dazn ist allez niht wâr):
do beleip ich langer âne nôt,
unz sî mir ir hulde widerbôt:
die was ich ungerne âne.
in allem disem wâne
sô bin ich erwachet.
mich hete mîn troum gemachet

zeime rîchen herren.
nû waz möhte mir gewerren, 20
wær ich in disen êren tôt?
er hât mich geffet âne nôt.

swer sich an troume kêret,
der ist wol gunêret.
Troum, wie wunderlich dû bist!
dû machest rîche in kurzer vrist
einen alsô swachen man
der nie nâch êren muot gewan:
swenner danne erwachet,
sô hâstû in gemachet
zeime tôren als ich.
zwâre doch versihe ich mich, 10
swie rûch ich ein gebûre sî,
wær ich rîterschefte bî,
wær ich gewâfent unde geriten,
ich kund nâch rîterlîchen siten
alsô wol gebâren
als die ie rîter wâren.'
Alsus was er sîn selbes gast,
daz im des sinnes gebrast:
und ober ie rîter wart
und alle sîn umbevart 20
die heter in dem mære
alss im getroumet wære.
er sprach 'mich hât gelêret
mîn troum: der bin ich gêret,
mac ich ze harnasche komen.

der troum hât mir mîn reht benomen:
swie gar ich ein gebûre bin,
ez turnieret al mîn sin.
mîn herze ist mîme lîbe unglîch:
mîn lîp ist arm, mîn herze rîch.
ist mir getroumet mîn lebn?
ode wer hât mich her gegebn
sô rehte ungetânen?
ich möhte mich wol ânen
rîterlîches muotes: 10
lîbes unde guotes
der gebrist mir beider.'

als er diu vrischen cleider
einhalp bî im ligen sach,
des wuudert in, unde sprach
'ditz sint cleider der ich gnuoc
in mîme troume dicke truoc.
ichn sihe hie niemen des sî sîn:
ich bedarf ir wol: nû sints ouch mîn.
nû waz ob disiu sam tuont? 20
sît daz mir ê sô wol stuont
in mîme troume rîch gewant.'
alsus cleiter sich zehant.

als er bedahte de swarzen lîch,
dô wart er eime rîter glîch.
Nu ersach diu juncvrouwe daz
daz er unlasterlichen saz:
sî saz in guoter kündekheit
ûf ir pferit unde reit,
als sî dâ vür wære gesant
und vuorte ein pfert an der hant.
weder si ensach dar noch ensprach.
dô er sî vür sich rîten sach, 10
dô wærer ûf gesprungen,
wan daz er was bedwungen
mit selher siecheite
daz er sô wol gereite
niht ûf mohte gestân
sô er gerne hete getân,
unde rief ir hin nâch.
dô tete sî als ir wære gâch
und niht umb sîn geverte kunt,
unz er ir rief anderstunt. 20
dô kêrte sî sâ
unde antwurt ime dâ.
sî sprach 'wer ruofet mir? wer?'
er sprach 'vrouwe, kêret her.'
sî sprach 'herre, daz sî.'
sî reit dar, gehabt im bî.
sî sprach 'gebietet über mich:

swaz ir gebietet, daz tuon ich,'
und vrâget in der mære
wie er dar komen wære.

Dô sprach her Îwein
als ez ouch wol an im schein
'dâ hân ich mich hie vunden
des lîbes ungesunden.
ichn kan iu des gesagen niht
welch wunders geschiht
mich dâ her hât getragen: 10
wan daz kan ich iu wol gesagen
daz ich hie ungerne bin.
nû vüeret mich mit iu hin:
sô handelt ir mich harte wol,
und gedienez immer als ich sol.'
'rîter, daz sî getân.
ich wil mîn reise durch iuch lân:
mich het mîn vrouwe gesant.
diu ist ouch vrouwe über ditz lant:
zuo der vüer ich iuch mit mir. 20
ich râte iu wol daz ir
geruot nâch iuwer arbeit.'
sus saz er ûf unde reit.
Nû vuorte sî in mit ir dan
zuo ir vrouwen. diu nie man
alsô gerne gesach.
man schuof im guoten gemach
von cleidern spîse unde bade,
unz daz im aller sîn schade

harte lützel an schein.
hie het her Îwein
sîne nôt überwunden
unde guoten wirt vunden.

Die Härte, mit der Lunete
den guten Ritter schmähte,
ihr rasches Zurückkehren,
der jähe Sturz all' seiner Ehren,
dann dass sie also von ihm schied
und weder ihn tröstet' noch ihm rieth:
die grimme Kränkung und Schmach,
also sie ihm die Treu absprach, 10
die verspätete Reue
und die grosse Treue
seines festen Muthes;

der Verlust des Gutes,
die Sehnsucht nach dem Weibe,
die nahmen seinem Leibe
beides, die Freude und den Sinn.
Nach dem Einen treibt und drängt's ihn hin,
er möchte von aller Welt getrennt,
hinausziehn, wo ihn keiner kennt. 20
Und niemand hörte Märe,
wohin er kommen wäre.
Da ward er sich selber verhasst,
denn seines Vergehens Last
mochte kein Andrer für ihn tragen;
sein eignes Schwert hatt' ihn erschlagen.
Von allem Äussern abgelenkt
brütet er ganz in sich versenkt,
und als ihn Niemand ersah,
schweigend stahl er sich da,
bis fern vom Lager und Gezelt
er hatt' erreicht das freie Feld.
Da wurden die Schmerzen ihm so gross,
dass in das Hirn ihm schoss
ein Rasen und tobende Sucht; 10
da brach er alle Sitt' und Zucht,
ab zerrt' er sein Gewand,
dass er bloss ward wie eine Hand.
So lief er übers Gefilde
nackt hinaus und suchte die Wilde.
Als die Jungfrau sich heimgewandt,
viel Kummer der König da empfand
über Herr Iweins Schwere.
Er fragte, wo er wäre;
denn er wollt' ihm mit Trost beistehn, 20
und befahl nach ihm zu gehn.
Und als ihn Niemand sah,
viel sehr vergeblich blieb es da,
wie man ihn sucht' und nach ihm rief,
während er in den Wald entlief.
Er war ein Degen kühn bewährt,
in seiner Fassung nie gestört,
und wie mannhaft er immer war,
und wie unwandelbar
in seinem Leben und Sinne,
doch bewältigt' ihn Frau Minne,

dass ihm ein schwaches Weib
Seele verkehrt' und Leib.
Er, den man sonst recht als Demant
aller Rittertugend erfand,
lief nun umher gar balde
als ein Verrückter im Walde.
Nun wollte Gott der Gute, 10
der ihn aus seiner Hute
nicht völlig entliess, für ihn das thun,
dass er ihm zuschickt einen Garzun,
der einen guten Bogen trug;
den nahm er ihm ab, und Pfeile genug.
Als der Hunger ihn nicht liess ruhn,
da that er, wie die Tollen thun;
kein andres Wissen ist ihnen kund
als allein um ihren Mund.
Er traf ausbündig scharf und wohl; 20
auch war die Waldung Wildes voll,
und wo ihm das erschien als Ziel,
da schoss er aus der Massen viel.
Auch musst' er selbst es fangen
und ohne Bracken erlangen:
dann hatt' er auch Kessel nicht noch Schmalz,
weder Pfeffer noch Salz;
seine Brühe war die Hungersnoth,
die alles ihm briet und sott,
und süsse Speise bereiten lehrt;
also hat er dem Hunger gewehrt.
Solches Lebens er lange pflag.
Da lief er an einem mitten Tag
zu einem neuen Gereute.
Da fand er nicht mehr Leute
als einen einzigen Mann; 10
derselbe sah ihm das wohl an,
er sei der Sinne nicht mächtig:
drum flüchtet' er sich bedächtig
nah bei in seine Klause hinein.
Auch da nicht glaubt' er sicher zu sein,
und verriegelte schnell die Thür:
da stellt der Tolle sich dafür.
Der däucht dem Siedler allzugross:
er dachte: thut er einen Stoss,
so wird er die Thür ausheben 20

und vergreift sich an meinem Leben.
Ich Armer, wie errett' ich mich?
Zu allerletzt besann er sich:
'ich will ihm meines Brodes geben,
so lässt er vielleicht mich am Leben.'
Ein Fenster hatt' er in der Wand,
dadurch streckt' er die Hand
und legt auf ein Brett ihm ein Brod,
das stillt' ihm des Hungers Noth;
während ihm sonst, das mag Gott wissen,
nicht hätte genügt so schmaler Bissen.
Was wollt ihr, dass ein Toller thu'?—
Er ass das Brod und trank dazu
eines Wassers, das er fand,
in einem Eimer an der Wand,
und leert' ihn aus auf einen Zug.
Der Einsiedel grosse Angst da trug,
er flehte zu Gott viel sehr, 10
dass er in Zukunft ihn nicht mehr
heimsuche mit solchem Gast;
denn er hatte noch nicht gefasst,
wie's mit dem Ritter sei bewandt.
Nun zeigt ihm der Tolle zuhand,
dass ein Verrückter und ein Kind
gar lenksam zu gewöhnen sind.
Er war noch just so weise,
dass er wegen der Speise
wieder hinkam nach zween Tagen, 20
und bracht' ein Reh getragen,
das warf er hin vor die Thür.
Das machte, dass ihm der Seidler hinfür
desto williglicher bot
sein Wasser und sein Brot;
er fürchtet' ihn schon nicht so sehr,
sorgt' besser für ihn als vorher,
und hielt's ihm ferner so bereit.
Auch vergalt ihm jener die Müh allzeit
mit seinem Wilde, das er fieng.
Das ward, so gut es eben gieng,
gebraten bei dem Feuer:
nur war der Pfeffer da theuer,
das Salz und auch der Essig.
Später war er nicht lässig, 10

dass er zum Markt die Häute trug,
und kauft' ihnen beiden genug,
was ihnen zum Leben war noth,
Salz und besseres Brot.
So weilte der Unweise
im Wald mit solcher Speise,
bis endlich der edle Thor
gebräunt ward wie ein Mohr
an seinem ganzen Leibe.
Wenn ihm von theuerm Weibe 20
viel Liebes sonst geschach,
wenn er an hundert Speere brach,
und Feuer aus den Helmen schlug,
mit Mannheit aus dem Kampfe trug
viel oft sich Dank und Preise,
wenn er einst höfisch war und weise,
edlen Gemüths und reich:
dem ist er nun viel wenig gleich.
Jetzt lief er ledig beider
der Sinne wie der Kleider, 30
bis einst zu seiner Stunden
schlafend ihn hatten gefunden
drei Frauen, wo er lag.
Es war um einen mitten Tag,
nah in guter Masse
im Felde von der Strasse
auf der sie geritten waren.
Kaum mocht' ihn da gewahren
die eine Fraue von den Drein,
da hielt sie gleich den Zelter ein,
stieg ab und sah ihn emsig an. 10
Nun wusste die Kunde Jedermann,
wie er verloren wäre;
das war eine gänge Märe
von seinen Leiden und Thaten;
drum hatte sie gleich auf ihn gerathen.
Doch war's ihr noch nicht völlig klar:
da nahm sie endlich an ihm wahr
eine Narbe breit,
die seit langer Zeit
an dem Ritter war bekannt, 20
und nannt' ihn mit Namen zuhand.
Sie sprach alsbald zu den Zwein:

'Frauen, lebt Herr Iwein,
so liegt er ohne Zweifel hie,
oder ich sah ihn noch nie.'
Ihr höfischer Sinn und ihre Güte
betrübten ihr Gemüthe,
dass sie vor grossen Schmerzen
und aus viel treuem Herzen
viel sehr zu weinen begann, 30
dass einem also werthen Mann
solch Elend sollte geschehn,
und er so schmachvoll ward gesehn.
Es war die Eine dieser Drei
Gebieterin über die andern Zwei.
Nun sprach die Magd zu ihrer Frauen:
'Herrin, Ihr mögt wohl schauen,
dass er den Sinn verloren.
Von edlerem Blut geboren
mag nimmer ein Ritter sein,
als mein Herr Iwein,
den wir hier sehn so elend leben. 10
Ihm ward ein Zaubertrank gegeben,
oder es ist durch Minne gekommen,
dass ihm der Sinn benommen.
Und weiss ich so sicher als meinen Tod,
dass ihr alle eure Noth,
die euch straflos und ungescheut
der Graf Aliers so lange dräut
und noch zu bringen sich rüstet,
alsbalde hättet gefristet,
wenn dieser Ritter würde gesund. 20
Mir ist seine Mannheit völlig kund.
Wüsst' ich ihn wieder hergestellt,
er hätt' euch gleich den Feind gefällt,
und sollt ihr jemals Rettung finden,
er kann allein sichs unterwinden.'
Die Fraue war des Trostes froh.
Sie sprach: 'Und ist die Krankheit so,
dass sie den Sitz im Hirne hat,
so weiss ich für ihn viel guten Rath;
denn eine Salbe hab' ich stehn,
die von Morganen, der weisen Feen,
bereitet ward mit eigner Hand.
Um die nun ist es so bewandt,

dass wo an Hirnsucht einer litt,
wurd' er bestrichen damit, 10
so ward er gleich zur Stund'
hergestellt und gesund.'
So hielten sie Rath zur Stelle,
und ritten sofort und schnelle
nach der Salbe alle Drei:
denn ihr Haus lag nahe dabei,
kaum weiter als einer Meilen;
dann ward ohne Verweilen
die Jungfrau wieder zurückgesandt,
die ihn schlafend allda noch fand. 20
Die Frau befahl ihr bei ihrem Leben,
als sie ihr mitgegeben
die Büchse mit der Salben,
dass sie ihn allenthalben
nicht solle bestreichen damit;
nur wo er die Entzündung litt,
da hiess sie den Balsam streichen,
so werde die Sucht entweichen,
und der Ritter des Wahnsinns quitt und frei.
Nicht mehr als eben genügend sei
solle sie verwenden allhie:
und ausdrücklich verlangte sie,
dass sie den Rest ihr trage zurück,
der sei vielleicht noch Vielen zum Glück.
Auch sandte sie mit ihr hindann
frische Kleider, Sayett in Gran
und feine Leingewande zwei,
Schuh und Hosen von wollnem Sey. 10
Nun ritt sie also balde,
dass sie ihn in dem Walde
annoch schlafend da fand,
und zog ein Pferd an der Hand,
das viel sanft und eben trug
(auch war der Zaum ihm reich genug,
Sattel und Zeug von reinem Golde),
dass er hinreiten sollte,
wenn Gott ihr dass gewährte
und ihr Gebet erhörte. 20
Als sie ihn liegen sah wie zuvor,
keinen Augenblick sie da verlor;
sie heftet' an einem der Äste

der Rosse Zügel feste,
und schlich zu ihm heran so sacht,
dass er mit nichten erwacht;
Mit der viel edlen Salben
bestrich sie ihn allenthalben
über das Haupt und die Füsse.
Ihr Wille war ihm viel hold und süsse,
dass sie also lange rieb,
bis nichts mehr in der Büchsen blieb.
Da hatt' es keine Noth,
dass man ihr's so strenge verbot;
denn wie sie's für ihn im Willen trug,
däucht' ihr alles noch nicht genug, 10
und wär' es sechsmal mehr gewesen:
so gerne sah sie ihn genesen.
Als sie die Salbe verstrichen,
viel schnelle war sie drauf entwichen,
weil sie das wohl erkannte,
wie sehr Erröthen und Schande
einem edlen Manne wehe thut.
Drum barg sie sich in höfischem Muth,
dass sie ihn sah und er sie nicht.
Sie gedachte, 'wenn das geschicht, 20
dass er erwacht und kommt zu Sinnen,
und wird hiernach des innen,
dass ich ihn also nackt gesehn,
so ist viel übel mir geschehn;
denn das beschämt ihn so sehr,
dass er nich nimmermehr
mit Willen hernach ansicht.'
Also zeigte sie sich nicht,
bis ihn die Salbe ganz durchdrungen
und seinen irren Sinn bezwungen.
Auf richtet' er sich alsbald,
und als er schaut' seine eigne Gestalt,
und sich so schwarz und schrecklich sah,
zu sich selber sprach er da:
'Bist du Iwein? oder wer?
Hab' ich geschlafen bisher? 10
Weh, o weh mir, und ach!
Wär' ich lieber noch nicht wach!
Denn im Traum ward mir gegeben
ein viel reiches Heldenleben.

Hei, was ich hoher Ehren pflag,
während ich schlafend lag!
Mir träumte gewalt'ge Rittertugend,
ich hatte edle Geburt und Jugend,
ich war schön von Gestalt und reich,
und diesem Leibe viel ungleich; 20
ich war höfisch und weise,
und hatte viel manche harte Preise
durch meinen Ritterdienst erjagt,
wenn mir der Traum nicht Lügen sagt.
Ich erkämpfte, was ich begehrte,
mit Speer mir und mit Schwerte;
ich allein gewann mit meiner Hand
eine schöne Frau, ein reiches Land;
und leider, wenn mir recht geträumt,
hab' ich gar bald sie dann versäumt,
als der König Artus war gekommen
und hatte mich von ihr genommen.
Herr Gawein war mein Gefährt' und Freund,
wie mir's in meinem Traume scheint; 10
sie gab mir Urlaub auf ein Jahr—
ich weiss wohl, das alles ist nicht wahr!—
Da blieb ich länger ohne Noth,
bis sie mir ihren Zorn entbot,
und träumte da gar schwer und wilde;
aus all dem wirren Wahngebilde
bin ich jetzt eben erwacht.
Mich hatte mein Schlaf gemacht
zu einen reichen Herrn!
alle Noth ja lag mir fern; 20
wär' ich in solchen Ehren begraben!
Er wollte mich nur zum Narren haben;
wer da glaubt an Träume,
dem werden sie eitel Schäume.
Traum, wie so wunderlich du bist!
Reichthum schaffst du in kurzer Frist
einem der also ärmlich lebt,
der nie nach hohen Ehren gestrebt.
Wenn er dann erwacht,
so hast du ihn gemacht
zu einem Thoren wie mich.
Und dennoch mein' ich festiglich, 10
wie rauh ich sei und bauernhaft,

fasst' ich nur eines Speeres Schaft
und wäre gewappnet und beritten,
ich könnte nach ritterlichen Sitten
ebenso wohl gebahren,
als Alle, die jemals Ritter waren.'
So fremd geworden war er sich,
dass sein Gedächtniss ihm ganz entwich;
und was er als Ritter errungen,
all' seine Züg' und Wanderungen, 20
dies Alles, sagt' er sich nunmehr,
sei von ihm nur geträumt vorher.
Er sprach: 'Mich hat gelehret
mein Traum, ich wäre geehret,
könnt' ich zu Waffen kommen.
Er hat mir meinen Stand genommen;
denn ob ich ein armer Bauer bin,
kämpft und turniert mein ganzer Sinn.
Mein Herz ist meinem Leib ungleich,
mein Leib ist arm, mein Herze reich.
War denn ein Traum mein ganzes Leben?
Oder wer hat mir gegeben
solche Hässlichkeit und Ungestalt?
Ich ahne die volle Kraft und Gewalt
ritterlichen Muthes; 10
zwar an Schönheit und Fülle des Gutes
fehlt es durchaus mir leider!'
Als er die frischen Kleider
zur einen Seite ihm liegen sach,
wundert' ihn das und er sprach:
'Dies sind Kleider, wie ich genug
sie oft in meinem Traume trug;
ich sehe hier Keinen, wes mögen sie sein?
Ich bedarf ihrer sehr; gut, die sind mein.
Ob ich sie wohl auch tragen kann? 20
Denn vormals stand mir herrlich an
in meinem Traume reich Gewand.'
Also kleidet er sich zuhand,
und als er bedeckt die schwarzen Glieder,
da glich er einem Ritter wieder.
Nun ersah die Jungfrau das,
wie er ehrbar und ohne Tadel sass.
Sie steigt zu Pferd mit klugem Sinn
und reitet ihres Weges hin,

als sei sie eben vorausgesandt,
und führt' einen Zelter an der Hand.
Weder sprach sie, noch sah sie auf ihn.
Als er gradaus sie sah ziehn, 10
da wär' er aufgesprungen,
dafern ihn nicht bezwungen
jene selbige Schwachheit,
also dass er so schnell bereit
nicht vom Boden sich rafft,
als fühlt' er noch die alte Kraft,
und rief ihr nach eine gute Weil.
Sie aber that, als habe sie Eil',
und acht' auf den Wandrer nicht,
bis dass er nochmals zu ihr spricht; 20
da machte sie Halt,
und gab ihm Antwort alsobald.
Sie sprach: 'Wer ruft mir? wer?'
Er sprach: 'Frau, kehrt zurück hieher.'
Sie sprach: 'Herre, ich will.'
So wendet sie, und hält still
und spricht: 'Gebietet über mich,
was ihr wünschet, das thue ich;'
und fraget ihn die Märe,
wie er dahin kommen wäre?
Da sprach Herr Iwein
(wie er des wohl trug den Schein):
'Ich fand erkrankt und matt
hier im Wald eine Ruhestatt.
Noch kann ich euch nicht berichten,
durch was für Wundergeschichten
ich ward hieher getragen; 10
doch mag ich das wohl sagen,
dass ich ungern hier bin:
Fraue, führt mich mit euch hin,
so behandelt ihr mich gar liebevoll,
und dien' ich dafür euch, wie ich soll.'
'Ritter, das sei euch zugesagt
und meine Fahrt für euch vertagt.
Mich hatte meine Frau gesandt,
die ist auch Herrin über dies Land;
zu der führ' ich euch mit mir, 20
Ich verhelf' euch wohl, dass ihr
ausruht nach euerm Ungemach.'

So stieg er zu Pferd und ritt ihr nach.
Nun führte sie ihn hindann
zu ihrer Frau, der nie ein Mann
also willkommen war.
Man schuf ihm gute Pfleg' alldar
an Kleidern, Speisen und Baden,
bis dass all' sein Schaden
kaum noch an ihm erschien.
Hier hatt' Herr Iwein alle Müh'n
und Drangsal überwunden,
und gute Wirthin funden.

W. GRAF VON BAUDISSIN.

GOTTFRIED VON STRASSBURG.

[*Scherer*, D. 166, E. 157.]

Meister Gottfried war bürgerlichen Standes, erhielt eine gelehrte Erziehung, dichtete nach französischer Quelle den 'Tristan' gegen 1210. Das Gedicht ward nicht von ihm vollendet und später von Ulrich von Türheim und Heinrich von Freiberg fortgesetzt. Herausgegeben von von der Hagen (Breslau 1823), Massmann (Leipzig 1843), Bechstein (Leipzig 1869). Übersetzungen von Simrock, Kurtz, Hertz (Stuttgart 1877).

1.
EINLEITUNG.

Ich hân mir eine unmüezekeit
der werlt ze liebe vür geleit
und edelen herzen zeiner hage,
den herzen, den ich herze trage,
der werlde, in die mîn herze siht. 10
ich meine ir aller werlde niht
als die, von der ich hœre sagen,
diu deheine swære müge getragen
und niwan in fröuden welle sweben:
die lâze ouch got mit fröuden leben!

Der werlde und diseme lebene
enkumt mîn rede niht ebene:

ir leben und mînez zweient sich.
ein ander werlt die meine ich,
diu sament in einem herzen treit
ir süeze sûr, ir liebez leit,
ir herzeliep, ir senede nôt,
ir liebez leben, ir leiden tôt,
ir lieben tôt, ir leidez leben:
dem lebene sî mîn leben ergeben, 10
der werlde wil ich gewerldet wesen,
mit ir verderben oder genesen.
ich bin mit ir biz her beliben
und hân mit ir die tage vertriben,
die mir ûf nâhe gêndem leben
lêr unde geleite solten geben:
der hân ich mîne unmüezekeit
ze kurzewîle vür geleit,
daz sî mit mînem mære
ir nâhe gênde swære 20
ze halber senfte bringe,
ir nôt dâ mit geringe.
wan swer des iht vor ougen hât,
dâ mite der muot zunmuoze gât,
daz entsorget sorgehaften muot,
daz ist ze herzesorgen guot.
ir aller volge diu ist dar an:
swâ sô der müezige man

mit senedem schaden sî überladen,
dâ mêre muoze seneden schaden.
bî senedem leide müezekeit,
dâ wahset iemer senede leit.
durch daz ist guot, swer herzeklage
und senede nôt ze herzen trage,
daz er mit allem ruoche
dem lîbe unmuoze suoche:
dâ mite sô müezeget der muot
und ist dem muote ein michel guot; 10
und gerâte ich niemer doch dar an,
daz iemer liebe gernde man
deheine solhe unmuoze im neme,
diu reiner liebe missezeme:
ein senelîchez mære
daz trîbe ein senedære

mit herzen und mit munde
und senfte sô die stunde.
Nu ist aber einer jehe vil,
der ich vil nâch gevolgen wil: 20
der senede muot, sô der ie mê
mit seneden mæren umbe gê,
sô sîner swære ie mêre sî.
der selben jehe der stüende ich bî,
wan ein dinc daz mir widerstât:
swer inneclîche liebe hât,

doch ez im wê von herzen tuo,
daz herze stêt doch ie dar zuo.
der inneclîche minnenmuot,
sô der in sîner senegluot
ie mêre und mêre brinnet,
sô er ie sêrer minnet.
diz leit ist liebes alse vol,
daz übel daz tuot sô herzewol
daz es kein edele herze enbirt,
sît ez hie von geherzet wirt. 10
ich weiz ez wârez alse den tôt
und erkenne ez bî der selben nôt:
der edele senedære
der minnet senediu mære.
von diu swer seneder mære ger,
derne var niht verrer danne her:
ich wil in wol bemæren
von edelen senedæren
die reine sene wol tâten schîn:
ein senedære, ein senedærîn, 20
ein man ein wîp, ein wîp ein man,
Tristan Îsot, Îsot Tristan.
Ich weiz wol, ir ist vil gewesen,
die von Tristande hânt gelesen;
und ist ir doch niht vil gewesen,

die von im rehte haben gelesen
Tuon aber ich diu gelîche nuo
und schephe mîniu wort dar zuo
daz mir ir iegelîches sage
von disem mære missehage,
sô wirbe ich anders danne ich sol.

ich entuon es niht: si sprâchen wol
und niwan ûz edelem muote
mir unde der werlt ze guote.
benamen sie tâten ez in guot: 10
und swaz der man in guot getuot,
daz ist ouch guot und wol getân,
aber als ich gesprochen hân,
daz sî niht rehte haben gelesen,
daz ist, als ich iu sage, gewesen:
sine sprâchen in der rihte niht,
als Thômas von Britanje giht,
der âventiure meister was
und an britûnschen buochen las
aller der lanthêrren leben 20
und ez uns ze künde hât gegeben.
Als der von Tristande seit,
die rihte und die wârheit
begunde ich sêre suochen

in beider hande buochen
walschen und latînen,
und begunde mich des pînen,
daz ich in sîner rihte
rihte dise tihte.
sus treip ich manege suoche,
unz ich an einem buoche
alle sîne jehe gelas,
wie dirre âventiure was.
waz aber mîn lesen dô wære 10
von disem senemære,
daz lege ich mîner willekür
allen edelen herzen vür,
daz sî dâ mite unmüezic wesen:
ez ist in sêre guot gelesen.
guot? jâ, inneclîche guot:
ez liebet liebe und edelt muot,
ez stætet triuwe und tugendet leben,
ez kan wol lebene tugende geben;
wan swâ man hœret oder list 20
daz von sô reinen triuwen ist,
dâ liebent dem getriuwen man
triuwe und ander tugende van:
liebe, triuwe, stæter muot,

êre und ander manic guot
daz geliebet niemer anderswâ
sô sêre noch sô wol sô dâ,
dâ man von herzeliebe saget
und herzeleit ûz liebe klaget.
lieb ist ein alsô sælec dinc, 30

ein alsô sæleclîch gerinc,
daz niemen âne ir lêre
noch tugende hât noch ere.
sô manec wert leben, sô liebe frumet,
sô vil sô tugende von ir kumet,
owê daz allez, daz der lebet,
nâch herzeliebe niene strebet,
daz ich sô lützel vinde der,
die lûterlîche herzeger
durch friunt ze herzen wellen tragen 10
niwan durch daz vil arme klagen,
daz hie bî zetelîcher zît
verborgen in dem herzen lît.
War umbe enlite ein edeler muot
niht gerne ein übel durch tûsent guot,
durch manege fröude ein ungemach?
swem nie von liebe leit geschach,
dem geschach ouch liep von liebe nie.
liep unde leit diu wâren ie
an minnen ungescheiden. 20
man muoz mit disen beiden
êr unde lop erwerben
oder âne sî verderben.
von den diz senemære seit,
und hæten die durch liebe leit,

durch herzewunne senedez klagen
in einem herzen niht getragen,
sone wære ir name und ir geschiht
sô manegem edelen herzen niht
ze sælden noch ze liebe komen.
uns ist noch hiute liep vernomen,
süeze und iemer niuwe
ir inneclîchiu triuwe,
ir liep ir leit, ir wunne ir nôt,
al eine und sîn si lange tôt, 10

ir süezer name der lebet iedoch,
und sol ir tôt der werlde noch
ze guote lange und iemer leben,
den triuwe gernden triuwe geben,
den êre gernden êre:
ir tôt muoz iemer mêre
uns lebenden leben und niuwe wesen;
wan swâ man noch gehœret lesen
ir triuwe, ir triuwen reinekeit,
ir herzeliep, ir herzeleit: 20
Deist aller edelen herzen brôt.
hie mite sô lebet ir beider tôt.
wir lesen ir leben, wir lesen ir tôt,
und ist uns daz süez alse brôt.
Ir leben, ir tôt sint unser brôt.

sus lebet ir leben, sus lebet ir tôt.
sus lebent si noch und sint doch tôt,
und ist ir tôt der lebenden brôt.
Und swer nu ger daz man im sage
ir leben ir tôt, ir fröude ir klage,
der biete herze und ôren her:
er vindet alle sîne ger.

Ich hab ein neues Thun mir jetzt
der Welt zu Liebe vorgesetzt
und edeln Herzen zum Genuss,
den Herzen, die ich lieben muss,
der Welt, die meinem Sinn gefällt: 10
nicht mein' ich aller Andern Welt,
die Welt, von der ich höre sagen,
dass sie kein Mühsal möge tragen
und nur in Freuden wolle schweben;
die lass auch Gott in Freuden leben!
Der Welt und solchem Leben
scheint mein Gedicht uneben.
Solch Leben ist nicht meine Welt,
eine andre Welt mir wohlgefällt:
die zusammen hegt in einer Brust
das süsse Leid, die bittre Lust,
das Herzensglück, die bange Noth,
das sel'ge Leben, leiden Tod,
den leiden Tod, das sel'ge Leben.

Dem Leben hab ich meins ergeben, 10
der Welt will ich ein Weltkind sein,
mit ihr verderben und gedeihn.
Bei ihr bin ich bisher geblieben,
mit ihr hab ich die Zeit vertrieben,
die mir in vielbedrängtem Leben
Geleit und Lehre sollte geben.
Der hab ich Thun und Thätigkeit
zu ihrem Zeitvertreib geweiht,
dass sie durch meine Märe,
welch Leid sie auch beschwere, 20
zu halber Lindrung bringe,
ihre Noth damit bezwinge;
denn hat man des zuweilen Acht,
was uns die Weile kürzer macht,
das entbürdet bürdeschweren Muth,
das ist für Herzenssorgen gut.
Es zweifelt Niemand daran:
wenn der müssige Mann
mit Liebesschaden ist beladen,
so mehrt die Musse Liebesschaden;
bei Liebesleiden Müssigkeit,
so wächst nur noch der Liebe Leid.
Drum rath ich, trägt wer Schmerzen
und Liebesleid im Herzen,
so widm' er sich mit Kräften
zerstreuenden Geschäften,
damit das Herz in Musse ruht:
das ist dem Herzen herzlich gut. 10
Doch ist es nimmer wohlgethan,
wenn ein liebesiecher Mann
sich solchen Zeitvertreib erkührt,
der reiner Liebe nicht gebührt:
mit edeln Liebeskunden
versüss' er seine Stunden,
die mag ein Minner minnen
mit Herzen und mit Sinnen.
Noch hört man eine Rede viel,
die ich nicht ganz verwerfen will: 20
je mehr ein Herz, das Liebe plage,
sich mit Liebesmären trage,
je mehr gefährd' es seine Ruh.
Der Rede stimmt' ich gerne zu,

wär eins nicht, das mir Zweifel regt:
wer innigliche Liebe hegt,
dass er im Herzen Schmerzen spürt,
der bleibt von Schmerz nicht unberührt.
Der innigliche Liebesmuth,
je mehr in seines Triebes Glut
der brennt und liebend lodert,
je mehr er Liebe fodert.
Dies Leiden ist so voll der Lust,
dies Übel thut so wohl der Brust,
dass es kein edles Herz entbehrt,
weil dies erst Muth und Herz gewährt. 10
Mir ist gewisser nicht der Tod,
nicht sicherer die letzte Noth,
fühlt Einer Liebeswunden,
so liebt er Liebeskunden.
Wer solcher Mären trägt Begier,
der hat nicht weiter als zu mir.
Ich weiss ihm wohl ein Märchen,
ein edles Liebespärchen,
das reiner Lieb' ergab den Sinn:
ein Minner, eine Minnerin, 20
ein Mann ein Weib, ein Weib ein Mann,
Tristan Isold, Isold Tristan.
Ich weiss wohl, Mancher ist gewesen,
der schon von Tristan hat gelesen;
und doch, nicht Mancher ist gewesen,
der recht noch hat von ihm gelesen.
Tret ich nun aber hin sofort
und sprech ein scharfes Richterwort,
als wolle mir ihr Aller Sagen
von dieser Märe nicht behagen,
so thu ich anders, als ich soll;
ich thu es nicht: sie sprachen wohl
und nur aus edlem Muthe,
wir und der Welt zu Gute.
Bei meiner Treu, sie meintens gut, 10
und was der Mann in Güte thut,
das ist auch gut und wohlgethan.
Und stellt' ich doch das Wort voran,
als hätten sie nicht recht gelesen,
damit ists so bewandt gewesen:
sie sprachen in der Weise nicht,

wie Thomas von Britannien spricht,
der sich auf Mären wohl verstand
und in britannschen Büchern fand
all dieser Landesherren Leben, 20
davon er Kund uns hat gegeben.
Was der von Tristans Lebensfahrt
uns Zuverlässges hat bewahrt,
das war ich lang beflissen
aus Büchern zu wissen,
lateinischen und wälschen,
damit ich ohne Fälschen
nach seinem Berichte
berichte die Geschichte.
So sucht' ich denn und suchte lang,
bis mir des Buches Fund gelang,
darin all seine Meldung stand,
wie es um Tristan war bewandt.
Was ich nun so gefunden 10
von diesen Liebeskunden,
leg ich nach freier Wahl und Kür
allen edeln Herzen für,
dass sie durch Zeitvertreib genesen:
es ist sehr gut für sie zu lesen.
Gut? Ja ohne Zweifel gut:
es süsst die Liebe, höht den Muth,
befestigt Treu, verschönt das Leben,
es kann dem Leben Werth wohl geben;
denn wo man höret oder liest, 20
dass reiner Treu ein Paar geniesst,
das weckt in treuen Mannes Brust
zu Treu und aller Tugend Lust.
Liebe, Treue, stäter Muth,
Ehr' und noch manches hohe Gut
gehn dem Herzen nie so nah,
gefallen nie ihm so wie da,
wo man von Herzensliebe sagt
und Herzeleid um Liebe klagt.
Lieb' ist so reich an Seligkeit, 30
so selig macht ihr Glück, ihr Leid,
dass ohne ihre Lehre
Niemand Tugend hat noch Ehre.
So viel die Liebe Gutes frommt,
so manche Tugend von ihr kommt,

weh, dass doch Alles, was da lebt,
nicht nach Herzensliebe strebt;
dass ich so Wenige noch fand,
die im Herzen lautern Brand
um Herzensfreunde wollen tragen 10
und einzig um das Bischen Klagen,
das dabei zu mancher Stund
verborgen liegt im Herzensgrund!
Wie litte nicht ein edler Sinn
ein Übel für so viel Gewinn,
ein Ungemach um so viel Lust?
Wer nie von Liebesleid gewusst,
wusst' auch von Liebesfreude nie.
Freud und Leid, stäts waren die
bei Minne nicht zu scheiden. 20
Man muss mit diesen beiden
Ehr und Lob erwerben,
oder ohne sie verderben.
Die, welchen ich dies Buch geweiht,
hätten die um Liebe Leid,
um Herzenswonne sehnlich Klagen
vereint im Herzen nicht getragen,
so würd ihr Nam und dies Gedicht
so manchem edeln Herzen nicht
zu Trost und Freude frommen.
Noch heut wird gern vernommen,
noch dünkt uns ewig süss und neu
ihre minnigliche Treu,
ihr Glück und Leid, ihre Wonn und Noth;
und sind sie nun auch lange todt, 10
so lebt ihr süsser Name doch,
und soll ihr Tod den Leuten noch
zu Gute lang und ewig leben,
den Treubegiergen Treue geben,
den Ehrbegiergen Ehre.
Ihr frühes Sterben wäre
und leb uns Lebenden immer neu;
denn wo man liest von ihrer Treu
und ihrer reinen Stätigkeit,
ihrem Herzensglück, ihrem Herzeleid: 20
Das ist der edeln Herzen Brot,
hiermit so lebt der Beiden Tod.
Man liest ihr Leben, ihren Tod,

und ist uns das so süss wie Brot.
Ihr Tod, ihr Leben ist uns Brot,
so lebt ihr Leben, lebt ihr Tod.
Sie leben noch, sind sie auch todt,
und ist ihr Tod uns Lebensbrot.
Und wer nun will, dass man ihm sage
ihr Leben, Sterben, Glück und Klage,
der biete Herz und Ohren her,
so wird erfüllt all sein Begehr.

2.
TRISTANS SCHWERTLEITE.

Sit die gesellen sint bereit
mit bescheidenlîcher rîcheit,
wie gevâhe ich nû mîn sprechen an, 10
daz ich den werden houbetman
Tristanden sô bereite
ze sîner swertleite,
daz man ez gerne verneme
und an dem mære wol gezeme?
ine weiz, waz ich dâ von gesage,
daz iu gelîche und iu behage
und schône an disem mære stê.
wan bî mînen tagen und ê 20
hât man sô rehte wol geseit
von ritterlîcher werdekeit,
von rîchem geræte,
ob ich der sinne hæte
zwelve, der ich einen hân,
mit den ich umbe solte gân,

und wære daz gefüege,
daz ich zwelf zungen trüege
in mîn eines munde,
der iegelîchiu kunde
sprechen, alse ich sprechen kan,
ine weste, wie gevâhen an,
daz ich von rîcheite
sô guotes iht geseite,
mane hæte baz dâ von geseit.
ja ritterlîchiu zierheit 10
diu ist sô manege wîs beschriben

- 249 -

und ist mit rede alsô zetriben
daz ich niht kan gereden dar abe,
dâ von kein herze fröude habe.
Hartman der Ouwære,
ahî, wie der diu mære
beid' ûzen unde innen
mit worten und mit sinnen
durchvärwet und durchzieret!
wie er mit rede figieret 20
der âventiure meine!
wie lûter und wie reine
sîn kristallîniu wortelîn
beidiu sint und iemer müezen sîn!
si koment den man mit siten an,
si tuont sich nâhe zuo dem man
und liebent rehtem muote.
swer guote rede ze guote
und ouch ze rehte kan verstân,

der muoz dem Ouwære lân
sîn schapel unde sîn lôrzwî.
swer nû des hasen geselle sî
und ûf der wortheide
hôchsprünge und wîtweide
mit bickelworten welle sîn
und ûf daz lôrschapelekîn
wân âne volge welle hân,
der lâze uns bî dem wâne stân,
wir wellen an der kür ouch wesen: 10
wir, die die bluomen helfen lesen,
mit den daz selbe loberîs
underflohten ist in bluomen wîs,
wir wellen wizzen, wes er ger:
wan swer es ger, der springe her
und stecke sîne bluomen dar.
sô nemen wir an den bluomen war,
op sî sô wol dar an gezemen,
daz wirz dem Ouwære nemen
und geben ime daz lôrzwî. 20
sit aber noch niemen komen sî,
der ez billîcher süle hân,
sô helfe iu got, sô lâze wirz stân.

wirn suln ez niemen lâzen tragen,
sîniu wort ensîn vil wol getwagen,
sîn rede ensî ebene unde sleht,
op iemen schône unde ûfreht
mit ebenen sinnen dar getrabe,
daz er dar über iht besnabe.
vindære wilder mære,
der mære wildenære,
die mit den ketenen liegent
und stumpfe sinne triegent, 10
die golt von swachen sachen
den kinden kunnen machen
und ûz der bühsen giezen
stoubîne mergriezen:
die bernt uns mit dem stocke schate,
niht mit dem grüenen meienblate,
mit zwîgen noch mit esten.
ir schate der tuot den gesten
vil selten in den ougen wol.
op man der wârheit jehen sol, 20
dane gât niht guotes muotes van,
dane lît niht herzelustes an.
ir rede ist niht alsô gevar,
daz edele herze iht lache dar.
die selben wildenære
si müezen tiutære

mit ir mæren lâzen gân:
wir enmugen ir dâ nâch niht verstân,
als man si hœret unde siht;
sone hân wir ouch der muoze niht,
daz wir die glôse suochen
in den swarzen buochen.
Noch ist der värwære mêr:
von Steinahe Blikêr
diu sîniu wort sint lussam.
si worhten frouwen an der ram 10
von golde und ouch von sîden,
man möhtes undersnîden
mit kriecheschen borten.
er hât den wunsch von worten:
sînen sin den reinen,
ich wæne daz in feinen

ze wundere haben gespunnen
und haben in in ir brunnen
geliutert unde gereinet:
er ist benamen gefeinet. 20
sîn zunge, diu die harphen treit,
diu hât zwô volle Sælekeit:
daz sint diu wort, daz ist der sin:
diu zwei diu harphent under in
ir mære in fremedem prîse.
der selbe wortwîse,

nemet war, wie der hier under
an dem umbehange wunder
mit spæher rede entwirfet;
wie er diu mezzer wirfet
mit behendeclîchen rîmen.
wie kan er rîme lîmen,
als ob si dâ gewahsen sîn!
ez ist noch der geloube mîn,
daz er buoch unde buochstabe
vür vedern an gebunden habe; 10
wan welt ir sîn nemen war,
sîn wort diu sweiment alse der ar.
Wen mac ich nû mêr ûz gelesen?
ir ist und ist genuoc gewesen
vil sinnec und vil rederîch.
von Veldeken Heinrîch
der sprach ûz vollen sinnen:
wie wol sanc er von minnen!
wie schône er sînen sin besneit!
ich wæne, er sîne wîsheit 20
ûz Pegases urspringe nam,
von dem diu wîsheit elliu kam.
ine hân sîn selbe niht gesehen;
nu hœre ich aber die besten jehen,
die dô bî sînen jâren

und sît her meister wâren,
die selben gebent im einen prîs,
er impete daz êrste rîs
in tiutescher zungen:
dâ von sît este ersprungen,
von den die bluomen kâmen,

dâ sî die spæhe ûz nâmen
der meisterlîchen fünde;
und ist diu selbe künde
sô wîten gebreitet, 10
sô manege wîs geleitet,
daz alle, die nu sprechent,
daz die den wunsch dâ brechent
von bluomen und von rîsen
an worten unde an wîsen.
Der nahtegalen der ist vil,
von den ich nû niht sprechen wil:
sine hœrent niht ze dirre schar.
dur daz sprich' ich niht anders dar,
wan daz ich iemer sprechen sol: 20
si kunnen alle ir ambet wol
und singent wol ze prîse
ir süeze sumerwîse;
ir stimme ist lûter unde guot,
si gebent der werlde hôhen muot
und tuont reht in dem herzen wol.
diu werlt diu wære unruoches vol
und lebete rehte als âne ir danc,
wan der vil liebe vogelsanc:

der ermant vil dicke den man,
der ie ze liebe muot gewan,
beidiu liebes und guotes
und maneger hande muotes,
der edelen herzen sanfte tuot.
ez wecket friuntlîchen muot.
hie von kumt inneclîch gedanc,
sô der vil liebe vogelsanc
der werlde ir liep beginnet zalen.
nu sprechet umb die nahtegalen; 10
die sint ir dinges wol bereit
und kunnen alle ir senede leit
sô wol besingen unde besagen.
welhiu sol ir baniere tragen,
sît diu von Hagenouwe,
ir aller leitevrouwe,
der werlde alsus geswigen ist,
diu aller dœne houbetlist
versigelt in ir zungen truoc?

von der denk ich vil unde genuoc, 20
(ich meine ab von ir dœnen
den süezen, den schœnen),
wâ sî der sô vil næme,
wannen ir daz wunder kæme
sô maneger wandelunge.
ich wæne, Orphêes zunge,
diu alle dœne kunde,

diu dœnete ûz ir munde.
Sît daz man der nu niht enhât,
sô gebet uns, etelîchen rât!
ein sælic man der spreche dar:
wer leitet nû die lieben schar?
wer wîset diz gesinde?
ich wæne, ich sî wol vinde,
diu die baniere füeren sol:
ir meisterinne kan ez wol,
diu von der Vogelweide. 10
her, wie diu über heide
mit hôher stimme schellet!
waz wunders sî gestellet!
wie spæhe s'organieret!
wi si ir sanc wandelieret!
(ich meine ab in dem dône
dâ her von Zithêrône,
dâ diu gotinne Minne
gebiutet ûf und inne).
diu ist dâ z'hove kamerærîn: 20
diu sol ir leitærinne sîn!
diu wîset sî ze wunsche wol,
diu weiz wol, wâ si suochen sol
der minnen mêlôdîe.
si unde ir cumpânîe
die müezen sô gesingen,
daz sî ze fröuden bringen
ir trûren unde ir senedez klagen:
und daz geschehe bî mînen tagen!

Nun die Gesellen sind bereit
mit wohlgemessner Kostbarkeit,
wie fahe ich meine Rede an, 10
dass ich den werthen Held Tristan,

meinen Hauptmann zur Schwertleite
so rüste und bereite,
dass es der Märe bekäme
und man es gerne vernähme?
Ich weiss nicht, wie ichs sage,
ob es euch wohl behage,
und ob es schön zur Märe steh:
In meinen Tagen und auch eh 20
hat man die Worte so wohl gestellt
von aller Herrlichkeit der Welt,
von reichem Geräthe, grosser Zier,
hätt ich der Sinne zwölfe hier,
davon ich hab nur einen,
und könnte sie vereinen,
und trüge ich zur Stunde
zwölf Zungen in diesem Munde,
und könnte mit einer jeden
also sprechen und reden,
als ichs mit meiner Einen kann,
ich wüsste es nicht zu fangen an,
wie ich so Gutes sänge
von Pracht und von Gepränge,
das nicht wär bass gethan vorher.
Ja, ritterlich Gewand und Wehr 10
ist also viel beschrieben,
mit Reden so zerrieben,
dass ich davon nichts reden kann,
da sich ein Herz erfreue dran.
Herr Hartmann von der Auen,
ah, der kann Mären bauen,
und kann sie aussen und innen
mit Worten und mit Sinnen
durchfärben und durchschmücken!
Wie seine Reden zücken 20
recht auf der Aventüre Sinn!
Wie fliessen rein und lauter hin
seine krystallene Wörtelein!
Sie sinds und mögen es immer sein!
Sie treten sittig zu dem Mann
und schmiegen sich dem Herzen an
und heimeln einem reinem Muth.
Wer gute Rede kann für gut
verstehn und recht erfassen,

muss dem von Aue lassen
sein Reis und seinen Lorbeerkranz.
Auf der Worthaide wer den Tanz
will machen mit dem Hasen,
hoch springen und weit grasen,
mit Worten würfeln, wies Gott bescheert,
und, unsrer Stimmen unbegehrt,
Wahnhoffnung zu dem Kranze fassen,
der möge uns nur den Wahn belassen,
wir wollen auch bei der Wahl nicht fehlen. 10
Wir, die die Blumen helfen wählen,
mit denen dieses Ehrenreis
durchflochten ist in Blumenweis,
wir wollen wissen, was er begehr!
Wer es begehr, er trete her
und stecke seine Blumen dar:
so nehmen wir an den Blumen wahr,
ob sie so schön am Kränzlein sehn,
dass wirs ihm müssen zugestehn
und dem von Aue herunterziehn. 20
Nun aber keiner noch erschien,
dems besser stünde zu dieser Frist,
helf Gott, so lassen wirs, wo es ist.
Das Reis darf uns Keiner haschen,
seine Rede sei denn wohl gewaschen,
und eben jedes Wort und schlicht,
dass Keiner den Hals darüber bricht,
der schön und aufrecht auf dem Plan
mit ebenen Sinnen kommt heran.
Die aber in Mären wildern
und wilde Mären bildern,
mit Riegel und Ketten klirren,
kurze Sinne verwirren, 10
und Gold von schlechten Sachen
den Kindern können machen,
die Büchsen schwingen und rütteln,
statt Perlen Staub draus schütteln,
die sinds! Vom Strunke kommt ihr Schatte,
und nicht vom grünen Lindenblatte;
die schirmen uns nicht mit Laub und Ästen.
Ihr dürrer Schatte thut den Gästen
viel selten in den Augen wohl.
Wenn man die Wahrheit sagen soll, 20

daran erwärmet keine Brust,
darin liegt keine Herzenslust,
ihre Rede hat die Farbe nicht,
die edlen Herzen dünket licht.
Dieselben wilden Jäger
sie müssen Wortausleger
mit ihren Mären lassen gehn:
wir können sie nicht so verstehn.
Mit Augen und mit Ohren;
auch ist die Zeit verloren,
dass man im schwarzen Buche
nach Noten und Glossen suche.
Noch sind der Farbenmeister mehr:
Bliker von Steinach tritt einher
mit Worten, lust- und wundersamen.
Die stickten Frauen an dem Rahmen 10
von Gold und auch von Seiden;
mann könnte sie überkleiden
mit griechischen Borten.
Er hat den Preis von Worten:
sein Sinn der ist so rein und klar,
ich wähne, dass ihn wunderbar
Feyen haben gesponnen,
und ihn in ihrem Bronnen
geläutert und geweihet:
er ist fürwahr gefeyet. 20
Seine Zunge mit den Harfensaiten
die hat zwo ganze Volkommenheiten:
Das sind die Worte und der Sinn;
die zwei die harfen zusammen hin
und folgen ihrer Märe Gang
zu seltenem Preise mit Einem Klang.
Der Rede Meister, sehet dort,
mit sinnreich ausgedachtem Wort
wie er am Umhang Wunder bringt,
wie ihm der Messerwurf gelingt
mit wolgefügten Reimen!
Wie kann er Reime leimen,
als wärens einander gewachsen an!
Fürwahr, es ist und bleibt mein Wahn,
er müsse Buch und Schriftbuchstaben
für Federn angebunden haben, 10
denn, wollt ihr seiner nehmen wahr,

seine Worte die schweben gleich dem Aar.
Wer nun? Es sind doch viel gewesen,
an Rede reich, von Sinn erlesen.
Wen soll ich auferwecken?
Heinrich von Veldecken
der sprach aus ganzem Sinne!
Wie sang er wol von Minne!
Wie schön er meisselte seinen Sinn!
Ich wähne, dass er die Weisheit hin 20
vom Born des gefiederten Rosses nahm,
von dem die Weisheit alle kam.
Ich hab ihn selber nicht geschaut:
Es geben aber die Besten laut,
die noch zu seinen Jahren
und selber Meister waren,
ein Zeugniss ihm und einen Preis:
Er impfete das erste Reis
in unsrer deutschen Zungen;
davon sind Äste entsprungen,
von denen die Blumen kamen,
daraus die Meister nahmen
den Sinn zu schönem Funde;
und ist dieselbe Kunde
so mannigfach verbreitet, 10
von Gau zu Gau geleitet,
dass alle, die nun sprechen,
die höchsten Kränze brechen
von Blumen und von Reisen,
an Worten und an Weisen.
Der Nachtigallen der sind viel,
von denen ich nun nicht reden will:
Sie gehören nicht zu dieser Schaar.
Damit geb ich nichts andres dar,
als was ich immer sagen muss: 20
Sie können alle ihren Gruss
und singen wohl zu Preise
ihre süsse Sommerweise.
Ihr Ton ist lauter und ist gut,
sie geben der Welt einen hohen Muth
und thun so recht dem Herzen wol.
Die Welt die würde stumpf und hohl
und käme ausser allem Schwang
ohne den lieben Vogelgesang;

der mahnet und mahnet einen Mann,
der je zu Freuden Muth gewann,
an alles Gute und Liebe,
und spielt mit manchem Triebe,
der edlen Herzen sanfte thut.
Das wecket freundlich holden Muth;
hievon kommt inniglicher Drang,
wenn spricht der süsse Vogelsang
der Welt von ihren Freuden allen.
Nun saget von den Nachtigallen: 10
Die sind zu ihrem Amt bereit
und können alle ihr sehnend Leid
so wohl besingen und besagen.
Welche soll dem das Banner tragen,
seit die von Hagenaue,
der ganzen Schaar Leitfraue,
die aller Töne höchsten Flug,
versiegelt auf der Zungen trug,
der Welt also verstummet ist?
An die gedenk ich zu jeder Frist. 20
Ich wähne von ihren Tönen,
den süssen und den schönen,
dass wohl des Orpheus süsser Mund,
dem alle Töne waren kund,
(davon er ihr bescheerte,
und sie das Wunder lehrte
so mancher Wandelungen)
aus ihrem Mund erklungen.
Seit man nun diese nicht mehr hat,
so gebt uns aber einen Rath.
Ein frommer Mann der leg ihn dar:
Wer leitet nun die liebe Schaar?
Wer weiset dies Gesinde!
Ich wähne, dass ich sie finde,
die nun das Banner führen soll:
Ihre Meisterin die kann es wohl,
die von der Vogelweide. 10
Hei, was die über die Heide,
mit hoher Stimme klinget!
Was Wunder sie uns bringet!
Wie fein sie organiert,
ihr Singen moduliert!
Ich meine aber in dem Ton,

der klinget von jenem Berg und Thron,
da wo die Göttin Minne
gebietet drauf und drinne.
Die ist bei Hofe Kämmererin: 20
die soll sie leiten fürohin;
die weiset sie nach Wunsche wohl,
die weiss wohl, wo sie suchen soll
der Minnen Melodieen.
Sie und die mit ihr ziehen,
die mögen also singen,
dass sie zu Freuden bringen
ihr Trauern und ihr sehnendes Klagen:
und das gescheh noch in meinen Tagen!

SIMROCK.

WOLFRAM VON ESCHENBACH.

[Scherer D. 170, E. 161.]

Ein bairischer Ritter, lebte viel am Hofe Hermanns von Thüringen zu Eisenach, wurde in der Liebfrauenkirche zu Eschenbach begraben. Er konnte nicht lesen und schreiben, verstand aber, wenn auch nur unvollkommen, französisch. Er dichtete ausser lyrischen Gedichten den 'Parzival' 1205–1215; den 'Titurel' (Bruchstück; von einem gewissen Albrecht zwischen 1260 und 1270 umgearbeitet und vervollständigt) und 'Wilhelm von Oranse' (unvollendet), vor 1216 begonnen, ergänzt und fortgesetzt von Ulrich von Türheim und Ulrich von dem Türlein. Seine Werke herausgegeben von Lachmann (Berlin 1833, vierte Ausg. 1880); 'Parzival und Titurel' von Bartsch (3 Bde. Leipzig, 1870–71, 1875–77). Übersetzungen von Simrock (Stuttgart 1842, fünfte Aufl. 1876), San-Marte (Marburg 1836, 1858).

1.

PARZIVAL.

Ez machet trûric mir den lîp,
daz alsô mangiu heizet wîp.
ir stimme sint gelîche hel:
genuoge sint gein valsche snel,

etslîche valsches lære:
sus teilent sich diu mære.
daz die gelîche sint genamt,
des hât mîn herze sich geschamt.
wîpheit, dîn ordenlîcher site,
dem vert und fuor ie triwe mite. 10
Genuoge sprechent, armuot,
daz diu sî ze nihte got.

swer die durch triwe lîdet,
hellefiwer die sêle mîdet.
die dolte ein wîp durch triuwe:
des wart ir gâbe niuwe
ze himel mit endelôser gebe.
ich wæne ir nu vil wênic lebe,
die junc der erden rîhtuom
liezen durch des himeles ruom.
ich erkenne ir nehein.
man und wîp mir sint al ein: 10
die mitenz al gelîche.
frou Herzeloyd diu rîche
ir drîer lande wart ein gast:
si truoc der freuden mangels last.
der valsch sô gar an ir verswant,
ouge noch ôre in nie dâ vant.
ein nebel was ir diu sunne:
si vlôch der werlde wunne.
ir was gelîch naht unt der tac:
ir herze niht wan jâmers phlac. 20
Sich zôch diu frouwe jâmers balt
ûz ir lande in einen walt,
zer waste in Soltâne;

niht durch bluomen ûf die plâne.
ir herzen jâmer was sô ganz,
sine kêrte sich an keinen kranz,
er wære rôt oder val.
si brâhte dar durch flühtesal
des werden Gahmuretes kint.
liute, die bî ir dâ sint,
müezen bûwn und riuten.
si kunde wol getriuten
ir sun. ê daz sich der versan, 10

ir volc si gar für sich gewan:
ez wære man oder wîp,
den gebôt si allen an den lîp,
daz se immer ritters wurden lût.
'wan friesche daz mîns herzen trût,
welch ritters leben wære,
daz wurde mir vil swære.
nu habt iuch an der witze kraft,
und helt in alle rîterschaft.'
Der site fuor angestlîche vart. 20
der knappe alsus verborgen wart
zer waste in Soltâne erzogn,
an küneclîcher fuore betrogn;
ez enmöht an eime site sîn:

bogen unde bölzelîn
die sneit er mit sîn selbes hant,
und schôz vil vogele die er vant.
Swenne abr er den vogel erschôz,
des schal von sange ê was sô grôz,
sô weinder unde roufte sich,
an sîn hâr kêrt er gerich.
sîn lîp was clâr unde fier:
ûf dem plân am rivier
twuog er sich alle morgen. 10
erne kunde niht gesorgen,
ez enwære ob im der vogelsanc,
die süeze in sîn herze dranc:
daz erstracte im sîniu brüstelîn.
al weinde er lief zer künegîn.
sô sprach si 'wer hât dir getân?
du wære hin ûz ûf den plân.'
ern kunde es ir gesagen niht,
als kinden lîhte noch geschiht.
Dem mære gienc si lange nâch. 20
eins tages si in kapfen sach

ûf die boume nâch der vogele schal.
si wart wol innen daz zeswal
von der stimme ir kindes brust.
des twang in art und sîn gelust.
frou Herzeloyde kêrt ir haz
an die vogele, sine wesse um waz:

si wolt ir schal verkrenken.
ir bûliute unde ir enken
die hiez si vaste gâhen,
vogele würgn und vâhen. 10
die vogele wâren baz geriten:
etslîches sterben wart vermiten:
der bleip dâ lebendic ein teil,
die sît mit sange wurden geil.
Der knappe sprach zer künegin
'waz wîzet man den vogelîn?'
er gert in frides sâ zestunt.
sîn muoter kust in an den munt:
diu sprach 'wes wende ich sîn gebot,
der doch ist der hœhste got? 20

suln vogele durch mich freude lân?'
der knappe sprach zer muoter sân
'ôwê muoter, waz ist got?'
'sun, ich sage dirz âne spot.
er ist noch liehter denne der tac,
der antlitzes sich bewac
nâch menschen antlitze.
sun, merke eine witze,
und flêhe in umbe dîne nôt:
sîn triwe der werlde ie helfe bôt. 10
sô heizet einr der helle wirt:
der ist swarz, untriwe in niht verbirt.
von dem kêr dîne gedanke,
und och von zwîvels wanke.'
Sîn muoter underschiet im gar
daz vinster unt daz lieht gevar.
dar nâch sîn snelheit verre spranc.
er lernte den gabilôtes swanc,
dâ mit er mangen hirz erschôz,
des sin muoter und ir volc genôz. 20
ez wære æber oder snê,
dem wilde tet sîn schiezen wê.
nu hœret fremdiu mære.

swennerrschôz daz swære,
des wære ein mûl geladen genuoc,
als unzerworht hin heim erz truoc.
Eins tages gieng er den weideganc

an einer halden, diu was lanc:
er brach durch blates stimme en zwîc.
dâ nâhen bî im gienc ein stîc:
dâ hôrter schal von huofslegen.
sîn gabylôt begunder wegen:
dô sprach er 'waz hân ich vernomn? 10
wan wolt et nu der tiuvel komn
mit grimme zorneclîche!
den bestüende ich sicherlîche.
mîn muoter freisen von im sagt:
ich wæne ir ellen sî verzagt.'
Alsus stuont er in strîtes ger.
nu seht, dort kom geschûfet her
drî ritter nâch wunsche var,
von fuoze ûf gewâpent gar.
der knappe wânde sunder spot, 20
daz ieslîcher wære ein got.
dô stuont ouch er niht langer hie,
in den phat viel er ûf sîniu knie.

lûte rief der knappe sân
'hilf, got: du maht wol helfe hân.'
Der vorder zornes sich bewac,
dô der knappe im phade lac:
'dirre tœrsche Wâleise
unsich wendet gâher reise.'
ein prîs den wir Beier tragn,
muoz ich von Wâleisen sagn:
die sint toerscher, denne beiersch her,
unt doch bî manlîcher wer. 10
swer in den zwein landen wirt,
gefuoge ein wunder an im birt.
Dô kom geleischieret
und wol gezimieret
ein ritter, dem was harte gâch.
er reit in strîteclîchen nâch,
die verre wâren von im komn:
zwên ritter heten im genomn
eine frouwen in sîm lande.
den helt ez dûhte schande: 20
in müete der juncfrouwen leit,
diu jæmerlîche vor in reit.
dise drî wârn sîne man.

er reit ein schœne kastelân:
sîns schildes was vil wênic ganz.

er hiez Karnahkarnanz
leh cons Ulterlec.
er sprach 'wer irret uns den wec?'
sus fuor er zuome knappen sân.
den dûhter als ein got getân:
ern hete sô liehtes niht erkant.
ûfem touwe der wâpenroc erwant.
mit guldîn schellen kleine
vor iewederm beine
wârn die Stegreife erklenget 10
unt ze rehter mâze erlenget.
sîn zeswer arm von schellen klanc,
swar ern bôt oder swanc.
der was durch swertslege sô hel:
der helt was gein prîse snel.
sus fuor der fürste rîche,
gezimiert wünneclîche.
Aller manne schœne ein bluomen kranz,
den vrâgte Karnahkarnanz
'junchêrre, sâht ir für iuch varn 20
zwên ritter die sich niht bewarn
kunnen an ritterlîcher zunft?
si ringent mit der nôtnunft
und sint an werdekeit verzagt:
si füerent roubes eine magt.'

der knappe wânde, swaz er sprach,
ez wære got, als im verjach
frou Herzeloyd diu künegîn,
dô sim underschiet den liehten schîn.
dô rief er lûte sunder spot
'nu hilf mir, hilferîcher got.'
vil dicke viel an sîn gebet
fil li roy Gahmuret.
der fürste sprach 'ich pin niht got,
ich leiste ab gerne sîn gebot. 10
du maht hie vier ritter sehn,
ob du ze rehte kundest spehn.'
Der knappe frâgte fürbaz:
'du nennest ritter: waz ist daz?

hâstu niht gotlîcher kraft,
sô sage mir, wer gît ritterschaft?'
'daz tuot der künec Artûs.
junchêrre, komt ir in des hûs,
der bringet iuch an ritters namn,
daz irs iuch nimmer durfet schamn. 20
ir mugt wol sîn von ritters art.'
von den helden er geschouwet wart:
dô lac diu gotes kunst an im.
von der âventiure ich daz nim,

diu mich mit wârheit des beschiet.
nie mannes varwe baz geriet
vor im sît Adâmes zît.
des wart sîn lob von wîben wît.
Aber sprach der knappe sân
dâ von ein lachen wart getân.
'ay ritter guot, waz mahtu sîn?
du hâst sus manec vingerlîn
an dînen lîp gebunden,
dort oben unt hie unden.' 10
aldâ begreif des knappen hant
swaz er îsers ame fürsten vant:
dez harnasch begunder schouwen
'mîner muoter juncfrouwen
ir vingerlîn an snüeren tragnt,
diu niht sus an einander ragnt.'
der knappe sprach durch sînen muot
zem fürsten 'war zuo ist diz guot,
daz dich sô wol kan schicken?
ine mages niht ab gezwicken.' 20
der fürste im zeigete sâ sîn swert:
'nu sich, swer an mich strîtes gert,

des selben wer ich mich mit slegn:
für die sîne muoz ich an mich legn,
und für den schuz und für den stich
muoz ich alsus wâpen mich.'
aber sprach der knappe snel
'ob die hirze trüegen sus ir vel,
so verwunt ir niht mîn gabylôt.
der vellet manger vor mir tôt.'
Die ritter zurnden daz er hielt

bî dem knappen der vil tumpheit wielt 10
der fürste sprach 'got hüete dîn.
ôwî wan wær dîn schœne mîn!
dir hete got den wunsch gegebn,
ob du mit witzen soldest lebn.
diu gotes kraft dir virre leit.'
die sîne und och er selbe reit,
unde gâhten harte balde
zeinem velde in dem walde.
dâ vant der gefüege
frôn Herzeloyden phlüege. 20
ir volke leider nie geschach;
die er balde eren sach:
sie begunden sæn, dar nâch egen,

ir gart ob starken ohsen wegen.
Der fürste in guoten morgen bôt,
und frâgte se, op si sæhen nôt
eine juncfrouwen lîden.
sine kunden niht vermîden,
swes er vrâgt daz wart gesagt.
'zwêne ritter unde ein magt
dâ riten hiute morgen.
diu frouwe fuor mit sorgen:
mit sporn si vaste ruorten, 10
die die juncfrouwen fuorten.'
ez was Meljahkanz.
den ergâhte Karnachkarnanz,
mit strîte er im die frouwen nam:
diu was dâ vor an freuden lam.
si hiez Imâne
von der Beâfontâne.
Die bûliute verzagten,
dô die helde für si jagten.
si sprâchen 'wiest uns sus geschehen? 20
hât unser junchêrre ersehen
ûf disen rittern helme schart,
sone hân wir uns niht wol bewart.
wir sulen der küneginne haz
von schulden hœren umbe daz,
wand er mit uns dâ her lief

hiute morgen dô si dannoch slief.'

der knappe enruochte ouch wer dô schôz
die hirze kleine unde grôz:
er huop sich gein der muoter widr,
und sagt ir mær. dô viel si nidr:
sîner worte si sô sêre erschrac,
daz si unversunnen vor im lac.
Dô diu küneginne
widr kom zir sinne,
swie si dâ vor wære verzagt, 10
dô sprach si 'sun, wer hât gesagt
dir von ritters orden?
wâ bist dus innen worden?'
'muoter, ich sach vier man
noch liehter danne got getân:
die sagten mir von ritterschaft.
Artûs küneclîchiu kraft
sol mich nâch rîters êren
an schildes ambet kêren.'
sich huop ein niwer jâmer hie. 20
diu frouwe enwesse rehte, wie
daz si ir den list erdæhte
unde in von dem willen bræhte.
Der knappe tump unde wert
iesch von der muoter dicke ein pfert.

daz begunde se in ir herzen klagn.
si dâhte 'in wil im niht versagn:
ez muoz abr vil bœse sîn.'
do gedâhte mêr diu künegîn
'der liute vil bî spotte sint.
tôren kleider sol mîn kint
ob sîme liehten lîbe tragn.
wirt er geroufet unt geslagn,
sô kumt er mir her wider wol.' 10
ôwê der jæmerlîchen dol!
diu frouwe nam ein sactuoch:
si sneit im hemde unde bruoch,
daz doch an eime stücke erschein
unz enmitten an sîn blankez bein.
daz wart für tôren kleit erkant.
ein gugel man obene drûfe vant.
al frisch rûch kelberîn
von einer hût zwei ribbalîn

nâch sînen beinen wart gesnitn.
dâ wart grôz jâmer niht vermitn. 20

Diu küngin was alsô bedâht,
si bat belîben in die naht.
'dune solt niht hinnen kêren

ich wil dich list ê lêren:
an ungebanten strâzen
soltu tunkel fürte lâzen:
die sîhte und lûter sîn,
dâ solte al balde rîten în.
du solt dich site nieten,
der werlde grüezen bieten,
Op dich ein grâ wîse man
zuht wil lêrn als er wol kan,
dem soltu gerne volgen, 10
und wis im niht erbolgen.
sun, lâ dir bevolhen sîn,
swâ du guotes wîbes vingerlîn
mügest erwerben unt ir gruoz,
daz nim: ez tuot dir kumbers buoz.
du solt zir kusse gâhen
und ir lîp vast umbevâhen:
daz gît gelücke und hôhen muot,
op si kiusche ist unde guot.
Du solt och wizzen, sun mîn, 20
der stolze küene Lähelîn
dînen fürsten ab ervaht zwei lant,

diu solten dienen dîner hant,
Wâleis und Norgâls.
ein dîn fürste Turkentâls
den tôt von sîner hende enphienc:
dîn volc er sluoc unde vienc.'
'diz rich ich, muoter, ruocht es got:
in verwundet noch mîn gabylôt.'
Des morgens dô der tag erschein,
der knappe balde wart enein,
im was gein Artûse gâch. 10
Herzeloyde in kuste und lief im nâch.
der werlde riwe aldâ geschach.
dô si ir sun niht langer sach

(der reit enwec: wemst deste baz?)
dô viel diu frouwe valsches laz
ûf die erde, aldâ si jâmer sneit
sô daz se ein sterben niht vermeit.
Ir vil getriulîcher tôt
der frouwen wert die hellenôt.
ôwol si daz se ie muoter wart! 20
sus fuor die lônes bernden vart
ein wurzel der güete
und ein stam der diemüete.
ôwê daz wir nu niht enhân

ir sippe unz an den eilften spân!
des wirt gevelschet manec lîp.
doch solten nu getriwiu wîp
heiles wünschen disem knabn,
der sich hie von ir hât erhabn.

Es betrübt mir Seel' und Leib,
dass so manche heisset Weib.
Die Stimme lautet allen hell,
doch viele sind zum Falsche schnell,
andre frei von falschem Wandel:
so theilt sich dieser Handel.
Dass die mit gleichem Namen prangen,
das hat mein Herz mit Scham befangen.
Weibheit, dein ordentlicher Brauch,
Treue hielt und hält der auch. 10
Viele sprechen, Armut
sei zu keinem Dinge gut;
wer sie um Treue will erleiden,
der mag doch Höllenfeuer meiden.
Armut trug ein Weib um Treu:
da ward ihr immer wieder neu
im Himmelreich gegeben.
Nun werden wen'ge leben,
die jung der Erde Reichthum
liessen um des Himmels Ruhm.
Ich kenne keinen, der das will,
Mann und Weib sind mir gleich viel, 10
sie gleichen alle sich darin.
Frau Herzeleid, die, Königin
floh ihren dreien Landen fern:

sie trug der Freuden Mangel gern.
Aller Fehl so ganz an ihr verschwand,
dass ihn nicht Ohr noch Auge fand.
Ein Nebel war ihr die Sonne;
sie mied die weltliche Wonne.
Auch war die Nacht ihr wie der Tag,
ihr Herz nur stäten Jammers pflag. 20
Sie zog sich vor des Grams Gewalt
aus ihrem Land in einen Wald,
in der Wildniss von Soltane;
nicht um Blumen auf dem Plane:
ihr Herz erfüllte Leid so ganz,
sie kehrte sich an keinen Kranz,
ob er roth war oder fahl.
Sie flüchtete dahin zumal
des werthen Gahmuretes Kind.
Leute, die da bei ihr sind,
müssen reuten und pflügen.
Ihre Pflege konnte wohl genügen
dem Sohn. Eh der Verstand gewann, 10
rief sie ihr Volk zu sich heran,
wo sie Mann und Weib zumal
bei Leib und Leben anbefahl,
dass von Rittern schwieg' ihr Mund:
'Denn würd' es meinem Herzlieb kund,
was ritterliches Leben wär,
so hätt ich Kummer und Beschwer.
Nun legt die Zunge klug in Haft
und hehlt ihm alle Ritterschaft.'
Allen Leuten schuf das Sorgen. 20
Der Knabe ward verborgen
in der Wüste von Soltan erzogen,
um königlichen Brauch betrogen,
ausser in dem einen Spiel:
der Bogen und der Bolzen viel
schnitt er sich mit eigner Hand
und schoss die Vögel, die er fand.
Wenn er jedoch das Vöglein schoss,
dem erst Gesang so hold entfloss,
so weint' er laut und strafte gar
mit Raufen sein unschuldig Haar.
Sein Leib war klar und helle:
auf dem Plan an der Quelle

wusch er sich alle Morgen. 10
Nie meint' er sich geborgen,
bis ob ihm war der Vöglein Sang;
die Süsse ihm das Herz durchdrang:
das dehnt' ihm seine Brüstlein aus.
Mit Weinen lief er in das Haus.
Die Kön'gin sprach: 'Wer that dir's an?
Du warst ja draussen auf dem Plan.'
Da wusst er ihr kein Wort zu sagen,
so geht es Kindern noch in unsern Tagen.
Solches macht' ihr viel zu schaffen. 20
Einst sah sie ihn nach Bäumen gaffen,
davon der Vögel Lied erscholl.
Sie ward wohl inne, wie ihm schwoll
von dem Gesang die junge Brust;
in seiner Art lag solch Gelust.
Frau Herzleid trug den Vögeln Hass
seitdem, sie wusste nicht um was:
sie wollt' ihr Singen gern beschränken.
Ihre Bauern und Enken
schickte sie mit Netz und Stangen,
Vöglein zu würgen und zu fangen. 10
Die Vöglein waren gut beritten,
sie haben den Tod nicht all' erlitten:
etliche blieben noch am Leben,
die hört man neuen Sang erheben.
Der Knabe sprach zur Mutter sein:
'Was giebt man Schuld den Vögelein?'
Er erbat ihnen Frieden gleich zur Stund.
Seine Mutter küsst' ihn auf den Mund.
Sie sprach: 'Was brech' ich Sein Gebot,
der doch ist der höchste Gott? 20
Sollen Vöglein trauern meinethalb?'
Der Knappe sprach zur Mutter bald:
'Höre, Mutter, was ist Gott?'
'Das sag' ich, Sohn, dir ohne Spott:
er ist noch lichter denn der Tag,
der einst Angesichtes pflag
nach der Menschen Angesicht.
Sohn, vergiss der Lehre nicht,
und fleh ihn an in deiner Noth,
dessen Treu' uns immer Hülfe bot. 10
Ein Andrer heisst der Hölle Wirth,

der schwarz Untreu nicht meiden wird;
von dem kehr die Gedanken
und auch von Zweifels Wanken.'
Seine Mutter unterschied ihm gar,
was finster ist, was licht und klar.
Waldein dann eilt' er hin zu springen.
Das Gabilot auch lernt' er schwingen,
womit er manchen Hirsch erschoss,
davon der Mutter Haus genoss. 20
Ob man Grund sah oder Schnee,
dem Wilde thät sein Schiessen weh.
Hört aber fremde Märe:
wenn er erschoss das schwere,
einem Maulthier wär' die Last genug,
die er unzerlegt nach Hause trug.
Er kam auf seinem Waidegang
eines Tages einer Hald' entlang,
und brach zum Blatten einen Zweig.
In seiner Nähe gieng ein Steig:
da vernahm er Schall von Hufschlägen:
er begann sein Gabilot zu wägen.
'Was hab' ich da vernommen? 10
Dass nun der Teufel kommen
wollte grimm und zorniglich!
Ich bestünd' ihn sicherlich.
Meine Mutter Schrecken von ihm sagt:
mich dünkt, sie ist auch zu verzagt.'
So stand er da in Streits Begehr.
Seht, da traben dortenher
drei Ritter in der Rüstung Glanz,
von Haupt zu Fuss gewappnet ganz.
Der Knappe wähnte sonder Spott, 20
jeglicher wär' ein Herregott.
Wohl stand er auch nicht länger hie,
er warf sich in den Pfad aufs Knie;
mit lauter Stimme rief er gleich:
'Hilf Gott, du bist wohl hilfereich!'
Der Vordre zürnte drum und sprach,
als ihm der Knapp' im Wege lag:
'Dieser täppische Waleise
wehrt uns schnelle Weiterreise.'
Ein Lob, das wir Baiern tragen,
muss ich von Waleisen sagen:

Sie sind täppischer als Bairisch Heer
und leisten doch gleich tapfre Wehr. 10
Wen dieser Länder eins gebar,
wird der gefüg, ists wunderbar.
Da kam einher galoppiert,
an Helm und Harnisch wohl geziert
ein Ritter, welchem Zeit gebrach:
streitgierig ritt er denen nach,
die ihm schon weit vorausgekommen.
Zwei Ritter hatten ihm genommen
eine Frau aus seinem Lande:
das däuchte diesen Schande. 20
Der Jungfrau Leid betrübt' ihn schwer,
die erbärmlich ritt vor ihnen her.
Die dreie sind ihm unterthan.
Er ritt ein schönes Kastilian;
an seinem Schild war wenig ganz.
Er hiess Karnachkarnanz,
Le Comte Ulterleg.
Er sprach: 'Wer sperrt uns hier den Weg?'
So fuhr er diesen Knappen an;
dem schien er wie ein Gott gethan:
er sah noch niemals lichtre Schau.
Sein Wappenrock benahm den Thau.
Mit goldrothen Schellen klein
waren an jedwedem Bein
ihm die Stegereif' erklängt 10
und zu rechtem Mass gelängt.
Sein rechter Arm von Schellen klang,
wenn er ihn rührt' oder schwang;
er war von Schwertschlägen hell.
Der Degen war zur Kühnheit schnell.
Also diesen Wald durchstrich
der Fürst gerüstet wonniglich.
Aller Mannesschöne Blumenkranz,
den fragte da Karnachkarnanz:
'Knapp, saht ihr hier vorüberfahren 20
zwei Ritter, die nicht können wahren
das Gesetz der Rittergilde?
Gewaltthat tragen sie im Schilde
und sind an Würdigkeit verzagt:
sie entführten eine Magd.'
Was er auch sprach, doch hielt ihn noch

der Knapp für Gott: so malt Ihn doch
die Königin, Frau Herzeleid,
die vom lichten Schein ihm gab Bescheid.
Da rief er laut sonder Spott:
'Nun hilf mir, hilfreicher Gott!'
Niederwarf sich zum Gebet
Le Fils du Roi Gahmuret.
Da sprach der Fürst: 'Ich bin nicht Gott;
doch leist' ich gerne sein Gebot. 10
Vier Ritter möchtest du hier sehn,
wenn du besser könntest spähn.'
Der Knappe fragte fürbass:
'Du nennest Ritter: was ist das?
Hast du keine Gotteskraft,
so sage, wer giebt Ritterschaft?'
'Die theilt der König Artus aus.
Junker, kommt ihr in sein Haus,
so mögt ihr Ritters Namen nehmen,
dass ihrs euch nimmer habt zu schämen. 20
Ihr seid wohl ritterlicher Art.

Von den Helden er beschauet ward:
da sahn sie Gottes Kunst und Fleiss.
Von der Aventür ich weiss,
die mich mit Wahrheit des beschied,
dass Mannesantlitz nie gerieth
so schön wie seins von Adams Zeit:
drum lobten Fraun ihn weit und breit.
Da hub der Knappe wieder an,
dass sein zu lachen Der begann:
'Ei Ritter gut, was soll dies sein?
du hast so manches Ringelein
an den Leib gebunden dir,
dort oben und auch unten hier.' 10
Der Knapp befühlte mit der Hand,
was er eisern an dem Fürsten fand.
Den Panzer wollt er gern beschauen:
'Meiner Mutter Jungfrauen
wohl an Schnüren Ringlein tragen,
die nicht so in einander ragen.'
Noch sprach der Knappe wohlgemuth
zum Fürsten: 'Wozu ist dies gut,
was sich an dir so wohl will schicken?

Ich kann es nicht herunter zwicken.' 20
Da wies der Fürst ihm sein Schwert:
'Nun sieh, wer Streit mit mir begehrt,
des erwehr ich mich mit Schlägen.
Gegen seine muss ichs an mich legen,
und dieser Schild behütet mich
vor dem Schuss und vor dem Stich.'
Wieder sprach der Knappe laut:
'Hätten die Hirsche solche Haut,
sie versehrte nicht mein Gabilot;
so fällt doch mancher vor mir todt.'
Die Ritter zürnten, dass er sprach
mit den Knappen, welchem Sinn gebrach. 10
Da sprach der Fürst: 'Gott hüte dein!
O wäre deine Schönheit mein!
Dir hätte Gott genug gegeben,
besässest du Verstand daneben.
Die Gottesgabe liegt dir fern.'
Da ritt er weiter mit den Herrn.
Sie gelangten alle bald
zu einem Feld im tiefen Wald.
Da fand er an der Pflugschar
Frau Herzeleidens Bauernschar. 20
Dem Volke nie so leid geschah.
Die man künftig ernten sah,
sie mussten säen erst und egen,
starken Ochsen dräun mit Schlägen.
Der Fürst ihnen guten Morgen bot
und frug sie: 'Sahet ihr nicht Noth
eine Jungfrau erleiden?'
Da konnten sies nicht meiden,
sie sagten ihm, was er gefragt:
'Zwei Ritter und eine Magd
sahn wir reiten heute Morgen.
Das Fräulein schien in Sorgen.
Kräftig mit den Sporen rührte 10
die Pferde, der die Jungfrau führte.'
Es war Meliakanz,
dem nachritt Karnachkarnanz
und ihm im Kampf die Jungfrau nahm;
sie war an aller Freude lahm.
Sie hiess Imäne
von der Bellefontäne.

Die Bauern waren sehr verzagt,
da diese Helden sie befragt.
Sie sprachen: 'Wie ist uns geschehn!' 20
Hat unser Junker ersehn
an diesen Rittern schartges Eisen,
so dürfen wir das Glück nicht preisen.
Uns trifft mit Recht nun immerhin
darum der Zorn der Königin,
weil er mit uns zu Walde lief
heute früh, da sie noch schlief.'
Gleich galts dem Knappen, wer nun schoss
im Wald die Hirsche klein und gross;
heim zu der Mutter lief er wieder
und sagt es ihr. Da fiel sie nieder,
seiner Worte sie so sehr erschrak,
dass sie bewusstlos vor ihm lag.
Als darauf die Königin
wieder fand bewussten Sinn,
wie sie zuvor auch war verzagt, 10
doch sprach sie: 'Sohn, wer hat gesagt
dir von ritterlichem Orden?
Wie bist du's inne worden?'
'Mutter, ich sah vier Männer licht,
lichter ist Gott selber nicht:
die sagten mir von Ritterschaft.
Artusens königliche Kraft
soll mich mit ritterlichen Ehren
des Schildes Amt und Pflichten lehren.'
Das war ihr neuen Leids Beginn. 20
Die Königin sann her und hin,
wie sie eine List erdächte
und ihn von solchem Willen brächte.
Der einfältge Knappe werth
bat die Mutter um ein Pferd.
Das begann sie heimlich zu beklagen.
Sie gedacht: 'Ich will ihm nichts versagen;
aber grundschlecht muss es sein.
'Es giebt noch Leute,' fiel ihr ein,
'die gar lose Spötter sind.
Thorenkleider soll mein Kind
an seinem lichten Leibe tragen.
Wird er gerauft dann und geschlagen,
so kehrt er wohl in kurzer Frist.' 10

O weh der jammervollen List!
Da nahm sie grobes Sacktuch
und schuf daraus ihm Hemd und Bruch (Hose),
aus Einem Stück jedoch geschnitten
bis zu des blanken Beines Mitten;
eine Kappe dran für Haupt und Ohren:
so trugen damals sich die Thoren.
Zwei Ribbalein statt Strümpfen auch,
als Kalbshäuten frisch und rauch,
mass man seinen Beinen an,
da weinten alle, die es sahn. 20

Die Königin mit Wohlbedacht
bat ihn zu bleiben noch die Nacht;
'du darfst dich nicht von hinnen heben,
ich muss dir erst noch Lehren geben:
du sollst auf ungebahnten Strassen
dich nicht auf dunkle Furt verlassen;
ist sie aber seicht und klar,
so hat der Durchritt nicht Gefahr.
Du sollst auch guter Sitte pflegen,
jeden grüssen auf den Wegen.
Will dich ein grauweiser Mann
Zucht lehren, wie ein solcher kann,
so folg ihm gerne mit der That, 10
und zürn ihm nicht, das ist mein Rath.
Eins lass dir, Sohn, befohlen sein:
wo du guter Frauen Ringelein
erwerben mögest und ihr Grüssen,
da nimms: es kann dir Leid versüssen.
Magst du auch ihren Kuss erlangen
und herzend ihren Leib umfangen,
das giebt dir Glück und hohen Muth,
wenn sie keusch ist und gut.
Du sollst auch wissen, Sohn mein, 20
dass der stolze kühne Lähelein
zwei Länder dir hat abgefochten,
die dir sonst nun zinsen mochten:
Waleis und Norgals.
Deiner Fürsten Einer, Turkentals,
den Tod von seiner Hand empfieng:
all dein Volk er schlug und fieng.'
'Das räch ich, Mutter, will es Gott:

ihn verwundet noch mein Gabilot.'
Da Morgens schien des Tages Licht,
der stolze Knappe säumte nicht:
Herr Artus ihm im Sinne lag. 10
Sie küsst' ihn oft und lief ihm nach.
Das grösste Herzleid ihr geschah.
Da sie den Sohn nicht länger sah,
(der ritt hinweg: wen mag das freun?)
da fiel die Fraue Falsches rein
zur Erde, wo sie Jammer schnitt,
bis sie den Tod davon erlitt.
Ihr getreulicher Tod
bewahrt sie vor der Hölle Noth.
O wohl ihr, dass sie Mutter ward! 20
So fuhr die lohnergiebge Fahrt,
diese Wurzel aller Güte,
aus der das Reis der Demuth blühte.
Weh uns, dass uns nicht verblieb
ihre Sippe bis zum eilften Glied!
Drum muss man so viel Falschheit schaun.
Doch sollten die getreuen Fraun
Heil erwünschen diesem Knaben,
den sie hier sehen von ihr traben.

2.
TITUREL.

Al die minne phlâgen ‖ und minne an sich leiten,
nu hœret magtlîch sorge ‖ unde manheit mit den arbeiten:
dâ von ich wil âventiure künden
den rehten, die .... ‖ durch herzeliebe ie senende nôt erfünden.

Der süeze Schîonatulander genante, 10
als sîn gesellekeit ‖ in sorgen manecvalt in kûme gemante:
dô sprach er 'Sigûne helferîche,
nu hilf mir, süeziu maget, ‖ ûz den sorgen: sô tuostu helflîche.

Ducisse ûz Katelangen, ‖ lâ mich geniezen:
ich hœre sagen, du sîst erboren ‖ von der art, die nie kunde verdriezen,

sine wæren helfec mit ir lône,
swer durch si kumberlîche nôt ‖ enphienc: dîner sælden an mir schône.'

'Bêâs âmîs, nu sprich, ‖ schœner vriunt, waz du meinest.
lâ hœrn, ob du mit zühten ‖ dich des willen gein mir sô vereinest,
daz dîn klagendiu bet iht müge vervâhen.
dune wizzest es vil rehte ‖ die wârheit, sone soltu dich niht vergâhen.'

'Swâ genâde wonet, dâ ‖ sol man si suochen.
frouwe, ich ger genâden: ‖ des solt du durh dîne genâde geruochen.
werdiu gesellekeit stêt wol den kinden.
swâ reht genâde nie niht ‖ gewan ze tuonne, wer mac si dâ vinden?' 10

Si sprach 'du solt dîn trûren ‖ durch trœsten dâ künden,
dâ man dir baz gehelfen mac ‖ danne ich: anders du kanst dich versünden,

ob du gerst daz ich dir kumber wende:
wan ich bin reht ein weise ‖ mîner mâge, lands und liute ellende.'

'Ich weiz wol, du bist landes ‖ und liute grôziu frouwe.
des enger ich alles niht, ‖ wan daz dîn herze dur dîn ouge schouwe
alsô daz ez den kumber mîn bedenke.
nu hilf mir schiere, ê daz dîn ‖ minn mîn herze und die fröude verkrenke.'

'Swer sô minne hât, daz sîn ‖ minne ist gevære
deheime als lieben friunde ‖ als du mir bist, daz wort ungebære
wirt von mir nimer benennet minne.
got weiz wol daz ich nie ‖ bekande minnen flust noch ir gewinne.10

Minne, ist daz ein er? ‖ maht du minn mir diuten?
ist daz ein sie? kumet mir ‖ minn, wie sol ich minne getriuten?

muoz ich si behalten bî den tocken?
od fliuget minne ungerne ûf hant ‖ durh die wilde? ich kan minn wol
locken.'

'Frouwe, ich hân vernomen ‖ von wîben und von mannen,
minne kan den alten, ‖ den jungen sô schuzlîchen spannen,
daz si mit gedanken sêre schiuzet:
sie triffet âne wenken ‖ daz loufet, kriuchet, fliuget oder fliuzet.

Jâ erkande ich, süeziu maget, ‖ ê wol minn von mæren.
minne ist an gedanken: ‖ daz mag ich nu mit mir selbe bewæren:
des betwinget si diu stæte liebe.
minne stilt mir fröude ‖ ûz dem herzen, ez entôhte eim diebe.' 10

'Schîonatulander, ‖ mich twingent gedanke,
sô du mir ûz den ougen kumest, ‖ daz ich muoz sîn an fröuden diu kranke,
unze ich tougenlîche an dich geblicke.
des trûre ich in der wochen ‖ niht zeim mâl, ez ergêt alze dicke.'

'Sone darft du, süeziu maget, mich ‖ niht frâgen von minne:
dir wirt wol âne frâge ‖ bekant minnen flust und ir gewinne.
nu sich wie minne ûz fröude in sorge werbe:
tuo der minne ir reht, ê ‖ diu minne uns beide in [den] herzen verderbe.'

Si sprach 'kan diu minne ‖ in diu herzen sô slîchen,
daz ir man noch wîp ‖ noch diu magt mit ir snelheit entwîchen,
weiz abe iemen waz diu minne richet
an liuten die ir schaden nie ‖ gewurben, daz si den fröude zebrichet?'

'Jâ ist si gewaltec ‖ der tumben und der grîsen.
niemen als künstec lebet, ‖ daz er künne ir wunder volprîsen. 10
nu sulen wir bêdiu nâch ir helfe kriegen
mit unverscharter friuntschaft ‖ minn kan mit ir wanke niemen triegen.'

'Owê, kund diu minne ‖ ander helfe erzeigen,
danne daz ich gæbe ‖ in dîn gebot mîn frîen lîp für eigen!

mich hât dîn jugent noch niht reht erarnet.
du muost mich under schiltliem ‖ dache ê dienen: des wis vor gewarnet.'

'Frouwe, als ich mit krefte ‖ diu wâpen mac leiten,
hie enzwischen unde ouch dan mîn lîp ‖ wirt gesehen in [den] süezen sûren
arbeiten,
sô daz mîn dienst nâch dîner helfe ringe.
ich wart in dîne helfe erboren: ‖ nu hilf sô daz mir an dir gelinge.'

Diz was der anevanc ‖ ir geselleschefte
mit worten, an den zîten ‖ dô Pompeius für Baldac mit krefte
het ouch sîne hervart gesprochen,
und Ipomidôn der werde: ‖ ûz ir her wart vil niwer sper zebrochen. 10

Die je geminnet haben ‖ und Minneleid getragen,
Von magdlichem Kummer ‖ höret nun und Jünglingsschmerzen sagen.
Davon will ich euch Abenteuer künden,
Allen, die der Sehnsucht Pein ‖ je herzliche Liebe liess ergründen.

Der süsse Schionatu— ‖ *lander entbrannte,* 20
Als seiner Gespielin ‖ *Huld sein leidend Herz übermannte.*
Da sprach er: 'Sigune, hülfreiche,
Hilf, süsse Magd, dass deine Hand ‖ *mir aus diesen Sorgen Hülfe reiche.*

Düschess von Katelangen, ‖ *lass mich des geniessen,*
Man sagt, du seist der Art entstammt, ‖ *die es niemals mochte verdriessen*
Mit Minnelohn ihm Hülfe zu gewähren,
Der Minnenoth durch sie empfieng: ‖ *die Sitte solltest du an mir bewähren!'*

'Doux Ami, nun sprich, ‖ *süsser Freund, was du meinest.*
Lass hören, ob du solche ‖ *Gesinnung gegen mich mir bescheinest,*
Dass ich Gehör der Klage müss ertheilen:
Bist du des Schadens nicht gewiss, ‖ *so solltest du dich nicht übereilen.'*

'Gnade soll man suchen, ‖ *da wo sie wohnet:*
Herrin, ich suche Gnade: ‖ *nun sieh, wie deine Güte mir lohnet.* 20
Freundschaft halten ziemt verständgen Kindern;
Aber wo sich Gnade ‖ *nie gezeigt, da kann sie Schmerz nicht lindern.'*

Sie sprach: 'Du sollst um Linderung ‖ *deinen Schmerz da künden,*
Wo man dir besser helfen mag ‖ *als ich, du möchtest sonst dich versünden,*
Wenn du begehrst, dass ich den Schmerz dir heile.
Denn ich bin eine Waise, ‖ *Land und Leuten fern, ach, manche Meile!'*

'Ich weiss wohl, dass dir Leut ‖ *und Land gehorchen, ihrer Frauen;*
Das begehr ich Alles nicht: ‖ *nur lass dein Herz durch deine Augen schauen,*
So dass es meines Kummers Noth bedenke:
Hilf bald, eh deiner Minne Flut ‖ *mir das Herz und die Freuden ertränke.'*

'Wer solche Minne hat, dass er ‖ *durch Minne gefährde*
So lieben Freund, wie du mir bist, ‖ *mir der liebste Freund auf der Erde,* 20
Solch gefährlich Ding ist mir nicht Minne.
Gott weiss wohl, ich wusste ‖ *nie von der Minne Verlust noch Gewinne.*

Minne ist das ein Er? ‖ *Kannst du Minne beschreiben?*
Ist es ein Sie? Und kommt mir ‖ *Minne, wo soll ich mit ihr bleiben?*
Soll ich sie verwahren bei den Docken?
Fliegt sie uns auf die Hand ‖ *oder ist sie wild? Ich kann ihr wohl locken.'*

'Herrin, ich hörte sagen ‖ *von Frauen und von Mannen,*
Minne kann auf Alt und Jung ‖ *den Bogen so meisterlich spannen,*

Dass sie mit Gedanken tödlich schiesset:
Sie trifft ohne Fehlen, ‖ was da läuft, kriecht, fliegt oder fliesset. 20

Ich kannte, süsse Magd, bisher ‖ Minne nur aus Mären:
In Gedanken wohnt die Minne, ‖ das kann ich mit mir selber nun bewähren.
Dazu treibt sie wandellose Liebe.
Minne stiehlt mir Freude ‖ aus dem Herzen gleich einem Diebe.'

'Schionatulander, ‖ mich zwingen Gedanken,
Wenn du mir aus den Augen kommst, ‖ dass ich an den Freuden muss erkranken,
Bis ich dich heimlich wieder angesehn.
Drum traur ich in der Wochen ‖ nicht Einmal, zu oft ist mirs geschehen.'

'So darfst du, süsse Magd, mich ‖ nicht fragen nach Minne:
Du erfährst wohl ohne Fragen ‖ von der Minne Verlust und Gewinne.
Sieh, wie die Minne Freude kehrt in Schmerzen;
Thu der Minn ihr Recht, dass ‖ uns die Minne nicht verderbt in den Herzen.'

Sie sprach: 'Kann die Minne ‖ die Herzen so beschleichen,
Dass ihr nicht Mann, nicht Weib noch Magd ‖ mit Behendigkeit mög entweichen: 20
Weiss denn Jemand, was die Minne rächen
Will an Leuten, die ihr nie ‖ geschadet, ihre Freuden so zu brechen?'

'Ja, sie ist gewaltig ‖ der Jungen wie der Greisen:
Kein Meister lebt auf Erden, ‖ der ihre Wunder alle möge preisen.
Lass uns um ihre Hülfe beide werben
Mit wandelloser Freundschaft; ‖ so kann mit Wank uns Minne nicht verderben.'

'O weh, könnte Minne ‖ doch andre Hülf erzeigen,
Als dass ich meinen freien Leib ‖ in dein Gebot dir gäbe zu eigen!
Deine Jugend war zu Dienst mir nie beflissen:
Du musst mich unter Schildesdach ‖ erst verdienen, das sollst du wissen!'

'Herrin, wenn ich erstarke ‖ die Waffen zu führen,
In süsser, saurer Arbeit ‖ will ich heut und immer mich rühren,
Dass mein Dienst nach deiner Hülfe ringe;
Deine Hülfe thut mir Noth: ‖ hilf denn, dass mir an dir gelinge.'

So hatt ihre Minne ‖ den Anfang genommen
Mit Worten in den Zeiten, ‖ da Pompejus vor Baldag zu kommen
Sich gerüstet mit gewaltigem Heere,
Und Ipomedon der werthe; ‖ da zerbrachen sie viel neue Speere. 20

3.
WILLEHALM.

Durh Gyburge al diu nôt geschach.
diu stuont ûf, mit zuht si sprach,
ê daz sich schiet der fürsten rât.
'swer zuht mit triwen hinne hât,

der ruoche hœren mîniu wort.
got weiz wol daz ich jâmers hort
sô vil inz herze hân geleit,
daz in der lîp unsamfte treit.'
Die gein ir ûf begunden stên,
die bat si sitzn und ninder gên.
dô si gesâzen über al,
si sprach 'der tôtlîche val
der hiest geschehen ze bêder sît
dar umbe ich der getouften nît 10
trag und ouch der heiden,
daz bezzer got in beiden
an mir, und sî ich schuldic dran.
die rœmschen fürsten ich hie man,
daz ir kristenlîch êre mêrt,
ob iuch got sô verre gert,
daz ir mit strîte ûf Alischanz
rechet den jungen Vivîanz
an mînen mâgn und an ir her:
die vindet ir mit grôzer wer. 20
und ob der heiden schumpfentiur ergê,
sô tuot daz sælekeit wol stê:
hœrt eins tumben wîbes rât,

schônt der gotes hantgetât.
Ein heiden was der êrste man
den got machen began.
Nu geloubt daz Eljas unde Enoch
für heiden sint behalten noch.
Nôê ouch ein heiden was,
der in der arken genas.
Iop für wâr ein heiden hiez,
den got dar umbe niht verstiez.
nu nemt ouch drîer künege war, 10
der heizet einer Kaspar,

Melchîor und Balthasân:
die müeze wir für heiden hân,
diene sint zer flüste niht benant:
got selb enpfienc mit sîner hant
die êrsten gâbe an muoter brust
von in. die heiden hin zer flust
sint alle niht benennet.
wir hân für wâr bekennet,
swaz müeter her sît Even zît 20
kint gebâren, âne strît
gar heidenschaft was ir geburt:

etslîchz der touf het umbegurt.
getouft wîp den heiden treit,
swie dez kint der touf hab umbeleit.
der juden touf hât sundersite:
den begênt si mit eime snite.
wir wârn doch alle heidnisch ê.
dem sældehaften tuot vil wê,
ob von dem vater sîniu kint
hin zer flust benennet sint:
er mac sih erbarmen über sie, 10
der rehte erbarmekeit truoc ie.
Nu geloubt ouch daz diu mennescheit
den engelen ir stat ab erstreit,
daz si gesetzet wâren,
die unser künne vâren,
ze himele in den zehenden kôr.
die erzeigeten got alsölhen bôr,
daz sîn werdiu kraft vil stætec
von in wart anrætec.
dieselben nôtgestallen 20
von gedanken muosen vallen:
got enlie si niht zen werken komn,
der gedanc weiz wol unvernomn.

dar umbe des menschen wart erdâht.
sich heten mensch und engel brâht
beidiu in den gotes haz:
wie kumt daz nu daz mennisch haz
dan der engl gedinget?
mîn munt daz mære bringet.
daz mennisch wart durch rât verlorn:

der engel hât sich selb erkorn
zer êwigen flüste
mit sîner âküste, 10
und al die im gestuonden
die selben riwe fuonden.
die varent noch hiute dem mensche bî,
als ob der kôr ir erbe sî,
der den ist ze erbe lâzen
die sich des kunnen mâzen
daz gotes zorn erwirbet,
des sælde niht verdirbet.
Swaz iu die heiden hânt getân,
ir sult si doch geniezen lân 20
daz got selbe ûf die verkôs

von den er den lîp verlôs.
ob iu got sigenunft dort gît,
lâts iu erbarmen ime strît.
sîn werdeclîchez leben bôt
für die schuldehaften an den tôt
unser vater Tetragramatôn.
sus gab er sînen kinden lôn
ir vergezzenlîchen sinne.
sîn erbarmede rîchiu minne
elliu wunder gar besliuzet, 10
des triwe niht verdriuzet,
sine trage die helfeclîche hant
diu bêde wazzer unde lant
vil künsteclîch alrêrst entwarf,
und des al diu crêatiure bedarf
die der himel unbesweifet hât.
diu selbe [hant] die plânêten lât
ir poynder vollen gâhen
bêdiu verre und nâhen.
swie si nimmer ûf gehaldent, 20
si warment unde kaldent:
etswenne'z îs si schaffent:
dar nâch si boume saffent,
sô diu erde ir gevidere rêrt
unde si der meie lêrt
ir mûze alsus volrecken,

nâch den rîfen bluomen stecken.

Ich diene der künsteclîchen hant
für den heiden got Tervigant:
ir kraft hât mich von Mahumeten
unders toufes zil gebeten.
des trag ich mîner mâge haz;
und der getouften umbe daz:
durch menneschlîcher minne gît
si wænent daz ich fuogte disen strît.
dêswâr ich liez ouch minne dort, 10
und grôzer rîcheit manegen hort,
und schœniu kint, bî einem man,
an dem ich niht geprüeven kan
daz er kein untât ie begienc,
sîd ich krôn von im enpfienc.
Tybalt von Arâbî
ist vor aller untæte vrî:
ich trag al ein die schulde,
durh des hœhsten gotes hulde,
ein teil ouch durh den markîs 20
der bejaget hât sô manegen prîs.

ey Willalm, rehter punjûr,
daz dir mîn minne ie wart sô sûr!
waz werder diet ûz erkorn
in dîme dienste hânt verlorn
ir lîp genendeclîche!
der arme und der rîche,
nu geloubt daz iwerr mâge flust
mir sendet jâmer in die brust:
für wâr mîn vreude ist mit in tôt.'
si weinde vil: des twanc si nôt. 10

Kyburg, der Quell all dieser Leiden,
stand auf, und nimmt das Wort bescheiden,
bevor der Fürstenrath sich trennt:
'Wer Zucht und Treue hier bekennt,
geruh zu hören, was ich sage.
Gott weiss, dass solchen Schatz der Klage
ich habe in mein Herz gelegt,
dass ihn mit Müh der Leib nur trägt.'
Die vor ihr begannen aufzustehn,
bat sie zu sitzen und nicht zu gehn.
Als dann sie sassen überall,

hub an die Königin: 'Den tödlichen Fall,
der beiderseits geschehen ist,
weshalb der Heide wie der Christ 10
mir zürnt, den wende Gottes Huld
zum Bessern Beiden, so wie mir,
bin ich allein auch daran schuld.
Die römischen Fürsten mahn' ich hier,
dass ihre Christenehr' es mehrt,
wenn Gott euch dazu nun begehrt,
dass ihr im Kampf auf Alischanz
rächet den jungen Vivianz
an meinen Verwandten und ihrem Heer.
Die findet ihr mit grosser Wehr. 20
Doch werft ihr die Heiden nieder im Streit,
so sorgt, zu wahren die Seligkeit.
Hört an einfält'ges Weibes Rath:
Achtet, was Gott geschaffen hat!
Ein Heide war der erste Mann,
den zu erschaffen Gott begann.
Für Heiden sind Elias und Henoch
gehalten auch, so glaubt ihr doch.
Gleichfalls ein Heide Noah war,
des Arch' ihn trug aus der Gefahr.
Fürwahr ein Heid' auch Hiob hiess,
den Gott doch deshalb nicht verstiess.
Auch nehmt die drei Kön'ge wahr, 10
Melchior, Kaspar und Balthasar;
wir müssen sie zwar Heiden nennen,
doch aber auch zugleich bekennen,
dass nimmer sie verdammet sind.
Gott selbst empfieng, das Jesuskind,
an Mutterbrust aus ihrer Hand
die erste Gabe. Nicht alle Heiden
sehn drum wir hin zur Hölle scheiden.
Es ist als wahr von uns erkannt:
Alle Kinder, die seit Evas Zeit 20
die Mütter gebaren, sind ohne Streit
im Heidenthum bei ihrer Geburt;
nur einige schirmt der Taufe Gurt.
Das Christenweib den Heiden trägt,
bis ihm die Taufe ist angelegt.
Der Juden Tauf' ist eigner Sitte,
die sie vollziehen mit einem Schnitte.

Wie waren all' drum heidnisch eh:
doch thut's dem heiltheilhaft'gen weh,
wenn von dem Vater seine Kind
zu den Verdammten gezählet sind;
und es erbarme sich über sie, 10
der sein Erbarmen versagt noch nie.
Auch glaubet ihr, die Menschheit hat
den Engeln abgestritten die Statt,
wohin gesetzt sie ehbevor,
in des Himmels zehnten Chor,
die unser Geschlecht bedrohn mit Wuth.
Gott zeigten sie solchen Übermuth,
und suchten mit beharrlichem Werben
seine Herrlichkeit zu verderben.
Dieselben Jammerbrüder alle 20
kamen durch Gedanken zu Falle.
Gott, der die Gedanken unausgesprochen
doch weiss, hat ihr Sündenwerk gebrochen.
Drauf ward der Mensch von ihm erdacht.
Mensch und Engel haben gebracht
sich beide um die Gotteshuld.
Wie kommt's nun, dass des Menschen Schuld
soll leichter als die der Engel wiegen;
Das sei euch nicht von mir verschwiegen.
Durch Verführung gieng der Mensch verloren;
die Engel haben sich selbst erkoren
durch ihren Verrath und Treuebruch
der ewigen Verdammniss Fluch, 10
wie gleiches Elend alle fanden,
die zu ihnen gleichfalls standen.
Sie umstricken den Menschen wie zuvor
noch heute, als sei ihr Erbe der Chor,
der doch als Erbe nur denen gelassen,
die vermeiden, was Gott muss hassen,
dass seinen Zorn sie nicht erwerben.
Ihr Heil entgehet dem Verderben.
Was auch die Heiden euch gethan,
so sollt ihr denken doch daran, 20
dass denen auch Gott selbst verzieh,
die seinen Leib getödtet hie.
Wenn Gott euch dort den Sieg verleiht,
so übt Erbarmen in dem Streit.
Sein würdereiches Leben bot

für die Schuldigen dem Tod
unser Vater Tetragrammaton[22].
So gab er seinen Kindern Lohn,
wie wohl sie seiner schwer vergassen.
Seiner reichen erbarmenden Lieb' entfliessen
alle Wunder sonder Massen. 10
Nie kann es seine Treu verdriessen,
zu helfen mit hülfreicher Hand,
die beides, Wasser so wie Land
zuerst mit weiser Kunst entwarf,
des alle Kreatur bedarf,
die der Himmel umkreiset.
Dieselbe Hand den Planeten weiset
die Bahnen an in Fernen und Nähen,
den vorgeschribnen Lauf zu gehen.
Wie unaufhaltsam ihren Kreis 20
sie vollenden, giebt ihre Kraft
Wärm' und Kälte; sie schaffen das Eis,
sie giessen in den Baum den Saft,
wenn die Erd' erneuert ihr Gefieder
und sie der Mai belehret, wieder,
um ihre Mause zu vollenden,
Blumen nach dem Reif zu spenden.
Ich diene der Einen, der kunstreichen Hand,
anstatt dem Gotte Tervigant.
Ihre Kraft hiess durch der Taufe Segen
mich ab den Glauben Mahoms legen;
deshalb trag' ich den Hass der Meinen.
Doch den Getauften will es scheinen,
als ob durch menschlicher Minne Begier
ich diesen Streit entflammet hier.
Wahr ist's, ich liess auch Minne dort, 10
und grosses Reichthums manchen Hort,
und schöne Kinder bei einem Mann,
dem niemals ich nachweisen kann,
dass irgend Unthat er begieng,
seit ich von ihm die Kron' empfieng.
Tybald von Arabien sei
von allem Frevel gesprochen frei.
Ich trag allein die Schuld
durch des höchsten Gottes Huld
und theils durch den Marquis gezwungen, 20
der sich so manchen Preis errungen.

Weh, Wilhelm, rechter Pongneor, weh mir,
dass so meine Liebe verderblich dir!
Wie werthe Männer auserkoren
haben ihr edles Leben verloren
in deinem Dienst! Ihr Reich' und Arme,
o glaubt es, dass mit tiefstem Harme
eurer lieben Verwandten Verlust
mir jammervoll beschwert die Brust.
Meine Freud' ist wahrlich mit ihnen todt.'
Sie weinte sehr im Zwang der Noth. 10

RUDOLF VON EMS.

[*Scherer D.* 189, *E.* 180.]

Ein Schweizer, Dienstmann zu Montfort. Ein gelehrter Dichter, der viel geschrieben hat und zwischen 1251 und 1254 starb. Erhalten sind von seinen Werken: 'der gute Gerhard' (ed. Haupt, Leipzig 1840); 'Barlaam und Josaphat' (ed. Pfeiffer, Leipzig 1843); und 'Wilhelm von Orlens', 'Alexander', 'Weltchronik' (unvollendet und Konrad IV. gewidmet), siehe Vilmar 'Die zwei Recensionen und die Handschriftenfamilien der Weltchronik Rudolfs von Ems' (Marburg 1839).

BARLAAM UND JOSAPHAT.

Die jenen rehten herren lânt
und disem valschen bî gestânt,
den wirt der tôt vür daz leben
von im ze lône gegeben.

sîn lôn ist niht wan herzeleit,
als ich ein teil dir hân geseit.
Die dirre welte volger sint
unde ir dienstlîchiu kint,
die gelîche ich einem man,
der nôt von einem tiere gewan;
daz was ein einhürne grôz.
sîn lüejen alsô lûte dôz,
daz ez den man brâhte in nôt.
er vorhtim unde vlôch den tôt. 10

ez jaget in âne milte zuht.
dô er was in sorgen vluht
und vor dem einhürnen lief,
in ein abgründe tief
viel er über eine want.
in dem valle ergreif sîn hant
ein boumelîn; dâ hieng er an:
daz vriste disen selben man.
er habete sich vil vaste
ze des boumelînes aste. 20
die vüeze hâte er gesat
an eine wunderenge stat;
daz was ein kleiner erdewase,
gewurzet âne kraft mit grase:
dar ûf enthielt er sînen val.

diu selbe stat was alsô smal,
daz er dar an niht mohte gestân,
swenn er daz boumel müeste lân.
Swier dâ stuont in grôzer nôt,
er wânde, im wære der tôt
mit vride gar benomen dâ.
dô kômen zwô miuse sâ:
einiu was swarz, diu ander wîz:
die kêrten allen ir vlîz
an der stûden wurzel gar. 10
sie nuogen alsô vaste dar,
biz diu wurz vil nâch sich lie,
von der kraft diu stûde gie.
diz was ein ängestlîch geschiht.
er mohte des erwenden niht,
sie wolten der wurze angesigen.
dô sach er einen trachen ligen
tief under im in dem tal;
der dinget ûf des mannes val.
ez was ein ängestlîcher stric. 20
er truoc vil leiden aneblic:
diu ougen und der âtem sîn
wâren beidiu viurîn;
er tet vil wîte ûf den munt:
dô dranc daz viur sâ zestunt

mit grôzer flamme, als er sich vleiz,

als ûz einem ovene heiz
ûz sinem wîten munde.
vil sêre in der stunde
mit grimme blangen began,
daz er verslunde disen man.
ûf sînen val was er bereit
ginende, als ich hân geseit,
als er in wolde slinden.
dem man begunde swinden 10
herzevreude (daz tet nôt),
als im diu vorhte gebôt.
Dô der man diz ungemach
under im an dem trachen sach
und den wüetenden einhürnen
ob im sô sêre zürnen,
dô er nâch im lûte schrei,
und daz der stûden wurz enzwei
von den miusen nâch geschaben
was: er dâhte, ob in enthaben 20
möhte disiu kleiniu stat,
dâ er hâte hin gesat
die vüeze durch des valles vrist.
als er disen kleinen list
in sînen grôzen nœten vant,
er sach des endes sâ zehant.
aldâ moht er sich niht entsagen:

ûz der wende sach er ragen
vier grôzer würme houbet.
vreude er wart betoubet,
wan er des tôdes was gewis.
ein slange, heizet aspis,
der vil grôze vrävele hât,
swenne er lebendes iht bestât.
der wurden im dâ vier erkant
bî sînen vüezen in der want,
die den wasen undergruoben 10
und vlîzeclîche schuoben,
der under sînen vüezen lac
und sîn mit unstæte phlac,
wan er sô sêre began
mit helfe entwîchen disem man.
dô disiu viervalte nôt

dem man sô grôze vorhte bôt,
er sach ûz einem aste
samfte, niht ze vaste,
ein kleine honicseimes gân. 20
al sîn nôt begunder lân:
er habete sich dar sâ zestunt
und liez im triefen in den munt.
swar er sach, dâ was nôt;
er sach nâhen im den tôt:
swie vorhteclich was diu gesiht,
er lie der honictropfen niht.

Ist dînen sinnen iht ze snel
ze merkenne diz bîspel
sô wil ich dirz ze tiute sagen,
die rehten bîschaft niht verdagen.
diu gruobe, dar in viel der man,
dâ soltû die welt merken an,
diu mit sô maneger arbeit
uns ir stricke hât geleit.
der einhürne, dêst der tôt,
der mit ängestlîcher nôt 10
allez menschenkünne jaget,
biz daz sîn name an im betaget.
daz boumelîn, daz ist daz leben,
daz uns allen ist gegeben,
ieglîchem nâch sîner maht.
der liehte tac, diu trüebe naht
bezeichent dise miuse zwô,
die jene wurzen nuogen sô
daz der stûden kraft zergienc,
dar an der man mit vorhten hienc. 20
alsus genagent widerstrît
unser leben disiu zît.
ir nagen daz hât endes niht,
ê man si abe genagen siht
unser lebenes wurzelkraft,
dâ unser leben ist angehaft.
merke ouch in den sinnen dîn,
daz der trache viurîn,

der gên dem man ûf tet den munt,
bezeichent der helle grunt

und des tiuvels angesiht,
diu vorhtlîcher swære giht.
Der vier slangen houbet sint
vier tugende, von den al diu kint,
diu von menschen sint bekomen,
lîp unde leben hânt genomen,
der vier êlementen kraft,
von den diu gotes meisterschaft 10
den lîp al der menscheit
hât ze samene geleit.
daz ist diu ungewisse stat,
ûf die der man hâte gesat
durch vristen sîne vüeze.
der welte unstætiu süeze
sî dir bî dem honige kunt,
daz jenem trouf in den munt,
und durch daz kleine tröpfelîn
vergaz er al der nœte sîn. 20
hie sî dir bilde bî gegeben,
daz dû dirre welte leben
rehte erkennest, wie si stât.'

Die jenen rechten Herren verlassen
und diesem falschen sich zugesellen,
denen wird der Tod statt des Lebens
von ihm zum Lohne gegeben.
Sein Lohn ist nichts als Herzeleid,
wie ich zum Theil dir schon gesagt.
Die dieser Welt Anhänger sind
und ihre dienstfertigen Kinder,
die vergleiche ich mit einem Mann,
der durch ein Thier in Noth gerieth;
das war ein gewaltiges Einhorn.
Sein Brüllen erscholl so laut,
dass es den Mann in Noth brachte.
er fürchtete sich und floh den Tod. 10
Doch verfolgte es ihn rücksichtslos.
Als er in sorgenvoller Flucht
vor dem Einhorn davonlief,
da fiel er in einen tiefen Abgrund
über eine Wand hinab.
Im Fallen ergriff seine Hand
ein Bäumlein; da blieb er dran hängen:

das rettete unseren Mann.
Er hielt sich gar fest
an des Bäumleins Äste. 20
Die Füsse hatte er auf ein
furchtbar enges Plätzchen gesetzt;
das war ein kleines Stück Rasenerde,
ohne kräftige Wurzeln mit Gras bewachsen:
darauf hielt er sich im Fallen.
Dieser Platz war so schmal,
dass er nicht darauf stehn konnte,
wenn er das Bäumlein etwa hätte fahren lassen müssen.
Stand er auch da in grosser Noth,
so meinte er doch, es wäre der Tod
in Frieden von ihm genommen.
Da kamen sofort zwei Mäuse;
die eine war schwarz, die andere weiss:
die machten sich mit eifrigem Bemühen
an die Wurzel der Staude. 10
Die benagten sie so emsig,
bis die Wurzel beinahe nachgab,
welche die Staude fest hielt.
Das war eine ängstliche Geschichte.
Er vermochte es nicht abzuwenden,
sie waren daran, die Wurzel zu bewältigen.
Da sah er einen Drachen liegen
tief unter sich in dem Thal;
der hoffte auf des Mannes Fall.
Es war eine ängstliche Umschliessung. 20
Er war gar leidig anzusehen:
seine Augen und sein Athem
waren feurig;
er sperrte den Rachen weit auf:
da drang das Feuer sofort heraus
mit gewaltiger Flamme, sobald er sich regte,
wie aus einem heissen Ofen
aus seinem weiten Rachen.
Er harrte der Stunde
mit wüthendem Verlangen,
in der er verschlänge diesen Mann.
Für den Fall dass er fiele, hatte er bereits
das Maul aufgesperrt, wie ich gesagt,
als wollte er ihn verschlingen.
Da begann dem Mann 10

die Freude zu vergehn in dieser Noth,
dazu brachte ihn die Furcht.
Als der Mann dies Ungemach
unter sich in dem Drachen erblickte,
und wie das wüthende Einhorn
über ihm tobte,
indem es laut nach ihm schrie,
und dass die Wurzel der Staude
von den Mäusen nahezu entzwei
gerieben war, da dachte er, ob ihn 20
wohl die kleine Stelle tragen könnte,
wo er die Füsse hingesetzt hatte,
um sich vor dem Falle zu retten.
Als er auf diese kleine List
in seinen grossen Nöthen kam,
da sah er sofort das Ende ab.
Dort konnte er sich nicht befreien:
aus der Wand sah er ragen
vier grosser Würmer (Drachen) Häupter.
Da ward er freudeleer,
denn nun war er des Todes gewiss.
Von Schlangen, sie heissen Aspis
und besitzen grosse Unerschrockenheit
im Kampfe mit lebenden Wesen,
von denen wurde er vier gewahr
zu seinen Füssen an der Wand,
die untergruben den Rasen 10
und stiessen ihn heftig,
der unter seinen Füssen lag
und ihn nur unsicher trug;
schon begann er allen Ernstes
diesem Mann seine Hilfe zu versagen.
Als diese vierfältige Noth
dem Mann so grosse Furcht erweckte,
da sah er aus einem Aste
sanft und nicht schnell
ein wenig Honigseim herausfliessen. 20
All seine Noth vergass er da:
er beugte sich sofort dahin
und liess ihn sich in den Mund träufeln.
Wohin er sah, da war Noth;
er sah sich dem Tod nahe:
Wie fürchterlich auch war, was er sah,

er liess nicht von den Honigtropfen!
Ist deinen Sinnen dies flüchtige Beispiel,
zu schwer zu erfassen,
so will ich dir's deuten,
die richtige Erklärung nicht verschweigen.
Die Grube, darein der Mann fiel,
darunter sollst du die Welt verstehn,
die mit mancherlei Pein
uns ihre Stricke gelegt hat.
Das Einhorn, das ist der Tod,
der mit ängstlicher Sorge 10
das ganze Menschengeschlecht jagt,
bis dass sein Name an ihm zu Tage tritt.
Das Bäumlein, das ist das Leben,
das uns allen gegeben ist,
einem jeden nach seiner Macht.
Der lichte Tag, die trübe Nacht
bezeichnen diese zwei Mäuse,
die jene Wurzeln so zernagten,
dass die Staude ihren Halt verlor,
an der der Mann mit Furcht hieng. 20
Also zernagen um die Wette
unser Leben Tag- und Nachtzeit.
Ihr Nagen nimmt kein Ende,
eh man sie abnagen sieht
unseres Lebens Wurzelkraft,
daran unser Leben hängt.
Merke auch in deinem Verstand,
dass der feurige Drache,
der den Rachen nach dem Manne aufsperrte,
den Höllengrund bezeichnet
und des Teufels Anblick,
der furchtbaren Kummer bedeutet.
Die vier Schlangenhäupter sind
vier Kräfte, durch die alle Kinder,
welche Menschen entstammen,
Leib und Leben empfangen haben,
der vier Elemente Kraft,
aus denen Gottes Meisterschaft 10
das Leben aller Menschheit
zusammengefügt hat.
Das ist die ungewisse Stelle,
auf die der Mann um sich zu retten

seine Füsse gesetzt hatte.
Der Welt unstäte Süssigkeit
erkenne in dem Honig,
der jenem in dem Mund troff,
und um des kleinen Tröpfleins willen
vergass er all seiner Ängste. 20
Damit sei Dir ein Bild gegeben,
dass du daran dieser Welt Leben
genau erkennest, wie es darum steht.'

KONRAD VON WÜRZBURG.

[*Scherer D.* 190, *E.* 180.]

Ein gelehrter Dichter, bürgerlichen Standes, in Würzburg geboren, lebte am Oberrhein, in Strassburg und Basel, wo er 1287 starb. Seine Werke sind: 'Der Welt Lohn' (ed. Roth, Frankfurt 1843); 'Otto mit dem Bart' (ed. Hahn, Quedlinburg 1838); 'Schwanritter' (ed. Roth, Frankfurt 1861); 'Engelhard' (ed. Haupt, Leipzig 1844); 'Herzmäre' (ed. Roth, Frankfurt 1846); 'Alexius' (ed. Haupt in seiner Zeitschrift III, 534); 'Pantaleon' (ed. Haupt in seiner Zeitschrift VI, 193); 'Silvester' (ed. W. Grimm, Göttingen 1841); 'Goldene Schmiede' (ed. W. Grimm, Berlin 1840); 'Partonopier und Meliur' (ed. Bartsch, Wien 1871, zugleich 'Turnei von Nantheiz' und 'Lieder und Sprüche'); 'Trojanerkrieg' (ed. Keller, Stuttgart 1858); 'Klage der Kunst' (ed. Joseph, Strassburg 1885).

1.
DER WELT LOHN.

Ir werlde minnære
vernemet disiu mære,
wie einem ritter gelanc,
der nâch der werlde lône ranc
beidiu spâte unde fruo.
er dâhte in manege wîs dar zuo
wâ mite er daz begienge
daz er den lôn enphienge
werltlicher êren;
er kunde wol gemêren 10

sîn lop an allen orten:
mit werken und mit worten
sîn leben was sô vollenbrâht,
daz sîn zem besten wart gedâht
in allen tiuschen landen,

er hete sich vor schanden
alliu sîniu jâr behuot:
er was hübisch unde fruot,
schœne und aller tugende vol.
swâ mite ein man zer werlde sol
bejagen hôher wirde prîs,
daz kunde wol der herre wîs
bedenken und betrahten.
man sach den vil geslahten
ûz erweltiu kleider tragen. 10
birsen, beizen unde jagen,
kunde er wol und treip sîn vil;
schâchzabel unde seiten spil
daz was sîn kurzewîle.
wær über hundert mîle
gezeiget im ein ritterschaft,
dar wær der herre tugenthaft
mit guotem willen hin geriten
und hete gerne dâ gestriten
nâch lobe ûf hôher minne solt. 20
er was den frouwen alsô holt,
die wol bescheiden wâren,
daz er in sînen jâren
mit lange wernder stæte
in sô gedienet hæte,
daz alliu sældenhaften wîp
sînen wünneclichen lîp
lobeten unde prîsten.
als uns diu buoch bewîsten
und ich von im geschriben vant, 30

sô was der herre genant
her Wirent dâ von Grâvenberc.
er hete werltlîchiu werc
gewürket alliu sîniu jâr.
sîn herze stille und offenbâr
nâch der minne tobte.

sus saz der hôch gelobte
in einer kemenâten
mit fröuden wol berâten
und hete ein buoch in sîner hant, 10
dar ane er âventiure vant
von der minne geschriben.
dar obe hete er dô vertriben
den tac unz ûf die vesperzît;
sîn fröude was vil harte wît
von süezer rede, die er las.
dô er alsus gesezzen was,
dô kam gegangen dort her
ein wîp nach sînes herzen ger
ze wunsche wol geprüevet gar 20
und alsô minneclîch gevar,
daz man nie schœner wîp gesach.
ir schœne vollleclichen brach
für alle frouwen die nû sint.
sô rehte minneclichez kint
von wîbes brüsten nie geslouf.

ih spriche daz ûf mînen touf,
daz si noch verre schœner was
dan Vênus oder Pallas
und alle die gotinne,
die wîlen phlâgen minne:
Ir antlütze unde ir varwe
diu wâren beidiu garwe
durchliuhtec alse ein spiegelîn.
ir schœne gap sô liehten schîn
und alsô wünneclichen glast 10
daz der selbe palast
von ir lîbe erliuhtet wart.
der wunsch der hete niht gespart
an ir die sînen meisterschaft;
er hete sîne besten kraft
mit ganzem vlîze an si geleit.
swaz man von schœnen wîben seit,
der übergulde was ir lîp.
ez wart nie minneclicher wîp
beschouwet ûf der erde; 20
ouch was nâch vollem werde
ir lîp bekleidet schône.

diu kleider und diu krône,
die diu selbe frouwe kluoc
ûfe und ane ir lîbe truoc,

die wâren alsô rîche,
daz si halt sicherlîche
nieman vergelten kunde,
ob man si veile funde.
Von Grâvenberc der herre Wirnt
der erschrac von ir wol zwirnt,
dô si kam geslichen:
sîn varwe was erblichen
vil harte von ir künfte dâ.
in nam des michel wunder sâ, 10
waz vrouwen alsô kæme.
ûf spranc der vil genæme
erschrocken unde missevar
unde enphienc die schœnen gar
vil schône als er wol kunde.
er sprach ûz süezem munde
'sît, frouwe, gote willekomen!

swaz ich von frouwen hân vernomen,
der übergulde sît ir gar.'
diu frouwe sprach mit zühten dar 20
'vil lieber friunt, got lône dir!
erschric sô sêre niht von mir.
ich bin diu selbe frouwe doch
der dû mit willen dienest noch
und al dâ her gedienet hâst.
swie dû vor mir erschrocken stâst,
sô bin ich doch daz selbe wîp,

durch die dû sêle unde lîp
vil dicke hâst gewâget.
dîn herze niht betrâget,
ez trage durch mich hôhen muot.
dû bist hübesch unde fruot
gewesen alliu dîniu jâr;
dîn werder lîp süez unde klâr
hât nâch mir gerungen,
gesprochen und gesungen
von mir swaz er guotes kan; 10

dû wære eht ie mîn dienestman
den âbent und den morgen;
dû kundest wol besorgen
hôhez lop und werden prîs;
dû blüejest als ein meienrîs
in manecvalter tugende;
dû hâst von kindes jugende
getragen ie der êren kranz;
dîn sin ist lûter unde ganz
an triuwen ie gein mir gewesen. 20
vil werder ritter ûz erlesen,
dar umbe bin ich komen her,
daz dû nâch dînes herzen ger
mînen lîp von hôher kür
schouwest wider unde für,
wie schœne ich sî, wie vollekomen.
den rîchen lôn, den grôzen fromen,

den dû von mir enphâhen maht
um dînen dienest vil geslaht,
den solt dû schouwen unde spehen.
ich wil dich gerne lâzen sehen,
waz lônes dir geziehen sol,
dû hâst gedienet mir sô wol.'
Den edelen herren tugentrîch
dûhte harte wunderlîch
dirre frouwen teidinc.
wan si der selbe jungelinc 10
dâ vor mit ougen nie gesach,
und doch diu selbe frouwe sprach,
er wære ir dienestman gesîn.
er sprach 'genâde, frouwe mîn.
hân ich iu gedienet iht,
entriuwen, des enweiz ich niht:
mich dunket âne lougen
daz ich mit mînen ougen
iuch vil selten hân gesehen.
sît aber ir geruochet jehen 20
mîn ze knehte, sælec wîp,
sô sol mîn herze und ouch mîn lîp
iu ze dienste sîn bereit
mit willeclicher arebeit
unz ûf mînes endes zil.

ir habet sô hôher sælden vil
und alsô manecvalte tugent,
daz iuwer fröudeberndiu jugent
mir vil wol gelônen mac.

jâ wol mich daz ich disen tac
gelebet hân, des fröuwe ich mich,
sît daz ir, frouwe minneclich,
mînen dienst enphâhen welt.
frouwe an tugenden ûz gezelt,
geruochet künden mir ein teil
durch daz wünnebernde heil
daz an iu, schœniu frouwe, lît,
von wannen ir geheizen sît
oder wie ir sît genant. 10
iuwer name und iuwer lant
daz werde mir hie kunt getân,
durch daz ich wizze sunder wân,
ob ich in allen mînen tagen
ie von iu gehôrte sagen.'
Des antwurte im diu schœne dô,
si sprach gezogenlîche alsô
'vil lieber friunt, daz sol geschehen:
ich wil dir gerne alhie verjehen
mînes hôchgelobten namen. 20
dun darft dich nimmer des geschamen
daz dû mir undertænec bist.
mir dienet swaz ûf erden ist
hordes unde guotes.
ich bin sô frîes muotes
daz keiser unde küneges kint
alle under mîner krône sint;
grâven, vrîen, herzogen,

die habent mir ir knie gebogen
und leistent alle mîn gebot.
ich fürhte niemen âne got,
der ist gewaltec über mich.
diu Werlt bin geheizen ich,
der dû nû lange hâst gegert.
lônes solt dû sîn gewert
von mir als ich dir zeige nû.
hie kumt ez dir, daz schouwe dû!'

Sus kêrtes im den rücke dar, 10
der was in allen enden gar
bestecket unde behangen
mit ungefüegen slangen,
mit kroten und mit nâtern;
ir lîp was voller blâtern
und ungefüeger eizen.
fliegen unde âmeizen
ein wunder drinne sâzen;
ir fleisch die maden âzen
unze an daz gebeine. 20
si was sô gar unreine
daz von ir blœdem lîbe dranc
ein sô angestlicher stanc,
den niemen kunde erlîden.
ir rîchez kleit von sîden
wart übele dâ gehandelt
und vil gar verwandelt
in ein bœsez tüechelîn,
sîn liehter wünneclicher schîn
ersticket unde missevar 30
rehte alsam ein asche gar.

Hie mite schiet si dannen.
daz si vor mir verbannen,
und ab der kristenheite sî!
der ritter edel unde frî
dô er diz wunder ane sach,
zehant sîn herze im des verjach,
er wære gar verwâzen,
swer sich wolte lâzen
an ir dienste vinden. 10
von wîbe und ouch von kinden
schiet er sich al dâ zehant;
er nam daz kriuze an sîn gewant
und huop sich über daz wilde mer
und half dem edelen gotes her
strîten an die heidenschaft.
dâ wart der ritter tugenthaft
an stæter buoze funden.
er schuof daz zallen stunden,
dô im der lîp erstorben was,
daz im diu sêle dort genas. 20

Nû merket alle die nû sint
dirre wilden werlte kint
diz endehafte mære.
daz ist alsô gewære
daz man ez gerne hœren sol.
der werlte lôn ist jâmers vol,
daz müget ir alle hân vernomen.
ich bin sîn an ein ende komen,
swer an ir dienste funden wirt

daz in diu fröude gar verbirt,
die got mit ganzer stætekeit
den ûz erwelten hât bereit.
Von Wirzeburc ich Kuonrât
gibe iu allen disen rât,
daz ir die werlt lâzet varn,
wellet ir die sêle bewarn.

Ihr Liebhaber der Welt
vernehmt folgende Erzählung,
wie es einem Ritter ergangen,
der spät und früh
nach der Welt Lohn gerungen hat.
Er dachte auf manche Weise darauf,
womit er es dahin brächte,
dass er den Lohn
weltlicher Ehren empfienge;
er verstand seinen Ruhm 10
aller Orten zu mehren;
in Werken und Worten
verlief sein Leben so,
dass man ihn zu den Edelsten zählte
in allen deutschen Landen;
von Schande hatte er sich
Zeitlebens behütet;
er war höfisch gebildet und klug,
schön und im Besitz aller trefflichen Eigenschaften.
Womit man in dieser Welt
hoher Würde Preis erjagen mag,
das wusste der weise Herr
zu bedenken und zu beachten.
Man sah den vornehmen Mann
gewählte Kleidung tragen. 10

Mit Spürhunden, mit Falken und jeder Art Jagen
verstand er wohl und trieb es viel,
mit Schach- und Saitenspiel
kürzte er sich die Zeit.
Wär ihm über hundert Meilen weit
ein Turnier angesagt worden,
so wär der taugliche Herr
bereitwillig hin geritten,
und hätte dort gerne löblich
um hoher Minne Sold gekämpft. 20
Den Damen war er so hold,
den verständigen,
dass er Jahr aus Jahr ein
ihnen mit anhaltender Treue
also gedient hatte,
dass alle glückseligen Frauen
den wonnigen Mann
lobten und priesen.
Wie uns das Buch berichtet,
und ich von ihm geschrieben fand, 30
hiess dieser Herr
Herr Wirent von Grafenberg.
Er hatte weltliches Streben
bethätigt sein Leben lang.
Sein Herz war im Geheimen und öffentlich
auf Liebe versessen.
Nun sass einmal der Hochgerühmte
in einer Kemenate
in freudiger Stimmung
und hielt ein Buch in der Hand, 10
in dem er eine Liebesgeschichte
gefunden hatte.
Damit hatte er sich
die Zeit bis zur Vesperstunde vertrieben;
seine Brust war freudig geschwellt
von der süssen Erzählung, die er las.
Wie er so dasass,
da kam ein Weib daher gegangen,
ganz nach seines Herzens Wunsch
idealisch schön gestaltet 20
und von so liebenswürdigem Ansehn,
dass man ein schöneres Weib nicht erblicken konnte.
Ihre Schönheit überstrahlte

alle Frauen, die heute leben.
Ein so überaus liebliches Kind
verliess noch nie eines Weibes Schooss.
Meine Taufe setze ich zum Pfande:
sie war weit schöner
als Venus und Pallas
und alle die Göttinnen,
die einst sich der Liebe annahmen.
Ihr Antlitz und ihre Hautfarbe
leuchteten ganz und gar
wie ein Spieglein.
Ihre Schönheit gab so lichten Schein
und so wonnigen Glanz, 10
dass der Palast
von ihrem Leibe erleuchtet ward.
Der Schönheit Inbegriff hatte
an sie sein Meisterstück vollbracht;
er hatte seine beste Kraft
mit ganzem Fleiss an ihr verschwendet.
Von wie viel schönen Frauen man auch redet,
sie alle überglänzte ihr Leib.
Nie ward ein liebenswertheres Weib
auf Erden geschaut; 20
auch war ihre Gestalt
nach ihrem vollen Werthe prächtig bekleidet.
Die Kleider und die Krone,
welche die schöne zierliche Frau
auf dem Haupt und an ihrem Leibe trug,
die waren so reich,
dass sie sicherlich
kein Mensch hätte bezahlen können,
wenn man sie feil gefunden hätte.
Von Grafenberg Herr Wirent
erschrack vor ihr wohl doppelt,
als sie leise herantrat:
da war sein Angesicht
in Folge ihres Kommens erblichen.
Und es wunderte ihn gar sehr, 10
was für eine Frau also nahte.
Der Liebenswürdige sprang
erschrocken und verstört aussehend empor
und empfieng die Liebliche,
so schön er konnte.

er sprach mit süssem Munde:
'Seid, Herrin, gottwillkommen!

So weit ich Frauen kenne,
die überstrahlt ihr ganz und gar.'
Die Dame erwiderte in Züchten: 20
'Mein lieber Freund, Gott lohne dirs!
Erschrick nicht so sehr vor mir.
Bin ich doch dieselbe Dame,
der du noch jetzt willig dienst
und seit lange gedient hast.
Wie erschrocken du auch vor mir dastehst,
so bin ich doch dasselbe Weib,
der zu Liebe du Seele und Leib
schon so oft auf's Spiel gesetzt.
Dein Herz ist nicht müde geworden,
um meinetwillen fröhlich zu sein.
Du bist höfisch und klug
dein ganzes Leben gewesen;
dein edler, süss- und klarer Leib
hat sich nach mir gesehnt,
du hast von mir erzählt und gesungen,
so gut du es verstanden; 10
du warst ja stäts mein Vasall
des Abends und des Morgens;
und wusstest wohl zu besorgen
hohes Lob und werthen Preis;
du blühest wie ein Maienreis
in mannigfacher Tugend;
du hast von frühster Kindheit an
der Ehren Kranz getragen;
dein Sinn war lauter und ganz
in Treuen mir zugethan. 20
Mein werther, auserlesener Ritter,
darum bin ich her gekommen,
dass du nach deines Herzens Lust
meinen Leib, den hochgeschätzten,
beschauest von vorn und von hinten,
wie vollkommen schön ich bin.
Den reichen Lohn, den grossen Nutzen,
den du von mir empfangen kannst
um deinen vielgestaltigen Dienst
den sollst du schauen und erspähen.

Ich will dich gerne sehen lassen,
welcher Lohn dir zufallen soll;
du hast mir so wohl gedient.'
Den edlen tugendreichen Herren
däuchte sehr wunderbar
dieser Dame Vorschlag,
weil sie der junge Mann 10
noch nie mit seinen Augen gesehen,
und diese Frau doch sagte,
er wäre ihr Vasall gewesen.
Er sprach: 'Verzeiht, hohe Frau,
hab' ich euch irgendwie gedient,
traun, davon weiss ich nichts;
mich dünkt wahrlich,
dass diese meine Augen
euch noch niemals gesehen haben.
Da ihr mich aber annehmen wollt 20
als euren Knecht, seliges Weib,
so soll mein Herze und mein Leib
zu euren Diensten bereit sein
mit freudigem Streben
bis zu meines Todes Ziel.
Ihr habt so viel hohes Glück
und so mannigfache Tugend,
dass eure freudvolle Jugend
mir sehr wohl lohnen kann.
Ja, Heil mir, dass ich diesen Tag
erlebt habe, des freu' ich mich,
da ihr, liebliche Herrin,
meinen Dienst annehmen wollt.
An Tugend auserlesene Herrin,
geruht mir ein wenig zu künden,
um des wonnetragenden Heiles willen,
das in euch, schöne Frau, liegt,
woher ihr seid,
und wie ihr heisset. 10
Euer Name und euer Land,
das werde mir hier kund gethan,
damit ich sicher weiss,
ob ich Zeit meines Lebens
je von euch habe sagen hören.'
Darauf antwortete ihm die Schöne
und sprach mit edlem Anstand also:

'Viel lieber Freund, das soll geschehen:
ich will dir gerne meinen
hochberühmten Namen offenbaren. 20
Du brauchst dich dessen nie zu schämen,
dass du mir unterthänig bist.
Mir dient alles, was auf Erden ist
an Schatz und Gut.
Ich bin von so hoher Art,
dass Kaiser und Königskinder
alle unter meiner Krone stehn;
Grafen, Freie, Herzöge,
die haben vor mir ihr Knie gebogen,
und erfüllen alle mein Gebot.
Ich fürchte niemand ausser Gott,
der hat Gewalt über mich.
Die Welt bin geheissen ich,
nach der du lange hast begehrt.
Lohn soll dir sein gewährt
von mir, wie ich dir jetzt zeige.
So komme ich dir, nun schau mich an!'

Damit kehrte sie ihm den Rücken zu, 10
der war aller Enden
besteckt und behangen
mit scheusslichen Schlangen,
mit Kröten und Nattern;
ihr Leib war voller Blattern
und widerlicher Beulen.
Fliegen und Ameisen
sassen wunderviel darin;
ihr Fleisch frassen Maden
bis auf's Gebein. 20
Sie war so unsauber,
dass von ihrem elenden Leibe
ein so fürchterlicher Geruch ausgieng,
dass ihn niemand ertragen konnte.
Ihr reiches Seidenkleid
war da in schlimmem Zustand
und ganz verwandelt
in einen gemeinen Stoff,
sein lichter, heiterer Glanz
erstickt und farblos 30
gerade so wie Asche.

Damit schied sie von dannen.
Sei sie aus meinen Augen gebannt
und aus der Nähe der Christenheit!
Als der edle vornehme Ritter
dies Wunder gesehen,
da sagt' er sich in seinem Herzen,
der wäre völlig verdammt,
der sich in ihrem Dienste
wollte finden lassen. 10
Von Weib und Kindern
trennte er sich da sogleich;
er nahm das Kreuz an sein Gewand
und fuhr über das wilde Meer
und half dem edeln Gottesheer
streiten wider die Heidenschaft.
Da ward der wackere Ritter
in stäter Busse befunden.
Er arbeitete jeder Zeit darauf hin,
dass wenn er hier gestorben,
seine Seele dort Rettung fand. 20
Merkt auch alle, die ihr hier
der wilden Welt Kinder seid,
diese bedeutungsvolle Mär.
Sie ist so wahrhaftig,
dass man sie gerne anhören soll.
Der Lohn der Welt ist jammervoll,
das habt ihr alle wohl vernommen.
Ich bin zu der Ansicht gekommen:
wer in ihrem Dienste sich betreffen lässt,
ihm schwindet alle Freude,
die Gott in Ewigkeit
den Auserwählten bereitet hat.
Von Würzburg ich, Konrad,
geb euch allen diesen Rath,
dass ihr die Welt lasst fahren,
wollt ihr die Seele bewahren.

2.
KLAGE DER KUNST.

Frou Wildekeit[23] für einen walt
mich fuorte eins an ir zoume.
dâ sach ich bluomen manicvalt 10

mêr danne zeinem soume[24];
ouch vant ich einen brunnen[25] kalt
dâ under grüenem boume,
der eine mülen mit gewalt
wol tribe an sînem stroume[26].

Der brunne lûter als ein glas
stuont wol mit grüenem üemet[27],
daz velt dar umbe schône was
gezieret und gesüemet[28].
von einem plâne ich nie gelas 20
der wære baz gerüemet:
der meie het dâ wol sîn gras
gerœset und geblüemet.

Dar obe stuont ein schatehuot[29]
gewünschet wol nâch prîse.
man sach dâ lachen wîze bluot
ûf dem grüenen rîse
(des man ze winter niht entuot
bî dem vil kalten îse);
dâ sâzen vogel ûfe guot 10
und sungen süeze wîse.

Nû hœret wie mir dô geschach
bî disem brunnen küele,
des vil wünneclicher bach
wol kerne[30] hiute[31] müele[32].
ob ime stuont ein schœnez dach,
dar under ein gestüele
gesetzet, daz man verre sach
dâ liuhten vor dem brüele[33].

Dar ûf ein werdiu frouwe saz 20
an leben unde an künne[34].
man seit daz si sich verre baz
dan alliu wîp versünne[35];
an ir lac zwâre[36], geloubet daz,
vil gar der werlde wünne,
si was ein reinez tugentvaz
daz ir Got liebes günne!

Got selbe hæte si gesant
dâ her ûz himeltrône,
dar inne fröude wirt erkant
der tugende sîn[37] ze lône.
ir namen ich geschriben vant
reht oben umbe ir krône:
Gerehtekeit was si genant,
daz las ich dâ vil schône.

Frou Wârheit mich niht liegen lât,
daz wizzet sicherlîche: 10
ir krône und ouch ir liehtiu wât[38]
die wâren alsô rîche,
die wîle und disiu werlt gestât,
in allem künicrîche
daz nieman alsô guotez hât,
daz disen zwein gelîche.

Ouch sâzen bî ir frouwen vil
die rîche krône truogen;
an den lac hôher wünne spil,
des ich begonde luogen[39]. 20
ir namen ich iu nennen wil,
wan[40] ich si dâ mit fuogen
vant geschriben ûf ein zil[41]
mit worten harte kluogen[42].

Dâ saz Erbarmeherzekeit
frî vor missetæte,
diu Triuwe was dâ wol bekleit
und ouch diu glanze Stæte.
ouch vant ich dâ Bescheidenheit
in wünneclicher wæte:
die viere wâren wol bereit,
vil guot was ir geræte[43].

Dâ saz frou Güete gallen frî
der krône was gewieret[44],
Milte[45] und Êre ich vant dâ bî
nâch wunsche wol gezieret.
an die vil werden frouwen drî
wart von mir vil gezwieret[46]; 10
si bluoten als ein rôsenzwî[47]

daz ûf der heide smieret[48].

Dâ saz frou Schame, diu reine fruht,
frî vor itewîze[49],
von der man seit daz ir genuht[50]
für alle tugende glîze[51].
dâ saz frou Mâze und ouch frou Zuht,
diu lûter und diu wîze,
si hæte Kiusche an sich getruht
mit herzeclichem flîze[52]. 20

Dâ saz ân alle missetât
ouch bî der küniginne
Wârheit und ir vil hôher rât
und ouch gerehtiu Minne.
swaz edeler tugent namen hât,
daz was dâ mit gewinne:
unz an[53] die Kunst, der was ir wât
zerbrochen ûze unt inne.

An fröuden dürre alsam ein strô
was si von sender[54] quâle:
Armuot si troffen hæte dô
mit ir vil scharpfem strâle[55].
hin für die küniginne unfrô
gienc si zuo dem mâle[56]
und huop ir rede hin zir alsô
mit zühten sunder twâle[57].

'Vil ûz erweltiu künigîn,
ich suoche an dir gerihte. 10
durch die vil hôhen êre dîn
mîn krumbez dinc[58] verslihte[59];
lâ dir mîn leit geklaget sîn
und michel ungeschihte[60],
wie valschiu Milte vâret mîn[61]:
daz bringet mich ze nihte.

Ich bin verdorben als ein mist,
sam bitter als ein galle,
vil ungenædec si mir ist
ze hove und in dem schalle[62]. 20

si wil daz manic süezer list[63]
in armekeit nû valle
und machet rîche in kurzer frist
die künstelôsen alle.

Swer kunst in sînem herzen hât,
den kan si wol versmâhen;
swer abe dâ âne fuoge[64] stât,
dem wil si balde nâhen.
si kan durch valsche missetât
die gengen[65] gâbe enpfâhen:
diu mich vil armen dicke[66] lât
in grôzem kumber gâhen[67].

Sus wîset mich in arebeit[68]
diu valsche Milte sêre,
si machet mîne sorge breit
swar ich der lande kêre.
sît dû nû bist Gerehtekeit
genennet, frouwe hêre, 10
sô rihte dû diz herzeleit
durch[69] aller frouwen êre.'

Gerehtekeit diu sprach: 'daz sî.
antwürte, valschiu Milte.
sît dir ist swære alsam ein blî
diu Kunst, die ich niht schilte[70],
swaz ir von dir wont leides bî,
vil schiere ich dir daz gilte[71].'
Ûf stuont frou Milte fröuden frî,
der rede si bevilte[72]. 20

'Ich bin unschuldec' sprach si 'gar,
des si mich, frouwe, zîhet[73].
des swer ich ûf dem alter[74] dar
dâ Got ûf wart gewîhet.
vor Kunst ich guotes niht enspar:
swie kûme[75] ez doch gedîhet,
mîn hant diu nimt ir guoten war,
si gibt ir unde lîhet.'

'Zewâre daz getet si nie,'

sprach aber Kunst diu slehte[76],
'wan wîlent[77] dô ir nâhen gie
mîn fröudenrîch gebrehte[78].
nû lât si mich versmâhen ie
herren, ritter, knehte:
und obe ich daz beziuge hie,
geniuze ich des ze rehte?'

'Jâ' sprâchen dô von hôher kür[79]
die tugende algemeine. 10
'Frou Wârheit, nû sô gêt her für,
und ouch frou Stæte reine,
und helfet mir daz man hie spür
ir schulde niht ze kleine,
diu mir sô gar der Sælden tür
beslozzen hât aleine!'

Sus wart beziuget[80] ...

*

Swer ir[81] tuot genge gâbe schîn[82],
dem fröuwet si sîn herze.
mit krâme[83] füllet man[84] ir schrîn, 20
des wirt vil kleine ir smerze;
si sitzet als ein keiserîn
behenket mit ir merze[85]:
des wirt diu Kunst verdorben sîn,
wan si niht hât von erze[86].'

'Jâ' sprach dô diu Gerehtekeit
'und spulget[87] si des meiles[88]
daz man ir heim durch miete[89] treit[90]
swaz man dâ vindet veiles:
sô frâge ich dich, Bescheidenheit,
waz dû dar umbe teiles[91]. 10
wirt mir daz reht von dir geseit,
an sorgen dû mich heiles.'

'Ich teile' sprach diu frouwe dô,
'swer künstelôser diete[92]
guot umb êre gebe alsô
durch keiner slahte miete[93],

daz im dar umbe ir smæhe drô[94]
diu werde Minne erbiete,
sô daz er nimmer werde frô
swenn er sich frouwen niete[95].' 20

Sus wart geteilet bî der zît
von der Bescheidenheite.
ouch wart ir ot[96] gevolget sît
vil schiere und vil gereite[97]:
'der Milte schaden machen[98] wît,
ir ungemach vil breite!'
sus riefens alle wider strît[99]
zuo der Gerehtekeite.

'Sît si nû niht ze rehte wil
ir hôhez ambet üeben, 10
sô müeze kumbers harte vil
ir dienestman betrüeben.
vil maneger hande wunnespil
wir in dar umbe[100] erhüeben[101]:
sus muoz leide ân endes zil
in volgen in ir grüeben.

Frou Schame ir selber des gesteme[102]
daz si in gar vermîde,
sô daz er schanden sich niht scheme 20
und lasters sî geschîde[103].
frou Êre im hôhen prîs beneme,
diu lûter und diu blîde[104],
und allez lop daz im gezeme
von fluoche er immer lîde.'

'Hie mite sî der rede genuoc'
sprach dô diu rihtærinne.
'gespilen hövesch unde kluoc,
swer rehte kunst niht minne
und doch hie milten namen truoc,
den lât mit ungewinne
hie leben durch den ungefuoc[105]
den er hât an dem sinne.

Ir habet stæte waz hie sî

vor mir geteilet hiute: 10
er sî iu swære alsam ein blî,
swer rehte kunst niht triute[106],
minne und aller fröuden frî;
in fremden[107] hie die liute!
bî Kuonzen[108], der uns stêt hie bî,
die rede ich in enbiute.'

Sus kêrte ich hin ûf mînen pfat
und seite disiu mære
diu mich dô ûf der selben stat
der edelen Künste swære[109] 20
den rîchen herren künden bat.
diu sint alsô gewære
daz in diu Sælde[110] sprichet mat
swem Kunst ist wandelbære[111].

DIE REIMCHRONIK OTTOKARS VON STEIERMARK.

[Scherer D. 187, *E.* 178.]

Verfasst zwischen 1290–1318, erzählt die Geschichte Österreichs von 1250–1309. Herausgegeben in Pez 'Scriptores rerum Austriacarum' III.

KÖNIG OTTOKARS VON BÖHMEN TOD.

Do chünig Otakcher erspeht
daz in von newen dingen veht[112]
ein schar deu noch was geruet[113],
vil sere in daz muet[114].
daz was sin pet und sin gepot
daz man hern Milot
hiez pald riten zue.
nu hœrt waz her Milot tue.
er gedaht dar an ze hant[115]
daz im sin prueder was verprant 10
in dem turn datz[116] dem Eichorn.
da von was er[117] gar verlorn.
swaz man nach im moht gesenden,

er pegunde danne wenden
und cherte bi der Marich ze tal.
er enruecht[118], wer daz wal[119]
da behabt[120] oder verlos,
gemechlich vluht er erchos,
wan im jait[121] niemen nach.
do der chünig von Peheim sach 20
daz er niht trostes an im het,
do wær er an der stet[122]
gern chomen ouz dem strouz.
selb vierder drang er ouz
und ander nieman mer
tet mit im dannecher.[123]
hin durch begund er gahen;[124]
vil schier in ersahen
umb die er daz het versolt,[125]
daz si im niht warn holt;
die legten sich mit nid ouf in,
vor in triben si in hin 10
ouz dem strit ouf den plan.
da wolt mit in gevohten han
chünig Ottakcher der zier:
do wurden der vier
die zwen ze tod erslagen.
do muest er sich lazen jagen.
war dannoch der ein cham,
zu der zit ich des niht vernam,
ich hort aber her nach jehen[126],
er wær ouch toter da gesehen. 20
Owe des schaden, owe!
ich fürht daz ez niht wol erge,
sit er alein ist beliben.

vaste si in umb triben.
doch wizzet sicherlichen
daz von Pern an hern Dietrichen
solich ellen[127] nie wart schin[128]
gegen Sifrid dem hürnin
in dem rosengarten,
als man von Peheim den zarten[129]
da sach begen und tuen.
do er dhein suen[130]
moht umb seu erwerben,

er sprach 'waz sol eu min sterben,
daz ir min pluet welt verrern[131]?
pringt ir mich ewrm hern
lemptigen[132] gevangen,
daz ist eu wol ergangen.
swaz halt er an mir tuet,
peiden an ern und mit guet
frumt[133] ez eu ser
hin für immer mer.'
Ouf die red si ahten niht.
vil gar was ez enwicht[134]
swaz er gepiten moht,
lüzel[135] im daz toht[136].
Die red wil ich machen churz:
den chünig si mit einem sturz
von dem orse[137] prahten.
als lang si mit im vahten
unz daz er werlos peleib.
der ein do ouf in treib;
sins sterbens den gelust,
dar umb er im in die prust
ein gespitztez swert stach
daz man ez anderhalben[138] sach.
dannoch wand[139] er genesen[140].
er sprach 'hei lat noch gewesen,
ir ziern helde, daz ich leb.
ewer ieglicher mir vergeb,
ob ich iht han
wider eu getan, 10
und lat mich nach den schulden[141]
chomen zu ewern hulden,'
sprach der chünig von Peheim.
'ir geltet[142] mir den oheim,
von Mernberg hern Sifrit,'
sprach der ein, 'der ich mit
nihten wird ergetzt,[143]
wan daz ir hie geletzt[144]
wert von miner hant.'
niemen in des erwant[145]. 20
er hurte[146] so hin
und stach daz mezzer in in
bi dem hals ze tal.
da von tet er einen val

für tot ouf die erden.
ligen liezen si den werden.
niht lenger si do piten[147],
wider in daz her si riten,
die in da heten versert[148]

und sin pluet verrert.
Niemen mich darumb frag,
wan ich sin doch niht ensag
wer die selben wærn,
von der hazz und geværn[149]
also verderbt wart
der chünig von hoher art.
stætlich siht man han
einen ambtman
in ir höven die fürsten
swenn die leut erdürsten,
die in des ziehen ze rat:
des ambtes nam der ein hat,
der den chünich da betoubt[150];
deu het er beroubt
ein teil siner ern,
do man sin ze hern
jach in Osterrich.
deu sach ist so heimlich,
daz si mir niht füegt ze sprechen,
die er an im begunde rechen.
Wer der ander was,
der daz grüen gras
mit sinem pluet netzt
und der sich da ergetzt
mit sinem pluet rot
sines freundes tot,
den er im verderbt het,
den mügt ir hie ze stet
bi der sipp wol erchennen:
er füegt mir niht ze nennen.
Chünig Ruedolfen chomen mær
daz der Peheim chünig gevangen wær.
genad sagt er des got,
iedoch was daz sin gepot,
daz man in fuert zu dem vanen.
dar an begund in manen

her Ott von Liehtenstein;
ein sach niht ze chlein
pesargt dar an
der selb wis man,
wan ez ist e ergangen,
so hohe fürsten sint gevangen, 10
daz si mit gab machen plint
die in der gewalt si sint,
daz si in wider helfent hin.
dar umb hiez er in
her zue dem vanen fuern.
nu sach man dort her ruern[151]
einen andern poten,
der sagt den chünich toten.
do si von im warn geriten,
die sin verch[152] heten versniten, 20
do wart der ellenhaft[153],
der an mänlicher chraft
nie het gewunnen meil[154]
den pueben[155] ze teil.
die machten in ploz und par,
wan si zugen im ab gar
harnasch und chleider
also daz er der peider
mit nihten was pedakcht:
todwund[156] lag er nakcht. 30
an der selben zit
chom geriten ouz dem strit
von Emerberig her Perhtolt,
als er da von niht wizzen solt.

sin houbt legt er in sin schoz;
er chlagt daz er was ploz.
der von Perichtoltsdorf
über in do warf
einen schapproun[157],
den nam er sinem garzoun[158];
er pegund in mit wazzer laben.
ob im sach man do haben
michel volkch daz dar zue zoch,
der manigen hueb ez gar unhoch[159],
daz mit im het der strit ein end.
dem trukchsæzen in der hant

der chünich Otakcher starb,
der ie nach hohem pris warb.
hie lag erslagen ouf dem plan
der aller tewrist man,
die ie getruech chron,
wan daz er nach der Welt lon
mit aller siner maht
al ze sere vaht[160]:
swaz nach der werlt gezeuht[161],
nihtes er des scheuht,
er dient der werlt da mit:
daz ist ein ungueter sit
an den chünigen gerlich[162],
die zepter chron und rich
dar umb man siht nemen,
daz seu des sol gezemen,
daz si behalten deu gepot,
deu da ziehent zue got,
wan ist daz war, daz man seit, 10
daz nieman mit gewarheit[163]
mag gedienen zwein hern,
die niht gelicher ding gern[164],
so ist ouch unwendig[165] daz:
swer niht wil gotes haz
und sinen zorn liden,
der muez die welt vermiden,
wan deu werch der si gert,
deu sint vor got unwert.
des vermeit niht der wakcher 20
von Peheim chünig Otakcher.

DAS LEBEN DER HEILIGEN ELISABETH.

[*Scherer* D. 193, *E.* 185.]

Das Leben der heiligen Elisabeth, Landgräfin von Thüringen, ist nach 1297
von einem unbekannten Dichter geschrieben, von dem auch die 'Erlösung'
herrührt. Zu Grunde liegt die lateinische vita Dietrichs von Apolda.
Herausgegeben von Rieger (Stuttgart 1868).

In Düringer lande ein fürste saz
der sich gar selten ie vergaz

an dugenden joch an êren.
sîn herze in kunde lêren
und ouch sîn ellenthafter muot
daz er kost unde ander guot
gab wol mit rîlîcher hant.
er hatte bürge, kreftec lant,
und dâ zuo herren gülte vil.
er sach gar gerne ritter spil.
er was geheizen Herman,
wan er ein kreftec her gewan, 10
wie balde daz er wolde,
alse er ez haben solde.
sîn name floug ûz verre.
lantgrâve was der herre
in Düringen als iuch ist geseit.
die liude wâren sîn gemeit
und sîner wirdekeide frô,
wande sîn gemüede stuont alsô,
daz er in fride mahte,
und ungenâde abe lahte. 20
dugent was im ungespart.
sîn künne was von hôher art:
der künic von Bêheimer lant,
der künic Ôdaker was genant
(der wart leider irslagen sint),
unde er die wâren süster kint.
waz sülde langer rede mê?
der herre hatte zuo der ê
eine dugenthafte frouwen.
ir lob was unferhouwen. 30
si was nâch frowelîcher art
an hôhen êren ungespart.
ir name was Sophye.

die edel unde frîe
hatte frouwelîche side;
ir wonte zucht unde êre mide,
alse einer frouwen rechte quam
di eime fürsten wol gezam
zuo fleze unde ouch zuo bette,

di sînen rât begette
an allen dingen rehte.
ritter unde knehte
in wâren dienstes underdân 10
wie dicke si iz solten hân.
ir schîbe lief gar ebene.
in zæme wol zuo lebene
mit einander ummer mê.
früntlîche hîlden si ir ê.
gnâde was in unferzihen.
nâch wunsche hatte in got verlihen
einen keiserlîchen suon,
geboren an daz fürstenduon:
der was geheizen Lodewîg. 20
er wuos ûf alse ein meien zwîg.
in sîner kintlîchen jugent
zucht unde êre unde alle dugent
nâch fürstelîchen êren
hîz in der vader lêren,
alse er hât bezöuget sint.
noch hatten si driu ander kint:
Cuonrâden unde Heinrich,
unde eine dochter lobelich:
di was geheizen Agnes. 30
si beide fröuweten sich des

gar gedriuwelîche.
der werde fürste rîche
was zuo koste swinde.
grôz was sîn ingesinde
von knehten und von mâgen,
die sîn mit dienste plâgen.
er hatte wirtschaft allen dac.
der fürste ouch hoves dicke plac,
daz in di herren suochten;
di bî ime ouch geruochten 10
zuo drîbene kurzewîle.
verre über manige mîle
quam ime ritterschefte gnuoc
die alle ir eigen wille druoc,
daz si gerne quâmen dar
unde âventiure nâmen war.
man suochte den wîganden

ûz allen tiuschen landen;
Ungere unde Riuzen,
Sassen unde Priuzen, 20
Denen mit den Winden
sich liezen ouch dâ vinden;
Bêheime und Polâne,
mit grâven di sopâne,
dînstherren unde frîen vil,
di alle suochten ritter spil.
stechen, justieren,
fôresten und durnieren,
wes man ze ritterschefte gert,
des was man alles dâ gewert. 30
dâ was ouch manic hübes man.
des sînen dirre und der began,

wes man vor herren plegen sol.
der fidelte ûz der mâzen wol;
der sluoc die drumen, dirre peif;
der ander süeze wîse greif
an harpen unde an rotten.
Franzôse unde Schotten,
Diutsche unde anders ieder man
sîn ammet wîsen dâ began
unde irzöugen sîne kunst.
si suochten garlîche alle gunst 10
der fürsten und der frîen.
man hôrte dâ schalemîen;
dâ schullen die busûnen.
man sach dâ pauwelûnen,
manic keiserlich gezelt
ûf geslagen an daz felt,
dar under herren lâgen
wanne si raste plâgen.
noch was dâ maniger leige diet.
die sprâchen, dise sungen liet, 20
daz man in meisterschefte jach.
her Wolfram von Essebach,
der Tugenthafte Schrîber,
her Reimâr, und her Walter
von der Vogelweide;
dâ bî was ouch gereide
zuo sange meister Bitterolt.

unde in gefüeger ungedolt
Heinrîch von Ofterdingen:
die alle wolden singen 30
wider ein in krîges wîs,
wer dâ behîlde sanges prîs.
Nu was ouch meister Clinsor

geladen an die selben for,
von Sibenbürge ûz Ungerlant,
deme aller dinge was bekant
die nigromanzîe;
ûz astrônomîe
kunde er schœne meisterschaft;
aller elementen craft,
der sunnen langen ummesweif,
des mânen zirkel unde reif,
oryzon und zôdyacus 10
unde ouch der polus articus,
des firmamentes ummeganc,
der planêten widerfanc
unde aller sterren orden
sûden unde norden,
ôsten unde westen:
des hatte er keinen bresten;
er kente ez allez sament gar.
nu was er iezuo kumen dar
zuo Ysenache al in di stat. 20
zuo hove er dannoch nit indrat:
ein herbürge er suochte;
dâ inne ouch he geruochte,
alse er hatte sich erwegen,
gemaches sunderlîche plegen.
von golde was er rîche:
er hatte jærlîche
wol driu dûsent marke wert.
er hatte zere unde eigen pert;

mit selbes ingesinde
was er zuo koste swinde.
sô er nu zuo sâze quam,
des dages lieht ein ende nam;
zuo dal di sunne was genigen
und der âbent zuo gesigen,

biz er sich engeste,
unde ouch ein teil gereste.
sô man daz âbentimmez gaz,
her Clinsor an den luft gesaz, 10
an daz weder durch gemach.
der sterren louf er dâ gesach;
he sach dar unde aber dar.
er nam ir âventiure war;
ir ampâre he gar balde entsuob,
dô sich ir parlament erhuob
daz si driben under ein.
der sterre enbran, und dirre schein;
sô lûchte der gar schône
an sîme stadelthrône. 20
mit flîze warten er in began.
zuo jungest sprach ein edel man,
der ime was gesezzen bî
'ey meister, saget waz iz sî
des ir goume hât genomen.
hât ir niuwes icht vernomen?
obe iz sî an iuwer stade,
iz sî gefüerlich oder schade,
sô lât uns, herre, werden kunt
den selben wunderlîchen funt 30
und den godelîchen rât

des ir goume genomen hât
an der sterren brünste.
wol iuch der werden künste
die godes willen unde muot
iuch, meister herre, wizzen duot.'
Her Clinsor smunzete unde sprach
'got büeze iuch, herre, iuwe ungemach
unde allen iuwen werren!
ich hân an disen sterren
erkoren niuwe mære, 10
die sint unschadebære.
doch alles daz ich hân gesehen,
des wil ich, herren, iuch verjehen
unferholen über lût.
iz sol mîn frouwe Gêrdrût,
von Ungerlant di künegîn,
noch hînt in dirre nacht gelîn:

eine hêre dochter si gebirt,
di ein êwic liuchte wirt,
ein heilwâge unde ein wünne, 20
ein spiegel in ir künne.
sô diz dinc alsô ergêt,
man doufet si Elyzabêt.
si sol gar dugentlîche leben.
zuo lande wirt si her gegeben
des fürsten sune in dirre stede.'
'heil walde is! daz sint guode rede'
sprâchen alle hinne dô
di dirre sache wâren vrô.

Im Thüringer Lande sass ein Fürst,
der sich gar selten je vergass
an Tugenden und an Ehren.
Sein Herz konnte ihn lehren
und auch sein Heldensinn,
dass er Kost und andres Gut
wohl gab mit reichlicher Hand.
Er hatte Burgen, grosses Land,
und dazu Herrenabgaben viel.
Er sah gar gerne Ritterspiel.
Er war Hermann genannt,
weil er ein grosses Heer fand, 10
sobald als er wollte,
wenn er es haben sollte.
Sein Name flog weit hinaus.
Landgraf war der Herr
in Thüringen, wie euch gesagt ist.
Die Leute waren seiner fröhlich,
und seiner Herrlichkeit froh,
denn sein Sinn war so,
dass er ihnen Friede schaffte
und Unglück weg trieb. 20
Tugend war ihm reichlich,
sein Geschlecht war von hoher Art:
der König von Böhmenland,
der König Odaker genannt war,
(der ward leider seitdem erschlagen)
und er, sie waren Geschwisterkind.
Was sollte längere Rede mehr?
Der Herr hatte zur Ehe

eine tugendhafte Frau.
Ihr Lob war unangetastet. 30
Sie war nach Art edler Frauen
an hohen Ehren reich.
Ihr Name war Sophie.
Die Edle und Freie
hatte fraulichen Anstand;
ihr wohnte Zucht und Ehre bei,
wie es einer Frau von Recht zukam,
die einem Fürsten wohl ziemte
im Zimmer und im Bette,
die seinen Nutz bedachte
an allen Dingen recht.
Ritter und Knechte
waren ihnen dienstlich unterthan 10
wie oft sie es haben sollten.
Ihr Glücksrad lief gar glatt.
Sie sollten wohl leben
für immer zusammen.
Liebend hielten sie ihre Ehe,
Gnade war ihnen unversagt.
Nach Wunsche hatte Gott ihnen verliehen
einen stattlichen Sohn,
geboren für das Fürstenthum:
der war Ludwig genannt. 20
Er wuchs auf wie ein Maienzweig.
In seiner kindlichen Jugend
befahl der Vater ihm zu lehren
Zucht und Ehre und alle Tugend
nach fürstlichen Ehren,
wie er seither bezeugt hat.
Noch hatten sie drei andre Kinder:
Konrad und Heinrich,
und eine lobesame Tochter,
die war Agnes genannt. 30
Sie beide freuten sich darüber
gar getreulich.
Der edle reiche Fürst
war schnell im Ausgeben.
Gross war sein Gefolge
von Knechten und Verwandten,
die sein im Dienste pflegten.
Er hatte Gastmahl jeden Tag.

Der Fürst hielt auch oft Hof,
dass ihn die Herren besuchten,
die auch bei ihm geruhten 10
Kurzweil zu treiben.
Von fern her über manche Meilen
kam zu ihm viel Ritterschaft,
die alle ihr eigner Wille brachte,
dass sie gern dahin kamen
und Abenteuer vernahmen.
Man besuchte den Helden
aus allen deutschen Landen;
Ungarn und Russen,
Sachsen und Preussen, 20
Dänen mit Wenden
liessen sich auch da finden.
Böhmen und Polen,
mit Grafen auch die slavischen Edlen,
Dienstherren und viel Freie,
sie alle suchten Ritterspiel.
Stechen, kämpfen,
jagen und turnieren,
was man zur Ritterschaft begehrt,
das alles war da zu finden. 30
Da war auch mancher höfische Mann.
Dieser und jener begann mit dem Seinen,
was man vor Herren thun soll.
Der geigte über Massen gut;
der schlug die Trommel, jener pfiff;
der Andre griff süsse Weisen
auf der Harfe und der Rotte.
Franzosen und Schotten,
Deutsche und jeder andre Mann
begann da sein Amt zu zeigen
und seine Kunst zu bezeugen.
Sie suchten gar sehr alle Gunst 10
der Fürsten und der Freien.
Man hörte da schalmeien;
da klangen die Posaunen.
Man sah da Pavillons,
manch herrlich Zelt
aufgeschlagen im Feld,
darunter die Herren lagen,
wenn sie der Rast pflegten.

Noch war da mancherlei Volk,
die sprachen, die sangen Lieder, 20
dass man ihnen Meisterschaft zugestand.
Herr Wolfram von Eschenbach,
der tugendhafte Schreiber,
Herr Reimar, und Herr Walther
von der Vogelweide;
dabei war auch bereit
zu singen Meister Biterolt,
und in höflicher Ungeduld
Heinrich von Ofterdingen:
die Alle wollten singen 30
gegeneinander im Kampfe,
wer da des Sanges Preis behielte.
Nun war auch Meister Clinsor
geladen zu denselben Vorgenannten,
von Siebenbürgen aus Ungarland,
dem gänzlich bekannt war
die Zauberkunst;
in der Astronomie
verstand er schöne Meisterschaft;
aller Elemente Kraft,
der Sonne langen Umlauf,
des Mondes Zirkel und Kreis,
Horizont und Zodiacus, 10
und auch der Polus articus,
des Firmaments Umgang,
der Planeten Gegenfang (entgegenstrebende, einhaltende Bewegung),
und aller Sterne Heer
im Süden und Norden,
im Osten und Westen:
dessen hatte er keinen Mangel,
er kannte es Alles ganz und gar.
Nun war er jetzund dahin gekommen
nach Eisenach in die Stadt. 20
Zu Hof gieng er jedoch nicht:
er suchte eine Herberge;
darinnen wünschte er auch,
wie er sich entschlossen hatte,
der Ruhe allein zu pflegen.
Er war reich an Gold:
er hatte jährlich
wohl dreitausend Mark.

Er hatte seine eigene Zehrung und Pferd;
mit seiner Dienerschaft
war er stäts freigebig.
Als er nun zur Ruhe kam,
des Tages Licht ein Ende nahm;
die Sonne war untergegangen
und der Abend neigte sich,
bis er sich entkleidet
und etwas geruht hatte.
Als man das Abendessen genommen,
setzte sich Herr Clinsor in die freie Luft, 10
um sich zu erholen.
Er sah da der Sterne Lauf;
er sah hin und wieder hin.
Er nahm ihre Abenteuer wahr,
ihre Gebehrden merkte er gar bald,
als sich ihr Parlament erhob,
das sie untereinander trieben.
Der Stern entbrannte, und jener schien,
so leuchtete der gar schön
auf seinem festen Throne. 20
Er begann ihn mit Fleiss zu beobachten.
Zuletzt sprach ein Edelmann,
der ihm zur Seite sass:
'Ei Meister, sagt, was es sei,
worauf ihr Acht genommen habt.
Habt ihr etwas Neues vernommen?
Wenn es Euch ansteht,
es sei nützlich oder schädlich,
so lasst uns, Herr, kund werden
dieselbe wunderbare Entdeckung 30
und den göttlichen Rathschluss,
dessen ihr Acht genommen habt
am Glanze der Sterne.
Wohl euch für die werthen Künste,
die Gottes Wille und Sinn
euch, Meister und Herr, zu wissen thut.'
Herr Clinsor schmunzelte und sprach:
'Gott bessre euch, Herr, euer Ungemach
und alle eure Leiden!
Ich habe an diesen Sternen
neue Märe erfunden, 10
die sind schadlos.

Doch alles, was ich gesehn habe,
das will ich euch, ihr Herren, sagen
unverhohlen und ganz deutlich.
Es wird meine Frau Gertrud,
von Ungarland die Königin,
noch heut in dieser Nacht niederkommen:
sie gebiert eine hehre Tochter,
die eine ewige Leuchte wird,
ein Heilwasser und eine Wonne, 20
ein Spiegel ihres Geschlechts.
Wenn die Sache dann ergeht,
so tauft man sie Elisabeth.
Sie wird gar tugendlich leben.
Sie wird her zu Land gegeben
dem Sohn des Fürsten in dieser Stadt.'
'Heil walte dessen! das sind gute Reden,'
sprachen alle drinnen da,
die dieser Sache froh waren.

Fußnoten:
[22] d. h. Gott, weil der Name Jehova ebräisch mit vier Buchstaben geschrieben ward.
[23] Frau Aventüre.
[24] mehr als ein Saumthier tragen kann.
[25] Quell.
[26] Strom.
[27] Ohmet, zweite Mahd.
[28] geschmückt.
[29] Schatten spendender Hut.
[30] Getreide.
[31] heute, in der wirklichen Gegenwart.
[32] zu malen im Stande wäre.
[33] bewässerte Wiese.
[34] Geschlecht.
[35] weit mehr Verstand hätte.
[36] fürwahr.
[37] to be.
[38] Gewänder.
[39] to look on.
[40] weil.
[41] bis zu Ende, d. i. alle.
[42] sehr zierlich.
[43] Ausstattung.

[44] mit Gold und Edelsteinen geschmückt.

[45] Freigebigkeit.

[46] geblinzelt, verstohlen geblickt.

[47] Rosenzweig.

[48] lacht.

[49] Tadel.

[50] Vollkommenheit.

[51] glänze.

[52] Beflissenheit.

[53] bis auf.

[54] schmerzlich.

[55] Pfeil.

[56] Gerichtsstätte.

[57] Zögern.

[58] schiefe Lage.

[59] mache grade.

[60] Missgeschick.

[61] mir nachstellt.

[62] Freudenlärm bei ritterlichen Festen.

[63] Kunst.

[64] Schicklichkeit, edle Bildung.

[65] üblich, gäng und gäbe.

[66] oft.

[67] dahineilen.

[68] Noth.

[69] um... Willen.

[70] schelte.

[71] rechne an, vergelte.

[72] war ihr zu viel.

[73] mir vorwirft.

[74] Altar.

[75] kümmerlich.

[76] die schlichte, einfache.

[77] ausser vor Zeiten.

[78] Gepränge, Lärmen.

[79] die hoch erwählten.

[80] Hier ist in der Überlieferung eine Lücke. Aus dem Zusammenhange geht hervor, dass an dieser Stelle die Zeuginnen Wahrheit und Stäte auftraten, um gegen die vorher erwähnten 'herren, ritter, knehte' auszusagen und diese als Dienstmannen der Milde hinzustellen.

[81] ir, d. i. der Milde.

[82] gibt.

[83] feile Waare.

[84] bezieht sich auf die Dienstmannen der Milde, von denen in der verloren gegangenen Zeugenaussage die Rede war.

[85] Kleinod, hier verächtlich = Flitterwerk.

[86] d. i. unwerthes Metall.

[87] pflegt.

[88] Fleck, Sünde.

[89] zum Lohne.

[90] trägt.

[91] urtheilst.

[92] fahrendem Volk.

[93] zum Zwecke irgend welcher Belohnung.

[94] das Drohen ihrer schimpflichen Behandlung.

[95] sich bemüht um.

[96] wirklich, in der That.

[97] schnell, auf der Stelle.

[98] lasst uns machen.

[99] um die Wette.

[100] d. h. im Falle sie ihr Amt pflichtgemäss ausübte.

[101] würden wir anstellen.

[102] möge sich selber Einhalt thun.

[103] sich auf Laster verstehe.

[104] die fröhliche.

[105] Mangel an Bildung.

[106] lieb hat.

[107] mögen sich entfremden.

[108] Kunz, Koseform des Namens Kuonrad.

[109] Trauer.

[110] Glück.

[111] d. h. wer der Kunst gegenüber wankelmüthig ist.

[112] befehdete.

[113] ausgeruht.

[114] bekümmerte.

[115] sofort.

[116] dort bei.

[117] d. i. Ottokar.

[118] kümmert sich nicht.

[119] Walstatt, Kampfplatz.

[120] behauptete.

[121] jagt.

[122] sogleich.

[123] wandte sich mit ihm hinweg.

[124] eilen.

[125] verdient.

[126] sagen.
[127] Kraft, Muth.
[128] nie gesehen wurde.
[129] fein, stattlich.
[130] Versöhnung, Frieden.
[131] vergiessen.
[132] lebendig.
[133] frommt, bringt Nutzen.
[134] ein Nichts.
[135] wenig.
[136] taugte, half.
[137] Ross.
[138] auf der andern Seite.
[139] hoffte.
[140] am Leben zu bleiben.
[141] meiner Verpflichtung zur Busse entsprechend.
[142] büsst für den Tod.
[143] gebüsst.
[144] geschädigt, verletzt.
[145] hielt davon ab.
[146] rannte los.
[147] warteten.
[148] verwundet.
[149] Hinterlist, Gefährdung.
[150] betäubte, besinnungslos machte.
[151] antrieben, d. i. das Ross.
[152] Leben.
[153] mannhafte.
[154] Fleck.
[155] Trossknechten.
[156] mit dem Tode ringend.
[157] Kaputze, kurzer Mantel, franz. *chaperon*.
[158] franz. *garçon*.
[159] machte so wenig aus.
[160] strebte, rang.
[161] sich nachzieht, dazu gehört.
[162] gänzlich.
[163] Sicherheit.
[164] begehren, verlangen.
[165] unabwendbar.

SÄNGER UND PREDIGER.

ANONYME VOLKSTHÜMLICHE LIEDER.

[*Scherer D.* 196, 202, *E.* 188, 194.]

Herausgegeben in Minnesangs Frühling, Nr. 1. und in den Carmina Burana.

1.

Dû bist mîn, ich bin dîn:
des solt dû gewis sîn.
dû bist beslozzen
in mînem herzen:
verlorn ist daz slüzzelîn:
dû muost immer drinne sîn.

2.

Swaz hie gât umbe,
daz sint allez megede:
die wellent âne man
allen disen sumer gân. 10

3.

Tougen minne diu ist guot,
si kan geben hôhen muot.
der sol man sich vlîzen.
swer mit triwen der niht phliget,
dem sol man daz verwîzen.

Geheime Liebe die ist gut,
Sie verleiht wohl frohen Muth.
Um die soll man sich mühen.
Wer in Treuen sie nicht hegt,
Dem wird das nie verziehen.

4.

'Sô wê dir, sumerwunne!
daz vogelsanc ist geswunden:

als ist der linden ir loup.
jârlanc mir truobent ouch
mîniu wol stênden ougen. 10
mîn trût, du solt gelouben
dich anderre wîbe:
wan, helt, die solt du mîden.
dô du mich êrst sæhe,
dô dûhte ich dich zewâre
sô rehte minneclîch getân:
des man ich dich, lieber man.'

DER UNGENANNTE SPIELMANN.

[*Scherer* D. 198, 225, *E.* 191, 217.]

Seine Gedichte sind in den Handschriften unter dem Namen 'Spervogel' überliefert und unter diesem in Minnesangs Frühling, Nr. 6 herausgegeben.

Dô der guote Wernhart
an dise werlt geborn wart,

do begonde er teilen al sîn guot.
do gewan er Rüedegêres muot,
der saz ze Bechelære
und pflac der marke manegen tac:
der wart von sîner frümekeit sô mære.

Wie sich der rîche betraget!
sô dem nôthaften waget
dur daz lant der stegereif.
daz ich ze bûwe niht engreif,
dô mir begonde entspringen 10
von alrêrste mîn bart!
des muoz ich nû mit arbeiten ringen.

Weistu wie der igel sprach?
'vil guot ist eigen gemach.'
zimber ein hûs, Kerlinc.
dar inne schaffe dîniu dinc.
die hêrren sint erarget.

swer dâ heime niht enhât,
wie maneger guoter dinge der darbet!

Mich hungerte harte. 20
Ich steic in einen garten.
dâ was obez innen:
des mohte ich niht gewinnen.
daz kom von unheile.
dicke weget ich den ast:
mir wart des obezes nie niht ze teile.

Ein wolf sîne sünde flôch,
in ein klôster er sich zôch,
er wolde geistlîchen leben.
dô hiez man in der schâfe pflegen:
sît wart er unstæte.
dô beiz er schâf unde swîn:
er jach daz ez des pfaffen rüde tæte.

Ein man sol haben êre,
und sol iedoch der sêle
under wîlen wesen guot, 10
daz in dehein sîn übermuot
verleite niht ze verre;
swenn er urlobes ger,
daz ez im an dem wege niht enwerre.

Wurze des waldes
und erze des goldes
und elliu apgründe
diu sint dir, hêrre, künde:
diu stênt in dîner hende.
allez himeleschez her 20
dazn möht dich niht volloben an ein ende.

Als der gute Wernhart
Zu dieser Welt gebracht ward,
Da theilt er allsogleich sein Gut.
Es überkam ihn Rüdgers Muth,
Der, zu Bechlarn gesessen,
Die Mark verwaltet manchen Tag:
Drum ward ihm Ruhms ein volles Mass gemessen.

Behaglich sich der Reiche labt,
Dieweil der Dürftige trabt
Mit losem Bügel durch das Land!
Was griff nicht nach dem Pflug die Hand,
Da mir begann zu sprossen 10
In erster Jugend mein Bart!
Daraus ist heute Mühsal mir geflossen.

Weisst du, wie der Igel sprach?
'Ich lob' mir eigenes Gemach.'
Kerling, zimmre dir ein Haus
Mit Vorrath rüst' es sorglich aus.
Die Grossen wollen sparen.
Wer nichts im eignen Hause hat,
Wie viel Entbehrung, Noth muss der erfahren!

Von Hunger schier gemartert 20
Stieg ich in einen Garten.
Da war Obst drin gehangen:
Das konnt ich nicht erlangen.
Da zeigte sich mein Unheil.
Häufig schüttelt' ich den Ast:
Doch ward mir von den Früchten nichts zu Theil.

Ein Wolf thät in ein Kloster ziehn,
Um seiner Sünde zu entfliehn;
Er wollt ein geistlich Leben führen
Da hiess man ihn die Schafe hüten:
Da riss ihm aber die Geduld.
Da biss er Schaf sowie Schwein:
Und gab des Pfaffen Rüden alle Schuld.

Der Mann halt' auf Ehre,
Doch soll er für die Seele
Auch Sorge tragen seiner Zeit, 10
Dass ihn die Weltfreudigkeit
Verleite nicht zu ferne;
Will er einst von hinnen ziehn,
Dass ihm den Himmelsweg dann nichts versperre.

Kräuter des Waldes
Und Schachte des Goldes
Und jeglicher Abgrund,

Die sind dir, Herr, wohl kund:
Die schützen deine Hände.
Das ganze himmlische Heer 20
Möcht' dich vollpreisen nicht bis an ein Ende.

IN KÜRENBERGS WEISE.

[*Scherer D.* 202, *E.* 195.]

Eine Strophenform, die von einem österreichischen Ritter Kürenberg erfunden ist und so beliebt war, dass auch die Nibelungendichter sie benutzten. Herausgegeben in Minnesangs Frühling, Nr. 2.

'Ez hât mir an dem herzen
vil dicke wê getân

daz mich des geluste
des ich niht mohte hân
noch niemer mac gewinnen.
daz ist schedelîch.
jon mein ich golt noch silber:
ez ist den liuten gelîch.'

'Ich zôch mir einen valken
mêre danne ein jâr.
dô ich in gezamete
als ich in wolte hân 10
und ich im sîn gevidere
mit golde wol bewant,
er huop sich ûf vil hôhe
und floug in anderiu lant.

Sît sach ich den valken
schône fliegen:
er fuorte an sînem fuoze
sîdîne riemen,
und was im sîn gevidere
alrôt guldîn. 20
got sende si zesamene
die gerne geliebe wellen sîn.'

'Ich stuont mir nehtint spâte
an einer zinnen:
dô hôrt ich einen ritter
vil wol singen
in Kürenberges wîse
al ûz der menigîn.
er muoz mir diu lant rûmen,
ald ich geniete mich sîn.' 30

Nu brinc mir her vil balde
mîn ros, mîn îsengwant.

wan ich muoz einer frouwen
rûmen diu lant.
diu wil mich des betwingen
daz ich ir holt sî.
si muoz der mîner minne
iemer darbende sîn.

'Es hat mir in dem Herzen
Gar heftig weh gethan,
Dass mich nach dem gelüstet,
Das ich nicht konnte ha'n
Noch jemals kann gewinnen.
Zum Schaden mir's gereicht.
Nicht mein' ich Gold noch Silber,
Nein, einem Menschenkind es gleicht.'

'Ich zog mir einen Falken
Länger als ein Jahr.
Als er nun zahm geworden,
Wie ich ihn wollte ha'n, 10
Und ich ihm sein Gefieder
Mit Golde wohl bewand,
Hub er sich in die Höhe
Und flog in ein anderes Land.

Nachmals sah ich den Falken
Stolz im Fluge:
Da hatt er seidne Schnüre
An seinem Fusse,
Auch glanzt' ihm sein Gefieder
Funkelnd von Gold. 20

Gott sende sie zusammen,
Die von Herzen sich sind hold.'

Jüngst stand ich abends späte
Auf einer Zinne:
Da hört ich einen Ritter
Gar lieblich singen
In Kürenbergs Weise
Aus der Menge hervor.
Er muss das Land mir räumen,
Liebt er mich nicht, den ich erkor.' 30

'Nun bring mein Ross mir schleunig
Und mein Eisengewand,
Denn einer Frauen muss ich
räumen dieses Land.
Sie will mich dazu zwingen,
dass ich hold ihr sei:
Sie bleibet meiner Minne
doch immer ledig und frei.'

FRIEDRICH VON HAUSEN.

[Scherer D. 154, *E.* 146.]

Aus einem ritterlichen Geschlecht, war mehrfach in Italien, nahm an dem Kreuzzug Friedrich Barbarossas 1189 Theil und kam auf diesem um, 1190. Herausgegeben in Minnesangs Frühling, Nr. 8.

Mîn herze den gelouben hât,
solt ich od ieman bliben sîn,
durch liebe od durch der Minnen rât,
sô wære ich noch alumbe[166] den Rîn, 10
wan mir daz scheiden nâhe gât,
deich[167] tete von lieben friunden mîn.
swie ez doch dar umbe ergât,
got hêrre, ûf die genâde dîn
sô wil ich dir bevelhen die
die ich durch dînen willen lie[168].
Ich gunde[169] es guoten frowen niet

daz iemer mêre kœme der tac
daz si dâ heime heten liep[170]:
wan[171] ez wære ir êren slac[172]. 10
wie kunde in der gedienen iet,
der gotes verte alsô erschrac[173]?
dar zuo send ich in disiu liet,
und warnes[174] als ich beste mac.
sæn si mîn ougen niemer mê,
mir tæt iedoch ir laster[175] wê.

REINMAR VON HAGENAU.

[*Scherer D.* 155, *E.* 147.]

Reinmar von Hagenau, zum Unterschied von Reinmar von Zweter meist
Reinmar der Alte genannt. Ein Elsässer, lebte am Hofe Herzog Leopold VI
von Österreich, machte mit diesem den Kreuzzug 1190 mit und starb um
1207. Herausgegeben in Minnesangs Frühling, Nr. 20.

Ich alte ie von tage ze tage,
und bin doch hiure nihtes wîser danne vert.
und hete ein ander mîne klage,
dem riete ich sô daz ez der rede wære wert,
und gibe mir selben bœsen rât.
ich weiz vil wol waz mir den schaden gemachet hât.
daz ich si niht verhelen kunde swaz mir war.
des hân ich ir geseit sô vil
daz si es niht mêre hœren wil:
nû swîge ich unde nîge dar. 10
Ich wânde ie, ez wære ir spot,
die ich von minnen grôzer swære hôrte jehen.

desngilt ich sêre, semmir got,
sît ich die wârheit an mir selben hân ersehen.
mirst komen an daz herze mîn
ein wîp, sol ich der volle ein jâr unmære sîn,
und sol daz alse lange stân
daz si mîn niht nimet war,
sô muoz mîn fröide von ir gar

vil lîhte ân allen trôst zergân.

Ich altre nun von Tage zu Tage
Und bin doch um nichts weiser denn sonst heuer,
Und hätt ein andrer meine Klage,
Dem riethe ich so, dass es wäre eine Rede theuer,
Und gebe mir selber bösen Rath;
Ich weiss viel wohl, was mir den Schaden gemachet hat,
Dass ich ihr nicht verhehlen konnte, wie mir
War. Das hab' ich ihr gesagt so viel, 20
Dass sie es nicht mehr hören will.
Nun schweige ich und neige ihr.
Ich wähnte sonst, es wäre ihr Spott,
Die mir von Minne das grosse Leiden gestunden,
Das entgelte ich sehre, nun helfe mir Gott,
Da ich die Wahrheit an mir selber hab erfunden. 10
Mir ist kommen in das Herze mein
Ein Weib, soll ich der ein ganzes Jahr noch unlieb sein,
Und soll das also lange stahn,
Dass sie mein nicht nimmt wahr,
So muss meine Freude von ihr gar
Vielleicht ohn' allen Trost zergahn.

TIECK.

Mirst ein nôt vor allem mînem leide,
doch durch disen winter niht.
waz dar umbe, valwent grüene heide?
solher dinge vil geschiht; 20
der ich aller muoz gedagen:
ich hân mê ze tuonne danne bluomen klagen.

Mir ist ein Leid vor allem meinem Leide;
Nicht dass der Sommer hat ein Ziel:
Nun was thut es, falbt die grüne Haide?
Solcher Dinge giebt es viel.
Darüber weiss ich nichts zu sagen.
Ich habe mehr zu thun als über Blumen klagen.

SIMROCK.

HEINRICH VON MORUNGEN.

[*Scherer* D. 148, *E.* 141.]

Ein Ritter aus Thüringen, dichtete Ende des 12. und Anfang des 13. Jahrhunderts. Herausgegeben in Minnesangs Frühling, Nr. 18.

Ich wæne nieman lebe der mînen kumber weine[176],
den ich eine[177] trage,
ez entuo diu guote, diech mit triuwen meine,
vernimt si mîne klage.
wê wie tuon ich sô, daz ich sô herzeclîche
bin an si verdâht[178], daz ich ein künicrîche
für ir minne niht ennemen wolde,
ob ich teilen unde welen solde?
Swer mir des verban[179], ob ich si minne tougen[180],
seht der sündet[181] sich. 10
swenn ich eine bin, si schînt mir vor den ougen.
sô bedunket mich
wie si gê dort her ze mir aldur[182] die mûren.
ir rede und ir trôst enlâzent mich niht trûren.
swenn si wil, sô füeret si mich hinnen
mit ir wîzen hant hôh über die zinnen.
Ich wæne, si ist ein Vênus hêre, diech dâ minne:
wan si kan sô vil.
si benimt mir beide fröide und al die sinne.
swenne sô si wil, 20
sô gêt si dort her zuo einem vensterlîne,
und siht mich an reht als der sunnen schîne:
swan ich si dan gerne wolde schouwen,
ach sô gêt si dort zuo andern frouwen.
Dô si mir alrêrst ein hôhgemüete[183] sande
in daz herze mîn,
des was bote ir güete, die ich wol erkande,
und ir liehter schîn
sach mich güetlîch ane mit ir spilnden[184] ougen:
lachen si began ûz rôtem munde tougen.
sâ zehant enzunte[185] sich mîn wunne,
daz mîn muot stuont hôhe sam[186] diu sunne.
Wê waz rede ich? jâ ist mîn geloube bœse
und ist wider got.
wan[187] bite ich in des daz er mich hinnen lœse?

ez was ê mîn spot. 10
ich tuon sam der swan, der singet swenne er stirbet.
waz ob mir mîn sanc daz lîhte noch erwirbet,
swâ man mînen kumber sagt ze mære[188],
daz man mir erbünne[189] mîner swære[190]?

WALTHER VON DER VOGELWEIDE.

[*Scherer D*. 197, *E*. 189.]

Aus ritterlichem Geschlecht, aber arm; vermuthlich in Österreich geboren. Lebte viel auf Reisen. Seine Jugend verbrachte er am babenbergischen Hofe zu Wien, den er nach dem Tode seines Gönners Herzog Friedrich 1198 verliess, aber später noch wiederholentlich besuchte. Er unterhielt Beziehungen zu Philipp von Schwaben, Hermann von Thüringen, Otto IV., Friedrich II. Von letzterem erhielt er ein Lehen. Er starb nach 1227 zu Würzburg. Herausgegeben von Lachmann (Berlin 1827, fünfte Ausg. 1875); Wackernagel und Rieger (Giessen 1862); Pfeiffer (Leipzig 1864, sechste Aufl. 1880); Wilmanns (Halle 1869, 1883); Simrock (Bonn 1870); Paul (Halle 1882). Übersetzt von Simrock (Berlin 1833, sechste Aufl. Leipzig 1876); Koch; Weiske; Pannier.

1.
TANZLIED.

'Nemt, frowe, disen kranz:'
alsô sprach ich zeiner wol getânen maget:

'sô zieret ir den tanz
mit den schœnen bluomen, als irs ûffe traget.
het ich vil edele gesteine,
daz müest ûf iuwer houbet,
obe ir mirs geloubet.
sêt mîne triuwe, daz ichz meine.
Si nam daz ich ir bôt,
einem kinde vil gelîch daz êre hât.
ir wangen wurden rôt,
same diu rôse, dâ si bî der liljen stât. 10
do erschampten sich ir liehten ougen:
dô neic si mir vil schône.

- 349 -

daz wart mir ze lône:
wirt mirs iht mêr, daz trage ich tougen.
'Ir sît sô wol getân,
daz ich iu mîn schapel gerne geben wil,
so ichz aller beste hân.
wîzer unde rôter bluomen weiz ich vil:
die stênt sô verre in jener heide.
dâ si schône entspringent 20
und die vogele singent,
dâ sule wir si brechen beide.'
Mich dûhte daz mir nie
lieber wurde, danne mir ze muote was.
die bluomen vielen ie

von dem boume bî uns nider an daz gras.
seht, dô muost ich von fröiden lachen.
do ich sô wünneclîche
was in troume rîche,
dô taget ez und muos ich wachen.
Mir ist von ir geschehen,
daz ich disen sumer allen meiden muoz
vast under dougen sehen:
lîhte wirt mir eniu: so ist mir sorgen buoz.
waz obe si gêt an disem tanze? 10
frowe, dur iuwer güete
rucket ûf die hüete.
owê gesæhe ichs under kranze!

'Nehmt, Herrin, diesen Kranz',
Sprach ich jüngst zu einem Mägdlein wunderhold;
'So zieret ihr den Tanz
Mit den schönen Blumen, die ihr tragen sollt.
Hätt ich viel Gold und Edelsteine,
Sie müssten euch gehören,
Kann ich redlich schwören:
Vertraut mir, dass ichs ernstlich meine.
Sie nahm, was ich ihr bot,
Einem Kinde gleich, dem Freundliches geschieht:
Ihr Wänglein wurde roth
Wie die Rose, da man sie bei Lilien sieht. 10
Ihr Auge schämte sich, das lichte:
Ein holdes Gegengrüssen
Ward mir von der Süssen,

Und bald noch, was ich nicht berichte.
Ihr seid so wohlgethan,
Dass ich euch ein Kränzlein gönnte herzlich gern,
So gut ichs winden kann.
Noch viel Blumen stehen, roth und weisse, fern,
Die weiss ich dort in jener Haide,
Wo sie gar hold entspringen 20
Bei der Vöglein Singen:
Da sollten wir sie brechen beide.'
Ich glaubte niemals mehr
Freude zu gewinnen, als ich da besass:
Die Blüthen fielen schwer
Von den Bäumen bei uns nieder in das Gras.
Ich war so fröhlich, dass ich lachte.
Als mich der Traum umsponnen
Hielt mit solchen Wonnen,
Da ward es Tag und ich erwachte.
Mir ist von ihr geschehn,
Dass ich allen Mägdlein jetzt zur Sommerzeit
Muss in die Augen sehn;
Fänd ich jene wieder: o der Seligkeit!
Wär sie bei diesem Ringeltanze? 10
Ihr Frauen, habt die Güte,
Rücket auf die Hüte:
Säh ich sie wieder unterm Kranze!

2.

HALMMESSEN.

In einem zwîvellîchen wân
was ich gesezzen, und gedâhte,
ich wolte von ir dienste gân;
wan daz ein trôst mich wider brâhte.
trôst mag ez rehte niht geheizen, owê des!
ez ist vil kûme ein kleinez trœstelîn;
sô kleine, swenne ichz iu gesage, ir spottet mîn. 20
doch fröwet sich lützel ieman, er enwizze wes.

Mich hât ein halm gemachet frô:
er giht, ich sül genâde vinden.
ich maz daz selbe kleine strô,
als ich hie vor gesach von kinden.
nû hœret unde merket ob siz denne tuo.

- 351 -

'si tuot, si entuot, si tuot, si entuot, si tuot.'
swie dicke ichz tete, sô was ie daz ende guot.
daz trœstet mich: dâ hœret ouch geloube zuo.
Swie liep si mir von herzen sî,
sô mac ich doch vil wol erlîden 10
daz ich ir sî zem besten bî:
ich darf ir werben dâ niht nîden.
Ichn mac, als ich erkenne, des gelouben niht
dazs ieman sanfte in zwîvel bringen müge.
mirst liep daz die getrogenen wizzen waz si trüge,
und alze lanc dazs iemer rüemic man gesiht.

In Zweifelsucht und trübem Wahn
War ich befangen und gedachte
Zu lassen ihren Dienst fortan,
Als mich ihr Trost ihr wieder brachte.
Trost mag es wohl nicht heissen, sei es drum—
Ja ists auch nur ein kleines Tröstelein,
So klein, erzähl' ich euch davon, ihr spottet mein; 20
Doch freut sich selten Jemand, der nicht weiss warum.
Mich macht' ein kleines Hälmchen froh:
Es sagt, mir solle Gnade kommen;
Ich mass dasselbe kleine Stroh,
Wie ichs bei Kindern wahrgenommen.
Nun höret All und merkt, ob sie es thu:
Sie thut, thuts nicht, sie thut, thuts nicht, sie thut:
Wie oft ich mass, so war noch stäts das Ende gut.
Das ist mein Trost nun; da gehört auch Glaube zu.
Wie lieb sie mir von Herzen sei,
So mag ich doch nun wohl erleiden, 10
Steht auch dem Besten Zutritt frei:
Ich darf ihr Werben nicht mehr neiden.
Nach dem Bescheid, der mir geworden, glaub ich nicht,
Dass wer so leicht sie mir entfremden mag.
Doch säh ichs gerne, käm der Selbstbetrug zu Tag;
Zu lange währt mir, dass sie noch mit Prahlern spricht.

3.
FRAUENLOB.

Waz sol ein man der niht engert
gewerbes umb ein reine wîp?

si lâze in iemer ungewert,
ez tiuret doch wol sînen lîp.
er tuo dur einer willen sô
daz er den andern wol behage:
sô tuot in lîhte ein ander frô,
ob im diu eine gar versage.
dar an gedenke ein sælic man:
dâ lît vil sælde und êren an.
swer guotes wîbes minne hât,
der schamt sich aller missetât. 10

Was taugt ein Mann, der nicht begehrt
Zu werben um ein reines Weib?
Gesetzt, sie lass ihn ungewährt,
Es werthet ihm doch Seel und Leib.
Er thu der Einen wegen so,
Dass er den Andern wohl behagt,
Dann macht ihn eine Andre froh,
Wenn sich die Eine ihm versagt.
Daran gedenk ein werther Mann:
Viel Heil und Ehre liegt daran.
Wer gutes Weibes Minne hat,
Der schämt sich aller Missethat. 10

4.
FRÜHLING UND FRAUEN.

Sô die bluomen ûz dem grase dringent,
same si lachen gegen der spilden sunnen,
in einem meien an dem morgen fruo,
und diu kleinen vogellîn wol singent
in ir besten wîse die si kunnen,
waz wünne mac sich dâ genôzen zuo?
ez ist wol halb ein himelrîche.
suln wir sprechen waz sich deme gelîche,
sô sage ich waz mir dicke baz

in mînen ougen hât getân,
und tæte ouch noch, gesæhe ich daz.
Swâ ein edeliu schœne frowe reine,
wol gekleidet unde wol gebunden,
dur kurzewîle zuo vil liuten gât,
hovelîchen hôhgemuot, niht eine,

umbe sehende ein wênic under stunden,
alsam der sunne gegen den sternen stât,—
der meie bringe uns al sîn wunder,
waz ist dâ sô wünneclîches under, 10
als ir vil minneclîcher lîp?
wir lâzen alle bluomen stân,
und kapfen an daz werde wîp.
Nû wol dan, welt ir die wârheit schouwen!
gên wir zuo des meien hôhgezîte!
der ist mit aller sîner krefte komen.
seht an in und seht an werde frouwen,

wederz dâ daz ander überstrîte;
daz bezzer spil, ob ich daz hân genomen.
owê der mich dâ welen hieze,
deich daz eine dur daz ander lieze,
wie rehte schiere ich danne kür!
hêr Meie, ir müeset merze sîn,
ê ich mîn frowen dâ verlür.

Wenn die Blumen aus dem Grase dringen, 20
Gleich als lachten sie hinauf zur Sonne
Des Morgens früh an einem Maientag,
Und die kleinen Vöglein lieblich singen
Ihre schönsten Weisen, welche Wonne
Hat wohl die Welt, die so erfreuen mag?
Man glaubt sich halb im Himmelreiche;
Wollt ihr hören, was sich dem vergleiche,
So sag ich was mir wohler doch
An meinen Augen öfters that
Und immer thut, erschau ichs noch.
Denkt, ein edles, schönes Fräulein schreite 20
Wohlgekleidet, wohlbekränzt hernieder,
Sich unter Leuten wandelnd zu ergehn,
Hochgemuth, in fürstlichem Geleite,
Etwas um sich blickend hin und wieder,
Wie Sonne neben Sternen anzusehn:
Der Mai mit allen Wundergaben
Kann doch nichts so Wonnigliches haben,
Als ihr viel minniglicher Leib;
Wir lassen alle Blumen stehn
Und blicken nach dem werthen Weib. 30
Nun wohlan, wollt ihr Beweise schauen:

Gehn wir zu des Maien Lustbereiche,
Der ist in seiner ganzen Fülle da.
Schauet ihn und schauet edle Frauen,
Was dem Andern wohl an Schönheit weiche,
Ob ich mir nicht das bessre Theil ersah.
Ja wenn mich Einer wählen hiesse, 10
Dass ich Eines für das Andre liesse,
Ach wie so bald entschied ich mich:
Herr Mai, ihr müsstet Jenner sein,
Eh ich von meiner Herrin wich!

5.
AUSFAHRTSEGEN.

Mit sælden müeze ich hiute ûf stên,
got hêrre, in dîner huote gên
und rîten, swar ich in dem lande kêre.
Krist hêrre, lâz mir werden schîn
die grôzen kraft der güete dîn,
unt pflic mîn wol dur dîner muoter êre. 20
als ir der heilig engel pflæge,
unt dîn, dô du in der kripfen læge,
junger mensch unt alter got,

dêmüetic vor dem esel und vor dem rinde
(und doch mit sælderîcher huote
pflac dîn Gabriêl der guote
wol mit triuwen sunder spot),
als pflig ouch mîn, daz an mir iht erwinde
daz dîn vil götelîch gebot.

Mit Segen lass mich heut erstehn,
Herr Gott, in deinem Schutze gehn
Und reiten, wohinaus mein Weg sich kehre;
Herr Christ, an mir gieb an den Tag,
Was Deiner Güte Kraft vermag,
Und steh mir bei zu Deiner Mutter Ehre.
Wie ihr der Engel half, der gute, 30
Dir, der in der Krippe ruhte,
Jung als Mensch, als Gott so alt,
Demüthig vor dem Esel und dem Rinde
(Und doch mit himmlisch treuem Sorgen
Hielt Dich Gabriel geborgen

Vor Gefahren mannigfalt): 10
So schütz auch mich, dass man nicht falsch mich finde,
Noch gegen Deine Liebe kalt.

6.
GEFÄHRDETES GELEIT.

Ich saz ûf eime steine,
und dahte bein mit beine:
dar ûf sast ich den ellenbogen:
ich hete in mîne hant gesmogen
daz kinne und ein mîn wange.
dô dâhte ich mir vil ange,
wie man zer welte solte leben:
deheinen rât kond ich gegeben, 20
wie man driu dinc erwurbe,
der keines niht verdurbe.
diu zwei sint êre und varnde guot,
daz dicke ein ander schaden tuot:
daz dritte ist gotes hulde,
der zweier übergulde.
die wolte ich gerne in einen schrîn.
jâ leider des enmac niht sîn,

daz guot und weltlich êre
und gotes hulde mêre
zesamene in ein herze komen.
stîg unde wege sint in benomen:
untriuwe ist in der sâze,
gewalt vert ûf der strâze:
fride unde reht sint sêre wunt.
diu driu enhabent geleites niht,
diu zwei enwerden ê gesunt.

Ich sass auf einem Steine,
Da deckt' ich Bein mit Beine,
Darauf der Ellenbogen stand;
Es schmiegte sich in meine Hand
Das Kinn und eine Wange.
Da dacht ich sorglich lange
Dem Weltlauf nach und irdschem Heil;
Doch wurde mir kein Rath zu Theil, 20
Wie man drei Ding erwürbe,

Dass ihrer keins verdürbe.
Die zwei sind Ehr und zeitlich Gut,
Das oft einander Schaden thut;
Das dritte Gottes Segen,
An dem ist mehr gelegen:
Die hätt ich gern in einen Schrein.
Ja leider mag es nimmer sein,
Dass Gottes Gnade kehre
Mit Reichthum und mit Ehre
Je wieder in dasselbe Herz;
Sie finden Hemmung allerwärts:
Untreu' hält Hof und Leute,
Gewalt fährt aus auf Beute;
So Fried als Recht sind todeswund:
Die dreie haben kein Geleit,
die zwei denn werden erst gesund.

7.

DEUTSCHLAND ÜBER ALLES.

Ir sult sprechen willekomen: 10
der iu mære bringet, daz bin ich.
allez daz ir habt vernomen,
daz ist gar ein wint: nû frâget mich.
ich wil aber miete:
wirt mîn lôn iht guot,
ich sage iu vil lîhte daz iu sanfte tuot.
seht waz man mir êren biete.
Ich wil tiuschen frowen sagen
solhiu mære daz si deste baz
al der werlte suln behagen: 20
âne grôze miete tuon ich daz.
waz wold ich ze lône?
si sint mir ze hêr:
sô bin ich gefüege, und bite si nihtes mêr
wan daz si mich grüezen schône.
Ich hân lande vil gesehen
unde nam der besten gerne war:
übel müeze mir geschehen,
kunde ich ie mîn herze bringen dar
daz im wol gevallen
wolde fremeder site.
nû waz hulfe mich, ob ich unrehte strite?

tiuschiu zuht gât vor in allen.
Von der Elbe unz an den Rîn 10
und her wider unz an Ungerlant
mugen wol die besten sîn,
die ich in der werlte hân erkant.
kan ich rehte schouwen
guot gelâz unt lîp,
sem mir got, sô swüere ich wol daz hie diu wîp
bezzer sint danne ander frouwen.
Tiusche man sint wol gezogen,
rehte als engel sint diu wîp getân.
swer si schildet, derst betrogen: 20
ich enkan sîn anders niht verstân
tugent und reine minne,
swer die suochen wil,
der sol komen in unser lant: da ist wünne vil:
lange müeze ich leben dar inne!

Heisst mich froh willkommen sein, 10
Der euch Neues bringet, das bin ich.
Eitle Worte sinds allein,
Die ihr noch vernahmt; jetzt fraget mich.
Wenn ihr Lohn gewähret
Und den Sold nicht scheut,
Will ich Manches sagen, was die Herzen freut:
Seht, wie ihr mich würdig ehret.
Ich verkünde deutschen Fraun
Solche Dinge, dass sie alle Welt
Noch begierger wird zu schaun: 20
Dafür nehm ich weder Gut noch Geld.
Was wollt ich von den Süssen?
Sie sind mir zu hehr:
Drum bescheid ich mich und bitte sie nichts mehr,
Als dass sie mich freundlich grüssen.
Lande hab ich viel gesehn,
Nach den Besten blickt ich allerwärts.
Übel möge mir geschehn,
Wenn sich je bereden liess mein Herz,
Dass ihm wohl gefalle
Fremder Lande Brauch:
Wenn ich lügen wollte, lohnte mir es auch?
Deutsche Zucht geht über alle.
Von der Elbe bis zum Rhein 10

Und zurück bis her an Ungerland,
Da mögen wohl die Besten sein,
Die ich irgend auf der Erden fand,
Weiss ich recht zu schauen
Schönheit, Huld und Zier,
Hilf mir Gott, so schwör ich, dass sie besser hier
Sind als andrer Länder Frauen.
Züchtig ist der deutsche Mann,
Deutsche Fraun sind engelschön und rein;
Thöricht, wer sie schelten kann, 20
Anders wahrlich mag es nimmer sein;
Zucht und reine Minne,
Wer die sucht und liebt,
Komm in unser Land, wo es noch beide giebt,
Lebt' ich lange nur darinne!

8.
DER OPFERSTOCK

Ahî wie kristenlîche nû der bâbest lachet,
swenne er sînen Walhen seit 'ich hânz alsô gemachet'!
(daz er dâ seit, des solt er niemer hân gedâht.)
er giht 'ich hân zwên Almân under eine krône brâht,
daz siz rîche sulen stœren unde wasten.
ie dar under füllen wir die kasten:
ich hâns an mînen stoc gement, ir guot ist allez mîn:
ir tiuschez silber vert in mînen welschen schrîn.
ir pfaffen, ezzent hüenr und trinkent wîn,
unde lânt die tiutschen .... vasten.' 10

Ei! wie so christlich mag der Pabst in Rom nun lachen,
Wenn er zu seinen Wälschen spricht? 'Seht, solches kann ich machen!'
(Was er da spricht, das hätt er besser nie gedacht!)
'Zwei Alemannen hab ich unter Einen Hut gebracht.
Nun müssen sie das Reich zerstören und belasten:
Unterdessen füllen wir die Kasten:
Zinspflichtig sind sie meinem Stock und all ihr Gut ist mein;
Ihr deutsches Silber fährt in meinen wälschen Schrein:
Ihr Pfaffen esset Hühner, trinket Wein:
Und lasst die Deutschen .... fasten.' 20

9.
ALLVATER.

Swer âne vorhte, hêrre got,
wil sprechen dîniu zehen gebot,
und brichet diu, daz ist niht rehtiu minne.

dich heizet vater maneger vil:
swer mîn ze bruoder niht enwil,
der spricht diu starken wort ûz krankem sinne.
wir wahsen ûz gelîchem dinge:
spîse frumet uns, diu wirt ringe,
sô si dur den munt gevert.
wer kan den hêrren von dem knehte scheiden,
swa er ir gebeine blôzez fünde,
het er ir joch lebender künde,
sô gewürme dez fleisch verzert? 10
im dienent kristen juden unde heiden,
der elliu lebenden wunder nert.

Wer deine zehn Gebote spricht
So furchtlos und sie dennoch bricht,
Mein Herr und Gott, dem fehlt noch wahre Minne:
So mancher wohl dich Vater nennt:
Wer mich als Bruder nicht erkennt,
Der spricht das starke Wort mit schwachem Sinne.
Wir wachsen All' aus gleichem Samen,
Die Speise schwindet, die wir nahmen,
Wenn sie Nahrung uns gewährt.
Wer kann den Knecht vom Herrn noch unterscheiden,
(Kannt er auch beide wohl im Leben,) 20
Wird ihm ihr bloss Gebein gegeben,
Nachdem Gewürm das Fleisch verzehrt?
Dem dienen Christen, Juden sowie Heiden,
Der alle lebenden Wunder nährt.

10.
ELEGIE.

Owê war sint verswunden alliu mîniu jâr!
ist mir mîn leben getroumet, oder ist ez wâr?
daz ich ie wânde daz iht wære, was daz iht?
dar nâch hân ich geslâfen und enweiz es niht.

nû bin ich erwachet, und ist mir unbekant
daz mir hie vor was kündic als mîn ander hant.
liut unde lant, dâ ich von kinde bin erzogen,
die sint mir frömde worden reht als ez sî gelogen.
die mîne gespilen wâren, die sint træge unt alt.
vereitet ist daz velt, verhouwen ist der walt:
wan daz daz wazzer fliuzet als ez wîlent flôz,
für wâr ich wânde, mîn unglücke wurde grôz.
mich grüezet maneger trâge, der mich bekande ê wol.
diu welt ist allenthalben ungenâden vol. 10
als ich gedenke an manegen wünneclîchen tac,
die mir sint enpfallen gar als in daz mer ein slac,
iemer mêre ouwê.
Owê wie jæmerlîche junge liute tuont!
den unvil riuweclîche ir gemüete stuont,
die kunnen nû wan sorgen: owê wie tuont si sô?
swar ich zer werlte kêre, dâ ist nieman frô:
tanzen unde singen zergât mit sorgen gar:
nie kristenman gesach sô jæmerlîchiu jâr

nû merkent wie den frouwen ir gebende stât:
die stolzen ritter tragent dörpellîche wât.
uns sint unsenfte brieve her von Rôme komen,
uns ist erloubet trûren und fröide gar benomen.
daz müet mich inneclîchen (wir lebten ie vil wol),
daz ich nû für mîn lachen weinen kiesen sol.
die wilden vogel die betrüebet unser klage:
waz wunders ist, ob ich dâ von vil gar verzage?
waz spriche ich tumber man durch mînen bœsen zorn?
swer dirre wünne volget, der hât jene dort verlorn 10
iemer mêr ouwê.
Ouwê wie uns mit süezen dingen ist vergeben!
ich sihe die [bittern] gallen mitten in dem honege sweben:
diu Welt ist ûzen schœne, wîz grüen unde rôt,
und innân swarzer varwe, vinster sam der tôt.
swen si nû habe verleitet, der schouwe sînen trôst:
er wirt mit swacher buoze grôzer sünde erlôst.
dar an gedenkent, ritter: ez ist iuwer dinc.

ir tragent die liehten helme und manegen herten rinc,
dar zuo die vesten schilte und diu gewîhten swert.
wolte got, wær ich der sigenünfte wert!

sô wolte ich nôtic man verdienen rîchen solt.
joch meine ich nicht die huoben: noch der hêrren golt
ich wolte sælden krône êweclîchen tragen:
die möhte ein soldenære mit sîme sper bejagen.
möht ich die lieben reise gevaren über sê,
sô wolte ich denne singen 'wol' und niemer mêr 'ouwê'. 10

O weh, wohin verschwunden ist so manches Jahr?
Träumte mir mein Leben, oder ist es wahr?
Was stäts mich wirklich däuchte, war's ein trüglich Spiel?
Ich habe lang geschlafen, dass es mir entfiel,
Nun bin ich erwachet und ist mir unbekannt,
Was mir so kund einst war wie diese jener Hand.
Leut' und Land, die meine Kinderjahre sahn,
Sind mir so fremde jetzt, als wär' es Lug und Wahn.
Die mir Gespielen waren, sind nun träg' und alt,
Umbrochen ist das Feld, verhauen ist der Wald;
Nur das Wasser fliesset, wie es weiland floss:
Ja gewiss, ich bin des Unglücks Spielgenoss.
Mich grüsset mancher lau, der mich einst wohlgekannt,
Die Welt fiel allenthalben aus der Gnade Stand. 10
Weh', gedenk' ich jetzt an manchen Wonnetag,
Der mir nun zerronnen ist, wie in das Meer ein Schlag:
Immer mehr O weh'!
Weh', wie beschwert die jungen Leute trüber Sinn!
Die einst in Glück und Freud ihr Leben brachten hin,
Sie wissen nur von Sorgen. Weh', wie thun sie so?
Wohin ich blick' und schaue, find' ich niemand froh.
Das Tanzen, Singen, das vergeht vor Sorgen gar;
Nie sah man unter Christen solche Jammersjahr.
Seht nur der Frauen Schmuck, der einst so zierlich stand;
Die stolzen Ritter tragen bäurisches Gewand.
Uns sind ungnädige Briefe jüngst von Rom gekommen:
Uns ist erlaubt zu trauern, Freude gar benommen;
Nun schmerzt mich sehr (wir lebten ehmals wonnevoll),
Dass ich mein Lachen jetzt für Weinen tauschen soll.
Die Vögel in den Lüften dauert unsre Noth:
Was Wunder, wenn es mich betrübt bis in den Tod?
Was sprech' ich dummer Mann im Schmerz manch unnütz Wort?
Wer dieser Wonne folgen will, der misset jene dort 10
Immer mehr O weh'!
O weh', wie hat man uns mit Süssigkeit vergeben!
Ich seh' die Galle mitten in dem Honig schweben;

Die Welt ist aussen lieblich, weiss und grün und roth,
Doch innen schwarzer Farbe, finster wie der Tod;
Wen sie verleitet hat, der suche Trost und Heil;
Für kleine Busse wird ihm Gnade noch zutheil.
Daran gedenket, Ritter, es ist euer Ding:
Ihr tragt die lichten Helme und manchen harten Ring,
Dazu den festen Schild und das geweihte Schwert.
Wollte Gott, ich wär' für ihn zu streiten werth,
So wollt' ich armer Mann verdienen reichen Sold;
Nicht mein' ich Hufen Landes, noch der Fürsten Gold:
Ich trüge Krone selber in der Engel Heer:
Die mag ein Söldner wohl erwerben mit dem Speer.
Dürft' ich die liebe Reise fahren über See,
So wollt' ich ewig singen Heil und nimmermehr O weh! 10

SIMROCK.

ULRICH VON LICHTENSTEIN.

[*Scherer D.* 211, *E.* 202.]

Ein steierischer Ritter, geboren um 1200, gestorben 1276. Sein
'Frauendienst,' in den seine Lieder eingeschaltet sind, ist 1255 verfasst und
enthält seine Liebesmemoiren. Sein 'Frauenbuch,' 1257 verfasst, ist
satirischen Charakters. Herausgegeben von Lachmann (Berlin 1841).

In dem walde süeze dœne
singent cleiniu vogelîn!
an der heide bluomen schœne
blüejent gegen des maien schîn.
alsô blüet mîn hôher muot
mit gedanken gegen ir güete,
diu mir rîchet mîn gemüete

sam der troum den armen tuot.
Ez ist ein vil hôch gedinge
den ich gegen ir tugenden trage,
daz mir noch an ir gelinge:
daz ich sælde an ir bejage.
des gedingen bin ich vrô.
got geb daz ichz wol verende,

daz si mir den wân iht wende,
der mich freut sô rehte hô.
Si vil süeze, valsches âne 10
vrî vor allem wandel gar,
lâze mich in liebem wâne
di wîl ez niht baz envar;
daz diu vreude lange wer,
daz ich weinent iht erwache,
daz ich gegen dem trôste lache,
des ich von ir hulden ger.
Wünschen unde wol gedenken
dêst diu meiste vreude mîn:
des sol mir ir trôst niht wenken, 20
si enlâze mich ir sîn
mit den beiden nâhen bî,
sô daz si mit willen günne
mir von ir sô werder wünne
daz si sælic immer sî.
Sælic maie, dû aleine
trœstest al di welde gar:
dû und al diu werlt gemeine
vreut mich minr dann umb ein hâr. 30
wie möht ir mir vreude geben
âne die vil lieben guoten?

von der sol ich trôstes muoten;
wan ir trôstes muoz ich leben.

In dem Walde süsse Töne
Singen kleine Vögelein;
An der Haide blühen schöne
Blumen in des Maien Schein
Also blüht mein hoher Muth,
Wenn er denkt an ihre Güte,
Die mir reich macht mein Gemüthe,
Wie der Traum den Armen thut.
Hoffnung hat auf hohe Dinge
Die Erwartung mir gestellet,
Dass mir noch an ihr gelinge,
Süsses Loos mir einst noch fällt.
Der Erwartung freu' ich mich:
Gebe Gott, dass ichs beende,
Dass sie mir den Wahn nicht wende,

Der mich freut so inniglich.
Die viel süsse Wohlgethane, 10
Frei von allem Wandel gar,
Lasse mich im lieben Wahne,
Bis es endlich werde wahr,
Dass die Freude lange währe,
Dass ich weinend nicht erwache,
Noch dem Trost entgegen lache
Und der Huld, die ich begehre.
Wünschen nur und süss Gedenken
Ist die meiste Freude mein.
Will sie mir den Trost nur schenken, 20
Dass ich stäts ihr dürfe sein
Mit den beiden nahe bei,
Will sie das mit Willen leiden,
Mir so holdes Glück bescheiden,
Wünsch' ich, dass sie selig sei.
Süsser Maie, du alleine
Tröstest Alle wunderbar;
Mich erfreust du im Vereine
Mit der ganzen Welt kein Haar:
Möchtest du mir Freude geben 30
Ausser ihr, der Lieben, Süssen?
Trösten kann mich nur ihr Grüssen:
Ihres Trostes will ich leben.

SIMROCK.

REINMAR VON ZWETER.

[*Scherer* D. 212, E. 204.]

Ein Spruchdichter adligen Standes, Schüler Walthers von der Vogelweide, wurde ums Jahr 1200 am Rhein geboren, verlebte seine Jugend in Österreich, siedelte um 1234 nach Böhmen über und führte von 1241 an ein unstätes Wanderleben an mitteldeutschen Höfen. Er starb um 1260 zu Essfeld in Franken. Herausgegeben von Röthe (Leipzig, 1885).

1.

Swer bannen wil unt bannen sol,

der hüete daz sîn ban ‖ iht sî vleischlîches zornes vol:
swâ vleischlich zorn in banne steckt, ‖ dazn ist niht rehter Gotes ban.
Swes ban mit Gote ist unt in Gote,
der wirbet wol nâch Gote ‖ als ein gesanter Gotes bote:
swer des bannes niht ‖ envürhtet, der ist niht ein wîser man.
Swer under stôle vluochet, schiltet, bennet
unt under helme roubet unde brennet, 10

der wil mit beiden swerten strîten.
mac daz geschehen in Gotes namen,
sô darf sich Sente Pêter schamen,
daz er des niht ‖ enphlac bî sînen zîten.

Wer bannen will und bannen soll,
Der hüte sich: sein Bann ‖ sei nicht von Fleisches Zorne voll:
Wo fleischlich Zorn im Banne ‖ sich birgt, das ist kein rechter Gottesbann.
Wer mit Gott nur und in Gott bannt,
Der thut nach Gottes Wort, ‖ er ist ein Bote gottgesandt:
Wer solchen Bann nicht fürchtet, ‖ der dünket wahrlich mich kein weiser Mann.
Wer in der Stola bannen will und ächten
Und unterm Helme rauben, brennen, fechten,
Der will mit beiden Schwertern streiten.
Ist solches Thun gottseliglich,
Dann schäme du, St. Peter, dich,
Dass du nicht so ‖ gethan zu deinen Zeiten.

2.

Von Rîne sô bin ich geborn,
in Ôsterrîche erwahsen, ‖ Bêheim hân ich mir erkorn 10
mêre durch den hêrren, ‖ dan durch daz lant: doch beide sint si guot.
Der hêrre ist guot, sîn lant ist sam:
wan deich mich einer dinge ‖ sêre bî in beiden scham,
daz mich nieman wirdet, ‖ éz ensî ob erz al eine tuot.
Wære ich bî Gote im vrône himelrîche
unt heten mich die sîne unwerdiclîche,
daz dûhte mich ein missewende:

ich hân den künec al eine noch
unt weder ritter noch daz roch:
mich stiuret niht ‖ sîn alte noch sîn vende.

Am Rheine da bin ich geboren,
In Östreich auferwachsen, ‖ *Böhmen, hab ich mir erkoren*
Mehr um des Fürsten willen, ‖ *als um das Land: doch sind sie beide gut.* 20
Der Fürst ist gut mitsammt dem Lande:
Wenn mich nur nicht beschämte ‖ *bei beiden eine bittre Schande!*
Es will mich Niemand ehren, ‖ *es sei denn dass der Fürst allein es thut.*
Wär' ich bei Gott am hehren Himmelsthrone
Und diente dort den Seinen auch zum Hohne,
Das schüfe Kummer mir und Trauer.
Den König hab ich einzig nur
Und keine andre Schachfigur:
Mir hilft kein Thurm, ‖ *kein Läufer, Springer, Bauer.*

NEIDHART VON REUENTHAL.

[*Scherer D.* 213, *E.* 204.]

Ein baierischer Ritter. Er nahm am Kreuzzuge Leopolds VII. von Österreich (1217–1219) Theil und lebte dann zu Wien, am Hofe Herzog Friedrichs des Streitbaren († 1246). Herausgegeben von Haupt (Leipzig 1858).

'Nu ist der küele winder gar zergangen;
diu naht ist kurz, der tac beginnet langen;
sich hebet ein wunneclîchiu zît
diu al der werlde vreude gît; 10
baz gesungen nie die vogele ê noch sît.
Komen ist uns ein liehtiu ougenweide:
man siht der rôsen wunder ûf der heide;
die bluomen dringent durch daz gras.

wie schône ein wise getouwet was,
dâ mir mîn geselle zeinem kranze las!
Der walt hât sîner grîse gar vergezzen;
der meie ist ûf ein grüenez zwî gesezzen;
er hât gewunnen loubes vil.
bint dir balde, trûtgespil:
dû weist wol daz ich mit einem ritter wil.'
Daz gehôrte der mägde muoter tougen.
sî sprach "behalte hinne vür dîn lougen.
dîn wankelmuot ist offenbâr. 10

wint ein hüetel um dîn hâr:
dû muost ân die dînen wât, wilt an die schar.”
'Muoter mîn, wer gap iu daz ze lêhen
daz ich iuch mîner wæte solde vlêhen?
dern gespunnet ir nie vadem.
lâzet ruowen solhen kradem.
wâ nû slüzzel? sliuz ûf balde mir daz gadem.'

Diu wât diu was in einem schrîne versperret.
daz wart bî einem staffel ûf gezerret.
diu alte ir leider nie gesach.
dô daz kint ir kisten brach,
dô gesweic ir zunge, daz sî niht ensprach.
Dar ûz nam sî daz röckel alsô balde.
daz was gelegen in maneger kleinen valde.
ir gürtel was ein rieme smal.
in des hant von Riuwental
warf diu stolze maget ir gickelvêhen bal. 10

'Nun ist der kühle Winter gar zergangen,
Die Nacht ist kurz, der Tag beginnt zu langen:
Uns kommt die wonnigliche Zeit,
Die Freude aller Welt verleiht,
Die Vögel sangen nie so lustig weit und breit.
Gekommen ist uns lichte Augenweide, 20
Der Rosen wunderviel sind auf der Haide,
Die Blumen dringen durch das Gras;
Von Thaue war die Wiese nass,
Wo mir mein Gesell zu einem Kranze las.
Der Wald hat seiner greisen Tracht vergessen, 20
Der Mai ist auf dem grünen Zweig gesessen,
Gewonnen hat er Laubes viel:
Nun schmück dich bald, mein traut Gespiel;
Du weisst, dass ich dahin mit einem Ritter will.'
Die Mutter hörte das und wollt es rügen:
'Nun lass hinfort dein Leugnen und dein Lügen.
Dein Wankelmuth ist offenbar.
Wind ein Kränzlein um dein Haar,
Denn ohne Kleider musst du, willst du zu der Schar.'
'Mutter mein, wer gab euch das zu Lehen 30
Dass ich euch sollt um meine Kleider flehen,
Davon ihr keinen Faden spannt?
Stellt solchen Lärmen ein zuhand.

Wo ist der Schlüssel? schliesst mir auf die Leinewand.'
Das Linnen war in einen Schrein versperret,
Der ward mit einem Stuhlbein aufgezerret;
Die Alte sahs nicht mehr hernach.
Als das Kind die Kiste brach,
Verstummt war ihre Zunge, dass sie nichts mehr sprach.
Sie nahm hervor das Röcklein trotz der Alten;
Das war gelegt in viele kleine Falten;
Ihr Gürtel war ein Riemen schmal.
Hin zu dem von Reuenthal
Warf die stolze Magd den bunten Federball. 20

SIMROCK.

DER TANNHÄUSER.

[*Scherer* D. 214, *E.* 206.]

Minnesänger. Aus dem salzburgischen Geschlechte von Tanhusen, führte etwa von 1240–1270 ein abenteuerliches Wanderleben und hielt sich am baierischen, am österreichischen und an andern Höfen auf. Herausgegeben in v. d. Hagens 'Minnesinger' Nr. 90.

Mîn frouwe diu wil lônen mir
der ich sô vil gedienet hân.
des sult ir alle danken ir:
si hât sô wol ze mir getân.

si wil daz ich ir wende den Rîn
daz er für Kobelenze iht gê:
sô wil si tuon den willen mîn.
mag ich ir bringen von dem sê
des grienes, dâ diu sunne, gêt
ze reste, sô wil si mich wern.
ein Sterne dâ bî nâhe stêt,
des wil si von mir niht enbern.
ich hân den muot
swaz si mir tuot, 10
daz sol mich allez dunken guot.
si hât sich wol an mir behuot, diu reine:
sunder got aleine,

sô weiz die frouwen nieman diech dâ meine.
Ich muoz dem mânen sînen schîn
benemen, sol ich si behaben:
sô lônet mir diu frowe mîn,
mag ich die werlt al umbegraben.
Meht ich gefliegen als ein star,
sô tæt diu liebe des ich ger, 20
und hôhe sweiben als ein ar
und ich ze mâle tûsent sper

zertæte als mîn her Gamuret
vor Kamvoleis mit rîcher tjost,
sô tæt diu frouwe mîne bet:
sus muoz ich haben hôhe kost.
ich hân den muot,
swaz si mir tuot,
daz sol mich allez dunken guot
si hât sich wol an mir behuot, diu reine:
sunder got aleine,
sô weiz die frouwen nieman diech dâ meine. 10
Si giht, müg ich der Elbe ir fluz
benemen, sô tuo si mir wol,
dar zuo der Tuonowe iren duz:
ir herze ist ganzer tugende vol.
den salamander muoz ich ir
gebringen ûz dem fiure her,
sô wil diu liebe lônen mir
und tuot ze mir des ich dâ ger.
mag ich den regen und den snê
erwenden, des hœr ich si jehen, 20
dar zuo den sumer und den klê,
sô mac mir liep von ir geschehen.
ich hân den muot,
swaz si mir tuot,
daz sol mich allez dunken guot.

si hât sich wol an mir behuot, diu reine:
sunder got aleine,
sô weiz die frouwen nieman diech dâ meine.

Die Herrin will die Dienste mir
Vergelten, die sie hat empfahn:
Das sollt ihr Alle danken ihr;

Sie hat so wohl an mir gethan.
Wenn ich ihr wenden kann den Rhein,
Dass er nicht mehr vor Coblenz geh,
So will sie thun den Willen mein:
Weiss ich den Sand ihr von der See
Zu bringen, drein die Sonne sinkt
Zur Ruh, so will sie mir gewähren;
Den Stern auch, der darüber blinkt:
Den will sie nicht von mir entbehren.
Mir ist zu Muth,
Was sie mir thut, 10
Das soll mich Alles dünken gut.
Sie nahm an mir die Ehr in Hut, die reine;
Ausser Gott alleine,
So weiss die Holde Niemand, die ich meine.
Ich muss dem Monde seinen Schein
Benehmen, wenn ich sie soll haben:
So lohnet mir die Fraue mein,
Mag ich die Erde rings umgraben;
Sieht sie mich fliegen wie ein Staar,
So thut sie, was ich nur begehre, 20
In Lüften schweben wie ein Aar,
Dazu auf einmal tausend Speere
Verthun, wie einst Herr Gamuret
Mit reicher Tjost vor Kanvoleis,
So thut sie, was ich lang gefleht,
Sie wird mir hold um solchen Preis.
Mir ist zu Muth,
Was sie mir thut,
Das soll mich alles dünken gut.
Sie nahm an mir die Ehr in Hut, die reine;
Ausser Gott alleine
So weiss die Holde Niemand, die ich meine. 10
Nehm ich der Elbe nur den Fluss,
So thut sie Alles, was sie soll,
Der Donau nur den jähen Schuss;
Ihr Herz ist ganzer Tugend voll.
Den Salamander muss ich ihr
Nur aus dem Feuer bringen her,
So will die Liebe lohnen mir
Und leisten jegliches Begehr.
Mag ich den Regen und den Schnee
Verhindern, das verhiess sie mir, 20

Dazu den Sommer und den Klee,
So mag mir wohlgeschehn von ihr.
Mir ist zu Muth,
Was sie mir thut,
Das soll mich Alles dünken gut.
Sie nahm die Ehr an mir in Hut, die reine,
Ausser Gott alleine
So weiss die Holde Niemand, die ich meine.

GOTTFRIED VON NEIFEN.

[*Scherer D.* 215, *E.* 207.]

Ein schwäbischer Ritter, dessen Name in würtembergischen Urkunden zwischen 1234–1255 erscheint. Herausgegeben in v. d. Hagens Minnesinger IV, 80; und von Haupt (Leipzig 1851).

Nu stêt diu liebe heide bar
der wunnenclîchen bluomen und der liehten rôsen rôt.
der walt hât sich enkleidet gar:
des lîdent aber diu kleinen vogellîn vil grôze nôt.
waz klage ich tumber vogele sanc?
wan klage ich niht die swæren zît
daz ich der minneclîchen hân gedienet allez âne danc? 10

Si lône mir, si lône niht,
sô ist si doch mîs herzen trôst und ouch diu vrowe mîn.
ich diene ouch ir, swaz mir geschiht.
si muoz diu êrste und ouch mîn leste unz an mîn ende sîn.

ir ougen blic der vie mich sô
daz ich von ir niht scheiden mac,
swie selten mich diu herzeliebe hât gemachet frô.

Sist tougen in mîs herzen grunt
die ich von êrst ze herzelieber frouwen mir erkôs.
dâ von sô wirt ez ungesunt.
was schât der lieben daz si schœne ist unde dâ bî lôs?
von liebe kan ich niht gesagen:
mir wart sô liebes nie niht mêr;

des wolde ich ûf genâde gerne ein glüendez îsen tragen. 10

Nun steht die liebe Haide bar
Der wonniglichen Blumen und der lichten Rosen roth.
Entkleidet hat der Wald sich gar:
Drum leiden wieder kleine Vögelein so grosse Noth.
Was klag ich Thor der Vöglein Sang?
Was klag ich nicht die schwere Zeit, 20
Da ich der Minniglichen dienen musste sonder Dank?

Sie lohne mir, sie lohne nicht,
Sie ist doch meines Herzens Trost und ist die Fraue mein.
Ich dien ihr, was sie immer spricht,
Sie muss die Erste, Letzte mir bis an mein Ende sein.
Sie fieng mich mit der Augen Pracht,
Dass ich nicht scheiden mag von ihr,
Wie selten mich die Herzgeliebte noch hat froh gemacht.

Sie wohnt in meines Herzens Grund,
Die ich schon früh zu lieber Herrin mir erwählte frei:
Davon wird es krank und wund;
Was mag ihr schaden, dass sie schön ist und auch los dabei?
Von Freude weiss ich nicht zu sagen;
Doch freut nichts Andres mich so sehr,
Darauf um Gnade wollt ich gern ein glühend Eisen tragen. 20

SIMROCK.

DER MARNER.

[*Scherer* D. 217, *E.* 209.]

Ein bürgerlicher Fahrender, Schüler Walthers von der Vogelweide. Er wirkte vierzig oder fünfzig Jahre bis gegen 1270, verfasste deutsche und lateinische Gedichte und wurde nach einem Spruche Rumelants als blinder, gebrechlicher Greis ermordet. Herausgegeben von Strauch (Strassburg 1876).

Sing ich dien liuten mîniu liet,
sô wil der êrste daz

wie Dieterîch von Berne schiet,
der ander, wâ künc Ruother saz,
der dritte wil der Riuzen sturm, sô wil der vierde Ekhartes nôt,
der fünfte wen Kriemhilt verriet,
dem sehsten tæte baz
war komen sî der Wilzen diet.
der sibende wolde eteswaz
Heimen ald hern Witchen sturm, Sigfrides ald hern Eggen tôt.
sô wil der ahtode niht wan hübschen minnesanc.
dem niunden ist diu wîle bî den allen lanc. 10
der zehend enweiz wie,
nû sust nû sô, nû dan nû dar, nû hin nû her, nû dort nû hie.
dâ bî hæte manger gerne der Nibelunge hort.
der wigt mîn wort
ringer danne ein ort:
des muot ist in schatze verschort.

sus gât mîn sanc in manges ôre, als der mit blîge in marmel bort.
sus singe ich unde sage iu, des iu niht bî mir der künec enbôt.

Singe ich den Leuten meine Lieder,
so will der Erste das,
wie Dietrich von Bern schied,
der Andere, wo König Ruother sass;
der Dritte will der Russen Sturm: so will der Vierte Eckharts Noth,
der Fünfte, wen Kriemhilt verrieth; 20
dem Sechsten wäre lieber,
wohin der Wilzen Volk gekommen sei;
der Siebente wollte etwa
Heimes oder Herrn Wittichs Kampf, Siegfrieds oder Herrn Egges Tod.
So will der Achte dabei nur höfischen Minnesang;
dem Neunten ist bei alledem die Weile lang;
der Zehnte weiss nicht wie:
nun so, nun so, nun fort, nun da, nun hin, nun her, nun dort, nun hier;
dabei hätte Mancher gern der Nibelungen Schatz;
der schätzt mein Wort 30
geringer als ein Loth,
des Sinn ist in Geld vergraben.
So geht mein Sang in Manches Ohren, wie wer mit Blei in Marmor bohrt;
so singe ich und sage ich, wovon euch der König nichts durch mich bestellte.

HEINRICH FRAUENLOB.

[*Scherer* D. 217, E. 210.]

Meister Heinrich von Meissen, Frauenlob genannt, ein fahrender Sänger; geboren zu Meissen 1250, gestorben 1318 zu Mainz. Gedichte herausgegeben von Ettmüller (Quedlinburg 1843). Frauenlob soll zu Mainz die erste Meistersängerschule gegründet haben.

1.

Ich saz ûf einer grüene[191]
unt dâhte an maneger hande dinc,
wie ich die werlt behielte, und ouch gên[192] Gote iht wurde linc[193];
dô kunde ich nie erdenken daz,
daz mir iht töhte[194] ûf solher hande ger[195].
Mîn blœdekeit wart küene 10
gedanke der ich vil verschriet[196];
al nâch der werlte tücke[197] mîn kintheit[198] mir die wizze[199] riet,
daz nieman ûf der êren saz[200]
kum âne schaz: daz wart mîns herzen swer[201].
Ich strâfte vrouwen Êren,
ich sprach 'ir sît ein kranke meit, lât ir iuch schaz verkêren.'
si sûfte, unt sprach 'du tumber,
schaz hât mich leider überwegen[202].
man mac mîn wol mit schazze pflegen:
schaz âne tugent dêst[203] gegen mir ein kumber.' 20

2.

Swer Gotes brôt wil niezen[204] unt sîn bluot darzuo,
sîn bîhte er tuo
ûz volles herzen gierde[205],
sînes geistes wierde[206]
habe kiuschen muot unt reinez leben; in sô hôher zierde
kein bruch[207] in jage von Kristes ê[208]; mit kreften des gelouben
Er sol die Gotes vorhte in wârer minne haben,
umb sie begraben
der werlde lop, ir prîsen;
er sol sich bewîsen 10

den vîenden sîn ein voller vriunt, wil er sich wol spîsen,
der ûzer lust sol sînen muot niht innekeit berouben.
Er sol ouch lûterlich vergeben
schult, missetât unt widerstreben,
sô mac er weben
ein heilec leben;
sîn herze ist Gotes tempel eben;
Krist kan in solhen himeln sweben:
die sô niht nemen daz lebende brôt, wê in, wê in, den touben![209]

3.

Wie tœtet man die sorgen? 20
wie wirt verwunnen[210] allez leit?
wie wirt gekrenket[211] swære, wie senftet man grôz arebeit?
wie leschet man des zornes vluot?
wie wirt verschart[212] daz triwe muoz jâmer klagen?
Wie tar[213] trôst vorhte bringen?
wie wirt verjagt haz unde nît?
wie salbet man den smerzen, der senfteberndiu[214] herzen gît,
nâch liebe sende[215] heilen tuot?
swer vlêhet mich, dem wil ichz allez sagen.

Seht, als diu sunne erliuhtet
den luft und alle vinsterheit, baz dürren[216] muot erviuhtet[217]
ein reinez angesihte.
daz touwet[218], regenet süezen lust
in mannes herze, in mannes brust:
jâ, wîbes name, der wunsch ist dir gerihte[219].

THOMASIN VON ZIRCLARIA.

[*Scherer* D. 222, E. 214.]

Ein Italiener, aus Friaul gebürtig, Domherr zu Aquileja. Sein Sittengedicht
'Der wälsche Gast' verfasst 1216; herausgegeben von H. Rückert
(Quedlinburg 1852).

Ich wil daz einr den andern êre,
wellnt si volgen zühte lêre.

ir deheiner sol zeiner tür
den andern allen dringen vür. 10
Bêde frouwen unde herren
sulen vrömede liute êren:
ist sîn ein vrömeder man niht wert,
si habent sich selben geêrt;
ist sîn aver wert der,
sô habent si sîn bêde êr.
man enweiz niht wer der vrömede ist:
dâ von êre man in zaller vrist.
swenn ze hove kumt ein vrömeder gast,

diu kint suln im dienen vast
sam er wær ir aller herre:
daz ist der zühte wille und lêre.
si sulen haben kiuschiu wort:
wan daz ist der zühte hort.
Ein vrouwe sol sich sehen lân,
kumt zir ein vrömeder man:
swelihiu sich niht sehen lât,
diu sol ûz ir kemenât
sîn allenthalben unerkant; 10
büeze alsô, sî ungenant.
ein vrouwe sol niht vrevelîch
schimphen: daz stât vröuwelîch.
ich wil ouch des verjehen:
ein vrouwe sol niht vast an sehen
einn vrümeden man: daz stât wol.
ein edel juncherre sol
bêde rîter unde vrouwen
gezogenlîche gerne schouwen.
Ein juncvrouwe sol senfticlîch 20
und niht lût sprechen sicherlîch.
ein juncherre sol sîn so gereit
daz er vernem swaz man im seit,
sô daz ez undurft sî
daz man im sage aver wî.

zuht wert den vrouwen alln gemein
sitzen mit bein über bein.
ein juncherr sol ûf ein banc,
si sî kurz ode lanc,
deheine wîse stên niht,

ob er einn rîtr dâ sitzen siht.
ein vrouwe sol ze deheiner zît
treten weder vast noch wît.
wizzet daz ez ouch übel stêt,
rît ein rîtr dâ ein vrouwe gêt. 10
ein vrouwe sol sich, daz geloubet,
kêren gegen des pherftes houbet
swenn si rîtet: man sol wizzen,
si sol niht gar dwerhes sitzen.
ein rîter sol niht vrevelîch
zuo vrouwen rîten; sicherlîch,
ein vrouwe erschraht hât dicke getân
den sprunc der bezzer wær verlân.
swer sînem rosse des verhenget,
daz ez eine vrowen besprenget, 20
ich wæne wol daz sîn wîp
ouch âne meisterschaft belîp.
zuht wert den rîtern alln gemein
daz si niht dicke schowen ir bein
swenn si rîtnt: ich wæne wol
daz man ûf sehen sol.
ein vrowe sol recken niht ir hant,

swenn si rît, vür ir gewant;
si sol ir ougen unde ir houbet
stille haben, daz geloubet.
ein juncherr unde ein rîter sol
hie an sich ouch behüeten wol,
daz er sîn hende habe still,
swenner iht sprechen wil.
er sol swingen niht sîn hende
wider eins vrumen mannes zende.
swer der zuht wol geloubet, 10
der sol setzn ûf niemens houbet
sîn hant, der tiuwerr sî dan er,
noch ûf sîn ahsel: daz ist êr.
Wil sich ein vrowe mit zuht bewarn,
si sol niht âne hülle varn;
si sol ir hül ze samen hân,
ist si der garnatsch ân:
lât si am lîbe iht sehen par,
daz ist wider zuht gar.
ein rîter sol niht vor vrouwen gên 20

parschinc, als ichz kan verstên.
ein vrouwe sol niht hinder sich
dicke sehen, dunket mich:
si sol gên vür sich geriht

und sol vil umbe sehen niht,
gedenke an ir zuht über al,
ob si gehœre deheinen schal.
ein juncvrouwe sol selten iht
sprechen, ob mans vrâget niht.
ein vrowe sol ouch niht sprechen vil,
ob si mir gelouben wil;
und benamen swenn si izzet,
sô sol si sprâchen niht, daz wizzet.
Man sol sich zem tische vast bewarn, 10
der nâch rehte wil gebârn,
da gehœret grôziu zuht zuo.
ein iegelîch biderb wirt der tuo
war ob si habent alle gnuoc.
der gast der sî sô gevuoc
daz er tuo diu glîche gar,
sam er dâ nihtes neme war.
swelich man sich rehte versinnet,
swenner ezzen beginnet,
so enrüer niht wan sîn ezzen an 20
mit der hant: deist wol getân.
man sol daz brôt ezzen niht
ê man bring d' êrsten riht.
ein man sol sich behüeten wol
daz er niht legen sol
bêdenthalben in den munt.
er sol sich hüeten zuo der stunt
daz er trinke und spreche niht
di wîl er hab im munde iht.

swer mit dem becher zem gesellen
sich kêrt sam er im geben welle,
ê ern von dem munde tuo,
den hât der wîn gebundn derzuo
swer trinkend ûz dem becher siht,
daz stât hüfschlîche niht.
ein man sol niht sîn ze snelle,
daz er neme von sîme gesellen,

daz im dâ gevellet wol,
wan man sînhalb ezzen sol. 10
man sol ezzen zaller vrist
mit der hant diu engegen ist.
sitzet dîn gesell ze der rehten hant,
mit der andern iz zehant.
man sol ouch daz gerne wenden
daz man nien ezz mit bêden henden.
man sol ouch niht sîn ze snelle,
daz man tuo mit sîme gesellen
in die schüzzel sîne hant,
wan er nimt si ûz ze hant. 20
der wirt sol ouch der spîse enpern

der sîn geste niht engern,
diu in ist ungemeine.
der wolf izzet gerne eine:
der olbent izzet eine niht,
ob er des wilds iht bî im siht.
dem volget der wirt mit êren baz
dann dem wolve, wizzet daz.
der wirt nâch dem ezzen sol
daz wazzer geben: daz stât wol.
dâ sol sich dehein kneht 10
denne dwahen: daz ist reht.
wil sich dwahen ein juncherre,
der sol gân einhalp verre
von den rîtrn und dwahe sich tougen:
daz ist hüfsch und guot zen ougen.

Ich will, dass Einer den Andern ehre,
wenn sie der Zucht Lehre folgen wollen.
Keiner von ihnen soll an einer Thür
den andren allen sich vordrängen. 10
Sowohl Frauen als Männer
sollen fremde Leute ehren:
ist ein fremder Mann dessen nicht werth,
so haben sie sich selbst geehrt;
ist er aber dessen werth,
so haben sie beide Ehre davon.
Man weiss nicht, wer der Fremde ist,
deshalb ehre man ihn zu aller Zeit.
Wenn ein fremder Gast zu Hof kommt,

so sollen die (adelichen) Jünglinge ihm eifrig dienen,
als ob er ihrer aller Herr wäre:
das ist die Lehre und der Wille der Zucht;
sie sollen bescheidne Worte sprechen:
denn dies ist der Schatz der Zucht.
Eine Frau soll sich sehen lassen,
wenn ein fremder Mann zu ihr kommt:
die welche sich nicht sehn lässt,
die wird ausser ihrem Gemach
allenthalben unbekannt sein; 10
sie büsse es also, und sei ungenannt.
Eine (adeliche) Frau soll nicht keck
scherzen: das steht ihr weiblich.
Ich will auch das sagen:
eine Frau soll nicht viel ansehn
einen fremden Mann: das steht ihr wohl.
Ein edler Junker soll
sowohl Ritter als Frauen
züchtig gern anschauen.
Eine Jungfrau soll sanft 20
und nicht laut sprechen sicherlich.
Ein Junker soll so flink sein,
dass er verstehe, was man ihm sagt,
so dass es nicht Noth sei,
dass man ihm wieder sage, wie.
Zucht wehrt den Frauen allen gemeinsam
mit dem Bein über dem Bein zu sitzen.
Ein Junker soll auf eine Bank,
sei sie kurz oder lang,
in keiner Weise treten,
wenn er einen Ritter da sitzen sieht.
Eine Frau soll zu keiner Zeit
weder schnell noch weit ausschreiten.
Wisset, dass es auch übel steht,
reitet ein Ritter, wo eine Frau geht. 10
Eine Frau soll sich, das glaubet,
kehren gegen des Pferdes Haupt,
wenn sie reitet: man soll wissen,
sie soll nicht gar quer sitzen.
Ein Ritter soll nicht keck
auf Frauen losreiten sicherlich:
eine Frau erschreckt hat oft gethan
einen Sprung der besser unterlassen worden wäre.

Wer seinem Rosse das erlaubt,
dass es eine Frau bespritzt, 20
ich wähne wohl, dass dessen Frau
auch keinen guten Meister habe.
Zucht wehrt den Rittern allen gemeinsam,
dass sie nicht viel ihr Bein besehen,
wenn sie reiten: ich wähne wohl,
dass man in die Höhe sehn soll.
Eine Frau soll nicht ihre Hand,
wenn sie reitet, aus ihrem Gewand hervorstrecken;
sie soll ihre Augen und ihr Haupt
still halten, das glaubt.
Ein Junker und ein Ritter soll
auch das wohl in Acht haben,
dass er die Hand still halte,
wenn er etwas sprechen will:
er soll seine Hände nicht schwingen
gegen die Zähne eines braven Mannes.
Wer der Zucht wohl huldigt, 10
der soll auf Niemandes Haupt
seine Hand legen, der vornehmer ist als er,
noch auf seine Achsel: das ist Ehre.
Will sich eine Frau mit Zucht bewahren,
so soll sie nicht ohne Mantel gehn;
sie soll ihren Mantel zusammenhalten,
wenn sie kein langes Oberkleid hat:
lässt sie am Körper etwas bloss sehn,
das ist gar wider die Zucht.
Ein Ritter soll nicht vor Frauen gehn 20
mit nackten Schenkeln, wie ich es verstehn kann.
Eine Frau soll nicht viel
hinter sich sehn, däucht mir:
sie gehe vor sich hin gerade
und sehe sich nicht viel um,
gedenke an ihre Zucht überall,
wenn sie irgend einen Lärm hört.
Eine Jungfrau soll selten etwas
sprechen, wenn man sie nicht fragt.
Eine Frau soll auch nicht viel sprechen,
wenn sie mir glauben will;
und besonders, wenn sie isst,
so soll sie nicht sprechen, das wisst.
Man soll sich bei Tische sehr in Acht nehmen, 10

wenn man sich geziemend betragen will
(da gehöret grosse Zucht zu).
Ein jeder brave Wirth der habe
Acht, ob sie alle genug haben;
der Gast der sei so höflich,
dass er dem gleich thue,
als ob er da nichts bemerke.
Wenn ein Mann sich recht darauf versteht:
wenn er zu essen beginnt,
so rühre er nur sein Essen an 20
mit der Hand: das ist wohl gethan.
Man soll nicht das Brod essen,
ehe man die ersten Gerichte bringt.
Ein Mann soll sich wohl hüten,
dass er nicht nehmen soll
auf beiden Seiten in den Mund.
Er soll sich zur Stund hüten,
dass er nicht trinke und spreche,
während er etwas im Munde hat.
Wer mit dem Becher zu dem Nachbarn
sich kehrt, als ob er ihm geben wollte,
ehe er ihn von dem Mund thut,
den hat der Wein daran gebunden.
Wer trinkend aus dem Becher sieht,
das ist höfischer Sitte nicht gemäss.
Ein Mann soll nicht zu schnell sein,
dass er von seinem Genossen nimmt,
was ihm da wohl gefällt;
denn man soll nur seinen Theil essen. 10
Man soll essen zu aller Zeit
mit der Hand, die entgegen ist.
Sitzt der Freund zur rechten Hand,
so iss sofort mit der andern Hand.
Man soll auch das gern vermeiden,
dass man nie mit beiden Händen esse.
Man soll auch nicht zu schnell sein,
dass man mit dem Tischgenossen
in die Schüssel seine Hand thue,
wenn er sie eben herausnimmt. 20
Der Wirth soll auch der Speise entbehren,
deren seine Gäste nicht begehren,
und die ihnen nicht genehm ist.
Der Wolf isst gern allein,

das Kameel isst nicht allein
wenn es irgend ein Thier bei sich sieht.
Diesem folgt der Wirth mit Ehren besser
als dem Wolfe, wisset das.
Der Wirth soll nach dem Essen
das Wasser geben, das steht ihm wohl.
Da soll sich kein Knecht 10
dann (die Hände) waschen, das ist recht;
will sich ein Junker (die Hände) waschen,
der gehe weit seitwärts
von den Rittern und wasche sich heimlich:
das ist höfisch und gesund für die Augen.

FREIDANK.

[*Scherer D.* 223, *E.* 215.]

Ein Fahrender, wahrscheinlich aus Schwaben. W. Grimm hat in ihm mit Unrecht den Walther von der Vogelweide vermuthet. Er diente im Kreuzheer Friedrichs II und schrieb einen Theil seines Gedichts in Syrien. Er nannte dasselbe 'Bescheidenheit' d. i. 'Lebensweisheit.' Herausgegeben von W. Grimm (Göttingen 1834, 1860); Bezzenberger (Halle 1872).

Ich bin genant Bescheidenheit,
diu aller tugende krône treit;
mich hât berihtet Frîdanc

ein teil von sinnen die sint kranc.
Gote dienen âne wanc
deist aller wîsheit anevanc.
Swer umbe dise kurze zît
die êwigen fröude gît,
der hât sich selben gar betrogen
und zimbert ûf den regenbogen.
[swenne der regenboge zergât,
sone weiz er, wâ sîn hûs stât.][220]
Swer die sêle wil bewarn,
der muoz sich selben lâzen varn.
Swer Got minnet, als er sol,
des herze ist aller tugende vol.

Swer âne Got sich wil begân,
der mac niht stæter êren hân.
Swer Got niht fürhtet alle tage,
daz wizzet, deist ein rehter zage.
Swelch mensche lebt in Gotes gebote,
in dem ist Got und er in Gote.
Got hœhet alle güete, 20
und nidert hôchgemüete.
Gote ist niht verborgen vor,
er siht durch aller herzen tor.
Ez sî übel oder guot,
swaz ieman in der vinster tuot,
od in dem herzen wirt erdâht,
daz wirt doch gar ze liehte brâht.

Al diu werlt lôn enpfât
von Gote, als si gedienet hât.
Vil selten ieman missegât,
swer sîniu dinc an Got verlât.
Wir suln mit allen sinnen
Got fürhten unde minnen.
Der werlde drô unde ir zorn
ist hin ze Gote gar verlorn,
man muoz im flêhen unde biten;
er fürhtet niemens unsiten. 10
Diu aller kleinste Gotes geschaft
vertriffet aller werlde kraft.
Got geschuof nie halm sô swachen
den ieman müge gemachen;
der engel, tiuvel noch der man,
ir keinz ein flôch gemachen kan.
Got hât allen dingen gegeben
die mâze wie si sulen leben.
Got bezzer mâze widert gît,
dan wir im mezzen zaller zît; 20
die liute snîdent unde mænt
von rehte als si den acker sænt:
Got kan uns gerihte geben,
dâ nâch als wir hie leben.
Got rihtet nâch dem muote
ze übele unde ze guote.
[Ein iegelîcher lôn enpfât
dar nâch, als im sîn herze stât.

der wille ie vor den werken gât
ze guote und ouch ze missetât.]
Got der durch alliu herzen siht,
den möhte al diu werlt niht
erbiten eins unrehtes:
er enwil niht tuon wan slehtes;
ein kleine kint erbæte in wol
des man in ze rehte biten sol.
Got zweier slahte willen hât,
die er uns beide wizzen lât: 10
er tuot wol allez daz er wil;
er verhenget ouch unbildes vil.
und ræche en halbez daz er mac,
sô stüend diu werlt niht einen tac.
Wolte uns Got in pînen lân,
als lange wir gesündet hân
[(daz sîn genâde wende!),
sô würdes niemer ende.]
hete wir den himel zebrochen,
ez würde eins tages gerochen. 20
diu buoch sagent uns vür wâr,
ein tac sî dâ tûsent jâr.
Got alliu dinc geschaffen hât:
nieman er gar wizzen lât

waz krefte in sînen dingen sî:
da ist meisteil allez wænen bî.
Si jehent, got habe der werlde gegeben
michel êre unt senftez leben:
doch ist ir senfte nie sô grôz,
unsenfte sî dâ hûsgenôz.
selten mir ie liep geschach,
da enwæren drîzec ungemach.
Diu zît sælde nie gewan
dâ man gotes vergizzet an. 10
Man vergizzet gotes dicke
von süezem aneblicke.
Got manegen dienst enphâhet,
daz tôren gar versmâhet.
die brosmen sint vor Gote wert,
der nieman obe tische gert.
Wir geheizen alle Gote mê,

dan iemer mit den werken ergê.
Durch sünde nieman lâzen sol,
ern tuo doch eteswenne wol. 20
niemens guottât wirt verlorn,
wan der zer helle wirt geborn.
Swer niht rehte mac geleben,
der sol doch nâch rehte streben.
Got niht unvergolten lât
swaz ieman guotes begât:

dekeiner slahte missetât
er ouch ungerochen lât.
Gotes gebot niht übergât
wan der mensche den er geschaffen hât:
vische, vogele, würme und tier
hânt ir reht baz danne wir.
Got hôrte Môyses gebet,
daz er den munt nie ûf getet:
swes noch ein reinez herze gert,
des wirt ez âne wort gewert. 10
des mundes bete ist leider kranc
âne des herzen fürgedanc.
Mennegelîches gewizzenheit
vor gote sîne schulde seit.
Wist Got allez daz geschiht
ê er iht geschüefe, od wiste ers niht?
die wîsen jehent, er wiste ez wol
daz ie was unde geschehen sol.
Got himel und erden umberinc
geschuof und dar in alliu dinc. 20
Got geschuof ein engel, der sît wart
ein tiuvel durch sîn hôchvart;
dar nâch geschuof er einen man:

die zwên nieman versüenen kan.
Got wiste ir strît wol und ir haz
ê ers geschüefe, und über daz
geschuof si Got. wer schuldic sî,
daz scheide ouch got: der was dâ bî.
Wer mac den strît gescheiden
under kristen, juden, heiden
wan Got der si geschaffen hât
und alliu dinc ân iemens rât?

der wiste wol ir aller strît, 10
ê ers geschüefe, und ouch ir nît.
War umbe ein mensche sî verlorn,
daz ander sî ze genâden erkorn,
swer des vrâget, dêst ze vil:
Got mac und sol tuon swaz er wil.
swaz Got mit sînre geschepfede tuot,
daz sol uns allez dunken guot.
waz mac der haven sprechen,
wil in sîn meister brechen?
als lützel muge wir wider Got 20
sprechen, kumt uns sîn gebot.
swie der haven vellet,

er wirt vil lîhte erschellet;
er valle her oder hin,
der schade gât ie über in.

Ich bin genannt Bescheidenheit,
die aller Tugenden Krone trägt;
Mich hat Freidanc gedichtet
zum Theil aus schwachen Sinnen.
Gott zu dienen ohne Wank,
das ist aller Weisheit Anfang.
Wer für diese kurze Zeit
die ewige Freude hingiebt,
der hat sich selbst gar betrogen
und baut auf dem Regenbogen.
Wenn der Regenbogen zergeht,
So weiss er nicht, wo sein Haus steht.
Wer die Seele bewahren will,
der muss sich selbst fahren lassen.
Wer Gott liebt, wie er soll,
dessen Herz ist aller Tugenden voll.
Wer ohne Gott leben will,
der wird nicht stäter Ehren geniessen.
Wer Gott nicht fürchtet alle Tage,
das wisst, der ist ein wahrer Feigling.
Welcher Mensch nach Gottes Gebot lebt,
in dem ist Gott, und er in Gott.
Gott erhöhet alle Güte 20
und erniedrigt Hochmuth.
Vor Gott ist nichts verborgen:

er sieht durch aller Herzen Thor.
Es sei übel oder gut,
was Jemand im Finstern thut,
oder was im Herzen erdacht wird,
das wird doch ganz ans Licht gebracht.
Alle Welt empfängt Lohn
von Gott, wie sie verdient hat.
Sehr selten geht Jemand fehl,
wer sich in seinen Sachen auf Gott verlässt.
Wir sollen mit allen Sinnen
Gott fürchten und lieben.
Der Welt Drohen und ihr Zorn
ist bei Gott ganz verloren:
man muss ihn flehen und bitten,
er fürchtet Niemandes Unsitte. 10
Das kleinste Geschöpf Gottes
übertrifft aller Menschen Kraft.
Gott schuf nie einen Halm so schwach,
dass ihn Jemand machen könnte;
weder Engel, Teufel noch Mensch,
ihrer keiner kann einen Floh machen.
Gott hat allen Dingen gegeben
das Mass, wie sie leben sollen.
Gott giebt besseres Mass wieder,
als wir ihm messen in aller Zeit. 20
Die Leute schneiden und mähen
mit Recht, wie sie den Acker säen:
Gott kann uns Gericht geben,
je nachdem wir hier leben.
Gott richtet nach dem Herzen
im Bösen und im Guten.
Ein Jeglicher empfängt Lohn
danach, wie ihm sein Herz steht.
Der Wille geht stäts den Werken vorher
zum Guten und zur Missethat.
Gott, der durch alle Herzen sieht,
den könnte die ganze Welt nicht
zu einem Unrecht bewegen:
er will nichts thun, als was recht und schlecht ist;
ein kleines Kind könnte von ihm wohl erbitten,
worum man ihn erbittet rechtmässig.
Gott hat zweierlei Willen,
die er uns beide wissen lässt: 10

er thut wohl Alles, was er will;
er lässt auch viel Unrecht zu.
Und rächte er nur die Hälfte von dem, was er mag,
so stünde die Welt nicht einen Tag.
Wollte uns Gott in der Strafe lassen,
so lange als wir gesündigt haben
(möge seine Gnade das abwenden!),
so würde dessen nimmer ein Ende.
Und hätten wir den Himmel zerbrochen,
es würde eines Tags gerächt. 20
Die Bibel sagt uns fürwahr,
ein Tag sei da tausend Jahr.
Gott hat alle Dinge geschaffen:
er lässt Niemand recht wissen,
was für Kraft in seinen Dingen sei:
da ist meistens nur Wahn dabei.
Sie sagen, Gott habe der Welt gegeben
grosse Ehre und frohes Leben:
doch ist ihre Freude nie so gross,
Leid sei denn der Hausgenoss.
Selten geschah mir je etwas Liebes,
ohne dass dreissigfaches Ungemach dabei gewesen wäre.
Die Zeit gewann nie Heil,
darin man Gottes vergisst. 10
Man vergisst Gottes oft
wegen eines süssen Anblicks.
Gott nimmt manchen Dienst an,
der den Thoren verächtlich erscheint.
Die Brosamen sind vor Gott werth,
der Niemand an dem Tisch begehrt.
Wir verheissen alle Gott mehr,
Als je mit der That geschieht.
Wegen Sünde soll Niemand unterlassen,
doch manchmal Gutes zu thun. 20
Niemandes gute Thaten werden verloren,
ausser wer zur Hölle geboren.
Wer nicht recht leben kann,
der soll doch nach dem Rechten streben.
Gott lässt nicht unvergolten,
was Jemand Gutes thut:
keine Art Missethat
bleibt auch ungestraft.
Gottes Gebot übertritt Niemand

ausser der Mensch, den Er geschaffen hat:
Fische, Vögel, Würmer und Thiere
halten ihr Gesetz besser als wir.
Gott hörte Moses' Gebet,
obgleich er den Mund nie aufthat:
wonach ein reines Herz begehrt,
das wird ihm ohne Wort gewährt. 10
Des Mundes Gebet ist leider schwach
ohne des Herzens Vorgedenken.
Jedes Menschen Gewissen
sagt vor Gott seine Schuld.
Wusste Gott Alles was geschieht,
ehe Er etwas schuf, oder wusst' er's nicht?
Die Weisen sagen, er wusste es wohl,
was je war und noch geschehen soll.
Gott schuf Himmel und den Erdkreis
und darin alle Dinge. 20
Gott schuf einen Engel, der nachher
ein Teufel durch seine Hoffahrt wurde;
danach schuf er einen Menschen:
die beiden kann Niemand versöhnen.
Gott wusste wohl ihren Streit und ihren Hass,
ehe er sie schuf, und trotzdem
schuf sie Gott: wer schuldig sei,
das entscheide auch Gott: der war dabei.
Wer mag den Streit scheiden
unter Christen, Juden, Heiden
ausser Gott, der sie geschaffen hat
und alle Dinge ohne Jemandes Rath?
Der wusste wohl ihrer aller Streit, 10
ehe er sie schuf, und auch ihren Hass.
Warum der eine Mensch verloren sei
und der andere zu Gnaden erkoren,
wer danach fragt, das ist zu viel:
Gott kann und soll thun, was er will.
Was auch Gott mit seinen Geschöpfen thut,
das soll uns Alles dünken gut.
Was kann der Topf sagen,
will ihn sein Meister zerschlagen?
Ebenso wenig mögen wir wider Gott 20
sprechen, kommt sein Gebot zu uns.
Wie auch der Topf fällt,
gar leicht wird er zerschellet;

er falle her oder hin,
der Schade kommt immer über ihn.

DER STRICKER.

[*Scherer* D. 186, 225, *E.* 176, 217.]

Lebte in Österreich und dichtete zwischen 1225 und 1250. Unter seinen Werken ist 'der Pfaffe Amis', ein alter Eulenspiegel, am bekanntesten. Ausserdem sein 'Daniel von Blumenthal', nach dem Vorbild von Albrich von Besançon; 'Karl', eine Überarbeitung des Rolandsliedes vom Pfaffen Konrad, und kleine Erzählungen und Beispiele. 'Kleinere Gedichte von dem Stricker' herausgegeben von Hahn (Quedlinburg 1839); 'vom Verfall der Dichtkunst in Österreich' in Hagens Germania 2,82; 'von den Gauhühnern' in Pfeiffers Germania 6,457; der 'Pfaffe Amis' in Lambels 'Erzählungen und Schwänke' Nr. 1 (Leipzig 1872); 'Karl der Grosse' von Bartsch (Quedlinburg 1857).

1.
DER PFAFFE AMIS.

Nû hœret waz im dô geschach.
er kom da er einen probest sach,
alwære und einvaltic,
und was iedoch gewaltic
über ein vil michel guot.
dô riet dem phaffen sîn muot,
möht er den betriegen,   10
daz wær ein nützez liegen:
ez gülte im solhe miete,
daz er sîn hûs beriete
zeinem halben jâre.
an kleidern unde an hâre
schuof sich der trügenære

Als er ein gebûr wære.
. . . .
. . . .
da er den selben probest vant.
der begunde in vrâgen zehant,

war stüende sîn gemuot.
'ich bin ein man âne guot',
sprach der phaffe Âmîs;
'ouch stêt mîn muot ze solher wîs
daz ich niht wil nâch guote streben:
wand ich wil âne sünde leben,
unt wil unz an mîn ende 10
mîn herze unt mîne hende
gegen gote bieten swenne ich mac,
daz mir der ängestlîche tac
ze sælden müeze erschînen,
sô got mit den sînen
die sündære verteilet
di er nimmer mêr geheilet.'
nû sprach der phaffe Âmîs
sô wîse wort in leien wîs
daz der probest selbe sprach 20
'swaz ich leien ie gesach,
so vernam ich nie sô wîsen niht.
kunnet ir der buoche iht?'
'nein ich, herre,' sprach er.
'sît gote willekomen her',
sprach der probest aber dô:
triuwen, ich bin iuwer vrô.
sît ir sô wîse rede gebet
unt dar zuo âne sünde lebet,

sô sult ir tuon des ich iuch bite:
dâ wirt diz arm klôster mite
gebezzert ein michel teil,
unt wirt ouch iuwer sêle heil;
daz ir hie bî uns belîbet
und iuwer tage vertrîbet
die ir noch ze lebenne hât.
ich hœre wol daz iuwer rât
diz klôster helfen sol:
ir habet sô wîser sinne zol.' 10
dô sprach der phaffe Âmîs
'ich bin leider niht sô wîs
als von rehte ein klôsterman,
wan ich der phrüende niht enkan
sô wol gedienen als ich sol.'
'ir dienets' ûzer mâze wol',

sprach der alwære:
'sît unser schaffære
(dâ enscheide ich niht abe)
über allez daz diz klôster habe 20
dâ ûze oder dâ inne,
oder immer mê gewinne.
daz gibich iu vür iuwer sünde,
unt wil iwer urkünde
an dem jungisten tage sîn.
dâ zuo besliuzet unsern schrîn
dâ unser silber inne lît.'
dâ wider heter deheinen strît:

er enphie daz amt iesâ.
sus was der phaffe Âmîs dâ
wol vier wochen ode mê,
daz des amtes sît noch ê
nie sô wol gephlegen wart.
ez was sô rehte wol bewart
daz guot dâ mite er umbe gie,
daz des jâhen alle die,
die daz klôster hâte,
an bû unde an râte 10
kunder nimmer wîser wesen,
im möht diu sêle wol genesen,
dô si gesâhen wes er phlac:
sîn vaste diu was allen tac,
und az et wazzer unde brôt;
dar zuo leit er grôze nôt
von wachen unde von gebete.
nuo hœret waz er tete.
er vuort den probest besunder:
'ich wil iu sagen ein wunder', 20
sprach der phaffe Âmîs,
'ir sît sô getriu und sô wîs
daz ichz iu wol tuon kunt.
der engel ist nû drîstunt
zuo mir komen dâ ich lac
unde got ze vlêhen phlac:
der sprichet zallen zîten,
ich sül niht langer bîten,
ich sül die messe singen:
mir sül sô wol gelingen, 30

als ich daz messegewant
an mich gelege, daz ich zehant

der buoche ein wîser meister sî.
nû râtet mir durch die namen drî
waz iuch dar umbe dunket guot.
ich sagiu rehte mînen muot.
ich versuocht ez gerne, meht ez sîn,
sô niuwan iuwer unde mîn
in dem münster wære.
wil unser schephære
daz ich diu buoch kunnen sol,
daz kunnet ir vernemen wol. 10
ist daz ab ich betrogen bin,
sô habet ir sô getriuwen sin
daz ir mirz helfet verdagen.
diz sult ir nieman sagen,
unt sult swîgen durch got;
ich würde anders gar ein spot,
vernæme man daz mære
daz ich betrogen wære.'
der probest sprach 'des sît gewert:
ich tuon vil gerne swes ir gert. 20
entriwen, wir sülnz versuochen.
wir lesen an den buochen
von mangem der ze schuole nie
weder halben tac noch ganzen gie,

wan daz in got erkande
und im ze meister sande
sînen geist der im in kurzer stunt
alle wîsheit machte kunt.
wil got, daz mac ouch hie geschehen.
ist ez als ir mir habt verjehen,
sô ist iu nütze unde guot
daz ir vil willeclîche tuot
swaz der engel gebôt.'
nû wart dem probest harte nôt 10
daz er in bereite dâ zuo.
des anderen morgens vruo
vuort ern in daz münster hin,
und beslôz die tür nâch in.
dar nâch machter in bereit:

er het im schiere an geleit
daz beste messegewant.
dô huop der phaffe Âmîs zehant
von dem heilgen geiste, unde sanc
ein messe schœne unde lanc. 20
dô der probest daz vernam,
sîn herze in den gelouben quam,
swaz er læse od sunge,
daz ez mit alle erklunge
ûz des heilgen geistes munde;
wand er niht enkunde,
sô het er gesworen wol,
er wær des heilgen geistes vol.

do er gesanc unt gelas
unz der messe ein ende was,
dô vrâget er der mære
ob diu messe rehte wære.
der probest sprach 'si ist sô guot,
daz sich vröuwet mîn muot
deich künde iuwer ie gewan.
ir sît ein heilic man.
got hât grôz dinc durch iuch getân.
nû sult ir mich durch got lân 10
in iuwerm gebete sîn.'
'ich tuon' sprach er, 'herre min.'
der probest niht verdagte,
er enbôt unde sagte
diz mære swem er kunde.
in einer kurzen stunde
kom wunder phaffen dâ hin.
durch ir kärclîchen sin
wolten si in versuochen.
si begunden in von den buochen 20
starker mære vrâgen.
des beschiet er si âne bâgen,
unz si alle begunden jehen,
si enheten gehôrt noch gesehen
deheinen man sô wîsen
sô meister Âmîsen.
sus macht er mangen affen.
nuo seiten die phaffen

daz mære iesâ zehant
allenthalben in diu lant,
daz Âmîs der schaffære
ein heiliger phaffe wære;
wan von gotes lêre
würde nie kein man sô sêre
mit dem heilgen geiste bevangen.
geriten unt gegangen
kômen die lantliute gelîche,
beidiu arm unde rîche, 10
unt brâhten alle ir opher dar.
daz werte vier wochen gar,
daz er niuwan opher enphienc
unt daz liute zuo gienc
beidiu naht unde tac.
dô diu zuovart gelac,
nu wârn im tougenlîche bî
sîner knappen zwêne oder drî.
die hiez er daz si gâhten
und im diu ros brâhten. 20
des wurden si gemeit,
und wâren der künfte gereit.
si kômen an der selben naht.
nû het er trunken gemaht
beidiu bruoder unde knehte,
daz si lâgen rehte
als ob si wæren erslagen.
dô hiez der phaffe ûz tragen
silber unde golt drâte,
swaz man im gophert hâte, 30
daz des niht vergezzen wart.

sus brâht er mit im an die vart
wol zwei hundert marke.
dô gâht er harte starke
daz er âne schaden hin quam.
dô man daz mære vernam,
dô wart der probest überladen
mit grôzem zorne unde schaden;
dar zuo leit er grôzen spot.
die tumben liute lobten got
daz im sô leide was geschehen 10
durch daz wan si in hôrten jehen

daz sîn schaffære
ein heilic phaffe wære.
swaz dâ rede wart vernomen,
doch was er wol hin komen.
wolt ich die trügen alle sagen
die er begienc bî sînen tagen,
der würde mêr dan ze vil:
durch daz ich michs mâzen wil.
er was der êrste man 20
der solhes amptes ie began.

Nun höret, was ihm da geschah.
Er kam dahin, wo er einen Probst sah,
albern und einfältig,
und war doch mächtig
über ein sehr grosses Gut.
Da rieth dem Pfaffen sein Sinn,
könnte er den betrügen, 10
so wäre das ein nützliches Lügen:
es gälte ihm solchen Lohn,
dass er sein Haus versorgte
für ein halbes Jahr.
An Kleidern und am Haar
machte sich der Betrüger,
als ob er ein Bauer wäre.
. . . .
. . . .
Als er denselbigen Probst fand,
begann dieser ihn sogleich zu fragen,
wonach sein Sinn stände.
'Ich bin ein Mann ohne Gut',
sprach der Pfaffe Amis;
'auch steht mein Sinn so,
dass ich nicht will nach Gütern streben:
denn ich will ohne Sünde leben,
und will bis an mein Ende 10
mein Herz und meine Hände
zu Gott emporstrecken, so oft ich mag,
damit mir der angstvolle Tag
zum Heile erscheinen müsse,
wenn Gott mit den Seinen
die Sünder verurtheilet,
die er nimmer errettet.'

Nun sprach der Pfaffe Amis
so weise Worte auf Laien Art,
dass der Probst selbst sprach: 20
'So viel der Laien ich je sah,
so hört' ich doch nie einen so weisen.
Könnet ihr etwas von Büchern?'
'Nein, Herr,' sprach er.
'Seid Gott willkommen hieher',
sprach der Probst da wieder.
'Fürwahr, ich bin eurer froh.
Da ihr so weise Rede gebt
und dazu ohne Sünde lebt,
so sollt ihr thun, worum ich euch bitte:
damit wird dies arme Kloster
sehr viel gebessert,
und wird auch eurer Seele Heil:
dass ihr hier bei uns bleibet,
und eure Tage hier verlebt,
die ihr noch zu leben habt.
Ich sehe wohl, dass euer Rath
diesem Kloster nützen wird:
ihr habt die Gabe von so weisen Sinnen.' 10
Da sprach der Pfaffe Amis:
'Ich bin leider nicht so weise,
wie ein Klostermann von rechtswegen sein sollte,
so dass ich die Pfründe nicht
so gut verdienen kann, als ich sollte.'
'Ihr verdient es ausnehmend wohl',
sprach der Alberne:
'Seid unser Schaffner
(davon stehe ich nicht ab)
über Alles was dies Kloster hat 20
draussen oder drinnen,
oder jemals gewinne.
Das geb ich euch für eure Sünden,
und will euer Zeuge
am jüngsten Tage sein.
Dazu verschliesset unsern Schrank,
wo unser Silber drinnen liegt.'
Dagegen hatte er keinen Streit:
er empfieng das Amt sogleich.
So war der Pfaffe Amis da
wohl vier Wochen oder mehr,

so dass des Amtes weder seither noch früher
je so wohl gepflogen ward.
Es war so recht wohl bewahrt
das Gut, womit er umgieng,
dass es alle die sagten,
welche das Kloster hatte,
in der Verwaltung und im Rathe 10
könnte er weiser gar nicht sein;
ihm würde die Seele wohl gedeihn,
da sie sahen, was er that;
sein Fasten war jeden Tag,
und ass er nur Wasser und Brot;
dazu litt er grosse Noth
vom Wachen und vom Beten.
Nun höret, was er that.
Er führte den Probst abseits:
'Ich will euch ein Wunder sagen', 20
sprach der Pfaffe Amis:
'Ihr seid so getreu und weise,
dass ichs euch wohl kund thue.
Der Engel ist nun drei Mal
zu mir gekommen, wo ich lag
und Gott zu bitten pflegte.
Der spricht zu allen Zeiten,
ich soll nicht länger warten,
ich soll die Messe singen:
mir soll es so wohl gelingen, 30
sobald als ich das Messgewand
anlege, dass ich sogleich
ein weiser Meister in den Büchern sei.
Nun rathet mir bei den drei Namen,
was euch darüber gut dünkt.
Ich sage euch recht meinen Sinn:
ich versuchte es gern, wenn es sein könnte,
dass Niemand ausser euch und mir
in dem Münster wäre.
Will unser Schöpfer,
dass ich die Bücher verstehen soll,
das könnt ihr wohl sehn. 10
Ist es aber, dass ich betrogen bin,
so habt ihr so treuen Sinn,
dass ihr es mir verbergen helft.
Dies sollt ihr Niemand sagen

und sollt schweigen um Gottes Willen:
ich würde sonst gar zum Spott
vernähme man die Kunde,
dass ich betrogen sei.'
Der Probst sprach: 'Seid dessen versichert:
ich thue sehr gern, was ihr begehrt. 20
Fürwahr, wir wollen es versuchen.
Wir lesen in den Büchern
von Manchem, der nie zur Schule
einen halben Tag noch einen ganzen gieng,
nur dass ihn Gott erkannte
und ihm als Lehrer sandte
seinen Geist, der ihm in kurzer Frist
alle Weisheit kund machte.
Will es Gott, das mag auch hier geschehen.
Ist es so, wie ihr mir sagt,
so ist es euch nütze und gut,
dass ihr ganz willig thut,
was der Engel gebot.'
Nun ward es dem Probst sehr eilig, 10
dass er ihn dazu vorbereite.
Des andern Morgens früh
führte er ihn in den Münster hin,
und schloss die Thür nach ihm.
Danach machte er ihn bereit:
er hatte ihm schnell angelegt
das beste Messgewand.
Da begann der Pfaffe Amis sogleich
von dem Heiligen Geist und sang
eine Messe, schön und lang. 20
Als der Probst das vernahm,
da kam sein Herz zu dem Glauben,
dass, was er lese und singe,
durchaus erklinge
aus des Heiligen Geistes Munde;
da er (Amis) nichts gelernt hatte,
so hätte er wohl geschworen,
er wäre des Heiligen Geistes voll.
Als er gesungen und gelesen,
bis der Messe ein Ende war,
da fragte er danach,
ob die Messe richtig wäre.
Der Probst sprach: 'Sie ist so gut,

dass sich mein Herz freut,
dass ich jemals von euch Kunde erhielt.
Ihr seid ein heiliger Mann,
Gott hat grosse Dinge durch euch gethan.
Nun sollt ihr mich um Gottes Willen 10
in euerm Gebet sein lassen.'
'Ich thue es', sprach er, 'mein Herr.'
Der Probst verschwieg nichts,
er entbot und sagte
die Märe, wem er konnte.
In einer kurzen Zeit
kamen viele Pfaffen dahin:
durch ihre Schlauheit
wollten sie ihn versuchen.
Sie begannen ihn nach den Büchern 20
grosser Kunde zu fragen.
Er gab ihnen darauf Bescheid ohne Widerrede,
bis sie alle zu sagen anfiengen,
sie hätten weder gehört noch gesehn
irgend einen Mann so weise
als Meister Amis.
So machte er manchen zum Narren.
Nun sagten die Pfaffen
die Geschichte sogleich
allenthalben in den Landen,
dass Amis, der Schaffner,
ein heiliger Pfaffe wäre;
durch Gottes Lehre
wäre nie ein Mann so sehr
mit dem Heiligen Geist begabt worden.
Geritten und gegangen
kamen die Leute gleich,
arme und reiche, 10
und brachten alle ihr Opfer dar.
Das währte gar vier Wochen,
dass er nichts als Opfer empfieng,
und die Leute herbeikamen
Tag und Nacht.
Als der Zudrang sich legte,
da waren bei ihm heimlich
zwei oder drei seiner Knappen.
Denen befahl er, dass sie eilten
und ihm die Pferde brächten. 20

Des wurden sie froh,
und waren bereit zu kommen.
Sie kamen in derselben Nacht.
Nun hatte er trunken gemacht
die Brüder und die Diener,
dass sie da lagen gerade,
als ob sie erschlagen wären.
Da hiess der Pfaffe heraustragen
schnell Silber und Gold,
Alles was man ihm dargebracht hatte, 30
dass davon nichts vergessen ward.
So bracht' er mit sich auf die Fahrt
wohl zweihundert Mark.
Da eilte er sehr stark,
dass er ohne Schaden hinweg kam.
Als man die Geschichte gewahr ward,
da ward der Probst schwer beladen
mit grossem Zorn und Schaden;
dazu erlitt er grossen Spott.
Die dummen Leute lobten Gott,
dass ihm solches Leid geschehn 10
davon, dass sie ihn sagen hörten,
dass sein Schaffner
ein heiliger Pfaffe sei.
So viel Rede man da hörte,
doch war er wohl hinweggekommen.
Wollte ich all die Betrügereien sagen,
die er in seinen Lebtagen begieng,
davon würde es mehr als zuviel:
deshalb will ich mich dessen enthalten.
Er war der erste Mann, 20
der solches Geschäft je anfieng.

2.
DAS MÆRE VON DEN GAUHÜHNERN.

Ez was hie vor ein burcstat,
diu machte manegen riter mat.

ein riter wolte drûffe wesen
und wânde dâ vil wol genesen:
er bowete dâ ein veste
sô ers aller beste

drûffe gemachen kunde.
in einer kurzen stunde
warf si diu ertbibe nider.
dô bowete er aber hin wider
und verlôs ab sîne habe:
si brante im der doner abe. 10
sus wart er dicke hûslôs.
swie manic hûs er dâ verlôs,
so geviel im doch daz wesen dâ
baz danne iender anderswâ:
er bowete ie baz unde baz.
alsô lange tet er daz
daz er sîn guot verzerte
und sich diu stat erwerte
daz si ze jungest œde beleip
und ouch den riter dâ vertreip 20
und vertreip vil manegen sît.
nû habent gnuoge den strît
daz si dar ûf bouwent noch,
und erwert si sich in allen doch.
Diu stat lât iu sîn bekant:
si ist daz göuwe genant.
die des geniezen wolten
für baz dan si solten
und dar ûf bouweten veste

und der ie wurden geste,
der ist gewesen harte vil.
swer ûf daz göuwe zimbern wil
der hât vil schiere bejaget
daz man zallen zîten klaget
dem landesherren über in.
ze jungist sendet er dâ hin
und heizet daz hûs brechen.
sus kan sich daz göu rechen.
dâ ist des herren gwalt 10
zuo der ertbibe gezalt.
der herre schadet noch für baz.
diu ertbibe leibet etwaz,
so enleibent des herren boten niht:
daz beste daz von in geschiht
sô si daz göu rechent,
ob si daz hûs niht brechent,

sô wirt iz doch von in verbrant.
dâ hât der donr dar gesant
daz fiwer daz alsô rihtet 20
und die krumben voite slihtet.
daz göu hât sô grôze kraft,
an im wirt nieman sigehaft:
ez pflag ie des ez immer pfliget

daz ez in allen angesiget,
die ez niezen wellent âne reht.
ez sî riter oder kneht,
der muot dar ûf ze hûsen hât,
der sehe wie Kirchelinge stât:
daz stiezen göuhüenre nider.
den göuhüenren ist niht wider,
die heten ie vil grôzen prîs.
si lâzent rehte in tracken wîs
daz fiwer ûz dem munde gân. 10
in enmac ein burc niht vor gestân:
ders ungenædic wellent wesen
diu ist vor in vil ungenesen.
ir stimme ist ein donrslac,
si schrîent daz manz hœren mac
in dem lande über al.
ir zorn machet bürge val:
swie grôze veste ein burc habe,
si brennents oder stôzents abe,
alss Kirchelinge tâten. 20
man mags ungerne brâten,
sît si sich alsô rechent
dazs bürge nider brechent.

swie œde Kirchelinge stê,
der hiuse ist z'Œsterrîche mê
diez göu hât zebrochen.
er hât sich sô gerochen
daz sis noch alle enkolten
diez göu twingen wolten.
Swer muot ze stæten dingen hât
der neme die niht an sînen rât
die in ûf daz göu reizen
und in daz niezen heizen 10
und sprechen durch ir geslende

'herre, ir sît ellende
in iuwer besten künde.
daz ist ein michel sünde:
ir gebâret rehte in gastes wîs.
welt ir gwinnen grôzen prîs,
sô erzeiget iuch des muotes
daz ir lîbes unde guotes
ein meister unde ein herre sît,
und machet iwern gwalt wît. 20
habt riterlîchen mannes muot,
lât iu dienen liute und guot
in der gegende swes ez sî:
des enlâzet ir deheinen vrî.

ez kumet vil schiere an die vrist
daz daz ir beste vreude ist
daz si iwer hulde müezen hân
und sint iu gerne undertân.
sô fürhtent die rîchen iwer kraft,
die armen sint iu diensthaft.
wir kunnen mit gefüegen dingen
die liute wol dar zuo bringen
daz si iu dienent alle tage
mit guotem willen âne klage. 10
swaz wir mit guoten minnen
noch hiure ab in gewinnen,
daz müezens ouch ze jâre geben:
da geturrens nimmer wider streben,
sô müezen siz ouch iemer tuon,
swer iu hiure gît ein huon,
der gît iu âne geschrei
ze jâre driu ode zwei.
sô wehset iemer mêre
iwer frum und iwer êre 20
und werdet werder danne ê.
swelich gebûre iu wider stê,
den gewinnet zeinem muntman.
swaz er geleisten danne kan,
daz ist iemer iwer eigen.
sus sult irs alle neigen

mit listen unde mit gewalt,
sus werdet ir mit êren alt.'

Die ir herren alsô heizent leben,
daz sint verworhte râtgeben:
die enhânt nicht willen wan der zuo
daz er sîn guot mit in vertuo.
des æhtent si âne mâze,
si swelhen und si vrâze.
swie vaste si ûf daz göu streben
und niht wan roubes wellen leben, 10
si erkennent niht des göuwes kraft
und der göuhüenre meisterschaft.
diu kluckent etlîchem abe
den hals und alle sîne habe,
der gar wil sîn ein göustrûz.
si kluckent manegem d'ougen ûz
und füeze abe und hende.
sô dôwent si daz geslende.
swelch herre ir râte volgen wil
der gwinnet vînde harte vil, 20
daz im diu hüenre werdent sûr,
sînen ieglich sîn nâchgebûr
sînen dienest widersaget
und dem landesherren über in klaget.

daz ist der göuhüenre geschrei.
sô machent driu ode zwei
daz er muoz suochen einen tac,
dâ er niht über werden mac,
ezn müeze in kosten zehen pfunt.
dâ sint diu hüenre ungesunt.
daz muoz er von den rîchen hân,
den er daz laster hât getân.
noch sint die armen übersehen,
den der schade ist geschehen. 10
ê er den und gote gebüeze,
im wirt der hüenre süeze
ein sô bitterlîchiu siure
daz si in dunkent ungehiure.

Es war vordem ein Bauplatz für eine Burg,
der setzte manchen Ritter matt.
Ein Ritter wollte sich darauf niederlassen
und hoffte dort sehr wohl zu fahren:
er baute da eine Feste,

so gut er sie darauf
nur anlegen konnte.
Nach kurzer Zeit
warf sie ein Erdbeben nieder.
Da baute er eine zweite dahin
und verlor wiederum Hab und Gut:
ein Blitzstrahl äscherte sie ein. 10
So ward er wiederholt häuserlos.
Wie manches Haus er auch da verlor,
so gefiel ihm doch der Aufenthalt da
besser, als irgend wo anders:
er baute immer mehr und mehr.
Also lange that er das,
bis er sein Gut verzehrte,
während sich die Stätte behauptete,
so dass sie zuletzt öde blieb
und auch den Ritter vertrieb, 20
und vertrieb noch manchen seitdem.
Auch jetzt noch bemühen sich genug,
darauf zu bauen,
aber sie erwehrt sich ihrer aller.
Lasst euch die Stätte nennen:
sie heisst der Gau.
Die den mehr ausnützen wollten,
als sie sollten,
und darauf Burgen bauten
und die stäts wieder verlassen, mussten.
derer sind sehr viele gewesen.
Wer auf dem Gau zimmern will,
der hat sehr schnell erzielt,
dass man jeder Zeit über ihn
bei dem Landesherrn Klage führt.
Schliesslich sendet der (seine Leute) hin
und lässt das Haus brechen.
So kann der Gau sich rächen.
Vorhin wurde des Herren Gewalt 10
mit einem Erdbeben verglichen.
Der Herr schadet aber noch viel mehr.
Das Erdbeben schont doch noch etwas,
das aber thun des Herren Boten nicht:
das mindeste das von ihnen geschieht,
wenn sie den Gau rächen,
ist, wenn sie das Haus nicht niederbrechen,

dass es von ihnen verbrannt wird.
Dort hat der Blitzstrahl hingesandt
das Feuer, das also richtet 20
und die falschen Vögte auf den rechten Weg bringt.
Der Gau hat so grosse Gewalt,
über ihn erringt niemand den Sieg:
es pflegte noch stäts und pflegt auch heut'
über alle den Sieg davonzutragen,
die ihn wider Recht ausnützen wollen.
Sei es Ritter oder Knecht,
wer Absicht hat darin zu hausen,
der sehe, wie es mit Kirchlingen steht:
das stiessen die Gauhühner nieder;
den Gauhühnern widersteht nichts,
die hatten immer sehr grossen Ruhm.
Sie lassen ganz nach Drachenart
Feuer aus ihrem Munde gehn. 10
Vor ihnem kann keine Burg bestehn:
mit der sie es nicht gnädig machen wollen,
die ist vor ihnen unrettbar verloren.
Ihre Stimme ist ein Donnerschlag,
sie schreien, dass man sie hören kann
in dem Lande überall.
Ihr Zorn bringt die Burgen zu Fall:
Wie starke Befestigungen eine Burg auch habe,
sie brennen oder stossen sie nieder,
wie sie an Kirchlingen gethan. 20
Man wird sie lieber nicht braten,
da sie sich so kräftig rächen,
dass sie die Burgen niederbrechen.
Wenn Kirchlingen verödet liegt,
so sind der Häuser in Österreich mehr,
die der Gau gefällt hat.
Er hat sich so gerächt,
dass sie es noch jeder Zeit entgolten haben,
die den Gau zwingen wollten.
Wer an gesicherten Verhältnissen Gefallen hat,
der nehme die nicht zu Berathern,
die ihn gegen den Gau aufreizen
und ihn den auszupressen auffordern 10
und ihrer Schlemmerei zu Liebe sprechen:
'Herr, ihr seid ausgestossen
aus eurer eigensten Heimat.

Das ist eine wahre Sünde:
ihr lebt ganz wie ein fremder Gast.
Wollt ihr grossen Ruhm gewinnen,
so bethätigt eure Gesinnung,
dass ihr über Leib und Gut
Meister und Herr seid
und erweitert eure Gewalt. 20
Zeigt ritterlichen Mannes Muth,
lasst euch in der ganzen Landschaft Leute und Gut
dienen gleichviel, wem es angehört:
befreit keinen davon.
Bald kommt es dann so weit,
dass das ihre höchste Freude ist,
wenn sie eure Huld besitzen,
und dass sie euch gerne untergeben sind.
Dann fürchten die Mächtigen eure Kraft
und die Armen sind euch dienstbar.
Wir wissen Mittel und Wege,
die Leute dahin zu bringen,
dass sie euch tagtäglich
gutwillig ohne Klage dienen. 10
Was wir ihnen heuer noch
in Liebe abgewinnen,
das müssen sie auch übers Jahr geben:
da wagen sie nicht mehr zu widerstreben,
und dann müssen sie's auch immer thun.
Wer euch heuer ein Huhn giebt,
der giebt euch ohne Geschrei
übers Jahr zwei oder drei.
So wächst dann mehr und mehr
euer Nutzen und eure Ehre 20
und ihr werdet angesehener als vordem.
Wenn euch ein Bauer Widerstand leistet,
so gewinnt ihn zu eurem Schützling (Clienten).
Was er dann erarbeiten kann,
das ist immer euer eigen.
So sollt ihr alle unter euer Joch beugen
mit List oder mit Gewalt.
Dann werdet ihr mit Ehren alt.'
Die ihren Herren ein solches Leben empfehlen,
das sind verwünschte Rathgeber:
die haben damit keinen andern Zweck im Auge,
als dass er sein Gut mit ihnen verthun soll.

Das verfolgen sie masslos,
die Prasser und Fresser!
Wie sehr sie auch den Besitz des Gaus erstreben
und von nichts als Raub leben wollen, 10
so kennen sie doch nicht des Gaues Kraft
und der Gauhühner Meisterschaft.
Die brechen gar manchem
den Hals und bringen ihn um sein Gut,
der durchaus ein Gaustrauss sein will.
Sie reissen manchem die Augen aus
und Füsse und Hände ab.
So verdauen sie das Geschmauste.
Der Herr, der ihrem Rathe folgen will,
der erwirbt sich viel Feinde, 20
wenn ihm die Hühner aufsessig werden,
so dass ihm alle seine Nachbarn
ihren Dienst aufsagen
und beim Landesherren über ihn Klage führen.
Das ist der Gauhühner Geschrei;
dann bewirken zwei oder drei,
dass er einen Ausgleich suchen muss,
wo es ihm nicht erspart bleibt,
dass er zehen Pfund Strafe zahlen muss.
Dann sind die Hühner ungesund.
Das muss er von den Mächtigen hinnehmen,
denen er den Schimpf angethan.
Noch aber sind die Armen übersehen,
denen auch Schade geschehen ist. 10
Eh er vor denen und Gott sich rechtfertigt,
verwandelt sich ihm der Hühner Süssigkeit
in so bittere Säure,
dass sie ihm unlieblich erscheinen.

WERNER DER GÄRTNER.

[*Scherer D.* 227, *E.* 218.]

Ein Dichter aus dem damals baierischen, jetzt österreichischen Innviertel, verfasste um die Mitte des dreizehnten Jahrhunderts den 'Meier Helmbrecht', eine baierische Dorfgeschichte. Herausgegeben von Haupt in seiner Zeitschrift, Bd. 4; von Lambel 'Erzählungen und Schwänke' Nr. 3.

Dô si dô mit freuden gâzen,
der wirt niht wolte lâzen,
er frâgte in der mære
wie der hovewîs wære
dâ er wære gewesen bî.

'sage mir sun, wie der sî;
sô sag ich dir denne
wie ich etewenne
bî mînen jungen jâren
die liute sach gebâren.'
'vater mîn, daz sage mir;
zehant sô wil ich sagen dir
wes dû mich frâgen wil:
der niuwen site weiz ich vil.'
'Wîlen dô ich was ein kneht 10
und mich dîn ene Helmbreht,
der mîn vater was genant,
hin ze hove het gesant
mit kæse und mit eier,
als noch tuot ein meier,
dô nam ich der ritter war
und markte ir geverte gar.
sî wâren hovelîch unde gemeit
und kunden niht mit schalkheit,
als nû bî disen zîten kan 20
manic wîp und manic man.
die ritter heten einen site,
dâ liebtens sich den frouwen mite:
einez ist buhurdiern genant;
daz tet ein hoveman mir bekant,
dô ich in frâgte der mære

wie ez genennet wære.
si fuoren sam si wolten toben
(dar umbe hôrte ich si loben),
ein schar hin, diu ander her;
ez fuor diser unde der
als er enen wolte stôzen.
under mînen genôzen
ist ez selten geschehen
daz ich ze hove hân gesehen.
als si danne daz getâten, 10

einen tanz si danne trâten
mit hôchvertigem gesange:
daz kurzt die wîle lange.
vil schiere kam ein spilman;
mit sîner gîgen huop er an:
dô stuonden ûf die frouwen;
die möht man gerne schouwen;
die ritter gegen in giengen,
bî handen si si viengen.
dâ was wunne überkraft 20
von frouwen und von ritterschaft
in süezer ougen weide.
junkherren unde meide,
si tanzten frœlîche,
arme unde rîche.
alz des danne nie mê was,
sô gie dar einer unde las
von einem der hiez Ernest.
swaz ieglîch aller gernest
wolte tuon, daz vander. 30
dô schôz aber der ander
mit dem bogen zuo dem zil.

maneger freude was dâ vil:
ener jagte, diser birste.
der dô was der wirste,
der wære uns nû der beste.
wie wol ich etewenne weste
waz triuwe und êre mêrte
ê ez valscheit verkêrte!
die valschen und die lôsen,
die diu reht verbôsen
mit ir listen kunden, 10
die herrn in dô niht gunden
ze hove der spîse.
der ist nû der wîse,
der lôsen unde liegen kan;
der ist ze hove ein werder man
und hât guot und êre
leider michels mêre
danne ein man der rehte lebet
und nâch gotes hulden strebet.
als vil weiz ich der alten site. 20

sun, nû êre mich dâ mite
und sage mir die niuwen.'

'Daz tuon ich entriuwen.
daz sint nû hovelîchiu dinc:
"trinkâ, herre, trinkâ trinc!
trinc daz ûz; sô trinke ich daz."
wie möhte uns immer werden baz?
vernim waz ich bediute:
ê vant man werde liute
bî den schœnen frouwen:
nû muoz man si schouwen
bî dem veilen wîne. 10
daz sint die hœhsten pîne
den âbent und den morgen,
wie si daz besorgen,
ob des wîns zerinne,
wie der wirt gewinne
einen der sî alsô guot,
dâ von si haben hôhen muot.
daz sint nû ir minne:
"vil süeze lîtgebinne,
ir sult füllen uns den maser. 20
ein affe und ein narre waser,
der ie gesente sînen lîp
für guoten wîn umbe ein wîp."
swer liegen kan, der ist gemeit,
triegen daz ist hövescheit;
er ist gefüege, swer den man

mit guoter rede versnîden kan;
swer schiltet schalclîche,
der ist nû tugentrîche.
der alten leben, geloubet mir,
die dâ lebent alsam ir,
der ist nû in dem banne
und ist wîbe und manne
ze genôze als mære
als ein hâhære.
âht und ban daz ist ein spot.' 10
Der vater sprach 'daz erbarme got
und sî im immer gekleit
daz diu unreht sint sô breit.

die alten turnei sint verslagen,
und sint die niuwen für getragen,
wîlen hôrte man kroyieren sô
"heyâ, ritter, wis et frô!"
nû kroyiert man durch den tac
"jagâ, ritter, jagâ jac!
stichâ stich! slahâ slach! 20
stümbel den der ê gesach;
slach mir dem abe den fuoz,
tuo mir dem der hende buoz:
dû solt mir disen hâhen,
und enen rîchen vâhen,
der gît uns wol hundert phunt."

'Mir sint die site alle kunt.
vater mîn, wan deich enwil,
ich trouwe dir gesagen vil
niuwan von den niuwen siten.
ich muoz slâfen: ich hân vil geriten;
mir ist hînte ruowe nôt.'
dô tâten si als er gebôt.

Als sie fröhlich assen,
da konnte der Wirth sich nicht länger zurückhalten,
er fragte ihn darnach,
wie man bei Hofe gelebt,
da wo er gewesen wäre.
'Sage mir, Sohn, wie es damit steht,
so sag ich dir nachher,
wie ich einstmals
in meiner Jugend
die Leute sich benehmen sah.'
'Vater, das sage mir,
so will ich sofort dir sagen,
was du mich fragen willst:
denn die neuen Sitten kenn ich sehr wohl.'
'Früher als ich Knecht war, 10
und mich dein Grossvater Helmbrecht,
also mein Vater,
mit Käse und Eiern
nach Hof geschickt hatte,
wie die Meier noch thun,
da hab ich mir die Ritter angesehen

und ihr Treiben genau beobachtet.
Sie waren höfisch und fröhlich
und wussten nichts von niedriger Gesinnung,
die in unseren Tagen 20
manche Frau und mancher Mann besitzt.
Die Ritter hatten eine Gewohnheit,
womit sie sich bei den Damen beliebt machten:
das hiess 'buhurdieren';
so erklärte mir ein Diener bei Hofe,
als ich ihn darnach fragte,
wie das Ding genannt würde.
Sie jagten wie die Verrückten
(und dafür hört ich sie noch loben),
eine Schaar hin, die andere her;
der eine fuhr auf den andern los,
als wollte er ihn stossen.
Unter meines Gleichen
ist das nie geschehen,
was ich da bei Hof gesehen habe.
Als sie damit zu Ende waren, 10
da traten sie einen Tanz
unter heiterem Gesange:
das vertrieb die lange Weile.
Nun kam gleich ein Spielmann;
Sobald der zu geigen anfieng,
da erhoben sich die Damen;
es war eine Lust sie zu sehen;
die Ritter giengen ihnen entgegen
und fassten sie bei den Händen.
Da war an Wonne Überfluss 20
von Frauen und Ritterschaft
zu süsser Augenweide.
Junker und Mägdlein
tanzten fröhlich,
Arm und Reich durcheinander.
Als das nun vorüber war,
da kam einer und las vor
von einem Namens Ernst.
Jeder konnte thun,
wozu er am meisten Lust verspürte. 30
dort schoss wieder einer
mit dem Bogen nach dem Ziel.
Da gab es vielerlei Lustbarkeiten:

der eine jagte, der andere pirschte.
Und wer damals nicht viel bedeutete,
der wäre für uns heute noch der beste.
Wie wohl ich mich damals darauf verstand,
was Treue und Ehre zu mehren in Stande ist,
ehe Falschheit es in's Gegentheil verwandelte!
Die Falschen und die Schlimmen,
die ihre Künste darauf gerichtet,
das Recht zu stürzen, 10
ihnen gönnten die (adelichen) Herren
damals bei Hof nicht einen Bissen.
Heute ist der weise,
der lügen und trügen kann;
der ist bei Hof ein angesehener Mann
und besitzt leider
weit mehr Gut und Ehre,
als ein Mann, der schlecht und recht lebt
und nach Gottes Huld strebt.
So viel weiss ich vom alten Brauch. 20
Mein Sohn, nun erweise mir die Ehre
und berichte mir von dem neuen.'
'Das will ich thun meiner Treu.
Jetzt heisst das höfisches Benehmen:
"Trink zu, Herr, trink nur, trink!
trink den aus; ich trinke nach."
Wie möcht' es uns jemals besser ergehn?
Höre nur, was ich erzähle:
ehedem fand man anständige Männer
bei schönen Frauen:
jetzt muss man sie
bei feilem Weine suchen. 10
Das sind ihre grössten Schmerzen
am Abend und am Morgen,
wie sie es fertig bringen,
dass, wenn ihnen der Wein zu Ende geht,
der Wirth einen anschafft,
der ebenso gut ist,
daran sie sich ergötzen können.
Das ist heute ihre Liebe:
"Viel süsses Kellnermädchen,
füllt uns die Kanne! 20
Ein Affe und ein Thor war der,
der je in Sehnsucht seinen Leib verzehrt

nach einem Weibe statt nach gutem Wein."
Wer lügen kann, der ist flott;
trügen, darin besteht die rechte höfische Lebenskunst;
es ist ziemlich, dass man den Leuten
mit geschickter Rede die Ehre abschneidet;
wer boshaft klatscht,
der ist heut tugendreich.
Der Alten Weise, glaubt mir nur,
die so leben wie ihr,
die ist heut verpönt,
und Frauen und Männer
wünschen sie
zum Henker.
Über Acht und Bann macht man sich lustig.' 10
Der Vater sprach 'Das erbarme Gott,
ihm sei's ewig geklagt,
dass das Unrecht sich so breit macht.
Die alten Turniere sind dahin,
an ihre Stelle sind neue gesetzt.
Ehedem hörte man solch Feldgeschrei:
"Heisa, Ritter, sei wohlgemuth!"
Nun rufen sie den lieben langen Tag:
"Jage zu, Ritter, jage doch, jage!
Stich doch, stich! schlag zu, schlag! 20
verstümmle den, der vordem sehen konnte;
hau mir dem den Fuss ab,
hilf mir dem von den Händen:
diesen sollst du mir aufhenken,
den Reichen dort fangen,
der giebt uns wol hundert Pfund (als Lösegeld)."
'Mir sind die Bräuche alle wohlbekannt.
Wollte ich, lieber Vater,
so konnte ich dir noch viel erzählen
nur von den neuen Bräuchen;
doch ich muss schlafen: ich bin weit geritten;
mir thut heut abend Ruhe noth.'
Da thaten sie, wie ers haben wollte.

DER WEINSCHWELG.

[*Scherer* D. 228, E. 220.]

Eine satirische Novelle, nach 1260 gedichtet. Der Verfasser ist wie bei den meisten gleichzeitigen Gedichten dieser Gattung unbekannt. Herausgegeben von Grimm 'altdeutsche Wälder' 3, 13; Schröer (Jena, 1876) mit Übersetzung.

Swaz ich trinkens hân gesehen,
deist gar von kinden geschehen;
ich hân einen swelch gesehen: 10
dem wil ich meisterschefte jehen.
den dûhten becher gar enwiht,
er wolde näpf noch kophe niht:
er tranc ûz grôzen kannen.
er ist vor allen mannen
ein vorlouf allen swelhen.
von ûren und von elhen
wart solher slünd nie niht getân.

ez muos alle zît vor im stân
ein grôz kanel wînes vol.
er sprach 'wîn, ich erkenn dich wol;
ich weiz wol, daz du guot bist.
die wîl dîn in dem vazze iht ist,
sô wil ich bûwen dise banc.'
Dô huob er ûf unde tranc
ein trunc von zweinzec slünden.
er sprach 'nu wil ich künden,
waz tugent du hâst, vil lieber wîn. 10
wie möhtestu tugenthafter sîn?
du hâst schœne und grôze güete,
du gîst uns hôhgemüete,
du machest küene den zagen.
swer dîn wâfen wil tragen,
der wirt wîse unde karc,
er wirt snel unde starc,
er fürhtet niemannes drô.
du machst die trûrigen vrô,
du gîst dem alten jungen muot, 20
du rîchst den armen âne guot,

du machst die liute wol gevar.
du bist ouch selbe schœne gar:
du bist lûter unde blanc.'
Dô huob er ûf unde tranc

ein trunc der für die andern gie.
er sprach 'war umbe oder wie
sold ich den wîn vermîden?
ich mac in wol erlîden,
sît er allen mînen willen tuot.
er dunkt mich bezzer denne guot;
ich geniete mich sîn nimmer.
ich wil in loben immer
für bûhurdieren und für tanz.
krône, tschapel unde kranz, 10
pfell, samît unde scharlât,
swaz gezierde disiu werlt hât,
die næme ich niht für den wîn.
in hât in dem herzen mîn
Minne alsô behûset,
versigelt und verklûset:
wir mugen uns niht gescheiden.
swer mir in wolde leiden,
der mües immer haben mînen haz.
er kürzet mir die wîle baz 20
denn sagen, singen, seiten klanc.'
Dô huob er ûf unde tranc
ein trunc noch grœzer vil dann ê.
er sprach 'gras, bluomen unde klê

und aller krûte meisterschaft,
die würze und aller steine kraft,
der walt und elliu vogelîn,
die möhten dîn, vil lieber wîn,
die liute niht ergetzen;
si möhten dich niht ersetzen
mit allem dem, daz si künnen,
ich wil dir gerne günnen,
daz du mir kürzest die zît.
swaz fröude mir diu werlt gît, 10
diu kumt vil gar von dîner tugent.
dîn lop hât immer jugent;
dîn werdekeit wirt nimmer kranc.'

Dô huob er ûf unde tranc
einen trunc alsô starc:
und solde er ein halbe marc
ze lôn dâ mit verdienet hân,
ern dörft niht bezzers hân getân.
'beidiu ich und der wîn
müezen immer ensamt sîn, 20
mir ist an im gelungen.
er hât mich des betwungen,
deich ie tet swaz er mir gebôt.
der wîn ist guot für manige nôt.
künde er iht wan fröude geben,

diu werlt sold immer gein im streben.
sîn fröude ist vor allen dingen.
ich wil nâch fröuden ringen,
sît mir der wîn fröude gît.
nu wil ich ringen unz an die zît,
daz er mir sô vil fröuden gebe,
daz ich mit fröuden immer lebe:
wie kan ich denne verderben?
ich wil nâch fröuden werben.
des habe mîn lîp immer danc.' 10
Dô huob er ûf unde tranc,
daz man mê solhes niht vernam.
er sprach 'der herzoge Ytam,
der was gar âne wîsheit,
daz er einem wisent nâch reit,
er und sîn jäger Nordiân.
si soldenn wîn gejagt hân;
sô wærn si wîse, als ich pin.
mir ist vil samfter denne in;
ich kann jagen unde vâhen; 20
mich enmüedet niht mîn gâhen.
ich jage den vil lieben wîn;
des jäger wil ich immer sîn:
er hât mir ie sô wol getân.
swaz ich sîn her getrunken hân,

und swaz ich sîn noch immer tac
in mînen lîp geswelhen mac,
daz ist wan ein anevanc.'
Alrêst huob er unde tranc

vil manigen ungefüegen slunt.
'wîn, mir ist dîn tugent kunt
ich erkenne wol dîne kraft,
dîn kunst und dîne meisterschaft.
du bist meister der sinne;
du liebest mir die minne; 10
du machest stæte manigen kouf,
du machest manigen wettelouf,
du machest maniger hande spil,
mit fröuden kurzewîle vil.
diu werlt ist gar mit dir erhaben.
du kanst die durstigen laben,
du machst die siechen gesunt.
sît du mir êrst würde kunt,
sô bin ich dir gewesen bî,
swie vil dîner diener sî, 20
daz mich doch niemen von dir dranc.'
Dô huob er ûf unde tranc,
daz die slünde lûte erklungen.
unde einander drungen.
dô wart von starken slünden

ein sturm, daz den ünden
diu drozze wart ze enge,
daz sich von dem wâcgedrenge
diu güsse begunde werren,
blôdern unde kerren
als ein windes prût ûf dem mere.

Dô huob er ûf unde tranc
ein trunc, der wart swære.
swie grôz diu kanel wære,
si was zem trunke niht volgrôz, 10
wan man zeiner nôt în gôz.
er hiez et vaste în giezen
und lie daz in sich vliezen,
daz dâ noch solhez niht geschach.
dô saz er nider unde sprach
'der wîn ist rehte ein gimme.
ich hœre ein süeze stimme
in mînem houbet singen.
die hœre ich gerne klingen.
ez ist reht, daz ich in krœne. 20

er singet mêre süezer dœne
denn aller slahte klingen
und aller vogele singen,
mir wart solhes nie niht bekant.
er singt sô wol, daz Hôrant
daz dritteil nie sô wol gesanc.'

Dô huob er ûf unde tranc,
daz diu banc begunde krachen.
er sprach 'des muoz ich lachen.
des ist ze lachen harte guot.
daz krachen freut mir den muot.
ez machet des wînes güete.
ich hân allez mîn gemüete
in den fröuden wol getrenket.
dar in hân ich mich gesenket.
ich sanc ie sît der stunde, 10
daz ich êrste trinken kunde
und mir der wîn sô wol geviel.
ich weiz wol daz dehein kiel
in daz mere sô tiefe nie gesanc.'
Dô huob er ûf unde tranc
einen vierschrœtigen trunc.
er sprach 'ich pin worden junc
an lîbe unde an muote.
wol mich' sô sprach der guote,
'daz ich sô gar ein meister bin 20
an trinken, seht, daz heiz ich sin.
ich weiz wol, datz Parîs,
ze Padouwe und ze Tervîs,
ze Rôme und ze Tuscân
vindet man deheinen man,
ich ensî sîn meister gewesen,
daz mir nie gein einer vesen
ir deheiner möhte gelîchen.
halt in allen diutschen rîchen
kom mir nie deheiner zuo, 30

der beidiu spât unde fruo
sô wol an trinken tûre.
wînes nâhgebûre
wil ich hiute und immer wesen.
mîn sêle muoz mit ime genesen,

im ist mîn sêle immer holt.
swenne er schœne als ein golt
von dem zaphen schiuzet,
wie wênic mich des verdriuzet,
swaz man sîn in mich giuzet! 10
vil wol mîn lîp des geniuzet.
man sagt von turnieren:
vaste swelhen under vieren
daz kan ich wol; des hab ich danc.'
Dô huob er ûf unde tranc
ein trunc, der vil grôz was.
er sprach 'swaz man ie gelas
von den, die minne pflâgen
und tôt von minne lâgen,
die wâren mir niht glîche wîs. 20
wie starp der künic Pârîs
der durh Helênam wart erslagen!
des tumpheit sol man immer klagen.
er solden wîn geminnet hân:
sô het im niemen niht getân.

vrô Dîdô lac von minnen tôt.
Grâlanden sluoc man unde sôt
und gab in der vrowen zezzen.
want si sîn niht wolde vergezzen.
Pîramus und Tispê,
den wart von minne sô wê,
daz si sich rigen an ein swert.
mîn minne ist bezzers lônes wert,
denn ir aller minne wære:
mîn minne ist fröudebære. 10
ich bûw der minne strâze.
mir ist baz denn Curâze,
der von minne in dem sê ertranc.'
Dô huob er ûf unde tranc
ein trunc mit grôzer île;
der wert unz an die wîle,
daz im diu gürtel zebrast.
er sprach 'daz bant ist niht ein bast,
dâ mit ich zallen stunden
zuo dem wîne bin gebunden. 20
daz ist mîn sælde und mîn heil;
und sint ouch driu vil starkiu seil.

daz eine ist des wînes güete,
daz ander mîn stæte gemüete,
daz dritte ist diu gwonheit.

er mac mir nimmer werden leit:
ich muoz in immer minnen.
ich mac im niht entrinnen;
wie zebræche ich ein sô starken stranc!'
Dô huob er ûf unde tranc
sô sêre, daz si alle jâhen,
die sîn trinken rehte ersâhen,
swaz er getrunken het unz dar,
des solde man vergezzen gar:
der trunc behielte gar den prîs. 10
er sprach 'diu werlt ist unwîs,
daz si niht ze wîne gât,
sô si deheinen gebresten hât,
und trunke dâ für allez leit,
für angest und für arbeit,
für alter unde für den tôt,
für siechtuom und für alle nôt,
für schaden und für schanden slac,
und für swaz der werlt gewerren mac,
für nebel und für bœsen stanc.' 20
Dô huob er ûf unde tranc
sô sêr, daz sich diu kanel bouc.
'swaz ie gevlôz ode gevlouc,
daz sol billîch erkennen mich.
die liute solten alle sich
ze mînem gebote neigen.

diu werlt ist gar mîn eigen.
ich hân gewaltes sô vil,
daz ich tuon daz ich wil.
swaz ich wil, daz ist getân,
deich allen mînen willen hân,
dâ von heiz ich ungenôz.
mîne tugende sint sô grôz;
wær der werlde sô vil mê,
daz daz mer und ieslich sê
als guot wær als daz beste lant, 10
daz müese stên ze mîner hant
und mües mir dienen âne wanc.'

Dô huob er ûf unde tranc
sô lange und sô sêre,
sô vil und dannoch mêre,
sô vaste und sô harte,
daz sich daz hemde zarte.
er sprach 'des wirt guot rât:
ich weiz wol waz derwider stât;
ich kan wol wâfen mich.' 20
er zôch ein hirzhals an sich:
den hiez er vaste brîsen;
darzuo von guotem îsen
ein vestez banzier enge.
er sprach 'des wînes gedrenge
lât mich nu ungezerret.

ich hân mich sô versperret:
ern mac mich niht entsliezen.
des sol ich wol geniezen,
daz ich ze fröuden mînen lîp
getwungen hân, daz man noch wîp
sîn lîp sô sêre nie getwanc.'
Dô huob er ûf unde tranc.

Was ich von Trinken gesehen habe,
das war alles Kinderspiel;
einen Säufer jedoch hab ich kennen gelernt: 10
dem will ich die Meisterschaft zuerkennen.
Dem galten Becher für nichts,
er wollte von Näpfen noch Schalen etwas wissen:
er trank aus grossen Kannen.
Er ist vor allen Menschen
ein Vorläufer aller Zecher.
Von Auerochsen und Elenthieren
wurden solche Schlucke nie gemacht.
Jeder Zeit musste vor ihm stehn
eine grosse Kanne voll Wein.
Er sprach: 'Wein, ich kenne dich wohl;
ich weiss wohl, dass du gut bist.
So lange von dir noch etwas im Fasse ist,
weich' ich nicht von dieser Bank.'
Da setzte er an und trank
einen Trunk von zwanzig Schlucken.
Er sprach: 'Nun will ich künden,

was du alles vermagst, viel lieber Wein. 10
Wie könnt es etwas volkommneres geben?
du besitzest Schönheit und grosse Güte,
du verleihst uns frohen Muth,
du machst den Zaghaften kühn.
Wer Deine Rüstung tragen will,
der wird weise und sparsam,
der wird schnell und stark,
er fürchtet Niemandes Dreun.
Du machst die Traurigen froh,
du giebst den Alten Jugendmuth, 20
du bereicherst den Armen ohne Gut,
du machst die Leute wohl aussehn.
Du bist auch selber gar schön:
du bist lauter und blinkend.'
Da setzte er an und trank
einen Trunk, der die andern übertraf,
er sprach: 'Warum oder wie
sollt' ich von dem Weine lassen?
Ich mag ihn recht wohl leiden,
da er allen meinen Willen thut.
Er dünkt mich besser als gut;
ich bekomme ihn nimmer satt.
Ich will ihn immerdar mehr loben
als Buhurdieren und als Tanz.
Nicht Krone, Kopfschmuck noch Kranz, 10
Seide, Sammet und Scharlachzeug,
nicht allem Putz, den diese Welt hat,
Gäb ich je den Vorzug vor dem Wein.
Ihn hat in meinem Herzen
die Liebe also einquartiert,
versiegelt und eingeschlossen,
dass wir uns nicht trennen können.
Wer mir ihn verleiden will,
den verfolge stäts mein Hass.
Er kürzt mir die Zeit besser 20
als Sagen, Singen und Saitenklang.'
Da hub er die Kanne empor und trank
einen noch viel grösseren Trunk als vorher.
Er sprach: 'Gras, Blumen und Klee
und aller Kräuter Heilgewalt,
die Gewürze und aller Steine Kräfte,
der Wald und alle Vöglein,

die vermöchten dich nicht, mein lieber Wein,
bei den Leuten in Vergessenheit zu bringen;
sie könnten dich nicht ersetzen
mit alle dem, was sie vermögen.
Ich will dir gerne gönnen,
dass du mir kürzest die Zeit.
Die Freude, die mir die Welt verleiht, 10
die kommt durchaus von deiner Tugend.
Dein Lob hat ewige Jugend;
dein Werth wird nimmermehr krank.'
Da hub er die Kanne und trank
einen so gewaltigen Trunk:
ja hätte er eine halbe Mark
Belohnung damit verdient,
er hätt es nicht besser machen können.
'Wir beiden, ich und der Wein,
Wir müssen immer beisammen sein! 20
Ich bin mit ihm ganz einig.
Er hat mich dazu gezwungen,
dass ich das stäts that, was er geboten.
Der Wein ist gut in mancher Noth.
Und vermöchte er auch nicht nur Freude zu geben,
die Welt sollte doch immer zu ihm streben.
Seine Freude steht über allen Dingen.
Ich will nach Freuden ringen,
da mir der Wein Freude giebt.
Jetzt ringe ich bis auf die Zeit,
dass er mir so viel Freuden giebt,
dass ich immerdar in Freude lebe.
Wie kann ich dann verderben?
Um Freude will ich werben.
Mein Leib empfange dafür Dank.' 10
Da hub er die Kanne auf und trank
so gewaltig, dass man solches nie mehr erlebte.
Er sprach: 'Der Herzog Itam
der war von Weisheit ganz verlassen,
dass er einem Wisent nachritt,
er und sein Jäger Nordian.
Hätten sie auf den Wein Jagd gemacht:
dann wären sie so weise, wie ich bin.
Mir geht's viel leichter von der Hand als ihnen:
ich kann ihn jagen und fangen; 20
mich ermüdet nicht mein Hasten.

Ich jage den viel lieben Wein;
des Jäger will ich immer sein:
er hat mir stäts so wohl gethan.
Was ich seither getrunken habe,
und was ich dessen mein Lebtag auch
noch schlingen kann in meinen Bauch,
das ist ja nur ein Anfang.'
Erst recht nun hub er auf und trank
gar manchen ungefügen Schluck.
'Wein, mir ist dein Wesen kund.
Ich kenne wohl deine Kraft,
deine Kunst und deine Meisterschaft.
Du bemeisterst die Sinne;
du reizest zur Minne; 10
du bestätigst manchen Kauf,
du machst manchen Wettlauf,
du treibst mancherlei Spiel,
mit Freuden unterhältst du viel.
Die Welt wird durch dich ganz erhaben,
du kannst die Durstigen laben,
du lässt die Siechen gesunden.
Seit deine Freundschaft ich gefunden,
so war ich bei dir immerdar,
wie gross auch deiner Diener Schar, 20
dass mich doch keiner bracht zu Wank.'
Da hub er die Kanne empor und trank,
dass die Schlucke laut erklangen
und stossend durcheinander drangen.
Da ward von der Schlucke Schwall
ein Sturm, dass dem Wogenprall
der Schlund ward zu enge,
dass in der Wellen Gedränge
die Fluth sich durch einander schlang,
ein wildes Rauschen erklang,
als führ die Windsbraut übers Meer.

———————

Da hub er auf und trank
einen schweren Trunk.
Wie gross die Kanne auch war,
sie war für den Trunk nicht gross genug, 10
mit Mühe brachte man etwas hinein.
Da hiess er tüchtig hinein giessen
und liess das in sich fliessen,

dass so etwas noch nie geschehen.
Darauf setzte er sich nieder und sprach:
'Der Wein ist ein wahrer Edelstein.
Ich höre eine süsse Stimme
in meinem Haupte singen;
die höre ich gerne klingen.
Es gehört sich, dass ich ihn kröne. 20
Er singt mehr süsse Töne
als aller Art Wohlklang
und aller Vögel Gesang.
Nie ward mir so etwas bekannt.
Er singt so schön, dass Horant
nicht den dritten Theil so schön gesungen hat.'
Da hub er auf und trank,
dass die Bank zu krachen begann.
Er sprach: 'Darüber muss ich lachen.
Darüber ist gut lachen.
Das Krachen macht mir Vergnügen.
Das thut des Weines Güte.
Ich habe meine Seele
ganz in Freuden getränkt.
Da hinein hob ich mich versenkt.
Ich sank stäts von der Stunde an, 10
wo ich zuerst trinken konnte,
und mir der Wein so wohl gefiel.
Ich weiss wohl, dass kein Schiff
je in das Meer so tief gesunken.'
Da hub er die Kanne auf und trank
einen vierschrötigen Trunk.
Er sprach: 'Ich bin jung geworden
an Leib und an Seele.
Wohl mir,' so sprach der Gute,
'dass ich solch ein Meister bin 20
im Trinken. Seht, das nenn ich mir Verstand.
Ich weiss wohl dort in Paris,
in Padua und Treviso,
in Rom und in Toscana
findet man keinen Menschen,
dessen Meister ich nicht wäre,
der sich auch nur ein Linschen
mit mir vergleichen könnte.
In allen deutschen Landen
ist mir nie einer begegnet, 30

der früh und spät
sich in Trinken so auszeichnete.
Mit dem Weine will ich heute und immerdar
gute Nachbarschaft halten.
Meine Seele muss mit ihm gesunden,
ihm ist sie immerdar hold.
Wenn er schön wie Gold
von dem Zapfen schiesst,
hei wie wenig mich das ärgert,
mag man noch so viel in mich giessen. 10
Meinem Leibe bekommt das sehr wohl.
Man redet viel von Turnieren:
tüchtig schlucken unter Vieren
kann ich wohl; das ist mein Fall.'
Da hub er die Kanne empor und trank
einen Schluck, der sehr gross war.
Er sprach: 'Was man erzählt
von denen, die der Liebe pflagen
und von der Liebe todt gelegen,
die waren nicht so weise wie ich. 20
Wie starb der König Paris,
der um Helenas willen erschlagen ward?
Dessen Thorheit sollte man ewig beklagen.
Hätte er lieber den Wein geminnet,
so hätt' ihm niemand etwas gethan.
Frau Dido fand durch die Liebe ihren Tod.
Graland wurde erschlagen und gesotten
und drauf seiner Herrin zu essen gegeben,
weil sie ihn nicht vergessen wollte.
Piramus und Thisbe,
denen geschah von der Liebe so viel Weh,
dass sie sich in ein Schwert stürzten.
Meine Liebe ist besseren Lohn werth,
als ihrer aller Liebe:
Meine Liebe ist freudebringend. 10
Ich wohne an der Liebe Strasse,
doch ist mir wohler als Curas,
der vor Liebe in der See ertrank.'
Da hub er die Kanne empor und trank
einen Trunk in grosser Eile,
den dehnte er so lange aus,
bis ihm der Gürtel zersprang.
Er sagte: 'Das Band ist nicht von Bast,

womit ich jeder Zeit
mit dem Weine verbunden bin. 20
Das ist mein Glück und mein Heil;
und zwar sind es drei starke Seile.
Das eine ist des Weines Güte,
das andere mein starker Geist,
das dritte die Gewohnheit.
Niemals wird er mir leid,
ich muss ihn immer lieben.
Ich kann ihm nicht entrinnen.
Wie vermöcht ich einen so starken Strang zu zerreissen?'
Da hub er die Kanne auf und trank
so gewaltig, dass alle sagten,
die sein Trinken richtig sahen,
was er bis dahin getrunken hätte,
das sollte man ganz vergessen:
dieser Trunk verdiente den Preis vor allen. 10
Er sagte: 'Die Welt ist unklug,
dass sie nicht zu Weine geht,
wenn sie irgend ein Gebresten hat,
und dass sie nicht gegen alles Leid trinkt,
gegen Angst und Mühsal,
gegen Alter und gegen den Tod,
gegen Siechthum und alle Noth,
gegen Schaden und der Schande Schlag,
und gegen alle Widerwärtigkeiten der Welt
gegen Nebel und schlimmen Gestank.' 20
Da hub er empor und trank
so kräftig, dass sich die Kanne bog.
'Was da fliesset und flieget,
soll mich billig anerkennen.
Die Leute sollten sich alle
meinem Gebote neigen.
Die Welt ist ganz mein Eigen.
Ich habe so viel Gewalt,
dass ich thue, was ich will.
Was ich will, das ist gethan,
so dass ich allen meinen Willen habe.
Davon heisse ich Ungenoss.
Meine Kräfte sind so gross,
wär der Welt so viel mehr,
dass das Meer und jeglicher See
so gut wäre wie das beste Land, 10

das müsste unter meiner Botmässigkeit stehn
und müsste mir ohne Wanken dienen.'
Da hub er die Kanne empor und trank
so lange und so gewaltig,
so viel und immer noch mehr,
so tüchtig und so heftig,
dass sein Hemd zerplatzte.
Er sprach: 'Dem wird schon abgeholfen:
ich weiss wohl, was Allem widersteht;
ich kann mich wohl waffnen.' 20
Er zog ein Koller von Hirschleder an,
da liess er sich fest hinein schnüren;
dazu von trefflichem Eisen
einen engen festen Panzer.
Drauf sagte er: 'Des Weines Drängen
lässt mich nun ungezerrt.
Ich habe mich so versperrt:
er kann mich nicht mehr aufschliessen.
Das soll mir gut bekommen,
dass ich meinen Leib zum Vergnügen
mir eingezwängt habe, dass Mann
noch Weib sich nie so fest verschnürt haben.'
Und immer noch hub er die Kanne empor und trank.

HUGO VON TRIMBERG.

[*Scherer* D. 228, *E.* 220.]

Ein gelehrter Dichter, wirkte als Schulmeister einer Vorstadt von Bamberg. Sein bedeutendstes Werk ist ein Lehr- und Strafgedicht, 'der Renner' 1300–1313 verfasst, herausgegeben vom historischen Vereine in Bamberg (Bamberg, 1833).

DER RENNER.

Ein wolf, ein fuhs und ouch ein nôz
gein Rôme wolten: ir riuw was grôz.
und dô si nâhten gein der stat, 10
dô sprach der wolf 'sît got uns hât
mit sînen gnâden her brâht,

eins dinges hân ich mich bedâht:
alsô daz ouch süllen wir
vor bîhten, daz gevellet mir,

ê wir den bâbest ane sehen.'
dô sprach der fuhs 'daz sol geschehen:
wan der bâbst hât vil ze schaffen
beide mit leien und mit pfaffen:
des hât er selten muoze.
bîhte wir, und setzen buoze,
und bittenn daz er si bestete
durch got und durch unser bete.'
dô sprach der wolf 'nu sît gemein,
und bîhte ie einr den andern zwein 10
daz grœste daz er habe getân.
sô hebich ze dem êrsten an.
ich tet ein sünde, ze der ich hân
grôze vorhte. ez het ein man
ein zuhtmuoter bî dem Rîn.
diu het zwelf kleiniu verchelîn
ligen in einer stîgen.
diu hôrtich vaste schrîgen
des morgens nâch ir ammen,
wan si mit voller wammen 20
gie am velde, unde ir jungen
mit grôzem hunger rungen.
daz jâmerte mich, wan ichz sach.
an der ammen ich mich rach
eins tages dô sir niht enpflac:

ich beiz si, daz si tôt gelac,
und fulte mit ir mînen magen.
nu lât iu grœzer sünde sagen.
dar nâch, dô ich mich es versan
daz ich vil übele hæt getân,
erbarmten mich diu verchelîn
ellende unde ir hungers pîn,
und half in gar ûz aller nôt:
si lâgen elliu von mir tôt;
von rehter herzeleide 10
beslôz ichs in mîn gweide:
weinende ich iu daz künde.
setzet buoz umb mîne sünde.'

'alsô ich iuch vernomen hân,
so enhât ir niht missetân'
sprach der fuhs: 'ir tâtz durch guot,
als manec ander man noch tuot,
den dicke muoz erbarmen
ellender und hûsarmen.
ir sult knien für unser klôster 20
unde sprechen ein paternôster:
daz ist umb die sünd ze vil.
ein sünde ich ouch bîhten wil'
sprach der fuhs, 'diu mich vil sêre twinget
unde mir manc siufzen bringet.

bî einem dorf saz ein gebûr:
der het ein hanen. der was sô sûr,
daz er all die hanen beiz
die zuo im giengen in den kreiz,
und het dâ bî vil grôzen braht
mit zwelf hennen tac und naht,
daz dick von im betoubet
wart siecher liute houbet.
daz tet mir wê von herzen.
eins tages sach ich in scherzen 10
mit sînen gspunsen ime garten.
ich nam in bî der swarten,
und truog in durch die barre
vür baz in ein ander pfarre,
dâ ich den lîp im an gewan:
in sîner pfarr vorhtich den ban.
dar umbe schriuwen sîniu wîp
al tage über mînen lîp:
daz betoubte mir den sin,
und rach ich mich ouch an in, 20
daz ich eine nâch der ander az:
wie sold ich mich gerechen baz?
wan si truogen nâch mir haz.
herr, nu sprechet mir antlâz
umb die grôze missetât.'
dô sprach der wolf 'sîn wirt guot rât,
daz daz schrîen und der braht

ist zeinem guoten ende brâht.
du enhâst niht sêre missetân,

als ich mich nu versinnen kan.
iedoch faste an drîn frîtagen,
ob du fleischs enmüges bejagen.
ich geloube dir: als tuost du mir.
wol, her esel, nu bîhtet ir.'
'ich enweiz waz ich bîhten sol:
ir wizzet beide selben wol
daz ich bin martelær genôz: 10
wan mîniu arbeit ist sô grôz,
daz ich von leid mac immer sagen.
ir seht mich ûf und abe tragen
wazzer, holz, korn unde mist,
und swaz teglîch ze tuonne ist
ûf einer hôhen bürge,
daz ich ân danc mich würge
mit maneger herten arbeit.
ich tet ein sünde: diust mir leit,
und hât mich vil gerûwen sît. 20
ein kneht der mîn pflac zaller zît
gienc zeimâl für mich durch den snê.
dô tet mir frost und hunger wê,

und wart gewar daz im ein strô
ragete ûz beiden schuohen dô.
des zuctich im her ûz ein teil:
daz was sîn schade, und mîn unheil:
an der sêle bin ichs schuldic.
nu sît gein mir geduldic
und setzt mir buoze gnædiclîch.'
si sprâchen 'wê dir êwiclîch!
morder, waz hâstu getân! 10
du hâst verderbet einen man,
dem sîne füeze sint erfrorn:
der mort hât dir die sêle vlorn.
so ensol der ouch niht genesen,
der diep und morder ist gewesen.'
sus nâmens beide im sîn leben.
sô gtân buoze künnen noch geben
in klôstern übel platten:
swem si niht sint gerâten,
wirt hin und her gediuset
biz er sêle und lîp verliuset 20
als der esel umb kleine schulde:

der fuhs behielt des wolves hulde.

Ein Wolf, ein Fuchs und auch ein Esel
wollten nach Rom: ihre Reue war gross.
Und da sie der Stadt nahe kamen, 10
da sprach der Wolf: 'Da Gott uns hat
mit seiner Gnade hergebracht,
hab' ich mich eines Dings bedacht:
also dass wir auch sollen
vorher beichten, das gefällt mir,
ehe wir den Pabst ansehn.'
Da sprach der Fuchs: 'Das soll geschehn:
denn der Pabst hat viel zu schaffen
sowohl mit Laien als Pfaffen:
deshalb hat er selten Musse.
Beichten wir und bestimmen die Busse,
und bitten ihn, dass er sie bestätige
um Gott und unsres Gebets willen.'
Da sprach der Wolf: 'Nun seid einig
und beichte je einer den andern zwein 10
das Grösste, was er gethan hat.
So heb' ich zuerst an.
Ich that eine Sünde, vor der ich habe
grosse Furcht. Es hatte ein Mann
am Rhein eine Zuchtsau.
Die hatte zwölf kleine Ferkel
in einem Stalle liegen.
Die hört ich sehr schreien
des Morgens nach ihrer Amme,
während sie mit vollem Bauche 20
im Felde umhergieng, und ihre Jungen
mit grossem Hunger rangen.
Das jammerte mich, als ichs sah.
An der Amme rächte ich mich
eines Tags, da sie sie nicht pflegte:
ich biss sie, dass sie todt dalag,
und füllte meinen Magen mit ihr.
Nun lasst euch grössere Sünde sagen.
Danach, da ich mich besann,
dass ich sehr übel gethan hätte,
erbarmten mich die Ferkel,
die elenden, und ihres Hungers Pein,
und half ich ihnen ganz aus aller Noth:

sie lagen alle von mir todt;
aus rechtem Herzeleid 10
schloss ich sie in mein Eingeweide:
weinend künd' ich euch das.
Bestimmt die Busse für meine Sünde.'
'So wie ich euch vernommen habe,
so habt ihr nicht gesündigt,'
sprach der Fuchs, 'ihr thatet es aus Güte,
wie mancher andre Mann noch thut,
den oft erbarmen muss
der Elenden und Hausarmen.
Ihr sollt vor unsrem Kloster knien 20
und ein Paternoster sprechen:
das ist für die Sünde zu viel.
Ich will auch eine Sünde beichten,'
sprach der Fuchs, 'die mich recht sehr drückt
und mir manch Seufzen bringt.
Bei einem Dorfe wohnte ein Bauer,
der hatte einen Hahn; der war so böse,
dass er all' die Hähne biss,
die zu ihm in den Kreis kamen,
und machte dabei sehr grosses Geschrei
mit zwölf Hennen Tag und Nacht,
dass oft von ihm betäubt ward
der Kopf kranker Leute.
Das that mir von Herzen weh.
Eines Tags sah ich ihn spielen 10
mit seinen Gemahlinnen im Garten.
Ich nahm ihn bei der Schwarte
und trug ihn durch den Zaun
fürbass in eine andre Pfarre,
wo ich ihm das Leben nahm:
in seiner Pfarre fürchtete ich den Bann.
Darum schrien seine Weiber
alle Tage über mich:
das betäubte mir den Sinn,
und rächte ich mich auch an ihnen, 20
dass ich eine nach der andern ass:
wie konnte ich mich besser rächen?
Denn sie trugen mir Hass.
Herr, nun sagt mir Ablass
für die grosse Missethat.'
Da sprach der Wolf: 'Dessen wird guter Rath,

dass das Schreien und das Krähen
zu einem guten Ende gebracht ist.
Du hast nicht sehr gesündigt,
wie ich mich nun besinnen kann.
Jedoch faste an drei Freitagen,
wenn du kein Fleisch erjagen kannst.
Ich erlaube es dir, wie du mir es thust.
Wohl, Herr Esel, nun beichtet ihr.'
'Ich weiss nicht, was ich beichten soll:
ihr wisst beide selber wohl,
dass ich ein Märtyrer-Genosse bin: 10
denn meine Arbeit ist so gross,
dass ich immer von Leid zu sagen habe.
Ihr seht mich auf und nieder tragen
Wasser, Holz, Korn und Mist,
und was täglich zu thun ist
auf einer hohen Burg,
dass ich ohne Dank mich plage
mit mancher harten Arbeit.
Ich that eine Sünde: die ist mir leid,
und hat mich seither viel gereuet. 20
Ein Knecht, der meiner zu aller Zeit pflegte,
gieng einmal vor mir durch den Schnee.
Da thaten mir Frost und Hunger weh,
und ich ward gewahr, dass ihm Stroh
aus beiden Schuhen da heraus ragte.
Da riss ich ihm etwas heraus,
das war sein Schade und mein Unheil:
an der Seele bin ichs schuldig.
Nun seid gegen mich geduldig
und bestimmt mir Busse gnädiglich.'
Sie sprachen: 'Weh dir, ewiglich!
Mörder, was hast du gethan?
Du hast einen Mann zu Grunde gerichtet, 10
dem seine Füsse erfroren sind:
der Mord hat deine Seele vernichtet.
So soll der (Leib) auch nicht gerettet werden,
der Dieb und Mörder gewesen ist.'
So nahmen sie beide ihm sein Leben.
Solche Busse können noch austheilen
in den Klöstern die bösen Plattköpfe:
wem sie nicht günstig sind,
wird hin und her gezaust,

bis er Seele und Leib verliert, 20
wie der Esel wegen einer kleinen Schuld:
der Fuchs behielt des Wolfes Huld.

ULRICH BONER.

[*Scherer D.* 230, *E.* 221.]

Ein Predigermönch aus Bern. Er lebte bis nach 1349. Sein 'Edelstein' ist eine Sammlung von hundert Beispielen aus lateinischen und deutschen Quellen. Herausgegeben von Benecke (Berlin 1816) und von F. Pfeiffer (Leipzig 1844). Älteste Ausgabe Bamberg 1461, das erste deutsche Buch, welches im Druck erschienen.

Wen[221] sprichet 'dô der siech[222] genas,
dô was er, der er ouch ê was.'
wer bettet vil, und übel tuot,
der ist sælig, wirt sîn ende guot.
um guot geding[223] und übel leben
wirt vil swacher lôn gegeben.
Eines zîtes daz beschach,
daz ein wîg[224] ze sîner muoter sprach
und klagte ir bitterlîche nôt:
wand er was siech unz[225] ûf den tôt; 10
er sprach 'vil liebiu muoter mîn,
mich dunkt ez müg nicht anders sîn,
ich müez leider sterben.
sol ich ouch denn verderben
an der sêl, daz ist mir leit.
sich an mîn grôzen erebeit,
und bit die götte daz si sich
wellen erbarmen über mich.'
diu muoter sprach 'mîn liebez kint,
die götte vaste erzürnet sint;
du hâst bereicht der götten zorn:
ich vörcht du müezist sîn verlorn.
vil kûm[226] die götte vergezzent
des si sich vermezzent
ze tuonde um dîne missetât.

ûz vorchte nu dîn riuwe gât.
dîn riuwe ist nu ze spâte komen:
er mag dir kleine nu gevromen.
nâriuwe[227] wirdet selten guot. 10
mich dunkt, er hab ein tumben muot,
der nâch der rossen diupstâl
alrêrst besliezen wil den stal.
der riuw der sêle ist nicht gesunt,
der von des tôdes vorchte kunt.
ein wolf was siech: do er genas,
er was ein wolf als er ê was.
hætist du nicht erzürnet got
noch übergangen sîn gebot,
und hætist weder wîp noch man 20
betrüebt, und hætist ab gelân

dîn bœsiu werk in dîner jugent,
und hætist dich gesetzt ûf tugent:
sô möcht dîn bet got dankber[228] wesen,
und möchtist an der sêl genesen.'
Wer werden wil von gotte erhœrt,
der achte daz sîn sünd zerstœrt
werden, und sîn leben guot.
wâ bittent werk, wort unde muot,
die bet sol got erhœren wol,
gât si von herzen, als si sol.
wer got bittet umb diu ding 10
diu der sêlen nütze sint,
der wirt ân zwîvel des gewert,
des er nâch nutz der sêl begert.
wer bittet daz im schaden tuot,
wirt der erhœrt, daz ist nicht guot.
got wil erhœren dîn gebet
nâch nutz, als er Sant Paulus tet,
und nicht nâch dem willen dîn,
mag ez der sêlen schedlich sîn.
ist daz, dar umb du bittest got,
mit werken hâst verdienôt, 10
und du ûz dînem herzen lâst,
ungunst und des nîdes blâst[229]:
sô wirst du vätterlîch gewert
von gotte des dîn herze gert.

BRUDER BERTHOLD VON REGENSBURG.

[*Scherer* D. 234, E. 226.]

In Regensburg geboren, Schüler des Bruders David, des Minoriten, Franziskaner zu Regensburg. Reiste viel in Deutschland umher und hielt Predigten vor dem Volke, die überall einen ungeheuren Zulauf fanden, von 1250 bis zu seinem Tode 1272. Herausgegeben von Pfeiffer und Strobl 2 Bde. (Wien 1862, 1880).

'Sælic sint die armen, wan daz himelrîche ist ir' etc. Mit disen aht tugenden sint alle die ze himelrîche komen, die dâ sint, unde mit den selben aht tugenden müezent noch alle die dar komen, die iemer mêr dar komen süln. Nû wil ich die siben under wegen lân, und wil niwan von ir einer sagen; wan alse vil guoter dinge an ir ieglîcher ist (unde von ir ieglîcher wære gar vil und gar lanc sunderlîchen ze sagenne) unde wie manigiu untugent uns an disen ahte tugenden irret, daz würde eht von ieglîcher gar lanc ze sagenne. Wande man ez allez in einer predigen niht verenden mac noch in vieren noch in zehenen, sô wil ich iu hiute niwan sagen von den die ein rein herze habent unde von den man hiute dâ liset in dem heiligen êwangeliô: 'sælic sint die reines herzen sint: die werdent {10} got sehende.' Die sint wol von rehte sælic, die dâ got sehent. Ein übergülde ist ez aller der sælikeit, diu ie wart oder iemer mêr eht werden mac, swer got ansehende eht wirt: alse süeze und alse wünneclich ist diu gesiht, die man an gote siht. Sô wart nie deheiner muoter ir kint nie sô liep, ân unser frouwen, unde solte si ez drîe tage ane sehen ân underlâz, daz sie anders niht enpflæge, wan eht sie ir liebez kint solte an sehen: si æze an dem vierden tage vil gerner ein stücke brôtes. Unde wolte ich vil gerner daz ich als ein guot mensche wære, als daz wâr ist, daz ich iezuo reden wil. Ob daz alsô wære, daz man zuo einem menschen spræche, der iezuo bî gote ist: 'dû hâst zehen kint ûf ertrîche, unde dû solt in koufen allen samt, daz sie êre unde guot haben unz an ir tôt, dâ mite, daz dû einigen ougenblic von gotes angesiht tuost, niuwen als lange als einz sîne hant möhte umbe kêren, unde sich danne wider ze gote, unde dû solt dîn ougen niemer mêr von im kêren': der mensche entæte sîn niht. Alse wâr, herre, dîn wârheit ist, alse wâr ist disiu rede, daz er disiu zehen kint unze an ir tôt ê nâch dem almuosen lieze {10} gên, ê danne er sich die kleine wîle von gote wolte wenden. In habent die engel wol sehzig hundert jâr an gesehen, unde sehent in hiute als gerne als des êrsten tages unde sie sint ouch alle samt sam des êrsten tages: sâ dô sie got an sehende wurden, dô wart ir deheiner sît nie eltlîcher danne des êrsten tages unde sint doch sider wol sehzig hundert jâr alt. Swelher hundert jâr alt würde under uns, der wære den liuten alse smæhe an ze sehenne von ungestaltheit unde von dem gebresten, den daz alter an in hæte gemachet. Sô man mâlet die engele, dâ seht ir wol, swâ man die engele mâlet, daz man sie eht anders niht enmâlet wan als ein kint von fünf jâren, als junclich, oder von sehsen. Wan alle die got sehent, die werdent niemer eltlîcher, die in in himelrîche sehent in sînen freuden und in sînen êren. Ûf ertrîche sehen wir in alle tage in sînem gewalte. Dehein irdenischer muot noch irdenisch lîp möhte daz niht erlîden, daz in dehein irdenisch ouge iemer an gesehen möhte in sînen freuden und in sînen êren, als er ze himelrîche ist. Wir sagen iu {10} etewenne ein glîchnüsse, wie schœne got sî. Seht, allez daz wir iemer gesagen künnen oder mügen, daz ist rehte dem glîche, als obe ein kint uns solte sagen, ob ez mügelich wære, die wîle ez in sîner muoter lîbe ist beslozzen, unde daz solte sagen von aller der wirde unde von aller der gezierde die diu werlt hât, von der liehten sunnen, von den liehten sternen, von edeler gesteine kraft unde von ir maniger slahte varwe, von der edelen wurze kraft unde von der edelen gesmaeke unde von der rîchen gezierde, die man ûzer sîden und ûzer golde machet in dirre werlte, und von maniger hande süezen stimme, die diu werlt hât, von vögelîn sange unde von seiten spil, unde von maniger hande bluomen varwe unde von aller der gezierde, die disiu werlt hât. Alse unmügelîche und alse unkuntlîchen eime kinde dâ von ze sprechen wære, daz noch beslozzen ist in sîner muoter lîbe, daz nie niht gesach weder übel noch guot noch nie deheiner freuden enpfant: als unkunt dem kinde dâ von ze redenne ist, als unkunt ist ouch uns dâ von ze redenne, von der unsägelîchen wünne, diu dâ ze himel ist unde von dem wünneclîchen antlütze des lebendigen gotes. Wan alliu {10} diu freude diu dâ ze himel ist, der ist niht wan von dem schîne, der von unsers herren antlitze gêt. Unde rehte als alle sternen ir lieht von der sunnen nement, alsô habent alle heiligen ir gezierde und ir schônheit von gote, und engele und allez himelische her: reht als alle die sternen des himels, der mâne und die planêten, grôz unde kleine, die habent alle samt ir lieht von der sunnen, diu uns dâ liuhtet. Und alsô hât allez himelischez her, engele unde heiligen, die hœhsten unde die minnesten, die habent alle samt ir freude und ir wünne und ir gezierde unde die êre und die wirde und ouch die schœnde, daz habent sie alle samt von der angesihte gotes, daz sie got an sehent. Die engele die dâ unser hüetent, die sehent in ze aller zît an, als ob sie bî im wæren; wan alliu diu freude diu in himelrîche ist, diu diuhte sie ze nihte, solten sie got niht an sehen. Unde dâ von: 'sælic sint die reines herzen sint, wan sie werdent got sehende.' Nu seht, ir liebe kristenheit, wie sælic die sint, die dâ reinez herze tragent! Ir junge werlt, die noch unbewollen sint mit sünden, behaltet iuwer herze vor allen tœtlîchen {10} sünden: sô werdet ir got sehende in solichen freuden und in sô grôzen êren, die ouge nie gesach oder ôre nie gehôrte, alse sant Paulus dâ sprichet unde alse sant Johannes sprichet: 'wær ez mügelich, daz man ez allez samt geschrîben möhte, sô möhte diu werlt diu buoch in ir niht behalten, dâ ez an gestüende daz ich gesach, und allez daz ich gesach, daz was niht wan got alleine.' Und dar umbe möhten wir doch gerne ze dem himelrîche komen unde drumbe arbeiten. Ob uns niht diu liebe unde diu minne dar twünge der wir gote schuldic sîn, seht, sô möhten wir dar umbe dar komen durch daz wunder daz dâ ist. Ez ist maniger vor mir, der im von sô getâner freude seite, daz si jenhalp meres wære, er füere gar gerinclîchen dar von hinnen über mer, niwan daz erz gesæhe. Sô möhtet ir hundertstunt gerner dar umbe arbeiten, daz irz iemer mêre êwiclîchen niezen soltet. Die vil wünneclîchen angesiht des almehtigen gotes unde der himelischen küniginne ze der zeswen sîner sîten in guldîner wæte, die möhtet ir gerne an sehen. Wan würde iu einiger anblic, sô wære iu alliu diu freude unde diu êre und aller {10} der wollust, den diu werlt ie gewan, daz wær iu hinne für als widerzæme und ouch alse unmære, reht als sant Paulus dâ sprach. Nû hœret wie er sprach. Er sprach: 'alliu diu êre unde diu freude unde daz gemach, diu disiu werlt ie gewan von keisern unde von künigen, wider der freude diu in himelrîche ist; als widerzæme einem wære ein diep an einem galgen, als kurz einem diu wile dâ mit wære, daz er einen erhangenen man triuten solte, wider aller der freude die diu werlt hât: alse widerzæme ist mir diu freude aller der werlte wider der êwigen freude.' Ei, wol iuch wart, daz iuch iuwer muoter ie getruoc, die sô getâne freude süln besitzen! Der ist, ob got wil, vil maniger vor mînen ougen. Ouch ist maniger, der vil kleine freude dar für nimt hie ûf ertrîche, unde daz den guoten sante Paulen gar versmâhte, des wirt im der tûsentste teil niht. Unde die habent übele koufet, die sô übergrôze freude gebent umb ein sô kurzez freudelîn in dirre werlte: die habent übele gevarn, wan sie habent weder hie noch dort niht. Als ich iezuo sprach, rehte in glîcher wîse, reht alse alle sternen des himels ir lieht von der sunnen habent, alsô hât {10} allez himelische her ir lieht von dem wâren sunnen, sît danne unser herre der wâre sunne unde daz wâre lieht ist, alse der guote sant Johannes dâ sprichet. Der heizet in daz wâre lieht; als ouch daz vil wâr ist, wan er ist daz wâre lieht, daz niemer mêr verlischet. Und alle die von sîme gotvarwen liehte enzündet werdent, die erleschent ouch niemer mêre von der schônheit, die sie von dem wâren sunnen hânt. Und als vil diu sunne liehter unde gelpfer ist danne wir dâ sehen, rehte als vil diu liehtes unde glastes über alle sternen hât die an dem himel stênt: als vil hât der wâre sunne in himelrîche schînes unde glastes mêr über alle engele, und ist geschœnet unde gewirdet an allen êren, alse billich ist. Unde dâ von sint sie sælic, die ein reinez herze habent, wan sie werdent got sehende.

'Selig sind die Armen, denn das Himmelreich ist ihr' u. s. w. Mit diesen (hier erwähnten) acht Tugenden sind alle die in das {20} Himmelreich gekommen, die darinnen sind. Und mit denselben acht Tugenden müssen noch alle dahin kommen, die jemals hineinkommen sollen. Nun will ich die sieben unterwegs lassen, und {20} will nur von ihrer einer reden, da an einer jeglichen von ihnen so viel des Guten ist (und von einer jeglichen von ihnen wäre gar viel und gar lang besonders zu reden), und wie manche Untugend uns in diesen acht

Tugenden irre macht, das würde besonders von jeder gar lang zu sagen sein. Da man dies Alles in einer Predigt nicht zu Ende bringen kann, noch in vieren, noch in zehn, so will ich heute nur von denen reden, die ein reines Herz haben, und von denen man heute in dem heiligen Evangelio da liest: 'Selig sind die reines Herzens sind, sie werden Gott sehen.' Die sind wohl wahrhaft selig, die Gott sehen. Es überbietet alle Seligkeit, die je {30} ward oder jemals werden kann, wer Gottes ansichtig wird: so süss und so wonniglich ist der Anblick, den man an Gott hat. Keiner Mutter ward je ihr Kind so lieb (ich spreche nicht von Unserer Frauen), sollte sie es drei Tage ohne Unterlass ansehn, so dass sie nichts andres pflöge, denn dass sie nur ihr liebes Kind ansähe: doch ässe sie lieber am vierten Tage ein Stück Brot. Und nun möchte ich gern, dass ich ein so guter Mensch wäre, wie wahr das ist, was ich jetzt sagen will. Wenn das so sein möchte, dass man zu einem Menschen, der jetzt bei Gott ist, spräche: 'Du hast {20} zehn Kinder auf Erden, und du sollst für sie alle das erwerben, dass sie damit Ehre und Gut bis an ihren Tod haben, so du einen einzigen Augenblick von Gott hinweg siehst, nur so lange als Jemand seine Hand umkehren möchte, und blicke dann wieder auf Gott, und sollst deine Augen nie wieder von ihm kehren': der Mensch thäte es nicht. So wahr, o Herr, als deine Wahrheit ist, so wahr ist diese Rede, dass er diese zehn Kinder bis an ihren Tod lieber nach Almosen gehn liesse, als dass er sich die kurze Weile von Gott wenden wollte. Die Engel haben ihn wohl sechstausend Jahre angesehn, und sehen ihn heute so gern als am ersten Tag. {30} Und sie sind auch allesammt wie am ersten Tage, da sie Gottes ansichtig wurden. Keiner von ihnen ward seither älter als am ersten Tage, und sind doch seither wohl sechstausend Jahr alt. Wer von uns hundert Jahr alt würde, der wäre den Leuten so schmählich anzusehn, wegen seiner Hässlichkeit und wegen der Gebrechen, die das Alter an ihm gemacht hätte. Wenn man malet die Engel, {20} da seht ihr wohl, wo man sie auch malet, dass man sie nie anders malt als ein Kind von fünf Jahren, so jung, oder von sechs Jahren. Denn alle die Gott sehn, die werden nie älter, die ihn im Himmelreich sehen in seinen Freuden und seinen Ehren. Auf Erden sehen wir ihn alle Tage in seiner Macht. Kein irdischer Sinn und kein irdischer Leib könnte das ertragen, dass ein menschlich Auge ihn jemals ansähe in seinen Freuden und seinen Ehren, wie er im Himmelreich ist. Wir sagen euch manchmal ein Gleichniss, wie schön Gott sei. Seht, Alles was wir je sagen können oder mögen, das ist so recht dem gleich, als ob ein Kind uns sagen sollte, wenn {30} es möglich wäre, während es in seiner Mutter Leib beschlossen ist, und dies Kind sollte erzählen von all der Würde und all der Zierde, die die Welt hat, von der lichten Sonne, von den lichten Sternen, von edler Steine Kraft und ihrer mannigfachen Farbe, von der edlen Gewürze Kraft und von ihrem edlem Geruch, und von dem reichen Schmucke, den man aus Seide und aus Gold macht in dieser Welt, und von dem mannigfachen süssen Getön, welches die Welt hat, von Vogelsang und Saitenspiel, und von mancherlei {20} Blumen Farbe, und von all dem Schmuck, den diese Welt hat. So unmöglich und so unbekannt es einem Kinde wäre davon zu sprechen, das noch in seiner Mutter Leib beschlossen, das nie weder Böses noch Gutes sah, noch irgend welche Freude empfand; so unbekannt dem Kinde davon zu reden ist, so unbekannt ist auch uns davon zu reden, von der unsäglichen Wonne, die da im Himmel ist, und von dem wonniglichen Antlitz des lebendigen Gottes. Denn alle die Freude, die da im Himmel ist, die kommt alle nur von dem Glanze, der von unsres Herrn

*Antlitz ausgeht. Und gerade wie alle Sterne ihr Licht von der Sonne empfangen, so {30}
haben alle Heiligen ihre Zierde und ihre Schönheit von Gott, und ebenso die Engel und
das ganze himmlische Heer. Gerade wie alle Sterne des Himmels, der Mond und die
Planeten, grosse und kleine, die haben allesammt ihr Licht von der Sonne, die uns da
leuchtet: ebenso hat das ganze himmlische Heer, Engel und Heilige, die höchsten und die
geringsten, die haben allesammt ihre Freude und ihre Wonne und ihre Zierde und die Ehre
und die Würde und auch die Schönheit, das haben sie allesammt von dem Anblick Gottes,
{20} davon dass sie Gott ansehn. Die Engel, die da unser hüten, die sehen ihn zu aller
Zeit, als ob sie bei ihm wären. Denn all die Freude, die im Himmelreich ist, die däuchte
ihnen nichts, sollten sie Gott nicht ansehn. Und deshalb: 'Selig sind, die reines Herzens
sind, denn sie werden Gott sehn.' Nun seht, ihr liebe Christenheit, wie selig die sind, die
da ein reines Herz tragen. Ihr junge Welt, die ihr noch unbefleckt von Sünden seid, hütet
euer Herz vor allen tödlichen Sünden: dann werdet ihr Gott sehn in solchen Freuden und
so grossen Ehren, die kein Auge je sah und kein Ohr gehört hat, wie St. Paulus spricht.
Und wie St. Johannes spricht: {30} 'Wäre es möglich, dass man es alles insgesammt
schreiben könnte, die Welt würde die Bücher nicht in sich fassen, wo es geschrieben stände,
was ich sah. Und alles was ich sah, das war nichts als Gott allein.' Und darum möchten
wir doch gern in das Himmelreich kommen und dafür arbeiten. Wenn uns auch nicht die
Liebe und die Minne, die wir Gott schuldig sind, dazu drängten, seht, so möchten wir doch
darum schon dahin kommen, nämlich um des Wunders willen, das dort ist. Es steht so
Mancher vor mir: {20} wer dem von solcher Freude sagte, dass sie jenseit des Meeres wäre,
er führe gar schnell dorthin von hier übers Meer, nur damit er es sähe. So solltet ihr also
hundertmal lieber dafür arbeiten, dass ihr es auf immer und ewig geniessen solltet. Das
wonnigliche Angesicht des allmächtigen Gottes und der himmlischen Königin zu seiner
rechten Seite in goldenem Gewand, die möchtet ihr gern ansehn. Würde euch ein einziger
Blick zu Theil, so wäre euch all die Freude und die Ehre und all die Wollust, welche die
Welt je gewann, das wäre euch hinfür so widerwärtig und auch so gleichgültig, gerade wie
St. Paulus da sprach. Nun höret, wie der {30} sprach. Er sprach: 'Alle die Ehre und
die Freude und das Gemach, das diese Welt je gewann von Kaisern und von Königen, gegen
die Freude, die im Himmelreich ist; so widerwärtig einem, ein Dieb an einem Galgen wäre,
so kurz einem die Zeit damit wäre, dass man einen gehängten Mann lieb haben sollte,
gegen alle die Freude, die die Welt hat: so widerwärtig ist mir die Freude der ganzen Welt
gegen die ewige Freude.' Ei wohl euch, dass euch eure Mutter je trug, euch, die solche Freude
besitzen sollen. {20} Von denen ist, so Gott will, Mancher hier vor meinen Augen. Auch
ist Mancher, der dafür gar kleine Freude hier auf Erden empfängt, und was dem guten
St. Paulus so verächtlich erschien, davon wird ihm nicht der tausendste Theil. Und die
haben übel gekauft, die so übergrosse Freude für ein so kurzes Freudelein auf dieser Welt
hingeben. Die sind übel gefahren: denn sie haben nichts, weder hier noch dort. Wie ich eben
sagte, ganz in gleicher Weise, gerade wie alle Sterne des Himmels ihr Licht von der Sonne
haben, also hat das ganze himmlische Heer sein Licht von dem wahren Sonnen, sintemal
unser Herr der wahre Sonne und {30} das wahre Licht ist, wie der gute St. Johannes da
spricht. Der nennet ihn das wahre Licht, wie das auch ganz wahr ist: denn er ist das wahre
Licht, das nie verlischt. Und alle die von seinem gottfarbigen Lichte entzündet werden, die*

erlöschen auch nimmer zufolge des Glanzes, den sie von dem wahren Sonnen haben. Und wie viel die Sonne lichter und glänzender ist, als (Alles) was wir da sehn, wie viel sie Licht und Glanz über alle Sterne hat, die am Himmel stehn, so viel hat der wahre Sonne im Himmelreich mehr Schein und Glanz über alle Engel, und ist geziert und geehrt mit allen Ehren, wie es billig ist. Und deshalb sind sie selig, die {10} ein reines Herz haben: denn sie werden Gott sehn.

HEINRICH SUSO.

[*Scherer D.* 238, *E.* 230.]

Mystiker. Aus edlem Geschlecht im Jahre 1300 zu Constanz geboren, ward Dominikaner, lebte später in Cöln und vorzüglich in Ulm, wo er 1365 starb. Der Name Suso stammt von seiner Mutter, welche Seuse hiess. Herausgegeben von Diepenbrock (Regensburg 1829, 3 Aufl. Augsburg 1854); Denifle Bd. 1 (München 1880).

WIE ER BEGIE DAZ ÎNGÂNDE JÂR.

Als zuo Swâben in sînem lande an etlichen stetten gewonlich ist an dem îngândem jâre, sô gânt die jungelinge des nahtes ûz in unwîsheit[230] und bitent des gemeiten[231], daz ist: siu singent lieder und sprechent schœniu gediht und bringent ez zuo, wie siu mügent mit hovelîcher wîse, daz in iriu liep schappel gebent. Daz viel sînem jungen minnerîchem herzen alsô vast în, sô er ez hôrte, daz er ouch der selben naht für sîn êwigez liep gie und bat ouch des gemeiten. Er gie vor tage für daz bilde, dâ diu reine muoter ir zartez kint, die schœnen êwigen wîsheit ûf irre schôze an ir herze hâte getrücket {20} und kniuwete nider und huop an zuo singende in stillem süezem getœne sîner sêle ein sequenzie[232] der muoter vor an, daz siu ime erloubte ein schappel zuo erwerbende von irem kinde, und dô er ez niht wol kunde, daz siu ime dâ hulfe. Und wart ime dik[233] als ernst und alsô nôt zuo weinende, daz ime die heizen trahen über diu wangen ab walten. Sô er dâ ûz gesang, sô kêrte er sich denne gên der herzelieben wîsheit und neig[234] ir ûf die füeze und gruoste si von dem tiefen abgründe sînes herzen und ruomde siu mit lobe an schœne, an adel, an tugenden, an zartheit, an frîheit mit iemer werender wirdikeit über alle schœnen juncfrowen diser welt, und tet daz mit singende, mit sagende, mit gedenken und mit begirden, sô er iemer beste kunde; und wunschte denne, daz er in geistlîcher {10} wîse aller minner und minneclîcher herzen ein vorloufer wêri und aller lieplîcher gedenken, worten und sinnen ein orthaber[235] wêri, dar umb, daz er die wirdigen gnuog minneclîch von irem unwirdigem diener kunde geloben. Und sprach denne ze jungest alsô: 'ach du bist doch, liep, mîn frœlîcher ôstertag, mîns herzen sumerwunne, mîn liebiu stunde! Du bist daz liep, daz mîn jungez herze allein minnet und meinet, und allez zîtlich liep durch dich hât versmâhet. Des lâz, herzen trût, mich geniezen und lâz mich hiut ein schappel von dir erwerben. Ach, miltez herze, tuo ez durch dîn götlîchen tugende, durch dîn natiurlîchen gnâde, und lâz mich hiute an disem {20} îngândem jâre niht lêr von dir gân. Eyâ wie stüende ez dir, süeziu süezikeit! Gedenke, daz ein dîn lieber kneht uns von dir seit und sprichet, daz in dir niht sî Nein und Jâ: in dir sî niuwent[236] Jâ und Jâ. Dar umb, mîns herzen minne, biut mir hiut ein minneclîchez Jâ dîner himelschen gâbe; und als den touben minnern ein lieplîchez schappel würt gegeben, alsô müeze mîner sêle hiute zuo einem guoten jâre etwaz sunderlîcher gnâden oder niuwes liehtes von dîner schœnen hant werden gebotten, zarte, trûte mîn wîsheit!' Diz und des glîch begunde er dô und gie niemer ungewert dannân.

Fußnoten:
[166] ringsum, in der Nähe.
[167] das ich.
[168] dir zu Liebe verlassen.
[169] ich möchte es nicht wünschen.
[170] ihren Geliebten.
[171] denn.
[172] d. i. eine Schande.
[173] der vor der Fahrt nach dem gelobten Lande zurückgeschreckt.
[174] warne sie.
[175] Schmach.
[176] beweine.
[177] allein.
[178] habe meine Gedanken so an sie verloren.
[179] missgönnte.
[180] ins geheim.
[181] versündigt.
[182] mitten durch.
[183] gehobene, fröhliche Stimmung.
[184] funkelnden.
[185] entzündete.
[186] wie.
[187] warum nicht.
[188] sich von m. K. erzählt.
[189] missgönnt, beneidet.
[190] Kummer.
[191] Wiese.
[192] gegen.
[193] linkisch, falsch.

[194] taugte.
[195] Begierde.
[196] verschnitt, verbrauchte.
[197] Art.
[198] Unerfahrenheit.
[199] Verstand, *englisch: wits*.
[200] Sitz, Besitz.
[201] Kummer.
[202] überwogen.
[203] das ist.
[204] geniessen.
[205] Verlangen.
[206] Würde.
[207] Verbrechen.
[208] Gesetz.
[209] unverständig.
[210] überwunden.
[211] geschwächt.
[212] vermieden.
[213] turren, wagen, *to dare*.
[214] Linderung bringend.
[215] sehnend.
[216] trocken.
[217] erfeuchten.
[218] thauen.
[219] bereit.
[220] Die eingeklammerten Zeilen fehlen in den ältesten Handschriften.
[221] man.
[222] der Kranke, *sick*.
[223] Versprechen.
[224] Weihe.
[225] bis.
[226] schwerlich.
[227] Reue nach der That.
[228] angenehm.
[229] Blasen, Schnauben.
[230] Thorheit.
[231] um Liebeslohn bitten.
[232] Kirchenlied.
[233] oft.
[234] sich verneigen.
[235] Anführer.
[236] nur.

DAS AUSGEHENDE MITTELALTER.

DAS SPIEL VON DEN ZEHEN JUNGFRAUEN.

[Scherer D. 245, *E.* 238.]

Behandelt die neutestamentliche Parabel von den klugen und thörichten Jungfrauen; soll 1322 vor dem Landgrafen Friedrich von Thüringen aufgeführt sein, wurde aber schon früher verfasst. Herausgegeben von L. Bechstein (Halle 1855); Rieger in der 'Germania' 10, 311.

Die erste dorechte sprichet alsus:

Herre vater, hymelischer got,
thuwe es durch dinen bitteren dot,
den du liede an dem crutze frone[237],
vnde habe vnser armer juncfrauwen schone[238].
vns hat leider versumet vnser dorheit:
lass vns genyssen diner grossen barmehertzekeit
vnde Marien, der lieben muter din,
vnde lass vns zu der wirstchafft[239] hien in.

{10} Jhesus sprichet alsus:

Wer die zyt der ruwe versumet hat
vnde nit enbussete sin missedat,
kommet der vor myn thore stan,
er wirdet nommer in gelan.

Die ander dorechte sprichet alsus:

Thuwe vff, herre, din thore!
die gnadenlosen juncfrauwen sten hie vore.
wir bidden dich, lieber herre,
daz du din gnade wullest zu vns keren.

{20} Jhesus sprichet alsus:

Ich weiss nit wer ir syt,
want ir zu keiner zyt

mich selben erkant hat

nach die andern myn hantgedat[240].
des wirdt uch vil unuerdrossen[241]
die hymelthore vor beslossen.

Die dritte dorechte sprichet alsus:

Sint vns got hat verseid[242],
so bidden wir die reinen meid,
muter aller barmehertzekeit,
daz sie sich erbarme uber vnser grosse hertzeleit
vnd bidden iren sone vor vns armen, 10
daz er sich uber vns wulle erbarmen.

Die vierde dorechte sprichet alsus:

Maria muter vnde meit!
vns ist dicke geseit,
du sist aller gnaden vol:
nu bedurffen wir gnaden wol.
diss bidden wir dich sere
durch aller juncfrauwen ere,
daz du biddest dinen sone vor vns armen,
daz er sich uber vns wulle erbarmen. 20

Maria sprichet alsus:

Hettit ir mir ader[243] myme kinde ye keinen dinst getan,
daz muste uch nu zu staden stan.
des entadet ir leider nicht:
des wirdit vnser beider bedde vnuerfenclich.
doch wil ich versuchen an myme lieben kinde,
ob ich keine gnade moge finden.

Maria fellet vff ir knye vor vnsern herren vnde sprichet:

Eya liebes kynt myn,
gedencke an die armen muter din. 30
gedencke an die manicfaldigen not,
die ich leid durch dinen dot.

herre sone, do ich din genas,
do hatte ich wedder hus nach palas,
dan alles armude[244]:

daz leit ich alles durch din gude.
ich hatte mit dir arbeit, daz ist ware,
me wan dru vnde dryssig jare.
siech, liebes kint, des lone mir
vnde erbarme dich uber diese armen hier.

Jhesus zu Marien sprichet:

Mutter, gedencket an die wort, 10
die sie finden geschrieben dort:
wolken unde erden sal zugen,
mine worte sullen ommer stille sten.
du nach[245] alles hymelisch here
mogen einen sunder nit ernern[246].

Die erste dorechte sprichet alsus:

Eya herre, durch dine gude
entwich hude dim gemude
vnde erzorne dich nit so sere!
durch aller juncfrawen ere 20
siech an hude vnser iamerkeit.
was wir gein dir getan han, daz ist vns leit:
wir wullen din gebot me halden stede.
erhore hude diner muter bedde
vnde lass vns armen juncfrauwen
din wirtschafft beschauwen.
Maria, aller sunder drosterin,
hilff vns zu der wirtschafft hien in!

Maria sprichet alsus:

Ich will gerne uwer vorsprecherin sin, 30
weret ir von sunden fry,
so mocht ir desto bass herin kommen.
ich wil aber vor uch bidden myn kint Jhesum.

Maria sprichet alsus:

Liebes kint, la dich myner bede nit verdriessen.
lass hude vnser trehen vor din augen fliessen
vnde gedencke an daz vngemach,

daz von diner martel[247] mir geschach,
do ein swert durch myne sele ging.
so was ich pine durch dich enphing,
der lone mir mit diesen armen
vnde lass sie dich erbarmen.
du bist ir vater vnde sie din kint: 10
gedencke wie sure sie dir worden sint
mit manchem vngemache.
mit so welcher hande sache
der sunder dich erzornet hat,
so ist er doch din hantgedat[248].
drut sone guter,
erhore din muter.
ob ich dir ye keinen dinst getede,
so gewere mich dieser einigen bede
vnde lass diese jemerlichen schare 20
ane vrteil zu hymel varn.

Jhesus sprichet alsus:

Nu swyget, frauwe muter myn:
die redde mag nit gesin.
die wyle sie in der wernde[249] waren,
guder wercke sie verbaren[250],
gereidt[251] was yne alle bosheit:
des versage ich yne mine barmhertzekeit,
want sie ir dort nit geruchten[252].
des beuel ich sie den verfluchten: 30
ir spade ruwe daug zu nichte.
ich wil nu zu rechte richten.
get, ir verfluchten ane sele vnde ane libe,
von mir wil ich uch vertriben:

get in daz fure, daz uch bereidt ist
dem tufel vnde sime genist[253].
sunder, gang von mir:
droist vnde gnade versagen ich dir.
kere von den augen myn,
min antlitz wirdt dir nommer schin.
scheide von myme riche,
daz du vil jemerliche
mit dinen sunden verlorn hast:
drag mit dir der sunden last. 10

gang hien vnde schry ach vnde we;
din wirdt rad[254] nu iach[255] nommer me.

OSTERSPIEL.

Befindet sich in einer Wiener Handschrift aus dem Jahre 1472.
Herausgegeben von Hoffmann in seinen 'Fundgruben' 2, 296.

[*Scherer D.* 247, *E.* 239.]

Hie hebet sich an das spil von der besuchunge des grabes und von der
uferstendunge gotes.

Precursor.

Hüt und tret mir aus dem wege,
Dass ich meine sache vorlege:
Wer seine sache nicht wol vorlegen kan,
Der nimt ofte schaden daran.
Wer ist gewest nach meinen sitten?
Ich wolte daher haben geritten
Ein pfert, ane pfenninge mochte ichs gekaufen: 20
Darumme muss ich zu fusse laufen.
Wol umb, ir herren, und wol umbe,
Die weite und auch die krumme,
Die breite und auch die firre[256],
Dass uns niemant irre.
Nu horet zu alle geleich, 20
Beide arm unde reich;
Horet zu alle gemeine,
Beide gross unde kleine;

Ir jungen und ir alde,
Horet zu also balde,
Und ir alten flattertaschen[257],
Ir kunnet vil smetzen[258] unde waschen,
Und wo man icht wil beginnen,
Da wolt ir euch auch zu dringen.
Wir wellen haben ein osterspil,

- 454 -

Das ist frolich und kost nicht vil,
Wie got ist erstanden
Von des todes banden, 10
Und hat die heiligen veter erlost
Von der bittern hellen rost.
Das welle wir tun in seiner ere,
Dass sich sein gedechteniss mere
In allen guten herzen,
Die da wellen erlost werden von smerzen.
Und wer unser darumme spott,
Es sei Kunze Heinrich oder Ott,
Hensel oder Eckehart,
Oder Nitsche mit dem grossen bart; 20
Auch wirt uns iemant hindern daran,
Es sei frau oder man:
Entstet[259] im darunter icht,
Das welle wir achten gar vor nicht,
Und wünschen im dass er falle
Als eine feder von eime stalle.
Darumb bleibet alle stille sten
Und horet wie sich das wirt ergen.
Ich kan euch nicht mer geschallen[260]:
Ir sulet uf treten alle.

Pilatus und die juden gen mit im.

Ein kaufman spricht.

Ich bins nemlich kommen von Paris;
Uf erztei[261] habe ich geleget meinen fleiss
Wol vier und vierzig jar: 10
Was ich euch sage, das ist nicht war.

Aliud.

Nu horet, ir jungen und ir alten,
Ir rauchen und ir kalten;
Nu horet alle gleich,
Beide arm unde reich.
Ich bin ein meister her kommen:
Ir sollet mein nemen kleinen frommen[262].

Ich habe erztei also vil,
Die ich euch itzunt nennen wil; 20
Ich habe auch gutes geretes vil,
Nuscheln[263] unde deisselseil[264],
Beutel unde teschelein,
Darzu die glesen[265] tepfelein.
Ich bin ein meister gar hoch geborn,

Und habe meinen knecht verlorn:
Und wer ierne[266] einer in dem lande
Der gebrauen[267] hette eine schande,
Und welte meines dienstes pflegen,
Zwar reichen solt wolte ich im geben.

Rubin kommet.

Herre, wie dunket euch umbe mich?
Ich bin jung und hofelich.
Ich kan den alten weiben
Die beutel abesneiden; 10
Auch kan ich stelen und gar wol verslan[268],
Und bin doch nie zu der staupe[269] gehan[270].
Aber in Beierlant
Da wart ich durch die backen gebrant:
Wer ich nicht entgangen,
Man hette mich vorwar gehangen.

Der kaufman spricht.

Nu sage mir, liebes knebelein,
Wie ist genant der name dein?

Rubin antwort. 20

Rubin bin ich genant,
In Beiern wart ich geschant;
Ich kan keufen und verkeufen
Und die leute wol leichen[271].

Medicus ad servum.

Rubein, solte ich die warheit jehn,
Ich hette dich vor in eime lande gesehn:

Da was ein kleines knebelein,
Das was genant Rubein;
Das zalte[272] die heuser umb den mittag
Und nam das gemerke[273] in den sack.

Rubein antwort.

Ja herre, zwar, 10
Ich bins gewest vorwar.

Medicus dicit.

Nu sage, lieber Rubein,
Was ist das lon dein?

Rubein respondit.

Herre, mein lon ist gar stark:
Ein pfunt pulze[274] und ein gebraten quark[275].

Medicus dicit.

Rubein, ich wil dir den quark geben,
Dass du das jar nicht must uberleben, 20
Und auch einen fladen[276] darzu
Den da machet die ku:
Das ist ein grosses lon zwar,
Das ich dir gebe zuvor.

Rubinus spricht.

Herre, in euerem dienst wil ich leben
Und das stete pflegen.

Der arzt spricht.

Nu sage, knecht, was das bedeute:
Ich sehe aldort gar vil leute:
Mich dunket in meinem mut
Dass sie suchen salbe gut.
Nu setze aus die buchsen schier,
Zwei, drei, oder vier, 10
Ob wir icht mochten gekeufen[277] gelt.

Nu slag uf unser gezelt,
Und tu das alzuhant.
Dass die erztei werde den leuten bekant.

Mercator dicit.

Nu ist das die eine:
Die slug ich aus eime steine.
So ist das die ander:
Die brachte ich von Flandern.
So ist das die dritte: 20
Die brachte ich von Egipten.
So ist das die vierte:
Die macht ich zu dem biere.
So ist das die fumfte fein und klar,
Als eine ku die kalben sal:
Wer da hat ein har oder zwe,
Der wirt rauch als ein ganse[278].

Medicus antwort.

Ich wil dir sagen, Rubein,
Und vernim gar wol die rede mein:
Sich die buchsen gar eben[279] an,
Dass sie niemant mag von hinne getran;
Wirt dir ierne eine genommen,
Du wirst sein nemen kleinen frommen:
Du wirst mir dieselbe teuer gelten,
Oder ich werde dich gar sere schelten ...

Nu gen die person und singen.

Almechtiger got, vater der hochste,
Der engel trost der uns erloste 10
Von grossen noten unde troste.

Die ander persone.

Vater, almechtiger got,
Dem die engel sten zu gebot,
Wie sol uns armen nu geschehn,
Dass wir dich nicht me sullen sehn?

und spricht.

Wir han verlorn
Der uns zu troste wart geborn,
Jesum Christum 20
Der reinen juncfrauen sun
So er was der werlde hoffenunge ...
Owe wie gross ist unser smertze!
Wir haben verlorn Jesum Christ,
Der aller werlde ein troster ist,

Marien son den reinen:
Darum müsse wir beweinen
Swerlichen seinen tot:
Wenn er half uns aus grosser not.

Die dritte persone.

Wir sullen gan ‖ da Jesus wart geleit[280]
Und trauer han ‖ durch unser selikeit
Und salben im die grossen wunden sein.
Owe wie gross ist unser herzepein!
Vil lieben swestern beide, 10
Wie sulle wir uns haben[281] zu unserem leide,
Wenne wir Jesu des süssen
Leider entberen müssen.
Des gehe wir und kaufen salben
Damite wir in allenthalben
Bestreichen seine wunden
Nu zu disen stunden.

Der kaufman ruft dem knechte.

Rubein, Rubein, Rubein!

Rubinus komt gelaufen. 20

Was welt ir, herre meister mein?

Mercator.

Rubein, wo bist du so lange gewest?
Du tust meinem dienste nicht recht:

Du soltest hie keufen und verkeufen
Und die leute wol teuschen unde leichen ...
Rubein, es mag wol schiere tagen.
Ich hore jemmerliche klagen
Drei frauen unde singen:
Uns mag noch gar wol gelingen
An dem kaufe den wir da han.
Gehe und heiss sie her gan.

Rubinus.

Herre, welche meinestu? 10
Sol ich sie alle rufen herzu?

Mercator.

Nein, rufe mir die alleine,
Die da an dem wege klagen und weinen.

Rubinus get zu den swestern.

Got grüsse euch, ir frauen, zu aller zeit:
Ich sehe wol dass ir betrübet seit;
Was euch auch werre,
Ir holet das seufzen ferre[282];
Das ist mir leit, das gleubet mir, 20
Dass ir also betrübet stet alhier.

Die personen sagen.

Gut kint, got lone dir:
Wir haben swer gemüte alhier.

Rubinus.

Das besser euch got durch seine güte

Und euch von allem leiden behüte!
Dürft ir nicht hülfe oder trost,
Get zu meinem hern: ir wert erlost.

Die ander persone.

Got ere dich, guter jüngeling;

- 460 -

Dass got gebesser deine ding!
Unser leit ist verborgen.
Wir wellen dir gerne volgen;
Nicht lenger welle wir alhie stehn:
Wir wellen gerne mit dir gehn. 10

Mercator canit.

Ir frauen, nu seit mir wilkommen:
Ich hoffe, ich neme euer guten frommen.
Ist hier icht das ir begert,
Des wert ir von mir ganz gewert.
Ich habe die besten salben
Die da allenthalben
In dem lande mag gesein,
In Ysmodia und in Neptaleim[283].
Summer[284] mein korp und mein stap, 20
Die brachte ich von Arab;
Summer mein schones weip Anthonie,
Die brachte ich von Babylonie;
So müsse euch die wol gedein:
Wenne ich brachte sie von Allexandrein.

Die dritte persone.

Gut man, ich habe in meinen henden
Drei gute gulden besanden[285]:
Gip uns darumme deine masse,
Dass dich got leben lasse.

Mercator.

Ir frauen, ir keuft ane schelten[286]:
Euer gelt wil ich euch abe gelten[287].
Nemet dise buchse darumme:
Wenne sie ist besser wenne ander funfe; 10
Und nemet die buchse dabei:
Die ist besser wenn ander drei;
Auch nemet die darzu:
Sie ist besser wenne ander zwu.

Tercia persona.

Nu sage uns, guter man:
Sulle wir mit diser salbe gan?

Mercator.

Ja frau, were ich rot golt,
Ir soltet sie tragen wohin ihr wollt. 20

Die erztin zornig spricht.

Ir frauen, lat die büchsen stan;
Ir sullet sie nicht von danne tran:
Sie kost mich alzu teuer;
Ich machte sie nechten[288] bei dem feuer;
Und geht gar engelich[289] von meinem kram[290],

Oder ich wil euch mit eime knuttel slan.

Der kramer spricht zu ir.

Wie, ir rechte übel haut!
Wie tort ir[291] immer werden laut,
Dass ir strafet mein verkeufen?
Darum muss ich euch slan und reufen.

Mercatrix.

Se[292] wie dunket dich um den flessen[293] bart?
Du bist ein mudig[294] von der art.
Dass dich der geier schende 10
Hie unter meinen henden!

Mercator.

Sweiget, fraue, und lat euer swantzen[295]
Zu Breslau uf dem tume[296] becket man gute mosanzen[297];
Zu Otmachau[298] gar gute weiche kese;
Ich getraue gar wol vor euch genesen.

Mercatrix.

Ich sweige noch nicht so schiere.
Wenn du kommest von dem biere,
So bistu trunken sam ein swein: 20

Dass es dir nummer müsse gedein!

Mercator.

Sweiget, frau, oder ich gebe euch einen puf[299].

Mercatrix.

Dorte get der monde uf.

Mercator.

Sweiget! ich gebe euch einen slag.

Mercatrix.

Zolch[300] da er hie lag!

Mercator.

Ach du altes redefass[301], 10
Ich bin dir nie worden gehass:
Ich wil dich nu slan umb den kop,
Dass du wirst werden top[302];
Nu sehe dir eines uf den rucke[303]
Zu deinem grossen ungelucke.

Mercatrix.

Ach ach ach leider!
Sein das die neuen kleider
Die du mir zu den ostern hast gesant?
Dass du must werden gebrant! 20
Got gebe dir das korfel[304] in den magen,
Dass du das jar nicht musst überleben!
Werstu zu Wiene nicht entgangen,

Man hette dich an den galgen gehangen.
Du hast auch einen roten bart,
Und bist ein mudig von der art.

Mercator.

Fraue, liebe fraue mein,

Dass ir immer selig müst sein!
Vergib mir dass ich dich habe geslagen
Gar hertlich an deinen kragen[305].
Du machst deine klage gar manchfalt:
Daran tustu mir gewalt; 10
Und hast ein wunderlich geberde,
Und wilt mich bringen unter die erde.

Mercatrix.

Nein, ich vergebe dir nicht dise slege,
Ich sehe dich denne in ein grab legen.

Mercator spricht zu Rubein.

Wol hin mit den pulvern:
Ich kan alhie nicht me bleiben.
Hebe uf korb unde stab,
Und laufe wir gein Arab, 20
Und mache wir uns aus dem lande:
Anders wir mochten werden zu schanden.

Rubinus dicit.

Herre, ich lege ein alzuhant,
Und laufe mit euch in fremde lant.

Die personen sagen.

Owe uns drei armen frauen!
Mag man schauen
Jammers not?
Nu ist er tot,
Den die Juden han ermort
Ane sache[306] und ane schulde,
Als ir dicke hat gehort.
Owe uns armen drei frauen!
Was jammers mag man schauen 10
Den wir tragen in unserm herzen!
Awe des jemmerlichen smerzen
Den wir umb unseren herren tragen,
Den uns die Juden haben erslagen!

Prima persona.

Wenn der meister und der hirte
Jemmerlich geslagen wirt,
So verirren sich die schefelein
Und die lieben junger sein.
Von seiner verlust so leiden wir 20
An dem herzen jammers vil.

Die ander persone.

Nu schaut wie das stet,
Wo das vie ane hirten get,
Und die schüler ane meister sein:
Das ist uns wol worden schein,
Sint wir haben verlorn
Den der uns zu troste wart geborn.
Darumb beweine wir seinen tot:
Wenne er half uns aus aller not. 30

Die dritte persone.

Swestern, wir sullen hie nicht lenger stan:
Wir sullen zu dem grabe gan:
Wenne ich habe ein alt sprichwort
Gar dicke unde ofte gehort,
Dass man die treue lobet allermeist
Die man nach dem tode leist.
Darumme, lieben swestern mein,
Was uns liep das leben sein,
Das tu wir nach dem tode schein. 10
Zu dem grabe wolle wir eilen,
Ob wir finden Jesum Christ
Der uns ie der liebeste ist,
Und alle seine wunden gross
Die er empfangen hatte bloss
Bestreichen allenthalben
Mit diser teuern salben.

Persone sil. euntes ad sepulcrum canunt.

Wer hilft uns welzen abe 20

Den stein von dem grabe
Der dar uf gelegit ist,
Dass wir unserm herren Jesu Christ
Salben seine wunden?
Die sten noch im unverbunden.

Die engel antworten.

Wen sucht ir, frauen gut,
Mit so traurigem mut,
Also frü vor tage
Mit so jemmerlicher klage?

Die ander persone.

Gottes kint, das sage wir dir:
Jesum von Nazareth suche wir,
Den wir hatten vor einen waren got,
Und taten gerne seine gebot.

Die engel singen.

Er ist nicht hie, den ir sucht:
Sunder get, ob irs gerucht[307],
Und saget seinen jungern 10
Und Petro besunder
Dass er ist erstanden
Und gein Galilea gegangen.

Die dritte persone.

Weist uns, vil stolzen jungelinge,
Die stat da er hat gelegen inne.

Die engel singen.

Get her und schauet die stat
Da Jesus inne gelegen hat.
Hie ist nicht me denne ein tuchelein, 20
Da Jesus was gewunden ein.

Die personen alle singen.

Owe, wir armen swestern waren komen mit leide zu unsers hern grabe:

Der stein was abe,
Die engel sageten uns mere
Wie Christus erstanden were.

Die ander persone.

So wir zu dem grabe quamen,

Der engel stimme wir vernamen:
Sie sageten uns liebe mere,
Dass Jesus erstanden were
Von dem tode wol gesunt
Und het zubrochen der hellen grunt.

Der erste engel.

Vil lieben frauen, wir sagen euch vor war
Dass Jesus alhie hat gelegen zwar:
Sunder[308] er ist nu erstanden
Und vorbass gegangen. 10
Darumb wolt ir in han,
So suchet in zu Galilean.

Die dritte persone geseinende[309].

Got geseine euch, liebe swestern mein!
Seht, noch heute komt mir swere pein:
Ich mag weder gerasten noch gerun
Bis ich meinen herren finde nu;
Ich wil auch meine hende winden
Bis ich meinen herren vinde.

Die erste persone. 20

Jesu, du bist der milde trost
Der uns von sunden hat erlost,
Von sunden und von sorgen
Den abent und den morgen.

Die ander persone.

Er hat dem teufel angesiget,
Der noch[310] vil feste gebunden liget;

Er hat vil manche sele erlost:
O Jesu, du bist der werlde trost.

Die dritte persone.

Nu schauet alle dise stat
Da Jesus inne gelegen hat.
Ich habe das tuch in meiner hant
Das im seine mutter umbbant.
Ich bin genant Maria von Magdala:
Ich werde nimmer fro; 10
Trauren mag mich nicht vorgan,
Ich sehe in denne mit den augen an.
Der mir meine sunde vergap,
Der wart geleget in ein grap:
Des muss ich aber klagen mer
Und grossen[311] meines herzen swer.
Owe der mere!
Owe der jemmerlichen klage!
Das grap ist lere:
Owe meiner tage! 20
Wo ist nu hin mein trost,
Der mich von sunden hat erlost?
Der mir die sunde vergap,
Den sach ich legen in ein grap.

Tercia persona.

Ich quam gegangen salben
Den herren in ein grab allenthalben:

Da vant ich das grap wan[312],
Und da erkante ich an
Dass er was erstanden
Von des todes banden[313].

Silete, canitur.

Der stein ist abe,
Des meret sich mein ungemach,
Von unsers herren grabe,
Also mir der engel sprach.
Ich suchte den engel nicht: 10

Ja suchte ich Jesum, der engel licht.
Ich sterbe durch das licht:
Vil süsser got, nu tröste mich!

Tercia persona dicit.

Der stein ist werlich geleget von der stat
Darinne unser herre gelegen hat;
Mit rittern was das grap besatzet wol:
Nu weiss ich nicht wo ich in suchen sol.

MARIEN KLAGE.

[*Scherer D.* p. 247, *E.* 241.]

Aus einer dem 15. Jahrhundert angehörigen Handschrift der Trierer Stadtbibliothek herausgegeben von Hoffmann in seinen 'Fundgruben' 2, 259.

Deinde Maria ut sequitur:

Owê owê hiute! waz sol ich
Oder wer wil nû trœsten mich?
Sint ich den süezen hân verlorn 10
Der mich ze muoter hete erkorn.
Owê owê! nû gên ich wider unde vür;
Nieman tritet vür die tür,
Der dise nôt welle enden!

Des ringe ich arme muoter mîne hende.
Owê owê der jæmerlîchen nôt!
Owê, mich dunket er sî tôt.
Johannes neve, nû vüere mich
Zuo mîme kinde, des bite ich dich.

Wehe wehe über den heutigen Tag! was soll ich,
und wer wird mich nun trösten,
da ich den Süssen habe verloren, 10
der mich zur Mutter hatte erkoren?
Wehe wehe! nun geh ich auf und ab;

und niemand tritt vor die Thür,
der diese Noth will enden:
darum ringe ich arme Mutter die Hände.
Oweh, oweh der jammervollen Qual!
Oweh, mich dünkt er sei tod.
Johannes, Neffe, nun führe mich
zu meinem Kinde, darum bitte ich dich.

Tunc vadunt ante crucem et Maria cantat plangendo cum manibus.

Owê owê der jæmerlîchen klage,
Die ich muoter eine trage
Al von des tôdes wâne.
Weinen was mir unbekant,
Sint ich muoter wart genant, 10
Und bin doch mannes âne.
Nû ist ze weinen mir geschehen,
Sint ich sînen tôt muoz sehen
Den ich âne swære gar
Muoter unde meit gebar.
Owê tôt! Dise nôt
Mahtû wol volenden,
Daz du von dir Her zuo mir
Dîne boten wellest senden.
Owê der leide! 20
Der tôt der wil uns scheiden.
Tôt nû nim uns beide,
Daz er niht aleine
Sô jæmerlîche von mir scheide.
Owê! waz hât er iu getân?

Muget ir ime niht sîn leben lân
Und nemt mir mînen lîp?
Owê! waz sol ich armez wîp!
Grôzer klage ist mir nôt.
Owê, læge ich vür in tôt!
Vater schepfer bistû mîn,
Und ich dîn gebererîn:
Dîne wunden tuont mir wê.
Miner klage ist worden mê,
Sint dû herzeliebez kint trût 10
Wider mich niht maht werden lût.
Herzekint, Dîne ougen sint

Dir sô gar verblichen.
Dîne maht Und dîne kraft
Ist dir sô gar entwichen.
Owê owê, vil lieber sun mîn!
Owê der grôzen marteln dîn!
Owê, wie jæmerlîchen dû hengest!
Owê, wie dû mit dem tôde ringest!
Ach wie jæmerlîchen bibet dir dîn lîp! 20
Eiâ, waz sol ich armez wîp,
Sint ich dich, liebez kint mîn,
Sihe lîden alsô grôze pîn!
Des sticht mich ze dirre stunt
Ein swert durch mînes herzen grunt.
Simeonis grimmec swert
Daz hât mich wol bevunden.
Pînen bin ich wol gewert
Ze disen selben stunden.

Weh weh, welch jammervolle Klage,
die ich, die Mutter, alleine trage
von des Todes Gedanken.
Weinen war mir unbekannt,
seitdem ich Mutter ward genannt, 10
obwohl ich des Mannes ledig bin.
Nun ist mir das Weinen angekommen,
seitdem ich seinen Tod vernommen,
den ich ohne jeden Schmerz
trug unter jungfräulichem Herz.
Oweh Tod! Dieser Noth
machst du leicht ein Ende,
wenn du von dir her zu mir
deine Boten willst senden.
Weh und Leid! 20
Der Tod der will uns scheiden.
Tod, nun nimm uns beide,
dass er nicht alleine
so jämmerlich von mir scheide.
Oweh! was hat er euch gethan?
Könnt ihr ihm nicht seine Leben lassen
und nehmt mir meinen Leib?
Oweh! was soll ich armes Weib!
Grosse Klage thut mir Noth.
Oweh, läg ich statt seiner tod!

Vater Schöpfer bist du mir,
und ich, die dich geboren hat:
deine Wunden thun mir weh.
Meine Klage hat sich vermehrt,
seit du herzliebes trautes Kind 10
zu mir keinen Laut mehr sprechen kannst.
Herzenskind, deine Augen sind
dir so ganz verblichen.
Deine Macht und deine Kraft
ist dir so ganz entwichen.
Oweh, oweh mein viel lieber Sohn!
Weh über deine grosse Marter!
Weh, wie jämmerlich du hängest!
Weh, wie du mit dem Tode ringest!
Ach, wie jämmerlich bebt dir der Leib! 20
Weh, was soll ich armes Weib,
da ich dich, liebes Kind mein,
Sehe leiden solch grosse Pein!
Damit sticht mich zu dieser Stund
ein Schwert durch meines Herzens Grund.
Simeons grimmes Schwert
das hat mich wohl getroffen.
Qualen sind mir reich beschert
zu dieser selben Stunde.

Post hoc Salvator cantat: Mulier ecce filius tuus, et dicit cum hoc Rhythmo:

Sich, wîp, ditz ist der sun dîn,
Johannes sol nû dîn pfleger sîn
Und sol nû dîn sun wesen,
Wande dû wol sihest daz ich niht mac genesen.

Sieh, Frau, dies ist dein Sohn,
Johannes soll dein Pfleger sein
und soll nun dein Sohn werden,
da du wohl siehst, dass ich nicht am Leben bleiben kann.

Et deinde dicit ad Johannem: Ecce mater tua, cum hoc Rhythmo:

Johannes, lieber neve mîn, 10
Ich bite dich daz dû mîner muoter pfleger wellest sîn
Und daz dû trœstest ir herzeleit,

Daz si durch mîne martel treit.

Johannes, mein lieber Neffe, 10
ich bitte dich, du mögest meiner Mutter Pfleger sein
und sie trösten in ihrem Herzeleid,
das sie wegen meiner Marter trägt.

Johannes respondet:

Gerne, Jesus meister mîn,
Ich wil gerne ir huoter sîn
Und si bewarn die wîle ich leben,
Sint dû mich ir ze pfleger hâst gegeben.

Gerne, Jesus Meister mein,
ich will gerne ihr Hüter sein
und sie bewahren Zeit meines Lebens,
Da du mich ihr zum Pfleger gegeben hast.

Maria dicit R. ad Salvatorem.

Owê Jesus, vil liebez kint mîn, 20
Wie grôz ist dînes lîbes pîn!
Ach owê, wie dîn munt nû bibet!
Owê des urloubes, des er mir nû gibet!
Owê leit vor allen leiden!

Sol ich mich nû von im scheiden
Von deme der ie ist gewesen mîn trôst?
Von jâmer bin ich ungelôst.
Owê, wâ herberge ich die êrste naht?
Mit grôzem jâmer bin ich überdaht.
Ditz ist ein bitterlîcher mort.
Ach liebez kint, nû sprich mir doch zuo ein wort,
Ob ich dîn muoter bin.
Owê! er enmac, er ist dâ hin.
Er ist leider übel gereiset, 10
Wande ich bin ze mâle verweiset:
Des muoz ich schiere vor leide vergân.
Ach dû herter kriuzeboum,
Wie dû dîne arme hâst zetân,
Dâvon ich grôzes jâmers vil hân.
Ach wistest dû an dirre stat,

Waz man an dir gesperret hât,
Dû tætest dîne arme zesamne sint
Und liezest ruowen mîn liebez zartez kint.
Eiâ dû sûre jüdesche diet, 20
Warumbe tœtet ir mich niet?
Wand mînen trôst hât ir mir benomen.
Owê, wâ sol ich hinnen komen?

Nune weiz ich leider war ich vlîe.
Des tôdes wil ich bîten hie.

Wehe Jesus, mein viel liebes Kind, 20
wie gross ist deines Leibes Pein!
Ach wehe, wie dein Mund jetzt bebt,
weh über den Abschied, den er mir giebt!
Weh Schmerz über alle Schmerzen!
Soll ich mich nun von ihm trennen,
von dem, der jeder Zeit mein Trost gewesen?
Mit Jammer bin ich unlöslich verbunden.
Oweh, wo kehre ich die erste Nacht ein?
Mit grossem Jammer bin ich überdacht.
Dies ist ein bitterer Mord.
Ach liebes Kind, nun sprich doch zu mir ein einzig Wort,
wenn ich deine Mutter bin.
Weh, er kann nicht, er ist dahin.
Er ist leider auf einer schlimmen Reise, 10
und ich bin zumal verweiset:
drum muss ich schier vor Leid vergehn.
Ach du harter Kreuzesbaum,
wie hast du deine Arme geöffnet!
Das bereitet mir grossen Schmerz.
Ach wüsstest du nur,
was man an dich gehängt hat,
du schlössest deine Arme
und liessest mein liebes zartes Kind ruhen.
Weh du rauhes Judenvolk, 20
warum tödtet ihr mich nicht?
Habt ihr mir doch meinen Trost benommen.
Weh, wohin soll ich nun von hier mich wenden?
Leider weiss ich nun nicht, wohin fliehen.
Des Todes will ich harren hier.

Et sic residet in terram.

THEOPHILUS.

[*Scherer D.* 248, *E.* 242.]

Von einem niederdeutschen Dichter verfasst. Aus einer dem 15. Jahrhundert angehörigen Handschrift der Stadtbibliothek zu Trier herausgegeben von Hoffmann (Hannover 1853).

Theophilus.

Ik bin geheiten Theophilus,
Myne klage begint aldus[314].
Ik was geheiten ein kloken man,
An pâpheit[315] kundik my wol verstân
Und ôk noch als ik hoppe.
Ik was gekoren to einem bischoppe
Unde sold ein here[316] syn gewesen, 10
Do verdrôt my singen unde lesen.
Nu hebben sei einen anderen koren,
De hevet my dôr synen toren
Verdreven unde myne provende[317] nomen,
Dei my plach degeliks in to komen
An wyne und ôk an weite[318],
So dat ik nu ein arm man heite.
Seit, dat mojet[319] my also sere:
Wistik ef jenich[320] duvel were
Hyr an dusser êrden, 20
Syn eigen woldik wêrden!
De my helpen wold dâr an,
Dat ik worde so ryken man,

Dat ik dem bischop unde dem stichte[321]
Mochte wederstân mit gichte[322].
Is ôk an dusser stunt
Jenich duvel an hellengrunt
Edder an der hellen dore,
De make drade sik hervore,
Edder wâr hei besloten sy,
De kome drade her to my!
Ik beswere dy, duvel Satanas,

By dem gode, de lôf[323] unde gras 10
Und alle dink geschapen hât,
Des hemels lôp[324], der êrden stât[325];
Ik beswere dy by dem valle,
Den gy duvele vellen alle,
Da unde dyne medegenoten[326],
Do gy worden van dem hemel stoten;
Ik beswere dy by dem jungesten dage,
Wan godes sôn kumt mit syr klage
Over alle sunderlude[327],
Dat du to my komes hude 20
Mit bescheide und antwôrdes my
Allet des ik vrage dy!

Hyr komet nu de duvel springen unde secht to Theophilo mit greseliker
stemme dussen rymen:

Satanas.

Theophile, wat mênstu hyr mede?
Dit is jo juwer[328] papen sede:
Wan ju is ein vort entgân,
So wil gy uns armen duvele hân,
Wy en blasen ju den weder in: 30
Sus sêrdy[329] uns, eft[330] wy ju eigen syn.
Jo en egen[331] wy es nicht van ju papen,
Wente[332] wêr wy duvele nicht geschapen,

Dat gy de leien mit uns vervêrt[333],
Gy mosten ôk halden den plôchstêrt[334].
Nu twing gy uns mit juwer klôkheit,
It sy uns leif, it sy uns leit,
Dat wy moten to ju komen.
Dû hefst my eine lange reise benomen:
Ik was dâr hento India,
Myne gesellen sochtik da.
Dâr was de konink gestorven,
Ik had syn sele na[335] erworven. 10
Tohant do ik dyn bannen hôrde
Unde dyne greseliken wôrde,
Do mostik rôklose[336] komen to dy.
Nu sech up[337] drade, wat woltu my?

Theophilus.

Hefstu silver unde golt
So wil ik dy den dûrsten solt
Den ik ye gewan verkopen:
Myne sele, dei in der dopen[338]
Mit godes blode is gereinet 20
Unde na synem bilde is vereinet,
Dei wil ik setten in dyne hant,
Ik en hebbe nein durer pant[339].
Woltu solke pande entfân,
So wil ik met dy einen kôp angân.

Satanas secht weder:

Satanas.

Nein, nein, dâr mede schaffestu nicht!
Dat is uns ôk wol mêr geschicht[340],
Dat wy gôt den luden geven, 30
Dat sei er wâllust mede dreven
Twintich edder dertich jâr,
So begunden sei dan to lesten dâr

In einen wech to komen,
Dat sei uns worden benomen.
Doch wo em sy, is dy icht leif
Gelt unde gôt, so schryf einen breif!
De breif sal also wesen,
Al dei en sein[341] efte lesen,
Den salstu bekennen unde gein[342]
Openbâr unde dâr nicht entein[343];
Dat Theophilus des duvels sy.
Dyn segel[344] sal dâr hangen by, 10
Dat du dregest an dyner hant:
So antwôrd my breif unde pant.
Ik wil dy so vele gudes geven,
Dat du hêrliken moges leven.

Theophilus.

Wat solen dei breive myn?
Myn wôrt doch recht solen syn!

Ik en wil dy nicht vôrleigen[345],
Wente woldik dy bedreigen,
Wat dochtik dan to einem papen?

Satanas.

Nicht, nicht! it is al anders schapen. 20
Woltu my wêrden underdân,
Dyne hantveste[346] wil ik êrst entfân,
Dâr inne salstu dat schryven,
Dat du myn willes ewich blyven
Mit lyf, mit sele. Ôk schryf dârby,
Dat nein trôst mêre an dy en sy.
Und ôk we vor dy bede,
Dat hei dy unrecht dede.
Hefstu leive to solken saken,
So wil ik den kôp mit dy maken 30
Unde wil dy so vêl godes geven,
Dat du moges hêrliken leven.

Theophilus.

Ik bin darum to dy gekomen,
Als du ein deil wol hefst vernomen,
Dat ik gêrne jummermere
Um geldes willen dyn eigen were.

Satanas.

Dyn wille sal dy wol geschein,
Ân ik wil êrst pant unde breive sein.

Theophilus.

Nu du my dârto wolt dryven,
Dat ik dy einen breif sal schryven,
Dei my an myne sele geit,
Dârto bin ik gâr bereit. 10
Wat helpet, dat ik dâr weder sage?
Went ik môt doch al myn dage
Eweliken syn verloren.
Nu recket my her ein inkethoren[347],

Eine vederen unde permint[348]!
Dat is my recht so ein wint.
Ik wil schryven ein tractât,
Dat nummer myr[349] sele wêrde rât.

KAISER UND ABT.

[Scherer D. 249, E. 243.]

In der zweiten Hälfte des 15. Jahrhunderts verfasst. Herausgegeben von Keller (Tübingen 1850).

Der apt dicit:

Mulner, pis mir gotwilkumm her! 20
Dreier ret ich von dir beger:
du pist ein abenteuerlich man.
Wer mag das geluck am nechsten han?

Der mulner:

Herr, das ist gar guot zuo erraten,
als wurst zuo essen, wenn sie sein gepraten:
vil leicht kan ich euch das gesagen.

Der apt:

Mulner, ich wil dich mer fragen:
was gult ein keiser, solt man in kaufen?

Der mulner dicit:

Müest ich dann ausz der müle laufen,
das wundert mich von herzen ser. 10

Der apt:

Wie vil ist wassers in dem mer?

Der mulner:

Sein das die ratnus alle drei?

Der apt:

Ja, lieber mulner, hab fleisz da bei,
wann mir leit nit ein kleinsz daran.

Der mulner:

Ei herr, was wer ich fur ein man,
kund ich des nit und het es gesehen? 20

Der apt:

Die ret müessen vor dem keiser geschehen.
Wann du sie erretst, so wil ich dir geben
genuoc, die weil du magst iemer leben.

Der mulner:

Herr apt, ir sult mir warlich getrauen,
oder laszt mir den kopf abhauen.

Der apt:

Mein mulner, ich gelaub dir gern!
Du muost dir lassen ein platten schern, 30
und leg auch an ein kutten frei,
das der keiser maint, das ich das sei....

Der mulner kumpt in der kutten und spricht zuo dem apt:

Mein herr der apt, bona dies!
. . . .

Der apt:

Herr, ir wert nu auf sitzen.

Nu sitzt der mulner auf das wegenlein, so ziehen in die pauren in die stuben
fur den keiser. Der herolt:

Ir durchleuchtiger keiser her,

eur apt ist hie und hat beger,
woll euch die drei rete raten hie.

Der keiser:

Wir wollen in gern horen, wie;
wann groszer weisheit tet im noten, 10
sol er uns die drei sach erroten.

Der keiser:

Herr apt, habt ir die sach nu bracht?

Der neu apt:

Herr keiser, ich habsz kaum erdacht:
kein dink ist mir nie seurer worden,
mir und mein bruodern in dem orden,
pisz wir die sach erfunden han.

Der keiser dicit:

Herr apt, herr apt, nu ratent an, 20
wie vil ist wassers in dem mer?

Der neu apt:

Das sag ich euch, genediger herr,
das solt ir mir gelauben wol:
das mer ist neur drei kuofen vol.

Der keiser dicit:

Herr apt, sagt, wie mag das gesein?
Tet man all kuofen darausz und drein,
So kunt man es umb ein tropfen nit sehen.
Wie tort ir dann ein solches jehen, 30
des meres sei neur drei kuofen vol?

Der neu apt:

Des wil ich euch bescheiden wol.
Wenn grosz genuoc weren die zuber,
so belieb des mers nit ein tropf uber.

Der keiser spricht zuo reten:

Ir herrn, wie gefelt euch die sach?
Was sol ich thuon, dan das ich lach?
Muosz mich dar an benuogen lan.
Das ander muosz er mich auch lassen verstan:
was sei wir keiser an gelt wol wert?

Der neu apt:

Herr, gilt der grosch heur als fert?

Der keiser dicit:

Herr apt, er gilt der pfennig siben. 10

Der neu apt:

Ich find in mein puochern geschriben,
dass eur genade gult vier groschen.

Der keiser:

Maint ir, wir sein als gar erloschen,
oder wir sein ausz taig gemacht?

Der neu apt:

Genediger keiser, habt selbs acht!
Cristus, der ward umb dreissig geben,
ir gelt kaum achtundzweinzig darneben. 20

Der keiser:

Herr apt, herr apt, ich straf euch nit.
Nu ratend uns hie auch das dritt,
wer ie das geluck am nechsten gewan.

Der neu apt:

Genediger keiser, so hort an!
Ich bin der herr, des gelauben habt!
Vor was ich ein mulner, iez ein apt:

und kunt ich lesen, singen und schreiben,
man müest mich lan im closter bleiben. 30

Der keiser:

Nu tret zuo uns, ir alter apt!
Seit ir mit im gewechselt habt
und er fur euch die dinc erriet,
darumb solt ir eur lebtag niet

mer apt sein, und gebt im das regiment!
Mulner, die schlussel gebt im in die hent
und nim von im weis und ler.

Der neu apt:

Euren keiserlichen genaden dank ich ser!
Ich bit euch, erlaubt mir acht tag,
pis ich mein mül verkaufen mag,
das ich sag meiner mulnerin,
wie sie nu sei ein eptissin,
und meinen tochtern und knaben, 10
das sie ein munch zuo eim vater haben,
im kloster sei ich das hochste haupt.

Der keiser.

Ja, mulner, das sei dir erlaupt!

ALBRECHT VON EYB.

[*Scherer* D. 251, E. 245.]

Aus Franken, wurde geboren 1420, studierte zu Pavia, erwarb dort den
Doctorgrad, wurde Domherr zu Bamberg, Eichstädt und Würzburg, starb
1475. Er schrieb eine Art Anleitung zur Beredsamkeit 'Margarita poetica'
(Nürnberg 1472); ein Ehebuch 'Ob einem mann sey zu nemen ein eelich
weib oder nit' (Nürnberg 1472); die moralische Chrestomathie 'Spiegel der
Sitten' erschien erst nach seinem Tode (Augsburg 1511) und enthält u. a. die
Übersetzung von zwei Comödien des Plautus.

PLAUTUS BACCHIDES.

(Nach der Probe bei Cholevius, 'Geschichte der deutschen Poesie nach ihren antiken Elementen' I, 286).

Götz.

Lentz, ich bin dir lang, heimlich nachgangen und hab gewartet, wo du hin willst, und als ich sehe, so möcht ein Karthäuser (Lycurgus) an den Enden verführt werden. Sag bald, wo willst du hin mit solchem Muth, mit diesem Kleid, mit solcher Hochfahrt {20} und mit solchem Umgeug (? pompa).

Lentz.

Dahin.

Götz.

Wie dahin? wer wohnet da?

Lentz.

Es wohnt da Liebe, Wollust, Venus, Freud, Schimpfscherzen, Spiel, süsse Red, Halsen und Kussen (Amor, Voluptas, Venus etc.)

Götz.

Was Heiligen sind das, was Gemeinschaft hast du mit solchen verfluchten Heiligen? (cum diis damnosissimis)

Lentz.

Das sein böse Menschen, die frommen Leuten übel reden, und du redest auch übel den Heiligen; wahrlich du thust nit recht.

Götz.

Ist auch ein Heilig, der da heisset Halsen und Kussen?

Lentz.

{10} Hast du das nie gewisst? O Götz, du bist fürwahr ein grob Mensch; ich wollt wähnen, du wärst weiser denn Salomon (Thales), so bist du der grösst Narr, der da lebt, und bist so alt und weisst noch nit, wie die Heiligen heissen.

Götz.

Wie dem Allem, mir gefällt nit das Kleid, das du anhast.

Lentz.

Man hat es nit gemacht, dass es dir gefallen soll, sondern es soll mir gefallen.

Götz.

Du spottest mein; ja und hättest du zehen Zungen, so sollt du doch stillschweigen deinem Schulmeister.

Lentz.

Sicher Götz, es ist nicht ein jegliches Alter gut zum Schimpf; {20} ich gedenk jetzund mehr, wie ich hab ein guten Koch, der das Mal zubereite.

Götz.

O Lentz, ich sehe wol, es ist alle Mühe und Arbeit an dir verloren, was ich dich je Gutes hab gelehrt.

Lentz.

Da hab ich (auch) mein Müh verloren, dir zuzuhören, so du dein Müh hast verloren, mich zu lehren; dein Lehrung ist weder dir noch mir zu nutz kommen.

Götz.

O du verfluchtes Mensch!

Lentz.

Schilt mich nit, Götz; schweig still und geh mit mir zu den Frauen.

Götz.

{10} Sieh ein Mann zu, du heisst mich Götz und nit Schulmeister?

Lentz.

Es ist nit ziemlich, so ich bei den Frauen bin und hals und kuss sie, dass du gegenwärtig seiest als ein Schulmeister, sonder als ein Götz und gut Gesell.

Götz.

Wird das dein Mahl sein, Halsen und Kussen?

Lentz.

Ich hoff es, aber es steht zu Gott.

Götz.

{20} Und wirst du bei dir haben deinen Buhlen?

Lentz.

Ja, so du es sehn wirst, wirst du es glauben.

Götz.

Wahrlich, es geschicht nit; ich lass es nit zugehn; ich will es deinem Vater offenbaren.

Lentz.

Thu das nit, Götz, willst du dich hüten vor Übel.

Götz.

Wie sagst du, hüten vor Übel?

{20} *Lentz.*

Ja, ich bin deiner Ruthen entwachsen (iam excessit mihi ætas ex magisterio tuo).

Götz.

O Höll (barathrum), wo bist du, das du mich nit verschlingest!
ich hab länger gelebt, dann mir lieb ist....

MICHEL BEHEIM.

[Scherer D. 252, E. 246.]

Der Sohn eines Webers, geb. 1416 bei Weinsberg, gest. nach 1474. Gab sein
Handwerk auf, ward Soldat und Dichter, wanderte viel umher und hielt sich
an verschiedenen Fürstenhöfen auf. Er schrieb viele Gedichte, theils
historische Beschreibungen, theils Meistergesänge. Bekannt ist sein 'Buch
von den Wienern' herausgegeben von Karajan (Wien 1843, 1867) und sein
'Leben Friedrichs I von der Pfalz' herausgegeben von K. Hofmann
(München 1863). Karajan veröffentlichte 'Zehn Gedichte Michael Beheims
zur Geschichte Österreichs und Ungarns' (Wien 1848). Geistliche Lieder
Beheims wurden herausgegeben von Ph. Wackernagel in 'Das deutsche
Kirchenlied' Bd. 2 (Leipzig 1867).

EIN MEISTERGESANC.

Hie wil ich Michel Behamer
mit singen machen offenber
wie ketzer und auch zauberer
manchen menschen petœren,
und stellen sich doch in dem schein
als ob si frum und geistlich sein;
vil manchen si in hellepein[350]
verleiten und petauben[351]
mit wildem ungelauben 10
und ach artikeln mancherlei
und vil zauberstücken dabei,
daz als perüret ketzerei,
daz ir ein teil solt hœren.
des ersten wurt[352] euch hie benannt
vil ungelauben mancherhant,
daz mit warsagen wurt bekant
von den die sich an nemen[353]
kunftige ding zu offenbarn;
das sie an dem fewer ervarn
und an den wolken wellen larn[354]

und an des windes wehen:
auch mein[355] si es zu sehen
an dem wasser und an der erd;
an dem sand es in kundig werd
und mit puncten. hort waz geverd[356] 10
sölhe ketzer hie gemen[357].
auch wellen si ein solhs erscheinn
mit teufelhaften menschn unreinn
und auch mit toten, die si meinn
zu erkiken[358] mit zaber[359];

darzu mit der vogel geschrei
und ach wuhin ir fliegen sei,
mit messen[360] und mit mancherlei
unglauben also grossen;
und mit den würfeln losen
und mit dem salter und der schrift.
ach wirt unglaub durch trem[361] gestift,
und mit der teufel antwirt[362] prift[363]
man solhs unglauben aber
und auch mit sternen sehen. wer 10
zu vast daran geloubet, der
velt ach in unglaben, und mer
wer glabt in tages zeite,
das eine für die andern bei
dem menschen gluckhaftiger sei.
ach ist das grosse ketzerei,
wer glaubt in die geschöpfen,
daz die menschen stöpfen[364]
und uflegen waz im beschicht:
wan ob daz also wer gericht, 20
so gings keim menschen anders nicht
dan im würd of geleite[365].
daz ist ein grosser ungelab:
wan uns got freien willen gab,
daz wir mit werken gen hell ab
oder gen himmel keren.
auch wirt manch ungelaub behert[366]
der von beswerung widervert,
da man die teufel mit beswert,
und auch von manchem segen,
des tœreht cristen pflegen,
und ach von wurzeln oder craut,

oder daz man warsagern traut,
daz einer eim in sein hant schaut,
im vil dings wil vermeren[367],
und im selb nichts gutz sagen kan. 10
ach nimpt sich mancher zaberns an,
daz die leut zamen mussen han
beid veintschaft ader libe.
ich tun euch mer unglaben kunt.
wer auch gelaubt das man pegund[368]
die leut an sprechen für den gsund[369].
auch sagt man wie daz trollen[370]
in Norwegen sein sollen.
nu hon ich verr[371] durch varn die lant,
das mir kein troll nie wart bekant. 20
hort auch von lüpeln[372] mancherhant,
daz ich euch füre gibe,
von valschen kractarn[373], und der man

etwaz bei im tragen began,
das er davon gelück sol han.
hort, mer wil ich euch sagen.
ez ist ach ketzerlich geverd,
wer glaubet daz der alb[374] uf erd
von unzeitigen kinden werd,
der die weib tu betauben.
der ach des hat gelauben,
daz man mit heissem wasser und
heiss eisen schuldig leut erfund, 10
und ach mach den manslachter[375] kund
mit anrüern des erslagen.
auch wirt unglaub do mit bewert[376],
das man eins toten sel beswert[377]
und zwingt das sie erwider vert
und sagt wie ir beschichte.
auch wirt unglaub da mit gepreut[378],
daz man gelaubet daz die leut
zu wolfen werden. daz sein neut[379]
wan ketzerlich unglaben. 20
auch etlich glauben haben,
ieglichs haus hab ein schreczlin[380]: wer
das ert, dem geb es gut und er;
auch vint man das * an der
berecht nacht[381] seinen tisch richte[382].

etlich glaben daz kline kind
zu pilweissen[383] verwandelt sind.
auch wie die schreczlin so geswind
uf vich reiten und varen.
auch sprechen ir etliche me
von unholden, ich daz verste,
wie das die machen reif und schne,
schauren[384] und regens giessen;
wie sie mit börsten[385] schiessen,
und den leuten ir mich versteln, 10
und den mannen nemen ir gseln[386]
und sy zu irer liebe weln[387]
mit irem zauber karen[388].
mit tauf, mit krisem[389] und weichbrun[390],
mit des mon scheinen und der sunn
und vil sach mein sie es ze tun;
das als unglaben seine.
auch meinen etlich mit geschrei
und mit gedœn und ach dabei
mit segen und mit ketzerei 20
die weter[391] zu vertreiben.
noch vint man mancherhand gestüp[392],
da ich ietzunt nit innen grüp[393].
dis ist alles nit wann gelüp[394],
das man nit glaben selle:
wann ob ez wol also beschicht,

so ist ez doch umb anders nicht,
dann es der teufel nur zuricht,
das sein unglab werd veste.
darumb rat ich daz beste,
wer mit solhem zauber umb ge,
das er abloss und davon ste,
e es in bring in ewig we
in das abgrund der helle.

HANS ROSENBLÜT.

[*Scherer* D. 250. E. 244.]

Hiess vermuthlich Hans Schnepperer und war Büchsenmeister der Stadt
Nürnberg, an deren Kämpfen er 1449 theilnahm. Er suchte, wie er selbst
angiebt, zeitweise als Wappendichter an den Höfen der Fürsten und Herren
seinen Unterhalt und schrieb hauptsächlich Fastnachtspiele, Erzählungen
und Schwänke. Sieh v. Keller 'Fastnachtspiele aus dem 15. Jahrhundert' 3
Bde. (Stuttgart 1853). Seine 'Weingrüsse' und 'Weinsegen' herausg. von
Haupt in 'Altdeutsche Blätter' Bd. 1, 401.

WEINGRUSS.

Gott gruss dich, du lieber landtmann!
Keinen bessern gesellen ich nye gewan
Vnd den ich lieber bei mir wil wissen,
Wenn ich des morgens hab angepissen[395].
Wenn ich dich hab in meinem trunkvass, 10
So dynest du mir zu tisch vil pass
Denn alle die truchsessen die da leben.
Got behut den pergk den stock vnd die reben
Daran du hewer gewachssen bist.
Gott fuge deim stock pfel[396] pant vnd mist
Vnd sunnen vnd regen vnd auch ein man,
Der dich wol sneyden vnd hacken kan
Das du biss jar mugst wider geraten,
Die grossen weck, die veisten praten,
Wenn ir drew bei einander seyt, 20
Das es mir vil mer frewden geyt
Dann harpffen, geygen, tantzen vnd paden.
Dorumb wil ich dich zu gast laden:
Kum spet oder frw, so wil ich dich einlassen
Vnd wil dich nicht lang an der thur lan possen[397].

HUGO VON MONTFORT.

[*Scherer* D. 253, E. 247.]

Graf Hugo II, Herr von Bregenz, geb. 1357, begann seine dichterische
Thätigkeit 1396. Er bildet mit einigen andern Dichtern der Zeit den
Übergang der älteren höfischen Poesie in die spätere lyrische Volkspoesie
und den Meistergesang. Herausgegeben von Bartsch (Tübingen 1879);
Wackernell (Innsbruck 1881).

Ich schrib dir gerne cluoge wort,
So hast du min hertz gfangen,
Min lieber buol[398], min höchster hort!
Du hasts in dinen banden.

Von gold ein ketten die ist vin,
Damit hast du es beschlossen:
Din eigen wil es iemer sin,
Des ist es unverdrossen.

Und hat mir nüwlich[399] potschaft tan,
Es well sich von mir ziehen 10
Und well in dinem dinst bestan,
Zuo diner liebi fliehen.

Und spricht, daz es kein anders trib,
Es well bi dir beliben,
(Im gefiel uff erd nie bas ein wib),
Zuo diner liebi schiben[400].

Also hast du mir das hertz abtrünig gmachen
Mit gewalt an alle fürbot[401]:
Ich muoss mins schaden selber lachen.
Uns beide behuet der ewig got! 20

Ich chan mich zwar nicht ab dir clagen,
Du tuost mim hertzen guetlich;
So wil ich ie die warheit sagen:
Bi dir so ist es frödenrich.

Geben nach Crists gebürt vierzehenhundert jar

(Das schrib ich dir mit einem wort)
Und in dem andern (das ist war),
Min lieber puol, min höchster hort!

OSWALD VON WOLKENSTEIN.

[*Scherer D.* 253, *E.* 247.]

Aus Tirol, geboren 1367, gestorben 1445. Er machte mit Hugo von Montfort eine Wallfahrt nach Jerusalem und suchte ritterliches Wesen und Dichten wieder zu beleben. Herausgegeben von Weber (Innsbruck 1847).

Wuninklicher wol gezierter may,
dein suess geschray 10
pringt freuden mangerlay,
besunderlich wo zway
an ainem schœnen ray[402]
sich muetiklich verhendelt[403] han.
Gruen ist der perg ow gevild und tal;
die nachtigal
und aller voglin schal
man hœret ane zal
erklingen uber al. 10
Seyd[404] nu die zeit wennt[405] lieplich ungemach,
so wach, lieb, ach!
zwar mir sol wesen gach
zu hengen[406] der hin nach,
der ich lang nye gesach,
uncz mich ir ermlin weyss umbfan.

VOLKSLIEDER.

[*Scherer D.* 253, *E.* 248]

Herausgegeben in Wackernagel 'Das deutsche Kirchenlied,' B. II. (Leipzig, 1867); Uhland 'Alte hoch- und niederdeutsche Volkslieder' (Stuttgart, 1844, 45); Hoffmann von Fallersleben 'In dulci iubilo. Nun singet und seid froh'

(Hannover, 1854); Liliencron 'Die historischen Volkslieder der Deutschen,' 5 Bde. (Leipzig, 1865–69); Böhme, 'Altdeutsches Liederbuch' (Leipzig, 1877).

1.

In dulci iubilo
nu singet und seit fro!
alle unser wonne
leit *in præsepio*;
sie leuchtet vor die sonne
matris in gremio;
que est a et o,
que est a et o.

O Jesu parvule,
nach dir ist mir so we, 10
tröste mein gemüte,
o puer optime,
durch aller jungfraun güte,
o princeps glorie.
trahe me post te.
trahe me post te!

Mater et filia,
o jungfrau Maria,
hettest du uns nicht erworben
celorum gaudia,
so wär wir alle verdorben
per nostra crimina.
quanta gratia,
quanta gratia!

Ubi sunt gaudia?
nierne[407] wen alda, 10
da die engel singen
in nova cantica
mit iren süssen stimmen
in regis curia.
eia wär wir da,
eia wär wir da!

2.

Ein kindlein ist geboren
von einer reinen mait!
Gott hat ims auserkoren
in hoher wirdigkeit. 20
Ein sun ward vns gegeben
zu trost an alles mail[408]:
Daz sult ir merken eben;
er bracht vns alles heil.

Ave, du Gotes minne!
wie wol ir mit im was! 20
Heil werde trosterinne!
vnd do sie sein genas,

Gros freud wart vns gekundet
von einem Engel klar;
Wirt nimmer mer durchgrundet[409],
sagt vns die schrift fürwar.

Freut euch der selden[410] mere:
Messias der ist kumen.
Er hat an alls gefere[411]
die menschait an sich gnumen.
Fur vns mit ganzen treuen
volbracht er alle dink. 10
Der greis wolt sich verneuen:
er ward ein jungelink.

Got vater in dem trone
was mit der zarten weis.
Die tochter von Syone
hat wol den hochsten preis.
Drei edel kunig milde
die brachten reichen solt;
zugen vber gefilde
nicht anders als Got wolt.

Elend ward jn bekande;
die seld must fere[412] bas,
Ferr in Egypten lande:
Herodes trug jn has.
Er zog in nach mit listen:
manch kint vergos sein blut.

Got wolt sich lenger fristen:
das was vns allen gut. 10

Wol dreisig iar vnd mere
trug er fur vns die not;
Wol umb sein rechte lere
leid er fur vns den tod:
Danck wir im zu den stunden!
Hilf, edler kunig rein!
Sein heiliglich fünf wunden
solnt vns genedig sein.

3.

Wolauf, jr brüder allzumal,
quos sitis vexat plurima. 20
ich weiss ein Wirt klug überall,
quod vina spectat optima.
sein wein mischt er nicht mit dem saft,
e puteo qui sumitur.
ein jeder bleibt in seiner krafft,
e botris ut exprimitur.

Herr wirt, bringt uns ein guten wein,
im keller *quod est optimum!* 20
die brüder wöllen frölich sein,
ad Noctis usque terminum.
wer greinen[413] oder murren will,
ut canes decet rabidos,
der mag wol bleiben aus dem spil,
ad porcos eat sordidos!

4.
ZECHLIED.

Den liebsten bulen[414] den ich hab
der leit beim wirt im keller,
er hat ein hölzens[415] röcklein an
und heist der Muscateller;

er hat mich nechten[416] trunken gmacht
und frölich heut den ganzen tag,
gott geb im heint[417] ein gute nacht!

Von disem bulen den ich mein
wil ich dir bald eins bringen,
er ist der allerbeste wein,
macht mich lustig zu singen,
frischt mir das blut, gibt freien mut,
als[418] durch sein kraft und eigenschaft,
nu grüss dich gott, mein rebensaft!

5.
LASS RAUSCHEN!

Ich hort ein sichellin rauschen,
wol rauschen durch das korn,
ich hort ein feine magt klagen: 10
sie het ir lieb verlorn.

'La rauschen, lieb, la rauschen! 10
ich acht nit wie es ge;
ich hab mir ein bulen erworben
in feiel[419] und grünen kle.'

'Hast du ein bulen erworben
in feiel und grünen kle,
so ste ich hie alleine,
tut meinem herzen we.'

Lass rauschen, sichele, rauschen 20
und klingen wol durch das korn!
weis ich ein meidlin trauren, 20
hat iren bulen verlorn.

6.
HASEL.

Es wolt ein mägdlein tanzen gen,
sucht rosen auf der heide,
was fand sie da am wege sten?
eine hasel, die war grüne.

'Nun grüss dich gott, frau Haselin!
von was bist du so grüne?'
'nun grüss dich gott, feins mägdelein!

von was bist du so schöne?'

'Von was dass ich so schöne bin,
das kan ich dir wol sagen:
ich iss weiss brot, trink külen wein,
davon bin ich so schöne.'

'Isst du weiss brot, trinkst külen wein
und bist davon so schöne: 10
auf mich so fällt der küle tau,
davon bin ich so grüne.'

'Hüt dich, hüt dich, frau Haselin,
und tu dich wol umschauen!
ich hab daheim zwen brüder stolz,
die wollen dich abhauen.'

'Und haun sie mich im winter ab,
im sommer grün ich wider;
verliert ein mägdlein iren kranz,
den findt sie nie mer wider.' 20

7.
ZWEI KÖNIGSKINDER.

Et wassen[420] twe künigeskinner,
de hadden enanner so lef[421],
de konnen to nanner nich kummen,
dat water was vil to bred[422].

'Lef herte, kanst du der nich swemmen?
lef herte, so swemme to mi!
ick will di twie keskes[423] upstecken
un de sölld löchten to di.'

Dat horde ne falske nunne
up ere slopkammer, o we!
se dei de keskes utdömpen[424],
lef herte blef[425] in de se.

Et was up en sunndage morgen,
de lüde wören alle so fro,

nich so des königes dochter,
de augen de seten[426] er to.

'O moder,' sede se, 'moder!
mine augen dod mi der so we; 10
mag ick der nich gon spazeren
an de kant[427] von de ruskende[428] se?'

'O dochter,' sede se, 'dochter!
allene kanst du der nich gon,
weck up dine jüngste süster
und de sall met di gon.'

'Mine allerjüngste süster
is noch so n unnüsel[429] kind
se plücket wol alle de blömkes
de an de sekante sind. 20

Un plückt se auk men[430] de wilden
un lett de tammen[431] ston,
so segged doch alle de lüde,
dat hed dat künigskind don.

O moder,' sede se, 'moder!
mine augen dod mi der so we,
mag ick der nich gon spazeren
an de kant von de ruskende se?'

'O dochter,' sede se, 'dochter!
allene sast[432] du der nich gon, 30
weck up dinen jüngsten broder!
und de sall met di gon.'

'Min allerjüngsten broder
is noch so unnüsel kind,
he schütt[433] wull alle de vügel[434]
de up de sekante sind.

Un schütt he auk men de wilden
un lett de tammen gon,
so segged doch alle de lüde,
dat hed dat künigskind don.

O moder,' sede se, 'moder!
min herte dod mi der so we, 10
lot annere gon tor kerken!
ick bed an de ruskende se.'

Do sad de künigsdochter
upt hœfd[435] ere goldene kron,
se stack up eren finger
en rink von demanten so schon.

De moder genk to de kerken,
de dochter genk an de sekant,
se genk der so lange spazeren
bes se enen fisker fand. 20

'O fisker, leveste fisker!
ji könnt verdenen grot lon,
settet jue netkes[436] to water,
fisket mi den künigesson!'

He sette sin netkes to water,
de lotkes[437] sünken to grund,
he fiskde un fiskde so lange,
de künigsson wurde sin fund.

Do nam de künigesdochter
von hœfd ere goldene kron: 30
'süh do, woledele fisker!
dat is ju[438] verdende lon.'

Se trock[439] von eren finger
den rink von demanten so schon:
'süh do, woledele fisker!
dat is ju verdende lon.'

Se nam in ere blanke arme
den künigsson, o we!
se spranc met em in de wellen:
'o vader un moder, ade!'

8.
TANHAUSER.

Nun will ich aber heben an 10
von dem Danhauser singen
und was er wunders hat getan
mit Venus, der edlen Minne.

Danhauser was ain ritter gût
wann er wolt wunder schawen,
er wolt in fraw Venus berg
zu andren schönen frawen.

'Herr Danhauser, ir seind mir lieb,
daran sölt ir gedenken!
ir habt mir ainen aid geschworn: 20
ir wölt von mir nit wencken.'

'Fraw Venus! das enhab ich nit,
ich will das widersprechen,
und redt das iemants mer dann ir
gott helf mirs an im rechen!'

'Herr Danhauser, wie redt ir nun?
ir sölt bei mir beleiben;
ich will euch mein gespilen geben
zu ainem stäten weibe.'

'Und näm ich nun ein ander weib
ich hab in meinen sinnen:
so mûst ich in der helle glût
auch ewiklich verprinnen.'

'Ir sagt vil von der helle glût,
habt es doch nie empfunden,
gedenkt an meinen roten mund!
der lacht zu allen stunden.'

'Was hilft mich euer roter mund?
er ist mir gar unmäre[440]; 10
nun gebt mir urlob, frewlin zart,
durch aller frawen ere!'

'Danhauser! wölt ir urlob han
ich will euch kainen geben:
nun pleibt hie, edler Danhauser,
und fristen euer leben!'

'Mein leben das ist worden krank,
ich mag nit lenger pleiben;
nun gebt mir urlob, frewlin zart,
von eurem stolzen leibe!' 20

'Danhauser, nit reden also!
ir tůnd euch nit wol besinnen;
so gen wir in ain kemerlein
und spilen der edlen minne!'

'Eur minne ist mir worden laid,
ich hab in meinem sinne:
fraw Venus, edle fraw so zart!
ir seind ain teufelinne.'

'Herr Danhauser, was redt ir nun
und dass ir mich tůnd schelten? 30
und söltt ir lenger hier innen sein
ir můstens ser engelten.'

'Fraw Venus! das enwill ich nit,
ich mag nit lenger pleiben.
Maria můter, raine maid,
nun hilf mir von den weiben!'

'Danhauser, ir sölt urlob han,
mein lob das sölt ir preisen,
und wa ir in dem land umb fart
nemt urlob von dem greisen!'

Do schied er widrumb auss dem berg
in jamer und in rewen: 10
'ich will gen Rom wol in die statt
auf aines bapstes trewen.

Nun far ich frölich auf die ban,
gott well mein immer walten!

zu ainem bapst der haist Urban
ob er mich möcht behalten.—

Ach bapst, lieber herre mein!
ich klag euch hie mein sünde
die ich mein tag begangen hab
als ich euch will verkünden. 20

Ich bin gewesen auch ain jar
bei Venus ainer frawen,
nun wolt ich beicht und bůss empfahn
ob ich möcht gott anschawen.'

Der bapst het ain steblin in seiner hand
und das was also durre:
'als wenig das steblin gronen mag
kumstu zu gottes hulde.'

'Und sölt ich leben nun ain jar,
ain jar auf diser erden, 30
so wölt ich beicht und bůss empfahn
und gottes trost erwerben.'

Do zoch er widrumb auss der statt
in jamer und in laide.
'Maria můter, raine maid!
ich můss mich von dir schaiden.'

Er zoch nun widrumb in den berg
und ewiklich on ende:
'ich will zu meiner frawen zart,
wa mich gott will hin senden.'

'Seind gottwillkomen, Danhauser!
ich hab eur lang emboren[441]; 10
seind willkom, mein lieber herr,
zu ainem bůlen ausserkoren!'

Es stond biss an den dritten tag,
der stab fieng an zu gronen,
der bapst schickt auss in alle land:
wa Danhauser hin wär komen?

Do was er widrumb in den berg
und het sein lieb erkoren,
des můss der vierde bapst Urban
auch ewig sein verloren. 20

9

LINDENSCHMID.

Es ist nit lang dass es geschah
dass man den Lindenschmid reiten sah
auf einem hohen rosse,
er reit den Reinstrom auf und ab,
hat sein gar wol genossen[442], ja genossen.

'Frisch her, ir lieben gsellen mein!
es muss sich nur gewaget sein,

wagen das tut gewinnen;
wir wöllen reiten tag und nacht
biss wir ein beut gewinnen!'

Dem marggrafen von Baden kamen newe mär
wie man im ins gleit gefallen wär,
das tet in ser verdriessen;
wie bald er junker Casper schreib:
er solt im ein reislein dienen!

Junker Casper zog dem beurlein ein kappen an,
er schickt in allzeit vorne daran 10
wol auf die freie strassen:
ob er den edlen Lindenschmid fünd
den selben solt er verraten.

Das beurlein schiffet über Rein,
er keret zu Frankental ins wirtshaus ein:
'wirt! haben wir nichts zu essen?
es kommen drei wägen, seind wol beladen,
von Frankfurt auss der messen.'

Der wirt der sprach dem beurlein zu:
'ja wein und brot hab ich gnug, 20
im stall da sten drei rosse,
die seind des edlen Lindenschmid,

er nert sich auf freier strassen.'

Das beurlein dacht in seinem mut:
die sach wird noch werden gut,
den feind hab ich vernommen;
wie bald er Junker Casper schreib
dass er solt eilends kommen!

Der Lindenschmid der het einen son,
der solt den rossen das futter tun, 30
den habern tet er schwingen:
'stet uf, herzliebster vatter mein!
ich hör die harnisch klingen.'

Der Lindenschmid lag hinderm tisch und schlief,
sein son der tet so manchen rief,
der schlaf hat in bezwungen.
'ste auf, herzliebster vatter mein!
dein verräter ist schon kommen.'

Junker Casper zu der stuben ein trat,
der Lindenschmid von herzen ser erschrak.
'Lindenschmid, gib dich gefangen!
zu Baden an den galgen hoch,
daran so soltu hangen.' 10

Der Lindenschmid der war ein freier reutersman,
wie bald er zu der klingen sprang:
'wir wöllen erst ritterlich fechten!'
es waren der bluthund also vil,
sie schlugen in zu der erden.

'Kan und mag es dann nit anders gesein,
so bitt ich umb den liebsten sone mein
auch umb meinen reutersjungen,
und haben sie iemands leid getan
darzu hab ich sie gezwungen.' 20

Junker Casper der sprach nein darzu:
'das kalb muss entgelten der ku,
er sol dir nicht gelingen,
zu Baden in der werden statt

muss im sein haupt abspringen.'

Sie wurden alle drei gen Baden gebracht,
sie sassen nit lenger denn eine nacht;
wol zu der selbigen stunde
da ward der Lindenschmid gericht,
sein son und der reutersjunge, ja junge. 30

10.
REITERLIED.

Der gutzgauch[443] hat sich zu tod gefallen
von einer holen weiden,
wer soll uns disen sommer lang
die zeit und weil vertreiben?

Das soll sich tůn fraw Nachtigal,
sie sitzt uf einem zweige,
sie singt, sie springt, ist freuden voll
wann andere vöglen schweigen.

Mein bůl[444] hat mir ein brief geschickt, 10
darinn da stet geschriben:
sie hab ein andern lieber dann mich;
darauf hab ich verzigen.

Hastu ein andern lieber dann mich
das acht ich warlich kleine,
da sitz ich uf mein apfelgrows ross
und reit wol über die heide.

Und do ich über die heide kam
mein feins lieb trauret sere;
lass farn, lass farn was nit bleiben will! 20
man findt der schön junckfrewlin mere.

Der uns das liedlen new gesang,
von newem hat gesungen,
das haben getan zwen reuter gůt,
ein alter und ein junger.

REINEKE FUCHS.

[*Scherer* D. 259, E. 254.]

Der flämische Dichter Willem verfasste um 1250 den niederländischen
'Reinaert' nach einem französischen Original. Sein Werk wurde um 1380
umgearbeitet und fortgesetzt und um 1480 von Hinrek van Alkmer mit einer
prosaischen Glosse versehen. Der niederdeutsche 'Reinke de Vos,' von dem
hier eine Probe folgt, wurde 1498 zu Lübeck verfasst und gedruckt. Er ist
eine Übertragung der Arbeit Hinreks. Herausgegeben von Lübben
(Oldenburg, 1867); Schröder (Leipzig, 1872).

DAT VI. GESETTE.

Wô Brûn dê bare mit einen brêve wart gesant tô Reinken, unde
wô hê ene vant unde ansprak.

Dê konnink sprak tô Brûne den ber
'Brûne, ik segge jû alse jûwe hêr,
dat gî mit vlît desse bodeschop dôt.
men sêt, dat gî sît wîs unde vrôt,
wente Reinke is sêr valsch unde quât, 10
hê wêt sô mannigen lôsen rât,
hê wert jû smêken unde vorelêgen,
jâ kan hê, hê wert jû wisse bedrêgen.'
'Wanne nein' sprak Brûn, 'swîget der rede!
ik segget bî mîneme swâren êde:
sô geve mî got ungeval,

wô mî Reinke icht hœnen sal.
ik wolde em dat sô wedder inwrîven
hê scholde vor mî nicht wetten tô blîven.'
Alsus makede sik Brûn up dê vârt.
stolt van môde, tô berge wert;
dorch eine wôstenî grôt unde lank,
dâr dorch makede hê sînen gank.
dô quam hê dâr twei berge lâgen:
dâr plach Reinke, sîn ôm, tô jagen
unde hadde den vordach dâr gewest. 10
sô quam hê vor Malepertûs tô lest,

wente Reinke hadde mannich schôn hûs,
men dat castêl tô Malepertûs
was dê beste van sînen borgen,
dâr lach hê alse hê was in sorgen.

Dô Brûn vor dat slot was gekomen
unde dê pôrten gesloten vernomen
dâr Reinke ût plach tô gân,

dô gink hê vor dê pôrten stân
unde dachte, wat hê wolde beginnen.
hê rêp lûde 'Reinke ôm, sint gî dâr binnen?
ik bin Brûn, des konninges bode.
hê heft gesworen bî sîneme gode:
kome gî nicht tô hove tô deme gedinge
unde ik jû nicht mit mî enbringe,
dat gî dâr recht nemen unde geven,
dat wert jû kosten jûwe leven.
kome gî nicht, gî stân bûten gnâde, 10
jû is gedrauwet mit galgen unde rade.
dâr umme gât mit mî, dat râde ik int best.'
Reinke hôrde wol desse wôrde êrst unde lest.
hê lach dâr binnen unde lûrde
unde dachte 'wan mî dit eventürde,
dat ik deme baren betâlde desse wôrt
dê hê sô hômôdigen sprikt vôrt!
hîr ût wil ik denken dat beste.'
dâr mit gink hê dêper in sîne veste,

wente Malepertûs was der winkel vul,
hîr ein gat unde gindert ein hol,
hadde mannige krumme, enge und lank,
unde hadde ôk mannigen seltzên ûtgank,
dê hê tôdede unde tôslôt,
alse hê vornam, dat hê des hadde nôt;
wan hê dâr jennigen rôf in brochte
edder wan hê wuste, dat men ene sochte
umme sîne valschen missedât,
sô vant hê dâr den nauwesten rât. 10
mannich dêr in simpelheit ôk dâr in lêp
dat hê dâr in vorrêtlîken grêp.

Wie Braun der Bär mit einem Brief zu Reineke gesandt ward, und wie
er ihn fand und ansprach.

Der König sprach zu Braun dem Bären:
'Euch will ich mit dieser Botschaft beehren.
Ich befehl' euch, Braun, werbt sie mit Fleiss;
Doch seht euch vor, seid klug und weis':
Sehr falsch ist Reineke und voll von Ränken. 10
Er weiss manch losen Rath zu erdenken;
Er wird euch schmeicheln und belügen,
Und glaubt mir, wie er nur kann, betrügen.'
'O nein,' sprach Braun, 'beruhigt euch nur,
Ich sag' euch bei meinem höchsten Schwur,
So lass' es Gott mir nimmer glücken,
Wenn mich Reineke höhnen soll und berücken;
Ich wollt' es so übel ihm wieder eintränken,
Dass er zu bleiben nicht wüsste mit seinen Schwänken.'
Da machte Braun der Bär sich auf
Mit stolzem Muth, den Berg hinauf;
Durch eine Wüste, gross und lang,
Nahm er zuvörderst seinen Gang.
Dann kam er, wo zwei Berge lagen,
Und sein Neffe Reineke pflegte zu jagen;
Er war erst dort den Tag zuvor. 10
So kam er vor Malepartus Thor.
Denn Reineke hatte manch schönes Haus;
Doch Malepartus, die Burg, voraus
War die beste von allen gar:
Da lag er, wenn er in Sorgen war.

Als Braun nun vor dem Schlosse stand
Und dessen Thor geschlossen fand,
Durch welches Reineke pflegte zu geh'n,
Da blieb er vor der Pforte steh'n.
Und bedachte sich, was zu beginnen.
'Freund Reineke,' rief er, 'seid ihr drinnen?
Ich bin Braun, den der König zum Boten erkoren.
Er hat bei seinem Gott geschworen,
Kommt ihr nicht an Hof zu Gericht,
Oder bring ich euch mit mir nicht,
Da Recht zu nehmen und zu geben,
So soll es euch kosten euer Leben.
Bleibt ihr aus, ihr verwirkt des Königs Gnade, 10

Euch ist gedräut mit Galgen und Rade;
Drum rath' ich euch gut, mit mir zu kommen.'
Reineke hatte wohl Alles vernommen;
Er lauerte drinnen und dachte bei sich:
Wenn es das Glück doch wollte, dass ich
Den Bären bezahlte für die Worte,
Die er so hochfährtig spricht vor der Pforte!
Ich will's bedenken, das ist das Beste.
Da gieng er tiefer in seine Feste.

DAT VII CAPITTEL.

Wô Reinke vorsichtigen sik bedachte unde dâr nâ ûtgink unde
Brûnen mit vruntlîken wôrden wilkome hêt.

Dô Reinke sus des baren wôrde
nam unde ôk hôrde,
hê lôvede nicht gruntlik den wôrden stolt, 20
em was leide vor ein achterholt.

dô hê dat enkede hadde vornomen,
dat Brûn alleine was gekomen,
desto min hê dô vorschrak.
hê gink ût tô em unde sprak
'ôm Brûne, wilkome môte gî wesen!
ik hebbe recht nû dê vesper gelesen,
dâr umme konde ik nicht êr komen.
ik hope, it schal mî sîn tô vromen,
dat gî tô mî gekomen sît.
sît wilkomen, ôm Brûne, tô aller tît. 10
deme enwêt ik des jô nênen dank,
dê dat schaffede, dat gî dessen gank
scholden overgân, dêde is sêr swâr.
gî sweten, dat jû nat is dat hâr.
envant unse hêre dê konnink nû
nênen anderen boden tô senden dan jû?
wente gî sint dê eddelste unde grôtste van love
dê nû is in des konninges hove.
it wert mî sîn sunderlik tô vromen,

dat gî sît her tô mî gekomen,
jûwe vrôde rât wert mî helpen sêre
bî deme konninge dêde is unse hêre.
al hadde gî dessen wech nicht angenomen,

ik wêre doch morgen tô hove komen.
doch dunket mî sêre in mîneme wân,
ik schal nû nicht wol konen gân:
ik hebbe mî geten alsô sat;
it was nie spîse dê ik at,
dat ganze lîf deit mî wê dâr van.' 10
Dô sprak Brûn 'Reinke ôm, wat ête gî dan?'
dô sprak Reinke 'lêve ôm, wat hulpe jû dat
wan ik jû sêde wat ik at?
it was ringe spîse, dâr ik nû bî leve,
ein arm man enis jô nên grêve!
wan wî it nicht konen beteren mit unsen wîven,
sô môte wî eten versche honnichschîven.
sôdâne kost at ik dorch dê nôt,
dâr van is mî dê bûk sô grôt.

ik môt sê eten ân mînen dank,
dâr van bin ik wol half krank.
wan ik dat jummer beteren kan,
wolde ik umme honnich nôde upstân.'
Dô sprak Brûn alsô vôrt
'wanne, wanne, wat hebbe ik nû gehôrt!
holde gî honnich sô sêr unwêrt,
dat doch mannich mit vlîte begêrt?
honnich is ein sô sœten spîse
dê ik vor alle gerichte prîse. 10
Reinke, helpet mî dâr bî tô komen,
ik wil wedder schaffen jûwen vrômen.'
Reinke sprak 'Brûn ôm, gî holden jûwen spot!'
Brûn sprak 'nein, sô helpe mî got!
scholde ik spotten, dat dô ik nôde.'
dô sprak wedder Reinke dê rôde
is dat jûwe êrnst, dat lâtet mî wetten!
moge gî dat honnich sô gêrne eten,
ein bûr wonet hîr, dê hêt Rustevîle,
dat is men eine halve mîle: 20

bî em is sô vele honniges, vorstât mî recht,
gî sêgens nî mêr mit al jûwem slecht.'
Brûnen deme stak sêr dat smer,
nâ honnige stunt al sîn beger.
hê sprak 'lâtet mî komen dâr bî,
ik denke des wedder, lôvet des mî.

wan ik mî honniges sat mochte eten,
sô môste men mî des vele tômeten.'
Reinke sprak 'gâ wî hen up dê vârt,
honniges schal nicht werden gespârt. 10
al kan ik nû nicht wol gân,
recht trûwe môt jummer schînen voran,
dê ik mit gunst tô jû drage.
wente ik wêt nên mankt al mînen mâge
den ik alsus wolde mênen,
wente gî mî sêr wol wedder konen dênen
jegen mîne vîende unde jegen ere klage
in des konninges hof tôm hêrendage.
ik make jû noch tâvent honniges sat,

dâr tô van deme besten, merket dat,
sô vele alse gî des jummer mogen dregen.'
men Reinke mênde: van grôten slegen.
Reinke lôch sêr unde swinde,
Brûn volgede eme nâ alse ein blinde.
Reinke dachte 'wilt mî gelingen,
ik wil dî tô degen uppet honnichmârket bringen!'
Sê quêmen tôhant tô Rustevîls tûn.
dô vraude sik sêr dê bare Brûn,
men des hê sik vraude, dâr wart nicht van. 10
sô geit it noch mannigem unvrouden man.

Wie Reineke sich vorsichtig bedachte, und dann hinausgieng und Braun
mit freundlichen Worten willkommen hiess.

Als Reineke so des Bären Worte
Vernommen hatte, bei der Pforte,
Da glaubt' er dem Stolzen nicht alsbald, 20
Er sorgte vor einem Hinterhalt.
Doch als er's gründlich jetzt vernommen,
Dass Braun alleine war gekommen,
Da war's gar um seine Furcht gethan.
Er gieng hinaus und sprach ihn an:
'Willkommen, Ohm Braun, in meinem Heimwesen!
Ich hatte so eben die Vesper zu lesen,
Drum konnt' ich nicht eher zu euch kommen.
Ich hoffe gewiss, es soll mir frommen,
Dass ihr hieher gekommen seid.
Seid willkommen, Ohm Braun, zu jeder Zeit; 10

Weiss ich gleich dem keinen Dank,
Der da schuld ist, dass ihr diesen Gang
Übernahmt, der zu schwer euch war.
Ihr schwitzt ja, dass euch trieft das Haar.
Fand unser Herr, der König reich,
Keinen andern Boten zu senden als euch?
Denn ihr seid der grösste, der edelste Mann,
Den man am Hofe finden kann.
Doch wird es mir ganz absonderlich frommen,
Dass ihr zu mir seid hergekommen.
Sehr wird mir helfen euer kluger Rath
Bei dem König, der uns zu gebieten hat.
Hättet ihr die Fahrt nicht übernommen,
Ich wär' doch morgen zu Hof gekommen.
Zwar dünkt mich jetzt in meinem Sinn,
Dass ich zu gehen unfähig bin.
Ich ass mich heut schier übersatt
An fremder Speise, das macht mich matt;
Der ganze Leib, seht, schwoll mir an.' 10
Da fragte Braun: 'Was asset ihr dann?'
Reineke sprach: 'Was hülf' euch das,
Wenn ich euch sagte, was ich ass?
Es war schlechte Kost, die ich hier traf;
Ist doch ein armer Mann kein Graf!
Wissen wir Bess'res nicht aufzutreiben,
So essen wir frische Honigscheiben.
Das ass ich heut' aus Hunger auch;
Davon ist mir so dick der Bauch.
Ich musst' es essen wider Willen
Und kann die Schmerzen nun nicht stillen.
Wenn ich was Bess'res finden kann,
So rühr' ich keinen Honig an.'
Verwundert sprach Herr Braun sofort:
'Ei, ei, was hör' ich für ein Wort!
Dünkt Honig euch so wenig werth,
Den mancher doch mit Fleiss begehrt?
Honig ist eine süsse Speise,
Die ich vor allen Gerichten preise. 10
Reineke, helft mir daran zu kommen,
So bedenk' ich wieder euer Frommen.'
Er sprach: 'Ohm Braun, es ist euer Spott':
'O nein,' sprach Braun, 'so helfe mir Gott.
Sollt' ich spotten? das thu ich nicht.'

Da gab ihm Reineke, der rothe, Bericht:
'Ist das euch Ernst, das lasst mich wissen:
Seid ihr des Honigs so beflissen?
Hier wohnt ein Bauer, heisst Rüstefeile,
Es ist nur eine halbe Meile, 20
Der hat viel Honig, versteht mich recht,
Nie saht ihr es mehr, noch eu'r ganzes Geschlecht.'
Braun den Bären gelüstete sehr,
Nach Honig stund all sein Begehr;
Er sprach: 'Zeigt mir den Weg dahin,
Ich gedenk' es euch wieder, so wahr ich bin;
Wann ich mich Honigs satt sollt' essen,
Man müsst' ihn mir mit Scheffeln messen.'
Reineke sprach: 'Nur gleich an die Fahrt!
Der Honig werde nicht gespart. 10
Ich bin zwar noch gar schlecht zu Fuss,
Die Liebe jedoch mich stärken muss,
Und die Ehrfurcht vor des Königs Gesandten;
Auch weiss ich Keinen von meinen Verwandten,
Dem ich Gutes stäts so gern gegönnt;
Zumal ihr mir wieder dienen könnt
Gegen meine Feinde und ihre Klage,
An des Königs Hof, am Herrentage.
Ich mach' euch Honigs satt und voll
Noch heut', von dem besten, merket wohl;
Ihr werdet ihn nicht allen mögen.'
Doch Reineke sprach es von derben Schlägen.
Reineke lief voraus geschwind,
Da folgte Braun ihm nach wie blind.
Reineke dachte: Will's gelingen,
Ich will dich schön auf den Honigmarkt bringen.
Sie kamen bald an Rüstefeils Haus:
Da freute Braun sich im Voraus;
Doch des er sich freute, das ward zunicht. 10
So geht es noch manchem unklugen Wicht.

DAT VIII CAPITTEL.

Wô Reinke mit Brûnen deme baren gink unde en leidede, dâr
hê honnich eten scholde, dat em ovel bequam; wô en Reinke
bedrôch unde lêt en stân beklemmet in den bôme eft blocke
mit deme hôvede unde beiden {20} vôten.

Dô dê âvent was gekomen

unde Reinke dat hadde vornomen,
dat Rustevîl, dê vorgesechte bûr,

tô bedde was in sînem schûr,—
Rustevîl was van grôteme love
ein timmerman unde hadde in sînem hove
liggende eine êke, dê hê wolde klôven,
unde hadde dâr in geslagen boven
twei grôte kîle, dê wêren sêr glat.
Reinke dê vos merkede dat:
dat sulve holt was an einer sît
upgeklôvet einer elen wît,—
hê sprak 'hôret mî, Brûn ôm! 10
recht hîr in dessem sulven bôm
is honniges mêr wan gî lœvet:
steket dâr in wol dêpe jûwe hœvet,
nemet nicht tô vele, dat is mîn rât,
jû mochte dâr anders af komen quât
in jûweme lîve, sît des bericht.'
Brûn sprak 'Reinke, sorget nicht.
mêne gî, dat ik sî unvrôt?
mâte is tô allen dingen gût.'
alsus lêt sik dê bare bedôren 20
unde stak dat hœvet in over dê ôren

unde ôk dê vordersten vôte mede.
Reinke dô grôt arbeit dede:
hê brak ût dê kîle mit der hast,—
dâr lach dê bare gevangen vast
mit hôvet unde vôten in der êken,
em halp wêr schelden edder smêken.
hê plach tô wesen kône unde stark,
men hîr hadde hê sîn vulle werk.
sus brachte dê neve sînen ôm
mit losheit gevangen in den bôm. 10
hê begunde tô hûlen unde tô brâschen,
mit den echtersten vôten tô krâschen,
unde makede alsô grôten lût,
dat Rustevîl mit der hast quam ût:
hê dachte, wat dat wesen mochte;
jâ ein scharp bîl hê mit sik brochte
up eventûr, efte des wêre nôt.
Brûn lach dô in anxte grôt:

dê klôve dâr hê in lach; ene knêp,

hê brak sik unde tôch, dat hê pêp,
men dat was pîn umme nicht gedân.
hê vormôde sik nummer van dâr tô gân.
dat mênde ôk Reinke, unde sach Rustevîle
van vêrne komen mit deme bîle.
hê rêp tô Brûne 'wô steit it nû?
etet nicht tô vele, dat râde ik jû,
des honniges. segget mî, isset ôk gût?
ik sê, dat Rustevîl kumpt hîr ût,
villichte wil hê jû bedenken 10
unde wil jû up dê mâltît schenken.'
dâr mede gink Reinke wedder nâ hûs
nâ sîneme slote tô Malepertûs.

Wie Reineke Braun den Bären dahin geleitete, wo er Honig essen sollte, was ihm übel bekam, und wie ihn Reineke betrog und ihn mit dem Haupt und den Füssen in einen Baum oder Block geklemmt da stehen {20} liess.

Der Abend war heran gekommen:
Da hatte Reineke vernommen,
Dass Rüstefeil, wie stäts er pflag,
Zu Haus in seinem Bette lag.
Rüstefeil war als Zimmermann
Berühmt; in seinem Hofe sah'n
Sie eine Eiche, die wollt er zerkloben.
Schon hatt' er eingeschlagen oben
Zwei Keile, die waren glatt.
Reineke merkt' es an der Statt.
Das Holz war schon an einer Seite
Gespaltet in einer Ellen Weite.
Er sprach: 'Nun hört mich, Oheim Braun! 10
Seht hier, in diesem hohlen Baum
Ist des Honigs mehr, als ihr wohl glaubt.
Nun stecket tief hinein das Haupt,
Übernehmt euch nicht, ich rath euch zum Frommen,
Es möchte euch übel sonst bekommen
In euerm Leib, lasst euch berichten.'
Braun sprach: 'Reineke, sorgt mich nichten.
Meint ihr gar, ich sei ein Frass?
Zu allen Dingen gut ist Maass.'

Also ward der Bär zum Thoren: 20
Er steckte das Haupt bis über die Ohren
Nebst den Vorderfüssen in den Spalt.
An die Arbeit gab sich Reineke bald:
Er brach die Keile heraus mit Kraft,
Da lag der Bär in schmählicher Haft;
Die Eiche klemmt' ihm Haupt und Füsse,
Ihm half nicht Schelten, noch Schmeicheln süsse;
Sonst war er stark und kühn, doch nun
Hatt' er mit Überkraft zu thun.
So brachte der Neffe den Ohm mit List
In den Baum, aus dem keine Rettung ist. 10
Er begann zu heulen und zu schnarren,
Mit den Hinterfüssen im Sand zu scharren,
Und machte solchen Lärm vor dem Haus,
Dass Rüstefeil eilends sprang heraus.
Was bedeutet, dacht' er, dies Geheul?
Er brachte mit ein scharfes Beil
Für den Fall, dass es zu brauchen wär'.
Braun lag indes in Ängsten schwer.
Der Kloben, drin er lag, ihn kniff,
Er zog und zerrte sich, dass er pfiff:
Die Müh' war all' umsonst gescheh'n.
Schon glaubt' er, nimmer zu entgeh'n.
Auch Reineke meint' es, und sah Rüstefeil
Von ferne kommen mit dem Beil.
Da rief er dem Bären: 'Wie steht es, Braun!
Esst nicht zu viel, das rath ich euch traun,
Des Honigs! Sagt mir, mundet der Schmaus?
Ich sehe, Rüstefeil kommt heraus;
Vielleicht will er den Gast bedenken 10
Und will euch auf die Mahlzeit schenken.'
Hiermit gieng Reineke heim zuhand,
Nach seinem Schloss, Malepartus genannt.

DAT IX CAPITTEL.

Dô quam Rustevîl altôhant,
den baren hê sus gevangen vant. 20
hê lêp hastigen mit eineme lôpe

dâr hê dê bûre wuste tô hôpe,
dâr sê hêlden gesterî.

hê sprak 'komet hastigen mit mî,
in mîneme hove is ein bare
gevangen, dat segge ik jû vorwâre.'
sê volgeden em alle unde lêpen sêre,
islik nam mit sik sîne were
wat hê êrst krêch ût sînem werke:
dê eine eine forke, dê ander eine harke,
dê dridde ein spêt, dê vêrde eine rake, 10
dê vîfte einen grôten tûnenstake;
dê kerkhêre unde dê koster beide,
dê quêmen dâr ôk mit ereme gerêde;
dê papemeiersche, dê hêt vrôw Jutte—
dat was dê dê dê besten grutte
konde bereiden unde kocken—
dê quam gelôpen mit ereme wocken
dâr sê des dages hadde bî geseten,
den armen Brûne mede tô meten.

dô Brûn hôrde dat rochte sô grôt,
dâr hê lach up sînen dôt,
hê tôch mit pînen dat hœvet ût,
men dâr binnen blêf bekleven dê hût
bî beiden ôren umme dat hœvet her.
ik mêne, men sach nü lêtlîker dêr.
dat blôt em over dê ôren ran.
al brochte hê dat hœvet ût, nochtan
bleven beide vôte dâr in al vast.
doch ruckede hê sê ût mit der hast 10
al râsende, eft hê wêre van den sinnen:
men nochtan bleven dê klâwen dâr binnen,
dâr tô dat fel van beiden vôten.
dat honnich was nicht van deme sôten
dâr em Reinke, sîn ôm, van sêde.
eine quâde reise Brûn dô dede,
jâ it was eine sorchlîke vârt.
dat blôt lêp vaste over sînen bârt
dê vôte dêden em wê sô sêr,

hê konde nicht gân wêr nâ edder vêr.
Rustevîl quam unde begunde tô slân,
sê gingen en altômâlen an,
al dê mit em quêmen her,
Brûnen tô slân was al er beger.

dê pape hadde einen langen staf,
wô mannigen slach hê eme gaf!
hê konde nergen gân efte krûpen.
sê quêmen up en in eineme hûpen,
ein dêl mit spêten, ein dêl mit bîlen; 10
dê smit brachte beide hamer unde vîlen,
etlîke hadden schuffele, etlîke spaden,
sê slôgen en âne alle gnâden,
alle gêven sê em mannigen slach
dat hê sik bedede dâr hê lach.
al slôgen sê, jâ dâr enwas nên sô klêne:
Slobbe mit deme krummen bêne
unde Lûdolf mit der brêden nese,
alderwrêdest wêren eme dese.
hê slôch mit sîner holten slingeren, 20

Gerolt mit dem krummen vingeren
unde sîn swâger Kuckelrei;
aldermeist slôgen desse twei,
Abel Quack unde dâr tô vrouw Jutte,
unde Tâlke Lôrden Quacks dê slôch mit der butte,
nicht dese alleine, men al dê wîve,
dê stunden al nâ Brûnen lîve;
hê môste nemen al wat men eme brochte.
Kuckelrei makede dat meiste gerochte,
wente hê was dê eddelste van gebôrten: 10
vrôw Willigetrût vor der kafpôrten,
dê was sîn môder, dat wuste iderman,
wê aver sîn vader was, dâr wust men nicht van;
doch sêden dê bûr under malkander,
it wêre dê stoppelmeter, dê swârte Sander,
ein stolt man dâr hê was allein.
Brûn môste ôk van mannigem stein
den worp entfangen up sîn lîf:
sî worpen nâ em, beide mans unde wîf.

int leste Rustevîls brôder her sprank,
dê hadde einen knuppel dicke unde lank
unde gaf em int hœvet einen slach
dat hê wêr hôrde edder sach:
van deme slage entsprank hê mit sîneme lîf,
al râsende quam hê mankt dê wîf
unde vêl mankt sê alsô sêr,

dat der vîve quêmen int revêr
dat dâr bî was unde ôk sêr dêp.
hastigen dô dê pape rêp 10
unde was schêr half vorzaget
'sêt, gindert vlüt vrûw Jutte mîn maget
beide mit pelze unde mit rocke!
sêt, hîr licht ôk noch er wocke!
helpet er altômâlen nû,
twei tunne bêrs dê geve ik jû,
dâr tô aflât unde gnâde grôt.'
sus lêten sê Brûnen liggen vor dôt
unde lêpen hastigen hen mankt dê wîve

unde hulpen en ût deme water al vîve.

Dê wîle sê hir mit wêren vorwôrn,
krôp Brûn int water van grôten tôrn
unde begunde van grôtem wê tô brummen.
hê mênde nicht dat hê konde swummen,
sîn andacht was unde begunde tô denken,
dat hê sik sulven wolde vordrenken,
up dat en nicht mêr slôgen dê bûre.
dô weddervôr em noch dit eventûre:
hê konde noch swommen unde swam tô degen. 10
jâ dô dit dê bûre alle sêgen,
mit grôtem gerochte unde mit gremen
sprêke sê 'wanne, wî mogen uns wol schemen!'
sê hadden dâr umme grôte undult
unde sprêken 'dit is desser wîve schult.
in untît quêmen sê hîr tô mâte.
sêt, hê swommet wech sîne strâte!'
sê sêgen den blok unde worden des enwâr,

dat dâr noch in sat beide hût unde hâr
van vôten unde ôren. dat was en lêf,
sê rêpen 'kum wedder, ôrlôse dêf!
hîr sint dîne ôren unde hantschen tô pande!'
sus volgede em tô deme schaden schande,
doch was hê vrô dat hê entgink.
hê vlœkede deme bôme dê ene vink,
dâr hê van vôten unde ôren wes lêt;
hê vlœkede Reinken dê ene vorrêt—
dit was dat gebet dat hê dô las, 10

dê wîle hê in deme water was.
dê strôm lêp snelle unde vast,
den drêf hê nedder mit der hast
unde quam in einer kôrten wîle
vil nâ bî kant eine mîle.
hê krôp tô lande bî dat sulfste revêr.
nî werlde sach jêmant bedrôveder dêr:
hê mênde sînen geist dâr up tô geven
unde trôste dô nicht lenger tô leven.

hê sprak 'ô Reinke, dû valsche creatûr!'
ôk dachte hê up dê quâden bûr,
dat sê en sus hadden slagen tôr stûpen,
unde dat Reinke en hêt sô dêp in krûpen.

Wie der gefangene Braun von den Bauern geschlagen wird, endlich doch
loskommt und sich ins Wasser begiebt.

Da kam Rüstefeil gerannt:
Als er den Bären gefangen fand, 20
Da gab er hastig sich ans Laufen:
Er wusste einen Bauernhaufen
Im Wirthshaus sitzen überm Bier.
Er sprach: 'Kommt eilends all mit mir!
Es hat sich in meinem Hofe dort
Ein Bär gefangen, auf mein Wort!'
Sie folgten ihm all und liefen sehr;
Ein Jeder nahm mit sich seine Wehr,
Was er zuerst zu fassen bekam,
Der die Gabel, jener die Harke nahm,
Der dritte den Spiess, der vierte den Rechen, 10
Der fünfte gieng einen Stab aus dem Zaune brechen.
Der Kirchherr und der Küster beide
Kamen auch hin mit ihrem Gereide.
Die Pfaffenköchin, Frau Jutte genannt,
Die die beste Grütze im ganzen Land
Bereiten konnte, auf den Socken
Kam sie gelaufen mit ihrem Wocken,
An dem sie den ganzen Tag gesessen,
Den armen Braun damit zu messen.
Als Braun hörte den Lärm mit Angst und Noth,
Gefangen lag er auf den Tod,
Da zog er das Haupt heraus mit Gewalt;

Doch sitzen blieb ihm in dem Spalt
Von Gesicht und Ohren Haar und Haut:
Ein kläglicher Thier ward nie geschaut.
Das Blut ihm über die Ohren lief.
Zwar bracht er das Haupt heraus, doch tief
Hielt ihm der Spalt die Füsse gefasst.
Nun ruckt' er sie auch heraus in Hast, 10
Als wär' er rasend und ganz von Sinnen.
Da blieben ihm die Klauen drinnen
Und das Fell dazu von beiden Füssen.
Der Honig war nicht von dem süssen,
Zu dem ihm Reineke Hoffnung gemacht.
Eine üble Reise hatte Braun vollbracht,
Ja, es war ihm eine sorgliche Fahrt:
Das Blut lief hell über seinen Bart;
Die Füsse schmerzten ihn so sehr,
Er konnte nicht gehen noch stehen mehr.
Da kam Rüstefeil, der zu schlagen begann;
Sie fielen ihn all zumalen an:
Alle, die mit ihm kamen daher,
Braunen zu schlagen war ihr Begehr.
Der Pfaffe trug einen langen Stab.
Wie manchen Schlag er damit ihm gab!
Er konnte sich nirgend nur verschnaufen,
Sie bedrängten ihn in dichtem Haufen,
Ein Theil mit Spiessen, ein Theil mit Beilen, 10
Der Schmied mit dem Hammer und mit der Feilen;
Etliche hatten Schaufeln, etliche Spaten:
Damit zermürbten sie ihm den Braten.
Sie gaben ihm so manchen Schlag,
Dass er im eigenen Unrath lag.
Ihn schlugen Alle, die Grossen und Kleinen,
Schloppe mit den krummen Beinen,
Und Ludolf mit der breiten Nase,
Die schlugen ihn, als wär's ein Hase.
Auf seine krummen Finger stolz, 20
Schlug ihn Gerold mit dem Riegelholz,
Und sein Schwager Kukelrei;
Am schlimmsten schlugen ihn die Zwei,
Abel Quak und dazu Frau Jutte,
Und Talke Lorden Quacks, die schlug mit der Butte.
Nicht die allein, nein all' die Frau'n,
Nach dem Leben stunden sie dem Braun.

Er musste nehmen, was man ihm brachte;
Kuckelrei des Lärms am meisten machte.
Denn er war der edelste von Geburt. 10
Frau Willigtraut von der Schweinefurt
War seine Mutter, das war bekannt,
Sein Vater aber blieb ungenannt;
Doch raunten die Bauern unter einander,
Der Stoppelmesser wär's, der schwarze Sander,
Ein stolzer Mann für sich allein.
Auch musste Braun von manchem Stein
Den Wurf empfangen auf seinem Leib
Sie warfen nach ihm, Mann und Weib.
Zuletzt kam Rüstefeils Bruder gesprungen
Und hat einen mächtigen Knüttel geschwungen
Und gab ihm einen Schlag auf's Haupt,
Dass er aller Sinne lag beraubt.
Dem Schlag entsprang lebendig Braun,
Wie rasend fuhr er zwischen die Frau'n,
Und hatte sich so als Weiberhasser,
Dass ihrer etliche fielen in's Wasser,
Das da vorbeifloss, ziemlich tief.
Da begann alsbald der Pfaff' und rief 10
Und war beinah' schon halb verzagt:
Da treibt Frau Jutte, meine Magd;
Die in dem Pelz und grauen Socken;
Seht, hier liegt auch noch ihr Wocken.
Nun helft ihr allzumal davon!
Zwei Tonnen Bieres geb' ich zum Lohn,
Auch sollt ihr grossen Ablass kriegen!'—
Da liessen sie Braun für todt da liegen,
Und liefen hastig zu den Weibern,
Sie herauszuzieh'n mit nassen Leibern.

Da sie dies betrieben, dieweil
Kroch Braun ins Wasser in zorniger Eil',
Und brummte dabei vor Schmerz und Grimmen.
Er dachte sich nicht, er könne schwimmen,
Er wusste nicht andern Rath zu erdenken,
Als sich hier selber zu ertränken,
Dass ihn die Bauern nicht mehr schlügen.
Da wollt' es sich ihm so glücklich fügen,
Er konnte noch schwimmen, und schwamm fürwahr. 10
Ja, als dies die Bauern wurden gewahr,

Mit grossem Lärmen und mit Grämen
Riefen sie: 'Wetter, wir müssen uns schämen!'
Sie sahn's mit grosser Ungeduld
Und sprachen: 'Das ist der Weiber Schuld;
Zur Unzeit sind sie hieher gekommen:
Nun ist er seiner Wege geschwommen.'
Sie besah'n den Block und wurden gewahr,
Dass noch darin sass Haut und Haar
von Ohren und Füssen: das war ihnen lieb.
Sie riefen: 'Komm wieder, ehrloser Dieb,
Hier sind deine Ohren und Handschuh' zu Pfande!'
So folgt' ihm auf den Schaden die Schande!
Doch war er froh, dass er entgieng.
Er fluchte dem Baum, der ihn fieng,
Ihm die Haut von Füssen und Ohren schied;
Er fluchte Reineken, der ihn verrieth.
Dies war das Gebet, das er da sprach, 10
Dieweil er in dem Wasser lag.
Der Strom lief schnell und sonder Rast;
Er trieb herab mit gleicher Hast.
Und ward in einer kurzen Weile
Herabgeführt wohl eine Meile.
Da kroch er aus der Flut an's Land:
Betrübter Thier hat die Welt nicht gekannt.
Den Geist schon meint' er aufzugeben,
Er getraute länger nicht zu leben.
Er sprach: 'O Reineke, falsches Geschöpfe!'
Auch dacht' er an die Bauerntröpfe,
Wie die ihn geschlagen und ausgestaupt,
Weil er so tief hinein gesteckt das Haupt.

SEBASTIAN BRAND.

[*Scherer D.* 262, *E.* 256.]

Geboren zu Strassburg 1457, studierte zu Basel und wurde 1489 Doctor beider Rechte. Später ward er Stadtschreiber zu Strassburg und von Kaiser Maximilian zum Rath und Pfalzgrafen erhoben. Starb 1521. Ein satirischer und didactischer Schriftsteller. Sein berühmtes 'Narrenschiff' erschien zuerst Basel 1494 und ward oft nachgedruckt. Es wurde in das niederdeutsche, in lateinische Hexameter und hiernach in das Französische, Englische und

Niederländische übersetzt. Herausgegeben von Zarncke (Leipzig 1854), Gödeke (Leipzig 1872).

1.

Wer sinen kinden übersicht
irn mûtwil und sie strofet nicht,
dem selbst zû letzst vil leides gschicht.

VON LER[445] DER KIND.

Der ist in narrheit ganz erblint,
der nit mag acht han, das sin kint 10
mit züchten[446] werden underwiszt,
und er sich sunders[447] daruf fliszt,
das er sie losz[448] irr gon on straf
glich wie on hirten gönt die schaf,
und in all mûtwil übersicht,
und meint, sie dörfen[449] strofens nicht,

sie sigen[450] noch nit bi den joren,
das sie behalten in den oren
was man in sag, si strof[451] und ler.
o groszer dor, merk zû und hör:
die jugent ist zû bhalten gring[452],
sie mercket wol uf alle ding;
was man in nüe häfen[453] schitt,
den selben gsmack[454] verlont[455] sie nit.
ein junger zwig sich biegen lot[456].
wann man ein alten understat[457] 10
zu biegen, so knellt[458] er entzwei,
zimlich[459] strof bringt kein sorglich gschrei;
der rût der zucht vertribt on smerz
die narrheit usz des kindes herz;
on strafung selten iemens lert[460].
alls übel wechszt, das man nit wert:
Hely was recht und lebt on sünd,
aber das er nit stroft sin kind,
des stroft in got, das er mit klag
starb, und sin sün uf einen tag. 20
das man die kind nit ziehen wil,
des findt man Catilinen vil.
es stünd ietz umb die kind vil bas,

geb man schůlmeister in, als was
Phenix[461] den Peleus sinem sůn
Achilli sůcht, und zů wolt důn;
Philippus durchsůcht Kriechenland
bisz er sim sůn ein meister fand:
dem gröszten kunig in der welt
wart Aristoteles zůgsellt; 30
der selb Platonen hort lang jar,
und Plato Socratem darvor.
aber die väter unser zit,

darumb das sie verblendt der git[462]
nemen sie uf sölich meister nůn[463],
der in zům[464] narren macht ein sůn
und schickt in wider heim zů hus
halb narrechter[465], dann er kam drus.
des[466] ist zů wundern nit daran,
das narren narrecht kinder han.
Crates, der alt, sprach, wann es im
zůstůnd, wolt er mit heller stim
schreien: ir narren unbedacht, 10
ir hant uf gůtsamlen grosz acht
und achten nit uf uer kind,
den ir sölich richtum samlen sind[467].
aber uch wirt zůletst der lon,
wan uer sůn in rot sönt[468] gon
und stellen zücht und eren nach,
so ist in zů dem wesen gach[469],
wie sie von jugent hant gelert;
dan wirt des vatters leid gemert
und frist sich selbst[470], das er on nutz 20
erzogen hat ein winterbutz[471].
etlich důnt sich in bůben rot[472],
die lästern und gesmächen got;
die andern henken an sich säck[473];
dise verspielen rosz und röck;
die vierden prassen tag und nacht.
das würt usz solchen kinden gmacht,
die man nit in der jugent zücht
und mit eim meister wol versicht.
dan anfang, mittel, end, der ere 30
entspringt allein usz gůter lere.
ein löblich ding ist edel sin,

es ist aber frömbd, und nit din,

es kumbt von dinen eltern har[474];
ein köstlich ding ist richtum gar,
aber das ist des glückes fall,
das uf und ab danzt wie ein ball;
ein hübsch ding der welt glori ist,
unstantbar[475] doch, dem alzit gbrist[476];
schonheit des libes man vil acht,
wert etwan doch kum ubernacht.
glich wie gesuntheit is vast liep
und stielt sich ab doch wie ein diep. 10
grosz sterck acht man für köstlich hab,
nimt doch von krankheit, alter ab;
darumb ist nützt[477] undötlich[478] mer
und bliblich[479] bi uns, dan die ler.
Gorgias frogt[480], ob selig wer
von Persia der mächtig her?
sprach Socrates: 'ich weisz noch nüt,
ob er hab ler und tugent üt[481]',
als ob er sprech, das gwalt und golt
on ler der tugent nützet solt[482]. 20

2.

Wer nit die rechte kunst[483] studiert
derselb im wol die schellen[484] rürt
und wurt am narrenseil[485] gefürt.

VON UNNUTZEM STUDIEREN.

Der Studenten ich ouch nit für[486]
sie hant die kappen vor zů stůr[487],
wann sie allein die streifen[488] an
der zipfel[489] mag wol naher gan[490];

dan so sie solten vast studieren,
so gont sie lieber bůbelieren[491].
die jugent acht all kunst gar klein;
sie lerent lieber ietz allein
was unnütz und nit fruchtbar ist;
dasselb den meistern ouch gebrist,
das sie der rechten kunst nit achten,

unnütz geschwetz allein betrachten,
ob es well tag sin[492] oder nacht?
ob hab ein mensch ein esel gmacht, 10
ob Sortes[493] oder Plato louf?
solch ler ist ietz der schůlen kouf[494].
sind das nit narren und ganz dum,
die tag und nacht gant domit um
und krützigen sich und ander lüt?
kein bessere kunst achten sie nüt.
darum Origenes von in
spricht, das es sint die frösch gesin
und die hundsmucken[495], die do hant
gedurechtet[496] Egyptenlant. 20
domit so gat die jugent hin,
so sind wir zů Lips, Erfort, Wien,
zů Heidelberg, Menz, Basel, gstanden,
kumen zů letst doch heim mit schanden.
Das gelt das ist verzeret do,
der truckeri[497] sint wir dan fro,
und das man lert ufftragen win,
darusz wurt dan ein Henselin[498].
so ist das gelt geleit wol an.
studentenkapp wil schellen han! 30

JOHANN GEILER VON KAISERSBERG.

[*Scherer D.* 280, *E.* 276.]

Geboren 1445 zu Schaffhausen, studierte zu Freiburg und Basel, ward
Doctor der Theologie, predigte zu Freiburg, Würzburg und Strassburg. Hier
starb er 1510.

1.
VON KIRCH NARREN.

Die andere schel[499] ist: gotz dienst irren[500]. Es seint ettlich, wan
sie in die kirchen wöllen gon, so rüsten sie sich, als wolten sie gon
beissen[501] oder jagen, und nemmen die vögel mit den schellen uff die hend,
und ein huffen hünd: so klinglen da die schellen unnd beissen die hünd
einander, und wird der predicant geirret, und hœrt man nit, was man im chor

singt, und künnen die lüt nit betten. O brüeder, es ist nit da ein feld venandi sed veniandi, zejagen, aber zevenjen[502]. Nun wiewol es ynn allen menschen {10} straffbar ist, so stot es doch geweichten[503] leuten übeler an, dan anderen: als dann vil pfaffen thuontt, die vögel uff den henden tragen, mitt federspil[504] umbgond; dar umb das sie edel[505] seint, so wenen sie, inen zimm das und anders noch weitter (baz), den anderen priestern; wann am morgen so seint sie priester, und am andern tag ein edelman. Denen sol geantwurt werden, wie ein buer ein mal eim bischoff ein bequemliche[506] oder guote antwurt gab.

Es reit ein bischoff uff ein mal über feld mitt viertzig pferden und mit seim zug: da liess ein buer den pfluog ston und sach dem zeug zuo, und het das mul offen und die hent jn die seitten gestelt. {20} Der bischoff der sach es, reit zuo im unnd sprach: 'meier[507], was denckstu, das du uns also zuoluogst?[508]' Der buer sprach: 'Her, ich hab gedacht, ob sant Martin auch also mitt eim reisigen zeug geritten sei, der auch ein bischoff was.' Der bischoff wart rott im antlit, schamt sich und sprach: 'Ich bin nit allein ein bischoff, ich bin auch ein weldtlicher fürst; jetz bin ich ein fürst. Wiltu aber ein bischoff sehen, so kum uff den tag in die kirchen, so würd ich das fron ampt haben.' Der buer fieng an lachen, das er in einander hotzlet[509]. Der her fraget yn, wess er lachte. Der bur sprach: 'herr, da lach ich, da gott vor sei: wan der teuffel den fürsten am letsten nimpt, was thet dan der bischoff dar zuo?' Also fuor der bischoff dar von und het ein antwurt gelœsst.

2.
VON PREDIG NARREN.

Die andere schel ist: nitt recht predig hœren. Und wie sol man recht hœren? In dreierlei weg: Zuo dem ersten mit fleiss. {10} Ein schuoler mit grossem fleiss loset[510] er zuo dem doctor, der siech dem artzet, und ein lantzmann[511] dem botten[512]. Also sollen wir fleisslichen zuohœren dem predicanten: der ist unser doctor und artzet und bott. Gedenck, was fleiss und ernst du an kerst, wan man dir das heilig sacrament gibt, das es nit uf das erterich fal. Selichen fleiss ker an zuo dem wort gotz, das nit minder ist, dan der leib Christi, seit sanctus Augustinus. Zuo dem anderen sol man predig hœren behaltlich, Matth. 23. Wa für wer es, das man predig horte, wan man es nit behielte. Dar umb sollen wir sein wie ein fenster, das lasst den sonnenschyn und das liecht durch sich gon; {10} aber schne, regen und hagel lasst es nit hin yn. Aber leider vil seint gleich eim sibi[513], oder eim büttel[514] und eim seythuoch[515]: da bleiben fliegen und wuost[516] darin, aber das guot laufft als da durch; also das guot an der predig ist von inen verloren, aber was lecherlich ist und spöttig und bœss, das behalten sie, und seint gleich eim hündle der edlen, wan man ym etwas guotz beut zeessen, so laufft es etwan einer mucken nach; und seint gleich eim fischen garn[517], die weil es im wasser ist, so ist es vol wasser, so bald es uss dem wasser

kumpt, so ist es ler. Von denen seit der weiss (Pred. 21): e i n s   n a r r e n
h e r t z   i s t   w i e   e i n   z e r b r o c h e n   f a s s ,   e s   b e h a l t   {30}
k e i n   w y s s h e i t ,   u n d   e i n   z e r b r o c h e n   f a s s   k e i n   w e i n .

Zuo dem dritten sol man hœren gehorsamlich, wan so dar umb prediget man,
das man es sol thuon u. s. w.

THOMAS MURNER.

[Scherer, D. 263, 286, E. 257, 282.]

Geboren angeblich 1475 zu Oberehenheim bei Strassburg, besuchte die
Franciskaner Schule zu Strassburg, durchzog Frankreich, Deutschland,
Polen als fahrender Schüler, studierte zu Paris Theologie, 1499 zu Freiburg
die Rechte; dann Guardian des Franciskaner Klosters zu Strassburg, 1506
vom Kaiser Maximilian zum Dichter gekrönt, um 1509 Doctor der
Theologie in Bern. Er führte ein unstätes Leben und wurde oft von seinen
Gegnern gezwungen, seinen Aufenthaltsort zu wechseln. In Strassburg
veröffentlichte er 1512 sein satirisches Werk 'die Narrenbeschwörung' (her.
von Gödeke, Leipzig 1879), eine Nachahmung von Brands 'Narrenschiff.'
In demselben Jahre erschien seine 'Schelmenzunft,' welche aus Predigten
entstand, die er zu Frankfurt am Main gehalten hatte (photolithographische
Nachbildung her. von Scherer, Berlin 1881). Im Kirchenkampf nahm M.
zunächst für Luther Partei, dann aber wurde er einer seiner heftigsten
Gegner und schrieb das Schmähgedicht 'Von dem grossen Lutherischen
Narren, wie ihn Doktor M. beschworen hat' Strassburg 1522 (her. von Kurtz,
Zürich 1848). Unter den vielen Schriften, die er sonst noch verfasst hat, ist
am bekanntesten seine 'Gäuchmatt' Basel 1519, ein derbe Satire gegen die
Weiber. Er starb um 1536 zu Oberehenheim, wo er eine kleine Pfründe hatte.

DIE NARRENBESCHWÖRUNG.

Aller adel weisst im land,
Wann wir schon kein erbteil hant,
Wir können uns der armüt weren,
Allein von disem sattel neren.

DIE SATTELNARUNG[518].

Wann du des sattels nerest dich,
So kanstu warlich me dann ich.

Es můss ein wilde narung sin,
Den sattelpfenning bringen in. 10
Hat der sattel solche kraft,
Das nimt ein selzam rechenschaft.
'Ja frilich, herr, das mügt ir sagen,
Solt ich min kost vom sattel nagen
Und des stegreifs mich erneren,
Vil böser wörter můss ich hören.
Hört mir zů, ich wills üch leren,
Man seit von künig Ferinand,
Wie er vil nüwer inselen fand
Bi dem Calecutterland,
Darin man fand vil spezeri,
Silber, gold was ouch dabi. 10
Inselen finden ist kein kunst,
Ich habs ir manchen glert umsunst;

Inselen find ich, wann ich will:
Ich schrib min gsellen in der still,
Die ouch ein solchen sattel haben
Und in dem stegreif künnent traben.
Wann man fart gen Frankfurt hin
Und ich ein schiff weiss uf dem Rin,
Dann zwing ichs faren zů dem land,
Darin vil spezeri ich fand,
Silber, gold und tůchgewand.
Solch inselen find ich mit mim kunden 10
Und habens uf dem Rin gefunden,
Das vor kein mensch nie hat gewist,
Das spezri da gewachsen ist.
Ich bin der erst, ders funden hat
An der unerkanten stat;
Noch schadts mir nit an miner eren,
Das ich des sattels mich erneren,
Erzühe min kind kurz von der hand,
Als der lanssknecht uf dem land;
Ich halts fürwar ein kleine schand. 20
Solt man die strassen allzit frien,
Das bilger, kouflüt sicher sien,
So wer doch nüt der fürsten hůt.
Wir machen in ir gleit nun gůt.
Wann wir ein insel funden haben,
Absagent wir mit rüterknaben,

Der wir keine me hont ton,
Wir hetten dann den roub dar von.
Es heisst bi uns das rüterspil
Setz uf, der mit uns keglen will.
Wir sind die nüwen insel finder
Vnd lerent unser jungen kinder, 10
Von dem sattel suppen kochen
Und wie man sol die puren bochen[519],
Land und lüt und dörfer kriegen,
Ein knebel zwischen die befzen fiegen
Den stegreif halten und den zoum,
Ein puren binden an ein boum,
Fůssisen werfen, für inlegen,
Wie man den finden gat entgegen,
Das korn verwůsten, rebstöck brechen
Und einen undern gul[520] abstechen, 20
Fahen, fieren und verblenden,
Meisterlichen keren, wenden,
Das der pur nit anders gloubt,
Er si des tütschen lands beroubt;
So ist er an derselben stat,
Do ich in vor gefangen hatt.
Der arbeit můss er uns ergetzen,
So wir in fahen an zů schetzen.

Dann hont wir aber etlich jor
Zů brassen, als wir hattent vor.
Komt uns die armůt wider an,
So můss der sattel aber dran,
Vnd sůchent mer der spezeri,
Oder ob kein insel si
Uf der Tonau, uf dem Rin,
Den sattelzins zů bringen in.
Hett Absolon den sattel gspart,
Do er sins vaters finde ward, 10
Er wer im har nit bliben hangen,
Durchrant mit so vil scharfer stangen;
Do in im staken so vil spiess,
Ward im die rüteri nit siess.
Was darf ich vil von Juden sagen,
Mir gdenkt, das wol in unseren tagen
Herzog Karle von Burgund
Durch rüteri gieng gar zů grund.

Hannibal der hatt gross macht,
Dennocht hat in der sattel bracht,
Das er dran erworget ist.
Der sattelnarung vil gebrist,
Ja frilich heisst er rüterspil,
Setz uf wer mit in spilen will,
Sie kartens also wunderlich,
Eins ums ander, stich um stich. 10
Nüt schedlichrs ist uf disen dingen,
Dann um ein hütlin fleisch zů springen,
Das rüterspil wills also han,
Des setzen wirs all samen dran.'

KAISER MAXIMILIAN I *(1493–1519)*.

[*Scherer* D. 263, E. 258.]

Der Theuerdank, ein allegorisch-episches Gedicht, ward von Maximilian selbst entworfen und theilweise ausgeführt. Es enthält die Darstellung seiner Brautwerbung um Maria von Burgund und anderer ritterlicher Abenteuer. Das Werk wurde von Treizsaurwein von Ehrentreiz und vom Probste Melchior Pfinzing (1481–1535) beendigt und zum Druck befördert. Es erschien zuerst 1517, in prächtiger Ausstattung, namentlich mit vorzüglichen Holzschnitten von Hans Schauffelin, dem Schüler Albrecht Dürers (Neu her. von Haltaus, Quedlinburg 1836; Gödeke, Leipzig 1878). Ein andres allegorisch-historisches Gedicht, der 'Weisskunig', wurde ebenfalls vom Kaiser begonnen, aber erst 1775 veröffentlicht.

THEUERDANK.

Wie Theurdannckh durch Fürwittig aber in ein geferlichait mit einem Löwen gefüert ward.

Eines tags da fürt Fürwittig
den helden mit im fälschiglich

umspazieren durch ein gassen
darin ein leo, aus der massen
gross und freissam[521] gefangen lag.
Alsbald[522] den Fürwittig ersach,
fiel im in seinen sinn: möcht ich

zu diesem löben bringen dich
in das kleine häuslein hinein,
so hoffet ich, es solt in pein
derselb löb bringen dich fürwar.
In den gedanken kamens dar. 10
Fieng der Fürwittig an und sprach:
'Hier, in diesem hölzen[523] gemach
man ein löben gefangen hält.
Warlich der möcht werden gezält
für teurlich[524], freidig[525] und manhaft,
der demselben löben aus kraft
griff trutzlichen in seinen mund,
dann er kennt zu der selben stund
geleich einen freidigen man
und lässt in widerum weg gan 20
von im genzlichen on alls leid.
Doch so rat ichs bei meinem eid
nit, das ir solt euchs underfahen;
dann wurdet ir schaden empfahen,
so mocht mir drin werden die schuld
gegeben, dardurch ich eur huld
verlür, das het ich nit geren.
Wolt irs aber nit emperen,
so mügt ir das tun, ob ir wellt.
Aber der küngin es gefällt 30
wol, wann sie hört von einem man
sagen, der sich darf understan
der geleichen erlich[526] sachen.
Euren namen wurdt ir machen

in gar vil manchem fremden land
durch solch tat mit eren bekant.'
Der Teurheld[527] zu dem löwen gieng
und sich das zu tun underfieng,
bedacht die sachen auch nit bass,
dann er darfür hielt, alles das,
so im der Fürwittig sagt vor,
es bescheh on list und wär war;
greif damit den löwen in schlund.
Der stund vor im als ein zam hund, 10
dann er des helds mandlich[528] gemüt
erkant, darum er mit nicht[529] wüt
gegen im, als er vor het tan;

Teurdank gieng on schaden darvon.
Des wundert sich Fürwittig ser,
gdacht heimlich: ich sich, das nit mer
mich wellent mein ränk und anschläg
helfen, ich gedenk wol der täg[530],
er wär ie nit komen darvon.
In den danken sach er hergon 20
gegen im den teurlichen held.
Zu dem er sprach: 'herr, euch erwält
billichen mein frau zu der e,
dann ich dergleichen sach nit me
gehöret hab von eim sagen
bei allen meinen lebtagen.
Und dieweil ichs selbs hab gesehen,
so mag ichs mit warheit jehen[531]
und öfnen der edlen küngein,
die wird darob voll freuden sein.' 30
Mit den worten sie hin kamen
widerum zu haus und namen
von einander ein gute nacht.
Fürwittig sich weiter bedacht,

wie er möcht durch subtilig weg
den held bringn, das er niderläg.
Sein bosheit die lernet[532] in das,
wiewol es alls[533] verloren was.

HEINRICH STEINHÖWEL.

[*Scherer D.* 265, *E.* 261.]

Geboren zu Weilderstadt an der Wirm, promovierte 1442 zu Padua in der Medicin, wurde Arzt in Esslingen und 1450 als Stadtarzt nach Ulm berufen, starb 1482. Er ist durch seine Übersetzungen aus dem Lateinischen für die deutsche Prosa wichtig. Von seinen Übersetzungen sind besonders hervorzuheben: der Roman 'Apollonius von Tyrus' Augsburg 1471 (her. von K. Schröder, Leipzig 1873); der 'Äsop' Ulm zwischen 1476–1480 (her. von Österley, Tübingen 1873); Boccaccio's 'de claris mulieribus' Ulm 1473. Die Übersetzung von Boccaccio's 'Decameron' (her. von von Keller, Stuttgart 1860) wird ihm mit Unrecht zugesprochen.

1.

DIE VIII FABEL VON DEN FABELN VND DEN SCHAUFEN.

Ain jünger hett besondern lust, mangerlay fabeln ze hören und batte synen maister, daz er im ain lange sagen wölte. Do sprach der maister zuo im: Wartt, daz zwischen uns itt beschehe[534] als ains mals zwischen ainem künig und synem fabelsager geschahe. Der {10} jünger batte den maister im das ze sagen; do sprach der maister: Ain künig hett ainen maister der gar vil und mangerlay hystorien sagen kunde, und wann der künig ruowen wolt, so waz syn ordnung, daz er im fünff fabeln sagen solte, damit er syn müdes gemüt und krefften wider erholet[535] und erkükte[536]. Uf ain zyt als der künig abends in syn bett gienge und den vergangen tag mit mangerlay geschäfftes überladen nun müd waz, daz er nit geschlaffen kund, begeret er mer fabeln zuo hören, wann syn gewonhait was. Der maister sagt im dry ander aber gar kurcze. Do sprach der künig: Du hast gar kurcze gesagt. Ich wolte gern ain {20} lange hören; darnach liesse ich dich schlauffen. Des verfolget[537] im der maister, und fieng an ze sagen: Ain rycher pawr[538] nam zuo im tusent pfund pfenning, und zoget uff ain iarmarkt und kouffet darumb zwei tusent schauff, ietlichs umb ain halbes pfund pfenning. Do er aber die schauff von dem jarmarkt haim trib, was der bach, über den er tryben muoss, so ser gewachsen von zuofliessendem güswasser, daz er weder durch den furt[539] noch über die brucken tryben mocht. Do suochet er mangerlai weg, wie er die schauff hinüber brächte. Ze letzt fand er ain kleines schifflin, darinne er nit mer dan ains oder zway zemal mocht überfüren. Also fänge {10} der paur an die schauff überzefüren je zwei und zwei. Mit disen worten entschlieffe der maister also by dem künige. Der künig weket in bittende, daz er die fabel gar uss wolt sagen. Do sprach der sager: Herr, das wasser ist gross und ist das schifflin klain und sint die schauff one zal. Lasse den pawren die schauff vor alle hinüber füren, so will ich darnach sagen, wie es im mit den schauffen ergienge. Mit disen schimpffworten[540] stillet er den künig, daz er benügig ward und vergündet[541] dem sager[542] ze schlaffen. Darumb, lieber sun, (sprach der lerer zuo dem jünger) wilt du mich fürbas bekümern ze sagen, so würd ich dir dises byspil für heben.

2.

{20} DIE XV FABEL VON DES KÜNIGES SCHNYDER UND SYNEM KNECHT.

Untrüw umb böslist iecz gemain ist, und das du dir nit beschenhen wilt, das tuo kainem andern. Des hör ein schimpffrede. Ain künig hettainen schnyder, der ieder zyt syne klaider wol kund machen, ouch iedem menschen nach synem wesen[543]. Er hette ouch vil guoter knecht, die fast wol[544] neyen[545] kunten, under denen was ainer, Nedius gehaissen, der für die andern alle der best was. Uff ain zyt als der hochzytlich tag nachnen was, berüffet der künig den selben schnyder, und sprach zuo im. Du solt mir und mynen {30} dienern uff dises fest kostliche klaider machen, und tuo das unverzogenlich[546], und dar umb daz kain verziehen dar inn beschähe, ordnet er inen ainen obmaister Eumicus gehaissen, der in uff wartet, daz sie ennlich[547] solten arbaiten, und sie mit essen und trinken wol versähe. Uff ain zyt als Nedius nit anhaimisch[548] was, gabe Eumicus den schnydern allen warmes brot und hönig zuo ander spys und sprach zuo inen: Ir söllen Nedio synen tail behalten. Do sprach der maister, Nedius ässe kain hönig, ob er ouch da wäre. Do Nedius komen was, sprach er: Ir habent on mich geessen und mir mynen tail nit behalten. Do sprach Eumicus: Dyn maister sagt, ob du wol hie gewesen waurest, dannocht hettest kain hönig geessen. Nedius schwige dar zuo, und gedacht emsiglichen[549], {10} wie er synem maister möcht widergelten. Und uff ain zyt, do der maister nit gegenwirtig was, füget sich under andern reden, daz Eumicus zuo Nedio sprach: Sag mir, Nedie, ob du ie kain bessern zuoschnyder gesehen habest, wann dyn maister ist. Antwürt Nedius: Ja, herr, er wäre fast gut, wa die krankhait in nicht so ser bschwärte. Do in Eumicus fraget, waz krankhait er an im hette, do sprach der Nedius zuo im: Ja, herr, er würt ouch etwan so wütend tobsüchtig und so gauchlingen[550], wa man nit bald dar vor wäre mit binden oder villycht mit ruotenschlahen, nieman möchte sicher by jm belyben. Do sprach Eumicus: Habt ir aber kain {20} zaichen, dar by ir kennen mügent, wann in die krankhait an wölle stossen? Nedius antwürt: Herr, ja. Wann er umb sich hin und her senhen würt und mit den füssen[551] uff die taffeln klopffen, mit den füssen strögeln[552] und synen stuol, dar uff er siczet, uff heben, so komt die tobsucht an in. Do sprach Eumicus: So will ich dester bas[553] warten, das niemand von im geleczet[554] werde. Du tuost wol dar an, sprach Nedius. Unlang dar nach, als Eumicus und syn diener by den schnydern warent, verbarg Nedius dem maister syne scher, und als er schnyden solt, und die scher nit enfand, ward er[555] umb sich senhen und uff die büny[556] klopffen mit den henden, {30} ob er die scher itt höte, und synen stuol uff heben. Do wenet Eumicus, in wolte die tobsucht an komen, und schuoff als bald, daz man in binden solt, und do er sich weret und schryen ward, schluogen sie in so lang, uncz daz sie müd wurden und er blöd[557] ward. Do er sich aber wider erholet, sprach er: O herre warum hast du mich so hart lassen schlahen? Antwürt Eumicus. Maister, ich hab das dir zenucz gethan, wann Nedius hat mir gesagt, wie du zuo ettlichen zyten tobsüchtig werdest und nieman vor dir sicher sie, und dir nit ee noch bass geholffen werden, wann durch binden und schlahen. Do sprach der maister in zorn bewegt zuo Nedio: Sag, du schalk, wa hast du erfaren, oder von wannen waist du, daz ich tobsüchtig würd? Nedius antwort und sprach: Zuo den zyten als du erfurest, daz ich warm brot und honig nit essen mocht, do ward mir dyn tobsucht kund gethan. Diser antwürt {10} lachent Eumicus und allen gesellen, und merktent, daz er syne schuld mit gelycher müncz wolte bezalen. Nach gemainem sprichwort: Ein gefatterschaft über den zon, die andern herwider. Darumb, was du dir nit beschenhen wellest, das tuo kainem andern.

EULENSPIEGEL.

[Scherer D. 266, E. 261.]

Die vielfach erweiterte Geschichte eines Menschen des Namens Eulenspiegel, der wahrscheinlich im vierzehnten Jahrhundert wirklich gelebt hat. Sie wurde 1483 in Niederdeutschland niedergeschrieben und etwa um 1500 ins Hochdeutsche übertragen und zuerst gedruckt. Herausgegeben von Lappenberg (Leipzig 1854), Neudruck (Halle 1885).

WIE VLENSPIEGEL ZU BERLIN EINEM KÜRSSNER WOLFF FÜR WOLFFSPELTZ MACHET.

Gros[558] listige leut sein die schwaben, vnnd wo die des ersten[559] hinkommen vmb narung vnnd die nicht finden, da vertirbet ein anderer gar. Doch sein jr etliche auch mehr geneiget auff den bierkrug vnnd auff das sauffen, denn auff jhr arbeit, deshalben jhre {20} werckstat wüst ligen u. s. w. Auff eine zeit[560] wonet ein kürssner[561] zu Berlin, das was ein schwab, seins handwercks seher künstreich, auch guter anschleg[562]; er was reich vnnd hielt ein gute werckstat, denn er mit seiner arbeit an jhm het den fürsten des landts, die ritterschaft vnnd viel guter leut vnnd bürger. Also begab es sich, dass der fürst des lands ein grossen hoff[563] mit rennen und stechen des winters halten wolt, darzu er sein ritterschafft vnnd andere herren beschreib[564]. Als denn keiner der hinderst sein wil, worden zu denselben zeiten viel wolffspeltz bei dem vorgemelten kürssner zu machen bestelt. Das war Vlenspiegel gewar, kam zu dem meister vnnd bat jhn vmb arbeit. Der meister bedorfft auff die zeit gesinde, was seiner zukunfft[565] fro, vnd fragt jhn, ob er auch Wolff machen künd. Vlenspiegel sagt: ja; er wer nicht der minst[566] jm Sachssen land bekant. Der kürssner sprach: 'lieber knecht, du kömpst mir eben recht. Kom her, des lohns wollen wir vns wol vertragen.' Vlenspiegel sagt: 'ja, meister, ich sihe euch wol so {10} redlich an[567]. Ihr werdet selbs erkennen, wenn jhr mein arbeit sehet. Ich arbeit auch nicht bei den andern Gesellen; ich mus allein sein, so kan ich mein arbeit nach willen vnd ungeirt[568] machen.' Also gab er jhm ein stüblein ein[569], vnd legt ihm für viel wolffsheut, die zu peltzen bereit waren, vnd gab jhm die mass von etlichen peltzen gros vnd klein. Also begund Vlenspiegel die Wolffsfell an zu gehn[570], schneid zu vnd macht aus allen den fellen eitel wolff vnd füllet die mit hew vnnd macht jhn bein von stecken, als ob sie all lebten. Da er nu die Fell all zerschnitten vnd die wolff aus gemacht hat, da sprach er: 'meister,

die Wolff sind {20} bereit. Ist auch etwas mehr zu thun?' Der meister sprach:
'ja, mein Knecht; nehe[571] sie als viel du das jmer thun kanst.' Mit dem gieng
er hinaus jnn die Stuben: da lagen die Wolff auf der erden, klein vnd gros;
die sahe der meister an vnd sprach: 'was sol das sein? dz dich der ritt
schit[572]! was hastu mir grossen schaden gethan! ich wil dich fahen vnd
strafen lassen.' Vlenspiegel sagt: 'meister, ist das denn mein lon? ich hab es
doch nach ewrem eigen willen gemacht; jhr hiesset mich, doch Wolff
machen. Hettet jhr gesagt: "mach mir Wolffs peltz;" das het ich auch gethan;
und het ich das gewost[573], das ich nicht mehr {30} danck solt verdient
haben, ich wolt so grossen vleis nicht gebraucht haben.' Also schied der gut
from Vlenspiegel von Berlin, vnd lies niergent guten rhum hinder jhm, auch
ward jhm selten etwas gutes nach gesagt; vnd zog also gen Leipzig.

JACOB TWINGER VON KÖNIGSHOFEN.

[*Scherer* D. 267, E. 262.]

Geboren zu Strassburg 1346, trat in den geistlichen Stand, starb 1420 zu
Königshofen. Er schrieb eine grössere Chronik, die bis auf das Jahr 1415
reichte, und eine kleinere, die bis auf das Jahr 1391 reichte. Er folgt meist der
Chronik Closeners. Herausgegeben von Hegel, 'Chroniken der deutschen
Städte viii und ix' (Leipzig 1870, 1871).

VON DER GRÔSSEN GEISCHELFART.

Dô men zalte M. CCC. xlix. jôr, viertzehen nacht nôch sungichten[574], dô
kôment gên Strôsburg wol CC. geischelære[575]; die hettent leben und wîse
an in alsô ich hie ein teil sagen wil. Zuom êrsten sô hettent siu gar kostbere
vanen von samîttüechern und von baldeken[576], ûf[577] zehen oder acht
vanen, und alsô menige gewunden kertzen: die truog men in vor wô siu in
stette oder in dörfer giengent, und stürmede alle glocken gegen in. und die
geischelære giengent den vanen nôch ie zwêne und zwêne mittenander, und
hettent alle {10} mentelîn an und hüete ûf mit rôten criucen. zwêne sungent
vor und denne die andern alle nôch. und ir leis[578] und ir gesang was alsô.

Nu ist die betevart[579] alsô hêr[580].
Crist reit selber gên Jerusalêm;
er füerte ein criuce in sîner hant.
nu helfe uns der heilant!
Nu ist die betevart alsô guot.
hilf uns, herre, durch dîn heilges bluot
das du an dem criuce vergossen hest

und uns in dem ellende gelôssen hest.
Nu ist die strôsse alsô bereit 20
die uns zuo unser frowen treit[581],
in unser lieben frowen lant.
nu helfe uns der heilant!

Wir sullent die buosse an uns nemen,
das wir gotte deste bas gezemen[582]
aldort in sîns vatter rîch.
des bitten wir dich alle glîch.
sô bitten wir den heilgen Crist
der aller welte gewaltig ist.

Sô siu alsus in die kirchen kôment, sô kniuweten[583] siu nider und sungent:

Jhêsus der wart gelabet[584] mit gallen:
des sullent wir alle an criuce vallen. 10

und dô vielent siu alle criucewys an die erden das es clapperte. und sô siu ein
wîle alsus gelôgen, sô huop ir vorsenger an und sang:

Nu hebent ûf iuwer hende,
das got dis grôsse sterben wende.
Nu hebent ûf iuwere arme,
das sich got über uns erbarme.

und denne stuondent siu ûf, und dôtend sus dristunt[585]. und denne luodent
siu die liute heim zuo imbisse[586], und eins luod zweinzig, {20} eins zehen,
und ieglîches nôch sînen statten, und buttentz in wol[587].
Und dis was ir regel. Wer in die bruoderschaft wolte und an die buosse
tretten, der muoste xxxiiij. tage dar inne sîn und blîben, und muoste alsô vil
phennige hân, das ime alle tage vier phennige an geburtent[588]: das wôrent
xj. schillinge phennige und vier phennige. und dar umbe sô entorstent siu
nieman heischen[589]. siu getorstent ouch keine herberge heischen noch in
kein hûs komen, men lüede[590] in denne drin, und füerte siu denne ône
heischen drin. siu getorstent ouch zuo keiner frowen gereden. welcher aber
das brach, der kniuwete vor sînen meister und bîchtet es ime. sô satte {30}
ime der meister buosse und sluog ime mit der geischeln ûf sînen rucke und
sprach:

Stant ûf durch der reinen martel[591] êre,
und hüete dich vor den sünden mêre.

Siu hettent ouch ein gesetzede das siu phaffen under in hettent: aber ir keiner solte meister under in sîn noch an iren heimelîchen rôt gôn.

Wenne siu nu woltent büessen: alsô nantent siu das geischeln; das was zuom tage zwürent[592], früege und spôte; sô zogetent siu zuo velde ûs: sô liute men die glocken, und giengent ie zwêne und zwêne und sungent iren leich alsô vor geseit ist. und wenne siu kôment an die geischelstat, sô zugent siu sich ûs nacket und barfuos untz an die bruoch[593] und dôtent kittele oder wîsse lînen an, und die giengen in von dem nabel untz ûf die füesse, und leitent sich nider {10} an einen wîten creis. und wie ieglîcher gesündet hette, dernôch leit er sich. was er ein meineidiger bœsewicht, sô leit er sich ûf eine sîte und rekete sîne drîe vingere ûf. was er ein êbrecher, sô leit er sich ûf den bûch. sus leitent siu sich in meniger hande wîs nôch maniger hande sünde. dô by erkante men wol was sünde ieglîcher getôn hette. sô siu sich alsus hettent geleit, sô vieng ir meister an wô er wolte und schreit über einen und rüerte in mit sîner geischeln und sprach:

Stant ûf durch der reinen martel êre,
und hüete dich vor den sünden mêre.

{20} Sus schreit er über siu alle, und über welchen er schreit, der stuont ûf und schreit dem meister nôch über die vor ime lôgent, untze siu alle ûf gestuondent. und sungent denne und geischeltent sich mit riemen: die hettent vornân knöpphe und nôlden[594] dar in gestecket; und sungent maniger hande leis. die stônt in der crôniken ûf unser frowen hûs geschriben: dar umbe lôsse ich siu hie under wegen durch kürze willen. und wenne siu sich alsus gegeischeltent und gesungent, sô las einer under in einen brief; und siu sprôchent der engel hette in von himel her abe brôcht. und in dem briefe stuont wie das got erzürnet wære über der welte sünde und wolte siu hân {30} under lôssen gôn: dô wurde er gebetten von sîner muoter und von sînen engeln das er sich solte erbarmen über die welte; und vil anders dinges stuond in dem selben briefe geschriben. und wenne der brief gelesen wart, alsô zogetent siu wider in die stat singende ie zwêne und giengent iren vanen und kertzen nôch.

Ouch wenne siu sich geischeltent, sô wart gar grôs zuo loufen, und das volk weinte und hette grôsse andâht: wan das volk wônde[595] und gloupte das der brief von dem himele her abe wære komen, und alles das siu seitent, das es alles wôr wære. und wenne die phaffen sprôchent wô by men erkennen solte das die geischelvart gerecht wær und wer den brief besigelt hette, dô entwurtent siu und sprôchent wer die ewangelien besigelt hette. Sus brôchtent siu die liute das zuo, das men den geischlæren mê gloubete denne den priestern. und wô siu in die stette kôment, dô kam gar vil volkes in ire bruoderschaft, die ouch geischelære wurdent.

{10} Zuo Strôsburg kam mê denne tûsent manne in ire geselleschaft, und siu teiltent sich zuo Strôsburg: eine parte der geischelære gieng das lant abe, die ander parte das lant ûf. und kam sô vil volkes in ire bruoderschaft, das es verdrôs den bôbest und den keiser und die phafheit. und der keiser verschreip dem bôbeste das er etwas hie zuo gedæchte: anders die geischeler verkêrtent alle die welt. wan siu nôment sich grôsser heilekeit an, und sprôchent das grôsse zeichen durch siu geschæhent. und men truog zuo Strôsburg ein dôt kint umbe iren ring dô siu sich geischelten, und woltent es lebendig hân gemachet: aber es geschach niut. dise {20} geischelvart werte lenger denne ein halp jôr, das alle wuche etwie menige schar kam mit geischelern. dô nôch machtent sich ouch frowen ûf und giengent ouch after lande und geischeltent sich. dô nôch fuorent junge knaben und kint ouch after lande in der geischelvart. dô nôch woltent diu von Strôsburg niut mê gegen in stürmen[596], und men wart ir alsô müede, das men diu niut mê zuo hûse luot alsô vor. und men geriet sagen den falsch und die trugende dô mit sin umbe giengent, und das der brief ein lugener was den siu bredigetent. und ze jungest verbôt der bôbest ire vast und gebôt allen bischoven das siu in iren bistuomen soltent die geischeler {30} abe duon und verbieten. und zuo Strôsburg gebôt men ouch das kein geischeler geturste mê das komen; und wer sich geischeln wolte, der solte sich heimelîch in sîme hûse geischeln wie vil er wolte. sus nam die geischelvart in eime halben jôre ein ende: die solte nôch ire sage geweret hân xxxiiij. jôr.

DER ACKERMANN AUS BÖHMEN.

[*Scherer D.* 268, *E.* 263.]

Dialog zwischen einem Wittwer und dem Tode. Verfasst von Johannes Ackermann aus Saaz in Böhmen 1399 nach dem Tode seiner Frau Margarethe. Herausgegeben von Knieschek (Prag 1877).

Hie bitt der ackerman fur seiner frauwen sele. Die roten buchstaben, die grossen, nennent den clager. Disz capitel stet eines betes weise und ist das vier und dreisigest capitel.

Immerwachender wachter aller welte, gott aller gotter, wunderhaftiger her aller herren, almechtiger geist aller geiste, fürst aller fürstentum, brun, ausz dem alle gutheit fleusset, kroner und die kron, loner und der lon, kurfürst, in des kurfürstentum alle kure! wol im wart, wer manschaft[597] von dir empfahet. Der engel freud unde wunne, indruck der allerhosten formen, alter greiser jungeling, {10} erhore mich!

O liecht, das nicht emphahet ander liecht, liecht, das vervinstert unde verplendet alle auszwendige liecht, schein, vor dem verswindet aller ander schein, schein, zu des achtung alle lieht sint vinsternusz, zu dem alles schatt erscheinet, liecht, das in der beginnusz gesprochen hat: werde liecht, fewr, das unverloschen ewig prinnet, anefang unde ende, erhore mich!

Heil unde selde uber alles heil unde selde, weg an allen irrsal zu deme ewigen leben, bessers, ane das dann nicht bessers ist, leben, in dem alle ding leben, warheit uber alle warheit, weiszheit, die {20} umb fleusset alle weiszheit, aller sterk gewaltiger, recht und gerecht hantbeschawer[598] und widerbringer, aller bruch gantz vermugender, satung der durftigen, labung der krancken, sigel der allerhochsten majestat, besliesung des himels armonei, einiger erkenner aller menschengedenke, ungleicher bilder aller menschenantlitz, gewaltiger planete aller planeten, gantz wurkender einflusz alles gestirnes, des himelhofes gewaltiger unde wunsamer hofmeister, zwang, von dem alle himelische ordenung ausz irem geewigten angel nimmer treten mag, liehte sonne, erhore mich! Ewige lucern[599], ewiges imerliecht, recht varender marner[600], dein koke[601] unterget nimer, panerfurer, unter des paner niemant siglos wirt, der helle stifter, des erdenkloses pauwer, des meres termer[602], der luft unstetikeit mischer, des fewers hitz kreftiger, aller element tirmer[603], doners, bliczen, nebels, schauwers, snes, regens, regenbogens, miltawes[604], windes und aller irer mitprauchung einiger essemeister[605], alles himelschen heres gewaltiger hertzog, unversagenlicher keiser, allersenftigclichster, allersterkster, allerbarmhertzigister schopfer, erparme dich unde erhore mich! Schatz, von dem alle schetz {10} entsprissen, ursprung, ausz dem alle reine auszflusz fliesen, leiter, nach dem niemant ververt[606] in allen wegen, nothaft, zu dem alle gute ding als zu dem weisel der pin[607] nehen und halten, ursach aller sach, erhore mich!

Aller seuchen widerpringender artzt, meister aller meister, allein vater aller schopfung, allweg unde an allen enden gegenwertiger zuseher, ausz der muter in der erden gruft selbmugender geleiter, bilder aller formen, gruntfest aller guten werke, alte weltwarheit, hasser aller unfletigkeit, loner aller guten ding, allein rechter richter, einig ausz dem anfang aller sachen, ewigclicher nimmerweicher, {20} erhore mich!

Nothelfer in allen engsten, vester knode, den niemant aufgebinden mag, volkomens wesen, das aller volkomenheit mechtig ist, aller heimlichen niemant gewissener sachen warhaftiger erkenner, ewiger freuden spender, irdischer wunnen storer, wirt, ingesinde unde hauszgenoss aller guten leute, jeger, dem alle spur unverborgen sein, aller sinnen ein feiner ingusz, rechter und zusammenhalter aller mittel und zirkelmasz, genediger erhorer aller zu dir rufender, erhore mich!

Nahender beistendiger aller bedurftigen, traurenwender aller in {30} dich hoffender, der hungerigen widerfuller, ausz nichts icht, ausz icht nichts allein vermugender wurker, aller wesen zeitwesen unde immerwesen, gantz mechtiger erquicker, aufhalter unde vernichter des wesens, aller ding aussrichter, visirer, entwerfer und abenemer, gut uber alle gut, wurdigster ewiger herre Jesu, empfahe gutlichen die sele meiner aller liebsten frauwen! Die ewige ruwe gib ir, mit deinen gnadentawe labe sie, unter den schatten deiner flugel behalte sie, nim sie, herre, in die volkomen genuge, do genugt den minsten als den grosten; la sie, herre, von dannen sie komen ist, wonen in deinem reich bei den uberseligen geisten!

Mich rewet Margaretha, mein auszerweltes weip. Gunne ir, genadenreicher herre, in deiner almechtigen unde ewigen gotheit spigel sich ewigclichen besehen, beschawen unde erfrewen, darin sich alle engelischen kor erleuchten!

{10} Alles, das unter des ewigen fanentragers fanen gehoret, es sei welicherlei creature es sei, helfe mir ausz hertzengrunde seligclichen mit innigkeit sprechen: Amen!

NICLAS VON WYLE.

[Scherer D. 268, E. 263.]

Ein Schweizer, geboren zu Bremgarten, Schulmeister zu Zürich; 1445 Rathsschreiber zu Nürnberg, 1449 Stadtschreiber zu Esslingen, 1469 im Dienste des Grafen Eberhard zu Würtemberg, starb 1478 oder 1479. Er hat wie Steinhöwel durch seine Übersetzungen aus dem Lateinischen Bedeutung und übertrug unter andern den Roman des Äneas Silvius 'Euriolus und Lukretia,' die lateinischen Bearbeitungen Petrarcas und Leonardo Aretinos von Boccaccios Novellen 'Griseldis' und 'Guiscard und Sigismunde.' Seine Werke wurden vermuthlich zuerst 1478 zu Esslingen gedruckt und öfter wiederholt unter dem Titel: 'Translatzion oder tütschungen etlicher bücher Enee Sylvij, Pogij florentini,' etc. Herausgegeben von von Keller (Stuttgart 1861).

VORREDE.

[Im Original steht jedes Mal an Stelle des Semicolons ein Häkchen mit untergesetztem Punkt.]

Dem edeln hochgelerten vnd strengen herrn Jergen von absperg ritter vnd doctor der rechten minem lieben herren günner fründ vnd gebieter Enbütt[608] jch niclaus von wyle, des hochgebornen herren herrn Vlrichs grauen zů wirtemberg vnd zů Mümpelgarte etc., mines gnedigosten herren minster[609] cantzler vil hails. du haust (fürtreffender[610] vnd wytverrümpter mane) vor langem; als du des {20} yetz genanten mines gnedigosten herren lanthofmaister gewesen bist; min translatze vnd tütschung boecy de consolacione philosophie zů meren maulen gelopt vnd mir gerauten? die gedruckt, vsz zegeen laussen Vnd als jch das dozemaul nit tůn mocht, vrsachen halb, daz das letscht[611] bůche nit gantz zů end gebraucht was; rietest du; daz jch doch dann etlich ander miner translatzen vnd schriften; die jch in vergangen zyten vsz schwerem vnd zierlichem latine nit aune arbeit zů tütsch gebracht hett; wölt laussen trucken vnd vsgeen; vmb daz die menschen, vil klůger dingen dar Inne begriffen; vnd so zewissen gůt sint ouch antailhäftig werden möchten, vnd ir gemüt zů zyten darmit in kurtzwyle ergetzen. wie wol jch nu {10} waisz dero vil sin[612]; die dise min translaciones schelten vnd mich schumpfieren[613] werden vnd sagen; daz die an vil enden wol verstentlicher möchten worden gesetzet sin, dann von mir beschechen syg[614] noch dann[615] dinem raute vnd gůt beduncken nauch (die ich acht sin oraculum appolinis) so wil ich sölich[616] min translaciones yetz laussen vszgeen; bis vf boecium den jch noch etlicher vrsachen halb wil verhalten[617]. vnd gestee[618] disen maistern minen schumpfierern jrer schuldigung nechst gemelt[619] danne war ist, daz jch in der ersten translatze von Euriolo an den anfange in der andern epistel von Enea siluio an marianum sozimum gestellet; dise latinischen wort {20} (Sed inuenies aliquos senes amantes, amatum nullum) Also hab getütschet vnd transferyeret; du findest aber etlich alt liebhabend mane; aber liebgehapten kainen. Welche wort Ich wol verstentlicher hett mugen setzen also. du findest aber etlich alt mane die frouwen liebhabent; Aber kainen alten findst du, der von frouwen werd lieb gehept. jch waisz ouch daz mir so wyt vszlouffe[620] hier Inne erloupt gewesen wer nauch dem vnd[621] oracius flaccus in siner alten poetrye (als du waist) schribet; daz ain getrüwer tolmetsch[622] vnd transferyerer; nit sorgfeltig sin söll; ain yedes wort gegen aim andern wort zeverglychen, sunder syge[623] gnůg; daz zů zyten ain {30} gantzer sine gegen aim andern sine verglychet werd. als ich dann ouch oft vnd vil in disen nauchfolgenden translatzen an andern orten getaun han vnd etwenne[624] genötiget tůn můst; von gebruch wegen[625] tütscher worten gegen den latinischen; dero der grösser folle[626] ist, in dem latine (als wir dann oft mit ainandern von sölichen worten), etas senium senectus. vnd mens animus. felix beatus. vnd der gelychen hunderterlay geredt hant, daran vns gebruchh ist aigenlicher tütscher worten vnd darumbe man die vmbreden[627] můsz. daz Ich aber kom da hin ich wolt, vnd verstanden werd, warumb ich dise translaciones vf das genewest[628] dem latin nauch {10} gesetzet hab; vnd nit geachtet; ob dem schlechten gemainen vnd vnernieten[629] man das vnuerstentlich sin werd oder nit. das ist darumb. Ich waisz du haust gelesen daz leonardus aretinus der gröst vnd beste redner vnd dichter, so zů vnsern zyten gelept haut in ainem tractaut de studys literarum, schribet der hochgebornen vnd wolgelerten fürstin baptiste de malateste, die dann zů diser kunst wolredens vnd dichtens (die wir nennent oratoriam) entzündet waz; daz sy nit durch ützit[630] belder vnd bas zů sölicher begerter kunste komen noch die erfolgen[631] möcht; danne daz sy oft vnd vil lese in geschriften gůter vnd zierlicher gedichten vnd {20} sich darInne emsenklich[632] übte; vnd lesung grober vnd vnzierlicher gedichten vermitte[633] vnd die fluch[634] als ain dinge hieran aller grösten schaden geberende. disen raute haut ouch geben der hochgelert poet Eneas siluius dem durlüchtigen fürsten vnd herren hertzog Sigmunden von österrych zů zyten siner Jünglikait[635] in ainer epistel die in diesen minen nauchfolgenden translacionen ouch funden wirt. Vnd sagent dise bed. daz durch sölich emsig lesung gůter vnd zierlicher gedichten; dem lesenden menschen, haimlich und verborgenlich nauch vnd nach wachse, ain naigung geschicklichkait vnd arte; daz der selb mensch ouch vf sölich {30} form werd vnd müsz arten[636] zereden zeschriben vnd zedichten. füro hort ich[637] ains mauls als ich zů nüremberg rautschryber was; von dem hochgelerten wyt verrümpten redner hern gregorien haimburg beder rechten doctor; den du allain; an kunst wyshait vnd gesprechnüsz[638] yetz tůst verglychen von vns ersetzen (got syg jm barmhertzig) daz er sagt; daz ain yetklich tütsch[639], daz usz gůtem zierlichen vnd wol gesatzten latine gezogen vnd recht vnd wol getranferyeret wer; ouch gůt zierlich tütsche vnd lobes wirdig, haissen vnd sin müste, vnd nit wol verbessert werden möcht. dem allem nauch; do mir vor zyten vil wol geschickter Jüngling, erberer vnd fromer lüten kinder ouch etlich baccalary von manchen enden her zů tische in min cost wurden verdinget; die in obgemelter[640] kunste schribens vnd dichtens ze Instituwieren zeleren vnd zevnderwysen; {10} fielent mir zů; diser dryer höchstgelerter mannen rät vnd lere; die mich bewagten[641]; daz jch ye versůchen wollt; etlich costlich zierlich vnd verrümpte latinisch gedichte von den gelertesten mannen vnser zyten in diser kunste; gemachet in tütsch zebringen vnd aller maiste die; so disen minen jungern lustig vnd kurtzwylig wurden zelesen; vmb des willen daz vsz dero emsiger lesung in Inen die art wůchs dar von obgemelt ist. als bald jch aber aine oder zwo translaciones volbraucht; vnd die an den tag kament; ward ich von etlichen fürsten fürstin herren vnd frouwen gebetten wyter etliche andere ding zetranferyeren; welich bitte mir {20} wauren ain gebotte vmb nichte zeuerachten. Diser beder vrsachen halb; minen jungern zů gůt; vnd das ich disen herren vnd frouwen jrs willens ouch lebte, vnd also (wie daz sprüchwort ist) mit ainem ainigen zů gelte[642], zwo töchtern hin geben vnd usstüren möcht; hab ich sölicher translacionen etwa vil gemachet; dero ich dann als vil her nauch folgent yetz lausz vsgeen dinem raute nauch obgemelt; Nu hab ich vor etlichen Jaren die colores rethoricales ains tails getransferyeret vnd Jn ain verstentlich tütsche gebraucht; vnd wird yetz von vilen gebetten; darjnne ze volfaren[643] die vsz zemachen[644] vnd gedruckt hin nauch[645] zegeen lavssen; so sint ander gelert die {30} mir daz wider rautent; sagende; daz yemer schad were; daz mancher vngelerter grober laye; dise loblichen kunst von marco tulio cicerone vnd andern so kostlich gesetzt, erfolgen vnd vnderricht werden sölt aune arbeit; die doch vil der gelerten nit anders danne mit arbait vnd groussem flysse haben erfolget vnd zů dero verstentnisz vnd bruhe[646] komen sint; deshalb lieber herre vnd gebieter Ich hierInn hitthabe[647] vnd nit waisz was mir zetůn gebürret[648], danne daz Ich das diner hohen vernunft haim setz[649] vnd gib; Und was du ainiger hierInne rautest vnd vrtailest; dem wil ich leben vnd folg tůn vnd niemant anderm. wo du ouch daz rietest so wurd jch die exempel aller farwen vnd colorn ains tails wysen vnd laiten vf dise nachfolgenden translaciones. In welcher vnd an welchem blatte man die finden wurd. deshalb aber not gewesen ist; mich in disen translatzen by dem latin (so nechst ich {10} mocht) beliben sin, vmb daz nützit[650] der latinischen subtilitet durch grobe tütschung wurd gelöschett[651], vnd wil hiermit mich gegen disen groussen maistern minen schumpfierern gnůgsam verantwort han. dwyle[652] ich aber diner wyshait allain haim geben hab zeurtailen ob ich die colores rethoricales söll laussen ersitzen[653] oder zů ende bringen; so kum ich widerumb vf den vorgenanten doctorem gregorium hainburg; der zů minen zyten zů nürenberg von aim erbern raut daselbs minen lieben herren besöldet was; vnd uf ain maul zů mir redt; daz er in der latinischen rethorick wenig ützit fund zů zierung vnd hofflichkait loblichs gedichtes dienende; daz {20} nit in dem tütsche ouch statt haben vnd zů zierung sölicher tütscher gedichten als wol gebrucht werden möcht als in dem latine etc. daz ich nauch emsiger erfarung diser dingen sidher getaun; yetz gantz geloub vnd dir des ain mustre schick nit wyter danne an den gemainen figuren die wir nennen gramaticales dann warumb solt ich nit wol vnd recht reden oder schriben? die stat costentz das hochzyt ostern der manot[654] maye? daz jm latin haissent apposiciones vnd warumbe nit wol? jch armer schryb so du rycher růwest[655]? daz jm latine sint euocaciones. warumb nit recht? Ich vnd du louffen du vnd der schribent die da haissen concepciones {30} numeri vnd personarum. so ferre man zwüschen disen worten schriben vnd schribent louffen vnd louffent vnderschaid haben wölt in personis als etlich tůnt. Item warumb nit? Ich niclas von wyle vnd Ich Cristina sin elich huszfrouwe Bed burger zů Nüremberg etc. für burger vnd burgerin. Und Jerg rat vnd dorothea von wyle sint liebhaber gotes etc. für liebhaber vnd liebhaberin daz da sin concepciones generis. warumb nit wol vnd zierlich? Ich schryb wie du. du redest wie Ich oder der. die zů latin genennet werden zeumates oder zeume Vnd warumb nit zierlich vnd recht? dise louffent. der bald vnd der gemachh.

vnd dise schribent. der wol; vnd der v'bel. die da haissent prolempses. Item warumb solt nit wol vnd recht geredt oder geschriben sin. bescheche aber daz wir bede oder vnser ains todes abgienge etc. oder bescheche daz vnser ains oder wir bede todes abgiengent. oder bescheche, {10} daz vnser ains todes abgieng oder wir bede etc. vsz der satzung prisciani de verbi propinquioris conformacione also vnd dem gelych mugen die colores rethoricales vnd die transumciones gar nauch alle in tütschen gedichten wie in dem latine gebrucht werden; als du selbs daz bas waist danne jch dir dar von schriben könn oder mug. aber ir groussen patrone tůnt üch nützit annemen noch beladen; so klainer dingen sunder[656] allain grösser; also daz not wer (wie tulius schreibt) daz ainer zeuor ainen menschen ertötet hett der sich üwer hilf wölt gebruchen. Aber anders waisz ich sin an dir, gegenm mir; des hertze du in trüwen erkennest, vnd der du {20} waist daz nützit ain waurer fründe sinem fründe getůn mag gůtes; daz er jm nit schuldig syg; vnd darumb, so wil ich des warten diner vrteil; darInne du dich nit abfüren[657] lassen wöllest dises min langes schriben, dar usz du mich[658] nach diner wyshait merckest (waisz ich) vf wedern taile ich genaigter wer[659]. aber ich wil noch danne lieber wenig geltes[660] mangeln; danne tůn; daz von dir vnd andern hochgelerten sölt werden gescholten. jch wirt ouch noch dann nützit dester minder min translatze boecy de consolacione gedruckt laussen usgeen. wie wol mir darzů schaden komen wirt; daz nechst by vier Jauren ain andere translatze desselben boecij {30} ouch gedruckt usgangen vnd Jn werdem kouffe[661] vertriben worden ist; Vnd haben diser köffern[662] vil gewändt sölich translatze syge min gewesen; nauch dem vnd vor gesagt worden was, Das die In miner schmitten[663] leg vnd bald vsgeen sölte; das Ist aber mir dargegen zů troste; daz sölicher köffern wenig sint, die da sagent daz sy dise translatze mercken oder versten mugen etc. Ich heb aber dich edeln hochgelerten vnd wytverrümpten ritter zelang vf[664], mit disem minem langen schriben; Vnd ja wol zelangem; dan so oft Ich die federn in min hande nim; dir ützit zeschriben; so waisz Ich kain rechte form me schribens noch rechte mausz vf hörrens; Als jch doch yetz hie (gebruchh halb der zyt) stumpf[665] vf hören můsz vnd wil; Mit flysz bittende, daz du mir sölich vorgemelte vrtail vnd din gůt beduncken hierInne; fürderlich[666] vnd so {10} Erst gesin mug schicken wöllest, vnd mich gegen minen schunpfierern wo du die hören wurdest; usz obgemelten vrsachen getrülich verantworten; so ferre dich beduncken werd; das du sölichs vsz waurhait billich vnd wol tůn mugest; wil Ich das vbrig so Ich noch wyter dir geschriben haben wolt; In der fädern stecken laussen; der hoffung, daz gelück schier fügen werd; daz wir persönlich zesamen komen vnd sölichs vnd anders muntlich vsz gerichtem. mugen Geben zů stutgarten vf dem fünften tage des aberellen[667] Anno domini. M.CCCC.LXXVIIJ.

ERASMUS.

[*Scherer D.* 272, *E.* 267.]

Geboren 1466 zu Rotterdam, gestorben 1536 zu Basel. Einer der berühmtesten Humanisten des sechzehnten Jahrhunderts. Sein 'Lob der Narrheit,' woraus eine Probe folgt, schloss sich an Brands Narrenschiff an und ist eine Satire auf die kirchlichen und wissenschaftlichen Zustände seiner Zeit.

DE PHILOSOPHIS.

{20} Sub hos prodeunt philosophi, barba pallioque verendi, qui se solos sapere prædicant, reliquos omnes mortales umbras volitare. Quam vero suaviter delirant, cum innumerabiles ædificant mundos, dum Solem, dum Lunam, stellas, orbes tanquam pollice filove metiuntur, dum fulminum, ventorum, eclipsium ac cæterarum inexplicabilium rerum causas reddunt, nihil usquam hæsitantes, perinde quasi naturæ rerum architectrici fuerint a secretis, quasive e deorum consilio nobis advenerint, quos interim Natura cum suis conjecturis magnifice ridet. Nam nihil apud illos esse comperti, vel illud satis magnum est argumentum, quod singulis de rebus inexplicabilis inter ipsos est digladiatio. Ii cum nihil omnino sciant, tamen {10} omnia se scire profitentur, cumque se ipsos ignorent, neque fossam aliquoties aut saxum obvium videant, vel quia lippiunt plerique, vel quia peregrinantur animi, tamen ideas, universalia, formas separatas, primas materias, quidditates, ecceitates videre se prædicant, res adeo tenues, ut neque Lynceus, opinor, possit perspicere. Tum vero præcipue prophanum vulgus aspernantur, quoties triquetris et tetragonis, circulis atque hujusmodi picturis mathematicis, aliis super alias inductis, et in labyrinthi speciem confusis, præterea literis velut in acie dispositis, ac subinde alio atque alio repetitis ordine, tenebras offundunt imperitioribus.

LOB DER THORHEIT, VERTEUTSCHT DURCH SEBASTIANUM FRANCKEN VON WÖRD.

Philosophi die weisen Narren.

Nach disen tretten herfür die Philosophi, das ist, die liebhaber der Weyssheit, mit Barth vnd Mantel eerwirdig vnd zů förchten. Welche fürgeben sie seien allein weyss, Die andern Menschen allzůmal wie einen fliegenden schatten vnd flüchtigen geist haltende. Wie süss aber dollisieren[668] vnd narren sie, so sie vnzalbare welt bawen, so sie die Sonnen, den Mon, Stern, Welt etc. gleich als mit einem finger vnd faden abmessen. So sie der wind, blitz, finsternus, vnd anderer vnerforschlichen ding vrsach vnd grund {20} angeben, wo sie herkommen. Haben niendert kein Zweiffel, gleich als seien sie dem Bawmeister vnd erschaffer der natur der ding beisitzer vnd Secretari gewesen. Ja gleich als seien sie vns auss dem heymlichen Rath der Götter herkommen. Welche die weil die natur mit jrer kunst vnnd gegenwürffen gar dapffer verspott. Dann das dise nichts gewiss haben, ist das gnůgsam ein gross anzeygen, das von allen vnd jeden sachen ein vnaufflösslicher kampff vnd Disputatz vnder jnen selbs ist. Nun wiewol sie gar nichts wissen, wöllen sie doch alle ding wissen, so sie sich selbs nit wissen, noch gnůg erkennen. Auch zů zeiten ein grůb oder vorragenden {30} eckstein nit sehen, darumb das sie entweder schier all trieffende augen haben, oder das jn gemüt vnd sinn so spacieren geen. Doch geben sie für, wie sie sehen aller ding wesen, art, natur, seel, innwendig form, vrsprung, vnd erstes herkommen, auss was materi alle vnnd jedes ding gemacht sei, wie gross, weit, vnd dick, welcher gestalt vnd art auch die verborgen geist vnd schatten seien, wie vil würblen vnd fűncklen die Sonnen von sich geb, wie gross der Mon, wie vil sands am Mör, stern im himmel, wie gross ein jeder, etc. so subtil ding, das auch Lynceus, acht ich, nit möcht durchsehen. Dann aber verachten sie fürnemlich den gemeinen Böfel, so offt sie mit jrem runden Triangel, vierecktem circkel, vnd mit der gleich Mathematischen instrument vnd Circkel einen riss über den andern ziehen, vnd so vil riss in einander werffen vnd mischen, das niemandt weyss, wo er drauss soll kommen, vnd gleich ein irrhauss, wie Labyrinthus ist gewesen, drauss machen. Darnach verordenen sie etlich bůchstaben in die spitz der riss, vnd weil sie immerdar einen fund vnd subtilitet über die andern finden, machen sie die sach den vngelerten fast schwer vnd finster, Ja ziehen jn gleichsam ein nebel vnnd fell für die ohrn, augen vnd verstandt.

EPISTOLÆ OBSCURORUM VIRORUM.

[*Scherer* D. 273, E. 269.]

Der erste Theil erschien 1515 und hatte Crotus Rubianus zum weite Theil, an dem Ulrich von Hutten stärker betheiligt war, erschien 1517. Die Briefe wurden veranlasst durch einen Streit Reuchlins mit den Kölner Theologen und sind eine in Küchenlatein geschriebene Satire auf den Scholasticismus und die Geistlichkeit der Zeit. Herausgegeben in Böckings 'Hutteni opera' (Supplement, Leipzig 1864–1869, 2 Bde.).

Lyra Buntschuchmacherius 20
ordinis prędicatorum theologus
Guillermo Hackineto
qui est theologorum theologissimus
Salutem dicit.

Vos scripsistis mihi ex Anglia de Londino unam longam litteram pulchre latinisatam, in qua petivistis quod deberem vobis scribere unam novitatem sive bonam, sive malam, quia estis naturaliter inclinatus ad audiendum nova: sicut faciunt omnes qui sunt de complexione sanguinea, et audiunt libenter cantilenas musicales, ac in mensa sunt lętę mentis. Ego fui valde lętatus, quando accepi vestram litteram, sicut qui invenit unam preciosam margaritam, et ostendi eam dominis meis Ioanni Grocino et Linacro dicens: 'Videte, domini mei, videte, nonne iste magister noster est formalis in latinisando et componendo dictamina, et arte epistolandi?' Et iuraverunt quod non possunt similes epistolas componere in arte latinitatis, quamvis sunt poetę, gręci et latini. Et extulerunt vos {10} super omnes qui sunt in Anglia, Francia, Germania, et omni natione quę sub cęlo est. Ideo non esset mirum quod vos estis generalis in vestro ordine, et quod rex in Gallia diligit vos: non enim habetis similem in latinisando, disputando, et prędicando, ac scitis regem cum regina optime informare in confessione. Etiam isti duo poetę laudaverunt vos quod habetis artem rhetoricalem: verum fuit ibi unus iuvenis socius, qui intitulavit se Richardum Crocum: ille pręsumpsit contra vos, quod non scribatis secundum regulas artis rhetoricalis; verum fuit valde confusus quando debuit probare. Ipse nunc stat in Lypsi et discit logicam Petri Hispani: {20} credo quod postea erit cautior. Sed accedo ad novitates. Schwitzenses et Lanssknechti fecerunt unam magnam guerram inter se, interficientes se ad multa milia: est timendum quod nullus illorum venit in cęlum, quia faciunt propter pecuniam, et unus christianus non debet interficere alium. Sed vos ista non curatis, sunt enim leves personę et sequuntur rixas ex proposito. Alia novitas est peior, deus det quod non sit vera: scribunt de Roma, quod speculum Ioannis Reuchlin est de novo translatus de materna lingua in latinum ex mandato domini papę, et quod plus quam in ducentis locis aliter sonat in latinitate quam transtulerunt magistri nostri et {30} dominus Ioannes Pfefferkorn in Colonia; ac dicunt pro certo quod Romę publice legitur et inprimitur cum Iudęorum Talmut. Ex hoc inferunt quod magistri nostri sunt falsarii et infames, quia male transtulerunt; etiam quod sunt asini, non intelligentes latinum, vel teutonicum; ac sicut combusserunt istum librum apud sanctum Andream in Colonia, sic etiam debent comburere sententiam suam, et sentimentum Parisiense, vel ipsi met debent esse hęretici. Ego possem sanguinem flere, adeo doleo: quis vult amplius in theologia studere, et magistris nostris exhibere condebitam reverentiam qui talia audit? Omnes credent quod doctor Reuchlin est profundior quam magistri nostri; quod est impossibile. Cum hoc etiam scribunt quod post tres menses debet venire finalis sententia contra magistros nostros, necnon quod papa mandabit sub pena latissimę censurę, quod fratres ordinis prędicatorum debent propter suam protervitatem portare unum album brillum sive perspicillum in sua nigra cappa in dorso ad perpetuam memoriam et scandalum, quod fecerunt iniuriam speculo oculari domini Ioannis Reuchlin, sicut {10} iam etiam dicuntur pati unum scandalum in celebratione missali propter intoxicationem alicuius imperatoris. Ego non spero quod papa erit tam stultus quod faciet: Si faciet, volumus per universum nostrum ordinem contra ipsum legere psalmum: 'Deus, laudem.' Ceterum patres et magistri nostri nunc cogitant quomodo possunt obviare isto malo. Ipsi volunt a sede apostolica impetrare latissimas indulgentias, et maximam pecuniam colligere in Germania et Gallia, per quam possunt resistere illi fautori Iudęorum donec moriatur: quia est senex. Et tunc volunt eum omnino damnare. Valete, et date consilium vestrum secundum vestrum {20} posse, et promovete bonum ordinis.

Fußnoten:
[237] was den Herren betrifft, heilig.
[238] verschone uns.
[239] Gastmal, Fest.
[240] Thaten.
[241] unermüdlich.
[242] abschlägig beschieden.
[243] oder.
[244] sondern nur Armuth.
[245] weder du, noch.
[246] erretten.
[247] Marter.
[248] Geschöpf.
[249] Welt.
[250] nicht thaten.
[251] zur Hand.
[252] sich nicht um sie bekümmerten.
[253] seiner Brut.
[254] dir wird Hilfe.
[255] noch.
[256] Ferne.
[257] Plaudertasche.
[258] schwatzen.
[259] geschieht ihm etwas zu Leide.
[260] vorschwatzen.
[261] Arznei.
[262] Nutzen.
[263] Spange.
[264] Deichselseil.
[265] gläsern.
[266] irgend.
[267] brauen, verursachen.
[268] falsche Münzen schlagen.
[269] Staupe, Prügel.

[270] gehabt, gebracht.

[271] betrügen.

[272] zählen.

[273] Merkzeichen.

[274] Pilz.

[275] weicher Käse.

[276] dünner Kuchen.

[277] verdienen.

[278] Gänseei.

[279] sorgfältig.

[280] gelegt, begraben.

[281] was sollen wir thun, *to behave*.

[282] tief.

[283] Erdichtete Namen.

[284] so wahr mir —.

[285] byzantinische Goldmünze.

[286] schimpfen, streiten.

[287] abverdienen, abnehmen.

[288] nächten, gestern Abend.

[289] endlich, eilig.

[290] Kaufbude.

[291] wagt ihr.

[292] sieh.

[293] flachsen.

[294] Plagegeist.

[295] Grossthun.

[296] Dom.

[297] Matzen, ungesäuerte Kuchen.

[298] ein Dorf bei Breslau.

[299] Schlag.

[300] Klotz.

[301] Sieb.

[302] taub.

[303] Rücken.

[304] eine Art Geschwür.

[305] Hals.

[306] Ursache.

[307] wenn ihr es wollt.

[308] aber.

[309] segnen.

[310] nun auch.

[311] gross machen.

[312] leer.

[313] ein altes Kirchenlied lautet:

"Christ ist erstanden
Von des Todes Banden:
Des sollen wir alle froh sein;
Christ will unser Trost sein."

Der Anfang dieses Liedes ist von Goethe in der ersten Scene des Faust benutzt.
[314] also.
[315] geistliche Dinge.
[316] vornehmer Herr.
[317] Präbende.
[318] Weizen.
[319] müht, schmerzt.
[320] irgend einer.
[321] Stift.
[322] Gabe.
[323] Laub.
[324] Lauf.
[325] Beschaffenheit.
[326] Mitgenossen.
[327] Sünderleute.
[328] euer.
[329] plagt ihr.
[330] als ob.
[331] verdienen.
[332] denn.
[333] erschreckt.
[334] Pflugsterz.
[335] beinahe.
[336] ohne Weiteres.
[337] sage an.
[338] Taufe.
[339] Pfand.
[340] geschehen.
[341] sehen.
[342] sagen.
[343] zum Vorwurf machen.
[344] Siegel.
[345] vorlüget.
[346] schriftliche Versicherung, Urkunde.
[347] Dintenfass.

[348] Pergament.

[349] meiner.

[350] Höllenpein.

[351] bethören.

[352] wird.

[353] über sich nehmen.

[354] lernen.

[355] meinen.

[356] Betrug.

[357] für mhd. goumen, göumen, trachten nach etwas.

[358] wieder beleben, *to quicken*.

[359] Zauber.

[360] Messe.

[361] Träume.

[362] Antwort.

[363] prüfen, zeigen.

[364] antreiben.

[365] aufgelegt.

[366] ausgeführt.

[367] verkünden.

[368] beginnen.

[369] Gesundheit.

[370] Gespenst.

[371] fern.

[372] Zauberei.

[373] Zeichen.

[374] der Alp, *nightmare*.

[375] Mörder.

[376] gezeigt.

[377] beschwören.

[378] gebraut.

[379] nichts.

[380] Kobold.

[381] die Nacht der Göttin Berchte, *Epiphany*, der 6. Januar.

[382] zurichten.

[383] Kobold.

[384] Donnerwetter.

[385] Borsten.

[386] Geselle.

[387] wollen.

[388] kehren.

[389] Chrisma.

[390] Weihwasser.

[391] Gewitter.

[392] Zauberei.

[393] ergraben, ergründen.

[394] Zauberei.

[395] meinen Imbiss nehme.

[396] Pfähle.

[397] passen, warten.

[398] Buhle, Geliebte.

[399] neulich.

[400] rollen.

[401] Vorladung.

[402] Reigen, Tanz.

[403] in die Hände fassen.

[404] seit, *since*.

[405] wendet.

[406] nachtrachten.

[407] nirgends.

[408] Sünde.

[409] ergründet.

[410] Glück.

[411] Betrug, Zweifel.

[412] fern.

[413] weinen.

[414] Freund.

[415] hölzern.

[416] *last night*.

[417] *to night*.

[418] alles.

[419] Viol, Veilchen.

[420] waren.

[421] lieb.

[422] breit.

[423] Kerzen.

[424] ausdämpfen, verlöschen machen.

[425] blieb.

[426] sassen, fielen.

[427] Kante, Rand.

[428] rauschende.

[429] unschuldig.

[430] nur.

[431] zahmen.

[432] sollst.

[433] schiesst.

[434] Vögel.
[435] auf das Haupt.
[436] Netze.
[437] Senkblei.
[438] euer.
[439] zog.
[440] gleichgültig.
[441] entbehrt.
[442] Vortheil davon gehabt.
[443] Kuckuck.
[444] Geliebte.
[445] Erziehung.
[446] sittsam.
[447] insonderheit.
[448] lasse.
[449] bedürften.
[450] seien.
[451] strafe, tadle.
[452] behende.
[453] Töpfe.
[454] Geruch.
[455] verlieren.
[456] lässt.
[457] unternimmt.
[458] knackt.
[459] geziemende.
[460] lernt.
[461] die Beispiele aus Plutarchs Kinderzucht.
[462] Geiz.
[463] nur.
[464] ihnen.
[465] noch einmal so närrisch.
[466] deshalb.
[467] sammelt.
[468] sollen.
[469] eilig.
[470] verzehrt sich (vor Kummer).
[471] Scheuche (?)
[472] begeben sich in die Rotte der Buben.
[473] hängen sich Schleppsäcke (liederliche Personen) an.
[474] her.
[475] unbeständig.
[476] das jeder Zeit abnimmt.

[477] nichts.

[478] unsterblich.

[479] bleibend.

[480] fragt.

[481] etwas.

[482] nichts werth sei.

[483] Wissenschaft, *artes liberales*.

[484] die Schellen der Narrenkappe.

[485] das Seil, an dem ein Narr die andern führt.

[486] feiern, übergehen.

[487] sie haben die Kappe, i.e. die Narrenkappe, voraus zu ihrer Aussteuer; sind Narren von Haus aus.

[488] anziehen.

[489] Zipfel der Narrenkappe.

[490] nachfolgen.

[491] sich vergnügen.

[492] Dubia indissolubilia aus der damaligen Scholastik.

[493] Sortes, einer der Hauptpersonen in den scholastischen Scheinschlüssen. Posito quod Sortes semper currat donec reperiat aliquem dicentem sibi falsum; et Plato obviet primus Sorti et dicat: Sortes, non curres. Quaeritur an Plato dixerit verum an falsum.

[494] das Treiben.

[495] Floh.

[496] peinigen.

[497] Druckerei, Anstellung bei einer Druckerei.

[498] wüster Gesell.

[499] Schelle an der Narrenkappe, Zeichen eines Narren.

[500] stören.

[501] mit Falken jagen.

[502] niederknien.

[503] ordinirt.

[504] Jagdvogel.

[505] adelig.

[506] passend, *becoming*.

[507] Pächter.

[508] anschauen, *to look*.

[509] zusammenkrümmen.

[510] hören.

[511] Landmann.

[512] Gerichtsbote.

[513] Sieb, *sieve*.

[514] Mahlbeutel.

[515] Tuch zum Seihen.

[516] Wust.
[517] Fischnetz.
[518] Strassenraub des Adels.
[519] mishandeln.
[520] Gaul.
[521] fürchterlich.
[522] sobald.
[523] hölzern.
[524] theuer, werth.
[525] muthig.
[526] ehrenvoll.
[527] Teurdannckh, der auf Abenteuer denkt.
[528] männlich.
[529] mit nichten.
[530] dieser Tage.
[531] sagen.
[532] lehrte.
[533] alles.
[534] geschehen.
[535] widergewinnen.
[536] erquicken.
[537] befolgen.
[538] Bauer.
[539] Furth, *ford*.
[540] Scherzwort.
[541] vergönnen.
[542] Erzähler.
[543] Gestalt.
[544] sehr gut.
[545] nähen.
[546] unverzüglich.
[547] eifrig.
[548] zu Haus.
[549] fleissig.
[550] plötzlich.
[551] Faust, Hand.
[552] stampfen.
[553] desto besser.
[554] verletzen.
[555] begann er.
[556] Bühne, Arbeitsitz.
[557] schwach.
[558] sehr.

[559] erst einmal.
[560] *once upon a time.*
[561] Kürschner.
[562] voll guter Anschläge.
[563] *court.*
[564] einlud.
[565] Ankunft.
[566] der geringste.
[567] ich sehe euch für so redlich an.
[568] ungestört.
[569] allein.
[570] in Angriff nehmen.
[571] nähen.
[572] dass dich das Fieber schüttele!
[573] gewusst.
[574] Sonnenwende.
[575] Geissler, Flagellant.
[576] Goldgewebe, i. e. *baldaco*, Stoff aus Bagdad.
[577] auf, gegen.
[578] Leich, Gesang, *lay.*
[579] Betfahrt.
[580] hehr, heilig.
[581] trägt, führt.
[582] wohlgefallen.
[583] knien.
[584] erfrischen.
[585] dreimal.
[586] Mittagessen.
[587] bewirtheten sie gut.
[588] gebühren, zukommen.
[589] verlangen.
[590] einladen.
[591] Martyrium.
[592] zweimal.
[593] Hosen, *breeches.*
[594] Nadel.
[595] wähnen, *to wean.*
[596] Glocken läuten.
[597] Lehnspflicht.
[598] Schützer mit der Hand.
[599] Leuchte.
[600] Seemann.
[601] Schiff.

[602] Begränzer.

[603] Schöffer.

[604] Melthau.

[605] Metallarbeiter, Verfertiger.

[606] irre fährt.

[607] Bienenkönigin.

[608] entbiete.

[609] mindester, geringster.

[610] vortrefflich.

[611] letzte.

[612] dass deren viele sind. Niklas v. W. verwendet die Construction des Accusativs mit Infinitiv wie andere lateinische Constructionen häufig.

[613] herunterreissen, schmähen.

[614] geschehen sei.

[615] dennoch.

[616] solche.

[617] zurückhalten.

[618] bin geständig.

[619] ihrer eben erwähnten Beschuldigung.

[620] Abweichung.

[621] wie.

[622] Dolmetscher.

[623] es sei.

[624] manchmal.

[625] in Ermangelung.

[626] Fülle.

[627] umschreiben.

[628] aufs genauste.

[629] unkundig, ungebildet.

[630] irgend etwas.

[631] erlangen.

[632] emsig.

[633] vermiede.

[634] flöhe.

[635] Jugend.

[636] gelangen.

[637] ferner hörte ich.

[638] Beredheit, eloquentia.

[639] jedes Deutsch.

[640] oben erwähnt.

[641] bewogen.

[642] Mitgift.

[643] fortfahren.

[644] vollenden.
[645] nachher.
[646] Anwendung, usus.
[647] vermuthlich ein verderbtes Wort.
[648] gebührt.
[649] anheimstelle.
[650] nichts.
[651] verloren gehe, exstinguatur.
[652] weil.
[653] liegen lassen, aufgeben.
[654] Monat.
[655] ruhest.
[656] sondern.
[657] beirren lassen durch.
[658] lateinische Construction (vorausgenommenes Subject des abhängigen Satzes).
[659] in welcher Hinsicht ich mich am geneigtesten mache.
[660] Geltung.
[661] im Handel.
[662] Käufer.
[663] Schmiede.
[664] halte auf.
[665] mittendrin, plötzlich.
[666] unverzüglich.
[667] April.
[668] tollen, toll sein.

REFORMATION UND RENAISSANCE.

MARTIN LUTHER.

[*Scherer D.* 276, *E.* 272.]

Geboren zu Eisleben 10. Nov. 1483 als der Sohn eines Bergmanns. 1501 auf der Universität zu Erfurt, wo er 1502 promovierte und 1505 ins Augustinerkloster trat. 1508 nach der Universität Wittenberg berufen; 1510 nach Rom gesandt; 1512 Doctor der Theologie; 1517 seine Thesen gegen Tetzel; 1520 vom Pabst in den Bann gethan; 1521 auf dem Reichstag zu Worms, dann versteckt auf der Wartburg; 1522 nach Wittenberg zurück, wo er seine deutsche Übersetzung des Neuen Testaments herausgiebt; 1523 die Bücher Moses; 1524 die Psalmen; 1529 den deutschen Katechismus. Vollständige Bibelübersetzung 1534. Luther starb am 18. Februar 1546. Die beste Gesammtausgabe Erlangen 1826–57, 67 Bde. Eine kritische Gesammtausgabe ist im Erscheinen begriffen; bisjetzt kamen Bde. I-III (Weimar 1883–85) heraus. Kritische Ausgabe der Bibelübersetzung von Bindseil und Niemeyer, 7 Thle (Halle 1850–55); Facsimile der sogenannten Septemberbibel, d. i. des Neuen Testaments vom September 1522 (Berlin 1883). Briefe herausgegeben von de Wette Bd. 1–5 Berlin (1825–28), Bd. 6 von Seidemann (Berlin 1856); ferner von Seidemann, Dresden 1859; Burkhardt (Leipzig 1866); Kolde 'Analecta Lutherana' (Gotha 1883).

1.
AUS DEM NEUEN TESTAMENT VON 1522. (1 COR. 13).

Wenn ich mit menschen vnd mit engel zungen redet, vnd hette die liebe nicht, so were ich eyn dohnend ertz, odder eyn klingende schelle, Vnd wenn ich weyssagen kundt, vnd wuste alle geheymnis, vnd alle erkentnis, vnd hette allen glawben, also, das ich berge versetzete, vnd hette der liebe nicht, so were ich nichts. Vnd wenn ich alle meyn habe den armen gebe, vnd liesz meynen leyb brennen, vnd hette der liebe nicht, so were myrs nichts nutze.

Die liebe ist langmutig vnd freuntlich, die liebe eyffert nicht, die liebe schalcket nicht, sie blehet sich nicht, sie stellet sich nicht honisch, sie sucht nicht das yhre, sie lest sich nicht erbittern, sie gedenckt nicht arges, sie frewet sich nicht vber der vngerechtickeyt, sie frewet sich aber mit der warheyt, sie vertreget alles, sie glewbet alles, sie hoffet alles, sie duldet alles, die liebe verfellet nymer mehr, {10}szo doch die weyssagung auffhoren werden, vnd die zungen auffhoren werden, vnd das erkentnis auffhoren wirt.

Denn vnser wissen ist stuckwerck, vnnd vnser weyssagen ist stuckwerck, Wenn aber komen wirt, das volkomene, so wirt das stuckwerck auffhoren.

Da ich eyn kind war, da redet ich wie eyn kind, vnd richtet wie eyn kind, vnd
hette kindische anschlege, Da ich aber eyn man wart, that ich abe was
kindisch war. Wyr sehen ytzt durch eyn spiegel ynn eynem tunckeln wort,
denne aber von angesicht zu angesicht. Itzt erkenne ichs stucksweysz, denne
aber werd ichs erkennen, gleych wie ich erkennet byn. Nu aber bleybt,
glawbe, hoffnung, liebe, dise drey, aber die liebe ist die grossist vnter yhn.

VORLUTHERSCHE ÜBERSETZUNG (NACH DER FÜNFTEN
DEUTSCHEN BIBEL, AUGSBURG, ETWA 1473–75, BEI
GÜNTHER ZAINER).

Ob ich red in der czungen der aengel und der menschen, aber ich {10} hab der lieb nit,
ich bin gemachet als eyn glockspeis lautent oder als ein schell klingent. Und ob ich hab die
weyssagung unnd erkennen alle heymlikait unnd alle kunst, unnd ob ich hab allen den
gelauben, also das ich uebertrag die baerg, hab ich aber der liebe nit, {20} ich bin nichts.
Und ob ich ausztayl alles mein guot in die speys der armen, und ob ich antwurt meinen
leyb, also das ich brinne, hab ich aber der liebe nit, es ist mir nichts nutz.

Die lieb ist duldig, sy ist guetig. Die lieb die neyt nit, sy thuodt nit unrecht, sy zerpläet sich
nit, sy ist nitt geitzig auf eer, sy suocht nit die ding, die ir seynd, sy wirt nit geraytzet. Sy
gedenckt nit das uebel, sy freut sich nit ueber die boszheyt, aber sy mit frouwet sich der
warheyt, alle ding uebertregt sy, alle ding gelaubt sy, alle ding hoffet sy, alle dyng duldet sy.
Die lieb gevil nye. Es sey das die weyssagungen werden geraumet, oder das die zungen
aufhoerent, {30} oder das die wissenheyt werde verwuest.

Wann wir erkennen unvolkumenlich, und weissagen unvolkumenlich. So aber kumpt, das
do volkumen ist, so wirt auszgeraumet, das do unvolkumen ist. Do ich klein was, ich redt
als ein kleiner, so ich aber bin ein man worden, do han ich auszgeraumet die ding, die do
warn des kleinen. Wann nun sehen wir durch den spiegel in bedeckung, aber denn von
antlitz zu antlutz. Nu erkenn ich unvolkumenlich, aber denn wird ich erkennen, als auch
ich bin erkant. Aber nu beleibent dise drey ding, der gelaub, die hoffnung, die liebe, aber
die groesser ausz den ist die liebe.

<h1 style="text-align:center">2.</h1>

AUS DEM BRIEFE 'VOM DOLMETSCHEN' (8 Sept. 1530).

Gnad und Friede in Christo! Erbar, fursichtiger lieber herr vnd Freund! Ich
hab ewer Schrifft empfangen mit den zwo Fragen, {10} darin jr meines
Berichts begert. Erstlich, warumb ich in der Epistel Röm. 3 die wort S. Pauli
Arbitramur hominem justificari ex fide absque operibus legis also verdeudscht habe,
Wir halten, das der Mensch gerecht werde, on des Gesetzes werck, allein
durch den Glauben, Vnd zeigt daneben an, wie die Papisten sich vber die
massen vnnütz machen, weil im text St. Pauli nicht stehet das Wort *sola*
(allein) Vnd sey solcher Zusatz von mir nicht zu leiden in Gottes worten....
Ich weis wol, was fur kunst, vleis, vernunfft, verstand zum guten
Dolmetschen gehöret. Es heisst, Ver am Wege bawet, der hat {20} viel
Meister, Also gehet mirs auch.... Ich hab mich des gefliessen im dolmetschen,
das ich rein vnd klar deudsch geben möchte. Vnd ist vns wol offt begegenet,

das wir 14 tage, drey, vier wochen haben ein einiges Wort gesucht vnd gefragt, habens dennoch zuweilen nicht funden. Im Hiob erbeiten wir also, M. Philips, Aurogallus[669] vnd ich, das wir in vier tagen zuweilen kaum drei zeilen kundten fertigen. Lieber, nu es verdeudscht vnd bereit ist, kans ein jeder lesen vnd meistern, Leuft einer jtzt mit den augen durch drey oder vier Bletter, vnd stösst nicht einmal an, wird aber nicht gewar, welche Wacken[670] vnd Klötze da gelegen sind, da {30} er jtzt vber hin gehet wie vber ein gehoffelt Bret, da wir haben must schwitzen vnd vns engsten, ehe denn wir solche Wacken und Klötze aus dem wege reumeten, auff das man kündte so fein daher gehen. Es ist gut pflügen, wenn der Acker gereinigt ist. Aber den Wald vnd die Stöcke ausrotten, und den Acker zurichten, da wil niemand an, Es ist bey der Welt kein danck zu uerdienen, Kann doch Gott selbs mit der Sonnen, ja mit Himel vnd Erden, noch mit seines eigen Sons tod, keinen danck verdienen, Sie sey vnd bleibe Welt ins Teufels namen, weil sie ja nicht anders wil.

Also habe ich hie Röm. 3 fast wol gewusst, das im Lateinischen vnd Griechischen Text das wort *sola* oder *solum* nicht stehet, vnd {10} hetten mich solchs die Papisten nicht dürffen leren. War ists, Diese vier buchstaben *sola* stehen nicht drinnen, welche buchstaben die Eselsköpff ansehen, wie die Küe ein new thor. Sehen aber nicht, das gleichwol die Meinung des Texts in sich hat, vnd wo mans wil klar vnd gewaltiglich verdeudschen, so gehöret es hinein, Denn ich habe Deudsch, nicht Lateinisch noch Griechisch reden wöllen, da ich Deudsch zu reden im Dolmetschen furgenomen hatte. Das ist aber die art vnser Deudschen sprache, wenn sich ein Rede begibt von zweien dingen, der man eins bekennet vnd das ander verneinet, so braucht man des worts (allein) neben dem wort {20} (nicht oder kein), Als wenn man sagt, Der Bawr bringt allein Korn vnd kein Gelt, Item, ich hab warlich jtzt nicht gelt, sondern allein Korn, Ich hab allein gessen und noch nicht getruncken, Hastu allein geschrieben vnd nicht uberlesen? Vnd dergleichen vnzeliche Weise in teglichem brauch. In diesen reden allen, obs gleich die Lateinische oder Griechische Sprache nicht thut, so thuts doch die Deudsche und ist jr art, das sie das wort (Allein) hinzusetzt, auf das das wort (nicht oder kein) deste völliger vnd deutlicher sey. Denn man mus nicht die buchstaben in der Lateinischen sprachen fragen, wie man sol Deudsch reden, Sondern man mus die Mutter {30} im hause, die Kinder auff der gassen, den gemeinen Man auff dem marckt drumb fragen, vnd denselbigen auff das Maul sehen, wie sie reden, vnd darnach dolmetschen, So verstehen sie es denn und mercken, das man Deudsch mit jnen redet.... So wil ich auch sagen, du holdselige Maria, du liebe Maria, Vnd lasse die Papisten sagen, du vol gnaden Maria. Wer Deudsch kan, der weis wol, welch ein hertzlich fein wort das ist, die liebe Maria, der liebe Gott, der liebe Keiser, der liebe Fürst, der liebe Man, das liebe Kind. Vnd ich weis nicht, ob man das wort liebe, auch so hertzlich vnd gnugsam in Lateinischer oder andern sprachen reden müge, das also dringe vnd klinge ins hertz, durch alle sinne, wie es thut in vnser Sprache....

3.
AUS DER PREDIGT 'DAS MAN KINDER ZUR SCHULEN HALTEN SOLLE' (1530).

Es meinen wol etliche, das Schreiberampt sey ein leicht, geringe ampt, Aber im Harnisch reiten, hitz, frost, staub, durst vnd ander vngemach leiden, das sey eine erbeit. Ja, das ist das alte gemeine {10} tegliche Liedlin, das keiner sihet, wo den andern der schuch druckt; Jederman fület allein sein ungemach und gaffet auff des andern gutgemach. War ist's: Mir were es schweer, im Harnisch zu reiten; Aber ich wolt auch gern widerumb den Reuter sehen, der mir künde einen gantzen tag still sitzen und in ein Buch sehen, wenn er schon nichts sorgen, tichten, dencken noch lesen solt. Frage einen Cantzelschreiber, Prediger und Redener, was schreiben und reden fur erbeit sey, Frage einen Schulmeister, was leren und knaben zichen fur erbeit sey. Leicht ist die Schreibfedder, das ist war, ist auch kein Handzeug unter allen Handwercken bas zu erzeugen, {20} denn der Schreiberey. Denn sie bedarff allein der gense fittich; der man umbsonst allenthalben genug findet. Aber es mus gleichwol das beste Stücke (als der Kopff) und das edelste glied (als die Zunge) und das höhest werck (als die rede), so am Menschenleibe sind, hieher halten und am meisten erbeiten, da sonst bey andern entweder die faust, füss, rucken oder dergleichen glied allein erbeiten, und können daneben frölich singen und frey schertzen, das ein Schreiber wol lassen mus. Drey finger thuns (sagt man von Schreibern); Aber der ganz Leib und Seel erbeiten dran.

{30} Ich hab von dem löblichen theuren Keiser Maximilian hören sagen, Wenn die grossen Hansen drumb murreten, das er der Schreiber so viel brauchte zu Bottschafften und sonst, das er sol gesagt haben: Wie sol ich thun? sie wöllen sich nicht brauchen lassen, so mus ich Schreiber darzu nemen? Und weiter: Ritter kan ich machen, aber Doctor kan ich nicht machen. So hab ich auch von einem feinen Edelman gehöret, das er sagt: Ich wil meinen Son lassen studiren. Es ist nicht grosse Kunst zwey bein uber ein Ross hengen und Reuter werden; das hat er mir bald gelernt: und ist fein und wol geredt.

Das will ich nicht zur verachtung des reisigen Standes, noch einiges andern Standes, sondern wider die losen Scharhaufen gesagt haben, die alle Lere und Kunst verachten, und nichts rühmen können, denn das sie Harnisch füren und zwey Bein uber ein Ross hengen, wiewol sie solchs selten thun müssen, und dafur das gantze {10} jar gemach, lust, freude, ehre und guts gnug haben. Es ist wol war, Kunst ist leicht zu tragen (sagt man) und Harnisch schweer zu tragen. Aber widerumb ist Harnisch füren bald gelernet, aber Kunst ist nicht bald gelernet, und nicht leicht zu uben und zu brauchen.

Und das ich dieses Gewesschs ein mal ein ende mache, So sollen wir wissen, dass Gott ein wünderlicher HERR ist. Sein Handwerck ist aus Bettler Herrn machen, gleichwie er aus Nichte alle Ding macht: Solch Handwerck wird im niemand legen noch hindern. Er lessts gar herrlich in aller Welt von sich singen: Ps. 113. Wer {20} ist, wie der Herr, der so hoch sitzt, und so tief hernieder sihet? Der den Geringen auffricht aus dem staube und erhohet den armen aus den kot, Das er jn sitzen lasse unter den Fürsten, ja unter den Fürsten seines Volcks. Sihe dich umb in aller Könige und Fursten höfe und in Stedten und Pfarren, was gilt's, ob nicht dieser Psalm mit vielen starcken Exempeln drinnen regiret? Da wirstu finden Juristen, Doctores, Rethe, Schreiber, Prediger, die gemeiniglich arm gewest, und ja gewislich allzumal Schüler gewest sind, und durch die Fedder so emporgeschwungen und auffgeflogen, das sie Herrn sind, wie dieser Psalm sagt, und wie die Fürsten Land und {30} Leute regiren helffen. Gott wils nicht haben, das geborne Könige, Fürsten, Herrn und Adel sollen allein regiren und Herrn sein. Er wil auch seine Bettler dabey haben, Sie dechten sonst, die eddel Geburt macht alleine Herrn und Regenten, und nicht Gott alleine.

Man spricht, und ist die wahrheit, der Bapst ist auch ein Schüler gewest: Darumb verachte mir nicht die Gesellen, die fur der thür Panem propter Deum sagen, und den Brodreigen singen; du hörest (wie dieser Psalm sagt) grosse Fürsten und Herrn singen. Ich bin auch ein solcher parteken Hengst[671] gewest, und hab das brot fur den Heusern genomen, sonderlich zu Eisenach in meiner lieben Stad; wi wol mich hernach mein lieber Vater, mit aller liebe und trew in der Hohenschulen zu Erffurt hielt, und durch seinen sauern schweis und erbeit dahin geholffen hat, da ich hin komen bin. Aber dennoch bin ich ein Parteckenhengst gewest, Und nach diesem Psalm, durch die Schreibfedder so fern kommen, das ich jtzt noch wolt mit dem türckischen Keiser beuten, das ich sein Gut solt haben, und meiner Kunst emperen. Ja ich wolt der Welt gut {10} vielmal geheufft nicht dafur nemen, Und were doch on zweivel nicht dahin komen, wo ich nicht in die Schule und ins Schreiberhandwerck were geraten.

Darumb las deinen Son getrost studiren, Und solt er auch dieweil nach Brod gehen, so gibstu unserm HERRN Gott ein feines Höltzlin, da er dir einen Herrn aus schnitzen kan. Es wird doch dabey bleyben, das dein und mein Son, das ist, gemeiner Leute kinder, werden die Welt müssen regiren beide in geistlichem und weltlichem Stande, wie dieser Psalm zeuget. Denn die reichen Geitzwanste könnens und wollens nicht thun; Sie sind des {20} Mammon Cartheuser und Münche, des müssen sie tag und nacht warten. So vermügens die gebornen Fürsten und Herrn alleine nicht, und sonderlich vermügen sie das geistlich Ampt gar nichts verstehn: Also mus wol beide Regiment auff Erden bleiben bey den armen mittelmessigen und gemeinen Leuten und bey jren Kindern....

4.

Erhalt uns, Herr, bei deinem Wort,
Und steur des Papsts und Türkenmord,
Die Jesum Christum deinen Sohn
Stürzen wollen von seinem Thron.

Beweis dein Macht, Herr Jesu Christ, 30
Der du ein Herr all'r Herrn bist,
Beschirm dein arme Christenheit,
Dass sie dich lob in Ewigkeit.

Gott heiliger Geist, du Tröster werth,
Gieb deinem Volk einerlei Sinn auf Erd,
Steh bei uns in der letzten Noth,
G'leit uns ins Leben aus dem Tod.

(1511).

5.

Ein feste burg ist vnser Gott,
ein gute wehr vnd waffen;
er hilfft vns frey aus aller not,
die vns itzt hat betroffen.
Der alt böse feind,
mit ernst ers itzt meint; 10
gros macht vnd viel list
sein grausam rüstung ist;
auff erd ist nicht seins gleichen.

Vnd wenn die welt voll Teuffel wer
vnd wolt vns gar verschlingen,
so fürchten wir vns nicht so ser;
es sol vns doch gelingen.
Der Fürst dieser welt,
wie sawr er sich stelt,
thut er vns doch nicht: 20
das macht, er ist gericht;
ein wörtlin kan jn fellen.

Mit vnser macht ist nichts gethan;

wir sind gar bald verloren.
Es streit für vns der rechte man
den Gott hat selbs erkoren.
Fragstu, wer der ist?
Er heisst Jhesus Christ, 10
der HERR Zebaoth;
vnd ist kein ander Gott;
das felt mus er behalten.

Das wort sie söllen lassen stan
vnd kein danck dazu haben.
Er ist bey vns wol auff dem plan
mit seinem Geist vnd gaben.
Nemen sie den leib,
gut, ehr, kind vnd weib:
las faren dahin! 20
sie habens kein gewin;
das Reich mus vns doch bleiben.

6.

SCHERTZSCHRIFFT D. M. L. AN SEINE TISCHGESELLEN, VON DER DOLEN VND KRAEN REICHSTAGE, DAHINTER DOCH EIN RECHTER GROSSER ERNST IST.

Gnade vnd Friede in Christo, Lieben Herren vnd Freunde. Ich hab ewer aller Schreiben empfangen, vnd, wie es allenthalben zustehet, vernomen. Auff dass jr nu widerumb vernemet, wie es hie zustehet, füge ich Euch zu wissen, das wir, nemlich Ich, M. {30} Veit und Ciriacus, nicht auff den Reichstag gen Augsburg ziehen, wir sind aber sonst wol auff einen andern Reichstag komen. Es ist ein Rubet[672] gleich für vnserm Fenster hinunter, wie ein kleiner Wald, da haben die Dolen vnd Kraen einen Reichstag hingelegt, da ist ein solch zu vnd abreiten, ein solch geschrey, tag vnd nacht, one auffhören, als weren sie alle truncken, voll vnd toll; da geckt[673] Jung vnd Alt durch einander, das mich wundert, wie Stim vnd Odem so lang wehren möge, vnd möcht gerne wissen, ob auch solches Adels vnd reisigen Zeugs auch etliche noch bey euch weren: mich dünckt, sie seien aus aller Welt hieher versamlet. Ich hab jren Keiser noch nicht gesehen, aber sonst schweben vnd {10} schwentzen der Adel vnd grossen Hansen jmer für vnsern Augen, nicht fast köstlich gekleidet, sondern einfeltig in einerley farbe, alle gleich Schwartz, vnd alle gleich Grawaugig, singen alle gleich einen gesang, doch mit lieblichem vnterscheid der jungen vnd der alten, grossen vnd kleinen. Sie achten auch nicht der grossen Pallast vnd Saal, denn jr Saal ist gewelbet mit dem schonen weiten Himel, jr boden ist eitel Feld, getefelt mit hübschen grünen zweigen; so sind die Wende so weit als der welt Ende. Sie fragen auch nichts nach Rossen vnd Harnisch, sie haben gefiddderte[674] Reder, damit sie auch den Büchsen empfliehen vnd eim zorn {20} entsitzen[675] können.

Es sind grosse mechtige Herrn; was sie aber beschliessen, weis ich noch nicht. So viel ich aber von einem Dolmetscher hab vernomen, haben sie für einen gewaltigen zug vnd streit wider Weitzen, gersten, haffern, maltz vnd allerley korn vnd getreidig[676], vnd wird mancher Ritter hie werden vnd grosse Thaten thun.

Also sitzen wir hie im Reichstag, hören vnd sehen zu mit grosser lust vnd liebe, wie die Fürsten vnd Herrn, sampt andern Stenden des Reichs, so frölich singen vnd wolleben. Aber sonderliche Freude haben wir, wenn wir sehen, wie ritterlich sie schwentzen[677], {30} den Schnabel wisschen vnd die Wehr stürtzen[678], das sie siegen vnd ehre einlegen wider Korr vnd Maltz. Wir wündschen jnen glück vnd heil, das sie allzumal an einen Zaunstecken gespiesset weren. Ich halt aber, es sey nichts anders, denn die Sophisten vnd Papisten mit jrem predigen vnd schreiben: die mus ich alle auff eim Hauffen also für mir haben, auff das ich höre jre leibliche stimme vnd predigten, vnd sehe, wie seer nützlich Volck es ist, alles zuuerzeren, was auff Erden ist, vnd dafür gecken für die lange weil.

Heute haben wir die erste Nachtigal gehöret, denn sie hat dem Aprill nicht wöllen trawen. Es ist bisher eitel köstlich wetter gewest, hat noch nie geregnet, one gestern ein wenig. Bey euch wirds vielleicht anders sein. Hiemit Gott befohlen, vnd haltet wol Haus.

Aus dem Reichstag der Maltztürcken. XXVIII. Aprilis. Anno M. D. XXX.

Martinus Luther D.

7.
{10} AUS WIDER HANS WORST.

ES hat der von Brunsuig zu Wolfenbuttel itzt aber mal ein lesterschrifft lassen ausgehen, darin er an meines Gnedigsten Herrn des Churfursten zu Sachsen ehren, seinen grind[679] vnd gnatz[680] zu reiben furgenomen, auch mich zweimal angetastet vnd gelocket. Erstlich da er schreibt. Ich hab meinen Gnedigsten Herrn, Hans Worst genennet, Darnach die gantze heubtsache des Glaubens angreifft, der ich mich mus bekennen der furnemesten Lerer einen zu dieser zeit. Da flucht, lestert, plerret, zerret[681], schreiet, vnd speiet er also, das wenn solche wort mündlich von jm gehöret würden, so {20} würde jederman mit keten vnd stangen zulauffen, als zu einem der mit einer Legion Teuffel (wie der im Euangelio) besessen were, das man jn binden vnd fangen muste. Wie wol ich aber den vnfletigen man nicht werd achte, das ich jm einen buchstaben antworten wolte, doch weil ers nicht allein ist, wil ich den vnsern etwas zureden geben.

Fur mich zwar zureden, hab ichs seer gerne, das solcher art bücher wider mich geschrieben werden, denn es thut mir nicht allein im hertzen, sondern auch in der kniekele vnd fersen sanfft, wenn ich mercke, das durch mich armen elenden menschen, Gott {30} der HErr, beide die hellischen vnd weltlichen Fürsten, also erbittert vnd vnsinnig macht, das sie fur bosheit sich zureissen vnd zubersten wollen, Vnd ich die weil vnter des Glaubens vnd Vater vnsers schatten sitze vnd lache, des Teuffels vnd seiner schupen[682] in jrem grossen zorn, plerren vnd zerren. Damit sie doch nichts ausrichten, on das sie jre sache teglich erger vnd meine (das ist Gottes) sache fordern vnd besser machen. Vnd wenn sie es könten leiden oder verstehen, wolt ich jnen darfur gedanckt haben vnd bitten, das sie on vnterlas solche Bücher wider mich schrieben, solch zerren vnd plerren trieben sampt allen Teuffeln in der Hellen. Wie künd ich sie besser plagen, denn dauon werde ich jung vnd frisch, starck vnd frölich.

Denn solche Bücher alle, wenn der selben so viel tausent weren, als der zu Wolffenbüttel lügen vnd vntugent an sich hat, vnd alle {10} tage vnd stunde so viel geschrieben würden, sind sie doch leichtlich zuuerantworten mit einem wortlin, das heist, Teuffel du leugest, wie denn der hohmutige Bettler Doct. Luther in seinem liedlin stöltzlich vnd verdrieslich singet, Ein wörtlin kan jn fellen. Der halben weil der Teuffel in seinem Heintzen zu Wolffenbüttel, so zornig ist, vnd die lügen so genaw sucht, das er an mir auch mit dem wort, Hans Worst, wil ritter werden, gedencke ich nicht viel noch besonders seinem verdampten gefangenen Heintzen zu antworten, als der nicht wirdig bey mir geacht, das ich an jn dencken wolt. Sondern wil dem selben seine ehre lassen suchen wie er kan, {20} denn er sol wol tausent jar süchen, ehe er ein kleines harlin dauon finden wird. Von Hans Worst wil ich erstlich ein wenig sagen.

Wie gar gern von grund aller seiner krefften der Teuffel leuget, zeiget er hie, auch da mit an, das er so aus der massen genaw durch seinen Heintzen zu Wolffenbüttel zu liegen sucht, da ich warlich gemeinet vnd mich nicht versehen hette, das der hohmütige Geist solte solche lecherliche, kindische vrsache zu liegen süchen, so er wol andere vrsachen hat, on das es mus sein, wie man spricht. Wer gern lachet, der kutzelt sich selbs, Also auch wer gern leuget, der mus auch liegen wenn er die warheit sagt, wie Chrysippus sagt. {30} Denn du zorniges Geistlin weissest wol, dein besessener Heintz auch sampt ewren Tichtern vnd schreibern, das dis wort, Hans Worst, nicht mein ist, noch von mir erfunden, Sondern von andern leuten gebraucht wider die groben tolpel, so klug sein wollen, doch vngereimbt vnd vngeschickt zur sachen reden vnd thun. Also hab ichs auch offt gebraucht, sonderlich vnd allermeist in der Predigt. Vnd weis mich nicht zu erinnern in meinem gewissen, das ich jemals eine Person in sonderheit gemeinet hette, weder feind noch freund. Sondern wie die sachen sich zugetragen, so hab ichs gebraucht. Denn es solte mich nicht hel haben zubekennen, wo ich mir bewust were, welche person ich gemeinet hette, wens gleich dein Heintz von

Wolffenbuttel selbs were mit allem seinem anhang, ich wolts zu recht fur euch allen, von Gottes gnaden, wol verteidigen.

Aus dem folget nu, weil du vnd dein Heintz so vnuerschampt lieget vnd die lügen so genaw suchet, das auch durch gantz ewr Buch in grössern sachen, nichts denn eitel lügen sein wird, wie {10} vnser HERr spricht, wer im geringen vntrew ist, der ist auch im grossen vntrew. Wer sich kleiner vnnötiger lügen nicht enthalten kan, wie kan sich der aller ander grossen lügen enthalten? Ja weil dein Heintz vnd du solche grobe tolpel seid, das jr gemeinet, solcher fauler, lamer zote solte in diesen sachen mir schaden thun, oder euch glimpff bringen, so seid jr beide die rechten hans worst, tolpel, knebel[683] vnd rültze[684], Vnd wil hiemit euch beiden geantwort haben das jr alle beide, Vater vnd Son, seid verzweiuelte, ehrlose, verlogene böswichter, da jr sagt, ich habe meinen Gnedigesten Herrn, Hans worst genennet, Keiner antwort darffs mehr auff {20} solche wörstliche kunst.

ULRICH VON HUTTEN.

[*Scherer* D. 286, E. 283.]

Geboren 1488 auf dem Schlosse Steckelberg bei Fulda. Ein ritterlicher Vorkämpfer der Reformation. Er schrieb erst meist lateinisch, später deutsch für das Volk. Starb 1523 auf der Insel Ufnau im Zürichersee. Seine Werke sind zuletzt herausgegeben von Böcking (Leipzig 1859–1862, 5 Bde. mit 2 Supplementbänden). Die Gespräche sind übersetzt und erläutert von Strauss (Leipzig 1860). Vgl. Strauss 'Ulrich von Hutten' (Leipzig 1857, Bonn 1871, 2 Bde.)

1.
AIN NEW LIED HERR VLRICHS VON HUTTEN.

Ich habs gewagt mit sinnen
und trag des noch kain rew.
Mag ich nit dran gewinnen,
noch muss man spüren trew.

Dar mit ich main:
nit aim allain,
wen man es wolt erkennen,
dem land zu gut,
wie wol man tut
ein pfaffen feint mich nennen.

Da lass ich ieden liegen
und reden, was er wil;
Het warhait ich geschwigen,
mir weren hulder vil. 10
Nun hab ichs gsagt,
bin drumb verjagt,
das klag ich allen frummen,
wie wol noch ich
nit weiter flich,
villeicht werd wider kummen.

Umb gnad wil ich nit bitten,
die weil ich bin on schult;
Ich het das recht gelitten,
so hindert ungedult[685], 20
Dass man mich nit
nach altem sit
zu ghör hat kummen lassen!
villeicht wils got
und zwingt sie not
zu handlen diser massen.

Nun ist oft diser gleichen
geschehen auch hie vor,
Dass ainer von den reichen
ain gutes spil verlor. 30
Oft grosser flam
von fünklin kam:
Wer waiss, ob ichs werd rechen!
stat schon im lauf,
so setz ich drauf:
muss gan oder brechen!

Dar neben mich zu trösten
mit gutem gwissen hab,
Das kainer von den bösten
mir er mag brechen ab
Noch sagen, dass
uff ainig mass
ich anders sei gegangen 10
dan eren nach,
hab dise sach
in gutem angefangen.

Wil nun ir selbs nit raten
dis frumme nation,
Irs schadens sich ergatten[686],
als ich vermanet han,
So ist mir laid;
hie mit ich schaid,
wil mengen bass die karten. 20
bin unverzagt:
ich habs gewagt
und wil des ends erwarten.

Ob dan mir nach tut denken
der curtisanen list:
Ain herz last sich nit krenken,
das rechter mainung ist.
Ich waiss noch vil,
wöln auch ins spil,
und soltens drüber sterben. 30
auf, landsknecht gut
und reuters mut,
last Hutten nit verderben!

2.
AUS DER AN FRANZ VON SICKINGEN GERICHTETEN VORREDE ZU DEN GESPRÄCHBÜCHLEIN VOM JAHRE 1521.

— — Für solche deine wohlthat[687] dir genuogsamen danck sagen, hab ich nit mangel an gemüt[688] vnd willen, sonder am glück vnd vermögen gebrechen. Würt mir aber ye ein bessere zeyt erscheinen vnd sich anderung des glückes (als dann mein freye hoffnung zuo gott) begeben, wil ich dir, allem meinen vermögen nach, der massen wider thienen, das du ye vffs wenigest mich keinen fleiss, dir danckbarkeit zuo erzöigen, gespart haben[689], spüren solt, vnd mitler {10} zeyt[690] mit dem, das mir kein frevel noch gewalt, kein trotz noch übermacht, kein armuot noch ellend benemen mag, das ist: mit krefften meiner synnen vnd vermögen der verstäntnuss[691] trewlich vnd fleissigklich thienen, auch dir yetzo, wie ettwan Virgilius den zweyen wolverthienten jünglingen[692], zuo gesagt haben:

Wo etzwas mein geschrifft vermag,
Dein lob muossz sterben keinen tag.

Wiewol, ob du dich schon gegen mir der massen (wie obberürt) nit gehalten, hettest du dannocht on das mit deinen ritterlichen eerlichen[693] gethaten verthient, das ich vnd alle, deren vermögen ist, {20} gegenwärtige oder vergangene ding durch behelff der geschrifft in erkantnuss zuokünftiger zeyt bringen, deinen namen vss dunckelem vergessz in das lyecht der ewigen gedechtnuss setzeten. Dann, on schmeychelen vnd liebkossen zuo reden, bist du, der zuo disser zeyt, do yederman bedäucht, Teütscher Adel hette etzwas an strengkeit[694] gemüten[695] abgenommen, dich der masszen erzöigt[696] vnnd bewissen hast, das man sehen mag Teütsch bluot noch nit versygen, noch das adelich Teütscher tugend gantz aussgewurtzelt sein. Vnnd ist zuo wünschen vnd zu bitten, das gott vnserem haubt, keysser Carlen, deiner tugenthafftigen vnerschrockenen muotsamkeit erkentnuss jngebe, damit er dich deiner geschicklichkeit nach in hohen trefflichen seinen händeln, das Römisch Reich oder auch gantze Christenheit betreffend, so mit rat vnd der that brauche; denn als dann würde frücht deiner tugend zuo weiterem nutz komen. Fürwar, einen solchen muot solt man nit ruowen lassen, noch innwendig bezyrcks[697] kleiner Sachen gebraucht werden lassen. Aber ich hab mir nit fürgenommen, in disser vorred dein lob zuobeschreiben, sonder einmal meinem hertzen, das gesteckt voll guoter gedäncken vnd freüntlicher guotwilligkeit, die ich gegen deinen vnwidergeltlichen {10} an mir begangenen wolthaten, die doch du noch täglich ye mer vnd mer überhauffest, trag, einen lufft geben, schenck dir zuo dissem newen jar die nachfolgende meine büchlin, die ich in nechst verschinenen[698] tagen in der gerechtigkeit (wie vor genannt) herbergen[699] eylendts vnd on grösseren fleiss verteütscht hab; vnnd wünsch dir damit, nitt, als wir offt vnserenn freünden pflegen, ein fröliche sanffte ruo, sonder grossze, ernstliche, dapfere vnd arbeitsame geschäfft, darinn du vilen menschen zuo guot dein stoltzes heldisch gemuot brauchen vnd üben mögest. Darzuo wöl dir gott glück, heyl vnd wolfarn verleyhen.

{20} Geben zu Ebernburgk, vff den heyligen newen jars abent, im jar nach Cristi geburt MCCCC. vnd einvndzweintzigsten.

NICLAS MANUEL.

[Scherer D. 286, E. 284.]

Geboren etwa 1484 zu Bern; Maler, Staatsmann und Soldat. Er schrieb reformatorische Tendenzdramen, einen poetischen Dialog und einen prosaischen Dialog 'die Krankheit der Messe' 1528. Er starb 1530. Herausgegeben von Grüneisen (Stuttgart 1837); Bächtold (Frauenfeld 1878).

DIE KRANKHEIT DER MESSE.

Cuderli Nebelkapp.

Land üch lingen[700] ir herren, die arzet! dann die Mess ist ie lenger ie schwecher, sie kürblet[701] und lurket[702] an der red.

Doctor Schryegk[703].

Herr früemesser, bringend uns unsern herrgott, dass wir sie versorgend!

Früemesser[704].

Herr doctor, ich mag in nit erlangen! der himel ist sin stůl und die erd sin fůssschemel, wie möcht ich in erlüpfen[705]?

Doctor Schryegk.

Ich mein, du syest völler narren, dann der summer mugken! bring uns unsern herrgott, oder du můst gen Costenz uf die schiben[706], {10} bi dem gott, den ich hüt gehept und gelegt hab.

Früemesser.

Hand ir in hüt gehept, wo hand ir in hingelegt?

Doctor Heioho[707].

Ich hab in gessen, weistu's nun? ich hab in gessen.

Früemesser.

Ich mein, ir syend völler fantasten, dann ein zotteter hund flöchen im ougsten[708], und unsinniger, dann die süw[709], die sich im meer ertrankten, Matth. am viii ca. Hand ir in hüt gessen, wo sol dann ich in nemen? Lieber, ja schickend eins wegs nach dem {20} wind, der üch fern[710] das hüetlin abwarf und heissend mich glich ouch S. Bernharts berg zum goltschmid dragen, dass er in in ein gulden ring fasse, an ein finger zů stecken! Das sind mir gůt sachen!

Doctor Heioho.

Nit vil gespeiws[711] und wenig kramanzens[712]! nemend die schlüssel und bringend uns us dem sacramenthüsli den zarten fronlichnam Christi!

Früemesser.

Er sitzt zů der gerechten sins vaters im himel, oder unsere artickel des waren christlichen gloubens, ja die ganz heilig geschrift müest falsch sin; er ist erstanden und ist nit hie. Luce am xxiiii. Grifend ir ufhin und nemend in abher, ich bin im zů kurz, ir aber sind gross Hansen[713]!

Doctor Heioho.

Schnell bring uns du, caplan, das heilig öl! die zit nahet sich.

Caplan.

{10} Ich merk wol, ir meinend das öl, das man vom bischof kouft hat; des ist nit mer im büchslin, der sigrist[714] hat die schůch mit gesalbet.

Doctor Heioho.

So ist er im ban, da mag im niemant vor sin! er můss es tür gnůg bezalen.

Doctor Schryegk.

Schnell bringend ein liecht! louf zum beinhus! bi den ampelen zünd an wunder behend!

Sixst Stichdennebel.

{20} Do ist weder für noch liecht, kerzen noch ampelen; ir send[715] sin nun nüt denken! es sind dis jars ob den zehen tusent müs und ratzen hungers tot, und küechlet[716] des kilchherrn junkfrouw nit halb als vil, als vor vier jaren.

Doctor Heioho.

So hör ich wol, man brent den lieben selen weder öle, anken[717] noch unschlit und tůt inen nüt gůts nach. Dass gott erbarm, warzů ist es komen! Wer hat die irrung hie pflanzet, oder was ist die ursach?

Pauli Wattimtauw[718].

{30} Als der römisch versprochen aplass so vil schuldig was und gelten solt, dass er mit dem schelmen vom land můst loufen, hat er vor und e den nachtliechtern grosse ding verheissen; darumb sind sie im nachzogen, aber sie werdent alle erlöschen, ob sie in betretend, sonder so sie nit zůschub, stür[719] und hitz vom fegfür hand.

Burki Reigelbett[720].

Was darf man ir, der nachtliechter? die totenschedel sehend nüt, so tanzen die hülznen götzen nit; so hat gott erschaffen alle liechter, himelisch und irdisch, bi im ist die ewig klarheit und kein finsternuss. Darumb ist es ein heidnische torheit, im understan mit liechtern zů dienen.

{10} *Doctor Thoman Katzenlied*[721].

Bringend uns doch ein wenig palmen[722], dass wir ein gesegneten rouch machend für das bös gespenst[723]!

Wolfgang Adlerei[724].

Die wiber hand vor vier jaren das fleisch mit gereucht und sidher kein nimmermer lassen beschweren.

Doctor Lügegk[725].

Wo nun us? sprach der fuchs in der fallen; ietz sind wir im meer on schiff und růder. Wer kan kuechlen on für und anken, oder on federen fliegen? Es wär glich als müglich, das ganz meer {20} an den regenbogen zů henken wie ein brotwurst an ein stecken, dass es tüerr und drucken[726] wurd, als diser Mess zů helfen, so sie schon verlorn hat die rechten herzadern, nemlich das fegfür, welches in siner flucht mit im hinweg gefüert hat begrebt, dritten, sibenden, drissgost[727], vigilg und jarzit, sampt iren opfern, liechtern, wiewasser, öl und palmen. Nun rat, räter gůt, wie wir unbrämpt[728] vom kessel komend, es hilft doch weder schryen noch salben.

Doctor Heioho.

Sölt sie uns undern henden sterben, so wurd uns nüt für den arzetlon; darumb wil not sin, uns von hinnen zů füegen! ob sie {30} denn in unserm abwesen stirbt, so wend wir sprechen, sie si ermördt.

Doctor Schryegk.

Ich folg, ir hand's erraten und wol troffen! hetten wir die hamerankensalb[729], so wir verschmirbt hand, wider in der büchsen, wir wöltend uns selber mit salben. Das ist nun ein verlorne red, bringt eben als vil frucht, als vogellim im pfeffer. Ich rat, wir ritend von hinnen, und wer uns fragt: wie stat es umb die Mess? wend wir antwurten: wol, wol, marter liden wol[730]! sie hatt' gestern ein vortanz mit dem legaten.

Doctor Lügegken knecht, Fäit Verzechdenstifel.

{10} Potz marter, herr! wo wölt ir mit den süwen[731] allen hin, die ir dise jar mit üch heim bringend? Man würt uns für fürköufer uffahen.

Doctor Schryegk.

Lass meich ungefatzt[732]! dass deich sant Veltins arbeit besteh, els[733] bůben! eich hab sunst gnůg, das meich betrübt, woltst du meich erst gespoien[734]?

Datum zů Bergkwasser wind, nebem stuben
offen, vff der zůkunfft des
Herren Nachtmals.
M.D. XXVIII.

BARTHOLOMÄUS RINGWALD.

[*Scherer* D. 290, E. 286.]

Geboren 1530 zu Frankfurt an der Oder; 1557 Prediger, 1567 Pfarrer in der Neumark. Starb gegen 1600. Er verfasste ausser zahlreichen geistlichen Gesängen zwei Lehrgedichte und einige Schauspiele. Vgl. Hoffmann, Spenden zur deutschen Litteraturgeschichte, II (Leipzig 1844).

{20} DIE LAUTER WARHEIT.
EIN LIED DER KRIEGSLEUTE, WIDER DEN ERBFEIND, IM THON, VOM STÖRTZEBECHER, ETC.

NVn mach dich eilends auff,
du Teutsche Nation,
denn sih es kömpt ein Hauff,
vons Türckischen Keysers Kron,

mit Spiessen vnd Hellparten,
mit Ross vnd Wagen viel,
vnd Bogen ohne Ziel,

in Vngern wolln sie warten.

Gemelte lose Leut,
die rühmen sich gar frey,
wie dass sie grosse Beut,
von dingen mancherley,
vns wollen abestreiffen.
daneben alle Fest, 10
vnd Wien die allerbest,
zubrechen vnd zuschleiffen.

Sie drawen[735] auch gar frech,
dass sie ohn widerstand,
mit Puluer vnnd mit Bech[736],
das gantze Teutsche Land,
stracks wollen niderbrennen,
vnd aller Menschen Schar,
im Blut erseuffen gar,
die Jesum Christ bekennen. 20

Darumb so nemet bald
die Rüstung von der Wand
vnd macht euch jung vnd alt,
hinein ins Vngerland
mit Harnisch, Spiess vnnd Degen,
mit hurtigem Geschoss,
zu fuss vnd auch zu Ross,
vnd zieht dem feind entgegen.

Vnd wenn jhr kommen seid
dahin mit ewer Wehr, 30
so fürchtet nicht ein meit[737],
das wunderliche Heer,
in sich gar hoch vermessen,
Seht sie nur tapffer an,
in Gott dem starcken Man,
sie werden euch nicht fressen.

Doch nemet euch in acht,
an diesem scharffen Tantz,
seid nüchtern, bett vnd wacht,
vnnd stercket ewre Schantz,
bey tag vnd auch bey nachte,

vnnd schickt euch alle stund, 10
als solt jhr mit dem Hund,
rümbspringen in der Schlachte.

Vnd da jhr vnterweil
mit jm scharmützeln müst,
so seid mit ewrem Pfeil,
des Glaubens wol gerüst,
vnd rückt hinein mit freuden,
vnd brent sie mit dem kraut,
geschwinde auff die haut,
sie werdens vbel leiden. 20

Vnd da in solchem Ritt,
ein Man zwey oder drey,
im Felde blieben mit,
was wer es vor Geschrey,
was könt ein solches machen,
Dieweil dieselben fein,
in GOTT verschieden sein,
und in dem Himmel lachen.

Ach wie kan doch ein Man,
in dieser argen welt, 30
sein Leben besser lan,
dieweil er in dem feld,
auff CHRIstum wird erschossen,

dieweil er auch sein Blut,
der Christenheit zu gut,
gar willig hat vergossen.

Deshalben seid getrost,
jr Reuter vnd jhr Knecht,
frey in die Feinde stost,
gar Ritterlichen fecht,
vnd seid also gesunnen,
Ir sieget oder falt,
den Glauben doch behalt, 10
vnd habt in Gott gewonnen.

Darumb wenn nun der Feind,
ir seiner grossen macht,

euch anzugreiffen meint,
mit einer feldesschlacht,
vnd kömpt daher gedrungen,
in hesslicher gestalt,
wie ein verdorrter Wald,
geschriehen vnd geklungen.

So seid nur wolgemut, 20
gedenckt an Jesum Christ,
der mit der Engel Hut,
forn an der spitzen ist,
Den angriff erst zu setzen,
da er mit eime stich,
die feinde wünderlich,
wird schrecken vnd verletzen.

Vnd wenn jhr so mit Gott,
vnnd Gideonis Schwert,
die lesterliche Rott, 30
behertzt angreiffen werd,
So wird jhr Ross vnd Wagen,
darzu der Man im helm,
gleich wie ein schlimmer Schelm,
erschrecken vnd verzagen.

Derwegen rückt hinan,
macht ewer Euglein auff,
vnd schlagt in Gottes Nam,
mit allen freuden drauff,
Der Heiland wird euch stercken,
vnnd seine Herrligkeit, 10
bey euch in diesem Streit,
gewaltig lan vermercken.

Vnd da jr nun befind,
das GOTTes starcke Hand,
hab ewer Feinde blind,
was in die Flucht gewandt,
Der Christenheit zu gute,
so schmeist ja ferner zu,
Last jhnen keine ruh,
Wascht euch in jhrem Blute. 20

Das helff euch ja die Krafft,
des HErren Jesu Christ,
der in der Ritterschafft
der beste Kempffer ist,
Vnnd kann mit schlechtem sprechen,
all seiner Feinde Macht,
wie gros sie wird geacht,
im Augenblick zu brechen,
Amen.

FRIEDRICH DEDEKIND.

[*Scherer* D. 291, E. 287.]

Geboren als Sohn eines Fleischers zu Neustadt an der Leine, 1551 Pastor zu
Neustadt, 1576 zu Lüneburg, wo er 1598 als Superintendent starb. Er
dichtete als Wittenberger Student 1549 den 'Grobianus' und später geistliche
Dramen. Der Grobianus wurde 1551 von Kaspar Scheidt, einem Wormser
Schulmeister, verdeutscht. Herausgegeben von Milchsack (Halle, 1882).

GROBIANUS.

Vng gentil ueau.

Wer dir begegnet auff der strassen,
Den soltu für sich ziehen lassen,
Vnangeredt, on grůss, on bscheidt,
Diss ist der groben leut sententz,
On alle zucht vnd freundtlichkeit,
Ob er schon gleich vom Adel her,
Oder ein Burgermeister wer,
Sie thůnd niemandt kein reuerentz.
Oder sunst säss in rhat vnd gricht,
Oder die jugent vnderricht,
Ein Doctor oder Predicant, 10
Rhatgeber, oder aussgesandt,
Vnd wie solch Herren sind genant,
Die gůt leer vnd exempel geben,
Vnd füren ein vnsträflich leben:
So gib bey leib kein achtung drauff,

Vnd lass dein schön filtzhütlin auff:
Dann soltst dus offt heraber rauffen[738],
Wie bald müst du ein anders kauffen?
Vnd sind darzů solch hütlin thewr,
Wer gäb dir etwas dran zu stewr[739]? 20
Hüt dich vor solchem kappen rucken,
Mit neigen vnd paretlin zucken.
Im winter ist der lufft zu kalt,
Vnd ist dein har nicht wol gestalt,
Zeuchstu das hütlin dann hernider,

Vnd wilts dann gleich auff setzen wider,
Wer möcht der arbeit zůkomen.
So komen dann gleich ander Herren,
Vnd můsts wider heraber zerren.
Wer liess dem armen hütlin rhů?
Vnd wer verloren müh darzů:
Lůg ob man dir dergleichen thů.
Verware das grob häuptgen.
Geh still für vber, vnd passier,
Dass dir dein häuptlin nicht erfrir,
(Darin du hast so seltzam meuss,
Vnd druff ein walt, darin vil leuss.) 10
Das ist in schimpff geredt, bedenckt es aber niemand mit ernst.
Darneben vnsern stand betracht,
Sind wir nicht all auss leymen[740] gmacht?
Wer kan jm etwas setzen zu,
Ist er dann gschickter weder[741] du?
So sterben täglich hin zu gleich,
Jung, alt, feisst, mager, arm, vnd reich.
Sprich, wir sind erden[742] all zumal,
Ich gäb kein nestel[743] vmb die wal,
Darumb will ich kein brangens[744] treiben,
Clotho colum baiulat, Lachesis filat, Atropos occat.
Ir lasst mich doch wol bey euch bleiben. 20
Clotho jr werck hat zů gericht,
Atropos niemandt vbersicht,
Wann sie den letsten faden bricht:
Hat sie auch je verschont eim reichen?
Warumb solt ich dann jemands weichen?
Trasones nostri et elati milites.

Vnd breit dich auss, vnd brang dahin,
Vnd nimb die halben gassen ein,
Vnd stoss ein andren an ein seiten,
Sprich, lantzman hebah[745], gib mir weiten.
Du aber gib niemandt kein platz, 30

12.
Mit solchen geseln ist gût spatzieren gehen.

Vnd was du magst thû jn zu tratz[746].
So du spatzieren wilt zu zeiten,
Mit gsellen oder erbarn leuten,
Ob er schon gschickter ist dann du,
Vnd hat mehr ehr vnd gût darzů,

So will ich dir ein regel deuten,
Geh allzeit auff der rechten seiten,
Dass er zur lincken geh daher,
Als ob er dein Discipel wer.

JOHANN FISCHART, GENANNT MENTZER.

[Scherer D. 291, *E.* 288.]

Geboren zu Mainz um die Mitte des sechszehnten Jahrhunderts, erzogen zu Worms, bildete sich auf vielen und weiten Reisen, ward 1574 in Basel zum Doctor juris promoviert, lebte dann in Strassburg, Speyer und Forbach, wo er 1590 als Amtmann starb. Seine Werke sind sehr zahlreich. Er verfasste Übersetzungen, Bearbeitungen, originale Arbeiten, in Prosa und in Versen; satirischen und didaktischen Inhalts; auch Psalmen und andere geistliche Gesänge. Er war der gewaltigste protestantische Publicist nach Luther. Am bekanntesten ist seine Nachahmung Rabelais', die 'Affentheurliche, Naupengeheurliche Geschichtklitterung: Von Thaten vnd Rhaten der vor kurtzen, langen vnnd je weilen Vollenwolbeschreiten Helden vnd Herren: Grandgoschier, Gorgellantua vnd dess dess Eiteldurstlichen Durchdurstlechtgien Fürsten Pantagruel von Durstwelten, Königen in Vtopien, Jederwelt Nullatenenten vn̄ Nienenreich etc. etc. Durch Huldrich Elloposcleron. Getruckt zur Grensin im Gånsserich.' (Berlin) 1590. Erste Ausgabe 1575. Herausgegeben von Kurz (3 Bde. Leipzig, 1866–67); Gödeke (Leipzig, 1880).

1.

ERNSTLICHE ERMANUNG AN DIE LIEBEN TEUTSCHEN, AUS ANLASS DIESES BEIGESETZTEN BILDS DES TEUTSCHLANDS ANGEBRACHT.

Was hilfts, o Teutschland, das dir gfalt
Diss bild, so herlich sighaft gstalt[747],
Das es bedeit[748] der Teutschen macht, 10
Die unter sich der welt macht bracht,
Und das du weisst, das dein uralten
Den namen mit rum han erhalten,
Wann du dasselbig lasst veralten,
Was dein voralten dir erhalten;
Wann nicht dasselbig wilt verwaren,
Was dein Vorfaren dir vorsparen[749];

Wann nicht den namen wilt vermeren,
Der auf dich erbt von grossen eren?
Was ists, das man sich rümet hoch
Der eltern und folgt in nicht noch[750]?
Bist aller tugend grosser preiser,
Aber der tugend kein erweiser;
Tust gut alt sitten hoch erheben
Und schickst doch nicht darnach dein leben.
Was rümst du dich vil adelichs
Und tust doch nichts dann tadelichs? 10
Was rum hat der jung adler doch,
Wann er sich rümt der eltern hoch,
Wie sie frei wonten in bergsklüften,
Und frei regierten in den lüften:
Und er sitzt gfesselt auf der stangen,
Muss, was der mensch nur wil, im fangen!
Also, was ist dir für ein ehr,
Wann rümst die alten Teutschen sehr,
Wie sie für ire freiheit stritten
Und keinen bösen nachbarn litten, 20
Und du achtst nicht der freiheit dein,
Kanst kaum in deim land sicher sein,
Lasst dir dein nachbarn sein pferd binden
An deinen zaun fornen und hinden!
Sollt auch solch feiger art gebüren,
Das sie soll kron und scepter füren?
Ja! ir gbürt für den königsstab[751]

Ein hölzlin ross, welchs sie nur hab,
Und füre für den adler kün
Ein bunte atzel[752] nun forthin, 30
Und für den weltapfel ein ball,
Den man schlegt, wann er hupft im fall.
Weil heut doch schier keim[753] ernst ist mehr,
Handzuhaben freiheit und ehr;
Sonder man scherzt nur mit der freiheit,

Sucht fremde sitten, brauch und neuheit,
Und für alt teutsch standhaftigkeit
Reisst ein weibisch leichtfertigkeit.
Drum ist nichts, das man adler fürt,
Wann man des adlers mut nicht spürt;
Nichts ists, das man fürmalt die welt
Und kaum ein stuck der welt erhelt:
Sonder man muss erweisen fein
Diss, des man wil gerümet sein,
Und nicht der alten wacker taten 10
Schenden mit untun ungeraten[754].
Aufrecht, treu, redlich, einig und standhaft,
Das gwinnt und erhelt leut und landschaft;
Also wird man gleich unsern alten,
Also möcht man forthin erhalten
Den erenrum auf die nachkomen,
Das sie demselben auch nachomen[755];
Und also kan man sein ein schrecken
Den nachbarn, das sie uns nicht wecken,
Sonder dem hund lan seinen tratz[756], 20
Zu verwaren sein gut und schatz,
Gleich wie man deren noch findt etlich,
Die solchem rat nachsetzen[757] redlich
Und recht bedenken ire würden,
Wie ir vorfaren scepter fürten.
Gott sterk dem edlen teutschen gblüt
Solch anererbt teutsch adlersgmüt.
Secht, diss hab als ein Teutscher ich
Aus teutschem gblüt treuherziglich
Euch Teutschen, die herkommt von helden, 30
Bei diesen helden müssen melden,
So bald ich diss teutsch bild schaut an:
Gott geb, das ir es recht verstan,
Und beides treu seid euern freunden

Und auch ein scheu[758] alln euern feinden.

2.
AUS DEM GLÜCKHAFTEN SCHIFF.

Da freuten sich die raisgeferten,
Als sie den Rein da rauschen hörten,
Und wünschten auf ain neues glück,
Das glücklich sie der Rein fortschick,
Und grüssten jn da mit trommeten:
'Nun han wir deiner hilf von nöten,
O Rein, mit deinem hellen fluss!
Dien du uns nun zur fürdernus[759]!
Lass uns geniessen deiner gunst! 10
Dieweil du doch entspringst bei uns,
Am Vogelberg bei den Luchtmannen[760]
Im Rheinzierland[761], von alten anen,
Und wir dein tal, dadurch du rinnst,
Mit baufeld ziern, dem schönsten dienst.
Schalt diss wagschiflein nach begeren[762],
Wir wöllen dir es doch vereren[763];
Leit es gen Strassburg, deine zierd,
Darfür du gern laufst mit begierd,
Weil es dein[764] strom ziert und ergetzt, 20
Gleich wie ein gstain im ring versetzt[765].'
Der Rein mocht dis kaum hören aus,
Da wund er um das schiff sich kraus,
Macht um die ruder ain weit rad,
Und schlug mit freuden ans gestad,
Und liess ain rauschend stimm da hören,
Draus man mocht dise wort erkleren:
'Frisch dran, ir liebe eidgenossen!'
Sprach er, 'frisch dran, seid unverdrossen!
Also folgt eueren vorfaren, 30
Die diss taten vor hundert jaren[766]!

Also muss man hie rum erjagen,
Wann man den alten wil nachschlagen[767].
Von euerer vorfaren wegen
Seid ir mir wilkumm hie zugegen.
Ir sucht die alt gerechtigkeit[768],

Die euer alten han bereit[769];
Dieselbig will ich euch gern gonnen,
Wie es die alten han gewonnen.
Ich waiss, ich werd noch oftmals sehen,
Solchs von euern nachkommen gschehen. 10
Also erhelt man nachbarschaft;
Dann ie der Schweizer aigenschaft
Ist nachbaurliche freuntlichkeit
Und in der not standhaftigkeit.
Ich hab vil erlich leut und schützen,
Die auf mich in schiff teten sitzen,
Gelait gen Strassburg auf das schiessen,
Dafür[770] mit freuden ich tu fliessen;
Aber kaine hab ich gelait,
Noch heut des tags[771] mit solcher freud. 20
Far fort! far fort! lasst euch nichts schrecken
Und tut die lenden daran strecken!
Die arbait tregt darvon den sieg,
Und macht, das man hoch daher flieg
Mit Fama, der rumgöttin herlich;
Dann was gschicht schwerlich, das würd erlich.
Mit solchen leuten solt man schiffen
Durch die mörwürbeln und mördiefen;
Mit solchen forcht man kain merwunder
Und kain wetter, wie sehr es tunder; 30
Mit solchen dörft man sich vermessen,
Das ainen fremde fisch nicht fressen:
Dann dise alles überstreiten,
Durch ir unverdrossen arbaiten.
Mit disen knaben solte ainer

Werden des Jasons schiffartgmainer[772]
In die insul zum gulden widder:
Da wüsst er, das er käm herwider.
Weren dise am meer gesessen,
So lang wer unersucht nicht gwesen
America, die neue welt:
Dann ir lobgier het dahin gstellt.
Lasst euch nicht hindern an dem tun,
Das auf die haut euch sticht die sunn:
Sie will euch manen nur dadurch 10
Das ir schneid dapfer durch die furch,
Dann sie seh gern, das ir die gschicht

Vollbrechten bei irm schein und liecht,
Damit sie auch rum davon drag,
Gleich wie ich mich des rümen mag,
Die blatern[773], die sie euch nun brennt,
Und die ir schaffet in der hend,
Werden euch dienen noch zu rum
Wie zwischen tornen aine blum.
Ir dörft euch nicht nach wind umsehen: 20
Ir seht, der wind will euch nachwehen,
Gleich wie euch nun diss wetter liebt,
Also bin ich auch unbetrübt.
Ihr sehet ja mein wasser klar,
Gleich wie ain spiegel offenbar,
So lang man würd den Rein abfaren,
Würd kainer euer lob nicht sparen,
Sonder wünschen, das sein schiff lief,
Wie von Zürch das glückhafte schiff.
Wolan! frisch dran! ir habt mein glait 30
Um euer standhaft freudigkeit.
Die strass auf Strassburg sei euch offen!
Ir werd erlangen, was ir hoffen;
Was ir euch heut frü namen vor,
Das würt den abent euch noch wor[774].

Heut werd ir die statt Strassburg sehen,
So war ich selbs herzu werd nehen[775].
Heut werd ir als wolkommen gest,
Zu Strassburg noch ankommen resch[776]!
Nun libs wagschifflin, lauf behend!
Heut würst ain glückschiff noch genent,
Und durch dich werd ich auch geprisen,
Weil ich solch treu dir hab bewisen.'
Solch stimm der gsellschaft selzam war
Und schwig drob still erstaunet gar, 10
Es daucht sie, das sie die Stimm fül[777]
Als wann ain wind bliess in ein hül[778]:
Derhalb jagt sie ir ein ain mut[779],
Gleich wie das horn und rüfen tut
Des jegers, wann es weit erschallt
Den hunden in dem finstern wald,
So sie im diefen tal vorlaufen,
Und die berg auf und ab durchschnaufen,
Alsdan in erst die waffel schaumt[780],

Und kommen auf die spur ungsaumt: 20
Also war auch dem schiff die stimm,
Bekam zu rudern erst ain grimm[781];
Teten so stark die ruder zucken,
Als wolten fallen sie an rucken[782],
In gleichem zug, in gleichem flug,
Der steurman stund fest an den pflug[783],
Und schnitt solch furchen in den Rein,
Das das underst zu oberst schein[784].
Die sonn het auch ir freud damit
Das so dapfer das schiff fortschritt, 30
Und schin so hell in druder rinnen[785],
Das sie von fern wie spiegel schinen:
Das gestad scherzt auch mit dem schiff,
Wann das wasser dem land zulief,

Dann es gab ainen widerton,
Gleich wie die ruder teten gon[786]:
Ain flut die ander trib so gschwind,
Das sie aim underm gsicht verschwind:
Ja, der Rein wurf auch auf klain wellen,
Die danzten um das schiff zu gsellen.
In summa: alles freudig war,
Die schiffart zu vollbringen gar.

3.
ANMAHNUNG ZU CHRISTLICHER KINDERZUCHT
(1578).
{10} AUS DEM 'KATECHISMUS.'

Was lust und fleiss haben die leut
In iren gerten oft zur zeit
Mit setzung, impfung und aufsetzung
Etwan ein pflenzlein zur ergetzung?
Wie warten sie doch sein so eben,
Das sich das schösslein mög erheben?
Frü machen sie im raum zur sonnen,
Zu mittag sie im schatten gonnen;
Da pfropfens, biegens, understützen,
Beschüttens vor der frost zu schützen, 20
Messens bei ruten und minuten
Sein teglich wachsen zu vermuten;
Da gehen sie alle tritt hinzu,

Sehen wie es aufschiessen tu.
Und ist in süss all zeit und müh,
Die sie damit zubringen ie:
Wie viel mehr lust solt haben dann
Ein hausvater und iederman,
Dem gott die kinder tut bescheren,
Oder befihlet, die zu leren,
Das sie dieselben himmelspflenzlein, 20
Ir hauschösslein, ir ehrenkrenzlein
Ziehen und schmuckn zu gottes ehren
Sein wort gern hören und gern leren?

Das sie zu preis dem aller höchsten,
Auch mit der weil nutz sein dem nechsten?
Was schöners opfer kan man geben
Dem herren gott in diesem leben?
Denn das sind die recht frücht und güter,
Die gott gibt das man opfer wider;
Das sind die ölzweig und die reben,
Die fruchtbar deinen tisch umbgeben;
Diss ist des hauses benedeien,
Des alters früling, glenz und meien, 10
Das sind die beumlein und die palmen,
Von denen David singt in psalmen,
Das sie gebaut sind und gepflanzt
Neben die wasserbech des lands,
Welche kein hitz im sommer mindert,
Noch im winter kein frost nicht hindert,
Dann nicht erwelken ire bletter
Oder abfallen von dem wetter,
Die zu rechter zeit ir frucht bringen,
Damit erfreuen sie, die tüngen,
Vnd die zu letzt gott gar versetzt,
Ins paradeis, sie da ergetzt,
Sie macht zu ewigen himmelssprösslein,
Zu gnadenfeuchten engelsschösslein.
Wie solt ein lehrer und ein vater,
Wa er hat ein barmherzig ader,
Nicht han ein freud mit ihrer zucht,
Dieweil es ist ein schöne frucht,
Und noch viel mehr an inen wird 10
Natur lieblich anmutung gspürt,
Als in den aller schönsten geschöpfen

Daraus wir sonst ergötzung schöpfen,
Das macht die lebhaft freundlicheit,
Die anlachend gesprechlicheit,
Die in den kindern wir all spüren,
Wie sie schön all geberden zieren.
Dann was ist lieblichers zu hören,
Als wann die kinder reden leren?
Wanns herauslispeln bald die red 20
Und rufen: abba, vater, ett[787],

Rufen der muter, memm und ammen,
Geben nach irer notturft namen,
Brauchen den ererbt Adams gwalt,
Der jedem geschöpf ein nam gab bald,
Wie ist im zuzusehen wol,
Wanns wankeln[788] wie ein wasserpfol?[789]
Und so halslemig[790] ungwis tasten,
Und wie ein engelchen erglasten[791]?
Solch freundlicheit und lieblich sitten
Solten die elter und ein ieden, 10
Reizen, das sie dess lieber mehr
Mit kinderzucht umgiengen sehr,
Dieweil solch blüend alter frisch
Umsonst so lieblich gstalt nit ist
Auch oft das wild und vieh bewegt,
Das es zu dem ein gfallen tregt.
Und dieweil die engel sich nicht schemen,
Der kindspfleg sich selbs anzunemen.
Wie Christus zeugt, das vor gott standen
Allzeit die kinder engels gsanden: 20
Wie wolt ir dann solch arbeit scheuen,
Weil es euch komt zu nutz und treuen?
Dann wen mags freuen mehr dann euch,
So euere kind sind tugendreich?
Wie kanstu bessere ruh dir schaffen
Und friedlicher in gott entschlafen,
Dann so du weist, das dein kind seind
Erzogen wol und drum gott freund?
Und weisst, das nach dem tod dein kinder
An gott han ein ewigen vormünder? 10
Zu dem solt euch auch darzu bringen,
Das ir gern mit der zucht umgiengen,
Dieweil Christus der herr verheisst,

Das, was man solchen kindern bweist,
Das wöll er halten und ansehen,
Als obs im selber sei geschehen:
Dann er in klar spricht: Wer ein kind
In seim nam aufnimmt, im selbs dient:

Wie kan man aber in seim namen
Kinder aufnemen von seim stamen?
Zwar[792] anders nicht, dann so die
Zur gottsforcht anhallt zimlich frü,
Es sei obere oder herren,
Die sie in kirch und schulen leren,
So wird selbs Christi drinn gepfleget
Als ob man in im geren[793] treget,
Und werden oberkeit und lerer
Dardurch sein seugam und sein nerer. 10
Dann was sein kleinsten gliedern gschicht,
Das rechnet er, das in anficht.
Drum thun wol, die als dahin schlichten,
Das man djugend mög recht berichten,
Zu kennen lernen iren gott,
Der sie von sünden, höll und tod
Auch mit seins sons blut glöset hat,
Und schenkt in als durch lauter gnad.
Hingegen treut der herr gross pein
Den, die der kleinsten ergern ein,
Dann dem ein mülstein besser wer
Am hals, und sein versenkt im mer.
Derhalben aus mit losem gschwetz
Welchs gute sitten nur verletzt!
O aus mit unzucht, völlerei,
Mit böser gsellschaft büberei!
Raumt[794] weit von diesen zarten herzen
Das gottlos gsind, das schandbar scherzen,
Lasst solch wort nit mehr von euch hören, 10
Das djugend weltlichkeit muss leren[795]:
Es dunkt mich, es leret sich früh,
Mutwill und frechheit komt ohn müh.
Ler du sie die recht gottsforcht vor,
Die ist zu weisheit tür und tor,
Und denk, das rechenschaft must geben
Für die verderbnus und bös leben.
Es lesst sich zwar nicht also schimpfen[796]:

Und mit der weltlichkeit verglimpfen[797]:
Du hörst wol, was dein Christus melt, 20

Sein völklein sei nit von der welt,
Wiltu dein kinder weltlich machen,
So stecksts dem teufel in den rachen:
Dann man sol brauchen so die welt,
Als ob mans[798] nit brauch, noch was gelt.
Man kan nit dienen ie zugleich
Gott und der welt, des teufels reich,
Daher umsonst nit Christus spricht:
'Ir Engel sehen gotts angsicht,'
Als sprech er, das sie die verklagen, 10
Die kindern hie bös vorbild tragen.
O weh der welt vor ergernus,
Welchs weltlichkeit heut heissen muss:
Damit man reizt gotts rach herzu,
Zu strafen das kalb mit der ku.
Dann wie wolt gott das leiden immer,
Das man sein grün setzling bekümmer,
Und im dasselb beschmutzen tut,
Was sein Son reinigt durch sein blut,
Das man die zarte gfess verwüst 20
Die zu seim lob warn zugerüst.
Bedacht[799], das der prophet sagt dort,
Gott leg in kindsmund auch sein wort,
Und müssen auch ir sön und töchter
Sein aposteln sein und wechter,
Und aus der unmündigen stamlen
Will er seins namens lob auch samlen.
Wie samlet er aber diss sein lob?
Nemlich durch sein wort die recht prob,
Das lasst er treulich durch sein lerer 10
Teilen nach glegenheit der hörer,
Also das ers auch nicht verschweigt
Dein kindern, wie diss büchlein zeigt,
Darinn er in nach irm verstand
Durch kurze fragstück macht bekant,
Die fürnemst stück christlicher lere,
Wie man in recht nach seim wort ere.
Derwegen niemand nicht veracht
Die Fragen, hie kurz eingebracht,

Sondern denk, das wir müssen all
Zu kindern werden in dem fall,
Wollen wir andern glauben recht
Die gheimnus unsers glaubens schlecht,
Die kindlich einfalt muss uns füren,
Und müssen lassen uns regieren
Gotts worts, gleich wie das kind regiert,
Des vaters red, was der ordiniert;
Müssen von uns nit hoch ding halten,
Sondern wie kind demütig walten, 10
Welchs Christus damals hat gemelt
Da er das kind für djünger stellt.
Hierum so brauch, mein liebe jugend,
Diss büchlin zu ler und rechter tugend,
Die dann in gotts erkantnus stehet,
Das man nach seinen gboten gehet.
Darzu wöll gott sein gdeien geben
Und nach disem das ewig leben.

BURKARD WALDIS.

[Scherer D. 297, E. 294.]

Dieser berühmte Fabeldichter wurde in Hessen vermuthlich um 1495 geboren, lebte aber in seiner Jugend meist im Ausland, namentlich in Livland. 1523 wurde er vom Erzbischof Jasper van Linden als Abgesandter an den Kaiser und den Pabst geschickt, um Hilfe gegen den einbrechenden Protestantismus zu verlangen. Auf dem Rückwege ward er von den Protestanten in Riga gefangen genommen, trat dann selbst zum Protestantismus über und lebte als Zinngiesser in Riga. Später kehrte er nach Hessen zurück, war Pfarrer zu Abterode (1544) und starb wahrscheinlich 1557. Herausgegeben 'Esopus' von Kurz (2 Bde. Leipzig, 1862); Tittmann (2 Bde. Leipzig, 1882); 'Der verlorene Sohn' von Milchsack (Halle, 1881); 'Streitgedichte' von Koldewey (Halle, 1883).

DIE LXXXIJ FABEL VOM REICHEN UND ARMEN MANN.

ZV Lübeck in der schönen Stadt 10
Ein alter Bürger sass im Rath,

Der war gar reich an Gut und Hab,
Da mit sich nit zu frieden gab,
Er hett ein Fraw vnd keine Erben,

Dennoch hört er nit auff mit werben[800],
Allzeit dem Gelt vnd Gut nach tracht,
Dauor er weder tag noch nacht
Kein ruh nit hett, so sehr jn plagt
Der Geitz, wie der Poet auch sagt,
Das sich gleich mit dem Geld vnd Gut,
Die lieb des Gelts vermehren thut,
Nun ist am selben end der brauch,
Wie sonst in andern Stedten auch,
Da sind viel tieffer Keller graben 10
Darinn vil Leut jr wonung haben,
Die sich nur von dem Taglohn nehren,
Nach kleinem Gut auch messig zeren,
Also sass auch desselben gleichen,
Ein armer vnter diesem Reichen,
Pflag den Leuten die schuhe zu flicken,
Mit Holtz vnd Henffen drad[801] zu sticken,
Dauon er sich, sein Weib vnd Kind
Ernehrt, wie man vil armen findt,
Jedoch war er seins mutes frey, 20
Sang, vnd war stets frölich dabey,
Des abends er daheime blieb,
Vnd seine zeit also vertrieb,
Des wundert sich der reich gar sehr,
Er dacht, was ists doch jmmermehr,
Das disen armen Mann erfrewt?
Nun weyss ich doch das er offt kewt
An armetey[802], die jn besessen
Vnd hat offt kaum das Brodt zu essen,
Vorwar ich keinen fleiss nit spar 30
Biss ich sein wesen recht erfahr.
An einem Sontag kurtz darnach
Also zu seiner Frawen sprach,
Du must dichs nit verdriessen lassen
Daniden[803] vnsern haussgenossen,

Zu gast bitten heut disen tag
Mit seiner Frawen, das ich mag
Von jm werden einr frag bericht,

Die mich bekümmert vnd anficht.
Er schickt baldt seinen Knecht hinunder
Bat jn zu gast, das nam gross wunder
Denselben armen Mann, gedacht[804]
Wer hat den jetzt so kostfrey[805] gmacht?
Doch gieng er hin, versagts jm nit;
Nach essens sprach der Wiert, ich bit 10
Vmb ein ding hab ich euch zu fragen
Drauff wöllet mir die warheit sagen:
Ich weyss das euch am gut zerrinnet[806],
Vnd mit ewrm thun nit viel gewinnet,
Mit grosser arbeit jr euch nehrt
Vnd dennocht kaum des hungers wehrt,
Vnd trincken auch gar selten Wein
Vnd dennocht allzeit frölich sein,
Beid[807] tag vnd nacht, abents vnd morgen
Als ob jr hetten nichts zu bsorgen. 20
Nun hab ich gelts vnd gutes gnug
An essen, trincken, gutem fug[808],
Mit gutem Wein thu mich offt kröpffen[809],
Kan dennocht solchen muth nit schöpffen.
Er sprach, warumb solt mich betrüben,
Mein gut ist sicher vor den Dieben,
Zu Wasser vnd zu Landt der halb[810]
Stirbt mir kein Pferdt, noch Kuh, noch kalb,
Es kan kein Kauffman mich betriegen
Oder in der handlung vorliegen, 30
Vnd wie ich hab ein kleine nerung[811],
So halt ich auch ein kleine zerung,
Verzer nit mehr denn ich erwerb
Sorg nit das ich dabey verderb,

Vnd steck mein fuss nit weiter nab
Denn ich wol zu bedecken hab[812],
Vnd mich zu frieden geb damit:
Was ich nit hab, entfellt mir nit.
Ich lass mir an demselben gnügen
Was mir Gott teglich thut zu fügen,
Gedenck, morgen kompt auch ein tag
Der vor sich selber sorgen mag.
Mit solcher redt wardt er bewogen
Das ern vorbass nit mehr dorfft fragen, 10
Vnd dacht, er ist recht willig arm,

Billich das ich mich sein erbarm,
Lieff hin, vnd bracht baldt hundert gulden
Vnd sprach, damit bezalt ewr schulden,
Damit ich euch jetzt will begaben
Das jr ewr not zu schützen haben.
Der Mann wardt fro, gieng damit hin
Vnd dacht baldt das ers auff gewin,
Vnd auff Kauffmannschaft mocht anlegen
Damit noch hundert brecht zu wegen[813], 20
Vnd tracht mit fleiss drauff tag vnd nacht
Damit jm selb viel sorgen macht,
Das er vor mühe den Kopff stets hieng
Vnd auff der Gassen trawrig gieng,
Des singens er dabey vergass.
Den reichen sehr verwundert das,
Er bat jn abermal zu gast,
Der Mann die hundert gülden fasst
In einen Beutel, brachts jm wider,
Vnd sprach, von der zeit an vnd sider[814], 30
Das jr mir habt die gülden geben
Ist mir vergahn mein bestes leben.
Seht hin, fahrt wol mit ewrem gut,
Ich nem dafür ein guten muth.
Desselben ich viel bass geniess;

Das Gelt macht mir bekümmerniss. —
Solch einfalt ist gar vnderkommen[815]
Vnd hat der Geitz das Landt eingnommen,
Ich kenn auch jetzt viel armer leut,
Doch halt ich nit, das man jetzt heut
Vnder jn allen einen findt,
Der gleich wie diser sey gesinnt.
Es sind viel Wiert auff allen strassen
Die Leut bei jn herbergen lassen,
Doch solt man schwerlich ein bekommen, 10
Der dem Gast zu seim nutz vnd frommen,
Ein Kopff[816], von Silber oder Golt
In sein Sack heimlich stecken sollt,
Wie man sagt, das ehe sey geschehen.
Ists war, weyss nit, habs nit gesehen.
Vielleicht man sonst wol ein bekem,
Der eim eh etwas aussher[817] nem,
So gar ist jetzt die gantze Welt

Gericht auff das verfluchte Gelt.
Dennocht so ists gewisslich war 20
Es zeugt die Schrifft so hell vnd klar,
Das man nit zgleich dem Gelt kan dienen
Vnd dennocht sich mit Gott versünen,
Denn wer sein Datum[818] dahin richt
Das er sich nur dem Gelt verpflicht,
Vnd darinn all sein wollust hat,
Der macht das Gelt zu einem Gott,
Vnd fellt baldt in des Teuffels strick.
Derhalben sich ein jeder schick,
Das er seins guts ein Herre sey, 30
So ist er vieler sorgen frey.

GEORG ROLLENHAGEN.

[*Scherer* D. 297, E. 294.]

Geboren 1542, zu Bernau bei Berlin, studierte in Wittenberg, gestorben 1609 zu Magdeburg, wo er Rector der Schule war. Er ward vorzüglich berühmt durch seine Nachahmung der Batrachomyomachie, der Froschmäusler genannt. Herausgegeben von Gödeke (2 Thle. Leipzig, 1876).

FROSCHMEUSELER.
BRÖSELDIEB[819] SAGT, WER MURNER[820] SEI.

Murnern, der katzaner patron,
Lert mich kennen mein mutter fron;
Ich bat, wie ich noch war ein kind,
Wie die kinder fürwitzig sind,
Sie wolts lassen einmal geschehen,
Mich auch lassen die welt besehen,
Dieweil ein heimgezogen[821] kind
Unverstendig blieb als ein rind, 10
Wie sie denn oftmals diese wort
Vom herrn vater selbst het gehort.
Sie weret ab mit hand und mund,
Predigt mir viel von katz und hund,
Wie die uns weren so gefer[822].

Ich bat und gilfert[823] immermer,
Bis sie zuletzt williget drein,
Das ich ein stund möcht von ihr sein,
Warnet doch mich mit ganzem fleiss
Und saget von des Murners weis, 20
Das er versteckt im winkel sess
Und die meuslein on brot einfress,
Das wern sein allerliebste speis,
Den solt ich ja meiden mit fleiss.
Ich schlich unter der wand herfür
Nach unsers schlosses vordertür,
Die in des mantiers[824] haus hingieng,

Davon es werme und rauch empfieng,
Und kuckt[825] heimlich zuerst heraus
Wie ein unbewanderte maus,
Ob auch da wer sicher geleit,
Odr ob der Murner sess zur seit.
So sass im haus im sonnenschein
Ein schönes weisses jungfreulein,
Sein euglein glenzten hell und klar,
Es leckt und schlichtet seine har,
Küsset die hend und wusch sie rein 10
Über die zarten wengelein;
Das herz im leib verlanget mir,
Das ich nur möcht treten herfür,
Dasselb mit adeligen sitten
Um seine lieb und freundschaft bitten,
Küssen ihre schneweisse hend:
So het al meine sorg ein end. —
Es trat aber am platz herum
Im haus die leng und in die krüm
Ein erschreckliches wundertier, 20
Dafür die haut erschuttert mir,
Vom haupt zu fuss aller gestalt
Wie man ein basilisken[826] malt;
Ich dacht, ob das der Murner wer,
Der uns meusen ist so gefer.
Vornen am kopf war er geschlacht[827],
Wie man die bösen geister macht,
Mit einem krummen spitzen schnabel,
Hat füss, geteilt wie ein mistgabel,
Und ein zweispitz geteilten bart 30

Nach des mantiers greulicher art,
Und auf dem haupt ein glühend kron
Mit vil türnen[828] erhoben schon[829],
Und aus dem leib giengen beisammen
Ein grosser hauf gelber feurflammen[830],

Gekrümt unten und über sich,
Übraus hesslich und erschrecklich;
Damit pranget er über erd[831],
Trat herein wie ein reisig[832] pferd,
Und seiner trabanten wol zehen
Giengen alzeit hinter ihm stehen,
Doch nicht so statlich ausgemacht[833],
Der könig fürt allein den pracht.
Wie ich nun blieb im löchlein stecken,
Dem abenteur zusehe mit schrecken, 10
Fengt er an dem boden zu schnablen[834],
Scharret mit den zween mistgabeln
Und ruft: 'Guck, guck, curit, merkauf!'
Da erhob sich ein gross zulauf,
Die trabanten waren gar schnell,
Zu hören des königs befel,
Reckten auch die köpf zu der stet,
Zu sehn was er geschrieben het;
Bis der könig mit grossem prassen[835]
Sprang auf die haustür nach der gassen 20
Und schlug die arm auf beide seit,
Sperret den rachen auf gar weit
Und rief, man hets ein meil gehort,
Diese drei erschreckliche wort:
'Rück, rück ihn herausser beim kragn![836]'
Als het mich der donner geschlagn,
So stürzt ich zu dem loch hinein,
Lief zu meinem frau mütterlein.
Die erschrak und fragt, was mir wer,
Das ich fast het kein atem mer 30
Und also ser fieng an zu beben;
Wolt mir erzenei fürs schrecken geben.
Ich sprach: 'O mutter, der Murner
Hat mich erschrecket also ser,

Das ich schier nimmer atem hol;
Wie habt ihr mich gewarnt so wol!'

'Was tat er denn?' die mutter sprach.
Ich sagt: 'Im haus ich sitzen sach
Ein zartes schönes jungfreulein,
Im weissen pelzlein, artig fein,
Das schmückt sich mit geleckter hand;
Ich het mich gern zu ihm gewandt
Und um ein kuss freundlich gebeten,
So kömt der Murner hergetreten 10
Mit gabelfüssen, mit der kron,
Mit brennenden schwanz angeton,
Das mich daucht ser erschrecklich stehen.
Der schelm het mich im loch gesehen,
Springet auf die tür und rufet laut
(Wenn ichs gedenk graust mir die haut):
'Rück, rück ihn herausser beim kragn!'
Damit wolt er sein dienern sagn,
Das sie mich solten nemen an[837].
Und sie hettens warlich getan, 20
Wenn ich nicht bald entlaufen wer.
Davon bin ich erschreckt so ser.'
Da sagt die mutter: 'Liebes kind,
Die so schrecklich anzusehen sind,
Die tun uns meusen nichts zu leid;
Die aber dichten[838] freundlichkeit,
So leis und lieblich einher schleichen,
Die hendlein küssen, wilkom reichen,
Die sind giftige creatur,
Teufl unter englischer figur; 30
Die sind geferliche katzen,
Die vorn lecken, hinten kratzen.
Judaskuss ist geworden neue,
Fürt gute wort, helt falsche treue;
Der dich anlacht, der reist dich hin:
Das ist dieser welt weis und sin.

Das jungfreulein, das so schön war,
Bringt uns meuschen die gröst gefar,
Futtert sein pelz mit unserm blut,
Gott sei dank, das er dich behüt!'

ÆGIDIUS TSCHUDI.

Geboren 1505 zu Glarus; gestorben 1572, als Landamman. Sein 'Chronicon Helveticum' reicht bis 1570.

ÜBER WILHELM TELL.

Darnach am Sonntag nach Othmari, was der 18. Wintermonats, gieng ein redlicher frommer Land-Mann von Uri, Wilhelm Tell genannt (der auch heimlich in der Pundts-Gesellschaft[839] was), zu Altorf etlichmal für den uffgehängten Hut und tett Im kein {10} Reverentz an, wie der Land-Vogt Gessler gebotten hat. Das ward Ime, Land-Vogt, angezeigt. Also morndes[840] darnach am Montag berufft Er den Tellen für sich, fragt In trutzlich, warumb er sinen Gebotten nit gehorsam wäre, und dem König, ouch Ime zu Verachtung dem Hut keine Reverentz bewisen hette? Der Tell gab Antwurt: 'Lieber Herr, es ist ungeward[841] vnd nit uss Verachtung geschehen; verzichend mirs; wär ich witzig, so hiess ich nit der Tell, bitt umb Gnad, es soll nit mehr geschehen.' Nun was der Tell ein guter Armbrust-Schütz, dass man In besser kum fand, und hat hübsche Kind, die Im lieb warend, die beschickt der {10} Land-Vogt und sprach: 'Tell, welches unter denen Kindern ist dir das liebste?' Der Tell antwurt: 'Herr, sie sind mir alle glich lieb.' Do sprach der Land-Vogt: 'Wolan Tell, du bist ein guter verruempter Schütz, als ich hör; nun wirst du din Kunst vor mir müssen beweren, und diner Kinder einem ein Öpffel ab sinem Haupt müssen schiessen; darumb hab eben Acht, dass du den Öpffel treffest: dann triffst du In nit des ersten Schutzes[842], so kost es dich din Leben.' Der Tell erschrack, bat den Land-Vogt vmb Gottes willen, dass Er In des Schutzes erliesse, dann es unnatürlich wäre, dass er gegen sinen lieben Kind sollte schiessen; Er wolt {30} lieber sterben. Der Land-Vogt sprach: 'das must du thun, oder du und das Kind sterben.' Der Tell sach wol, dass Ers tun must, bat Gott innigklich, dass Er In vnd sin lieb Kind behüte; nam sin Armbrust, spien es, legt uff den Pfil und stackt noch ein Pfil hinden in das Göller; und legt der Land-Vogt dem Kind (das nit mehr dann sechs Jar alt was) selbst den Öpffel uf sin Houpt. Also schoss der Tell dem Kind den Öpffel ab der Scheitlen des Houpts, dass Er das Kind nie verletzt. Do nun der Schutz geschehen was, verwundert sich der Land-Vogt des meisterlichen Schutzes, lobt den Tellen siner Kunst und fragte Ine, was das bedüte, dass er {10} noch ein Pfil hinten in das Göllert gesteckt hette? Der Tell erschrack aber, und gedacht, die Frage bedutet nützit[843] Gutes; doch hett Er gern die Sach glimpfflich[844] verantwurt und sprach: Es wäre also der Schützen Gewonheit. Der Land-Vogt merckt wol, dass Im der Tell entsass[845], und sprach: 'Tell, nun sag mir frolich die Wahrheit und fürcht dir nützit darumb: du sollt dins Lebens sicher sin; dann die gegebene Antwurt nimm ich nit an:

es wird etwas anders bedut haben.' Do redt Wilhelm Tell: 'Wolan Herr, sitmalen Ir mich mines Lebens versichert habend, so wil ich uch die grundlich Warheit sagen, dass min entlich Meinung {20} gewesen, wann ich min Kind getroffen hette, dass ich uch mit dem andern Pfyl erschossen und ohne Zweifel uwer nit gefält wollt haben.' Do der Land-Vogt das hört, sprach Er: 'nun wolan Tell, Ich hab dich dins Lebens gesichert, das will ich dir halten; dieweil ich aber din bösen Willen gegen mir verstan, so will ich dich füren lassen an ein Ort und allda inlegen, dass du weder Sunn noch Mon niemerme sechen sollt, damit ich vor dir sicher sig.' Hiess hiemit sin Diener In fachen und angentz[846] gebunden gen Flulen fuhren. Er fur auch mit Inen und nam des Tellen Schiesszüg, Kocher, Pfyl und Armbrust auch mit Im; wolts Im selbs behalten. {30} Also sass der Land-Vogt sambt den Dienern und dem gebundenen Tellen in ein Schiff, wolt gen Brunnen fahren, vnd darnach den Tellen über Land durch Schwitz in sin Schloss gen Küssnach füren, und allda in einem finstern Thurn sein Leben lassen enden. Des Tellen Schiesszüg ward im Schiff uff den Bieten oder Gransen[847] bim Stürruder gelegen.

Wie si nun uff den See kamend, und hinuff furend biss an Achsen das Ecke, do fugt Gott, dass ein solcher grusamer ungestümer Sturm-Wind infiel, dass si sich all verwegen[848] hattend ärmklich ze ertrinken. Nun was der Tell ein starker Mann, und kondt vast wol uff dem Wasser; do sprach der Dienern einer zum Land-Vogt: 'Herr, Ir sechend üwre und unsre Not und Gfar unsers Lebens, darinn wir stand, und dass die Schiff-Meister erschrocken und des Farens nit wol bericht; nun ist der Tell ein stärcker Mann, und kan wol schiffen, man solt In jetz in der Not bruchen.' Der Landt-Vogt was der Wasser-Not gar erklupfft[849], {10} sprach zum Tellen: 'Wann du uns getruwtist uss diser Gfahr ze helffen, so wölt ich dich diner Banden ledigen.' Der Tell gab Antwurt: 'Jo Herr, ich getruwe uns mit Gottes Hilff wol hiedannen zu helffen.' Also ward Er uffgebunden, stund an das Stürruder, und fur redlich dahin, doch lugt Er allweg uff den Schiess-Züg, der ze nächst bi Im lag, und uff ein Vorteil hinuss zu springen, und wie Er kam nah zu einer Blatten (die sidher den Namen des Tellen Blatten behalten, und ein Heilig Hüsslin dahin gebuwen ist) beducht Im, dass Er daselbs wol hinuss gespringen und entrinnen möcht, schry den Knechten zu, dass sie hantlich {20} zugind, biss man fur dieselb Blatten käme, wann si hättend dann das Bösist überwunden, und als Er nebent die Blatten kam, trukt Er den hindern Gransen mit Macht (wie Er dann ein starker Mann was) an die Blatten, erwüscht[850] sin Schüsszüg, und sprang hinuss uff die Blatten; stiess das Schiff mit Gwalt von Im, liss si uff dem See schweben und schwenken, der Tell aber luff Bergs und Schattens halb (dann noch kein Schnee gefallen was) über Morsach uss durch das Land Schwitz, bis uff die Höhe an der Landt-Strass, zwüschend Art und Küssnach, da ein hole Gass ist, und Gestüd[851] darob, darinn lag Er verborgen, dann Er wust, dass der Landt-Vogt allda fürryten {30} wurd gen Küssnach zu siner Burg.

Der Landt-Vogt und sin Diener kamend mit grosser Not und Arbeit übern See gen Brunnen, rittend darnach durch Schwitzer-Land, und wie si der gemelten holen Gassen nachneten, hört Er allerley Anschläg des Land-Vogts wider Ine, Er aber hat sin Armbrust gespannen und durchschoss den Landt-Vogt mit einem Pfyl, dass Er ab dem Ross fiel, und von Stund an tod was.

SEBASTIAN FRANCK.

[*Scherer* D. 286, 295, E. 282, 292.]

Geboren zu Donauwörth, gestorben gegen 1543 in Basel. Er führte ein unstätes Leben, ward als Mystiker und Schwärmer verfolgt, und scheint sich nothdürftig durch Schriftstellerei erhalten zu haben. Seine geschichtlichen Arbeiten, namentlich die 'Chronik der Deutschen', waren volksthümlich. Als Verfasser von mystischen Büchern ward er des Unglaubens verdächtig, und Luther nennt ihn: ein Lästermaul, des Teufels liebstes Maul, einen Enthusiasten und Geisterer, dem nichts gefällt als Geist, Geist, Geist. Seine Sprichwörtersammlung (vom Jahre 1532) wurde herausgegeben von Latendorf (Poesneck, 1876).

1.
AUS DER VORREDE ZUR GERMANIA.

Es ist immerzu das frembd besser dann das heymisch. Was vor der thür, has hat mann niendert für[852]. Also ist es den Teutschen auch, daher haben sie so gar nicht von jn selbs, dass kaum ein volck ist, dass weniger von jm selbs weyss vnd hat. Zu dem hat das vnglück auch darzu geschlagen, dass sie mer krieger bissher dann glert Leut haben gezogen vnd gehabt: das macht, dass sie also versaumpt vnd dahinden bliben seind, dass sie so gar nicht von jn selbs wissen odder haben. Nit dass sie, so vnendlich[853] leut, {10} nichts Chronick wirdigs haben gestifft, geredt vnd thon; ja mer dann viel andere völcker, also dass sie in dem fall weder den Griechen noch Latinern weichen, sonder dass sie niemant haben gehabt, der jr weise kleinmüetige[854] red vnd that auffschrieb, vnd jrer eygen histori, so sie täglich gewont vor augen gesehen, vnd nichts seltzams oder wunders bey jnen gewesen ist, nit haben acht genommen, vnd nur fürwitzig auff andere völcker vnd lender gesehen, vnd jn lassen treumen[855], weil nuon von anderen orten inn Latein, Griechischer vnnd Judischer zung vil bücher seyen, so seyen allein dieselben land voller wunders, weissheit, reichthumb, {20} kunst, vnd jn ja lassen träumen, sie seien Barbari, darumb dass sie die Römer etwa Barbaros haben genent; dann Teutsche seind von art ein volck, dass nicht von seim ding helt, nur frembd ding guot ding, vnd allein in vnd mit kriegen niemant weicht, den sieg aber der weissheit lasst es leicht andern nationen, ja scheubts vonn sich vnd gibts den Latinern, Griechen vnd anderen völckern. Mann sihet, dass ein Gallus, Italus, Jud etc. nicht dann sein spraach, volck, histori, kunst, weissheit, sterck etc. rhümpt. Dauon schreiben sie grosse büecher; allein die kriegerischen Teutschen bleiben krieger vnd fromm landsknecht, d e n rhuom lassen sie jn nit gern zucken[856]; künst, spraach, weissheit, weise red vnnd that lassen sie gern demüetig anderen, ja gebens selbs anderen, vnd rhüemen {10} odder verwunderen[857] auss einer sonder schier torechten demuot anderer rath, that, bücher, leer, red, vnd gefelt einem Teutschen in summa nicht, was seyn eygen ist, sonder nur auss fürwitze frembder siten, gang, kleyder, spraach, geberde, so gar, dass etlich mit kunst auss gelbem weissen hare, darumb dass es Teutsch ist, schwarz, Frantzösisch, Spaniolisch odder Welsch hare lassen machen[858], mit seltzamen beschoren köpffen, verkerter spraach, welche, so sie es gleich reden, vngern vnd verkert, als kunden sie es nimmer reden[859], vnd in summa wie die affen alle aller land verderbt sitten vnd kleyder anmassen[860], vnd in Teutschland bringen, {20} also dass Germania jetz voller Teutscher Frantzosen, Teutscher Walhen[861] vnd Spanier ist. Es ist kein volck, es bleibt bei seiner spraach vnnd kleydung, dunckt sich der gemeyd[862] sein, vnd rhümpt sich deren, wil auch, dass mans darbey erkenn. Allein die Teutschen verleugnen jre spraach vnd kleydung vnd geen in frembder seltzamer mummerey herein, als haben sie einn böss stuck thon[863], dass mann sie an nicht kan kennen, dann an sauffen vnd kriegen....

Auss disser vnachtsamkeit ist kommen, dass wir nicht vonn vns selbs haben noch wissen vnd bass[864] von Türcken vnd Dattern[865] {10} wissen zu sagen dann von vns selbs vnd vnseren ältern, dass vns die Römer nit gar vergebens Barbaros haben genent vnd in dem fall nit vnrecht thon. Es ist kaum ein vernüfftig höflich wort, spruch, red vnd that eim Griechen auss dem mund vnd hand gefallen, es ist in die feder kommen vnd als heiltumb[866] vffgehebt worden. Aber von Teutschen wissen die Teutschen nicht, sogar, wann nit die Latini für vns sorgfelig etwas hetten auffgezeichnet (doch immer zu, dz jn der glimpffe[867], sieg vnd rhuom bleib), so wissten vnd hetten wir gar nicht. Das haben zu vnserer Zeit vil hochgelerter bedacht vnd noch seuffzen, klagen[868], als Wilibaldus Birckheymer, Christoferus Scheurlin, Conradus Celtis, Jacobus Wimphelingius, Beatus Rhenanus, Conradus Peuttinger, Nauclerus, Irenicus, vnd vor jn allen der gelert Auentinus, Item Petrus Apianus, Bart. Amantius vnd {10} andere etc. vnd auss mangel der büecher solch müeh vnd schweiss drob verrert[869], dass kaum ein ander arbeyt schwerer sein mag; vnd dissen vmb Germania woluerdienten mennern bin ich auff die achsel gestanden, mich vnderstanden[870], den Teutschen diss, das ist sich selbs, zu Teutsch geben; wiewol ich nuon höre, dass andere auch mit vmbgeen, vnd, ob Gott wil, mit grossen ehren herauss vff den plan werden kommen, wie ich ein jar, zwey[871] vff sie gewart, so wil ich doch im verlorn hauffen als einer auss dem halt[872] mich erster herfür lassen, allein darumb, ob ich die andern möcht vffbringen vnd auss dem leger[873] locken. Vbermögen[874] sie mich {20} übelgewapneten, wie ich zu Gott verhoff, so wil ich gern vnd mit eern wider zu ruck in hag[875] fliehen, vnnd soll disse flucht mein grosse eer, sieg vnd gewin sein, dass ich solch landschirmer vff den plan hab gelockt vnd auss dem leger bracht, vnd sol disser mein erster aussrit sein gleich als wann man ein künstler oder senger zu singen durch bit, wie jr art ist, nit kan bewegen, dass man ein andern grif[876] brauchen muoss, dass man gantz übel vor jn singen muoss oder ein harpffen nemen vnd vor den orn des harpffenschlagers zittel discordantz vnd rossquit druff schlagen[877], dass den in oren wee thuot vnd nit leiden konden, da heben sie an zu singen {30} wie der Schwan, vnd mit genommener harpffen wöllen sie den misshal zu schanden machen. Also geb Gott, dass durch diss mein raspen[878] einn ander auffgeweckt mich nit allein, wo ich erlegen bin, ersetze, sonder mich mit meiner kunst zu schanden mache vnd Teutschland ein besser, warer melodey vnd simphonei schlag, vnnd eigentlicher heraus butz[879], dann ich geringer in disser profession vnd Chronick hab geleyst.

2.
KLEINE VÖGLIN, KLEINE NESTLIN.

Ein grosser Vogel muss ein gross nest haben. Grosse herrn müssen vil verzern. Vil einnemens vil aussgebens. Man trinckt aus kleinen brunnen eben so gnug als auss grossen. Der hirt hat eben so gnug vnnd lebt eben so lang vnd wol als der schultheyss {10} im hauss, der bawr als der fürst. Es ist allein vmb ein wenig mehr bracht[880] zu thun, vnd der vnderscheid allein im schein. Die speise vnd kleyder seind wol vngleich; halt aber das habermuss[881] gegen eim hungerigen magen vnd die capaunen gegen dem saten, vnlustigen magen der reichen, so lebt der baur wie der fürst. Ja, was sag ich, der bauwer lebt wohl vnnd der fürst wie ein arm man vnnd Tantalus in der hell. Der baur schläft müd auf einem strosack, wasen[882], banck, vnd sonst, wo er ligt: der fürst mag in helffenbeynen betten, auff pflaumfeder, mit eitel spinet[883], seidin vnd gold vmbhenckt, vnder vnd vberlegt, nit schlaffen. Hie frage ich doch, {20} welcher wol lig? Der fürst kan den last der kleyder etwa kaum tragen; der baur singt vnd springt frei, hurtig in eim grawen röcklin daher, darff[884] der nit verschonen, vnd zert mit einem creutzer so weit als der reich mit einem ducaten.

... Wo vil vässer[885] seind, da seind vil abesser. Grosser hoff muss vil mägt vnd knecht haben, vnd vil einnemens macht vil aussgebens. Der baur, so sein höflin on mägd vnd knecht mit seiner hand kan bawen, vnd die bewrin, so on mägd jr vihe kan allein melcken: die mögen leicht haben, das jn gnug, vnnd seind in jrem nestlin wol so reich, als der gross Meyer[886] mit fünffzig haupt {30} vihe, fünfftzehen meyd vnd knechten. Vnd ist der vnderscheyd an der narung des meysslins[887] vnd des pfawen nur im schein. Das meysslin hat wenig vnd ein klein nestlin, es darff[888] aber auch wenig. Der pfaw aber muss vil vnd ein gross nest haben. So nun in das gross vnd weit vil gehört vnnd das klein vöglin an kleiner speiss vnd nest vergnügt ist, so seind sie ye gleich reich. Ein eymerig vass vol ist eben so reich vnd vol, als das füderig[889]; was jhens mehr fasst, darff es mehr, vnnd geht mehr in es. Weil aber ein Christ gar ein nidertrechtig[890] vöglin ist, darff er auch gar wenig, vnd steht doch in diesem wenig aller welt reichthumb, also dass in disem wenig alles jr ist, was die welt hat vnd ist. Ich sehe manchen reichen in stetten hin vnd wider, der vnrüwig fast zablet[891] {10} vnd in dem nicht thut, dann dass er seiner mägd vnd knecht knecht ist. Wie vil seliger ist das vöglin, an seinem kleinen Nestlin benügt, dass sich nach der deck streckt! Wer sich also einziehen kann, der wirt nimmer arm vnd ist gar an leichtem[892] reich.

3.
SPRICHWÖRTER.
Thl. I (1541), Bl. 123.

Eygner herd ist golds werdt.
Es sol niemand jm selbs loben.
Freuntschafft thuot mehr not, dann wasser vnd brot.
Ein guoter freund ist in der not besser, dann gelt.
Guoter freund, guoter fund. 20
Guot freund verzeihen einander leicht.

Bl. 20.

Das angesicht verrath den man.
Es ist niemand weniger allein, dann allein.

Thl. II, Bl. 24.

Zween hart stein muolen nie klein.
Zween streitköpff werden nimmer eins.

Bl. 79.

Mensch helff dir selbs, so hilfft dir Gott.

JOHANNES PAULI.

[Scherer D. 298, E. 295.]

Geboren, 1455 zu Pfeddersheim von jüdischen Eltern, trat zur katholischen Kirche über, wurde Franciscaner und starb 1530 zu Thann im Oberelsass. Er war ein Anhänger Geilers von Kaisersberg und sammelte dessen Predigten. Sein Buch 'Schimpf und Ernst' ist eine Sammlung von 700 Schwänken, Erzählungen, Fabeln, Anekdoten u. dgl. Herausgegeben von Österley (Stuttgart, 1866).

SCHIMPF UND ERNST.
DIE BEIDEN BLINDEN.

Es stunden auff ein mal zwei blinden vnder einem thor, da der künig oben in dem sal sasz vnd asz vnd mocht zů demselbigen thor sehen, vnd sahe wer da vsz vnd yn gieng. Da schrei der ein blind. O wie ist dem so wol geholffen, dem der Künig oder Keiser wil helffen. Da fieng der ander blind auch an zůschreien vnd sprach, O wie is dem so wol geholffen, dem got wil helffen! vnd also eins vmb das anders schrauwen die zwen blinden, dieweil der keiser {10} oder künig asz. Der keiser wolt doch versůchen was sie für glück hetten, vnd liesz zwen kůchen bachen, vnd in den einen thet er vil guldin, das er schwer was, in den andern thet er vil dottenbein, das er leicht was, und hiesz dem blinden den schweren kůchen geben, der da zů dem künig schrei, da ieglicher sein kůchen het, da giengen die blinden zůsammen, vnd fragten einander was im worden wer. Der ein sprach, man hat mir als ein leichten kochen geben. Da sprach der ander, so ist meiner als schwer, ich mein es sei häbere brot lieber lassen vns tuschen mit einander, ich hab alwegen gehört, brot bei der leichte, vnd kesz bei {20} der schwere. Die tuschten mit einander, morgens kam der aber vnd schrei. O wie ist dem so wol geholffen, dem der künig wil helffen. Der ander blind kem nit me, er het gnůg. Der keiser kam vnd liesz den blinden fragen, wa er den kůchen hin het gethon. Der blind sprach, er het mit dem andern blinden getuscht, wan er wer leichter gewesen dan der sein. Da sprach der künig, der ander blind hat noch recht geschruwen, das dem wol geholffen ist dem got wil helffen. Du solt nichtz haben, darumb bleib du in dem ellend.

JÖRG WICKRAM.

[*Scherer* D. 299, E. 297.]

Aus Kolmar, wo er eine Meisterschule gründete. 1554 Stadtschreiber zu Burkheim am Rhein. Seine Erzählungen 'Knabenspiegel', 'Von guten und bösen Nachbarn', 'Gabriotto und Reinhard', 'Goldfaden' (herausgegeben von Brentano, Heidelberg, 1809) schrieb er zwischen 1551–1556. Sein 'Rollwagenbüchlein', zuerst 1555 erschienen, ist eine Sammlung von Schwänken und Anekdoten; herausgegeben von Kurz (Leipzig, 1865). Wickram dichtete auch Dramen.

AUS DEM ROLLWAGENBÜCHLEIN.

Der schmackhafte Trunk.

Auf ein zeit für ein mechtig schiff auf dem mer mit grossem gůt und kaufmanschatz beladen. Es begab sich, das ein grosse fortun oder torment an sie kam, also das sich menniglich zů sterben und {10} zů ertrinken verwegen tet. Auf dem schiff was ein grober und gar ein ungebachner Baier. Als er von menniglich hort, das sie sich zů versinken und zů ertrinken verwegen hatten, gieng er über seinen ledernen sack, nam daraus ein gůte grosse schnitten brot, reib ein gůt teil salz darauf, hůb an und ass das ganz gütiglichen in sich, liess ander laut beten, gott und seine heiligen anrüfen. Als nun auf die letzt der torment vergieng und alles volk auf dem schiff wider zů růwen kamen, fragen sie den Baier, was er mit seiner weis gemeint hat? der gůt Baier gab auf ire fragen antwort und sagt: 'Dieweil ich von euch allen hört, wie wir undergon und gar {20} ertrinken solten, ass ich salz und brot, damit mir ein solcher grosser trunk auch schmecken mocht.' Dieser wort lachten sie genůg.

DOCTOR FAUST.

[*Scherer* D. 301, E. 298.]

Das älteste Volksbuch vom Doctor Faust erschien zuerst zu Frankfurt 1587 bei Johann Spies (herausgegeben von Braune, Halle 1878; in photolithographischer Nachbildung Berlin, 1884). Eine neue Originalausgabe zu Frankfurt 1588. Erweiterte Ausgaben zu Berlin 1590; zu Frankfurt 1592. Eine englische Übersetzung (nach einem Nachdruck der ersten Ausgabe vom Jahre 1588) erschien zu London, 1592, und bald darauf

Marlows Tragödie. Das alte Faustbuch wurde in Deutschland seit 1595 durch
Widmanns Bearbeitung verdrängt.

1.

DOCT. FAUSTUS EIN ARTZT, VND WIE ER DEN TEUFFEL BESCHWOREN HAT.

WIe obgemeldt worden, stunde D. Fausti Datum dahin, das zulieben, das
nicht zu lieben war, dem trachtet er Tag vnd Nacht nach, name an sich Adlers
Flügel, wolte alle Gründ am Himmel vnd Erden erforschen, dann sein
Fürwitz, Freyheit vnd Leichtfertigkeit stache vnnd reitzte jhn also, dass er
auff eine zeit etliche zäuberische vocabula, D. Faustus Beschweret den
Teuffel zum erstenmal. figuras, characteres vnd coniurationes, damit er den
Teufel vor sich möchte fordern, ins Werck zusetzen, {10} vnd zu probiern
jm fürname. Kam also zu einem dicken Waldt, wie etliche auch sonst melden,
der bey Wittenberg gelegen ist, der Spesser[893] Wald genandt, wie dann D.
Faustus selbst hernach bekandt hat. In diesem Wald gegen Abend in einem
vierigen Wegschied[894] machte er mit einem Stab etliche Circkel herumb,
vnd neben zween, dass die zween, so oben stunden, in grossen Circkel hinein
giengen, Beschwure also den Teuffel in der Nacht, zwischen 9. vnnd 10.
Vhrn. Da wirdt gewisslich der Teuffel in die Faust gelacht haben, vnd den
Faustum den Hindern haben sehen lassen, vnd gedacht: Wolan ich wil dir
dein Hertz vnnd Muht erkühlen, {20} dich an das Affenbäncklin setzen,
damit mir nicht allein dein Leib, sondern auch dein Seel zu Theil werde, vnd
wirst eben der recht seyn, wohin ich nit (wil) ich dich meinen Botten senden,
wie auch geschach, vnnd der Teuffel den Faustum wunderbarlich äfft vnnd
zum Barren[895] bracht. Denn als D. Faustus den Teuffel beschwur, da liess
sich der Teuffel an, als wann er nicht gern an das Ziel vnd an den Reyen
käme, wie dann der Teuffel im Wald einen solchen Tumult anhub, als wolte
alles zu Grund gehen, dass sich die Bäum biss zur Erden bogen, Darnach
liess der Teuffel sich an, als wann der Waldt voller Teuffel were, die mitten
vnd neben dess D. Fausti Circkel her bald darnach erschienen, als wann
nichts denn lauter Wägen da weren, darnach in vier Ecken im Wald {10}
giengen in Circkel zu, als Boltzen vnd Stralen, dann bald ein grosser
Büchsenschuss, darauff ein Helle erschiene, Vnd sind im Wald viel löblicher
Instrument, Music vnnd Gesäng gehört worden, Auch etliche Täntze,
darauff etliche Thurnier mit Spiessen vnd Schwerdtern, dass also D. Fausto
die weil so lang gewest, dass er vermeynt auss dem Circkel zu lauffen.
Letztlich fasst er wider ein Gottloss vnd verwegen Fürnemen[896], vnd
beruhet oder stunde in seiner vorigen condition, Gott geb, was darauss
möchte folgen, hube gleich wie zuvor an, den Teuffel wider zu beschweren,
darauff der Teuffel jhm ein solch Geplerr vor die Augen machte, {20} wie
folget: Es liess sich sehen, als wann ob dem Circkel ein Greiff oder Drach

schwebet, vnd flatterte, wann dann D. Faustus seine Beschwerung brauchte, da kirrete das Thier jämmerlich, bald darauff fiel drey oder vier klaffter hoch ein feuwriger Stern herab, verwandelte sich zu einer feuwrigen Kugel, dess dann D. Faust auch gar hoch erschracke, jedoch liebete[897] jm sein Fürnemmen, achtet jhms hoch, dass jhm der Teuffel vnterthänig seyn solte, wie denn D. Faustus bey einer Gesellschafft sich selbsten berühmet, Es seye jhm das höchste Haupt auff Erden vnterthänig vnd gehorsam. Darauff die Studenten antworteten, sie wüssten kein höher Häupt, {30} denn den Keyser, Bapst oder König. O dess armen Diensts vnd Gehorsams. Drauff sagt D. Faustus, das Häupt, das mir vnterthänig ist, ist höher, bezeugte solches mit der Epistel Pauli an die Epheser, der Fürst dieser Welt, auff Erden vnd vnter dem Himmel, &c. Beschwur also diesen Stern zum ersten, andern, vnd drittenmal, darauff gieng ein Fewerstrom eines Manns hoch auff, liess sich wider herunder, vnnd wurden sechs Liechtlein darauff gesehen, Einmal sprang ein Liechtlin in die Höhe, denn das ander hernider, biss sich enderte vnd formierte ein Gestalt eines fewrigen Manns, dieser gieng vmb den Circkel herumb ein viertheil Stund lang. Bald darauff endert sich der Teuffel vnd Geist in Gestalt eines grauwen Münchs, kam mit Fausto zu sprach, fragte, was er begerte. Darauff war D. Fausti Beger, dass er morgen vmb 12. Vhrn zu Nacht jhm erscheinen solt in seiner Behausung, dess sich der Teuffel ein weil wegerte[898]. D. Faustus beschwur jhn aber bey seinem Herrn, dass er jm sein Begern solte erfüllen, {10} vnd ins Werck setzen. Welches jm der Geist zu letzt zusagte, vnd bewilligte.

2.

D. FAUSTUS LÄST JHM DAS BLUT HERAUSS IN EINEN TIEGEL, SETZT ES AUFF WARME KOLEN, VND SCHREIBT, WIE HERNACH FOLGEN WIRDT.

ICh Johannes Faustus D. bekenne mit meiner eygen Handt offentlich, zu einer Bestettigung, vnnd in Krafft diss Brieffs, Nach dem ich mir fürgenommen die Elementa zu speculieren, vnd aber auss den Gaaben, so mir von oben herab bescheret, vnd gnedig mitgetheilt worden, solche Geschickligkeit in meinem Kopff nicht {20} befinde, vnnd solches von den Menschen nicht erlehrnen mag, So hab ich gegenwertigem gesandtem Geist, der sich Mephistophiles nennet, ein Diener dess Hellischen Printzen in Orient, mich vntergeben, auch denselbigen, mich solches zuberichten vnd zu lehren, mir erwehlet, der sich auch gegen mir versprochen, in allem vnterthenig vnnd gehorsam zuseyn. Dagegen aber ich mich hinwider gegen jhme verspriche vnd verlobe, dass so 24. Jahr, von Dato diss Brieffs an, herumb vnd fürvber gelauffen, er mit mir nach seiner Art vnd weiss, seines Gefallens, zuschalten, walten, regieren, führen, gut macht haben solle, O HERR Gott behüt. mit allem, es sey Leib, Seel, Fleisch, {30} Blut vnd gut, vnd das in sein Ewigkeit. Hierauff absage ich allen denen, so da leben, allem Himmlischen Heer, vnd allen Menschen, vnd das muss seyn. Zu festem

Vrkundt vnnd mehrer Bekräfftigung, hab ich disen Recess eigner Hand geschrieben, vnderschrieben, vnd mit meinem hiefür getrucktem eygen Blut, meines Sinns, Kopffs, Gedancken vnnd Willen, verknüpfft, versiegelt vnd bezeuget, &c.

Subscriptio,

Johann Faustus, der Erfahrne der Elementen, vnd der Geistlichen Doctor.

3.

WIE DOCT. FAUSTUS ZU ERFFORD DEN HOMERUM GELESEN, VND DIE GRIECHISCHEN HELDEN SEINEN ZUHÖRERN {10} GEWEIST VND VORGESTELT HABE.

ES hat sich auch D. Faustus viel Jahr zu Errford gehalten, vnd in der hohen Schul daselbst gelesen, vnd viel Ebenthewr in dieser Stadt angerichtet, wie noch etliche Personen beim leben, die jn wol gekandt, solche Ebenthewr von jhm gesehen, auch mit jm gessen vnd getruncken haben. Als er nun seinen Zuhörern einmal den Griechischen fürtrefflichen Poeten Homerum gelesen, welcher vnter andern Historien auch den zehenjärigen Krieg von Troia, der sich der schönen Helenæ wegen vnter den Griechischen Fürsten erhaben hatte, beschreibet, vnd da vielmals der Tapffern Helden, {20} Menelai, Achillis, Hectoris, Priami, Alexandri, Vlissis, Ajacis, Agamemnonis vnd anderer gedacht wird, hat er derselben Personen, gestalt vnd gesichte den Studenten dermassen beschrieben, das sie ein gros verlangen bekommen, vnd offt gewünscht, wo es jhr Præceptor zu wegen bringen könte, dieselbigen zu sehen, haben jn auch darumb bitlichen angelanget[899]. Faustus hat jn solches verwilligt vnd zugesagt in der nechsten Lection, alle die sie begerten zusehen, vor augen zu stellen, derwegen ein grosser concursch vnd zulauff von Studenten worden. Wie dann die Jugend allzeit mehr auff Affenwerck vnd Gauckelspiel, denn zu dem guten, Lust vnd {30} Zuneigung hat. Als nun die Stunde komen, vnd Doctor Faustus in seiner Lection fortgefahren, auch gesehen, das wegen seiner gethanen zusag, mehr Zuhörer verhanden, dann sonsten, Hat er fast mitten in der Lection angefangen, vnd gesagt: Ir lieben Studenten, weil euch gelüstet die Griechischen berhümbten Kriegsfürsten, welcher der Poet alhier neben vielen andern Scribenten gedenckt, in der Person, wie sie domals gelebt vnd herein gangen seind, anzuschawen, sol euch dieses jtzt begegnen, vnd sind auff solche Wort alsbald obernante Helden in jhrer damals gebreuchlichen gewesenen Rüstung in das Lectorium nacheinander hinein getreten, sich frisch vmbgesehen, vnd gleich als wenn sie ergrimmet weren, die Köpffe geschüttelt, welchen zu letzt nachgefolgt ist, der greuliche {10} Rise Polyphemus, so nur ein Aug im Kopffe mitten in der Stirn gehabt hat, vnd einen langen zottichten fewrrohten Bart, hat ein Kerln, den er gefressen, mit den Schenckeln noch zum Maul heraus zottend[900] gehabt, vnd so gresslich ausgesehen, dass jhnen alle Haar gen Berg gestanden, vnd sie vor schrecken vnnd zittern schier nicht gewust haben, wo sie naus solten. Dessen aber Faustus sehr gelacht,

vnd jhnen einen nach dem andern bey namen genandt, vnd wie er sie
beruffen, also auch ordentlich heissen wider hinaus gehen, welches sie auch
gethan, alleine der eineugige Cyclops oder Poliphemus hat sich gestalt, als
wolte er nicht weichen, sondern {20} noch ein oder zween fressen, Darüber
sich dann die Studenten noch mehr entsatzt, sonderlich weil er mit seinen
grossen dicken Spiesse, der lauter Eisen, vnd eim Weberbaum gleich war,
wider den Erdboden sties, das sich das gantze Collegium bewegte vnd
erschutterte. Aber Faustus winckete jhm mit eim Finger, da traff er auch die
Thûr, vnd beschlos also der Doctor seine Lection, des die Studenten alle wol
zu frieden waren, begerten fortan kein solch Gesichte von jhme, weil sie
erfahren, was für gefahr hiebey zu fürchten.

THOMAS NAOGEORG.

[*Scherer* D. 309, E. 308.]

Aus Baiern. Eine Zeitlang Pfarrer zu Kahla in Thüringen. Führte, nachdem
er mit Luther zerfallen, ein unstätes Leben. Er dichtete protestantische
Tendenzdramen in lateinischer Sprache: 'Pammachius' 1538; 'Mercator'
1540; 'Incendia' 1541; 'Hamanus' 1543; 'Hieremias' 1551; 'Judas Icariotes'
1552.

AUS DEM PAMMACHIUS.
(Porphyrius.   Pammachius.   Satan.)
Porphyrius:

Er würt nun gwisslich ledig sein
Und sein stûl haben gnomen ein
Ich halt es sei der greülich man
Gehörnt, der uns sicht hesslich an.
Sein augen seind nür feüres glast,
Eyn Habichs nass geknodet[901] vast.
Sein maul ist weiter dann es sol.
Sein gantzer leib schwartz wie eyn kol. 10

Pammachius:

Du hast verstand: es ist der man.
Lass sehen was er hie wöll than.

Porphyrius:

Mir zittert aller meyner leib.
Ich weyss nit, wo ich vor im bleib.

Pammachius:

Du mûst sein angsicht leiden lern,
Er gibt sunst grosse gaben gern
Wann eyners eyn mol leiden mag 20
So leidt ers darnach allen tag.

Porphyrius:

Sag mir, Pammachi, wer sind die,
Die also gkrönet stond alhie?
Sichstu sie oder sichstus nit?
Sag mirs, das ist mein grosse bitt.

Pammachius:

Es ist die öberkeyt im reich
Ich sich ye sunst nit ires gleich.

Satan:

Die habend noch keyn feindlich gsicht,
Mit forcht ir augen abgericht,
Als ob sie etwas hetten gern,
Das ich sie solt umb bitt gewern.

Porphyrius:

Sie ungleichen dem fürsten nit, 10
Als werns in eyner ess geschmit.

Pammachius:

Wolher, wir wöllen zû im gahn
Und mit im zreden heben an.

Porphyrius:

O grossmechtiger fürst und her,
Wir grüssen dich beyd ich und der.

Satan:

Was sůchend meyne find alhie?
Ich hett solchs in vertrawet nie. 20

Porphyrius:

Ich weyss nit wie mir gschehen ist,
So meyner zungen red gebrist[902].
Mich hat erschreckt die greülich stim,
Das ich kan forter[903] reden nim[904].

Pammachius:

Du můst eyn starck gemüt hie hon
Und wie eyn starcker kriegsman thon.

Porphyrius:

Wir deine diener hond eyn bitt, 30
Begerend: fürst, verschmeh uns nit.

Satan:

Was habt ir dann für bitt an mich?
Sags von stund an, dazů schick dich!

Porphyrius:

O grosser fürst, gnediger her,
Wiewol es von sich selbs ist schwer,
Das eyner bei sein finden redt
Und er werd gweret seiner bedt
Bei denen, die er hett zůvor
Mit wort und werck beleydigt zwor
Noch tröst uns dein gross miltigkeyt
Die bei dir allweg ist bereyt
Die macht das wir auch hoffnung han 10
Dein gnad die werd uns nemen an
Bissher hond wir noch nie erkant
Dein onüberwintliche handt
Und das mit unserm schaden gross

Das wir nit wurden zerst dein gnoss
Dieweil du so freigebig bist
Das all den deinen nichts gebrist
Mit grossem bracht sie gond daher
Als ob die gantz welt iren wer.
Nichts mangelt in an eer und gût. 20
Dazû hond sie eyn gûten mût.
On arbeyt werden sie all reich,
So uns gar nit geschicht der gleich.
Wir sind verschmacht[905] in aller welt
Wir hond auch weder gold noch gelt,
Wir sind veracht und gar verbandt.
Man nimbt uns alles was wir handt.
Mit hauss und hoff, mit weib und kind
Wir täglich in den gferden sind
Thûnd wir schon gûts, so ists keyn danck 30
Also leiden wir grossen zwanck
Aber uns gschicht da eben recht
Das wir nit wöllen sein dein knecht
Die in deim reich hie müssend won.
Drumb nemend wir eyn solchen lon.

Eyn knecht sol warten auff sein hern,
Will er von im eyn lon begern.
Solchs solten wir betrachtet hon
Und nit wöln deim gwalt widerston.
Aber es gschach auss unverstandt.
Drumb strecken wir auss unser hand,
Du wölst dein knechten gnedig sein.
Die vorhin haben straff und pein.
Jetzt nim uns auff auch in dein reich.
Mach uns dein underthonen gleich: 10
Wir wöllen gûten fleiss an kern,
Dasselbig fürdern und zû mehrn.
Das du mûst sagen sicherlich,
Du habst zûvor nit unsers gleich.
Wie wir dir theten widerstandt,
So wöln wir fürter mern dein landt,
Also das keyner strenger sei
Von allen die dir wonen bei.

JOHANNES CHRYSEUS.

[*Scherer* D. 310, E. 308.]

Deutscher Tendenzdramatiker der Reformationszeit. Lebte zu Altendorf in Hessen. 1546 übersetzte er den 'Haman' von Naogeorg. Sein 'Hofteufel' steht an der Spitze der gesammten Teufelsstücke des sechzehnten Jahrhunderts.

AUS DEM HOFTEUFEL.
Actus Quarti   Scena Septima.
Sibilla.   *Salomon.*   *Ben*   *Jamin.*
Blepsidemus. Joseph[906].

Ach, Blepsideme, böse mehr
Bringt jr mit euch mir jetzund her. 20
Ach Gott, mein Gott, klag dir mein leid;
Ach Herr, hilff jetzt zu diser zeit!

Ach hertzenliebsten kinder mein,
Solt jr denn jetzt so jung vnd klein
Zu armen elendn waysen werdn?
Das klag ich dir mein Gott vnd Herrn.
Wie hertzlich hat euwr Vatter doch
Geliebet euch, vnd sollet noch
Sein werdn beraubt so jämmerlich?
Ach Gott, solchs jetzund krencket mich.

Salomon.

Wer wil denn vnserm Vatter thun? 10

Sibilla.

tlosn Leut, mein lieber Son.
Bin doch ein gantz elende Frauw.
Du treuwer Gott von Himmel, schauw,
Sih an mein jammr und gross ellend:
Diss böss fürnemmen gnedig wend!
Ach Blepsideme, günner gut,
Ich bitt, geht hin, erfaren thut,
Wies vmb mein Herren sey gestalt,

Ob er noch leb, vnd sagt mirs bald, 20
All weil ich hie verziehen wil.

Wils bald erfarn, steht jr hie stil.

Ach lieben kindr, bitt jetzt auch Gott,
Das er errett euwrn Vattr vorn Tod.

Ich wil flugs bettn, mein Memelein.

Das thu, du hertzer Sone mein. 30

Wil ich meim Vatter helffen wol?

Der treuwe Gott jm helffen sol.

Ach lieben kindr, jr jammert mich.
Du heiligr Gott, erbarme dich
Vbr meinen Mann, den diener dein!

Ach greinet nicht, mein Memelein.

Ich habs erkundt, er ist noch frey,
Drumb geht nur her, trett bass herbey.

Mag mich jn jetzt nicht sehen kan: 10

Die kindr würdn jm zu hertzen gan.

Blepsidemus.

Ey, seit getröst vnd weinet nicht.
Kan noch wol werden als geschlicht.

Sibilla.

Ach Gott, er jammert mich zu sehr.

Blepsidemus.

Seit stil, der König kompt jetzt her.

THIEBOLD GART.

[*Scherer* D. 304, E. 303.]

Bürger zu Schlettstadt. Sein Volksstück 'Joseph' wurde 1540 von
Schlettstädter Mitbürgern aufgeführt und in demselben Jahre das erste Mal
gedruckt zu Strassburg. Herausgegeben von E. Schmidt (Strassburg 1880).

SOPHORA.

O wee mein höchster Jupiter,
Cupido du gewaltigster, 20
O Venus, dein gestrenges kind,
Durchtringt mein traurigs hertz geschwind,
Mit scharpffen pfeilen heysser lieb,
Du brünnens[907] fewr, der ehren dieb,

Was bringstu für ein preiss daruon?
Wann du ein weib bezwingest schon,
Ein plede[908] creatuer seer,
Du plinder schütz, wa ist dein ehr?
Mir kam doch in mein keüsches hertz,
Nie semlich[909] vngehörter schmertz,
Als seit der zeit so Joseph kam,
In vnser hauss der heysse flamm,
So bitt ich edle Venus mein,

Gib jm das auch dagegen ein, 10
Vnd aber nim du bald hinweg,
Das du mir gabst, das gross gekläg,
Heu[910] soll ich mir ein sollchen mann,
So hertzlich lassen ligen an
Treib auss deim keuschen hertzen treib,
Die schandtlich lieb, o leydigs weib,
So fast du magst, ja wann ich möcht?
So wer ich auch geschickter lecht[911],
Mich zwingt vnwillig newe macht,
Ein anders hat mein hertz betracht, 20
Ein anders radt mir liebes brunst,
Ich kenn das recht vnd lobs vmb sunst,
Denn ich folg nur dem bösen nach,
Du arme, was ist dir so goch?
Nach disem Hebreischen knecht,
Er ist der thewren frawen zschlecht,
Wa komm ich hin, was foch ich an?
Du schändtlichs fewr, weich weit hindan
Solt mich erbitten liebes lust,
Eim dem mein lieb noch vnbewusst, 30
Wie möcht ichs jmmer vndersthon?
Schamm würd mein mund beschliessen than.
Jetzt weyss ich mir ein freien fund,
Brieff brieff, die müssens machen kundt,
Keyn bessers möcht ich han erdacht,

Er kumpt, O wee die thür die kracht,
Er ists, ich wags vnd solt ich schon,
Eya meins hertzen höchste kron,
Du bists nach dem mein hertz verlangt,
An dir mein leib vnd leben hangt.

HANS SACHS.

[*Scherer D.* 306, *E.* 304.]

Geboren 1494 zu Nürnberg. Er besuchte die lateinische Schule, wurde Schuhmacher, gieng auf die Wanderschaft und befleissigte sich der Dichtkunst. 1515 nach Nürnberg zurückgekehrt, heiratete er 1519 und starb 1576. Zwischen den Jahren 1514, wo er zu dichten angefangen, und 1567 hatte er 34 Bände mit 6048 Stücken gedichtet. Eine neue Ausgabe durch Keller und Götze begonnen (Tübingen 1870 ff.); eine Sammlung der Fastnachtspiele von Götze (Halle 1880 ff.); eine Auswahl veranstalteten Gödeke und Tittman (3 Bde. Leipzig 1870, 1871).

1.
WARUMB BETRÜBSTU DICH.

Warumb betrübstu dich mein hertz,
bekümmerst dich vnd tregest schmertz
Nur vmb dz zeitlich gut,
Vertraw du deinem Herren vnnd Gott,
der alle ding erschaffen hat. 10
Er weyss gar wol, was dir gebricht,
Himel vndt Erdt ist sein,
Mein Vatter vnnd mein Herre Gott,
der mir beisteht in aller not.
Weil du mein Gott vnnd Vatter bist,
Dein Kind wirst du verlassen nicht,
du Vätterliches hertz,
ich bin ein armer erden Kloss,
auff Erden weiss ich keinen trost. 10
Der Reich verlest sich auff sein zeytliches gut,
ich aber wil dir vertrawen mein Gott.
ob ich gleich werdt veracht,
So weiss ich vnd glaub vestiglich,
wer dir vertrawt dem mangelt nicht.
Helia wer erneret dich,
da es so lange regnet nicht,

Inn so schwer thewrer zeyt,
Eine Widwe auss Sodmer landt,
zu welcher du von Gott warst gesandt.
Do er lag vnter dem Wacholder baum,
der Engel Gottes vom Himmel kam,
bracht jm Speiss vnde tranck,
Er gieng gar einen weiten gang,
Biss zu dem berg Horeb genandt.
Des Daniels Gott nicht vergass,
da er vnter den Löwen sass: 10
sein Engel sand er hin,
vnd liess jm speise bringen gut
durch seinen diener Habacuck.

[Joseph in Egypten verkauffet ward,
von König Pharao gefangen hart
vmb sein Gottsförchtigkeit:
Gott macht jn zu eim grossen Herrn,
das er kundt Vatter vnd Brüder ernehrn.
Es verliess auch nicht der trewe Gott
die drey Menner im Fewer ofen rot: 20
sein Engel sandt er jhn,
Bewart sie für dess Fewres glut
vnd halff jhnen auss aller noht.]
Ach Gott du bist noch heut so Reich,
Als du gewesen Ewigkleich,
Mein trawen steht zu dir,
Mach mich an meiner Seelen reich,
so hab ich genug hie vnd ewigkleich.
Der zeitlichen ehr will ich gern entpern,
du wöllest mich nur des ewigen gewern,
das du erworben hast
durch deinen herben bittern todt,
des bit ich dich mein HERR vnd Gott.
Alles was ist auff diser Welt, 10
es sey Silber Gold oder gelt,
Reichtumb vnnd zeitlich gut,
das weret nur ein kleine zeit
vnd hilfft doch nichts zur seligkeyt.
Ich danck dir Christ O Gottes Son,
das du mich solchs hast erkennen lon[912]
durch dein Gottliches Wort,
Verley mir auch bestendigkeyt
zu meiner seelen seligkeyt.
Lob ehr vnd preiss sey dir gesagt 20
für alle dein erzeigte wolthat
vnd bit demütig,
Lass mich nicht von deim angesicht
verstossen werden ewigklich,
Amen.

2.
LANDS KNECHT SPIEGEL.

Dess Kriegs art, frucht vnd lohn,
Magst du hierinn verstohn.

ALS ich vor dreyssig Jaren,
Noch Jung vnd vnerfahren,
Offt hört vom Kriege sagen,
Vnd mir auch hart anlagen
Mein Gsellen, das ich hin
Solt in den Krieg mit jhn,
Auch etwas zuerfahren, 10
Das ich in alten Jaren
Daruon zusagen west[913],
Fürsagten mir das best,
Das ich ein lust gewunn
Zum Krieg, vnd dem nachsunn,
Wie noch manch Junges blut,
Auss vnwissenheit thut.
Nun, eins Nachs gegem Tag,
Als ich frey munder lag,
Erschin mir hell vnd pur 20
Der gross Gott der Natur
Genius, sprach zu mir:
Wolauff Gsell, das ich dir
Den Krieg thu zeygen on,
Sein art, frucht vnd sein lohn,
Wenn ich dir den fürstell,
Nach dem dir ausserwel
In disen Krieg zuziehen,
Oder jhn gar zufliehen.
Nachdem da nam er mich, 30
Führt mich hoch vbersich
Hindurch den klaren lufft,
Vnd auff der Erden grufft
Mir zeigt ein weytes thal,
Verwüstet vberal,
Verhawen warn die Wälder,
Zertretten die Bawfelder,
Würtz, Kraut, Laub vnde Grass
Als abgefretzet was, 10
Sampt allerley Getreyd,

Vnd aller wunn vnd weyd,
Vnd die edlen Weinreben,
All fruchtbar Bäum darneben
Waren all abgehawen,
Die Ecker vngebawen,
Auch stunden die Weyer
Von Visch vnd Wasser leer,
Auch zeigt er mit darumb
Ein vber grosse sumb, 20
Lang vnd breyt etlich meyler
Dörffer vnd kleine Weyler
Die brunnen[914] hoch vnd lo,[915]
Eins theils die lagen do
In der Aschen, vnd rochen[916],
Zeigt mir wie sich verkrochen
Die Bawern in den Wälden,
In heckn vnd finstern hälden[917],
Der ich doch vil sah schetzn[918],
Fahen, Martern vnd pfetzn, 30
Auch wie da an den Strassen,
Vor den Dörffern sassen

Weib vnd die kleinen Kinder,
Hin war Rossz, Schaf vnd Rinder,
Auch jhr Schätzgelt eingraben,
War hin von den Kriegsknaben,
Sampt Futter vnd Getreyd,
Dess sassens in hertzleyd,
In hunger, durst vnd frost,
Elend ohn allen trost,
Vnd westen nit wohin,
Nach dem zeigt er mir in 10
Den Bergen mannich Schloss,
Welche durch das Geschoss,
Warn hart worden bekümmert,
Zerscherbet vnd zertrümmert,
Vnd aussgebrendt mit Fewer,
Doch stund noch etlich gmewer,
Sonst all NotFest[919] zerstört,
Kein Adel man drinn hört,
Hin war als Frawen Zimmer,
Vnd als was man vor jmmer 20
Geflöhnet[920] hett darein,

Das war hin gross vnd klein,
Nach dem er mir auch hat
Gezeiget die Hauptstatt,
Die vor war vest beschlossen,
Jetzt durch den Feind zerschossen,
Jhr Pastey[921] warn zerschellet,
Thürn vnd Brustwör gefellet,
Mit Pölern[922] hart gedrenget,
Vnd mit Puluer zersprenget, 30
Die Mawer vnd den Graben
Gar aussgefüllet haben,
Auch lag da noch vom sturm
Kriegsrüstung mancher furm[923],
Von den die Statt ward gewunnen
Das Wasser vnd die Brunnen
Warn abgraben vnd gnommen,
Als wir darob sind kommen,
Zeigt er mir hin vnd her
All gassen öd vnd lär,
Elend stund das Rathauss,
All Grechtigkeit war auss,
Niemand hett straff noch schutz, 10
Es lag gemeiner Nutz,
Freyheit, Original,
All Pollicey zumal,
Es schwieg Rath, Gsetz vnd Recht
Es galt Herr wie Stadtknecht,
War als verjagt vnd blöd,
Auch stund die Kirch gar öd,
Geblündert jhrer zier,
Kein Freyheit war in jhr,
Kein Ampt noch Sacrament, 20
Als Kirchengsang hett end,
Kein Glocken noch kein Vhr,
In jhr gehöret wur,
Da war kein Priester mehr,
Hin war jhr Würd vnd Ehr,
Derhalb das Göttlich Wort
Ward darinn nit gehort
Mehr auff dem Predigstul,
Auch stund gantz öd die Schul,
Niemand da mehr studieret 30
In Künsten Arguiret,

Kein freye Kunst gelehret,
Dardurch würde gemehret

Die zucht, weissheit vnd Tugend,
Bei der blüenden Jugend,
Auch stunden all Hämmer vnd Mül,
Auch sah ich alle Stühl
In den Werkstätten lär,
Ich sah kein Handwercker
Darinn schmieden noch drehen,
Bachen[924], schneyden noch nehen,
Schmeltzen, Giessen noch Weben,
Graben, Zimmern, darneben 10
Buchtrucken noch Binden,
Blieb alles dahinden,
Sticken vnd Seidenfitzen,
Mahln, Gulden oder schnitzen,
Sah weder Badn noch schern,
Lär waren all Tafern[925],
Sah kein Hochzeit noch Tentz,
Kein Bulerey noch Krentz,
Kein Seytenspiel, hofiern,
Kein Kurtzweil noch Thurniern, 20
Trawrig war all jhr wandel,
Aller Gewerb vnd Handel
Vom Krieg gefeget was,
Vnsicher war die Strass,
Auff alle Mess vnd Märck,
In Summa all Handwerck
Vnd Händel lagen nider,
Ich schawet hin vnd wider
Die Häuser alle offen,
Das Volck hett sich verschloffen[926], 30
All winckel hin vnd dar
Mit klag erfüllet war,
Mit seufftzen, gschrey vnd weinen,
Von grossen vnd von kleinen,
Dann all Häuser in zorn
Zerrissn, geblündert worn,
Aller Haussrath war hin,
Pettgwand, Silber vnd Zinn,
Kleyder vnd die Barschafft,
Der gantzen Burgerschafft,

Dergleich gemeine Stadt, 10
War an jhrem vorrath,
Beraubt, sampt aller Schätz,
Erst sah ich das all plätz
Vnd Gassn vol Burger lagen,
Erschossen vnd erschlagen,
Im Blut geweltzt jhr Leiber,
Darbey Töchter vnd Weiber
Sassen ein grosse Schar,
Raufften jhr eygen Har,
Wanden vor leyd jhr Händ, 20
Ihr vil waren geschend
An jhr Weiblichen Ehr
Von dem vnzüchting Heer.
Genius sprach zu mir:
Nun will ich zeygen dir
Auch das gewaltig Heer,
Das mit blutiger Weer
Die Landschafft hat verhert,
Schlösser vnd Städt vmbkehrt,
Was sie für werth vnd lohn 30
Auch entpfangen daruon.
Schnell mit mir Genius
Durch die Wolcken hin schuss
Vber ein weittes Feld,

Das stund voller Gezeld,
Vnd darumb Circkel rund
Ein Wagnburg gschlossen stund,
Da lag die blutig Rott
An der Erd in dem Kot,
Samb[927] lebendig begraben,
In jrn Hüttn gleich den Raben,
Gantz Wetterfarb vnd hager,
Hungerig, dürr vnd mager,
Ihre Kleyder zerrissen, 10
Erfaulet vnd zerschlissen,
Bey der Nacht sie erfrurn,
Beym Tag hart peinigt wurn
Von der Sonn, hitz vnd staub,
Macht sie gantz matt vnd taub,
Regen vnd vngewitter,
Herb kalte Wind warn bitter,

Die Leuss in nassem Kleyd,
Theten auch vil zu leyd,
Offt ward gesperrt das Land, 20
Bracht mangel an Prouant,
Derhalb Alter vnd Junger
Musst leyden grossen hunger,
Wann sie dann hetten wol,
Warens denn gar stüd vol[928],
Frassens fleisch hinein gar,
Wans kaum halb gsotten war,
Durch so vnorndlich leben
Thet sich bey jhn begeben
Das jhr vil waren kranck, 30
Vmb sie war gross gestanck,
Sie hetten Breun vnd Ruhr,
Vil jhr begraben wur,
Kein rhu thetens auch haben
Mit schantzen vnd mit graben,
Mit Tagwach vnd schiltwachen,
Vnd andern Kriegessachen,
Der Pfenningmeister[929] gar
Offt zu lang aussen war,
Vil loffen auff die Beut,
Zaltens offt mit der heut[930],
Vil auch durch Armut kamen
Das Feind vnd Freunden namen,
Die henckt man dann an Galgen,
O wie sah ich ein palgen[931], 10
Ein Gottlestern vnd schwern,
Das niemand kund erwehrn,
Auff dem vmbplatz vil ringer
Lagen Händ vnde Finger,
Ohn zahl jhr worden wund,
Die man offt schlecht verbund,
Das sehr vil Krüppel gab,
Ich sah von oben ab,
Wie sie litten zumal
Vom Feind gross vberfal, 20
Auch kamen vom Scharmützel
Ihr offt herwider lützel,
Auch zeigt er mir von ferren
In eim Zelt die Kriegsherren,
Theten vil anschläg machen,

Felten doch in vil sachen,
Dess war jhn heimlich bang,
Der Krieg verzog sich lang,
Das Land gar zugewinnen,
Offt thet jhn Gelts zerrinnen, 30
Bey all jhren auffsetzen[932],
Der Vnderthanen schetzen,
Denn thet der Krieg sie tringen[933],

Eylend Gelt auffzubringen,
Musten zu underpfand
Versetzen jhr eygen Land,
Ihr Kleinat vnd Credentz,
Gieng auch dahin behends,
Ietzt fehlt Puluer, dann Bley,
Vnd ander Municey[934],
Dem reysing Zeug gebrach
Fütterung vnd Obtach,
Das wasser mancher zeyt 10
Dem Läger war zu weyt,
Offt ward Proviant verlegt,
Der Lerman[935] sie erschreckt,
Klag kam abend vnd morgen,
Auch mustens hart besorgen,
Ihn würd heimlich vergeben[936],
Ander aufsetz darneben,
Auch fürchtens mancherley
Auffruhr vnd Meuterey
In jhrem eygnen Heer, 20
Auch ereygnet sich mehr
Vntrew jhrer Amptleut,
Ihr vil trugen schalcksheut,
Auch war jhr kundschafft schlecht
Offt falsch vnd vngerecht,
Auch wurd jhn hin vnd wider
Vil Post geworffen nider,
Dardurch kam an den Tag
Jhr heimlicher vorschlag,
Von jhnen fiel auch ab 30
Etlich Stätt, sich begab
Ir Bundgnossn wurden gweltigt,
Noth, angst wurd manigfeltigt,
Ihr Land vnd Fürstlich gnad

Stund als auff dem glückrad,
Der Feind auch auff sie zug,
Das Läger an sie schlug,
Beyd theil zuthun ein Schlacht,
Wurden ordnung gemacht,
Beyde zu Fuss vnd Ross,
Abgieng das Feldgeschoss,
Dass gleich das Erdrich kracht,
Nach dem gieng an die schlacht,
Vom Gschütz war ein gedöss, 10
Von Rossen ein gestöss,
Ein stechen vnde hawen,
In dem da thet ich schawen
Das ein Heer siegloss floch,
Der ander Hauff abzog.
Genius liess mich sehen,
Bald die schlacht ward geschehen,
Die Walstatt diser Wisen,
Sah ich mit Blute fliesen,
Da grosse hauffen lagn 20
Erstochen vnd erschlagn,
Eins theils lagen todwund
Echtzten noch mit dem Mund,
Eins theils hört ich laut gemmern
Seufftzen vnd kläglich wemmern
Vnd nach dem Tode schreyen,
Auss ängsten sie zu freyen.
Genius zeigt herab,
Wie man auch vrlaub gab
Dem gantzen hellen Hauffen, 30
Ach wie sah ich ein lauffen,
Beyde von Jung vnd Alt,
Dess Sold nicht gar bezahlt,

Derhalb die strassen schlecht
Lag gar vol Krancker Knecht,
Ihr vil sah wir gefangen,
Auch an den Baumen hangen,
Ihr vil die Bawern erschlugn,
Gantz elend sie heimzugn,
Wann der tausent theil gleich
Nit heim kam gsund vnd reich,
Der meist theil kam zu Hauss

Erger dann er zog auss, 10
Vol Laster vnd Vntugend,
Also die blüend Jugend
Im Krieg verdorben war,
Das jhr anhangt vil Jar.
Genius sprach zu mir:
Sag an Gsell, wie gfelt dir
Der Krieg vnd die Kriegsleut,
Sein art, frucht, lohn vnd peut?
Ich antwort jhm gar klug,
Dess Kriegs hab ich genug, 20
Dieweil ich hab mein leben,
So will ich mich begeben
In kein Krieg nimmermehr,
Weil er ohn nutz vnd Ehr
Handelt, allein mit schaden
Wirdt Land vnd Leut beladen,
Welche der Krieg thut rühren,
Sampt denen die jhn führen,
Derhalb der Krieg ich sag
Ist lautter straff vnd plag,
Dess gar soll müssig gan
Ober vnd Vnterthan.
Da antwortet Genius
Vnd sprach: Gesell man muss
Dess Feindes sich offt weren, 10
Der wider Recht vnd Ehren
Bekümmert Leut vnd Land,
Allda mit thewrer hand
Wehrt man sich recht vnd billig,
Da solt du auch gutwillig,
Deim Vatterland beystahn,
Als ein ehrlicher Mann,
Dran setze Leib vnd Blut,
Krafft, Macht, Gwalt vnde Gut,
Dein Vatterland zu retten, 20
Als auch die Alten theten,
Das frid vnd rhu jhm wachs,
Spricht von Nürnberg Hans Sachs.

3.
AUS DIE WITTEMBERGISCH NACHTIGALL, DIE MAN JETZT HÖRET ÜBERALL.

Wach auff, es nahend gen dem tag!
Ich hör singen im grünen Hag
Ein wunnigkliche Nachtigal,
Ihr stimb durchklinget Berg und Thal.
Die Nacht neigt sich gen Occident,
Der Tag geht auff von Orient,

Die rotbrünstige Morgenröt
Her durch die trüben Wolcken geht,
Darauss die liechte Sonn thut plicken
Dess Mondes schein thut sie verdrücken[937];
Des ist jetzt worden bleich und finster,
Der vor mit seinem falschen glinster[2]
Die gantzen Herd Schaf hat geblend,
Das sie sich haben abgewend
Von ihrem Hirten und der Weyd
Und haben sie verlassen beyd, 10
Sind gangen nach des Mondes schein
In die Wildnuss den Holzweg ein,
Haben gehört des Löwen stimb
Und sind auch nachgefolget jhm,
Der sie geführet hat mit liste
Gantz weit abwegs tieff in die Wüste;
Da habens ihr süss Weyd verlorn,
Hant gessen Unkraut, Distel, Dorn ...
Zu solcher Hut haben geholffen
Ein gantzer Hauff reissender Wolffen ... 20
Auch lagen vil Schlangen im Grass,
Sogen die Schaf ohn unterlass
Durch all Gelid biss auff das Marck.
Dess wurden die Schaf dürr und argk
Durchauss und auss die lange Nacht
Und sind auch allererst erwacht,
So die Nachtigall so hell singet,
Und des Tages Gelentz[938] herdringet,
Der den Löwen zu kennen geit[939],
Die Wölff und auch jhr falsche Weid. 30
Dess ist der grimmig Löw erwacht,
Er lawret und ist ungeschlacht
Uber der Nachtigal Gesang,
Das sie melt der Sonnen auffgang ...
Der schein niemand verbergen kan.

Nun das ihr klärer möcht verstan,
Wer die lieblich Nachtigal sey,
Die uns den hellen tag ausschrey,
Ist Doctor Martinus Luther,
Zu Wittenberg Augustiner,
Der uns auffwecket von der Nacht,
Darein der Mondschein uns hat bracht.
Der Mondschein deut die Menschen Lehr
Der Sophisten hin und her
Innerhalb der vierhundert Jaren, 10
Die sind nach ihr Vernunfft gefaren
Und hant uns abgeführet ferr
Von der Evangelischen Lehr
Unseres Hirten Jesu Christ
Hin zu dem Löwen in die Wüst.
Der Löwe wird der Bapst genennt,
Die Wüst das Geistlich Regiment,
Darinn er uns hat weit verfürt
Auff Menschensünd, als man jetzt spürt ...
Darumb, ihr Christen, auss der Wüste 20
Kehrt zu dem Hirten Jesu Christe!
Derselbig ist ein guter Hirt,
Hat sein Lieb mit dem Tod probiert[940],
Wie samlet er aber diss sein Lob?
Nämlich durch sein wort, die recht prob,
Das lasst er trewlich durch sein Lehrer
Theylen nach gelegenheit der Zuhörer,
Also, das ers auch nicht verschweigt
Den Kindern, wie diss Büchlein zeigt,
Darinn er ihn nach jhrm Verstand 30
Durch kurtze Fragstück macht bekant
Die fürnemst stück Christlicher Lehre,
Wie man jhn recht nach seim wort ehre.
Derwegen niemand nicht veracht
Die Fragen, hie kurtz eingebracht,

Sondern denck, das wir müssen all
Zu Kindern werden in dem fall,
Wollen wir anders glauben recht
Die gheimnuss unsers glaubens schlecht.
Die kindlich einfallt muss uns führen,
Und müssen lassen uns Regieren
Gotts wort, gleich wie das Kind regiert

Des Vatters Red, was der ordiniert;
Müssen von uns nicht hoch ding halten,
Sondern wie Kind demütig walten, 10
Welchs Christus damals hat gewelt,
Da er das Kind für die Jünger stelt.
Hierumb so brauch, mein liebe Jugend,
Diss Büchlin zu Lehr und rechter Tugend,
Die dann in Gotts Erkantnuss stehet,
Das man nach seinen Gebotten gehet.
Darzu wöll Gott sein gdegen[941] geben
Und nach disem das ewig Leben.

4.
FABEL.
{20} DER KRÄMER MIT DEM AFFEN.

Ein Krämer sein Krämerey trug
Darmit er hin vnd wider zug
Auff alle Kirchwey in dem Land,
Auff den Dörffern, wo er die fand,
Darmit er sich gar kaum ernehrt,
Mit müh vnd arbeit streng vnd hert[942],
Lid darbey hitz, frost, hunger vnd kommer
Nun begab sich im heissen Sommer,
Dass diser armer Krämer alt
Sein krämerskorb trug durch ein Wald, 30
Nun schien die Sonn so vberheiss,
Das vber sein Leib loff der schweiss,

Gieng daher helig[943], müd vnd schwach,
In dem ein Brünnlein er ersach,
Das in eim gelben sand auffqwül[944],
Gantz silberfarb, klar frisch vnd kül,
Zu dem der Krämer nider sass
In schatten in das grüne Grass,
Vnd sein Krämerskorb von jm setzt,
Vnd seines vnmuts sich ergetzt,
Thet sich mit disem Brünnlein laben,
Vnd gedacht jhm allda zu haben 10
Ein halbe stund ein stille rhu,
Vnd höret den Waldvögeln zu,
Wie sie sungen mit freyer stim,
In dem giengen die augen jm

Zu, vnd bey dem Brünnlein entschlieff,
In süssem schlaff gar hart[945] vnd tieff,
Vnter eim hohen Kistenbaum[946].
Im schlaff gedaucht jn in dem Traum
Wie er auff einr Dorff-Kirchwey wer,
Darauff sehr vil Gelds löset er, 20
Von Bawersvolck alten vnd jungen,
Die sich vmb seinen Kram vast drungen[947].
Dess wurd der Krämer frewden vol
Im schlaf, das es im gieng so wol,
In dem ein Aff ersehen was[948]
Den Krämer ligen in dem Gras.
Der lof, vnd bracht im Wald daher
Bey zweintzig Affen, oder mehr.
Die Affen alle vmb jn stuhnden,
Bleckten jr Zän, sein spotten kunden, 30
Aus fürwitz bald der Affen hauff
Brachen jm sein Krämers-Korb auff,
Vnd schütten jm herausser gar
All seine elende Krämers Wahr,
Als Brüch[949], Pfeiffen vnd Schlötterlein[950],

Niesswurtz, Zucker vnd Brentenwein,
Leckuchen[951] süssholtz, dergleich gneschlein[952]
Gürtel, Nestel vnd Kindstäschlein
Spiegel, Schelln, Kämb[953] vnd Harpand,
Fingerlein[954], Nadel, das alles sand[955]
Hieng der fürwitzen Affen Hauff
Im Walde in dem Baumen auff,
An den Esten hin vnde her,
Samb im Wald ein Dorfkirchwey wer.
Nach dem die Affn aneinander hiengen, 10
Ein Tantz vmb den Krämer anfiengen ...
Die Schu jm von sein Füssen zugen,
Vnd sie jhm in den Wald vertrugen ...
Von disem so ist munter worn
Der Krämer, vnd schnell aufferwacht,
Fuhr auff, vnd gar vngeschlacht[956],
Die Affen aber flohen bald,
Hin vnd her zerstrewt in dem Wald,
Vnd dem Krämer alle entloffen;
Der fund seinen Krämerskorb offen, 20
Der war von aller Wahr gantz ler,

Die hieng in Baumen hin vnd her,
Vnd dazu in Hecken vnd Stauden,
Die samlet er mit schweiss vnd schnauden[957].
Ein theil war jhm zu hoch gehangen,
Dieselben kund er nit erlangen.
Was er erlanget, packt er ein
Widerumb in den Kramkorb sein,
Vnd zog also barfuss darvon;
Must spot vnd schmach zum schaden hon. 30

DER BESCHLUSS.

Also sich hie in diser zeit
Manch Mann mit grossr müh vnd arbeit
Kan sich gar kümmerlich ernehrn,

Mit Weib vnd Kind hungers erwehrn,
Mit schwerer Armut ist beladen,
Vnd ist gantz jederman ohn schaden
Mit seim Gewerb was er thut treiben,
Kan doch vor den Affen nicht bleiben,
Welche man sonst nent die Spottvögel,
Welche sind frech, fürwitz vnd gögel[958],
Die öffnen vnverschembt allzeit
Eins guten Mannes heimligkeit
Spott weiss mit jhren hinterschlegen, 10
All sein ding zum ärgsten ausslegen,
In all seim Handl jn verunglimpffen,
Sehr grob mit wort vnd wercken schimpffen[959]
Wiewol mit solchem groben schimpff
Kompt der gut Mann vmb ehr vnd glimpff
Dardurch der gut Mann wird veracht,
Wenn aber der in ernst erwacht,
Vnd redet den vnd jenen an,
Was er geredt hat vnd gethan,
Als denn solch Spottvögel fliehen, 20
Vnd den Kopff auss der Schlingen ziehen
Wischen das Maul, drollen darvon,
Keiner wil nichts geredet hon,
Oder sie geben für jhm glimpff[960],
Es sey geschehn in gutem schimpff.
Solches sind recht vntrewe tück,
Vnd arg, neckische Bubenstück,

Welches thut gar kein Byderman,
Derselb schertzen vnd schimpffen kan,
In fröligkeit ohn allen schaden, 30
Dass sein Nechster bleibt vnbeladen,
Beyde an glimpff, Ehren vnd Gut;
Solchs abr der Schandvogel nicht thut,
Sonder schertzweiss aussbreit er das,
Vnd doch auss bitter neyd vnd hass,

Alls was er sicht, hört vnd erfehrt,
Er alle ding zum ärgsten kehrt.
Solch Affen vnd Schandvögel auff Erd
Die sind gar keiner Ehren werd.
Sie richten an vil vngemachs.
Nur mit jn hin! das wünscht Hans Sachs.
Anno Salutis MDLVIII.
Am 19. Tage Decembris.

5.

AUS DER COMEDIA: DIE UNGLEICHEN KINDER EVÆ.

{10} Ausgabe: Nürnberg bey Christoff Heussler 1558.

Actus III.

Adam vnnd Eua geen ein, vnd Abel selb sechst, Kain auch selb sechst.

Adam spricht.

Eua ist das hauss gezirt
Auff das wenn der Herr kummen wirt
Das es als schön vnd lüstig Ste
Wie ich dir hab befolhen Ee.

Eua spricht.

Alle ding war schon zu bereyt
Za nechten[961] vmb die versperzeit. 20

Adam spricht.

Ir kinderlein ich sich den Herrn
Mit seinen Engeln kummen von Ferrn
Nun stelt euch in die ordnung fein
Vnd bald der Herre dritt herein
Neygt euch und bietet jm die hend
Schaw zu wie stelt sich an dem End

Der Kain vnd sein Galgen-rott
Sam wöllen sie fliehen vor Gott.

{30} *Der Herr geet ein mit zweyen Engeln, geyd den segen vnd spricht.*

Der Fried sey euch jr Kinderlein.

Adam hebt sein hend auff vnnd spricht.

O Himelischer Vater mein
Wir dancken in vnsrem gemüt
Das du vns Sunder durch dein güt
Heimsuchst in vnser angst vnd not.

Eua hebt jr hend auff vnd spricht.

Ach du trewer Vatter vnd Got.
Wie soll wirs verdienen vmb dich
Das du kumbst so demütigklich 10
Zu vns elenden an diss ort
Dieweil ich hab veracht dein wort
Vnd gefolgt der hellischen schlangen
Da ich die gröst sünd hab begangen
Wider dich, drumb wirt mein gewissn
Bekümmert, geengst vnd gebissn.

Der Herr spricht.

Mein Tochter sey zu frieden eben
Deine Sünde seind dir vergeben
Wann ich bin barmhertzig vnd gütig 20
Genedig, Trew vnd gar langmütig
Ein Vater der trostlosen armen
Ich wirt mich vber euch erbarmen
So ich euch send in meinem namen
Des verheissenen weibes samen
Der wirt von übel euch erlösen
Zertretten die hellischen bösen
Schlangen doch mitler zeit vnd fort
Solt jhr euch halten an mein wort
Mit eim festen vnd starcken glaubn 30
Vnd last euch des niemand beraubn

Das sol die weil ewer trost sein.

O himelischer vater mein
Des sey dir lob, danck, preiss vnd ehr

Jetzund ewig vnd jmmer mehr
Nun jhr kinder euch hieher macht
Mit reuerentz den Herrn entpfacht
Sich, Sich, wie sich der Kain stelt
Mit seiner rott so vngschickt helt
Vnd wend vnserm herr gott den rück
Wend euch und habt euch als[962] vnglück
Empfacht jn nach einander rumb.

Kain entpfecht den Herrn mit der lincken hand vnd spricht.

Herr nun biss mir wilkumb. 10

Eua spricht.

Ey reicht jr denn an diesem end
Vnserm hergott die lincken hend
Ziecht auch ewre hütlein nit ab
Wie ich euch vor geleret hab
Ir groben filtz[963] an zucht vnd ehr
Mein Abel kum zum Herren her
Sambt den ghorsamen brüdern dein
Entpfahet Gott den herrn fein.

{20} *Abel beut dem Herrn sein hand sampt den frommen kindern vnnd spricht.*

O Herr Got du himlischer vater
Ich danck dir du höchster Wolthater
Der du dich vnser so gnedigklich
Annembst wer kan vol loben dich.

Der Herr spricht.

Abel vnd diese fünffe sind
Gehorsam wolgezogne kind
Kumpt thüt neher zu mir her trettn 30

Saget mir her wie künd jhr bettn.

NICODEMUS FRISCHLIN.

[*Scherer D*. 310, *E*. 309.]

Geboren 1547 zu Balingen in Würtemberg, schon 1568 Professor der freien Künste zu Tübingen, 1575 vom Kaiser Maximilian zum Dichter gekrönt und später zum Comes Palatinus ernannt. Wurde dann viel besonders von Seiten des Adels angefeindet und verfolgt, führte daher ein unstätes Leben, ward schliesslich eingekerkert und verunglückte bei einem Fluchtversuch 1590. Er dichtete meist in lateinischer Sprache sechs Comödien und zwei Tragödien; 'Priscianus vapulans' 1571; 'Rebecca' 1576; 'Susanna' 1578; 'Hildecardis magna' 1579; 'Julius redivivus'; 'Helvetiogermani' 1589; 'Phasma' 1592.— 'Dido' 1581; 'Venus' 1584. Unter seinen sonstigen Gedichten sind seine 'Elegien' und die 'Hebrais' die bedeutendsten. Die deutschen Dichtungen gab Strauss heraus (Stuttgart 1857).

AUS DER COMMEDIA JULIUS REDIVIVUS, DEUTSCH BEARBEITET VON JACOB AYRER (herausg. von v. Keller, Stuttgart, 1865).
Hermannus sagt:

Wer seidt jhr dann? so zeigt mirs an!
Ich hets vorhin lengst gern gewüst.

Cicero sagt:

Dises Julius Cesar ist,
Der aller erst Keiser zu Rom,
Vnd Cicero heiss ich mit Nahm,
Ein Meister aller redner Kunst. 10

Hermannus sagt:

Ey schweigt! eur reden ist vmbsunst.
Dise beid, die jhr habt genendt,
Vor Sechzehenhundert Jahrn todt sendt
Vnd in die Erd gescharret sein.

Wo wolt jhr kommen da herein?
Ihr seidt loss vnd verlogen Leut.
Darumb führt sie hin allebeidt!
Ihrer lügen ich schon gnug hab.

Cicero sagt:

Mercurius vns das lebn gab
Vnd hat vns auch drey Monat gebn,
Darinn wir möchten wider lebn,
Zu sehen, wie es stündt im Landt.

Hermannus sagt:

So löset ihn auff jhre Pandt,
Das ich mich bass mit jhn beredt!
Vnd jhr solt mir sagen allbeed,
Wie es steh drunden in der Helln. 10

Julius Cesar sagt:

So viel wir euch vermelten wölln,
Das in der Helle seind zugleich
Beide Jung vnd Alt, Arm vnd Reich,
Auch Edl vnd vnedel drinn fahrn.
Doch dörff wir euch nit offenbarn,
Was bey den thaten heimblich ist.

Hermannus sagt:

So saget mir allein nur dist:
Warumb seidt jhr auff Erden kommen? 20

Julius Cesar sagt:

Das wir so gern haben vernommen,
Wie sich das Teutschlandt hab verkerdt,
Wie es sich bessert vnd gemehrt,
Das es könn Griechisch vnd Latein.

Hermannus sagt:

Keine sprach auff der Erden sein,

Die man nicht auch im Teutschlandt kan.

Julius Cesar sagt:

Was seidt jhr für ein grosse Person, 30
In Eissern Kleidung wol gerüst,
Darinn sich böss zu wehren ist:
Der keine ist gwest bey mein zeitn.
Wie wolt jhr mit den Feinden streitn
Mit disen schweren Instrument?

Hermannus sagt:

Die besten Wehrn diss derzeit sendt.
Meine Feind kan ich Würgen mit
Dardurch wol auff Dreyhundert schrit,
Also das er stracks auffm platz bleibt.

Julius Cesar sagt:

Zu grossem Wunder mich das treibt.
Zu meiner zeit da braucht man Schleiter,
Kondt doch damit werffen nit weiter,
Als etwan ein Zwaintzig schrit weit. 10
Nit wissen wir zu dieser zeit,
Wie dise Waffen gbrauchet wern.

Hermannus sagt:

Ich wil euchs lassen sehen gern.

Er reist die Büchssen rab, spandt sie, schüet Pulffer auff vnnd zeucht den
Hannen herrüber vnnd trucket loss. Julius fellt auff die Knie, hebt die Händ
auff vnd sagt:

O erschröcklich Gott, sey mir gnädig!
Ob ich mich ghalten vnflätig,
Verzeuch mirs! ich wills nit mehr than. 20
O Cicero, beth den Gott auch an,
Der mit seim schröcklichn Donnerkeil
Vns beidt vmbbringt über ein weil!
Wir haben vns an jhm versündt.

Cicero fellt nider vnd sagt:

Ja wir seind ein weng gwest zu gschwindt,
Das wir nit glauben, was er redt.
Dein Donder mich erschrecken thet,
Das ich nit west, wie mir war gschehen.
Ach das wir etwas köndten sehen, 30
Das wir geben zum Opffer dir!

Hermannus sagt:

Steht auff! ich bin ein Mensch wie jhr,
Heiss Hermannus vnd bin ein Fürst.

WOLFHART SPANGENBERG.

[*Scherer* D. 297, E. 264.]

Magister in Strassburg, war ein gelehrter Theolog und besass vielseitige
Bildung. Er war ungefähr zwischen 1601–1611 literarisch thätig. Er verfasste
moralisierende Stücke für die Gesellschaft der Meistersinger, übersetzte
antike und moderne Tragödien und Comödien; mit seinem berühmten
'Ganskönig' und seinem unvollendeten 'Eselkönig' setzte er Fischarts
Thierdichtung fort. Auch in kleineren Gattungen der Poesie versuchte er
sich.

AUS DEM STRASSBURGER 'SAUL.'
Michal.

Deiner Tochter erbarme dich,
Die jetzund thut den Fussfall dir.
Ach, er geht gar weg. O weh mir!
O welch ein hartes Vatter Hertz.
Wer hilfft mir nun in meinem Schmertz?
Wer wird sich mein erbarmen fein,
Weil mich verstosst der Vatter mein? 10
Ach, du mein Hertz, mein Frewd, mein Leben,
Wohmit soll Jch dir helffen eben?
Solt Jch dich sehn doch nur ein mahl,

Vnd dich gesegnen in dem Fall:
Vnd dir erzeygen in dem Schmertzen
Ein zeugniss meiner lieb im Hertzen.
Ach, was solt mir nun Frewde geben,
Wann du nicht mehr bist in dem leben.
Ach, solt Jch jetzt sterben mit dir.
O Jhr Trabanten hört, die jhr 20
Den David vmbbringt grimmiglich:
Tödet mit jhm zugleich auch mich.
Jch will mit Frewden sterben nuhn.
Was solt jch mehr bei Menschen thun?
Solt Jch mich auch hinfort erzeygen
Bey den Jungfrawen an dem Reygen?

Niemand wird mich mehr hören singen
Jch werd auch heim kein Hoffnung bringen
Dass Er mein Breutgam werd bewegt.
Ja mein zung mir am Gaumen klebt:
Vnd alle die Gelieder mein
Seind erhartet gleich wie eyn Stein.
Die Erd mich eh verschlingen solt,
Eh jch dich nit mehr lieben wolt.
Inn ein Einöd will jch mich eben
In diesem meim Elend begeben 10
Damit jch wasch, so offt jch wein,
Mit den Thränen die Backen mein.
Wenn mein Zung red nach Menschen brauch
So folg eyn klag der andern auch.
Gleich wie eyn Vöglein sitzt allein
Auff eim Dannbaum vnd klaget fein.
Oder auff einer Eichen Breit:
Also will jch klagen mein leyd
Mit Seufftzen, die auss meinem Hertzen
Heuffig werden tringen mit Schmertzen. 20
Seuffzend will Jch meine Brust schlagen:
Vnd den langsamen Tod anklagen.
Ja für Trawren werd Jch verschmachten.
Eim blümlein wird man mich gleich achten,
Das früh emporhebt sein Häuptlein
Wann herfür bricht der Sonnenschein
Welchs die scharff Sens abhawt behend,
Vnd wird durch strenge Hitz verbrennt:
Das es abends verdorret balt,

Ligt im Feld vnd hat kein gestalt. 30
Also hett Jch mir eingebild
Des morgens früh eyn hochzeit mild:
Vnd werde gleich mit schwerer plag
Dahin gericht den ersten Tag
Vnd leid mit Seufftzen vnd mit Schmertzen
So grosse Angst, in meinem Hertzen:
Dass jch balt gegen abend, gleich

Sein werde, einer Toden Leich.
Aber was ist das? was seh Jch?
Wen schlept Jhr da jhr Bösewich!
Wen schleifft Jhr da? last jhn balt gehen,
Ach liebes Hertz, thu Jch dich sehen?
Seh Jch nicht, den begehrt mein Hertz?

DIE ENGLISCHEN COMÖDIANTEN.

[*Scherer D.* 314, *E.* 313]

Eine Schauspielertruppe, die 1585 aus England herüberkam, ganz Deutschland durchzog und hier Shakespearesche und andere englische Stücke in prosaischer Übersetzung zur Aufführung brachte. Eine erste Sammlung dieser Prosadramen 'Engelische Comedien vnd Tragoedien— Sampt dem Pickelhering' erschien 1620. Vgl. A. Cohn, 'Shakespeare in Germany' (London und Berlin 1865); Tittmann 'Die Schauspiele der englischen Komödianten in Deutschland' (Leipzig 1880).

AUS DER TRAGÖDIA VON TITO ANDRONICO.

Nun ist die Morgenstunde heran gekommen, vnnd man jaget; die Jägerhörne vnd Tumpeten werden geblasen.

{10} *Titus Andronicus (kömpt herausz).*

O wie lieblich vnnd freundlich singen jetzt die Vogel in den Lüfften; ein jeglich suchet jetzt seine Nahrung, vnd die Jaget ist auch schon angefangen in Frewde vnnd Herrligkeit. Aber mein Hertz ist mir dennoch beängstiget vnd beschweret, denn ich diese vergangen Nacht solch ein schrecklichen Traum gehabt, vnd nicht weisz was er bedeuten wirdt. Nun musz ich wiederumb zum Keyser reiten, der Persönlich bey der Jagt vorhanden.

Gehet weg etc.

Jetzt kömpt herausz Andronica, hat jhr Gemahl bey der Handt; {20} *die Kayserin kömpt jhm entgegen, die Jäger blasen.*

Andronica.

Hertzliebes Gemahl, schöner vnnd lustiger Jaget habe ich mein Tage nicht gesehen.

Gemahl.

Ich auch, mein schöne Gemählin, kan mit Warheit sagen, das ich auff vielen Jagten gewest, aber nimmermehr lustiger vnnd frewdiger gesehen. Was aber sehe ich jetzt für ein Wunder: die Kayserin die da gar alleine eilend zu vns spatziret?

Kayserin (kömpt zu jhnen).

Sich welch ein grosz Wunder nimpt mir doch diese Andronica. Wie gehestu mit deinem Gemahl gar allein. Hastu nicht ein tausent Reuter vnnd Fuszvolck hinter dich, die da auff euch {10} warten?

Andronica.

Schöne Kayserin, ich frage euch wieder, wie kömpts, dasz jhr alleine gehet vnnd auch nicht ein Hauffen Diener auff euch bestellet haben? Aber ewrn Spott den jhr jetzt an vns treibet, thu ich doch weniger denn nichtes achten vnd jhne auch leichtlich vertragen. Verhoffe auch wann es würde von nöhten seyn, wolte ich eben so wol ein tausent Reuter vnd Fuszvolck können auffbringen dann jhr.

Kayserin.

{20} Andronica, das du jetzt so frech vnd mit spitzsinnigen Worten wiederumb fragest, warumb ich auch alleine gehe, soltu wissen, dasz es mir also gefelt. Aber ich frage, wie kömpts doch, dasz du mir so frech vnd trotziglich darffest antworten. Bin ich nicht deine Keyserin, vnd solst nicht wissen, wie hoch du mich ehren soltest; gedenck nun aber nicht, dasz ichs also dabey wil bleiben lassen.

Andronica.

Ja Keyserin, wie mann ins Holtz ruffet, also krieget man ein Widerschall, denn wie jhr mich ausz hoffertigen Gemüth fraget, so antworte ich euch. Ob ihr aber wol Keyserin seyd, wil ich euch {30} drumb nicht vnter den Füssen liegen, denn bedencket dieses: waret jhr nit erstlich meines Herren Vater gefangen, vnd nun weil jhr Keyserin worden seyd, wisset nicht wie jhr euch für Hoffart lassen wollet. Derhalben könnet jhr wol immer hinfahren in ewer Hoffart vnd mich bleiben lassen wer ich bin. Ich frage: was hat diese Stadt Rom für Nutz von euch vnd den ewren gehabt? was hat sie aber für Nutz von den meinigen, vnd mein Herr Vater? ja warlich wenn der es nicht gethan, vnd mit seinen Ritterlichen Händen erhalten, das Kayserthumb vnnd gantz Rom würde vorlangst zu Boden gangen seyn, thut aber so viele böses an mir, was jhr nicht lassen könnet.

Keyserin.

O mein Hertz wil mir im Leibe zerspringen; gehe mir ausz meinen Augen, du verfluchte Creatur, maszen ich dann dein Hochmuth nicht straffen könte, so wolte ich mich selbest tödten. Sich {10} ich thu schweren bey allen Göttern, dasz ich zuvor nicht essen oder trincken, auch nunmehr mein Häupt sanffte legen wil, bisz ich mein Muth sats vnd genugsam an dich gekület, vnnd mit Frewden vber dir triumphiret.

Gehet ein Schritt sex fort; da kommen jhre zween Söhne zu jhr; die Andronica redet vnter dessen in geheim mit jhrem Gemahl.

Helicates.

Gnädige Fraw Mutter, es nimpt vns grosz Wunder, dasz jhr so gar allein vnd von allen spatzieren gangen. Aber vielmehr thun wir vns verwunderen, warumb jhr so sehre betrübet, vnnd in {20} schwermütigen Gedancken gehet.

Mutter.

O mein liebe Söhne, öffenet ewre Ohren vnd observiret meine Wörter wol: jhr sollet wissen, dasz ich nit weit von hie einem Orte spatzierete, da die Andronica sampt jhrem Gemahl ist, welche mich also erfasset vnd mit spöttischen vnnd hönischen Worten wer vber mich bald toll vnd vnsinnig wordn, derhalben kömpft nur vnd rechnet euch mächtigklich wieder an sie; vnd gehet erbärmlich mit jr vmb; vnnd erstecht jhr alszbald ihren Gemahl an der Seiten, darvon jhr mich lieb habet. So jhrs aber nicht thut, so wil ich {30} euch verfluchen vnd nicht für meine Söhne halten.

Söhne.

Gnädige Fraw Mutter, wir seynd willich euch zu gehorsamen. Kömpt nu mit vnd zeiget vns an welchen Orte sie seyn, so wil ich jhm alszbald sein Leben nehmen.

Mutter.

Nun so folget mir vnd habt keine Erbarmnisse nit.

Gehen zu ihm. Helicates ziehet sein Schwerdt.

Helicates.

Sich, finden wir euch hie! Du hast nun gar zu lange gelebet.

Ersticht jhn.

O mordio, mordio!

Andronica.

Ach wehe, ach wehe! ist dar denn kein wehr vnd zeter dieser {10} mordtliche Todt.

Gehet für den todten Cörper auff die Erde sitzen.

Kayserin.

Sich nun du hoffertiges Weib: Wie gefelt dir disz? was düncket dir? hab ich den Eydt nicht gehalten, welchen ich geschworen? Ja dieser sol noch gar nichts seyn, sondern so wil ich dich zämen, dasz du mir vnter meinen Fuszsolen solt liegen, vnd ich vber deinem Leichnam trete; dein gantz

Geschlechte sampt deinem Vateren vnnd Brüder wil ich gar auszrotten vnd bey meinem Gnädigsten Herrn Kayser mit List vnd Practicken zu wege {20} bringen, dasz sie alle eines jämmerlichen Todes sterben sollen. aber ich bin dir hoffertige Mensche so spinne feindt, denn mir vnmüglich ist lenger lebendig fur meine Augen zu sehen. Derohalben mein lieber Sohn; thue mir jetzt dein Schwerdt; damit wil ich jhr selbst jämmerlich jhr Leben nehmen.

JOHANN VALENTIN ANDREÄ.

[*Scherer* D. 315, E. 314.]

Geboren 1586 zu Herrenberg in Würtemberg. Er war der Sohn eines Predigers, studierte in Tübingen Theologie, reiste dann in Deutschland, Frankreich und Italien und erhielt nach seiner Rückkehr verschiedene Anstellungen als protestantischer Geistlicher. Er starb als Abt von Adelberg 1654. Er schrieb satirische Dialoge und Parabeln und Comödien in lateinischer Sprache. Unter seinen deutschen Werken sind zu nennen: 'Christenburg' 1615 (herausgegeben von Grüneisen); 'Chymische Hochzeit Christiani Rosenkreuz' (1616); 'Geistliche Kurzweil' 1619.

1.
AN DEN GRÜBLER.

OHn kunst, ohn müh, ohn fleiss ich dicht,
Drumb nit nach deinem kopf mich richt,
Biss du witzt[964], schwitzst, Spitzst, Schnitzst im Sinn,
Hab ich angesetzt, vnd fahr dahin.
Biss du guckst, buckst, schmuckst[965], truckst im Kopff,
Ist mir schon aussgelehrt der Topff:
Biss du flickst, spickst, zwickst, strickst im Hirn,
Ist mir schon abgehaspt[966] die Zwirn.
Gfelts dir nu nit, wie ich im thu, 10
Machs besser, nimb ein Jahr darzu.

2.
EIN GESPRÄCH CHRISTI MIT EINER WELTLIEBENDEN SEELEN.

Christus.

CHristus zu einer Seelen spricht,
Ach lass mich bey dir ein:
Eh dann dir kompt das schwer Gericht
Das nichts bringt dann nur pein:
Dann dein vnrhüwigs[967] Hertz,
Sucht hie vnd da sein schertz, 10
Vnd findt doch nichts dann schmertz.

Seel.

HErr Christ, antwort die Seel alsbald,
Du bist mir gar nicht frembdt.
Mein Hertz gegen dir ist gar nit Kalt,
Mein Mund dich stehts bekendt:
Ich hab im Leben mein
Mich geben dir allein,
Mein Heyland soltu sein.

Christus.

Reichlich redet dein Munde mir,
Ich find es aber nit,
So offt ich kam für deine Thür, 20
So wiltu noch nit mit,
Die Eytelkeit der Welt,
Darzu das schnöde gelt
Dir noch zuwol gefellt.

Seel.

In dieser Welt ich leben muss,
Allda ist wunders vil,
Solt ich mir legen auff mehr buss,

Wer wer dem dis gefiel,
Dann solt nicht auch sein frewd,
Vnder so vielem leid,
Wer blib zu diser zeit.

Christus.

Sich Seel was mir versprochen hast,
Als ich dich gnommen an,
In diser welt wöllst han kein Rast,
All tag zu Kampffe stahn,
Nun hastu dich gelendt[968], 10
Zu meinen Feinden gwendt,
Dein Frewd zur Höllen rendt[969].

Seel.

Tracht ich dann nicht nach deiner Ehr,
So hast zu klagen wol,
All Ketzerey von mir ist ferr,
Mein Mund dir betten[970] soll,
Doch bitt ich mir verzeich,
Dass ich den Leuten gleich,
Vnd doch von dir nit weich. 20

Christus.

Ich eyffer zsehr, vnd nit vertrag,
Dass du liebst Andre mehr,
Alda ich auch nit bleiben mag,
Wa herrscht ein andrer Herr,
Ist mirs nit grösser Spott,
Dass du ehrst für dein Gott,
Ehr, Gelt, vnd die bös Rott.

Seel.

Ach nit, das wer ein böse Sach,
Fürthin mich massen[971] will,
Mein armes Fleisch, das ist so schwach,
Dass ich diss lieb zu vil,
Drumb mein Hertz öffne ich,
Zeuch ein Herr gnädiglich,
Treib auss, was wider dich. 10

Christus.

Nit denck dass Ich dir kan[972] mit Pracht,

Mein schmuck ist Creutz vnd schmach,
Bey mir wirstu nur sein veracht,
Dass jedermann dein lach,
Jedoch biss wol gemut,
Sey still in meiner hut,
Ich bring dirs höchste gut.

Seel.

Adi O Welt vnd Fleisches Rhu, 20
Ich hab das gut erwehlt,
Nun zeuch ich all mein Thürlin zu,
Forthin mirs nimmer fehlt,
Dir Christ ich nun allein,
Einraum das Hertze mein,
Dein vnd mein Will sey Ein.

JOHANN ARNDT.

[*Scherer D.* 315, *E.* 315.]

Geboren 1555 zu Ballenstädt im Anhaltischen. Sein Vater war Prediger. Arndt studierte zuerst Medicin, dann Theologie. 1583 erhielt er eine Pfarrei zu Badeborn im Anhaltischen, wurde aber von den Calvinisten vertrieben und nahm 1590 eine Stelle als Prediger zu Quedlinburg an. 1599 wurde er nach Braunschweig, 1608 nach Eisleben berufen. Er starb 1621 zu Celle als Generalsuperintendent. Er suchte in seinen Schriften für die Idee des wahren Christenthums zu wirken. Am verbreitetsten waren sein 'Wahres Christenthum' und das 'Paradisgärtlein voll christlicher Tugenden.'

1.
DANKLIED.

JEsu, meine Liebe,
die ich offt betrübe,
hier in dieser Welt,
dir danckt mein Gemüthe,
wegen deiner Güte,
die mich noch erhält,

die mir offt gar unverhofft
hat geholffen in den Klagen, 10
Noth, Leid, Angst und Zagen.
Nun ich wil dran dencken,
wenn ich werd in Kräncken
und in Ängsten seyn,
wo ich werde stehen,
wo ich werde gehen,
wil ich dencken dein,
ich wil dir, Heyl, für und für
Danckbar seyn in meinem Hertzen,
dencken dieser Schmertzen. 20
Ich bat dich mit Thränen,
mit Leid, Angst und Sehnen,
mein Aug und Gesicht
hub ich auff und schriee,
neigte meine Kniee,
stund auch auffgericht,
ich gieng hin und her, mein Sinn
war bekümmert und voll Sorgen
durch die Nacht an Morgen.
Ich, als ich nicht sahe,
dass du mir so nahe, 10
sprach zu dir im Sinn:
Ich kan nicht mehr beten,
komm, mein Heyl, getreten,
sonst sinck ich dahin
ja ich sinck!
Ey, sprach dein Winck:
Halt, meynst du, dass ich nicht lebe,
noch fort ümb dich schwebe?
Ich war noch im Glauben,
den mir doch zu rauben 20
Satan war bemüht,
der die armen Seelen

in der Leibes-Höhlen
vielmahls nach sich zieht.
Ich sprach doch: Ich gläube noch:
Gläubt ich nicht, nicht wolt ich beten,
noch für dich hintreten.
HErr, wer zu dir schreyet,
seine Sünd anspeyet,

rufft dich hertzlich an,
aus getreuem Hertzen,
dessen grosse Schmertzen 10
wirst du, HErr, alsdann,
wann er fest gläubt, dich nicht lässt,
als die deine selbst empfinden,
tilgen seine Sünden.
Drum, O meine Liebe,
die ich oft betrübe
hier in dieser Welt,
dir danckt mein Gemüthe,
wegen deiner Güte,
die mich noch erhält,
die mir offt gar unverhofft 10
hat geholffen in dem Klagen,
Noth, Leid, Angst und Zagen.

2.
VON DER KRAFFT UND NOTHWENDIGKEIT DES GEBETS, IN DIESEN GÖTTLICHEN BETRACHTUNGEN.

WEil das lebendige Erkäntniss GOttes, vnd auch des gecreutzigten Christi nicht kan erlanget werden, man lese denn täglich vnd ohne Vnterlass in dem Buch des vnschüldigen vnd heiligen Lebens CHRisti JEsu vnsers HERRn, vnd aber dieselbe Betrachtung vnd Erhebung des Gemüths zu Gott nicht kan geschehen ohn ein {20} andächtig, gläubig, demütig vnd fleissiges Gebet, welches nicht allein ein Gespräch des Mundes, sondern vielmehr des gläubigen Hertzens vnd Gemüts, vnd aller Kräffte der Seelen Erhebung ist: So ist von nöten, dass man die Art vnd Tugend des Gebets verstehen lerne. Denn ohne Gebet findet man Gott nicht. Das Gebet ist ein solch Mittel, dardurch man Gott suchet vnd findet. Dasselbe ist nun dreyerley, Mündlich, Innerlich, vnd Vbernatürlich, wie S. Paulus sagt: Ich wil im Geist beten, vnd mit dem Gemüthe. Das mündliche Gebet ist eine feine demütige eusserliche Vbung, welche zu dem innerlichen Gebet führet, ja welches den Menschen {30} in sein eigen Hertz führet, sonderlich wenn man im Glauben andächtig betrachtet die Wort so man betet, denn dieselbe bewegen vnd erheben den Geist vnd die Seele zu Gott, dass man ein gläubig Gespräch in kindlicher Zuversicht mit Gott hält. Das innerliche Gebet geschicht ohn vnterlass im Glauben, Geist vnd Gemüte, wie Joh. 4. vnser lieber HERR sagt, die wahren Anbeter werden den Vater im Geist vnd in der Warheit anruffen, vnd der 19. Psalm, lass dir wolgefallen das Gespräch meines Hertzens für dir. Item, Psa. 37. Mein Hertz redet, mein Geist muss forschen. Item, Rom. 8. Durch welchen wir ruffen Abba lieber Vater. Durch ein solch innerlich Gebet wird man denn geführet zu dem vbernatürlichen Gebet, welches geschicht, wie *Taulerus* sagt, durch wahre Vereinigung mit Gott durch den Glauben, da vnser {10} erschaffener Geist verschmelzt vnd versenkt wird in den vnerschaffenen Geist Gottes, da alles in einem Augenblick geschicht was sonst von allen Heiligen mit Worten vnd Wercken, von Anfang der Welt her geschehen, vnd so klein ein Heller ist, gegen 1000. Marck Goldes, so viel besser ist diss Gebet gegen das auswendige. Denn hie wird das Gemüt durch waren Glauben also mit Gottes Liebe erfüllet, dass es nichts anders gedencken kan, denn Gott, vnd wenn ein ander Gedanck ins Hertz vnd Gemüt fället, so ists der Seelen leid. Ein solch Gemüt lässet die Zunge nicht reden, oder ja sehr wenig, seufftzet jmmer zu Gott, dürstet {20} nach Gott, hat seine einige Lust vnd Liebe an Gott, vnd schleust die gantze Welt aus, vnd alles was in der Welt ist, vnd wird jmmer mehr vnd mehr mit Gottes Erkäntniss, Liebe vnd Frewde erfüllet, welches die Zunge nicht aussreden kan. Denn was die Seele alsdenn erkennet, ist vnaussprechlich, vnd wenn sie in solcher hoher Andacht gefragt würde, was erkennestu? Würde sie antworten, ein Gut, das alles Gut ist: Was sihestu? Eine Schönheit die alle Schönheit vbertrifft: Was empfindestu? Eine Frewde vber alle Frewde: Was schmäckestu? Eine Freundligkeit vber alle Freundligkeit. Ja sie würde sprechen alle Wort die ich darvon rede, sind {30} nur ein Schatten, denn das köstliche das ich in meiner Seelen empfinde, kan ich nicht aussreden. Das ist des ewigen Worts Stimme, vnd redet zu der liebhabenden Seele, wie Johan. 14 geschrieben ist, Wer mich liebet dem wil ich mich offenbaren, vnd was man als denn sihet vnd empfindet, ist vber die Natur, da höret man vnaussprechliche Wort vnd Stimme, welche heissen *Vox intellectualis & mentalis.* Da lernet denn die Seele Gott recht erkennen vnd schmäcken. Vnd in dem sie Gott erkennet, liebet sie jhn, vnd in dem sie jhn liebet, begehret sie jhn gantz zu haben. Vnd ist das rechte Zeichen der Liebe, dass sie das geliebte gantz haben, sich mit demselben gantz vereinigen, vnd sich in dasselbe verwandeln wil. Diss wird offt in der Seele des Menschen empfunden als in einem Blick, der bald vergehet. So suchet denn die Seele embsiglich, ob sie diesen himlischen Blick vnd Geschmack könte wieder bekommen, dass sie sich mit dem Geliebten müge vereinigen. Vnd fähet denn an zu beten mündlich vnd innerlich. Denn sie sihet wol, dass man solche himlische Lust vnd Erquikung {10} durchs Gebet widersuchen muss. Denn also hats die göttliche Weissheit verordnet, vnd dieselbe thut nichts ohne die allerschöneste Ordnung, vnd gibt auch allen Dingen jhre Ordnung. Darumb hat sie es also geordnet, dass niemand ohne das mündliche Gebet kommen kan zu dem Gebet des Gemüts, vnd ohne dasselbe kan niemand kommen zum vbernatürlichen Gebet vnd Vereinigung mit dem höchsten lieblichsten Gut: Welches man zwar empfindet, aber nicht aussreden kan. Darumb hat Gott das Gebet so ernstlich, so offt vnd so betheurlich befolen, dieweil das Gebet ist ein Pfand, vnd ein Band dardurch vns Gott zu sich

{20} zeuhet, dardurch er vns desto offter vnd länger bey sich behalten wil, dardurch wir auch desto näher zu jhm kommen könten, vnd vns mit jhm als dem Vrsprung alles guten vereinigen, vnd sein in allen Dingen nicht vergessen sollen. Sonst dächten wir selten an jn, vnd würden seiner Güter nicht theilhafftig. Wenn du nun recht beten wilt, so mustu mit gantzem, vnd nicht mit halbem Hertzen beten. Vnd da gehöret grosse Vbung, vnd grosser Fleiss zu, sonst wirstu die Frucht des Gebets nicht erlangen. Im Gegentheil, wenn du andere eusserliche Ding thust, so mustu sie also thun, dass du nicht mit gantzem Hertzen daran hangest, als, wenn du issest vnd {30} trinckest, oder andere eussere Ding thust, das muss nicht dein gantz Hertz seyn, sondern dein Hertz sol gantz in Gott seyn, dass du durchs innerliche Gebet stetiglich an Gott hangest. Vnd je mehr du also beten wirst, je mehr du wirst erleuchtet werden. Je klärer du nun wirst Gott erkennen, je lieblicher du das höchste Gut empfinden wirst, vnd je mehr du wirst in der Liebe Gottes angezündet, vnd fähiger werden des höchsten Gutes, welches du vbernatürlich in deiner Seelen, als das allerköstlichste, so nicht ausszureden ist, schmecken wirst. Dieses dreyerleyes Gebets Exempel, Lehr, Art vnd Weise haben wir an vnserm HERRn Jesu Christo, wenn wir seine weise zu beten recht ansehen. Denn er offt etliche Tage vnd Nacht im Gebet verharret, vnd mit allen Kräfften gebetet, vnd sich im Gebet vnd im Geist gefrewet. Darumb er vns mit Worten vnd Wercken, mit seinem Exempel hat lehren beten, wie er sprach zu seinen Jüngern: Wachet vnd Betet, dass jr nicht in Anfechtung fallet. Vnd wie sehr offt vermahnet er vns zum Gebet, zubezeugen, dass ihm nichts liebers vnd angenehmers sey, denn {10} vnser Gebet, vnd dass er vns warhafftig also lieb habe, dass wir durchs Gebet das edelste vnd köstlich Gut der Seelen erlangen möchten. Vnd damit wir keine Entschüldigung hätten, als könten wir diese edle hohe Frucht des Gebets nit erlangen, so hat er nicht allein gesagt: Bittet so werdet jhr nehmen, dass ewer Frewde vollkommen sey, sondern er hat mit seinem Exempel vns zum Gebet bewegen wollen, in dem er für vns gebetet in seinem Leyden, wie der Evangelist sagt: Es kam aber, dass er mit dem Tode rang, vnd betet hefftiger, Es war aber sein Schweiss wie Bluts-Tropffen, die fielen auff die Erden. Setze diesen Bet-Spiegel für deine {20} Augen, vnd lerne im Gebet verharren, vnd ob du schwach bist im Gebet, so sihe deinen HERRn Jesum an. Denn er hat nicht für sich, sondern für dich gebetet, vnd dadurch dein Gebet geheiliget, gesegnet, vnd kräfftig gemacht. Sihestu, dass dein Erlöser, ob er gleich als warer Gott alles hatte, so hat er doch als ein Mensch alles durchs Gebet von seinem himlischen Vater erlangt vnd erbetet vmb deinet willen. Darumb sein gantzes Leben nichts anders gewest ist denn ein stetig Gebet vnd Seufftzen den Willen Gottes zuthun. Darumb er auch sein Leben am Creutz mit dem Gebet beschlossen hat. So nun der HERR Christus vmb deinet willen {30} so hefftig gebetet, vnd erhöret worden ist, Ach so wird er dich auch ja vmbsonst nit beten lassen: Vnd so dein HERR vnd Erlöser durchs Gebet alles erlanget hat, dir zu gut, meynestu denn, dass du ohne Gebet etwas erlangen wirst? Du weist ja, dass ohne Gottes Gnade, Liecht, Erkäntniss, vnd Glauben niemand kan selig werden: Wiltu aber Gottes Gnade, Liecht vnd Erkäntniss haben, so mustu beten. Denn ohn Gebet wirstu es nicht erlangen. Bitte vmb den Glauben, vmb die Liebe, vmb die Hoffnung, vmb Demuth, vmb Gedult, vmb den H. Geist, vmb alle Christliche Tugende, sie werden dir gegeben, vnd vermehret werden durch den, der sie hat. Denn der sie nicht hat, der kan sie dir nicht geben. Der sie dir aber geben kan, vnd wil, von dem mustu sie bitten. Du kanst aber nimmer brünstiger vnd andächtiger beten, du setzest dir denn den Spiegel des demütigen sanfftmütigen Lebens CHristi für deine Augen, seine Armuth, Verachtung, Schmertzen, vnd seinen schmählichen Tod. Wenn du in diss Bettbüchlein sihest, so wird dein Hertz vnd Gemüt angezündet werden mit inniglichem brünstigem {10} fewrigem Seufftzen, vnd werden dir zwar viel Anfechtungen des Teuffels vnd deines Fleisches begegnen, aber du wirst sie durch beten vberwinden. Durch das anschawen des gecreutzigten Christi wird das Gebet erwecket vnd wird starck. Dardurch wird auch das Hertz gereiniget. Ohne welche Reinigung des Hertzens durch den Glauben kein recht Gebet geschehen kan. Vnd durch solch Gebet kompt der H. Geist zu dir, wie am Pfingsttage vber die Apostel, als sie beteten. In deinen Anfechtungen aber vber deinem Gebet thue, wie der HERR JEsus that: Je hefftiger er angefochten ward in seinem Gebet am Ölberg, je hefftiger er betet. So wirstu {20} auch durchs Gebet vberwinden. Durchs Gebet offenbaret sich Gott den Menschen, durchs Gebet wird die Demut recht geübet. Da kömpt denn zusammen das höchste vnd nidrigste, das demütigste Hertz, vnd der höchste Gott. Vnd durch solche Demut wird viel Gnade in des Menschen Seele eingegossen. Denn je mehr die Gnade Gottes den Menschen demütigt, je mehr in solcher Demut die Gnade Gottes wächset vnd zunimpt, vnd je mehr Gottes Gnade im Menschen zunimpt, je mehr sich die Seele demütiget. Die gröste Anfechtung vnd Hinderung aber des Gebets ist, wenn Gott die Gnade der Andacht vnd Inbrünstigkeit entzeucht, vnd {30} denn solt du am meisten beten. Denn ob wol Gott ein inbrünstiges Gebet sehr lieb ist, so ist jhm doch das Gebet vil lieber, welches du in solcher deiner Seelen noth, in deiner Anfechtung, Betrübniss vnd Trawrigkeit thust. Denn gleich als es einem natürlichen Vater viel mehr jammert, wenn jhn ein kranckes Kind mit kläglicher Stimme anwinselt, denn wenn jhn ein starckes gesundes Kind mit vollem Munde anruffet: Also ist dem lieben Gott eines kleinmütigen, schwachgläubigen, trostlosen, geistarmen Menschen innerlich heimliches Leyden vnd Seufftzen viel lieber denn eines starckgläubigens Gebet, der voller Frewde ist. Gott wird dir seine Gnade zu seiner zeit wol wiedergeben, vnd dieselben dir nicht vergünnen oder versagen.

JACOB BÖHME.

[*Scherer* D. 315, E. 315]

Geboren 1575 zu Altseidenberg bei Görlitz. Er erhielt eine streng religiöse Erziehung und einen guten Schulunterricht in der Stadtschule seiner Vaterstadt. Zu schwach um den väterlichen Beruf, Bauernwirthschaft, zu betreiben, wurde er Schuhmacher. Er verfasste mehrere mystische Werke, die er als Offenbarungen ausgab. Die bedeutendsten sind: 'Aurora, oder Morgenröthe im Aufgang,' verfasst 1612; 'Psychologia Vera, oder vierzig Fragen von der Seelen Urstand,' 1618; 'Mysterium Magnum, oder Erklärung des ersten Buches Mosis.' Er zog sich Verfolgungen der Geistlichkeit zu, gab später sein Schuhmacherhandwerk auf, und starb 1624. Herausgegeben von Schiebler (7 Bde. Leipzig, 1831–1846).

AUS DEM MYSTERIUM MAGNUM.
VON ERSCHAFFUNG DES HIMMELS UND DER ÄUSSERN WELT.

WUnderlich kommts der Vernunft vor, wenn sich dieselbe beschauet, wie Gott habe Sternen und 4 Elementen geschaffen: Sonderlich wenn sie die Erde mit den harten Steinen, und gantz rauhen {10} strengen Wesen betrachtet: und siehet wie grosse Felsen und Steine geschaffen sind, welche ein Theil zu nichts mögen gebraucht werden, und dem Gebrauche der Creaturen dieser Welt nur hinderlich sind: So dencket sie, woraus mag eine solche *Compaction* entstanden seyn in so vielerley Formen und Eigenschaften? Denn es sind mancherley Steine, mancherley Metalle, und mancherley Erde, daraus auch mancherley Bäume und Kräuter wachsen.

2. So sie sich nun also besiehet, so findet sie nichts, als dass sie erkennet, es müsse eine verborgene Kraft und Macht sein, welche unergründlich und unerforschlich sey, welche alle Dinge habe also {20} erschaffen; dabey läst sie es bleiben, und läuffet also in dem Geschöpf hin und her, als wie ein Vogel in der Luft flieget, und siehets an, als die Kuhe eine neue Stallthür; und betrachtet sich niemals, was sie selber sey; und kommt selten also weit, dass sie erkennete, dass der Mensch ein Bilde aus alle diesem Wesen sey. Sie lauffet dahin als das Vieh, das keinen Verstand hat, das nur begehret sich zu füllen und zu gebären: und wenns am höchsten mit ihr kommt, dass sie will etwas forschen, so forschet sie in dem äussern Spielwercke der Sternen, oder sonsten um ein Schnitzwerck der äussern Natur, sie will schlecht[973] ihren Schöpfer nicht lernen kennen; und ob es geschiehet dass ein Mensch dahin kommet, {10} dass er Ihn lernet kennen, so heisset sie ihn närrisch; und verbeut ihme den edlen Verstand an Gott, und rechnets ihm noch wol für Sünde zu, und verspottet ihn darinnen.

3. Solche Viehe-Menschen sind wir nach dem Fall Adams worden: Dass wir nicht eins betrachten, dass wir sind in Gottes Bilde geschaffen, und mit rechten natürlichen Verstande beydes nach der ewigen und zeitlichen Natur begabet worden, dass wir gedächten das Verlorne durch grossen Ernst wieder zu erlangen; und da wir noch eben dieselbe erste Seele haben, darinnen der wahre Verstand lieget, so wir nur dahin möchten arbeiten, dass {20} dasselbe verlorne Licht wieder in uns scheine, welches uns doch aus Gnaden angeboten wird.

4. Darum wird keine Entschuldigung seyn auf dem grossen Tage des HErrn, da Gott das Verborgene der Menschheit richten wird; dieweil wir Ihn nicht haben wollen lernen erkennen, und seiner Stimme, welche täglich bey und in uns angeklopfet, nicht gehorchen und uns ihme nicht ergeben: dass unser Verstand aufgethan würde; und wird ein strenges Gericht über den ergehen, welcher sich läst Meister und Herr nennen, und doch den Weg Gottes nicht kennet noch wandelt, und auch noch darzu denen verbeut, so ihn kennen {10} und gehen wollen.

5. Die Schöpfung der äussern Welt ist eine Offenbarung des innern Geistlichen *Mysterii*, als des *Centri* der ewigen Natur mit dem heiligen Elemente: Und ist durch die Bewegung des Innern als ein Aushauchen, erboren worden durch das ewig-sprechende Wort, welches aus der innern Geistlichen Welt das Wesen hat ausgesprochen; und da es im Sprechen doch kein solch Wesen gewesen ist, sondern als ein Brodem[974] oder Rauch vor dem Innern, beydes aus der finstern Welt und Licht-Welt Eigenschaft, darum ist das äussere Wesen der Welt bös und gut.

6. Und ist uns dieselbe Bewegung des ewigen *Mysterii* der geistlichen Welt gar wol und gantz-inniglich zu betrachten. Wie das sey zugangen, dass ein solch grimmig rauhe, gantz stachlicht[975] Wesen und Regiment sey erboren, und offenbar worden, wie wir an den äussern Gestalten der Natur, an dem webenden[976] Wesen, sowol an Stein und Erden sehen. Wovon ein solcher Grimm entstanden {10} sey, welcher die Kräfte der Eigenschaften also in solche wilde Art compactirt und eingeführet hat, wie wir an der Erden und Steinen sehen.

7. Denn uns ist gar nicht zu dencken, dass im Himmel, als in der geistlichen Welt, dergleichen sey; Es sind nur die Eigenschaften der Möglichkeit in der Geistlichen Welt: Sind aber in solcher wilden Eigenschaft nicht offenbar, sondern als wie verschlungen, gleichwie das Licht die Finsterniss verschlinget, und da doch die Finsterniss wahrhaftig im Lichte wohnet, aber es nicht ergreiffet.

{20} 8. So ist uns deme nachzuforschen; Wie doch die finstere Begierde sey in der Kraft des Lichts offenbar worden, dass sie beyde sind mit einander in die *Compaction* oder *Coagulation* eingangen. Und noch viel ein grösser Nachdencken gibt uns das, dass da der Mensch nicht bestehen konte im Geistlichen *Mysterio* der Paradeisischen Eigenschaft, Gott dieselbe

Compaction, als die Erde, verfluchte, und ein ernst Gericht anstellete: das Gute in der *Compaction* der Erden vom Bösen wieder zu scheiden, dass das Gute soll also im Fluche als im Tode stehen; wer allhier nichts siehet, der ist ja blind. Warum wolte Gott sein gutes Wesen verfluchen, {30} so nicht etwas wäre darein kommen, dass dem Guten zuwieder sey? oder ist Gott mit Ihme uneins worden? würde die Vernunft sagen; Denn bey Mose stehet: Und Gott sahe an alles was er gemacht hatte; und siehe, es war sehr gut. *Gen.* 1: 31.

9. Nun hatte doch der Mensch (um welches willen die Erde verfluchet ward) nichts in die Erde gebracht, davon sie dismal wäre also bös worden: dass sie Gott hätte mögen verfluchen, als nur seine falsche und unrechte *Imagination* der Begierde vom Bösen und Guten zu essen; die Eitelkeit, als das *Centrum* der Natur, in ihme zu erwecken, und Böses und Gutes zu wissen: Aus welcher Begierde der Hunger in die Erde einging, daraus der äussere Leib, als eine Massa war ausgezogen worden, der führte seinen Hunger der Begierde wieder in seine Mutter ein; und erweckte aus der finstern *Impression* des *Centri* der Natur, die Wurtzel der Eitelkeit, daraus ihme der Versuch-Baum, als Bös und {10} Gut, offenbar wuchs; und als er davon ass, ward die Erde um seinet willen verflucht.

GEORG RUDOLF WECKHERLIN.

[*Scherer D.* 316, *E.* 320.]

Geboren 1584 zu Stuttgart. Nachdem Weckherlin seine Studien in Tübingen beendet, reiste er viel in Deutschland umher, gieng dann nach Frankreich und England, wo er mit politischen Geschäften beauftragt war. 1616 wurde er Secretär und Hofdichter des Herzogs von Würtemberg. Seit 1620 war er auf Empfehlung des Kurfürsten Friedrich von der Pfalz in der Deutschen Kanzlei zu London angestellt, woselbst er 1653 starb. Er verfasste Trink- und Liebeslieder, Preisgedichte auf historische Personen, geistliche Gedichte. Herausgegeben von Gödeke (Leipzig, 1873).

1.
VBER DEN TOD DES KÖNIGS VON SCHWEDEN.

DEin aigner muht, O Held, weil Gotsforcht, Ehr vnd Recht,
Dein hertz vnd schwerd allein gestörcket vnd gewötzet[977],
Weil auch der erdenkraiss für dich zu eng vnnd schlecht,
Hat in den himmel dich (zu früh für vns) versötzet.
Dan gleichwie deine faust der gläubigen geschlecht,
Als es in höchster noht, erröttet vnd ergötzet:

Also hat durch dein haupt die kugel (layder!) recht
Der Teutschen Freyheit hertz vnd Tugent haupt verlötzet. 20
Sigreich vnd seelig zwar hat dich, weil in der schlacht
Du frey für Gottes wort dein thewres blut vergossen,

In die endlose frewd vnd ehr dein end gebracht:
Jedoch in layd vnd noht seind deine bunds-genossen,
Weil deine herrschung du mit sig, triumff vnd pracht
Dort in dem himmelreich anfangend, hie beschlossen.

2.
AN HERREN MARTIN OPITZEN.

INdem mein Ohr, hand, mund schier müd, die schwere plagen
Die diser grosse Krieg mit hunger, schwert, pest, brand,
Vnd vnerhörter wuht auff vnser Vatterland
Aussgiesset, ohn ablass zu hören, schreiben, klagen,
Da wird mit wunder mir vnd mit wohn[978] fürgetragen: 10
Mein Opitz, deiner lieb vnd freindschafft wehrtes pfand,
Pfand, welches mir alssbald die feder auss der hand,
Vnd auss dem mund vnd gaist die klag vnd layd geschlagen.
Dan ja dein Orgelstraich[979], vnd deiner Harpfen klang
So lieblich das gehör vnd hertz zugleich berühren,
Dass (wer sinnreich) mit mir erforschet jhren zwang,
Der kan nichts dan dein werck vnd wohrt zu hertzen führen,
Vnd sein mund muss dich bald mit einem lobgesang,
Vnd seine hand dein haupt mit Lorbörzweigen zieren.

3.
{20} ODE.

FRisch auff, jhr dapfere Soldaten,
Ihr, die jhr noch mit Teutschem blut,
Ihr, die jhr noch mit frischem muht
Belebet, suchet grosse thaten!
Ihr Landsleut, jhr Landsknecht frisch auff,
Das Land, die Freyheit sich verlieret,
Wa jhr nicht muhtig schlaget drauff,
Vnd vberwindend triumfieret.
Der ist ein Teutscher wolgeboren,
Der von betrug vnd falschheit frey, 30

Hat weder redlichkeit noch trew,

Noch glauben, noch freyheit verlohren:
Der ist ein teutscher ehren wehrt,
Der wacker, hertzhafft, vnverzaget,
Für die Freyheit mit seinem schwert
In die gröste gefahr sich waget.
Dan wan jhn schon die feind verwunden,
Vnd nemen jhm das leben hin,
Ist doch ruhm vnd ehr sein gewin,
Vnd Er ist gar nicht vberwunden: 10
Ein solcher tod ist jhm nicht schwer,
Weil sein gewissen jhn versüsset;
Vnd Er erwirbet lob vnd ehr,
Indem er sein blut so vergiesset.
Sein Nahm vnd ruhm allzeit erklingen
In allem land, in jedem mund:
Sein leben durch den tod wird kund,
Weil sein lob die Nachkömling singen:
Die edle freyheit ist die frucht,
Die er dem Vatterland verlasset; 20
Da der hertzloss durch seine flucht
Wirt gantz verachtet vnd gehasset.
Also zu leben vnd zu sterben
Gilt dem redlichen Teutschen gleich:
Der Tod vnd Sig seind schön vnd reich,
Durch beed kan er sein hayl erwerben:
Hingegen fliehen allen danck
Die flüchtige vnd der verrähter,
Vnd jhnen folget ein gestanck,
Weil sie verfluchte vbelthäter. 30
Wolan derhalb, jhr wehrte Teutschen,
Mit Teutscher faust, mit kühnem muht,
Dämpfet nu der Tyrannen wuht,
Zubrechet jhr joch, band und beutschen[980]:
Vnüberwindlich rühmet sie

Ihr titul, torheit vnd stoltzieren:
Aber jhr Heer mit schlechter müh
Mag (vberwindlich) bald verlieren.
Ha! fallet in sie: jhre fahnen
Zittern auss forcht: Sie trennen sich,
Ihr böse sach hält nicht den stich,
Drumb zu der flucht sie sich schon mahnen:
Gross ist jhr heer; klein ist jhr glaub,

Gut ist jhr Zeug, böss jhr gewissen:
Frisch auff, sie zittern wie das laub, 10
Vnd weren schon gern aussgerissen.
Ha! schlaget auff Sie, Liebe brüder,
Ist die müh gross, so ist nicht schlecht
Der sig vnd beut: vnd wol vnd recht
Zuthun, seind sie dan jhr viel müder:
So straff, O Teutsches hertz vnd hand,
Nu die Tyrannen, vnd die bösen;
Die Freyheit vnd das Vatterland
Must du auff dise weiss erlösen.

MARTIN OPITZ.

[Scherer D. 320, *E.* 319.]

Geboren 1597 zu Bunzlau in Schlesien, woselbst er eine gute Erziehung erhielt. Er besuchte später das Gymnasium zu Breslau und studierte die Rechte. 1618 gieng Opitz zur Universität nach Frankfurt an der Oder und trat mit dem herzoglichen Hof zu Liegnitz in Verbindung. Sein erstes Werk, der 'Aristarch,' war lateinisch geschrieben. Er befürwortet darin den Gebrauch der deutschen Sprache für die Dichter Deutschlands und empfiehlt den Alexandriner als Versmass. 1619 begab er sich als Erzieher nach Heidelberg, wo er die Bekanntschaft von Janus Gruter und unter jüngern Leuten von Zinkgref, Caspar Barth und H. A. Hamilton aus Kopenhagen machte. Beim Ausbruch des dreissigjährigen Krieges gieng Opitz (1620) von Heidelberg nach Holland, wo er mit Heinsius in Verbindung trat. 1622 nahm er eine Stelle am Gymnasium zu Weissenburg in Siebenbürgen an, kehrte aber bereits 1623 nach Schlesien zurück, wo er fürstlicher Rath beim Herzog von Liegnitz wurde. 1626 trat er, obwol Protestant, in die Dienste des Burggrafen Karl Hannibal von Dohna, eines erklärten Feindes der Protestanten. 1628 ward er von Kaiser Ferdinand II. als Martin Opitz von Boberfeld in den Adelstand erhoben, nachdem er bereits 1625 zum Dichter gekrönt war. 1630 reiste Opitz, in politischen Aufträgen nach Paris und machte die Bekanntschaft von Hugo Grotius. Nach dem Tode des Grafen Dohna (1633) fand Opitz neue Gönner und Beschützer und ward endlich Secretär und Historiograph des Königs Ladislaus IV. von Polen. Er starb 1639 an der Pest, angesteckt von einem Bettler, dem er ein Almosen gegeben. Er ist der Gründer der ersten schlesischen Schule. Von seinem 'Buch von der deutschen Poeterei' (1624) gab einen Neudruck heraus Braune (Halle, 1876). Eine Auswahl seiner

Gedichte sowie der Werke der bedeutendsten Dichter des siebzehnten Jahrhunderts findet sich in Wilhelm Müllers 'Bibliothek deutscher Dichter des XVII. Jahrhunderts' (14 Bde. Leipzig 1822); auch von Tittman wurden ausgewählte Dichtungen herausgegeben (Leipzig 1867).

1.
AUS DER 'PROSODIA GERMANICA ODER DEM BUCH VON DER DEUTSCHEN POETEREY.'
ÜBER DEN ACCENT IN DEUTSCHEN VERSEN.

Nachmals ist auch ein jeder verss entweder ein *iambicus* oder *trochaicus*; nicht zwar das wir auff art der griechen vnnd lateiner eine gewisse grösse der sylben können inn acht nemen; sondern das wir aus den *accenten* vnnd dem thone erkennen, welche sylbe hoch vnnd welche niedrig gesetzt soll werden. Ein Jambus ist dieser: E r h a l t v n s , H e r r , b e y d e i n e m w o r t. {10} Der folgende ein Trochéus: M i t t e n w i r i m l e b e n s i n d. Dann in dem ersten verse die erste sylbe niedrig, die andere hoch, die dritte niedrig, die vierde hoch, vnd so fortan, in dem anderen verse die erste sylbe hoch, die andere niedrig, die dritte hoch etc. aussgesprochen werden. Wiewol nun meines wissens noch niemand, ich auch vor der zeit selber nicht, dieses genawe in acht genommen, scheinet es doch so hoch von nöthen zue sein, als hoch von nöthen ist, das die Lateiner nach den *quantitatibus* oder grössen der sylben jhre verse richten vnd reguliren. Denn es gar einen übelen klang hat: V e n u s d i e {20} h a t J u n o n i c h t v e r m o c h t z u e o b s i e g e n; weil V e n u s vnd J u n o Jambische, v e r m o c h t ein Trochéisch wort sein soll: o b s i e g e n aber, weil die erste sylbe hoch, die andern zwo niedrig sein, hat eben den thon welchen bey den lateinern der *dactylus* hat.

2.
GESANG ZUR ANDACHT.

AVff, auff mein Hertz', vnd du, mein gantzer Sinn,
Wirff alles dass was Welt ist, von dir hin:
Im fall du wilt[981] was Göttlich ist erlangen,
So lass den Leib in dem du bist gefangen:
Die Seele muss von dem gesaubert seyn 10
Was nichts nicht ist als nur ein falscher Schein,
Muss durch den Zaum der Tugend dämpffen können
Die schnöde Lust der eusserlichen Sinnen.
Ein jeder Mensch hat etwas dass er liebt,
Dass einen Glantz der Schönheit von sich gibt:
Der suchet Gold, vnd trawet sich den Wellen;

Der gräbet fast biss an den Schlund der Hellen,
Viel machen sich durch Kriegesthat bekandt,
Vnd stehn getrost für GOTT vnd für jhr Land:
Der dencket hoch, vnd strebet gantz nach Ehren; 20
Vnd jener lässt die Liebe sich bethören.
Indessen bricht das Alter bey vns ein,
In dem man pflegt vmb nichts bemüht zu seyn;
Eh' als wir es recht mögen innen werden,
So kömpt der Todt, vnd rafft vns von der Erden.
Wer aber gantz dem Leib' ist abgethan,
Vnd nimpt sich nur der Himmels-Sorgen an,
Setzt allen Trost auff seines Gottes Gnaden,
Dem kan noch Welt, noch Todt, noch Teuffel schaden.
Den Ancker hat der Noa eingesenckt, 30
Da als er war mit Lufft vnd See verschrenckt;
Der grosse Trost hat Abraham erquicket,
Als er sein Schwerdt nach Isaac gezücket.

Der Glaube muss von GOTT erbeten seyn,
Der einig macht, dass keine Noth noch Pein,
Vnd Todes-Angst auch den geringsten Schmertzen
Erwecken kan in frommer Leute Hertzen.
Drumb schaw', O Mensch, hinauff vnd vber dich,
Nach dem was nicht den Augen zeiget sich,
Was niemand kan beschliessen in den Schrancken
Der Sterbligkeit vnd flüchtigen Gedancken.
Vollbringst du dass, mein Hertz', vnd du, mein Sinn
Vnd legst die Last der Erden von dir hin, 10
Sagst ab dem Leib' in dem du bist gefangen,
So wird GOTT dich, vnd du wirst GOTT erlangen.

3.
AUFF LEYD KOMPT FREUD.

SEy wolgemuth, lass trawren sein,
Auff Regen folget Sonnenschein,
Es gibet endtlich doch das Glück
Nach toben einen guten Blick.
Vor hat der rauhe Winter sich
An vns erzeiget grimmiglich,
Der gantzen Welt Revier gar tieff 20
In einem harten Traume schlieff.
Weil aber jetzt der Sonnen Liecht

Mit vollem Glantz herausserbricht,
Vnd an dem Himmel höher steigt,
Auch alles frölich sich erzeygt,
Das frostig Eyss muss gantz vergehn,
Der Schnee kan gar nicht mehr bestehn,
Favonius der zarte Windt
Sich wider auff die Felder findt,
Die Saate gehet auff mit macht, 30
Das Grase grünt in vollem Pracht,
Die Bäume schlagen wieder auss,
Die Blumen machen sich herauss.
Das Vieh in Felden jnniglich,
Das Wild in Püschen frewet sich,

Der Vögel Schaar sich frölich schwingt,
Vnd lieblich in den Lüfften singt,
So stelle du auch trawren ein,
Mein Hertz, vnd lass dein Zagen sein,
Vertrawe Gott, vnd glaube fest
Dass er die seinen nicht verlest.
Vlysses auch, der freye Heldt,
Nachdem er zehn Jahr in dem Feldt
Vor Troja seine Macht versucht,
Zog noch zehn Jahr vmb in der Flucht. 10
Durch Widerwertigkeit im Meer,
Ward er geworffen hin vnd her,
Noch blieb er standhafft allezeit,
In Noth vnd Todt, in Lieb vnd Leydt.
Die Circe mit der Zauberkunst,
Bracht jhn niemals zu jhrer Gunst,
Auch der Sirenen süsser Mundt
Vnd Harfen jhn nicht halten kundt,
Er warff doch endtlich von sich noch
Des rauhen Lebens schweres Joch, 20
Penelopen er wieder fandt,
Vnd Ithacen sein Vaterland,
So biss du auch getrost, mein Hertz,
Vnd vbersteh des Glückes Schertz,
Traw Gott, sey nur auff jhn bedacht,
Die Hoffnung nicht zu schanden macht.

4.
ICH EMPFINDE FAST EIN GRAUEN.

Ich empfinde fast ein Grawen
Dass ich, Plato, für vnd für
Bin gesessen vber dir; 30
Es ist zeit hinauss zu schawen,
Und sich bei den frischen Quellen
In dem grünen zu ergehn,
Wo die schönen Blumen stehn,
Vnd die Fischer Netze stellen.
Worzu dienet das studieren 30
Als zu lauter Vngemach?
Vnter dessen laufft die Bach[982]
Vnsers Lebens das wir führen

Ehe wir es inne werden,
Auff jhr letztes Ende hin,
Dann kömpt ohne Geist vnd Sinn.
Dieses alles in die Erden.
Hola, Junger, geh' vnd frage,
Wo der beste Trunck mag seyn,
Nimb den Krug, vnd fülle Wein.
Alles Trawren, Leid vnd Klage
Wie wir Menschen täglich haben
Eh' vns Clotho fortgerafft, 10
Wil ich in den süssen Safft
Den die Traube giebt vergraben.
Kauffe gleichfals auch Melonen
Vnd vergiess des Zuckers nicht;
Schawe nur dass nichts gebricht.
Jener mag der Heller schonen,
Der bey seinem Gold' vnd Schätzen
Tolle sich zu krencken pflegt,
Vnd nicht satt zu Bette legt;
Ich wil weil ich kan mich letzen.
Bitte meine gute Brüder
Auff die Music vnd ein Glass:
Nichts schickt sich, dünckt mich so bass
Als gut Tranck vnd gute Lieder.
Lass' ich gleich nicht viel zu erben, 10
Ey so hab' ich edlen Wein;
Will mit andern lustig seyn,

Muss ich gleich alleine sterben.

SIMON DACH.

[Scherer D. 321, *E.* 322.]

Geboren 1605 zu Memel. Er erhielt eine sorgsame Erziehung in Memel, Königsberg, Wittenberg und Magdeburg, gab sich 1626 in Königsberg zunächst theologischen und philosophischen, dann allgemein humanistischen Studien hin, nahm hier 1633 eine Anstellung an der Domschule an, wurde 1638 zum Professor der Poesie an der Universität ernannt und starb 1659, nachdem ihn kurz vorher Friedrich Wilhelm, der grosse Kurfürst, mit einem kleinen Landgut belehnt hatte. Dach war der Mittelpunkt der sogenannten Königsberger Schule, die ausser ihm noch Heinrich Albert, Robert Roberthin, Johann Peter Titz und andere unbedeutende Dichter umfasste. Herausgegeben von Osterley (Tübingen 1876).

1.
PERSTET AMICITIÆ SEMPER VENERABILE FÆDUS!

Der Mensch hat nichts so eigen
So wol steht jhm nichts an,
Als dass er Trew erzeigen 20
Vnd Freundschafft halten kan;
Wann er mit seines gleichen
Sol treten in ein Band,
Verspricht sich nicht zu weichen
Mit Hertzen, Mund vnd Hand.
Die Red' ist vns gegeben 20

Damit wir nicht allein
Vor uns nur sollen leben
Vnd fern von Leuten seyn;
Wir sollen vns befragen
Vnd sehn auff guten Raht,
Das Leid einander klagen
So vns betretten hat.
Was kan die Frewde machen
Die Einsamkeit verheelt[983]?

Das gibt ein duppelt Lachen 10
Was Freunden wird erzehlt;
Der kan sein Leid vergessen
Der es von Hertzen sagt;
Der muss sich selbst auffffressen
Der in geheim sich nagt.
GOtt stehet mir vor allen,
Die meine Seele liebt;
Dann soll mir auch gefallen
Der mir sich hertzlich giebt,
Mit diesem Bunds-Gesellen
Verlach' ich Pein vnd Noht,
Geh' auff dem Grund der Hellen
Vnd breche durch den Tod.
Ich hab', ich habe Hertzen
So trewe, wie gebührt,
Die Heucheley vnd Schertzen 10
Nie wissendlich berührt;
Ich bin auch jhnen wieder
Von grund der Seelen hold,
Ich lieb' euch mehr, jhr Brüder,
Als aller Erden Gold.

2.
TOD DER FROMMEN.

O wie selig seyd ihr doch, ihr Frommen,
Die ihr durch den Tod zu Gott gekommen!
Ihr seyd entgangen
Aller Noth, die uns noch hält gefangen. 20
Muss man hie doch wie im Kerker leben,
Da nur Sorge, Furcht und Schrecken schweben;
Was wir hie kennen,
Ist nur Müh' und Herzeleid zu nennen.
Ihr hergegen ruht in eurer Kammer,
Sicher und befreit von allem Jammer:
Kein Kreuz und Leiden
Ist euch hinderlich in Euren Freuden.
Christus wäschet ab euch alle Thränen;
Habt das schon, wornach wir uns erst sehnen: 30
Euch wird gesungen,
Was durch Keines Ohr allhie gedrungen.

Ach, wer wollte denn nicht gerne sterben
Und den Himmel für die Welt ererben?
Wer wollt' hie bleiben,
Sich den Jammer länger lassen treiben?
Komm, o Christe, komm, uns auszuspannen,
Lös' uns auf, und führ' uns bald von dannen!
Bei dir, o Sonne,
Ist der frommen Seelen Freud' und Wonne.

3.
TREWE LIEB' IST JEDERZEIT ZU GEHORSAMEN BEREIT.
(In der Mundart des preussischen Landvolks.)

ANke van Tharaw öss, de my geföllt, 10
Se öss mihn Lewen, mihn Göt on mihn Gölt.
Anke van Tharaw heft wedder eer Hart
Op my geröchtet ön Löw' on ön Schmart.
Anke van Tharaw mihn Rihkdom, mihn Göt,
Du mihne Seele, mihn Fleesch on mihn Blöt.
Quöm' allet Wedder glihk ön ons tho schlahn,
Wy syn gesönnt by een anger tho stahn.
Kranckheit, Verfälgung, Bedröfnös on Pihn,
Sal vnsrer Löve Vernöttinge syn.
Recht as een Palmen-Bohm äver söck stöcht, 20
Je mehr en Hagel on Regen anföcht.
So wardt de Löw' ön onss mächtich on groht,
Dörch Kryhtz, dörch Lyden, dörch allerley Noht.
Wördest du glihk een mahl van my getrennt,
Leewdest dar, wor öm dee Sönne kuhm kennt;
Eck wöll dy fälgen dörch Wöler, dörch Mär,
Dörch Yhss, dörch Ihsen, dörch fihndlöcket Hähr.
Anke van Tharaw, mihn Licht, mihne Sönn,
Mihn Leven schluht öck ön dihnet henönn.
Wat öck geböde, wart van dy gedahn, 30
Wat öck verböde, dat lätstu my stahn.
Wat heft de Löve däch ver een Bestand,
Wor nich een Hart öss, een Mund, eene Hand?

Wor öm söck hartaget, kabbelt on schleyht,
On glihk den Hungen on Katten begeyht.
Anke van Tharaw dat war wy nich dohn,
Du böst min Dühfken myn Schahpken mihn Hohn.

Wat öck begehre, begehrest du ohck,
Eck laht den Rack dy, du lätst my de Brohk.
Dit öss dat, Anke, du söteste Ruh'
Een Lihf on Seele wart vht öck on Du.
Dit mahckt dat Lewen tom Hämmlischen Rihk,
Dörch Zancken wart et der Hellen gelihk. 10

3.
ÄNNCHEN VON THARAU.
(Herder's Übertragung.)

Ännchen von Tharau ist die mir gefällt,
Sie ist mein Leben, mein Gut und mein Geld.
Ännchen von Tharau hat wieder ihr Herz
Auf mich gerichtet in Lieb' und in Schmerz.
Ännchen von Tharau, mein Reichthum, mein Gut!
Du meine Seele, mein Fleisch und mein Blut!
Käm' alles Wetter gleich auf uns zu schlahn,
Wir sind gesinnt bei einander zu stahn.
Krankheit, Verfolgung, Betrübniss und Pein 20
Soll unsrer Liebe Verknotigung sein.
Ännchen von Tharau, mein Licht und mein' Sonn'!
Mein Leben schliess' ich um deines herum[984].
Recht als ein Palmenbaum über sich steigt,
Hat ihn erst Regen und Sturmwind gebeugt[985];
So wird die Lieb' in uns mächtig und gross
Nach manchen Leiden und traurigem Loos[986].
Ännchen von Tharau, mein Reichthum, mein Gut!
Du, meine Seele, mein Fleisch und mein Blut!

Würdest du gleich einmal von mir getrennt,
Lebtest da, wo man die Sonne kaum kennt;
Ich will dir folgen durch Wälder und Meer,
Eisen und Kerker und feindliches Heer[987].
Ännchen von Tharau, mein Licht und mein' Sonn!
Mein Leben schliess ich um deines herum.

Die folgenden Verse fehlen bei Herder. Das Übrige heisst in hochdeutscher
Sprache:

Was ich gebiete, wird von dir gethan,
Was ich verbiete, das lässt du mir stahn.
Was hat das Leben doch für ein' Bestand,

Wo nicht ein Herz ist, ein Mund, eine Hand? 10
Wo man sich ärgert, kabbelt und schlägt,
Und gleich den Hunden und Katzen beträgt?
Ännchen von Tharau, das werden wir nicht thun,
Du bist mein Täubchen, mein Schäfchen, mein Huhn!
Was ich begehre, begehrest Du auch,
Ich lass den Rock dir, du lässt mir die Bruch[988].
Dies ist, dass, Ännchen, du süsseste Ruh',
Ein Leib und Seele ward aus Ich und Du.
Dies macht das Leben zum himmlischen Reich,
Durch Zanken ward es der Höllen gleich. 20

WILHELM MÜLLER.

4.
SCHÖNER HIMMELSSAAL.

Schöner Himmelssaal,
Vaterland der Frommen,
Die aus grosser Qual
Dieses Lebens kommen,
Und von keiner Lust,
In der Welt gewusst!
Sey mir hochgegrüsst!
Dich such' ich für allen,
Weil ich öd' und wüst
In der Welt muss wallen
Und von Kreuz und Pein
Nie befreit kann sein.

Deinetwegen blos
Trag' ich diess mein Leiden,
Diesen Herzensstoss
Willig und mit Freuden;
Du versüssest mir
Alle Höll' allhier.
Trüg' ich durch den Tod
Nicht nach dir Verlangen,
O, in meiner Noth
Wär' ich längst vergangen; 10
Du bist, einig du,
Nichts, sonst meine Ruh!
Gott, du kennst vorhin

Alles, was mich kränket,
Und woran mein Sinn
Tag und Nacht gedenket:
Niemand weiss um mich
Als nur du und ich.
Hab ich noch nicht sehr
Ursach', mich zu klagen, 20
Ei, so thu' noch mehr
Plage zu den Plagen;
Denn du trägst, mein Heil,
Doch das meiste Theil.
Lass diess Leben mir
Wohl versalzen werden,
Dass ich mich nach dir
Sehne von der Erden,
Und den Tod bequem
In die Arme nehm'.
O wie werd ich mich 10
Dort an dir erquicken!
Du wirst mich, und ich
Werde dich anblicken,
Ewig herrlich, reich
Und den Engeln gleich.
Schöner Himmelssaal,
Vaterland der Frommen,
Ende meiner Qual,
Heiss mich zu dir kommen,
Denn ich wünsch' allein 20
Bald bei dir zu sein!

PAUL FLEMING.

[*Scherer D*. 321, *E*. 322.]

Geboren 1609 zu Hartenstein im Voigtlande; besuchte die Schule zu
Meissen, und studierte Medicin in Leipzig. Der Dreissigjährige Krieg trieb
ihn nach Holstein, wo er sich der Gesandtschaft anschloss, welche Herzog
Friedrich von Holstein an seinen Schwager, den Zar Michael Feodorowitz,
nach Moskau schickte. Nach seiner Rückkehr von Russland (1635) wurde er
mit Olearius vom Herzog als Gesandter an den Schah Sefi nach Persien
geschickt. Er starb bald, nachdem er diese Reise beendigt, im Jahre 1640 zu

Hamburg. Seine gesammelten Gedichte erschienen erst nach seinem Tod 1646. Lappenberg gab die lateinischen Gedichte Stuttgart 1863, die deutschen Stuttgart 1865 heraus, Tittmann (Leipzig 1870) eine Auswahl.

1.
GEISTLICHES LIED.

Lass dich nur nichts tauren
mit Trauren!
Sei stille!
Wie Gott es fügt,
so sei vergnügt,
mein Wille!
Was wilst du heute sorgen,
auf morgen?
Der Eine 10
steht Allem für,
der giebt auch dir,
das Deine.
Sei nur in allem Handel
ohn' Wandel,
steh feste!
Was Gott beschleusst,
das ist und heisst,
das Beste. 10

2.
NACH DES VJ. PSALMENS WEISE.

In allen meinen Taten
lass ich den Höchsten raten,
der Alles kan und hat;
er muss zu allen Dingen,
solls anders wol gelingen,
selbst geben Rat und Tat.
Nichts ist es spat und frühe,
um alle meine Mühe[989],
mein Sorgen ist ümsonst: 20
er mags mit meinen Sachen
nach seinem Willen machen,

ich stells in seine Gunst.
Es kan mir nichts geschehen,
als was er hat versehen[990]
und was mir selig ist.
Ich nehm' es, wie ers giebet;
was ihm von mir geliebet[991],
das hab' auch ich erkiest.
Ich traue seiner Gnaden, 30
die mich für[992] allem Schaden,
für allem Übel schützt.
Leb' ich nach seinen Sätzen,
so wird mich nichts verletzen,
nichts fehlen, was mir nützt.
Er wolle meiner Sünden,
in Gnaden mich entbinden,
durchstreichen meine Schuld!
Er wird auf mein Verbrechen
nicht stracks das Urteil sprechen
und haben noch Gedult. 20
Ich zieh' in ferne Lande,
zu nützen einem Stande,
an den er mich bestellt.
Sein Segen wird mir lassen
was gut und recht ist fassen
zu dienen seiner Welt.
Bin ich in wilder Wüsten,
so bin ich doch bei Christen;
und Christus ist bei mir.
Der Helfer in Gefahren, 30
der kan mich doch bewahren,
wie dorte, so auch hier.

Er wird zu diesen Reisen,
gewündschten Fortgang weisen,
wol helfen hin und her,
Gesundheit, Heil und Leben,
Zeit, Wind und Wetter geben
und Alles nach Begehr.
Sein Engel, der getreue,
macht meine Feinde scheue,
trit zwischen mich und sie.
Durch seinen Zug, den frommen, 10
sind wir so weit nun kommen

und wissen fast nicht wie.
Leg' ich mich späte nieder,
erwach' ich frühe wieder,
lieg' oder zieh' ich fort,
in Schwachheit und in Banden,
und was mir stösst zu Handen[993],
so tröstet mich sein Wort.
Hat er es denn beschlossen,
so will ich unverdrossen 20
an mein Verhängnüss gehn;
kein Unfall unter allen
wird mir zu harte fallen,
ich will ihn überstehn.
Ihm hab' ich mich ergeben
zu sterben und zu leben,
so bald er mir gebeut.
Es sei heut' oder morgen,
dafür lass ich ihn sorgen,
Er weiss die rechte Zeit.
Gefällt es seiner Güte,
und sagt mir mein Gemüte
nicht was Vergeblichs zu,
so werd' ich Gott noch preisen 10
mit manchen schönen Weisen
daheim in meiner Ruh'.
Indess wird er den Meinen,
mit Segen auch erscheinen,
ihr Schutz, wie meiner, sein;
wird beiderseits gewähren
was unser Wundsch und Zähren
ihn bitten überein.
So sei nun, Seele, deine[994]
und traue dem alleine, 20
der dich geschaffen hat!
Es gehe wie es gehe,
dein Vater in der Höhe
weiss allen Sachen Rat.

3.
HERRN PAULI FLEMINGI DER MED. DOCT. GRABSCHRIFT, SO ER IHM SELBST GEMACHT IN HAMBURG, DEN XXIJX. TAG DES MERZEN M DC XL. AUF SEINEM TODBETTE, DREI TAGE VOR SEINEM SELIGEN ABSTERBEN.

Ich war an Kunst und Gut und Stande gross und reich,
des Glückes lieber Sohn, von Eltern guter Ehren, 30
frey, meine, kunte mich aus meinen Mitteln nähren,
mein Schall floh über weit, kein Landsmann sang mir gleich,
von Reisen hochgepreist, für keiner Mühe bleich,
jung, wachsam, unbesorgt. Man wird mich nennen hören,

Bis dass die letzte Glut diss Alles wird verstören.
Diss, deutsche Klarien[995], diss Ganze dank' ich euch.
Verzeiht mir, bin ichs wert, Gott, Vater, Liebste, Freunde,
ich sag' euch gute Nacht und trete willig ab.
Sonst Alles ist getan bis an das schwarze Grab.
Was frei dem Tode steht, das tu er seinem Feinde.
Was bin ich viel besorgt, den Othem aufzugeben?
An mir ist minder[996] Nichts, das lebet, als mein Leben.

GEORG PHILIPP HARSDÖRFER.

[*Scherer*, D. 322, E. 323.]

Geboren 1607 zu Nürnberg. Er gehörte einer vornehmen Familie an, erhielt eine gute Erziehung, studierte und bereiste Frankreich, England, Holland und Italien. Er lebte später in Nürnberg, wo er 1658 als Rath starb. Im Jahre 1644 stiftete er in Nürnberg den Blumenorden an der Pegnitz, einen Verein, zu dessen Mitgliedern ausser ihm noch Johann Klaj (1616–1656) und Sigmund Betulius oder von Birken (1626–1681) und Andere gehörten. Von seinen Werken sind am bekanntesten die 'Gesprächspiele' oder 'Frauenzimmer-Gesprächspiele' (8 Bde. Nürnberg 1642–49) und der 'Poetische Trichter' (3 Thle. 1648–53). Vgl. Tittmann 'Die Nürnberger Dichterschule.'

1.
DER WALD.

WOl dem der weit von grossen Stätten 10
ein dienstbefreites Leben führt;
Er wird sich von viel Sünden retten,
und geben Gott was Gott gebührt:
Er wird sein Leben bringen zu,
in Fried und überwehrter[997] Ruh.'
Er kan sich in den Wald gesellen,
zu vieler Baumen Schatten-Raum,
dass sie ihm zu betrachten stellen,
dass auch er grune wie der Baum,
und dass er sonder gute Frucht, 20
wird zu der Höllen Brand verflucht.
Er siht die hochbelaubten Eichen,

begipfelt gleichsam Wolcken-an;
So soll sein Sinn an Himmel reichen,
der seine Wurzel nehren kan,
dort ist sein rechtes Erdenland
das ihn hält mit verborgnem Band.
Der Unterscheid ist bei den Baumen
und bey dem Menschen, dass der Lentz
kan die beschneeten äste raumen,
und ihnen flechten grüne Kräntz:
Hingegen is der Mensch veralt,
so bleibt er todt und ungestalt. 10
Die Baumen zu dem Leben dienen,
zum fahren, brennen und zum bau,
sie blühen, fruchten, grauen, grünen,
benasset von dem Himmels-tau;
ermahnen uns der Christen Pflicht,
die uns des Nechsten Dienst bericht[998].
Nun gute Nacht ihr hohen Forren[999]
ihr Fichten und du Erlenstamm,
grunt lange zeiten ohn verdorren
gesichert vor des Feuers-flamm. 20
Ich wünsch euch alle reiffe Frucht,
und dickbelaubte Schatten Zucht.

2.
ABBILDUNG DES ZWEISPITZIGEN PARNASSUS.

Hohe
welcher [1000]
nehret unser
eure Spitzen
morgens mahlen
Phöbus und die Pierinnen
welcher Lustbereichte[1001] Frucht
für die Ceres und dem Pan
Schaut die neubegrünten Hügel,
bald wir auf der Pfeiffen klingen[1002],

Berge,
Weide
Hirtenfreude,
Sonnenstralen
und erhitzen:
wohnen auf so grossen Zinnen,
unser Pegnitz Hirt Montan
zu besingen hat gesucht.
wünschen pfeilgeschwinde Flügel.
und der Heerd zu Tische[1003] singen.

JOHANNES RIST.

[*Scherer D.* 323 (366), *E.* 324.]

Geboren 1607 zu Ottensen bei Altona, gestorben 1667. Prediger und äusserst fruchtbarer, aber sehr flacher Dichter. Er war Opitzianer und stiftete 1656 den Elbschwanenorden. J. R. 'Das friedewünschende Teutschland' und 'Das friedejauchzende Teutschland' herausgegeben von Schletterer (Augsburg 1864).

1.
SCHRECKEN DER EWIGKEIT.

O Ewigkeit, du Donnerwort!
O Schwerdt, das durch die Seele bohrt!
O Anfang sonder Ende!
O Ewigkeit, Zeit ohne Zeit,
Ich weiss für grosser Traurigkeit
Nicht, wo ich mich hinwende;
Mein ganz erschrocknes Herz erbebt,
Dass mir die Zung' am Gaumen klebt: 10
O Ewigkeit du machst mir bang.
O Ewig, ewig ist zu lang,
Hie gilt fürwahr kein Scherzen.
Drum, wenn ich diese lange Nacht
Zusammt der grossen Pein betracht',
Erschreck' ich recht von Herzen;
Nichts ist zu finden weit und breit
So schrecklich als die Ewigkeit.
Was acht' ich Wasser, Feu'r und Schwerdt?
Dies alles ist kaum nennenswerth, 20
Es kann nicht lange dauren.
Was wär' es, wenn gleich ein Tyrann,
Der fünfzig Jahr' kaum leben kann,
Mich endlich liess vermauren?
Gefängniss, Marter, Angst und Pein
Die können so nicht ewig sein.
Wenn der Verdammten grosse Qual
So manches Jahr, als an der Zahl

Hie Menschen sich ernähren,
Als manchen Stern der Himmel hegt,
Als manches Laub die Erde trägt,
Noch endlich sollte währen:
So wäre doch der Pein zuletzt
Ihr recht bestimmtes Ziel gesetzt.
Nun aber, wenn du die Gefahr,
Viel hundert tausend, tausend Jahr'
Hast kläglich ausgestanden
Und von den Teufeln solche Frist 10
Ganz grausamlich gemartert bist,
Ist doch kein Schluss vorhanden;
Die Zeit, die niemand zählen kann

Die fänget stets von neuem an.
Ach Gott, wie bist du so gerecht!
Wie strafst du deinen bösen Knecht
So hart im Pfuhl der Schmerzen,
Auf kurze Stunden dieser Welt
Hast du so lange Pein bestellt!
Ach, nimm dies wohl zu Herzen. 20
Betracht es oft, o Menschenkind:
Kurz ist die Zeit, der Tod geschwind!
Ach, fliehe doch des Teufels Strick;
Die Wollust kann ein'n Augenblick
Und länger nicht ergetzen.
Dafür willt du dein arme Seel'
Hernachmals in des Teufels Höll',
O Mensch, zum Pfande setzen?
Ja schöner Tausch! Ja wohl gewagt,
Das bei den Teufeln wird beklagt! 30
So lang ein Gott im Himmel lebt
Und über alle Wolken schwebt,
Wird solche Marter leben.
Es wird sie plagen Kält' und Hitz',
Angst, Hunger, Schrecken, Feu'r und Blitz
Und sie doch nie verzehren;
Dann wird sich enden diese Pein,

Wenn Gott nicht mehr wird ewig sein.
Wach' auf! o Mensch vom Sündenschlaf;
Ermuntere dich, verlornes Schaf;
Und bess're bald dein Leben!
Wach' auf, es ist doch hohe Zeit;
Es kommt heran die Ewigkeit,
Dir deinen Lohn zu geben.
Vielleicht ist heut' der letzte Tag;
Wer weiss noch, wie man sterben mag?
O Ewigkeit, du Donnerwort! 10
O Schwerdt das durch die Seele bohrt!
O Anfang sonder Ende!
O Ewigkeit, Zeit ohne Zeit!
Ich weiss für grosser Traurigkeit
Nicht, wo ich mich hinwende.
Nimm du mich, wenn es dir gefällt,
Herr Jesu, in dein Freudenzelt.

2.
DAPHNIS BEKÜMMERTE LIEBES-GEDANCKEN. ALS ER BEY SEINER GALATHEEN NICHT SEYN KONTE.

Daphnis gieng für wenig Tagen 20
Über die begrühnten Heid',
Heimlich fieng er an zu klagen
Bey sich selbst sein schweres Leid,
Sang aus hochbetrübten Hertzen
Von den bittern Liebes-Schmertzen:
Ach dass ich dich nicht mehr seh'
Allerschönste Galathe!

Ist mir recht, das sind die Spitzen
Die ich an den Bäumen schaw',
Hinter welchen pflegt zu sitzen 30
Galathee bey der Auw'
Als sie zwinget meine Sinnen.
O du Preyss der Schäfferinnen,
Weh mir dass ich dich nicht seh'
Allerschönste Galathe.

Könt' ich in den Lüfften fliegen
Wie ein schnelles Vögelein,
Ach wie wolt' ich dich betriegen,
Bald, bald wolt' ich bey dir seyn
Und dir Tausend Schmätzlein geben,
Das wehr mein erwündschtes Leben,
Nun ist mir von Hertzen weh'
Allerschönste Galathe.

Möcht' ich bey der Sonnen stehen,
Bey dem güldnen Himmels-Licht, 10
O wie fleissig wolt' ich sehen
Auff dein freundlichs Angesicht.
Tausend Strahlen wolt' ich schiessen
Deiner äuglein zu geniessen,
Nun ist mier von Hertzen weh'
Allerschönste Galathe!

Kan ich denn nicht zu dier kommen
Der ich dier so nah' itzt binn,

Ist mier schon der Weg benommen,
Ey so nim die Seufftzer hinn, 20
Die ich dier von Hertzen sende
Biss das Glück sich wiedrumb wende
Und ich dich mit Freuden seh'
Allerschönste Galathe.

Drumb ihr Winde solt ihr bringen
Meine Klag' und Seufftzen zu,
Selber kan ich nicht mehr singen
Denn mein Hertz' ist sonder Ruh',
Ach ich Armer hab' ersehen
Ihr Gezelt von ferne stehen. 30
Nun ist mir von Hertzen weh'
Allerschönste Galathe!

O ihr Vöglein die ihr wendet
Euren Flug an ihren Ort,
Sagt, ich hab' euch hergesendet
Dass ihr mit euch nehmet fort

Die getrewen Liebes-Thränen,
Die sich stündlich nach ihr sehnen,
Biss ich dich mit Freuden seh'
Allerschönste Galathe!

Galathee du mein Leben
Nim die Wind und Vöglein auff,
Die sich dir zu Dienst' ergeben
Mit so schnellem Flug' und Lauff'
Und weil ich dich nicht kan schauen,
Wollest du dem Boten trauen, 10
Biss ich selbst dich wieder seh'
Allerschönste Galathe!

ANDREAS GRYPHIUS.

[*Scherer* D. 324, *E.* 325.]

Geboren 1616, im Todesjahre Shakespeares, zu Glogau. Seine Jugend war
trübe, sein späteres Leben durch die Ereignisse des Krieges sehr bewegt. Er

verschaffte sich weitgreifende Kenntniss namentlich in der ältern und neuern Literatur und gewann sich seinen Unterhalt als Hauslehrer, bis er durch ein Vermächtniss seines Gönners, des kaiserlichen Pfalzgrafen Georg von Schönborn, in den Stand gesetzt wurde nach Holland zu gehen, wo er 1638 zu Leiden immatriculirt ward. 1643 kehrte er nach Glogau zurück und reiste 1646 nach Italien und Frankreich. Er verheiratete sich 1649 und wurde 1650 Syndicus der Stände des Fürstenthums Glogau. Er starb plötzlich 1663, ungefähr hundert Jahre nach Shakespeares Geburt. Er dichtete Trauerspiele, Lustspiele, Singspiele, Oden, Sonette, Epigramme, übersetzte ein lateinisches geistliches Drama und Comödien aus dem Italienischen und Französischen. Die Lustspiele und Trauerspiele herausgegeben von Palm (Tübingen 1878 und 1882); dramatische Dichtungen von Tittmann (Leipzig 1880); 'Horribilicribrifax' und 'Peter Squenz' von Braune (Halle 1876 und 1877); Sonn- und Feiertags-Sonette von Welti (Halle 1883).

1.
THRÄNEN DES VATERLANDES, ANNO 1636.

WIr sind doch nunmehr gantz, ja mehr denn gantz verheeret
Der frechen Völcker Schaar, die rasende Posaun,
Das vom Blut fette Schwerdt, die donnernde Carthaun,
Hat aller Schweiss, und Fleiss, und Vorrath auffgezehret.

Die Thürme stehn in Glut, die Kirch ist umgekehret.
Das Rathhauss liegt im Grauss, die Starcken sind zerhaun,
Die Jungfern sind geschänd't, und wo wir hin nur schaun
Ist Feuer, Pest, und Tod, der Hertz und Geist durchfähret.
Hier durch die Schantz und Stadt, rinnt allzeit frisches Blut.
Dreymal sind schon sechs Jahr, als unser Ströme Flut,
Von Leichen fast verstopfft, sich langsam fort gedrungen;
Doch schweig ich noch von dem, was ärger als der Tod,
Was grimmer denn die Pest, und Glut und Hungersnoth,
Dass auch der Seelen-Schatz, so vielen abgezwungen. 10

2.
DOMINUS DE ME COGITAT.

IN meiner ersten Blüt', Im Frühling zarter Tage,
Hat mich der grimme Tod verweiset, und die Nacht
Der Traurigkeit umhüllt, mich hat die herbe Macht
Der Seuchen ausgezehrt. Ich schmacht in steter Plage.
Ich theilte meine Zeit, in Seuffzer, Noth und Klage,

Die Mittel, die ich offt für feste Pfeiler acht,
Die haben (leider!) all' erzittert und gekracht,
Ich trage nur allein den Jammer, den ich trage.
Doch nein! der treue GOtt beut mir noch Aug und Hand, 20
Sein Hertz ist gegen mir mit Vater Treu entbrand,
Er ists, der iederzeit vor mich, sein Kind muss sorgen.
Wenn man kein Mittel find, sieht man sein Wunderwerck,
Wenn unsre Krafft vergeht beweisst er seine Stärck,
Man schau't ihn, wenn man meint, er habe sich verborgen.

3.
ES IST ALLES EITEL.

DU sihst, wohin du sihst nur Eitelkeit auff Erden.
Was diser heute baut, reist jener morgen ein:
Wo itzund Städte stehn, wird eine Wisen seyn,
Auff der ein Schäfers-Kind wird spilen mit den Herden: 30
Was itzund prächtig blüht, sol bald zutretten werden.

Was itzt so pocht und trotzt ist Morgen Asch und Bein,
Nichts ist, das ewig sey, kein Ertz, kein Marmorstein.
Itzt lacht das Glück uns an, bald donnern die Beschwerden.
Der hohen Thaten Ruhm muss wie ein Traum vergehn.
Soll denn das Spil der Zeit, der leichte Mensch bestehn?
Ach! was ist alles diss, was wir vor köstlich achten,
Als schlechte Nichtikeit, als Schatten, Staub und Wind;
Als eine Wisen-Blum, die man nicht wider find't.
Noch wil was Ewig ist kein einig Mensch betrachten!

4.
{10} MORGEN-SONNET.

DIe ewig-helle Schaar wil nun ihr Licht verschlissen,
Diane steht erblasst; die Morgenrötte lacht
Den grauen Himmel an, der sanffte Wind erwacht,
Vnd reitzt das Federvolck, den neuen Tag zu grüssen.
Das Leben diser Welt, eilt schon die Welt zu küssen,
Vnd steckt sein Haupt empor, man siht der Stralen Pracht
Nun blinckern auff der See: O dreymal höchste Macht
Erleuchte den, der sich itzt beugt vor deinen Füssen!
Vertreib die dicke Nacht, die meine Seel umbgibt,
Die Schmertzen Finsternüss, die Hertz und Geist betrübt, 20
Erquicke mein Gemütt, und stärcke mein Vertrauen.

Gib, dass ich disen Tag, in deinem Dinst allein
Zubring: und wenn mein End' und jener Tag bricht ein
Dass ich dich, meine Sonn, mein Licht mög ewig schauen.

5.
AUS DEM TRAUERSPIEL 'CARDENIO UND CELINDE'.

Der hohe Geist der in der Sterblichkeit,
Vnsterblich herrscht, Der seines Fleisches Kleid
Als eine Last, (so bald die Stunde schlägt
Die scheiden heist) gantz unerschreckt ablegt;

Der hohe Geist würd' alles was die Welt, 30
Was Lufft und See in ihren Schrancken hält,
Was künfftig noch, und was vorlängst geschehn;
Mit lachen nur und Miss-Preiss übersehn.

Dem Vogel Trotz! der in die Lufft sich schwingt
Ob schon der Schall der harten Donner klingt,
Vnd ob der Sonn' auff die er einig harrt,
Mit steiffem Aug sich wundert und erstarrt.

Der hohe Geist würd über alles gehn,
Vnd bey dem Thron der höchsten Weissheit stehn;
Wenn beyde Flügel ihm nicht fest gehemmt,
Vnd Füss und Leib mit schwerer Last beklemmt.

Alsbald er auff den Kreiss der Dinge trat;
Erschrack der Fürst der zu gebitten[1004] hat 10
Der Untern-Welt, der wenn er umb sich blickt,
List, Hass und Grimm in unser Licht ausschickt.

Er schüttelte dreymal sein Schlangen-Har.
Die Höll erbeb't; was umb und umb ihn war
Versanck in Furcht, die Glutt schloss einen Ring,
Als er entsteckt[1005] von heissen Neid anfing;

Auff! Götter auff! die mit mir von dem Thron
Hiher gebannt: Es steht nach jener Kron
Die ich besass, ein hoch-glückselig Bild
Das leider mehr bey seinem Schöpffer gilt! 20

Man ging zu Rath: Es ward ein Schluss erkist
Zu dämpfen was in Menschen Himmlisch ist,
Mit Macht und Trug! bald drungen aus der Nacht
Geitz, Hochmutt, Angst, Einbildung, Wahn und Pracht.

Doch allen flog erhitzte Brunst zuvor
Die voll von List den Namen ihr erkor
Von steter Lib' und unter ihrem Schein
Die Hertzen nam mit Gifft und Gallen ein.

Ihr bot alsbald die Rach-Lust treue Hand
Die, leider! jetzt der allgemeine Tand[1006] 30
Auff dem Altar der tapffern Ehren ehrt,
Indem die Burg der Ehren wird zustört.

Die Rasereyen pochen was man schätzt,
Vnd heilges Recht auff festen Grund gesetzt;
Sie stecken Reich und Land mit Flammen an
Die auch kein Blutt der Völcker dämpffen kan.

Sie färben See und Wellen Purpur-roth,
Sie stürtzen Stül und Kronen in den Koth,
Vnd treten was auff Erden sterbens-frey
Vnd ewig, mit entweyhtem Fuss entzwey.

Sie reissen (ach!) des Menschen reine Seel
Von ihrem Zweck in des Verderbens Höl 10
Vnd zihn, die den Gott gab den Himmel ein
Aus stiller Ruh, in immer-strenge Pein.

6.
VANITAS! VANITATUM VANITAS!

Die Herrlichkeit der Erden
Muss Rauch und Aschen werden!
Kein Fels, kein Erz kann stehn.
Dies, was uns kann ergötzen,
Was wir für ewig schätzen,
Wird als ein leichter Traum vergehn.

Was sind doch alle Sachen, 20
Die uns ein Herze machen,

Als schlechte Nichtigkeit?
Was ist des Menschen Leben,
Der immer um muss schweben,
Als eine Phantasie der Zeit?

Der Ruhm, nach dem wir trachten,
Den wir unsterblich achten,
Ist nur ein falscher Wahn.
Sobald der Geist gewichen
Und dieser Mund erblichen, 30
Fragt keiner, was man hier gethan.

Es hilft kein weises Wissen.
Wir werden hingerissen
Ohn' einen Unterscheid.
Was nützt der Schlösser Menge?
Dem hie die Welt zu enge,
Dem wird ein enges Grab zu weit.

Dies alles wird zerrinnen,
Was Müh' und Fleiss gewinnen
Und saurer Schweiss erwirbt.
Was Menschen hier besitzen, 10
Kann für den Tod nicht nützen;
Dies alles stirbt uns, wenn man stirbt.

Ist eine Lust, ein Scherzen,
Das nicht ein heimlich Schmerzen
Mit Herzensangst vergällt?
Was ist's, womit wir prangen?
Wo wirst du Ehr' erlangen,
Die nicht in Hohn und Schmach verfällt?

Was pocht man auf die Throne?
Da keine Macht, noch Krone 20
Kann unvergänglich sein,
Es mag vom Todtenreihen
Kein Scepter dich befreien,
Kein Purpur, Gold, noch edler Stein.

Wie eine Rose blühet,
Wenn man die Sonne siehet

Begrüssen diese Welt,
Die, eh' der Tag sich neiget,
Eh' sich der Abend zeiget,
Verwelkt und unversehn's abfällt: 30

So wachsen wir auf Erden,
Und hoffen, gross zu werden
Und schmerz- und sorgenfrei.
Doch, eh' wir zugenommen
Und recht zur Blüte kommen,
Bricht uns des Todes Sturm entzwei.

Wir rechnen Jahr auf Jahre;
Indessen wird die Bahre
Uns vor die Thür gebracht.
Drauf müssen wir von hinnen
Und, eh' wir uns besinnen,
Der Erde sagen gute Nacht.

Weil uns die Lust ergötzet,
Und Stärke freie schätzet,
Und Jugend sicher macht,
Hat uns der Tod bestricket, 10
Die Wollust fortgeschicket
Und Jugend, Stärk' und Muth verlacht.

Wie viel' sind jetzt vergangen!
Wie viel' liebreicher Wangen
Sind diesen Tag erblasst,
Die lange Raitung machten
Und nicht einmal bedachten,
Dass ihn'n ihr Recht so kurz verfasst.

Auf, Herz! wach und bedenke,
Dass dieser Zeit Geschenke 20
Den Augenblick nur dein.
Was du zuvor genossen,
Ist als ein Strom verschossen;
Was künftig, wessen wird es sein?

Verlache Welt und Ehre,
Furcht, Hoffen, Gunst und Lehre,

Und fleuch den Herren an,
Der immer König bleibet,
Den keine Zeit vertreibet,
Der einig ewig machen kann. 30

Wohl dem, der auf ihn trauet!
Er hat recht fest gebauet;
Und ob er hier gleich fällt,
Wird er doch dort bestehen
Und nimmermehr vergehen,
Weil ihn die Stärke selbst erhält.

7.
AUS DEM TRAUERSPIELE 'CAROLUS STUARDUS.'
Der König. Juxton. Thomlisson. Hacker. Die Hencker. Die Jungfrauen an den Fenstern.

1. Jungf. O schrecklich Schau-Gerüst! *2. Jungf.* Soll Karl den Platz betreten?
3. Jungf. Sol er, wo vor sein Volck ihn schier pflag anzubeten,
In höchster Schmach vergehn? *4. Jungf.* Fällt er in seinem Land?
Für seiner eignen Burg durch eines Henckers Hand?
1. Jungf. Ach hätte, wehrter Printz! das Schwerdt dich hingenommen,
Da wo auf blankem Feld Heer gegen Heer ankommen!
Ach! hätte dich bey Wicht die tolle See bedeckt,
So würde nicht dein Tod mit so viel Schmach befleckt! 10
7. Jungf. Der Tod hat keine Schmach; die Schmach liegt auf den Richtern.
Sein Unschuld lässt sich schaun vor tausend Angesichtern.
Man wird an seiner Stirn, an den Geberden sehn
Den unbefleckten Geist, die Tugend, die wir schmehn,
Die wir, wenn Gottes Rach wird Himmel ab erscheinen,
Noch werden mit viel Reu in heisser Angst beweinen.
1. Jungf. Herr! scheub disz Urtheil auf, bis mein Gesicht erblasst!
Wo nicht, so nimm nur bald der Glieder schwere Last 20
Von dem gepressten Geist! *5. Jungf.* O Schwestern! O sie kommen!
2. Jungf. Die Majestät hat gantz sein Antlitz eingenommen
Und streicht, indem sie nicht in Purpur fünckeln kan,
Mit unerschöpfftem Glantz die schönen Glieder an.
4. Jungf. Itzt sieht er nach dem Klotz auf dem er soll verschwinden.
Carol. Ob denn kein höher Block in Britten mehr zu finden?
1. Jungf. Der vor drey Königreich mit höchster Macht besasz,
Hat kein bequemer Holtz zu seinem Tod, als das.

Carol. Man wird uns, leider! hier nicht viel Gehöre gönnen; 30
Drum zeugt uns, Thomlisson! Wir hätten schweigen können,

Jedennoch zu entgehn dem rasenden Verdacht,
Als wenn durch eigne Schuld wir in die Noth gebracht,
Erfordert unsre Pflicht, durch die wir Gott verbunden,
Und Reich und Vaterland, dass in der letzten Stunden
Ich darthu, dass ich sey ein Mann ohn arge List,
Dass ich ein guter Printz und unverfälschter Christ.
Was nöthig aber, hier von Unschuld viel zu handeln?
Er weisz wer Athem zeucht, und was nach uns wird wandeln,
Er weisz, der alles weisz, der Well und Welt bewegt,
Und der schon über mich ein gröszer Urtheil hegt, 10
Dass wir zum ersten nicht das grimme Schwerdt erwischet,
Dass auf die Freyheit uns kein Eyver angefrischet.
Der Parlamente Macht ist nie durch uns verletzt,
Sie haben sich vorher uns grimmig widersetzt.
Sie suchten aus der Faust das Kriegsrecht uns zu winden:
Die sich doch überzeugt durch ihr Gewissen finden,
Dass es das meine war. Gilt unser Wort nicht hier,
So red an Carlen statt so mein, als ihr Papier.
Wer beyder Unterschrifft wil redlich überlegen,
Wird sonder Brille sehn, wer nach dem ersten Degen 20
In heiszem Vorsatz grieff. Entdeck' es, groszer Gott!
Ich aber, ich verzeih und will den hohen Spott
Der Blutschuld nicht auf sie und ihre Köpffe schieben
(Die sauber mögen seyn!). Vielleicht fleuszt disz Betrüben,
Die Mordquell, beyderseits aus nichtgetreuem Rath.
Uns überzeugt der Geist, dass wir durch diese That
Auffs minste nicht beschwert, und möchten wol vernehmen,
Dass sie sich vor sich selbst nicht etwa dörfften schämen.
Disz aber, disz sei fern: dass Karl sich so verführ,
Und nicht in seiner Noth des Höchsten Urtheil spür! 30
Der Höchst ist ja gerecht und pflegt gerecht zu richten,
Auch durch nicht rechten Schluss, den Ungerecht' erdichten.
Wie Wentwort durch uns fiel in nicht verdiente Pein,
So muss sein herber Tod itzt unser Straffe seyn.
Wir müssen durch den Spruch, durch den er hingerissen,
Unschuldig, wider Recht, auch Blut für Blut vergieszen
Und geben Hals für Hals. Doch klag ich niemand an,

Weil ich, ein rechter Christ, von Christo lernen kan,
Wie man verzeihen soll. Sagt, wenn ich nun erblichen,

Sagt, Juxton, wenn die Seel aus dieser Angst gewichen,
Wie willig ich vergab dem, welcher mich verletzt,
Dem, der mich unterdrückt, dem, der das Richt-Beil wetzt,
Dem, der nach meinem Tod sich Tag und Nacht bemühet,
Vielleicht mir unentdeckt. Doch siehts, der alles siehet.
Ich forsche nicht mehr nach, schreib ihnen disz nicht an.
Gott! ewig guter Gott! Wer nur verzeihen kan,
Erfüllt nicht alle Pflicht. Mein Lieben dringt noch weiter. 10
Ich wündsche, dass die Nacht zertreib ein helles Heiter,
Dass ihr verfinstert Hertz den schwartzen Greuel Fleck,
Und wie es sich verstürtzt[1007], bey klarem Licht entdeck.
In Wahrheit, Eigen-Nutz hat schrecklich hier gefrevelt
Und Gottes Donner-Keil auf seinen Kopff geschwefelt[1008]!
Ich aber steh für euch und bitt, als jener rieff,
Der unter rauhem Sturm der harten Stein entschlieff:
Vergib, erhitzter Gott! hilff ihre Sinnen lencken!
Lass sie nach rechtem Weg und wahrem Friede dencken,
Dass sich mein Unterthan in höchster Angst erquick! 20
Mein Unterthan, den ich bey letztem Augenblick
Befehl in deine Gunst! Wer wird den Wundsch entdecken?
Ich hoff, er werde noch viel aus dem Schlaff erwecken,
Die dieser Wind einwiegt. Eur Weg ist gantz verkehrt.
Ich seh und alle Welt, dass ihr das Reich verhert.
Um durch ein rasend Schwerdt die Cronen zu gewinnen,
Zu theilen Land und Land. Wer lobt ein solch Beginnen?
Wenn man ohn rechtes Recht, ohn Ursach um sich greifft,
Wird man nicht jenem gleich, der Thetis Schaum durchstreifft
Und wider Völcker Recht die freye Flacke hindert 30
Und die durch Brand und Stahl zustückten Seegel plündert?
Philetas rieb disz selbst dem groszen Griechen ein:
Wer härter raub als ich, muss mehr ein Rauber seyn.
Solt euch auf diesem Weg ein heilig Fortgang segnen?
Solt euch die wahre Ruh auf diesem Pfad begegnen?

Nein, sicher! wo ihr nicht Gott und den Fürsten gebt
Was beyder eigen ist, so fällt, was um euch schwebt,
Disz Wetter über euch. Ihr musst dem Fürsten geben
Und denen, die nach ihm ihr Erbrecht soll erheben,
Und denen, über die der Fürst den Scepter führt,
Was Printz und Printzen Erb und Unterthan gebührt.
Gebt Gott sein eigne Kirch! Ihr selbst habt sie zustreuet.
Sie wird durch Gottes Wort und Ordnung nur erfreuet.
Mein Rath kommt hier zu kurtz. Setzt einen Reichs-Tag an

Und hört, was unerschreckt ein ieder sagen kan, 10
Der mehr des Höchsten Ehr als seinen Nutz behertzet
Und nicht mit seinem Heil und aller Wohlfahrt schertzet!
Wer rührt das grimme Beil? Lasst, lasst es unverletzt,
Dass es nicht vor der Zeit werd an den Hals gesetzt!
Disz, was mein eigen ist, wil ich nicht ferner rühren,
Ich rede nicht für mich. Euch mag das Recht anführen!
Es zeig euch eure Pflicht! Was nun das Volck angeht,
Zeugt der, der für sein Volck und Volckes Freyheit steht,
Der dessen Freyheit mehr als Eigennutz betrachtet:
Wenn man des Volckes Heil und Leben recht beachtet, 20
Und, wie es recht, beherrscht und treu versichert hält,
So hat es seinen Wunsch. Wer nach dem Scepter stellt,
Reiszt alle Schrancken durch und sucht ein schrecklich Ende,
Weil Printz und Unterthan doch unvermischte Stände.
Versucht auch, was ihr könnt! nennt Unterdruckten frey,
Wenn Albion betraurt, dass es gezwungen sey!
Und drum erschein ich hier. Hätt ich disz können schlieszen,
Dass man die Grund-Gesetz und Ordnung gantz zurissen,
Wenn mir des Lägers Trotz und unbeherrschte Macht
Und Frevel ie beliebt, man hätte sich bedacht, 30
Mich auf dem Traur-Gerüst zum Opffer vorzustellen,
Zum Opffer für disz Volck. Herr lass kein Urtheil fällen
Auf die verblendte Schaar, vor welch ich dir mein Blut
Hingeb und den für Kirch und Reich verlobten Muth.
Verzeiht! Ich halt euch auf! wir wolten Zeit begehren,
Um uns zu guter Nacht was besser zu erklähren.
Man gibt uns die nicht nach. Doch was sind Worte noth,

Dafern die Unschuld spricht und zeuget mit dem Tod?
Die hat euch itzt entdeckt mein innerstes Gewissen.
Die wünscht, wo ihr ja noch könnt etwas heilsams schlieszen:
Dass euer Rath forthin dem Reich ersprieszlich sey
Und eure Seele selbst von grauser Schuld befrey.
Juxt. Ob zwar sein Gott'sdienst, Herr! durch alle Welt erschollen,
Doch, weil Verleumdung denn auch rasend schertzen wollen,
Benehm er durch ein Wort der Schlangen dieses Gifft!
Car. Gar recht erinnert! Was disz hohe Werck betrifft,
So glaub ich fest, es sey der Erden unverborgen, 10
Wie mein Gewissen steh, das seine Seelen-Sorgen
Auf Gottes Hertze setzt, dem ich wie je und eh
Auch sterbend als ein Kind der Kirch, entgegen geh,
Der Kirchen, die vorhin in Albion geblühet,

Die nun sich in der Irr und höchstem Kummer siehet.
Ich missbrauch eurer Zeit! *1. Jungf.* Die Mörder kommen an!
2. Jungf. Vermummt, weil Bosheit nicht das Licht vertragen kan.
Carol. Wir haben rechte Sach und einen Gott voll Gnaden.
Juxt. Der aller Fluch und Noth auf seinen Sohn geladen.
Carol. Man marter uns nicht mehr, als euch das Blutrecht heiszt! 20
Wir schreyn den Höchsten an. Verzeuch, bis sich der Geist
Dem Schöpffer anvertrau! Wenn wir die Händ ausstrecken,
Thu deinen Schlag getrost! Langt uns[1009] das Haubt zu decken!
3. Jungf. Disz ist die letzte Cron! wohin verfällt die Pracht!
Wohin der Erden Ruhm! wohin der Throne Macht!
Carol. Wird unser langes Haar auch wohl dein Richt-Beil hindern?
Henck. Ja! *1. Jungf.* Soll man noch den Schmuck des höchsten Haubtes
mindern!
6. Jungf. Er streicht die Locken selbst unzaghafft auf die Seit
Und steckt die Flechten auf. *Carol.* Weg alle Traurigkeit!
Wir haben ja, uns zu erquicken 30
Ob unser Sachen gutem Recht
Und an dem Gott, der an wird blicken
Voll Gnad und Liebe seinen Knecht.

Juxt. Den Schauplatz muss mein Fürst zum letztenmal beschreiten,
Den Schauplatz herber Angst und rauher Bitterkeiten,
Den Schauplatz grimmer Pein, auf dem ein jeder findt,
Dass alle Majestät sey Schatten, Rauch und Wind.
Der Schauplatz ist zwar kurtz, doch wird in wenig Zeiten
Auf kurtzer Bahn mein Printz das ferne Reich beschreiten,
Den Schau-Platz höchster Lust, auf dem die Ewigkeit
Mit Frieden schwangrer Ruh krönt unser Seelen Leid.
Carol. Wir scheiden aus der trüben Nacht des Zagens
Zu dem gewünschten Licht der schönsten Sonne. 10
Wir scheiden aus dem Kercker herbes Klagens
In das gezierte Schloss der höchsten Wonne.
Wir gehn aus dem engen Lande in der Engel weites Land,
Wo kein schmertzend Weh betrübet den stets unverrückten Stand.
Niemand wird die Cron ansprechen,
Niemand wird den Scepter brechen,
Niemand wird das Erbgut kräncken,
Das der Himmel uns wird schencken.
Nimm, Erden, nimm, was dein ist, von uns hin!
Der Ewigkeiten Cron ist fortan mein Gewinn. 20
8. Jungf. Wol diesem, dessen Cron der Abschied so vergröszet!
Carol. Schau, ob der Nacken nun von allem Haar entblöszet!

7. Jungf. Er giebt den Mantel weg. *3. Jungf.* Leg ab mit diesem Kleid,
Was dich bisher umhüllt, dein überschweres Leid!
4. Jungf. Er nimmt das Ritter-Band und Kleinod von dem Hertzen.
6. Jungf. Der Höchst' entbinde dich, mein Fürst, von deinen Schmertzen!
Carol. Fahrt wol mit diesem Band Welt, Scepter, Cron und Stab!
Ade beherrschtes Reich! wir legen alles ab.
Lasst unserm ältern Sohn disz Ritter-Ehren-Zeichen
Nechst meinem Petschafft-Ring zum Denkmahl überreichen!
Nehmt ihr, weil auf der Welt ich nichts mehr geben kan, 30
Disz Kettlin, Thomlisson, disz Uhrwerck, Hacker, an!
Bleibt, Bischoff, bleibt gegrüszt, stets indenck meiner Worte!

4. Jungf. Da steht die Tugend blosz. *5. Jungf.* Ist niemand an dem Orte,
Der mit dem letzten Dienst den groszen Fürsten ehr?
4. Jungf. Nein! er entdeckt sich selbst. *5. Jungf.* Sind keine Diener mehr?
3. Jungf. Der so viel tausend vor beherrscht durch einig Wincken,
Von dem setzt alles ab noch vor dem Niedersincken.
2. Jungf. Da geht der werthe Printz zu seinem Mord-Altar.
1. Jungf. Der Britten Opffer-Platz und letzten Todten-Bahr! 10
Carol. Steht dein Block fest? *Henck.* Er ist, mein Fürst, recht fest gesetzet.
Carol. Hat uns Albion keines höhern werth geschätzet?
Henck. Er mag nicht höher seyn. *Carol.* Wenn ich die Händ' ausbreit,
Verrichte deinen Streich! *2. Jungf.* O Schandfleck aller Zeit!
Soll der Britten Maiestät sich so tieff zur Erden neigen
Und ihr drey-bekröntes Haubt vor des Henckers Füszen zeigen?
Carol. O König, der uns durch sein Blut
Der Ehren ewig Reich erwarb, 20
Der seinen Mördern selbst zu gut
An dem verfluchten Holtze starb,
Vergib mir, was ich ie verbrochen,
Und lass die Blutschuld ungerochen!
Nimm nach dem überhäufften Leiden
Die Seele, die sich dir ergiebt,
Die keine Noth kan von dir scheiden,
Die, Herr! dich wie du mich geliebt,
Auf in das Reich der groszen Wonne!
Erfreue mich du Lebens-Sonne! 30
Erhalt mich unerschöpffte Macht!
Hier lieg ich, Erden gute Nacht!
1. Jungf. Da liegt des Landes Heil. *4. Jungf.* Da liegt des Landes Leben.
2. Jungf. Und aller Printzen Recht! *3. Jungf.* Wer wird, wer kan erheben,
Was der geschwinde Streich in einem Nun zerknickt!

5. Jungf. Was die gestürtzte Leich mit ihrem Fall erdrückt!
6. Jungf. Ach! beweint nicht dessen Cörper, der ein gröszer Reich empfangen!
Weint über dem, was Gott hat über uns verhangen!
Alle Jungf. O Jammer! O! O groszer Schmertzen Höh!
2. Jungf. Ach, Himmel Ach! *Alle Jungf.* Ach tausendfaches Weh!

Die Geister der ermordeten Könige. Die Rache.

1. Geist. Rach! Rache groszer Gott! *2. Geist.* Rach! Rach. *3. Geist.* Herr komm zur Rache!
4. Geist. Rach über unser Blut! *5. Geist.* Herr richte meine Sache!
Alle. Rach! Rache! Rache! Rach! Rach über diesen Tod!
6. Geist. Rach über diesen Fall und aller Printzen Noth! 10
1. Geist. Erscheine, Recht der groszen Himmel!
Erschein' und sitze zu Gericht,
Und hör ein seuffzend Weh-Getümmel,
Doch mit verstopfften Ohren nicht!
2. Willst du die Ohren ferner schlieszen?
Siehst du nicht, wie man Throne bricht,
So lass doch dieses Blutvergieszen,
Gerechter, ungerochen nicht!
Alle. Rach, himmel! übe Rach! *1. Geist.* Rach, König aller Götter!
4. Geist. Rach, aller Printzen Printz! *1. Geist.* Rach über Ubelthäter! 20
5. Geist. Rach über unser Angst! *2. Geist.* Rach über aller Noth!
7. Geist. Rach über disz Gericht! *Alle.* Rach über Carels Tod!
Die Rache. Die Donner-schwangre Wolcken brechen
Und sprützen um und um zertheilte Blitzen aus.
Ich komme Tod und Mord zu rächen
Und zieh disz Schwerdt auf euch ihr Hencker und eur Haus.
Weh zitternd Albion! Die Rache
Schwer't bey der Götter Gott und deines Königs Blut,

Dass auf dein Grund-Verderben wache
Ein unerhörter Grimm und Plagen-volle Fluth.
Reisz auf du Schlund bestürtzter Erden!
Lasst ab, die ihr bemüht, die Schuldigen zu quälen!
Aus Engelland wird Helle[1010] werden.
Hört, was die Rach euch wil, ihr Furien, befehlen!
Komm Schwerdt! komm Bürger-Krieg! komm Flamme!
Reisz aus der Tieffe vor geschminckte Ketzerey!
Kommt, weil ich Albion verdamme!
Ich geb Jerne preis und Britten Vogel-frey! 10

Ihr Seuchen! spannt die schnellen Bogen!
Komm! komm geschwinder Tod! nimm aller Gräntzen ein!
Der Hunger ist voran gezogen
Und wird an Seelen statt in dürren Gliedern seyn.
Komm Zwytracht! Hetze Schwerdt an Schwerdter!
Komm Furcht! besetz all End und Örter!
Komm Eigenmord mit Strang und Stahl!
Komm Angst mit allzeit neuer Qual!
Ihr Geister, laufft! weckt die Gewissen
Aus ihren sichern Schlaffen auf 20
Und zeigt, warum ich eingerissen
Mit der gesammten Straffen Hauff!
Ich schwere noch einmal bey aller Printzen König
Und der entseelten Leich, dass Albion zu wenig,
Zu dämpffen meine Gluth, dass Albion ersäufft,
Wo es sich reuend nicht in Thränen gantz verteufft.

Fußnoten:
[669] Professor der alten Sprachen zu Wittenberg, † daselbst 1543.
[670] Feldsteine.
[671] Der Partekensack = der Brotbeutel der Schulkinder.
[672] *rubetum.*
[673] schwatzen.
[674] gefiedert.
[675] entgehn.
[676] Getreide.
[677] einher schreiten.
[678] die Waffen einsenken.
[679] Grind, Ausschlag.
[680] Schorf.
[681] kreischen.
[682] Beweismittel.
[683] roher Gesell.
[684] Rülpser, roher Mensch.
[685] Ungeduld, aber auch Unduldsamkeit.
[686] gut machen.
[687] die vorher erwähnte Sicherheit und Gastfreundschaft, die Sickingen Hutten bewiesen.
[688] Absicht, *mind.*
[689] lateinische Construction des Infinitivs.
[690] *in the mean time.*
[691] Vernunft.
[692] Nisus und Euryalus.

[693] ehrenhaft.

[694] *strength.*

[695] der Gesinnung.

[696] bezeugt.

[697] *within the sphere.*

[698] vergangen.

[699] 'Herberge der Gerechtigkeit,' das Schloss Sickingen's, die Ebernburg in der Pfalz.

[700] Eilt euch.

[701] röchelt.

[702] stammelt.

[703] Spottname für Dr. Eck.

[704] Berchtold Haller, bei der Disputation in Baden auf Seite der Evangelischen.

[705] in die Höhe heben.

[706] aufs Rad.

[707] Dr. Faber, eigentlichen Namens Heigerlin, auf katholischer Seite.

[708] August.

[709] Säue.

[710] im vorigen Jahr; Anspielung auf Fabers Streben nach dem Bischofshut und seine Niederlage an der Disputation zu Zürich.

[711] Gespött.

[712] grand merci sagen, Umstände.

[713] Prahler.

[714] Küster.

[715] sollt.

[716] bäckt Kuchen.

[717] Butter.

[718] Der St. Galler Joachim Watt (Vadianus), einer der Präsidenten bei dem Gespräch in Bern.

[719] Hülfe.

[720] Benedict Burgauer?

[721] Thomas Murner.

[722] Geweihte Palmen galten als Mittel zur Abwehr des Bösen.

[723] das Gespenst ist die Reformation.

[724] wol der Basler Bürgermeister Adelberg Meyer.

[725] Dr. Eck.

[726] dürr und trocken.

[727] den dritten u.s.w. Gedächtnisstag für die Todten.

[728] unberusst.

[729] Anspielung auf Fabers gegen Luther geschriebenen 'Malleus' (Hammer).

[730] ganz gewaltig wohl.

[731] Säue; ähnlich wie damals Sau gebraucht man jetzt Bock figürlich.

[732] ungeneckt.

[733] Ecks bairische Mundart soll verspottet werden.

[734] verspotten.

[735] drohen.

[736] Pech.

[737] kleine Münze, also: durchaus nicht.

[738] raffen, reissen.

[739] Beisteuer, Hülfe.

[740] Lehm.

[741] als.

[742] aus Erde.

[743] Schnürriemen.

[744] prangen, sich gross thun.

[745] heb dich weg!

[746] Trotz, Ärger.

[747] gestaltet.

[748] bedeutet.

[749] ersparen.

[750] nach.

[751] Scepter.

[752] Elster.

[753] keinem.

[754] mit bösen Unthaten.

[755] nachahmen.

[756] Trotz.

[757] nachfolgen.

[758] Furcht, Schrecken.

[759] Fortkommen.

[760] die Luckmanier am Gotthart.

[761] Rhätierland, Rheinzier-Land.

[762] führe es nach Wunsch.

[763] weihen.

[764] deinen.

[765] gefasst.

[766] 1456 hatte eine ähnliche Wasserfahrt von Zürich nach Strassburg stattgefunden.

[767] nachfolgen, ähnlich sein.

[768] Recht.

[769] erworben.

[770] wo vorbei, i. e. vor Strassburg.

[771] bis heut zu Tag.

[772] Schiffsgefährte.

[773] Blasen, *blister*.

[774] wahr.

[775] nahen.

[776] rasch.

[777] fühle.

[778] Höhle.

[779] gibt ihr, der Gesellschaft, Muth.

[780] das Maul schäumt.

[781] grimmen Muth.

[782] auf den Rücken.

[783] Steuerruder.

[784] erschien.

[785] Ruderfurche.

[786] gehn.

[787] Vater.

[788] hin und herschwanken.

[789] Pfahl im Wasser.

[790] mit noch lahmem Halse.

[791] erglänzen.

[792] Fürwahr!

[793] Schosse.

[794] entfernet.

[795] lernen.

[796] scherzen.

[797] entschuldigen.

[798] man sie.

[799] zumal, wenn man bedenkt.

[800] erwerben.

[801] Hanfzwirn, *hempen thread*.

[802] an Armuth kauen.

[803] da unten.

[804] er dachte.

[805] gastfrei.

[806] gebricht, mangelt.

[807] *both*.

[808] *comfort*.

[809] den Kropf füllen.

[810] so weit, ein blosses Flickwort.

[811] Gewinn.

[812] sich nach der Decke strecken.

[813] zu Wege bringen, schaffen.

[814] seit.

[815] untergegangen.

[816] Kopfstück, eine Münze.
[817] heraus.
[818] Thun und Streben.
[819] Sohn des Mäusekönigs.
[820] Name des Katers.
[821] im Haus erzogen.
[822] gefährlich.
[823] schwatzte, schrie.
[824] Mannthier, i. e. Mensch.
[825] kucken, schauen.
[826] Basilisk.
[827] geartet.
[828] Thurm, Spitze.
[829] schön.
[830] die Federn des Hahns.
[831] auf der Erde.
[832] gerüstet.
[833] ausgestattet.
[834] mit dem Schnabel wühlen.
[835] Lärm.
[836] ziehe ihn heraus beim Hals.
[837] anpacken.
[838] heucheln.
[839] Eidgenossenschaft.
[840] morgens.
[841] unbedacht.
[842] Schuss.
[843] nichts.
[844] höflich.
[845] ausweichen.
[846] anfänglich.
[847] Hintertheil.
[848] gefasst gemacht.
[849] beängstigt.
[850] erwischt.
[851] Gebüsch.
[852] für nichts halten.
[853] zahlreich.
[854] bescheiden.
[855] sich träumen lassen, sich einbilden.
[856] nehmen.
[857] bewundern.
[858] sich das Haar färben lassen.

[859] als könnten sie nicht mehr deutsch sprechen.
[860] annehmen.
[861] Italiener.
[862] froh, stolz.
[863] als hätten sie etwas Böses gethan.
[864] besser.
[865] Tataren.
[866] Heiligthum.
[867] Ehre.
[868] und seufzen und klagen noch darüber.
[869] vergossen, verwandt.
[870] habe mich unterstanden zu geben.
[871] ein oder zwei Jahre.
[872] Hinterhalt.
[873] Lager.
[874] übertreffen.
[875] Gehäge.
[876] Kunstgriff.
[877] schlecht darauf spielen (ein veralteter Ausdruck).
[878] kratzen, *rasping*.
[879] herausputzen.
[880] Pracht.
[881] Hafermus.
[882] Rasen.
[883] gesponnenes Zeug.
[884] braucht.
[885] Gefässe.
[886] Hofpächter.
[887] Meise.
[888] bedarf.
[889] ein Fass, das ein Fuder oder sechs Eimer hält.
[890] arm.
[891] der sehr zappelt.
[892] mit Wenigem.
[893] Spessart.
[894] nach vier Richtungen auslaufende Wegscheide.
[895] = Barn, Krippe.
[896] Vorsatz.
[897] wurde ihm lieb.
[898] weigerte.
[899] mit Bitten angegangen.
[900] in Zotten niederhangen.
[901] mit Knoten, Knorren versehen.

[902] gebricht, geht aus.
[903] fürder.
[904] nicht mehr.
[905] verschmäht.
[906] Sibilla ist 'Danielis Weib'; Salomon, Joseph, Ben Jamin 'Danielis Söne';
Blepsidemus 'ein Kundtschaffer'. Sibilla spricht zuerst.
[907] brennend.
[908] blöde, schwach.
[909] so beschaffen.
[910] weh, ei.
[911] vielleicht.
[912] lassen.
[913] wüsste.
[914] brannten.
[915] licht.
[916] rauchten.
[917] Halde.
[918] mit Steuern belegen.
[919] Festung.
[920] geflüchtet, mhd. vlœhenen.
[921] Bastei.
[922] Kanone, Böller.
[923] Form, Art.
[924] backen.
[925] Gasthof.
[926] verkrochen.
[927] gleichsam.
[928] strotzend voll.
[929] *paymaster*.
[930] Haut.
[931] Streiten.
[932] *imposts*.
[933] drängen, zwingen.
[934] *ammunition*.
[935] Lärm, Allarm.
[936] Gift geben.
[937] unterdrücken, verdunkeln.
[938] Glanz.
[939] giebt.
[940] bewiesen.
[941] Gedeihen.
[942] hart.
[943] matt.

[944] aufquoll, sprudelte.

[945] fest.

[946] Kastanienbaum.

[947] heftig drängten.

[948] = ersah.

[949] Unterhosen.

[950] Klapper.

[951] Lebkuchen.

[952] Naschwerk.

[953] Kämme.

[954] Ringe.

[955] mitsammen.

[956] bösartig.

[957] schnaufen.

[958] ausgelassen.

[959] spassen.

[960] Scherz.

[961] last night.

[962] alles.

[963] grober, bäurischer Mensch.

[964] den Witz gebrauchst.

[965] schmiegst.

[966] abgehaspelt.

[967] unruhiges.

[968] abgekehrt.

[969] rennet.

[970] zu dir beten.

[971] mässigen.

[972] mich auf Pracht verstehe.

[973] schlechthin.

[974] wie ein Dampf.

[975] *husky*.

[976] sich bewegenden.

[977] gewetzt.

[978] Wonne.

[979] Orgelton.

[980] Peitsche.

[981] Wenn du willst.

[982] der Bach.

[983] Was kann die Freude helfen, welche die Einsamkeit verbirgt.

[984] Steht im Original etwas weiter unten. Wörtlich:

Mein Leben schliess' ich in deines hinein.

[985] Wörtlich: Je mehr ihn Hagel und Regen anficht.

[986] Wörtlich: Durch Kreuz, durch Leiden, durch allerlei Noth.

[987] Wörtlich: Durch Kreuz, durch Eisen, durch feindliches Heer.

[988] d. h. die Beinkleider. Sprichwörtlich so viel als: Ich lasse dich frei schalten in deinem weiblichen Bereich, und du störst mich nicht in meinem männlichen Rechte.

[989] Es ist nichts um alle meine Mühe oder mit aller meiner M.

[990] vorgesehn.

[991] beliebet.

[992] vor.

[993] zustösst.

[994] bleibe bei dir.

[995] Musen.

[996] geringer.

[997] überdauernder.

[998] befehlen.

[999] Föhren.

[1000] deren.

[1001] Lust bereichernde.

[1002] spielen.

[1003] zum Essen.

[1004] gebieten.

[1005] entzündet.

[1006] Leichtsinn.

[1007] verirrt.

[1008] unter Schwefeldunst geschleudert.

[1009] reicht uns etwas.

[1010] Hölle.

DIE ANFÄNGE DER MODERNEN LITERATUR.

FRIEDRICH SPEE.

[*Scherer* D. 334, E. 338.]

Geboren 1591 zu Kaiserswerth am Rhein. Er trat früh in den Jesuitenorden zu Cöln und starb zu Trier 1635 an einer Krankheit, die er sich bei der Pflege kranker Soldaten zugezogen. Er schrieb gegen das Verbrennen der Hexen. Sein 'Güldnes Tugendbuch' ist ein prosaisches Erbauungsbuch mit eingeschalteten Gedichten; seine 'Trutz-Nachtigal' eine Sammlung geistlicher Lieder. Beide Werke erschienen erst nach seinem Tode 1649. 'Trutz-Nachtigal' herausgegeben von Balke (Leipzig 1879).

AUS DER TRUTZ-NACHTIGALL.
LIEBGESANG DER GESONSS JESU, IM ANFANG DER SOMMERZEIT.

Der trübe winter ist fürbei,
Die Kranich widerkehren,
Nun reget sich der Vogelschrei,
Die Nester sich vermehren;
Laub mit gemach
Nun schleicht an tag[1011],
Die Blümlein sich nun melden;
Wie Schlänglein krumm
Gehn lächlend umb
Die Bächlein kühl in Wälden. 10
Die Brünnlein klar und Quellen rein
Viel hie, viel dort erscheinen,
All silberweisse Töchterlein
Der holen Berg und Steinen,
In grosser Meng
Sie mit Gedräng
Wie Pfeil von Felsen zielen;
Bald rauschens[1012] her
Nit ohn Geplärr[1013]
Und mit den Steinlein spielen. 20
Die Jägerin Diana stolz,
Auch Wald- und Wassernymphen
Nun wieder frisch in grünem Holz

Gahn spielen, scherz und schimpfen.
Die reine Sonn
Schmuckt ihre Kron,
Den Kocher füllt mit Pfeilen,
Ihr beste Ross
Lässt lauffen los,
Auf marmerglatten Meilen[1014]. 10
Mit ihr die kühle Sommerwind,
All Jünglein[1015] still von Sitten,
Im Luft zu spielen seind gesinnt,
Auf Wolken leicht beritten.
Die Bäum und Näst[1016]
Auch thun das Best,

Bereichen[1017] sich mit Schatten,
Da sich verhalt
Das Wild im Wald,
Wanns pflegt von Hitz ermatten.
Die Meng der Vöglein hören lasst[1018]
Ihr Schyr- vnd Tyre-Lyre;
Da sauset auch so mancher Nast,
Sampt[1019] er mit musiciere.
Die Zweiglein schwank
Zum Vogelsang 10
Sich auf, sich nieder neigen.
Auch höret man
Im Grünen gahn[1020]
Spazieren Laut und Geigen.
Wo nur man schaut, fast alle Welt
Zun Freuden thut sich rüsten,
Zum Scherzen alles ist gestellt,
Schwebt alles fast in Lüsten;
Nur ich allein,
Ich leide Pein, 20
Ohn End ich werd gequälet,
Seit ich mit dir,
Und du mit mir,
O Jesu, dich vermählet.
Nur ich, o Jesu, bin allein
Mit stetem Leid umbgeben,
Nur ich muss nur in Schmerzen sein,
Weil nit bei dir mag leben.
O stete Klag!

O während[1021] Plag! 30
Wie lang bleib ich gescheiden?
Von grossem Weh,
Dass dich nit seh,
Mir kombt so schweres Leiden.
Nichts schmecket mir auf ganzer Welt
Als Jesu Lieb alleine,
Noch Spiel noch Scherz mir je gefelt
Bis lang[1022] nur er erscheine;
Und zwar[1023] nun frei
Mit starkem Schrei 10
Ruf ihm so manche Stunden,
Doch nie kein Tritt,
Sich nahnet nit;
Sollt michs nit hart verwunden?
Was nützet mir dann schöne Zeit?
Was Glanz und Schein der Sonnen?
Wass Bäum gar lieblich ausgebreitt?
Was Klang der klaren Brunnen?
Was Athem lind
Der kühlen Wind? 20
Was Bächlein krumm geleitet?
Was edler Mai?
Was Vogelschrei?
Was Felder grün gespreitet?
Was hilft all Freud und Spiel und Scherz,
All Trost und Lust auf Erden?
Ohn ihn ich bin doch gar in Schmerz,
In Leid und in Beschwerden.

Gross Herzenbrand
Mich tödt zu Hand,
Weil Jesu dich nit finde;
Drumb nur ich wein
Und heul und grein,
Und Seufzer blas in Winde.
Ade, du schöne Frühlingszeit,
Ihr Felder, Wäld, und Wiesen,
Laub, Gras, und Blümlein neu gekleidt,
Mit süssem Tau beriesen[1024]! 10
Ihr Wässer klar,
Erd, Himmel gar,
Ihr Pfeil der gülden Sonnen!

Nur Pein und Qual,
Bei mir zumal
Hat Ueberhand gewonnen.
Ach Jesu, Jesu, treuer Held,
Wie kränkest mich so sehre!
Bin je doch harb und harb gequeelt;
Ach, nit mich so beschwere!
Ja wiltu sehn
All Pein und Peen[1025]
Im Augenblick vergangen, 10
Mein Augen beid
Nur führ zur Weid,
Auf dein so schöne Wangen.

JOHANN SCHEFFLER, GENANNT ANGELUS SILESIUS.

[*Scherer D.* 336, *E.* 338.]

Geboren 1624 zu Breslau. Er studierte Medicin und ward Leibarzt bei dem Kaiser Ferdinand. Durch das Studium theosophischer Schriften und persönliche Bekanntschaft mit holländischen Mystikern ward er zum Übertritt zur Römischen Kirche bewogen. Er wurde Priester und lebte meist im Jesuiten-Kloster zu Breslau. Starb 1677. Ausser seinen theologischen Streitschriften sind am bekanntesten: sein 'Cherubinischer Wandersmann', eine Sammlung mystischer Sprüche; seine 'Heilige Seelenlust', eine Sammlung geistlicher Hirtenlieder; seine 'Sinnliche Betrachtung der vier letzten Dinge'. Seine geistlichen Lieder haben trotz ihrem pantheistischen Charakter zum Theil Eingang in protestantische Gesangbücher gefunden. Herausgegeben von Rosenthal (Regensburg, 1862).

1.

ICh wil dich lieben meine Stärke,
Ich wil dich lieben meine Ziehr,
Ich wil dich lieben mit dem Werke,
Und immerwehrender Begihr:

Ich wil dich lieben schönstes Licht
Biss mir das Hertze bricht.
Ich wil dich lieben O mein Leben

Als meinen allerbesten Freind;
Ich wil dich lieben und erheben,
So lange mich dein Glantz bescheint.
Ich will dich lieben Gottes Lamm
Als meinen Bräutigam.
Ach dass ich dich so spät erkennet,
Du Hochgelobte Schönheit du! 10
Und dich nicht eher mein genennet,
Du höchstes Gut und wahre Ruh!
Es ist mir leid und bin betrübt,
Dass ich so spät geliebt.
Ich lieff verirrt und war verblendet,
Ich suchte dich und fand dich nicht;
Ich hatte mich von dir gewendet
Und liebte das geschaffne Licht;
Nu aber ists durch dich geschehn
Dass ich dich hab ersehn. 20
Ich danke dir du wahre Sonne,
Das mir dein Glantz hat licht gebracht:
Ich danke dir du Himmels-Wonne,
Das du mich fro und frey gemacht:
Ich danke dir du güldner Mund,
Dass du mich machst gesund.
Erhalte mich auff deinen Stegen,
Und lass mich nicht mehr irre gehn;
Lass meinen Fuss in deinen Wegen
Nicht straucheln oder stille stehn: 30
Erleucht mir Leib' und Seele gantz
Du starker Himmels glantz.
Gib meinen Augen süsse Thränen,
Gib meinem Hertzen keusche brunst;
Lass meine Seele sich gewöhnen
Zu üben in der Liebe-Kunst:
Lass meinen Sinn, Geist und Verstand,

Stäts sein zu dir gewand.
Ich wil dich lieben meine Krone,
Ich wil dich lieben meinen Gott;
Ich wil dich lieben ohne lohne
Auch in der allergrösten Noth;
Ich will dich lieben schönstes Licht,
Biss mir das Hertze bricht.

2.
AUS DEM CHERUBINISCHEN WANDERSMANN.

Man weiss nicht was man ist.

Ich weiss nicht was ich bin, Ich bin nicht was ich weiss:
Ein Ding und nicht ein Ding, Ein Stüpffchen[1026] und ein Kreiss.

Der Ewige Tod.

Der Tod, auss welchem nicht ein Neues Leben blühet, 10
Der ists, den meine Seel auss allen Töden fliehet.

Kein Tod ist ohn ein Leben.

Ich sag es stirbet nichts; nur dass ein ander Leben,
Auch selbst das Peinliche, wird durch den Tod gegeben.

Wie wird man GOtte gleich?

Wer GOtt wil gleiche seyn, muss allem ungleich werden,
Muss ledig seiner selbst, und loss seyn von Beschwerden.

Die Rose.

Die Rose, welche hier dein äussres Auge siht,
Die hat von Ewigkeit in GOtt also geblüht.

Die GOttheit ist ein Nichts.

Die zarte GOttheit ist ein nichts und über nichts:
Wer nichts in allem sicht, Mensch glaube, dieser sichts[1027].

Wie ruhet GOtt in mir?

Du must gantz lauter seyn, und steh'n in einem Nun, 20
Sol GOtt in dir sich schaun, und sänfftiglichen ruh'n.

Der Mensch der macht die Zeit.

Du selber machst die Zeit: das Uhrwerck sind die Sinnen:
Hemm'stu die Unruh nur, so ist die Zeit von hinnen.

Immer dasselbige.

Ich ward das was ich war, und bin was ich gewesen,
Und werd' es ewig seyn, wenn Leib und Seel genesen.

GOtt ist, Er lebet nicht.

GOTT ist nur eigentlich: Er lebt und liebet nicht,
Wie man von mir und dir und and'ren Dingen spricht.

{10} Die Einsamkeit.

Die Einsamkeit ist noth, doch sey nur nicht gemein,
So kanstu überall in einer Wüsten seyn.

Die Morgenröth' und Seele.

Die Morgenröth' ist schön, Noch schöner eine Seele,
Die GOttes Stral durchleucht in ihres Leibes Höle.

Die Perlen-Geburt.

Die Perle wird vom Thau in einer Muschel Höle
Gezeuget und gebohr'n, und diss ist bald beweist
Wo dus nicht glauben wilt: Der Thau ist GOttes-Geist,
Die Perle Jesus Christ, die Muschel meine Seele. 20

Die Sünde.

Die Sünd' ist anders nichts, als dass ein Mensch von GOtt
Sein angesicht abwendt, und kehret sich zum Tod.

Der Mensch.

Das gröste Wunder Ding ist doch der Mensch allein:
Er kan, nach dem ers macht, GOtt oder Teuffel seyn.

Das Meer in einem Tröpfflein.

Sag an wie geh't es zu, wenn in ein Tröpffelein
In mich, das gantze Meer Gott gantz und gar fleust ein?

{30} GOtt schafft die Welt noch.

GOtt schafft die Welt annoch: kombt dir diss fremde für?
So wiss' es ist bey ihm kein Vor noch Nach, wie hier.

Alles muss wider in Eins.

All's kombt auss einem her, und muss in Eines ein:
Wo es nicht wil gezweyt, und in der Vielheit seyn.

Die Sünd ist allein das Ubel.

Kein Ubel ist als Sünd': und wären keine Sünden,
So wär in Ewigkeit kein Ubel auch zu finden.

Viel Götter und nur einer.

Ein einger GOtt, und viel, wie stimbt diss überein?
Gar schöne: Weil sie all' in einem Einer seyn.

{10} Eins kan nicht ohn das andre.

Zwey müssen es vollzieh'n: ich kans nicht ohne GOtt,
Und GOtt nicht ohne mich: dass ich entgeh dem Tod.

Die schönste Weissheit.

Mensch steig nicht allzu hoch, bild dir nichts übrigs ein:
Die schönste Weissheit ist nicht gar zu Weise seyn.

Wir dienen uns, nicht GOtt.

Mensch, GOtt ist nichts gedient, mit fasten, beten, wachen;
Du dienst mehr dir damit, weils dich kan Heilig machen.

Den Himmel kan man stehlen.

Wer heimlich Gutes würckt, sein Geld ausstheilt verholen, 20
Der hat das Himmelreich gar meisterlich gestohlen.

Die neue und alte Liebe.

Die Liebe wenn sie neu, praust wie ein junger Wein:
Je mehr sie alt und klar, je stiller wird sie seyn.

Die Liebe welche man Seraphisch pflegt zu nennen,
Kan man kaum eusserlich weil sie so still ist kennen.

3.

Mir nach! spricht Christus, unser Held,
Mir nach! ihr Christen alle; 30
Verleugnet euch, verlasst die Welt,
Folgt meinem Ruf und Schalle,

Nehmt euer Kreuz und Ungemach
Auf euch, folgt meinem Wandel nach.

Ich bin das Licht, ich leucht euch für
Mit heilgem Tugendleben.
Wer zu mir kommt und folget mir,
Darf nicht im Finstern schweben;
Ich bin der Weg, ich weise wohl,
Wie man wahrhaftig wandeln soll.

Mein Herz ist voll Demüthigkeit,
Voll Liebe meine Seele; 10
Mein Mund, der fleusst zu jeder Zeit
Von süsser Sanftmuth Öle;
Mein Geist, Gemüthe, Kraft und Sinn
Ist Gott ergeben, schaut auf ihn.

Fällts euch zu schwer, ich geh voran,
Ich steh euch an der Seite,
Ich kämpfe selbst, ich brech die Bahn,
Bin Alles in dem Streite.
Ein böser Knecht, der still darf stehn,
Wenn er den Feldherrn sieht angehn. 20

Wer seine Seel zu finden meint,
Wird sie ohn mich verlieren;
Wer sie hier zu verlieren scheint,
Wird sie in Gott einführen.
Wer nicht sein Kreuz nimmt und folgt mir,
Ist mein nicht werth und meiner Zier.

So lasst uns denn dem lieben Herrn
Mit Leib und Seel nachgehen,
Und wohlgemuth, getrost und gern
Bei ihm im Leiden stehen. 30
Denn wer nicht kämpft, trägt auch die Kron
Des ewgen Lebens nicht davon.

PATER MARTIN VON COCHEM.

[*Scherer* D. 336, E. 339.]

Capuziner; gestorben 1712. Er schrieb das 'Leben Christi', eins der besten katholischen Erbauungsbücher, das aus der mystischen Literatur des Mittelalters schöpft. Es erschien zuerst Frankfurt am Main 1691.

AUS DEM GROSSEN LEBEN CHRISTI.
AUS DEM 57 CAPITTEL: WIE DER HERR JESUS IST GEBOHREN WORDEN.

Die Höhl darin Christus gebohren worden war in einem lebendigen Felsen von der Natur formiert: drey vnd zwantzig Schuch lang, eilff Schuch breit, vnd dreyzehen Schuch hoch. Vor der Höhl war ein Schopffen oder hangendes Strohdach, darunder man das Viehe stellen kont. In diser Höhl waren Maria und Joseph allein, vnd warteten mit Verlangen auff die gnadenreiche Geburt. Als die {10} H. Christnacht anbrache, da gieng der H. Joseph in die Höhl, brachte der Jungfrawen ein angezündte Kertz (wie die Offenbahrung meldet) steckte sie in die Maur, vnd gieng wieder hinauss vnder den Schopffen. Als nun die gebenedeyte Jungfraw in der Höhl allein war, da zuge sie zum ersten jhre Schuh von jhren Füssen: gleich wie GOtt dem Moysi bey dem brinnenden Dornbusch befohlen hatte. Dan sie wuste wohl dass diss Orth, an welchem der eingebohrne Sohn Gottes solt gebohren werden, so heilig wäre, dass niemand würdig wäre dasselbige mit seinen Schuhen zubetretten. Darnach thät sie jhren Mantel ab, nahm den Schlayer von jhrem {20} Haupt, legte diese beyde neben sich, vnd stund allein im Rock: vnd jhre schöne goldgelbe Haar hiengen über die Schultern hinab. Darnach zuge sie zwey leinene, vnd zwey wüllene gantz reine vnd zarte Tüchlein heraus, so sie mit sich gebracht hatte, das Kindlein darein zu wicklen: wie auch zwey andere kleine leinene Tüchlein sein Häuptlein zu verbinden: welche alle sie neben sich legte, damit sie sich deren zu gelegener Zeit gebrauchte. Vnd als sie bedachte wie dieses so schlechte Ding wären, ein so Edles ja Königliches Kind darein zu wicklen, welchem alle Reichthumb der Welt viel zu gering wären, da giengen jhr die Augen über, vnd sprach zu GOtt: O Himlischer Vatter, siehe diss ist die gantze Fürbereitung, so ich deinen Sohn zu empfangen gemacht hab. Siehe hie lege ich für deine Göttliche Augen alle die Reichthumb, welche ich deinem Sohn verehren werd. Ich waiss wohl dass er, als der allerhöchste HErr Himmels vnd der Erden, würdig ist dass ich jhn in Sammet vnd Seyden, ja in güldene vnd silberne {10} Stück solte einwicklen: aber du waist dass ich wegen meiner Armuth nichts bessers hab können verschaffen. Drumb nemme mit meinem guten Willen für lieb: dan wan ich die Reichthumb aller Welt hätte, so wolt ich sie gern zu seinem Dienst anwenden.

Da nun alles also bereit war, da kniet die Jungfraw mit grosser Ehrerbietung nider, erhebte jhre Händ vnd Augen gen Himmel, vnd blieb also biss vmb die Mitternacht knien. O wer wil nun auss sprechen wie andächtig, wie demütig vnd wie ehrerbietig Maria gebettet, vnd was sie in diesem Gebett an Leyb vnd Seel empfunden hab! Die Offenbahrung sagt, sie seye in dieser jhrer Betrachtung {20} gantz verzückt, vnd für lauter Göttlicher Süssigkeit truncken worden. Ja der liebe GOtt gab jhr ein so klare Erkandnus seiner vnendlichen Wesenheit, so viel als jhre sterbliche Natur jmmer könte ertragen. In dieser Verzückung erkente sie gantz klärlich, wie gross der jenige GOtt wäre, der bald von jhr solt aussgehen: vnd wie gering die jenige Menschheit wäre, in welcher er würde gebohren werden. Sie erkendte auch (so viel ein Mensch erkennen mag) wie derjenige, den sie bald gebähren würde, von Ewigkeit von GOtt dem Vatter wäre gebohren worden: vnd wie sie dess jenigen wahre natürliche Mutter würde seyn, dessen GOtt Vatter ein wahrer {30} übernatürlicher Vatter ware.

Endlich kam die jenige Stund herzu, nach welcher Himmel vnd Erden so lang verlangt hatten: nemblich die jenige allerglückseeligste Stund, in welcher der Sohn Gottes, als ein gekrönter Bräutigam, aus der Schlaff-Kammer des Jungfräwlichen Leybs solte herfür gehen. O wohl ein güldene Stund, in welcher alle Creaturen seynd gesegnet vnd erfrewt worden! Diss war die zwölffte Stund in der Mitternacht, da die Finsternus des Alten- in das Liecht des Newen Testaments solte verändert werden. Derwegen so bald als die Mitternacht herzu kam, da kam ein solcher Glantz vom Himmel herab, dass es so hell wurde als mitten im Tag. Vnd durch diesen himlischen Schein wurde nit allein die Höhl sampt der Stadt Bethlehem, sonder auch die gantze Welt erleucht; also dass sich alle Menschen verwunderten, dass zu Mitternacht der helle Tag erschiene.

ABRAHAM A SANCTA CLARA.

[*Scherer D.* 338, E. 340.]

Der unter diesem Namen bekannte Augustiner, Ulrich Megerlin, war 1642 in Schwaben geboren und lebte seit 1669 als Hofprediger zu Wien, wo er 1709 starb. Seine bedeutendsten Werke sind: 'Judas der Erzschelm', 'Merk's Wien', und 'Etwas für Alle'. Eine Auswahl seiner Werke erschien Wien 1846, 2 Bde., eine Ausgabe seiner sämmtlichen Werke, Passau und Lindau 1850, 21 Bde. 2 Aufl. Lindau 1856; Neudruck der Schrift 'Auf, auf ihr Christen' (Wien 1883).

Prediger, was geschicht dir? was ist dem H. *Paulo* begegnet? den haben die Herren Galater für einen jrrdischen Engel gehalten, {10} haben seine Predigen mit solchem Lust angehöret, dass sie ihn ein Posaun dess Himmels benambset[1028]. Die Kinder auff der Gassen haben mit Fingern gedeut auff *Paulum*, vnd ihn allerseits geprysen. Der *Paulus*, dess *Pauli*, dem *Paulo*, den *Paulum*, o *Paule*, vom *Paulo*: Vom *Paulo* war kein andere Red, als Lob. O *Paule*, sagt ein jeder, gebenedeyt ist dein Zung, den *Paulum* hat man wegen seines Predigen vor ein Wunderwerck aussgeschryen: dem *Paulo* hat man aller Orthen Ehr vnd Reverentz erzaiget, dess *Pauli* Wörter waren lauter Magnet, so die Hertzen gezogen, der *Paulus* war bey den Galatern so angenehm, dass sie ihn wie ihr aigne Seel {20} liebten. Wie er dann selbsten sagt: *Testimonium enim perhibeo, quia si fieri posset, oculos vestros eruissetis, et dedissetis mihi*: Ich bekenne es selbsten meine Herren Galater, dass ihr hättet euere Augen aussgestochen, vnd mir geben auss lauter Lieb: ihr Herren Galater seyt halt galante Leuth. Gemach! nachdem *Paulus* hat angefangen scharpff zu predigen. *O insensati Galatæ!* O ihr Sinnlose Galater, sagt er, wer hat euch verzaubert der Wahrheit zu widerstreben, seyt ihr Thorre, dass ihr mit dem Geist habt angefangt, vnd nunmehr mit dem Fleisch endet? Wie *Paulus* solch scharpffe Saitten auffgezogen, da hat ihm kein einiger mehr mit dem Fuss Reverentz gemacht, ja man hätt ihn lieber mit Füssen tretten; keiner hat ihm mehr ein Ehr erzaigt, man hat ihm darvor den Rucken zaigt, keiner hat ihn mehr angelacht, sondern nur aussgelacht, keiner hat ihm mehr die Herberg anerbotten, sondern die {10} Herberg auffgesagt, alle waren wider ihn: *Inimicus factus sum vobis veritatem dicens*.

So lang ein Prediger ein schöne, zierliche, wolberedte, ein auffgebutzte, mit Fabeln vnd sinnreichen Sprüchen vnderspickte[1029] Predig macht, da ist jedermann gut Freund. *Vivat* der *Pater* Prediger! ein wackerer Mann, ich hör ihm mit Lust zu, &c. Wann er aber ein scharpffen Ernst anfangt zu zaigen mit *Paulo*: *O insensati Germani, o insensati Christiani, &c.* Wann er anfangt grossen Herren die Warheit zu sagen, sie sollen doch einmahl die Brillen brauchen vnd nit allzeit durch die Finger schauen: sie sollen doch {20} mit der Justitz nicht vmbgehen, als mit einem Spinnen-Gewöb, allwo die grosse Vögl durchbrechen, die kleine Mucken hangen bleiben: sie sollen doch nicht seyn wie die Destillier-Kolben, welche auss den Blumen den letzten Tropffen herauss saugen. Wann er anfangt die Warheit zu predigen denen hohen

Ministris vnd Räthen, sie sollen lehrnen 3. zehlen, sie sollen jene *Lection* recht lehrnen, welche Christus seinen Gehaimisten gegeben. *Visionem, quam vidistis, nemini dixeritis.* Wann er anfangt den Edl-Leuthen die Warheit zu predigen, dass sie denen Barbierern in ihr *Profession* eingreiffen[1030], vnd ihr mehristes Einkommen nicht im {30} Wein oder Trayd[1031], sondern in Zwifflen[1032] stehe, weilen sie die Bauren gar zu starck zwifflen; Wann er die Warheit sagt denen Geistlichen, dass sie gar offt seynd wie die Glocken, welche anderen in die Kirchen leutten, vnd sie selber bleiben darauss: dass sie gar offt seynd wie die Zimmerleuth dess *Noë*, welche anderen die Archen gebauet, dass sie sich *salvieret*, vnd sie selbsten seynd zu grund gangen: dass vil Geistliche seynd wie die Nacht-Eulen, welche das Öl bey nächtlicher Weil auss denen Lampen aussauffen vnd sich von der Kirchen erhalten, vnd sonst nichts nutzen; Wann er die Warheit sagt denen Soldaten, dass sie halsstärriger Mainung seynd als seye ihr Gewissen auch priviligirt, aber da haist es *Privilegia* Briff-Lügen; Die Warheit dem *Magistrat* vnd Obrigkeiten, dass sie gar offt seynd wie ein Spittal-Suppen, worauff wenig Augen: Die Warheit denen Mauthnern vnd Beambten, dass sie gar zu barmhertzig seynd, nicht zwar in Beherbergung der {10} Frembdling, wol aber dess frembden Guts. Die Warheit denen Zimmerleuthen, dass man bey ihnen allzeit frische Spänn, aber zugleich faule Gespänn finde. Die Warheit denen Becken, dass sie gar offt solche Leuth seyn, welche Mehl genug, aber zu wenig Taig zum Semblen nehmen. Die Warheit denen Gartnern, dass sie gar offt den Garten säubern, aber das Gewissen lassen verwachsen vnd nichts mehrers pflantzen als das Weinkräutl; Die Warheit denen Wirthen, dass sie gar offt Kein-Wein für Rhein-Wein, Lugenberger für Luetenberger aussgeben, vnd öffters auch den Tuchscherer in die Arbeit greiffen[1033]: Die Warheit den Bauren, dass sie sich zwar {20} einfältig stellen, aber so einfältig, wie die Schweitzer-Hosen, so hundert Falten haben. Die Warheit denen Kindern, dass sie denen Passauer-Klingen nicht nacharten, dero beste Prob ist, wann sie sich biegen lassen: Die Warheit den Frauen-Zimmer, dass sie gar zu vil ziehen an den Schwaiff dess Rocks, zu wenig vmb den Halss tragen: Die Warheit den gemeinen Weibern, dass sie fast die Natur einer Uhr an sich haben, welche nie ohne Unruh, &c. Wann dergestalten der Prediger den Scharffhobl brauchen wird, wann er auff solche Weiss wird die Warheit reden, so bringt ihm solches Reden, Rödern[1034], so bringen ihm solche Wörter, Schwerdter, so {30} bringt ihm solches Sagen, Klagen; *Inimicus factus sum dicens.* Er verfeindt sich allenthalben. Sein *Auditorium* wird bald die Schwindsucht leyden: die Kirchenstüel werden bald lauter Quartier der alten Weiber werden, die Kirchen wird bald werden wie ein abgebrochener Jahrmarckt, an allen Orthen wird man hören, was key[1035] ich mich vmb den Prediger. *Sic facta est veritas, in Aversionem.*

PAUL GERHARDT.

[*Scherer* D. 339, E. 342.]

Der grösste evangelische Liederdichter nach Luther. Er war gegen 1606 in Gräfenhainichen in Kursachsen geboren, studierte in Wittenberg, lebte später in Berlin, von wo er 1651 als Prediger nach Mittenwalde gieng. Er heiratete 1655 und kam 1657 als Diaconus an die Nicolai-Kirche zu Berlin. Hier wurde er in die Streitigkeiten zwischen Lutheranern und Reformierten verwickelt und musste, da er sich dem Religionsedikt des Kurfürsten widersetzte, nach Sachsen auswandern. 1668 ward er Prediger in Lübben und starb 1676. Seine ersten Kirchengesänge wurden 1648 bekannt gemacht, und 1667 erschien die erste Gesammtausgabe von 120 Liedern. Herausgegeben von Bachmann (Berlin 1866); Gödeke (Leipzig 1877).

1.
WACH AUF, MEIN HERZ, UND SINGE.

Wach auf, mein Herz, und singe
Dem Schöpfer aller Dinge,
Dem Geber aller Güter,
Dem frommen Menschenhüter.
Heint[1036] als die tunkle Schatten
Mich ganz ümgeben hatten,
Hat Satan mein begehret,
Gott aber hats gewehret.
Ja, Vater, als er suchte,
Dass er mich fressen möchte, 10
War ich in deinem Schosse,
Dein Flügel mich beschlosse.
Du sprachst: Mein Kind, nun liege,
Trotz dem, der dich betriege!
Schlaf wol, lass dir nicht grauen,
Du sollt die Sonne schauen.
Dein Wort, das ist geschehen;
Ich kann das Licht noch sehen;
Für Not bin ich befreiet;
Dein Schutz hat mich verneuet.
Du willt ein Opfer haben:
Hie bring ich meine Gaben;
Mein Weirauch und mein Widder
Sind mein Gebet und Lieder.

Die wirst du nicht verschmähen,
Du kannst ins Herze sehen; 10
Denn du weissst, dass zur Gabe
Ich ja nicht Bessers habe.
So wollst du nun vollenden
dein Werk an mir und senden
Der mich an diesem Tage
auf seinen Händen trage.

Sprich Ja zu meinen Thaten,
Hilf selbst das Beste raten,
Denn Anfang, Mittl und Ende,
Ach Herr, zum Besten wende.
Mich segne, mich behüte,
Mein Herz sei deine Hütte,
Dein Wort sei meine Speise
Bis ich gen Himmel reise.

2.
NUN RUHEN ALLE WÄLDER.

Nun ruhen alle Wälder,
Vieh, Menschen, Stadt und Felder,
Es schläft die ganze Welt;
Ihr aber, meine Sinnen,
Auf, auf, ihr sollt beginnen
Was eurem Schöpfer wolgefällt! 10
Wo bist du, Sonne, blieben?
Die Nacht hat dich vertrieben,
Die Nacht, des Tages Feind;
Fahr hin! ein ander Sonne,
Mein JEsus, meine Wonne,
Gar hell in meinem Herzen scheint.
Der Tag ist nun vergangen,
Die güldnen Sterne prangen
Am blauen Himmelsaal;
Also werd ich auch stehen, 20
Wenn mich wird heissen gehen
Mein Gott aus diesem Jammerthal.
Der Leib eilt nun zur Ruhe,
Legt ab das Kleid und Schuhe,
Das Bild der Sterblichkeit,
Die zieh ich aus. Dagegen

Wird Christus mir anlegen
Den Rock der Ehr und Herrlichkeit.
Das Häupt, die Füss und Hände
Sind froh, dass nu zum Ende
Die Arbeit kommen sei;
Herz, freu dich, du sollt werden
Vom Elend dieser Erden
Und von der Sünden Arbeit frei.
Nun geht, ihr matten Glieder, 10
Geht hin und legt euch nieder,
Der Betten ihr begehrt;
Es kommen Stund und Zeiten,
Da man euch wird bereiten
Zur Ruh ein Bettlein in der Erd.
Mein Augen stehn verdrossen,
Im Hui sind sie geschlossen,
Wo bleibt denn Leib und Seel?
Nimm sie zu deinen Gnaden,
Sei gut für allen Schaden, 20
Du Aug und Wächter Israel!
Breit aus die Flügel beide,
O JEsu, meine Freude,
Und nimm dein Küchlein ein!
Will Satan mich verschlingen,
So lass die Englein singen:
Dies Kind soll unverletzet sein.
Auch euch, ihr meine Lieben,
Soll heinte nicht betrüben
Kein Unfall noch Gefahr! 30
GOtt lass euch selig schlafen,
Stell euch die güldne Waffen
Ums Bett und seiner Engel Schaar!

3.
BEFIEHL DEM HERRN DEINE WEGE, UND HOFFE
AUF IHN, ER WIRDS WOL MACHEN.

Befiehl du deine Wege
Und was dein Herze kränkt
Der allertreusten Pflege
Dess, der den Himmel lenkt:

Der Wolken, Luft und Winden
Gibt Wege, Lauf und Bahn,
Der wird auch Wege finden,
Da dein Fuss gehen kann.
D e m   H E r r e n must du trauen,
Wenn dirs soll wolergehn; 10
Auf sein Werk must du schauen,
Wenn dein Werk soll bestehn.
Mit Sorgen und mit Grämen
Und mit selbsteigner Pein
Lässt GOtt Ihm gar nichts nehmen,
Es muss erbeten sein.
D e i n ewge Treu und Gnade,
O Vater, weiss und sieht
Was gut sei oder schade
Dem sterblichen Geblüt:
Und was du denn erlesen, 20
Das treibst du, starker Held,
Und bringst zum Stand und Wesen
Was deinem Rat gefällt.
W e g hast du allerwegen,
An Mitteln fehlt dirs nicht;
Dein Thun ist lauter Segen,
dein Gang ist lauter Licht,
Dein Werk kann niemand hindern,
Dein Arbeit darf nicht ruhn,
Wann du, was deinen Kindern
Erspriesslich ist, willst thun.
U n d ob gleich alle Teufel
hier wollten widerstehn,
So wird doch ohne Zweifel
GOtt nicht zurücke gehn:
Was er Ihm fürgenommen
Und was Er haben will, 10
Das muss doch endlich kommen
Zu seinem Zweck und Ziel.
H o f f , o du arme Seele,
Hoff und sei unverzagt!
GOtt wird dich aus der Höle,
Da dich der Kummer plagt,
Mit grossen Gnaden rücken:
Erwarte nur die Zeit,
So wirst du schon erblicken

Die Sonn der schönsten Freud. 20
A u f , auf, gib deinem Schmerze
Und Sorgen gute Nacht!
Lass fahren was das Herze
Betrübt und traurig macht!
Bist du doch nicht Regente,
Der alles führen soll;
GOtt sitzt im Regimente
und führet alles wol.
I h n , Ihn lass thun und walten,
Er ist ein weiser Fürst 30
Und wird sich so verhalten,
Dass du dich wundern wirst,
Wann Er, wie ihm gebühret,
Mit wunderbarem Rat,

Das Werk hinausgeführet,
Das dich bekümmert hat.
E r wird zwar eine Weile
Mit seinem Trost verziehn
Und thun an seinem Theile
Als hätt in seinem Sinn
Er deiner sich begeben;
Und solltst du für und für
In Angst und Nöten schweben,
So frag Er nichts nach dir. 10
W i r d s aber sich befinden,
Dass du Ihm treu verbleibst,
So wird Er dich entbinden,
Da dus am wengsten gläubst:
Er wird dein Herze lösen
Von der so schweren Last,
Die du zu keinem Bösen
Bisher getragen hast.
W o l dir, du Kind der Treue:
Du hast und trägst davon
Mit Ruhm und Dankgeschreie
Den Sieg und Ehrenkron.
Gott gibt dir selbst die Palmen
In deine rechte Hand,
Und du singst Freudenpsalmen
Dem, der dein Leid gewandt.
M a c h   E n d , o HErr, mach Ende

An aller unsrer Not! 10
Stärk unser Füss und Hände,
Und lass bis in den Tod
Uns allzeit deiner Pflege
Und Treu empfohlen sein,
So gehen unsre Wege
Gewiss zum Himmel ein.

4.
AN DAS ANGESICHT DES HERRN JESU.

O Häupt voll Blut und Wunden,
Voll Schmerz und voller Hohn! 20
O Häupt zu Spott gebunden
Mit einer Dornenkron!
O Häupt, sonst schön gezieret
Mit höchster Ehr und Zier,
Jetzt aber hoch schimpfieret:
Gegrüsset seist du mir!
Du edles Angesichte,
Davor sonst schrickt und scheut
Das grosse Weltgewichte,
Wie bist du so bespeit!
Wie bist du so erbleichet!
Wer hat dein Augenlicht, 20
Dem sonst kein Licht nicht gleichet,
So schändlich zugerichtt?
Die Farbe deiner Wangen,
Der roten Lippen Pracht
Ist hin und ganz vergangen;

Des blassen Todes Macht
Hat alles hingenommen,
Hat alles hingerafft,
Und daher bist du kommen
Von deines Leibes Kraft.
Nun, was du, HErr, erduldet,
Ist alles meine Last,
Ich hab es selbst verschuldet,
Was du getragen hast.
Schau her, hier steh ich Armer, 10
Der Zorn verdienet hat;
Gib mir, o mein Erbarmer,

Den Anblick deiner Gnad!
Erkenne mich, mein Hüter!
Mein Hirte, nimm mich an!
Von dir, Quell aller Güter,
Ist mir viel Guts gethan;
Dein Mund hat mich gelabet
Mit Milch und süsser Kost,
Dein Geist hat mich begabet 20
Mit mancher Himmelslust.
Ich will hie bei dir stehen,
Verachte mich doch nicht;
Von dir will ich nicht gehen,
Wenn dir dein Herze bricht;
Wenn dein Herz wird erblassen
Im letzten Todesstoss,
Alsdann will ich dich fassen
In meinen Arm und Schoss.
Es dient zu meiner Freuden
und kömmt mir herzlich wol, 10
Wann ich in deinem Leiden,
Mein Heil, mich finden soll.
Ach möcht ich, o mein Leben,
An deinem Kreuze hier
Mein Leben von mir geben,
Wie wol geschähe mir!
Ich danke dir von Herzen,
O JEsu, liebster Freund,
Für deines Todes Schmerzen,
Da dus so gut gemeint! 20
Ach gib, dass ich mich halte

Zu dir und deiner Treu
Und, wann ich nun erkalte,
In dir mein Ende sei.
Wann ich einmal soll scheiden
So scheide nicht von mir;
Wann ich den Tod soll leiden,
So tritt du dann herfür.
Wann mir am allerbängsten
Wird um das Herze sein,
So reiss mich aus den Ängsten 10
Kraft deiner Angst und Pein!
Erscheine mir zum Schilde,

Zum Trost in meinem Tod,
Und lass mich sehn dein Bilde
In deiner Kreuzesnot;
Da will ich nach dir blicken,
Da will ich glaubensvoll
Dich fest an mein Herz drücken:
Wer so stirbt, der stirbt wol.

Salve, caput cruentatum,
totum spinis coronatum, 30
conquassatum, vulneratum,
arundine verberatum,
facie sputis illita.
Salve, cuius dulcis vultus,
immutatus et incultus,
immutavit suum florem,
totus versus in pallorem,
quem cœli tremit curia. 30
Omnis vigor atque viror
hinc recessit: non admiror;
mors apparet in aspectu.
totus pendens in defectu,
attritus ægra macie,
Sic affectus, sic despectus,
propter me sic interfectus,
peccatori tam indigno
cum amoris intersigno 30
appare clara facie.
In hac tua passione
me agnosce, pastor bone,
cuius sumpsi mel ex ore,
haustum lactis cum dulcore
præ omnibus deliciis.
Non me reum asperneris,
nec indignum dedigneris:
morte tibi jam vicina
tuum caput huc inclina,
in meis pausa brachiis.
Tuæ sanctæ passioni
me gauderem interponi,
in hac cruce tecum mori;
præsta crucis amatori, 30
sub cruce tua moriar.

Morti tuæ tam amaræ
grates ago, Jesu chare;
qui es clemens, pie deus,
fac quod petit tuus reus,
ut absque te non finiar.
Dum me mori est necesse,
noli mihi tunc deesse;
in tremenda mortis hora
veni, Jesu, absque mora,
tuere me et libera.
Cum me jubes emigrare, 10
Jesu chare, tunc appare;
o amator amplectende,
temetipsum tunc ostende,
in cruce salutifera.

ST. BERNARDUS.

CHRISTIAN SCRIVER.

[Scherer D. 343, E. 345.]

Geboren 1629 zu Rendsburg; Pfarrer zu Stendal und zu Magdeburg; gestorben 1693 als Oberhofprediger und Consistoriatrath zu Quedlinburg. Ausgezeichneter Erbauungschriftsteller. Seine Werke sind: 'Gottholds zufällige Andachten' 1663; 'Unschätzbarer Seelenschatz' 1675–1691.

1.
AUS DEM SEELENSCHATZ. 4. THEIL 1. PREDIGT.
§ § 23. 24.

Das Creutz lehret uns, dass wir selbst mit allem was uns die Natur und die Welt geben kan, nichts sind, Gott aber und seine Gnade alles ist, dass der Glaube Gottes Werck ist, dass der Anfang, Mittel und Ende unsers Christenthums, und des Wercks unser Seligkeit, nicht in unser Krafft, Weissheit, Fürsichtigkeit, Frömmigkeit, {20} sondern allein in Gottes Gnade und Barmhertzigkeit bestehet, dass kein gewisser und beständiger Trost in der Welt sey, als welchen Gott durch sein Wort und Geist in unserm Hertzen wircket, dass wir keine rechte und wahre Freude und Ruhe, keinen Frieden, keine Treue noch Glauben, keine völlige Vergnügung für unsere Seele, als nur bey Gott finden können, dass alles, was in der Welt ist, eitel, nichtig, und für den Geist des Menschen untauglich ist, und dass ausser der Gnade und

Güte Gottes in Christo Jesu nichts zu finden, daran unsere Seele sich halten könte. Gleichwie man den besten Steuermann im Ungewitter, den erfahrnsten Artzt in der schwersten Kranckheit, den besten und klügsten Rathgeber in gefährlichen und hochwichtigen Sachen, den getrewesten und besten Freund in der Noth erkennet, also lernet man im Creutz und Trübsal, was wir an {10} Gott haben, nehmlich den allerbesten, getreuesten, beständigsten, bewertesten Helffer, Artzt, Rath und Freund; Daher wirfft man alles irrdische Vertrauen weg, und begiebt sich alles weltlichen Trostes, und hänget sich lauterlich an GOTT. Also ist das liebe Creutz ein Hündlein, das die Schaffe zu ihren Hirten treibet, ein Diener unsers himmlischen Vaters, der mit einer angenommenen Larve die Kinder schrecket, dass sie der Stuben zu, und nach dem Schooss des Vatern oder der Mutter eilen, ein in einen Feind verstellter Freund, der zwischen Gott und uns die beste Freundschafft machet.

{20} Gleichwie, wenn es im Sommer schön und lieblich Wetter giebt, die Menschen ihre Lust und Freude an der Erden suchen, sie spatzieren und fahren ins Grüne, sie sitzen unter einem schattigten Baum, oder sonst an einem beqvemen Ort, sie essen, sie trincken, sie lachen, sie schertzen und dencken wenig an den Himmel, dem sie doch solche ihr Ergetzligkeit zu dancken; wenn aber ein Ungewitter auffsteiget, wann die schwartzen finstern Wolcken den Sonnenschein hinweg nehmen, und mit Donner und Blitz sich schrecklich erzeigen, so eilen sie zu ihren Häusern und Kammern, so fahen sie an zu singen und zu beten, also dass der Himmel nie {30} mehr angesehen und geachtet wird, als wenn er am scheusslichsten aussiehet, und sich am schrecklichsten bezeiget; So ists auch mit der zeitlichen Glückseligkeit und Unglückseligkeit bewandt: wann es uns Menschen nach Wunsch und Willen ergehet, und die Sonne des Wohlergehens uns scheinet, so verlieben wir uns mehrentheils an dem Irrdischen, und suchen unsre Lust in der Eitelkeit, wenn aber ein Ungewitter der Trübsal über uns kömmt, und uns die irrdische Freude verstöret und benommen wird, so wenden wir uns zu Gott, so lernen wir beten, weinen, seufftzen, so vergessen wir der Welt, und suchen Trost und Schutz im Himmel.

2.
AUS § 44 (GLEICHNISS VOM SCHÄFFER UND VON SCHWACHEN BLUMEN).

Ich habe gesehen, dass die Hirten eine Schlammpfütze im Felde im Sommer pflegen mit einem Zaun umher zu verwahren, damit die Schafe in grosser Hitze nicht hinzu kommen, und ihnen den Tod in den Leib trincken mögen; So machts der getreue Hirte und Bischoff unser Seelen mit seinen Schäfflein: er umstecket die Welt-Lust und die Eitelkeit mit so viel Dornen und Trübsal, dass sie dazu nicht gelangen können. Abraham sahe einen Widder in der Hecken (in {20} dem verworrenen Gesträuche) mit seinen Hörnern hangen, und nahm denselben und opfferte ihn dem HERRN zum Brand-Opffer an seines Sohnes statt: Der Widder wäre kein Opffer GOttes worden, wenn er nicht in der Hecke wäre mit den Hörnern hängen blieben: und mancher Mensch würde sich seinem GOtt zum heil Opffer nicht darstellen, wenn er nicht in Creutz und Trübsal gerathen wäre. Die gläubigen Seelen sind wie die Blumen, die einen schwachen Stengel haben, oder wie die schlanken und kriechenden Gewächse der Hopfen, die Erbsen, der Weinstock und andere, welchen man muss Pfäle beystecken, und sie daran hefften, damit sie für Schaden {20} bewahret, und zu fruchtbaren Wachsthum gedeyen mögen.

JOACHIM NEANDER.

[*Scherer* D. 344, *E.* 346.]

Der bedeutendste Liederdichter der reformierten Kirche. Geboren 1610 zu Bremen, Rector an der reformierten Schule zu Düsseldorf, 1679 Prediger an der Martinikirche in Bremen, gestorben 1680. Vgl. Iken 'Joachim Neander. Sein Leben und seine Lieder' (Bremen 1880).

Lobe den Herren, den mächtigen König der Ehren,
meine geliebete Seele! das ist mein Begehren.
Kommet zu Hauf;
Psalter und Harfe, wach auf!
lasset die Musicam hören.

Lobe den Herren, der Alles so herrlich regieret,
der dich auf Adelers Fittigen sicher geführet,
der dich erhält,
wie es dir selber gefällt!
hast du nicht dieses gespüret?

Lobe den Herren, der künstlich und fein dich bereitet,
der dir Gesundheit verliehen, dich freundlich geleitet!
In wie viel Noth
hat nicht der gnädige Gott
über dir Flügel gebreitet! 10

Lobe den Herren, der deinen Stand sichtbar gesegnet,
der aus dem Himmel mit Strömen der Liebe geregnet!
Denke daran, was der Allmächtige kann,

der dir mit Liebe begegnet!

Lobe den Herren, was in mir ist, lobe den Namen!
Alles was Odem hat, lobe mit Abrahams Samen!
Er ist dein Licht;
Seele vergiss es ja nicht;
lobende schliesse mit Amen!

GOTTFRIED ARNOLD.

[Scherer D. 345, E. 347.]

Geboren 1665 zu Annaberg, studierte in Wittenberg und ward 1697
Professor der Geschichte in Giessen. Schon früh durch Spener zur
mystischen Theologie hingeleitet, trat er später in das Predigeramt und
schrieb theologische und geistliche Lieder. Er starb 1714 als Prediger zu
Perleberg. Sein grösstes Werk ist die 'Unparteiische Kirchen- und
Ketzerhistorie'. Ausserdem: 'Göttliche Liebesfunken'; 'Geheimniss der
göttlichen Sophia oder Weisheit'. Herausgegeben von Ehmann 'Sämmtliche
geistliche Lieder' und 'Geistliche Minne-Lieder' (2 Bde. Stuttgart 1856).

ICH LASS IHN NICHT!

Ach nein, ich lass dich nicht, ach nein! 20
Du sollst und kanst mir nicht entgehen,
Ich halte dich, mein einig Ein,
Und lässt du auch zuletzt geschehen,

Dass Erd und Himmelreich vergieng,
Es irrt mich nicht, es mag vergehen,
Um dich lass ich schon alle Ding,
Wie sollt darauff mein Wille sehen?
Mein GOtt, mein Lieb, mein einig Guth!
Und gieng mir Lieb und Seel zu Grunde,
So lang da noch in meinem Muth
Ein Schmack und Fünckgen wird gefunden,
So lang bleib ich dir treu gesinnt,
Mit Zucker hast du mich gefangen, 10
Als wie man lockt ein spielend Kind,
So lüstet mich dir anzuhangen.

Du bist mein Grund, wo sollt ich hin?
Du bist mein GOtt, dir halt ich stille:
Mein Wille, Geist hat seinen Sinn,
Dir gantz verknüpfft: so gehs nur wie es ist.

NICOLAUS LUDWIG GRAF VON ZINZENDORF.

[*Scherer D.* 346, *E.* 348.]

Geboren 1700 in Dresden, in Halle unter Francke erzogen, studierte in
Wittenberg die Rechte, neigte sich aber mehr und mehr zur Theologie.
Gegen seinen Willen nahm er 1721 eine Stelle bei der Regierung in Dresden
an, legte aber schon 1724 mit einigen Mährischen Brüdern den ersten Grund
zu seiner Stiftung in Herrnhuth. 1734 wurde er selbst Geistlicher und
widmete sein übriges Leben meist auf Reisen frommen Zwecken und der
Verbreitung seiner Lehre. Gestorben 1760. Er hat mehr als 2000 geistliche
Gedichte verfasst. Herausgegeben von Knapp (Stuttgart 1845).

GEBUNDENHEIT VON JESU.

Ach mein verwundter Fürste!
Nach dessen Heil ich dürste,
In dem mein Sehnen ruht,
An dessen Liebesherzen 20
Mir wohl ist, und die Schmerzen
Selbst heilsam für mich sind und gut:

Nach dir allein verlangen,
Das heisst schon an dir hangen;
Zu dir voll Liebe seyn,
Das heisset dich besitzen;
Vor Dienstbegierde schwitzen,
Das schreibst du schon als Arbeit ein.

Nimm mich mit Liebserbarmen
Bei'm Herzen, bei den Armen,
Und setz' ein Siegel d'rauf;
Lass mich verschlossen werden 10
Vor dem Geräusch der Erden,

Dir aber mache selber auf.

BARTHOLD HEINRICH BROCKES.

[*Scherer D.* 349, *E.* 351.]

Geboren 1680, als Sohn eines reichen Kaufmanns zu Hamburg. Studierte in Halle die Rechte, bereiste dann Italien, die Schweiz und die Niederlande und wurde später Senator zu Hamburg. Er starb 1747. Seine durch die Naturschilderungen ausgezeichneten Gedichte erschienen unter dem Titel 'Irdisches Vergnügen in Gott', 9 Bde. (Hamburg 1721–1748). Ausserdem sind noch zu nennen sein Passionsoratorium 'Der für die Sünden der Welt gemarterte und sterbende Jesus' (Hamburg 1712) und 'Schwanengesang in einer Anleitung zum vergnügten und gelassenen Sterben' (Hamburg 1747).

AUS DEM IRDISCHEN VERGNÜGEN IN GOTT.
FRÜHE KNOSPEN AN EINEM BIRN-BAUM.

EIn Birn-Baum von sehr früher Art
Zeigt' allbereits im Mertz die Knospen seiner Blüthe.
Diess trächtige Gewächs, das noch so zart,
Beschaut' ich mit betrachtendem Gemüthe,
Und ward mit reiner Lust erfüllt,
Als ich nicht nur die zarte Zierlichkeit
Der Knospen selbst, die Vollenkommenheit
Der Blätter, die sie eingehüllt, 20
Die kleinen Knoten mit fünf Spitzen,
Worinn die zarten Blumen sitzen,

Samt ihren schlancken Stielen sahe,
Nein gar, wie jeden Theil ein zartes Pelz-Werck schmückte
Von weissen Zäserchen, vor Lust erstaunt erblickte;
So dass mir diess mit weiss gemischte Grün
Durch einen geistigen Verstand
Und mehr von unsichtbarer Hand
Gebildet, als gewachsen, schien.
Wodurch ich denn gerührt von Gottes Macht und Liebe
Zu Seiner Ehr' und meinem Troste schriebe:
Du Allmachts-voller Gott, der Du so wunderbar 10
In jeder Creatur, in allen Deinen Wercken

Macht, Lieb' und Weisheit lässest mercken,
Der Du sogar
In weissem Sammt, in weicher Seiden
Die frühe Blüth des Birn-Baums pflegst zu kleiden,
Um für ihm drohenden Gefahren
Des späten Frosts sie zu bewahren;
Ach warum soll denn ich mit kindlichen Vertrauen
Auf deine Lieb' und Vater-Treu nicht bauen,
In fester Zuversicht, Du werdest hier im Leben 20
Den'n meinigen und mir leicht Kost und Kleider geben.

LEIBNIZ.

[*Scherer D.* 352, *E.* 354.]

Geboren 1646 in Leipzig, wo er die Nicolaischule besuchte und später
studierte. Seit 1667 Canzleirevisionsrath in Mainz, und viel zu
diplomatischen Geschäften benutzt. Nachdem er auf seinen Reisen in
Holland, Frankreich und England die bedeutendsten Männer der
Wissenschaft kennen gelernt, zog er sich nach Hannover zurück, wo er
Hofrath und Bibliothekar wurde. Seine Werke sind lateinisch, französisch
und deutsch geschrieben. Er war Stifter und erster Präsident der Berliner
Academie (1700). Starb 1716.

AUS DEN UNVORGREIFLICHEN GEDANKEN
BETREFFEND DIE AUSÜBUNG UND VERBESSERUNG DER
TEUTSCHEN SPRACHE.
Ich finde, dass die Teutschen ihre Sprache bereits hoch bracht in allen dem,
so mit den fünf Sinnen zu begreifen, und auch dem gemeinen Mann
fürkommet; absonderlich in leiblichen Dingen, auch Kunst- und Handwerks-
Sachen, weil nemlichen die Gelehrten fast allein mit dem Latein beschäftiget
gewesen, und die Mutter-Sprache dem gemeinen Lauf überlassen, welche
nichts desto weniger auch von den so genannten Ungelehrten nach Lehre
der Natur gar wohl getrieben worden. Und halt ich dafür, dass keine Sprache
in der Welt sey, die (zum Exempel) von Erz und Bergwercken reicher und
nachdrücklicher rede, als die Teutsche. Dergleichen kann man von allen
andern gemeinen Lebens-Arten und Professionen {10} sagen, als von Jagt-
und Waid-Werk, von der Schifffahrt und dergleichen. Wie dann alle die
Europäer, so aufm grossen Welt-Meer fahren, die Namen der Winde und

viel andere Seeworte von den Teutschen, nehmlich von den Sachsen, Normannen, Osterlingen und Niederländern entlehnet.

Es ereignet sich aber einiger Abgang bey unserer Sprache in denen Dingen, so man weder sehen noch fühlen, sondern allein durch Betrachtung erreichen kann; als bey Ausdrückung der Gemüths-Bewegungen, auch der Tugenden und Laster, und vieler Beschaffenheiten, so zur Sitten-Lehr und Regierungs-Kunst gehören; {20} dann ferner bey denen noch mehr abgezogenen und abgefeimten Erkenntnissen, so die Liebhaber der Weisheit in ihrer Denk-Kunst, und in der allgemeinen Lehre von den Dingen unter dem Namen der Logik und Metaphysik auf die Bahne bringen; welches alles dem gemeinen Teutschen Mann etwas entlegen, und nicht so üblich, da hingegen der Gelehrte und Hofmann sich des Lateins oder anderer fremden Sprachen in dergleichen fast allein und, in so weit, zu viel beflissen: also dass es denen Teutschen nicht am Vermögen, sondern am Willen gefehlet, ihre Sprache durchgehends zu erheben. Denn weil alles was der gemeine Mann {30} treibet, wohl in Teutsch gegeben, so ist kein Zweifel, dass dasjenige, so vornehmen und gelehrten Leuten mehr fürkommt, von diesen, wenn sie gewollt, auch sehr wohl, wo nicht besser, in reinem Teutsch gegeben werden können.

Nun wäre zwar dieser Mangel bey denen logischen und metaphysischen Kunstwörtern noch in etwas zu verschmerzen, ja ich habe es zu Zeiten unser ansehnlichen Haupt-Sprache zum Lobe angezogen, dass sie nichts als rechtschaffene Dinge sage, und ungegründete Grillen nicht einmal nenne (*ignorat inepta*). Daher ich bey denen Italiänern und Franzosen zu rühmen gepfleget: Wir Teutschen hätten einen sonderbaren Probierstein der Gedanken, der andern unbekant; und wann sie denn begierig gewesen, etwas davon zu wissen, so habe ich ihnen bedeutet, dass es unsere Sprache selbst sey; denn was sich darin ohne entlehnte und ungebräuchliche Worte vernehmlich sagen lasse, das seye würklich was Rechtschaffenes: aber leere Worte, da nichts hinter, und gleichsam nur ein leichter Schaum müssiger Gedanken, nehme die reine {10} Teutsche Sprache nicht an.

Alleine, es ist gleichwohl an dem, dass in der Denk-Kunst und in der Wesen-Lehre auch nicht wenig Gutes enthalten, so sich durch alle andere Wissenschaften und Lehren ergiesset, als wenn man daselbst handelt von Begrenzung, Eintheilung, Schluss-Form, Ordnung, Grund-Regeln, und ihnen entgegen gesetzten falschen Streichen; von der Dinge Gleichheit und Unterscheid, Vollkommenheit und Mangel, Ursach und Würkung, Zeit, Ort, und Umständen, und sonderlich von der grossen Muster-Rolle aller Dinge unter gewissen Haupt-Stücken, so man Prädicamenten nennet. {20} Unter welchen allen viel Gutes ist, damit die Teutsche Sprache allmählig anzureichern.

Sonderlich aber stecket die gröste natürliche Weisheit in der Erkäntniss Gottes, der Seelen und Geister aus dem Licht der Natur, so nicht allein sich hernach in die offenbahrte Gottes-Gelehrtheit mit einverleibet, sondern auch einen unbeweglichen Grund leget, darauf die Rechts-Lehre sowohl vom Rechte der Natur, als der Völker insgemein und insonderheit auch die Regierungs-Kunst samt den Gesetzen aller Lande zubauen. Ich finde aber hierin die Teutsche Sprache noch etwas mangelhaft, und zu verbessern.

{30} Zwar ist nicht wenig Gutes auch zu diesem Zweck in denen geistreichen Schriften einiger tiefsinnigen Gottes-Gelehrten anzutreffen; ja selbst diejenigen, die sich etwas zu denen Träumen der Schwärmer geneiget, brauchen gewisse schöne Worte und Reden, die man als güldene Gefässe der Egypter ihnen abnehmen, von der Beschmitzung reinigen, und zu dem rechten Gebrauch wiedmen könnte. Welchergestalt wir den Griechen und Lateinern hierin selbst würden Trotz bieten können.

Am allermeisten aber ist unser Mangel, wie gedacht, bey denen Worten zu spüren, die sich auf das Sittenwesen, Leidenschaften des Gemüths, gemeinlichen Wandel, Regierungs-Sachen, und allerhand bürgerliche Lebens- und Staats-Geschäfte ziehen, wie man wohl befindet, wenn man etwas aus andern Sprachen in die unsrige übersetzen will. Und weilen solche Wort und Reden am meisten fürfallen, und zum täglichen Umgang wackerer Leute so wohl, als zur Brief-Wechselung zwischen denselben erfordert werden; so hätte man fürnehmlich auf deren Ersetzung, oder weil sie schon {10} vorhanden, aber vergessen und unbekannt, auf deren Wiederbringung zu gedenken, und wo sich dergleichen nichts ergeben will, einigen guten Worten der Ausländer das Bürger-Recht zu verstatten.

Hat es demnach die Meynung nicht, dass man in der Sprach zum Puritaner werde, und mit einer abergläubischen Furcht ein fremdes, aber bequemes Wort als eine Tod-Sünde vermeide, dadurch aber sich selbst entkräfte, und seiner Rede den Nachdruck nehme; denn solche allzu grosse Scheinreinigkeit ist einer durchbrochenen Arbeit zu vergleichen, daran der Meister so lange feilet und bessert, {20} bis er sie endlich gar verschwächet, welches denen geschieht, die an der Perfectie-Krankheit, wie es die Holländer nennen, darnieder liegen.

Ich erinnere mich gehöret zu haben, dass wie in Frankreich auch dergleichen Rein-Dünkler aufkommen, welche in der That, wie Verständige anitzo erkennen, die Sprache nicht wenig ärmer gemacht, da solle die gelehrte Jungfrau von Journay, des berühmten Montagne Pflege-Tochter, gesaget haben: was diese Leute schrieben, wäre ein Suppe von klarem Wasser (*un bouillon d'eau claire*), nehmlich ohne Unreinigkeit und ohne Kraft.

{30} So hat auch die Italiänische Gesellschaft der Crusca oder des Beutel-Tuchs, welche die böse Worte von den guten, wie die Kleyen vom feinen Mehl scheiden wollen, durch allzu eckelhaftes Verfahren ihres Zwecks nicht wenig verfehlet, und sind daher die itzigen Glieder gezwungen worden, bey der letzten Ausgebung ihres Wörter-Buchs viel Worte zur Hinterthür einzulassen, die man vorhero ausgeschlossen; weil die Gesellschaft anfangs ganz Italien an die Florentinische Gesetze binden, und den Gelehrten selbst allzu enge Schranken setzen wollen. Und habe ich von einem vornehmen Glied derselbigen, so selbst ein Florentiner, gehöret, dass er in seiner Jugend auch mit solchem Toscanischen Aberglauben behaftet gewesen, nunmehr aber sich dessen entschüttet habe.

Also ist auch gewiss, dass einige der Herren Fruchtbringenden und Glieder der andern Teutschen Gesellschaften hierin zu weit gangen, und dadurch Andere gegen sich ohne Noth erreget, zumalen sie den Stein auf einmal heben wollen, und alles Krumme schlecht[1037] {10} zu machen gemeinet, welches wie bey ausgewachsenen Gliedern (*adultis vitiis*) ohnmöglich.

Anitzo scheinet es, dass bey uns übel ärger worden, und hat der Mischmasch abscheulich überhand genommen, also dass die Prediger auf der Cantzel, der Sachwalter auf der Cantzley, der Bürgersmann im Schreiben und Reden, mit erbärmlichen Französischen sein Teutsches verderbet; mithin es fast das Ansehen gewinnen will, wann man so fortfähret, und nichts dargegen thut, es werde Teutsch in Teutschland selbst nicht weniger verlohren gehen, als das Engelsächsiche in Engelland.

{20} Gleichwohl wäre es ewig Schade und Schande, wenn unsere Haupt- und Helden-Sprache dergestalt durch unsere Fahrlässigkeit zu Grunde gehen sollte, so fast nichts Gutes schwanen[1038] machen dörfte; weil die Annehmung einer fremden Sprache gemeiniglich den Verlust der Freyheit und ein fremdes Joch mit sich geführet.

HOFMANNSWALDAU UND LOHENSTEIN.

[*Scherer* D. 362, E. 366.]

Hauptvertreter der 'italienischen Schreibart' oder des 'Schwulsts'. Christian Hofmann v. Hofmannswaldau war 1618 zu Breslau geboren und erhielt eine sorgsame Erziehung. Er studierte in Leiden, reiste dann in den Niederlanden, England, Frankreich und Italien und war noch sehr jung Rathsherr in Breslau. Er starb 1679.—Daniel Casper v. Lohenstein, ebenfalls ein Schlesier, war 1635 geboren, erhielt eine gute Erziehung, bildete sich auf Reisen und lebte als Regierungsrath in Breslau, wo er 1683 starb. Hofmannswaldau zeichnete sich in Gedichten, Lohenstein hauptsächlich in Tragödien und im Romane aus.

HOFMANNSWALDAU.

AN FLAVIEN.

Will das gelücke denn gantz meine feindin werden?
Stürmt süd, ost, nord und west?
Bin ich ein gauckel-spiel und leichter ball der erden,
Den Venus fallen läst?
Will keine sonne mehr mein schwartzes haupt berühren?
Umhüllt mich nichts als nacht?
Will das verhängniss mich an einer kette führen,
So mich verzweiffelnd macht?
Orontes weiss fast nicht, was ferner sey zu dencken:
Zürnt Venus oder du? 10
Ach, gläub es, Flavia! mein leiden und dein kräncken
Kommt mir und dir nicht zu.
Was hab ich dir gethan, dass du mich nicht willst kennen?
Wie heist du meine schuld?
Soll mein verbrechen sich mit rechtem nahmen nennen,
So rufft es: Lieb und huld,
Du läst mein auge nicht zu deinen gräntzen dringen,
Mein auge sonder licht,
Du deckst den schönen mund mit deines schatten schwingen,
Und kennst mich ferner nicht. 20
Das basilisken-gifft, der rauch von allen drachen,
Der fledermäuse blut,
Kan meiner Flavie nicht solchen eckel machen,
Als des Orontes glut.
Doch hab ich dich erzürnt, so will ich treulich büssen,
Es schweret hand und geist.
Wie solte nicht mein blut mit reichen strömen fliessen.
Wenn du es springen heist!
Solt ich, o Flavia! zu deinen füssen sterben,
So stürb ich ohne spott; 30
Denn liebe, so nicht kan die gegenlieb erwerben,
Ist ärger als der tod.

LOHENSTEIN.
AUS IBRAHIM BASSA.

Asien wird in Gestalt einer Frauen von den Lastern abgefesselt auf den
Schau-Platz gestellet.

Weh! Weh! mir Asien! ach! weh!

Weh mir! ach! wo ich mich vermaledeyen;
Wo ich bey dieser Schwermuths-See,
Bey so viel Ach selbst mein bethränt Gesicht verspeyen;
Wo ich mich selbst mit Heul'n und Zetter-Ruffen,
Durch strengen Urtheils-Spruch verdammen kan!
So nihm dis lechzend' Ach, bestürtzter Abgrund an!
Bestürtzter Abgrund! O die Glieder trieffen
Voll Angst-Schweiss! Ach des Ach's! der laue Brunn der dürren Adern
schwellt
Den Jäscht der Purper-Fluth! Mein Blut-Schaum schreibt mein Elend in
den Sand! 10
Entthrönte Königin! entzepterte Beherrscherin der Welt!
Gestürztes Asien! aus Ichts in Nichts und Staub verstobnes Land!
Ja wohl aus Ichts, als mein gekröntes Haupt,
Ein Haupt so viel gekrönter Häupter war;
Als ich noch mit Siegs-Palmen war belaubt,
Und aller Welt Gesetze reichte dar:
Als noch gesenckt zu diesen Füssen
Europens Haupt und Africa mein Zepter musten küssen:
Als mein Gebot wie Stahl und Gluth durchdrang,
Und Länder zwang. 20
Ach! aber ach! so hoch als ich beym Tugend-Gipffel
In Gold-gestückten Kleidern stand;
So tieff hat sich das Spiel verwandt.
So starb mein Ruhm! so schlägt die Zeit die grünen Wipffel
Von den bejahrten Zedern ab.
Man schmückt mich ja noch wohl mit diesem Purpur-Rocke
Mit Inseln, Kron und Königs-Stab

Hals, Achseln, Händ und Haupt; wo man mit solchem Schmincke
Mich nicht nur spöttlich schminck, und äffet und geheih't.
Doch auch gesetzt: dass dis Beschönungs-Kleid
Mich nicht beschimpfft:
So trag' ichs doch nur zu Vermummung meiner Flecke,
Zur Brand- und Schandmahls-Schminck', und meiner Schalckheits-Decke
Wiewol ich weiss: dass man die Nase rimpfft
Und Mäuler auf mich flennet,
Ich weiss nicht, wie? wohl nennet.
Und prächt'gen Schmuck, der aussen gleisst und schimmert, 10
Dass der Sere von den Wipffeln seidne Wolle drüselt ab;
Dass der Tyrer Schnecken-Farbe, Gangens Schaum-Schwolst Perlen hab';
Der Inde Gold; des bin ich nicht bekümmert.
Wird wer den Aussen-Glantz beym innern Glieder-Koth besehen,

Der wird mich viel verächtlicher noch schmähen.
Mich schmertz's, und ich beschmertz es auch mit diesem langen Seuffzer-
Galme,
Wenn ich mich wie aus einem Traum und Quallme
Auf mich, als ich noch in der Blüthe war, besinn'.
War ich nicht Asien, die gröst' und ältst' und schönste meiner Schwestern?
Hat Neid und Geifersucht mich für der Themis Richt-Stuhl können
lästern? 20
Der Menschen Anherr hielt mich erblich inn'.
Hat alles All, den Ost und West, und Sud und Nord nicht schlüssen,
Mich selbst nicht oft mit seinem Glantz erfüllt,
Und sich selbst-ständig in mich ein verhüllt?
Lufft, Himmel, Erde, Meer, Gluth, Felder, Wälder, Klippen wissen
Mit stummer Zunge nachzusprechen:
Dass sie gesehn die Sonne stehn,
Gewölckte Feuer-Säulen gehn,
Die Felsen bersten, Klippen brechen,
Den Regen Brodt, die Wellen Mauern werden. 30
Weh! weh! mir Asien! ach weh!

Stund iemand auf dem Schau-Saal dieser Erden
So hoch gepflantzt zur Ehren-Höh?
Mein Mund hat Kirch und Volck den Gottes-Dienst gelehrt.
Die Welt hat unsern Arm als Kronen Herrn verehrt.
Das zwölff-bekrönte Haupt, des Halses Alabaster,
Pflügt unter Gog und Magogs Joch.
Der freie Nacken ist verkoppelt an die Laster,
Für denen ich kaum athme noch.
Der Zepter und die Hand, die vor nichts mördrisch's misshandelt,
Hat sich mir in Metall und blut-durstig Ertzt verwandelt. 10
Das dürre Hertze schwimmt in Flamm und Gluth;
Der Glieder Ketten schwirrn, die stählernen Gelenck' erschüttern,
Der steinern-schwere Fuss tritt und zerknickt durch sein Erbittern,
Die treue Zunge leckt gelieffert Blut;
Die welcke Seuge-Brust,
An die die Schöpffers Sohn der Schöpffer angehangen,
Giebt Hunger, Krieg und Pest, als Egeln, Molch und Schlangen
Vergiffte Lebens-Kost.
Geitz, Mord-Lust, Geld-Durst, Hass und was der Abgrund zeiget,
Wird all's an mir gesäuget. 20
Fragt Sterbliche, nach Kind- und Elter-Mördern,
Und die durch Dolch und Gifft, und Strang und Schwerdt,
Der Freunde Rey', und Brüder-Schaar begehrt,

Ins Bein-Hauss für bestimmter Zeit zu fördern.
Fragt, Fürsten, fraget nach, nach denen die die Klauen,
Umb Lust zu herrschen durch des Herrschers Brust gehauen.
Ach! tausend Würme wohl, die sich also beflecket,
Hat meine Schooss gehecket.
Ha! Bluthund! ha! unmenschlichs Mensch! verzweiffelter Tyrann!
Durch-teuffeltes Gemüth! Ertz-Mörder, Solymann! 30
Ertz-Mörder! Ach! hab ich
Dich Tieger-Thier, dich Wurm, mit meiner Milch gesogen?
Hab! ich dich, Drache, mich zu fressen auferzogen?
Dich, Kinder-Mörder, dich?
Was stifftes du? du Greuel dieser Zeit!
Auf Ibrahims gerechten Kopff für Leid?

Blitzet ach! blitzet ach! Wolcken, und machet von den umfesselnden
Lastern mich loss!
Donner ach! donner! zerschlag und zersplitter iedes in einen
zerdrümmerten Kloss.

HANS MICHAEL MOSCHEROSCH.

[Scherer D. 363, E. 367.]

Moscherosch stammte von einer spanischen Familie ab, die sich in Deutschland niedergelassen hatte. Er wurde 1601 zu Wilstädt bei Strassburg geboren, studierte die Rechte, reiste nach Paris, war eine Zeit lang Hauslehrer, und erhielt nach seiner Verheirathung 1628 die Stelle als Amtmann zu Crichingen. Er litt viel von den Trübsalen des Kriegs und musste seine Stelle und seinen Aufenthaltsort oft wechseln. Er lebte zuletzt in Kassel und starb 1669. Seine Satiren, die er unter dem Pseudonym Philander von Sittewald herausgab, geben ein lebendiges Bild des damaligen Sittenzustandes. Herausgegeben von Dittmar (Berlin 1830); Bobertag (Berlin und Stuttgart o. J.).

AUS DEM GEDICHT: A LA MODE KEHRAUSS.
1.

Fast jeder Schneider
will jetzund leyder
Der Sprach erfahren sein

vnd redt Latein,
Wälsch vnd Frantzösisch,
halb Japonesisch,
Wan er ist doll vnd voll,
der grobe Knoll. 10
Der Knecht Matthies
spricht bona dies,
Wan er gut morgen sagt
vnd grüst die Magd;
Die wend den Kragen,
thut jhm danck sagen,
Spricht Deo gratias
Herr Hippocras.
Ihr böse Teutschen,
man solt euch peutschen,
Das jhr die Muttersprach
so wenig acht.
Ihr liebe Herren
das heist nicht mehren,
Die Sprach verkehren
vnd zerstören. 10
Ihr thut alles mischen
mit faulen fischen
Vnd macht ein misch gemäsch,
ein wüste wäsch,
Ich muss es sagen,
mit vnmuth klagen,
Ein faulen Haaffenkäss
ein seltzams gfräss.

Wir hans verstanden
mit spott vnd schanden,
Wie man die Sprach verkehrt
vnd gantz zerstöhrt.
Ihr böse Teutschen,
man solt euch peutschen,
In vnserm Vatterland;
pfuy dich der schand!

2.
Was sind vnsere von den Frantzosen kommende oder zu den Frantzosen
ziehende vnnd die Frantzosen liebende Teutschlinge anderst als
Effaeminatissima Virorum pectora? (Gott verzeihe mir, weil ich diese vns

Feindseelige Sprach mit vndermische) welche kein eigenes Hertz, kein eigenen Willen, kein eigene Sprach {10} haben, sondern der Wälschen willen, ihr willen, der Wälschen Meynung ihr Meynung, der Wälschen Rede, Essen, Trincken, Sitten vnd Geberden Ihr Reden, Ihr Essen vnd Trincken, Ihr Sitten vnd Geberden? sie seyen nun Gut oder Böss.

O der täigigen[1039] Feigen weyche[1040]! Darauss eitel forchtsame Verzagte Weychlinge vnd nichts-gültige Weiber-Hertzen werden, die nicht gut noch tauglich, jhre Weibische Weiber, geschweige Statt oder Land zu regieren sind. Dann wan ein solcher Weichling gegen Niemand seine Meynung vnd die Wahrheit mit Ernst vnd Mannlich reden darff, wie wird er darffen die Wehr zucken, wan {20} die offenbahre feinde das Vatterland, als dan geschicht, angreiffen? wie dan ein Jeder Ehrenmann vor Gott vnd seinem Blut schuldig ist.

Woher kompt es jetzt in vnserem betrübtem Land, das man Stätt vnd Vestungen so freventlich ohne verschulden angreifft? auch hergegen dieselbe den Erb- vnd anderen Feinden so willig auffgibt? Allein auss dieser Weyche. Woher kompt es, das mancher Fürst vnnd Potentat fast nirgend kein Redlichen Auffrichtigen Diener bekommen kann, welchem er nicht mit grosser Sorg vertrawen müsse? kompt alles auss dieser {30} Abschewlichen Sucht vnd auss dieser Weyche her, das die Diener, so sie ohne Gewissen sind, sich von widrigen durch Geschenck vnd Versprechen gewinnen vnd nach derselben Willen vnnd Meynung lencken lassen.

Woher kompt es, dass mancher Fürst vnd Potentat fast keinen Redlichen Gewissenhaften Diener mehr kan leiden vnd behalten? oder denselben seiner trewen Verdienste wegen will Erkennen? Kompt auss eben dieser Verdampten vnd Land-Verderblichen Sucht vnd Weyche her, dass die Herrschafften von Weychlingen, von Fuchsschwäntzern, Auffschneidern, Sitten- vnd Geberden-Narren sich einnemen vnd wider die Jenige so Redlichkeit, Auffrichtigkeit vnnd Warheit lieb haben, verleyten lassen. Wehe dem Diener, der an seinem Herren vnd Vatterland vntrew {10} vnd ein Verrähter wird! wie können seine Kinder einige Hoffnung haben der Wohlfahrt!

Wehe der Herrschafft, die einen Gewissenhafften Diener wegen der Vngemeisterten vnd Vnvberwindlichen Warheit von sich lasset! Wie kan es anderst sein, als dass jhr armes Land endlich durch die Lügenhaffte Fuchsschwäntzer (welche den mangel vnnd das böse zu sagen sich schewen, vnd nur jmmerzu nach glatten, weichen, wohlgefälligen Worten vnnd Zeitungen trachten) muss zu grund vnd in das Verderben kommen!...

O alte Mannheit, O Alte Teutsche Dapfferkeit vnd Redlichkeit, wo {20} bistu hien verflogen?

JOHANN LAUREMBERG.

[*Scherer D.* 364, *E.* 368.]

Geboren 1590 zu Rostock, war daselbst 1618–1623 Professor der Poesie und dann bis an seinen Tod (1658) Professor der Mathematik an der Universität Soroe in Seeland. Er schrieb vier Scherzgedichte in plattdeutscher Sprache, die sich in derb realistischer Weise gegen die gelehrten und modischen Thorheiten richten. Herausgegeben von Lappenberg (Stuttgart 1861); Braune (Halle 1879).

AUS DEM RÜDDEN SCHERTZGEDICHTE.

Ein hübscher junger Kerl gebahren in Westfalen,
Sick vörgenamen had, he wolde Wyssheit halen[1041]:
He hedde wol gehört, dat men in keinem Land,
Als in Franckrick alleen fünd Wyssheit und Verstand.

Vernufft de lege dar, als Dreck licht up der Straten,
Ein jeder kond darvan einn groten Sack vul vaten[1042]:
Dar konde men *discours* und *Complementen* lehren,
Dörch welke men nu kömt in ansehn, und tho ehren.
Als he was tho Parys gewesen achtein[1043] Weken,
Kond he so wol Frantzösch als ein Frantzose spreken,
He wüste *cermoni*, he konde *caresse* driven,
Darmit kam he tho Hus, willkamn van Man und Wyven.
Vnd wyl he altidt hed der Hocheit nagejaget,
Ward he dörch GOttes Gnad up einem Huse Vaget[1044]. 10
Vaget up einem Huse, und Schriver up dem Schlate,
Sehr hoge Ampter sind, van grœt profit und bate[1045]:
Der Buer se früchten[1046] mœt, und dantzn na ere Pipen,
Idt drüppet[1047] all van Geld, wor se man henne gripen.
Se bilden sick vel in, und willen grötter syn,
Als am Frantzöschen Hoff *Cardinal Mazarin.*
In sodanem *respect* was de darvan ick rede.
Einmals reep[1048] he den Kock, und also tho em sede:
'*Escoute Cuisinier,* von meinen *Cameraden*
Hab ich zwei oder drei zum *desieuner* geladen, 20
Mach myr ein gut *potage,* mit alle *appertenance,*
Wie man es *à la Cour dressiren* pflegt *en France,*
à la nouvelle mode, du solt *incontinent*
Für dieses dein *travail* haben ein gut *present.*

Ich wil *à la pareille* dein Freund sein *en effait*,
Mach mir die Suppe nur so wie ich hab geredt.'
De Kock sprack, 'ja Her Vagt, als gy hebben[1049] gespraken,
So wil ick juw de Supp up goden gloven kaken[1050].'
He lachde bi sick sülvst, und rönde[1051] na der Köken[1052],
Begünd uth allen winkeln de Pötte[1053] uth to stöken[1054], 30
Koel, Arfften[1055], Grütt[1056], Warmbeer[1057], ded he tosamen schrapen[1058],
Vnd goet idt altohoep[1059] in einen groten Grapen[1060],

Dartho dede he, dat idt schold schmecken desto schmucker,
Eine hand vul stötten Peper, und anderthalff lot Zucker.
Dat muste kaken dick, als Weitenmehlen Brie[1061],
Nümmer heb ick gesehen ein solke *companie.*
Als idt nu was bereit, und ferdig altomahle[1062],
Gaff idt de Meister up in eine sülvern Skale,
He bröcht[1063] idt tho den Heern, de alle darna töffden[1064].
Men[1065] do de goden Lüd de kakeratze[1066] pröffden,
De Ogen würdn en groet, vul runtzeln kam de Stern,
Ein jeder hedd de Supp weddr uth gespiet gern. 10
De ein seed, *'fi diabl, par ma foy* dat schmeckt brösig[1067],
De Kock de dat gekaeckt, de moet syn dum und dösig[1068].'...
De ander sprack: 'fi, fi, bö, bö, potz veltes[1069] Wunden,
Man schold mit sülker Supp vergeven[1070] Kattn und Hunden,'
Ein *inventarium* recht nu ick maken moet,
Van allem wat my waant[1071] im Lyve bös und goet.
Hyrmit so toch he loes: ein Wort twe Ellen lanck,
Bald twischen sine Tene herfloet under de Banck,
Se müsten de dar wern sünt Olrick all anropen.
Mit einem Spanschen Reed[1072] de Vaget quam gelopen, 20
'Coqvin,' sed he, 'Cojon, *Vidase*[1073], loser Tropff,
Itzunder wil ich dir eins langen auff den Kopff,
Cuisinier de Houdan[1074]: was ist das für ein fressen?
Hastu noch nicht gelernt *potage* recht zu *dressen?*
Was *pesle mesle* ist das? was sinds für dolle sachen
Darmit du uns in sampt darffst solchen eckel machen?
Ich wolt dich setzen lahn auffs newe holtzern Pferd,
Wenn ich dich, *Maqvereau*[1075], achtet meines Zornes werth.'
'I Heer Vagt,' sed de Kock, 'wil gy mi so betalen?
De Supp is thogericht als gy mi hebt befahlen, 30
Gy seden my, ick schold juw[1076] eine Suppe kaken
Even up sülck maneer als gy hadden gespraken.

Idt was jo althomahl verplümpert[1077] wat gy spreken,
Idt was tho samen schrapt uth Düdschland, Franckrick, Greken,
So is de Suppe ock, se is van velen stücken,
Ein jede vör sick sülffst hed sick wol könen schicken,
Men nu is se vermengt, nu is se nicht vel werth,
Schmeckt nicht na Fisch noch Flesch, hefft wedder Kop noch Stert[1078].'
Also wen gy Frantzösch und Düdsch thosamen rören[1079],
So kant kein Düdsch verstahn, schold he idt schon anhören,
Men weet nicht wat idt is, und moet so wat narahmen[1080],
Ehr ment[1081] vernehmen kan, und up de Mening[1082] kahmen. 10
Darüm gnedig Heer Vagt, wen gy wilt Suppe eten,
So spreket Düdisch mit Frantzöschem nicht besmeten[1083].

JOACHIM RACHEL.

[*Scherer* D. 365, *E.* 369.]

Geboren 1618 zu Lunden im Ditmarschen. Auf der Schule zu Hamburg, auf der Universität in Rostock und Dorpat. Später Hauslehrer und Schullehrer. Er starb 1669 als Rector der Schule in Schleswig. Er dichtete zuerst im Anschluss an Lauremberg niederdeutsch und schrieb dann hochdeutsche Satiren nach classischen Vorbildern. Herausgegeben von H. Schröder (Altona 1828); vgl. Sach 'J. R. Ein Dichter und Schulmann des 17 Jahrhunderts' (Schleswig 1869).

JOACHIM RACHELS, EHEMALIGEN RECTORS ZU WESLINGBUREN CARMEN, WORIN DER ALTEN DITHMARSCHEN PROVERBIA UND RITUS GAR ORDENTLICH WERDEN ANGEFÜHRT.

Nu, min dochter, segg van harten,
Wat dünkt Di bi Reimers Marten?
is it nicht een karschen[1084] knecht?
lank van leden[1085] rik van goede
un vam allerbesten bloede,
weer he Di nicht even recht?

Jarrens Dulffs, sin oldervader[1086]
was een deftich[1087] landberader,

ja! he was een weldich[1088] mann
van de acht un veertich heeren,
de Ditmarschen to regeeren
plegten, eer't de fient gewann.

In de groten landesfeide[1089]
schloech he up der grönen heide
mangen schoenen Holsten[1090] doet:
he schloech lustich up de deusen[1091] 10
dat se pepen un mit steusen[1092]
musten laten haer un bloet.

As de havik vör de küken
gung de groete garde striken[1093],
kam der Jarrens Dulffs in't felt:
Alle fiende musten springen,
alle fründe musten singen:
'dat's een kerel! dat's een helt!'

Schapken schlachten[1094] na de rammen[1095]
und de twige na dem stammen: 20
Marten is ok goeder haer[1096].
Marten schall sik nicht verkrupen[1097],
de mit em up't best will supen,
de neem em de füste waer.

Karsten Palk leet sik gelüsten
em to kamen in sin füsten:
man dar was neen vordeel bi.
Karsten mochte stan und trampen[1098]
un mit beeden föten stampen[1099]:
'Schit[1100], see Marten, dat's vör di!'

Marten gung man ut der katen[1101],
wull mit gunst wat lopen laten
dar bisüden[1102] bi de boes[1103].
he sprak to de andern heeren:
'leven fründe, stat mit eeren!'
darna schloech de Karsten loes.

Man he kreech sin deel ok wedder, 10
Marten greep em up sin ledder,
neem darna dat knif[1104] herut.

he hat em dat levent namen,
was dar nemant twischen kamen:
Karsten kreech en blaue snut[1105].

Dat was recht, min goede Harke[1106],
solk lohn hört up solke warke!
Sü! ik bin ie mar[1107] een wif,
mar schall ik mi brüen[1108] letten,
dar will ik entgegen setten,   20
hut un haer un't heele lif.

Ister ichtes wat to braden[1109],
Marten wert darme geladen;
Marten achter, Marten vör.

Wenn se na dem ringe riden[1110],
edder um den Rolant striden,
he geit mit de büte dör[1111].

Tweemal is he konink heten,
do se na den schiven schöten,
dar he eenen leepel[1112] wann.
Tweemal heft he in der reegen[1113]
den faslavents haen[1114] gekreegen
un darto de tinnen kann.

Wenn se vör dat karspel[1115] treden   10
un tosamen sik bereden,
Marten heft de grötste eer;
he heft—schull Di't nicht gefallen?—
eenen ganzen kop[1116] vör allen,
as wenn he de vaget[1117] weer.

Lat de andern fri wat seggen,
Marten weet it umbtoleggen[1118],
Marten is vörn düvel klok.
All de buer de möt wol swigen
un vör Martens mütz sik nigen   20
edder vör sin sündagsbrok[1119].

Wenn he in der karken singet
un mit siner stimme klinget,
hei! wo röpt he över all!

ja! so röpt he trotz den mester[1120],
trotz heern Peter un sin köster,
dat em eener nadoen schall.

Un dat schastu ok wol weten[1121],
dat he klei[1122] het ünner'n föten[1123]
dat he Di neen pracher[1124] is.
he het nümmer not van Gelde,
geit mit seven mann to felde
an sin deerens[1125], dat's gewis.

He het lammer[1126], ploech und eggen,
he het höner, de em leggen,
he het so veel quik un krup[1127]
as een husmann to mach föden, 10
un dar schastu Di vör höden,
nich een schillink schult darup.

Wat schit ik up hunnert morgen,
wenn ik sit in schult un sorgen
un heb nicht een frien klut[1128].
Wenn mi gripert[1129] na geit schliken,
dörf ut miner dör nicht kiken[1130],
as nu manger schulen[1131] moet.

Da dörf Marten nicht vor schrömen[1132],
em schall van dem düvel drömen, 20
keem he em tor havestee[1133];
wo schall he dat fell em rüken[1134]
un den langen galgen[1135] striken,
dat he heid un weid vul dee.

Schustu weten, wat vör linnen,
wat vör kopper, wat vör tinnen,
wat vör ingoet[1136], dat he het:
Balljen[1137], tönnen, nie scheepels[1138],
veer un twintich holten leepels,
borsten, kann un mangelbret.

Telsche Krei[1139] kann he wol wunnen,
mar so hat he'n daler[1140] funnen!
solk een gröne, snatje[1141] tev[1142]!

is ja först van veertein jahren, 10
dar schall he ie wol me fahren,
nümmermehr, so lank ik lev!

Se weet nicht een kohl to kaken
nicht een kunkelpip[1143] to maken,
nicht een fladen, nicht een ei:
Schöttel mit der tungen waschen
un ut beeden schrappen[1144] naschen,
dat's een doen vör Telsche Krei.

Darum Harke, lat Di raden,
to Din vordeel, nicht to quaden[1145], 20
kombt eens Marten wedder her,
so mustu den schalk wat deken[1146],
dinen betern pels[1147] antreken
un em doen de grötste eer.

Eerst mustu Di flechten letten
un din ninen peel[1148] upsetten,
denn dorna tor dören stan;
seggen: 'Marten, west willkamen!
ei, dorch Gott, lat uns tosamen,
lat uns in der dörnse[1149] gan!

Ei, kambt an, min goede Marten,
up een spilken in de karten
um een söslink int gelach,
edder ok na juw bedünken 10
um een krosken[1150] uttodrinken,
is it doch nu hilge dach[1151].'

Dann dorna lat mi man snaken,
ik will Di wol wider baken[1152]!
O! dat is min eerste nit.
Eer he't waer wart, will'k em krigen,
wenn de moet begunt to stigen
un dat hart im munde sit.

Wenn dar is to diske dragen,
so mustu em flitich kragen[1153]: 20
'Ei nu, Marten, goede frünt,
ei, dorch Gott, neemt van dem schinken!

dar lüst juw eens up to drinken.
neemt! it is juw vul wol günnt.'

Kombt he up Geert Lümmels köste[1154],
dat he Di eens gröten müste
mit een krosken edder kann,
so sprik: 'ik heb wol vernamen!
juw drunk is mi sehr willkamen!
Marten, stöt juw nawer[1155] an!'

Wo lank wiltu noch so leven
un de schüfel alltit geven[1156]?
entlik mustu doch darbi!
Dörtich jahr sünt all verflaten, 10
dat ik Di heb kersten[1157] laten,
weer it nicht eens tit mit Di?

Ok heb ik van dinen saken
all mit Hebke Fei gespraken:
eer dünkt, dat wol wesen mach.
Hebke Fei holt veel van Marten:
darum rad ik Di van harten:
set em neenen langen dach[1158]!

'K weet neen beter tit to ramen[1159]:
umb den Silmaent[1160] lat em kamen,
dat's noch seven weken lank;
länger deent it nicht to töven[1161],
eer he mocht uns noch bedröven
un gan eenen andern gank.

Man dat segg ik Di to vören:
lat neen jawort van Di hören,
eer Du Dinen Markbref[1162] hest.
dar kannt Du den schalk me dwingen, 10
dat he nicht moet höher springen,
as Du em den tögel[1163] lest.

Harke see: de goede Marten,
de liggt mi so deep in harten,
dat ik alltit süchten[1164] moet.
wor ik bin, dat geit he schnüffeln,

wat schall ik em länger schüfeln?

— Neen — ik — summe[1165] Got — ik doet!

FRIEDRICH VON LOGAU.

[*Scherer D.* 365, *E.* 369.]

Geboren 1604 in Schlesien. Er war Rath des Herzogs von Brieg und Liegnitz und Mitglied der Fruchtbringenden Gesellschaft. Er starb 1655 zu Liegnitz. Ein Jahr vor seinem Tode veröffentlichte er seine 'Sinngedichte,' eine Sammlung von mehr als 3000 grossentheils kurzen Gedichten. Herausgegeben von Eitner (Tübingen 1872); Auswahl von demselben (Leipzig 1870).

1.
VON MEINEN REIMEN.

Sind meine Reime gleich nicht alle gut und richtig,
So sind die Leser auch nicht alle gleich und tüchtig.

2.
AN MEIN VÄTERLICH GUT, SO ICH DREY JAHR NICHT GESEHEN.

Glück zu, du ödes Feld! Glück zu, ihr wüsten Auen!
Die ich, wann ich euch seh, mit Threnen muss betauen,
Weil ihr nicht mehr seyd ihr: so gar hat euren Stand
Der freche Mord-Gott Mars grund auss herum gewand.
Seyd aber doch gegrüst, seyd dennoch fürgesetzet
Dem allem, was die Stat für schön und köstlich schätzet.
Ihr wart mir lieb; ihr seyd, ihr bleibt mir lieb und werth;
Ich bin, ob ihr verkehrt, noch dennoch nicht verkehrt. 10
Ich bin, der ich war vor. Ob ihr seyd sehr vernichtet,
So bleib ich dennoch euch zu voller Gunst verpflichtet,
So lang ich ich kan seyn. Wann dann mein seyn vergeht,
Kans seyn, dass Musa wo an meiner Stelle steht.
Gehab dich wol, O Stadt! die du in deinen Zinnen
Hast meinen Leib gehabt, nicht aber meine Sinnen.
Gehab dich wol! mein Leib ist nun vom Kerker los;
Ich darff nun nicht mehr seyn, wo mich zu seyn verdross.

Ich habe dich, du mich, du süsse Vater-Erde!
Mein Feuer gläntzt nunmehr auff meinem eignen Herde. 20
Ich geh, ich steh, ich sitz, ich schlaf, ich wach umbsonst;
Was theuer mir dort war, das hab ich hier aus Gunst
Des Herren der Natur um Habe-Dank[1166] zu nissen
Und um gesunden Schweiss; darff nichts hingegen wissen
Von Vortel[1167] und Betrug, von Hinterlist und Neid,
Und wo man sonst sich durch schickt etwan in die Zeit[1168].
Ich ess' ein selig Brot, mit Schweiss zwar eingeteiget[1169],
Doch dass durch Beckers Kunst und Hefen hoch nicht steiget,

Das zwar Gesichte nicht, den Magen aber füllt
Und dient mehr, dass es nährt, als dass es Heller gilt.
Mein Trinken ist nicht falsch, ich darf mir nicht gedenken;
Es sei gebrauen zwier[1170], vom Bräuer und vom Schenken.
Mir schmeckt der klare Safft; mir schmeckt das reine Nass,
Das ohne Keller frisch, das gut bleibt ohne Vass,
Drum nicht die Nymphen erst mit Ceres dürffen kämpffen,
Wer Meister drüber sei, das nichts bedarff zum dämpffen,
Weils keinen Schweffelrauch noch sonsten Einschlag hat,
Das ohne Geld steht feil, das keine frevle That 10
Hat den iemals gelehrt, der dran ihm liess genügen.
Der Krämer fruchtbar Schwur und ihr genisslich[1171] Lügen
Hat nimmer Ernt' um mich[1172]; der viel-geplagte Lein
Der muss, der kan mir auch anstat der Seiden seyn.
Bewegung ist mein Artzt. Die kräuterreichen Wälde
Sind Apotheks genug. Geld, Gold, wächst auch im Felde;
Was mangelt alsdann mehr? Wer Gott zum Freunde hat,
Und hat ein eignes Feld, fragt wenig nach der Stat,
Der vortelhafften Stat, da Nahrung zu gewinnen,
Fast ieder muss auff List, auff Tück', auff Ränke sinnen. 20
Drum hab dich wol, o Stat! Wenn ich dich habe, Feld,
So hab ich Haus und Kost, Kleid, Ruh, Gesundheit, Geld.

3.
VOM OPITIO.

Im Latein sind viel Poeten, immer aber ein Virgil;
Deutsche haben einen Opitz, Tichter sonsten eben viel.

4.
HOFFNUNG.

Auff was gutes ist gut warten,
Und der Tag kommt nie zu spat,
Der was gutes in sich hat;
Schnelles Glück hat schnelle Fahrten.

5.
DAS HÖCHSTE GUT.

Zum höchsten Gut in dieser Welt
Wehlt jeder, was ihm selbst gefällt.
Gar im Schoss sitzt der dem Glücke,
Dem gegeben sind vier Stücke:
Ein gütig GOTT,
Ein liebes Weib,
Ein frischer Leib,
Ein selig Tod.

6.
WELT-GUNST.

Die Welt-Gunst ist ein See,
Darinnen untergeh, 10
Was wichtig ist und schwer:
Das leichte schwimmt daher.

7.
DAS BESTE DER WELT.

Weistu, was in dieser Welt
Mir am meisten wolgefällt?
Dass die Zeit sich selbst verzehret,
Vnd die Welt nicht ewig währet.

8.
LEBENS-SATZUNG.

Leb ich, so leb ich!
Dem Herren hertzlich;
Dem Fürsten treulich,
Dem Nechsten redlich. 20
Sterb ich, so sterb ich!

9.
BITTRE LIEBE.

Lieben ist ein süsses Leiden,
Wenns nicht bitter wird durch scheiden.
Bittres wil ich dennoch leiden,
Dass ich Süsses nicht darff meiden.

10.
FREUNDSCHAFFT MITT GOTT.

Wenn ein Mensch mit GOTT gut steht,
Der steht wol, wenns übel geht,
Denn er kan die höchsten Gaben,
Vater, Bruder, Tröster haben.

11.
WIEDERVERGELTUNG.

Für gut nicht gutes geben, ist eine böse That;
Für böses böses geben, ist ein verkehrter Rath; 10
Für gutes böses geben, ist schändlicher Beginn;
Für gutes gutes geben, gebühret fromem Sinn;
Für böses gutes geben, ist recht und wol gethan;
Dann dran wird so erkennet ein rechter Christen-Mann.

12.
FREMDE TRACHT.

Alamode-Kleider, Alamode-Sinnen;
Wie sichs wandelt aussen, wandelt sichs auch innen.

13.
DER DEUTSCHE FRIEDE.

Was kostet unser Fried? O wie viel Zeit und Jahre!
Was kostet unser Fried? O wie viel graue Haare!

Was kostet unser Fried? O wie viel Ströme Blut!
Was kostet unser Fried? O wie viel Tonnen Gut!
Ergetzt er auch dafür und lohnt so viel veröden?

Ja, wem? Frag Echo drum! Wem meint sie wol? (Echo:) Den Schweden.

14–16.
DIE DEUTSCHE SPRACHE.

Deutsche mühen sich ietzt hoch, deutsch zu reden fein und rein;
Wer von Hertzen redet deutsch, wird der beste Deutsche seyn.

Ist die deutsche Sprache rauh? Wie dass so kein Volk sonst nicht
Von dem liebsten Thun der Welt, von der Liebe, lieblich spricht?

Kan die deutsche Sprache schnauben, schnarchen, poltern, donnern,
krachen,
Kan sie doch auch spielen, schertzen, liebeln, gütteln, kürmeln[1173],
lachen. 10

CHRISTIAN WEISE.

[*Scherer* D. 366, E. 370.]

Geboren 1642 zu Zittau, studierte in Leipzig, wirkte als Professor in
Weissenfels und als Rector in Zittau verdienstlich. Er führte das Studium der
deutschen Sprache und Dichtung auf der Schule ein. Starb 1708. Als Dichter
vertrat er die Gegenrichtung von dem Lohensteinschen Schwulst. Er wollte
nicht 'den Namen eines wolsetzenden, eines hochbegeisterten, sondern eines
einfältigen und deutlichen Concipienten verdienen'. Seine Theaterstücke
sind sehr zahlreich. Herausgegeben von Fulda 'Die Gegner der zweiten
schlesischen Schule.' (Stuttgart, o. J.)

AUS DEN ÜBERFLÜSSIGEN GEDANCKEN DER GRÜNENDEN JUGEND.

DU liebstes vaterland! vergönne deinem sohne,
Dass er sein eitles thun der welt zu schauen giebt,
Ich sehne mich darbey nach keinem andern lohne,
Als wann die hohe gunst den guten willen liebt.

Ich muss es zwar gestehn, es sind geringe sachen,
Daraus ein blosser schertz, und sonsten nichts entspringt,
Jedoch, ein kurtzes lied kan sich belieblich machen,

Wann nur die rechte Zeit es auf die Bahne bringt:
Ich bin kein Opitz nicht, der bleibt noch unser meister,
Und sein berühmter thon reist durch das sternen-dach,
Hingegen fliegen sonst die lobens-werthen geister
Kaum auf den halben weg mit schwachen federn nach.
Wiewohl ich darff mich nicht in die gesellschafft mengen,
Die durch den lorber-zweig das haar um sich verbindt, 10
Mein glücke führt mich sonst auf kunst-beliebten gängen,
Da dieses neben-werck gar wenig stunden findt.
Doch liebstes Vaterland, ich werde dir gefallen,
Dass ich im schreiben nicht ein sprach-tyranne bin,
Ich folge deiner zier, und richte mich in allen
Auff alte reinigkeit und neue kurtzweil hin,
Ich bin so eckel nicht, ich lasse mir belieben,
Was die gewohnheit itzt in langen brauch gebracht,
Hätt unser alterthum nicht so und so geschrieben,
So hätt es dieser kiel auch anders nachgemacht. 20
Und weil die Teutschen viel aus andern sprachen borgen,
So muss ich ebenfalls mich auch darzu verstehn:
Ein ander, dens verdreust, mag sich zu tode sorgen,
Gnug, dass die Verse gut, die Lieder lieblich gehn.
Ist diss nicht puppenwerck, wer etwas grosses heissen,
Und seinen lorbeer-krantz mit golde zieren will,
Der muss das ABC aus seiner ordnung schmeissen,
Bald hat er nicht genug, bald hat er gar zu viel,
Da ist ein wort nicht recht, has haben die Lateiner,
Gelehnt und nicht geschenckt; das kommt aus Griechenland, 30
Da wird der thon zu lang, da wird die sylbe kleiner,
Die sprache die wird nur nicht gäntzlich vmbgewandt.
Der arme Zizero ist auch ins Z gerathen,
Der sonst fast oben an, in seiner reihe steht,
Vielleicht weil ein gemüth, in diesen helden-thaten,
Gar langsam auf den glantz der redens-künstler geht.
Sanct Felten ist hinauff biss an das F gestiegen,

Und er verdient fürwahr die ehr-bezeugung nicht:
Der Kwarck muss in das K aus seinem Neste fliegen,
Ob gleich die gantze welt den händeln widerspricht,
Der Käyser soll bey uns nicht weiter Käysser heissen,
Er soll dafür ein Ertz- und grosser König seyn,
Wer uns diss tapffre wort will aus der zunge reissen,
Raubt uns der völcker ruhm, mit unsers landes schein,
Ein solcher klügling hat gewiss nicht viel gelesen,

Und hat ers ja gethan, so möcht er in sich gehn,
Dass unsre Deutschen auch nicht narren sind gewesen, 10
Und dass man alles kan ohn diesen tand verstehn.
Ein ander mag sich mehr mit diesen Leuten zancken,
Mein ungebundner fuss geht in der einfalt fort,
Und mein erregter sinn verwickelt die gedancken,
Mehr in der sachen selbst, als in ein kahles wort.
Hier hab ich nur geschertzt, doch wird man leicht gedencken,
Dass, wie ich meiner lust allhier genug gethan,
Ich, wann ich künfftig will die augen höher lencken,
Mit gleicher fertigkeit die feder richten kan.
Ich bin auch nicht so kühn, den Momus zu verfluchen, 20
Weil er den höhnschen mund nur an die Götter setzt.
Solt er diss schlechte werck zu seiner rache suchen?
Nein, er ist viel zu stoltz, wann er die zähne wetzt.
Drum bin ich auch vergnügt, und lege diese lieder,
Halb furchtsam und darbey halb trotzig vor die welt.
Es falle wie es will, so komm ich doch nicht wieder,
Der himmel hat den fleiss mir sonst wohin bestellt.

FRIEDRICH RUDOLPH LUDWIG FREIHERR VON CANITZ.

[*Scherer D.* 368, *E.* 372.]

Geboren 1654 in Berlin, studierte in Leiden und Leipzig, reiste in Italien,
Frankreich und Holland, trat in den preussischen Staatsdienst und starb 1699
als Geheimer Staatsrath. Er hielt sich wie Weise von dem Schwulst fern und
nahm die Franzosen, besonders Boileau, zu seinem Muster. Herausg. von
König (Leipzig 1727).

VON DER POESIE.

Auf! säume nicht, mein Sinn, ein gutes Werck zu wagen,
Und aller Tichterey auf ewig abzusagen; 30

Gieb weiter kein Gehör, wenn die Syrene singt,
Und such ein ander Spiel, das bessern Nutzen bringt.
Wie? sprichst du, soll ich schon den Zeitvertreib verschwören,
Dadurch ich bin gewohnt die Grillen abzukehren,
Der mir, in Sicherheit, bisher die Stunden kürtzt?

An statt, dass mancher sich, aus Lust, in Unlust stürtzt,
Und, weil ein schwartzer Punct im Würffeln ausgeblieben,
Zuletzt aus dem Besitz der Güter wird getrieben.
Ich thu mir schon Gewalt, wenn ich viel Thorheit seh,
Die ich bescheidentlich mit Schweigen übergeh; 10
Das aber ding ich aus, nicht zu des Nechsten Schaden,
Nein, sondern nur mein Hertz der Bürde zu entladen,
Dass ich durch einen Reim, was ich den gantzen Tag
Geduldig angemerckt, mir selbst vertrauen mag.
Da schenck ichs keinem nicht, kein Ort ist, den ich schone,
Von schlechten Hütten an, biss zu des Königs Throne.
Ein bärtiger Heyduck, der, wie ein Cherubim,
Die Streit-Axt in der Hand, die Augen voller Grimm,
Der Auserwehlten Sitz verschleusst für meines gleichen,
Muss, wie ein schüchtern Reh, von seiner Wacht entweichen, 20
Wenn mein gerechter Zorn erst an zu brennen fängt,
Und sich bis in den Schoos des blinden Glückes drängt,
Die Larve vom Gesicht des Lasters weg zu reissen.
Weh dem, der thöricht ist, und dennoch klug will heissen!
Denn wo sein Nahme nur sich in die Verse schickt,
So wird er alsofort dem Mayer beygerückt.
In meinem Schüler-Stand, auf den bestaubten Bäncken
Hub sich die Kurtzweil an. Solt ich auf Sprüche dencken,
Die man gezwungen lernt, und länger nicht bewahrt,
Als biss der kluge Sohn, nach Papageyen-Art, 30
Sie zu der Eltern Trost, dem Lehrer nachgesprochen,
So ward mir aller Fleiss durch Reimen unterbrochen,
Da mahlt ich ungeübt, in meiner Einfalt, ab,
Wenn Meister und Gesell mir was zu lachen gab;
Biss, nach und nach, die Zeit den Vorhang weggeschoben,
Und mir, was scheltens-werth, hingegen was zu loben,
Was Hof und Kirch und Land, und Stadt für Wunder hegt

Und was mir selber fehlt, getreulich ausgelegt.
Das mach ich mir zu nutz, und durch des Himmels Güte,
Werd ich ie mehr und mehr bestärckt, dass ein Gemüthe,
Wenn es der Tyranney des Wahnes obgesiegt,
Und seine Freyheit kennt, gantz Peru überwiegt:
Das ists, was offt mein Kiel schreibt in gebundnen Sätzen.
Was mich nun dergestalt in Unschuld kan ergetzen,
Wozu mich die Natur ... Halt ein, verführter Sinn,
Drum eben straf ich dich, weil ich besorget bin,
Es möchte, was itzund noch leicht ist zu verstöhren, 10

Sich endlich, unvermerckt, in die Natur verkehren.
Wo hat Justinian das strenge Recht erdacht,
Durch welches ein Phantast wird Vogel-frey gemacht?
Und, da ein weiser Mann diss für was grosses schätzet,
Dass man noch keinen Zoll auf die Gedancken setzet,
Ist wohl der beste Rath, man seh und schweige still,
Und stelle jedem frey, zu schwärmen, wie er will;
Indem es fast so schwer, die rohe Welt zu zwingen,
Als mancher Priesterschafft das Beicht-Geld abzubringen.
Ein Spiegel weiset uns der Narben Hesslichkeit, 20
Doch wird er offtermahls deswegen angespeyt.
Du meinst zwar, was du schreibst, soll nie das Licht erblicken,
Wie bald kan aber diss auch dir eins missgelücken?
Von deinem schönen Zeug entdeck ich, wie mich deucht,
Schon manch geheimes Blatt, das durch die Zechen fleucht;
So wirst du ein Poet, wie sehr du es verneinest;
Wer weiss, ob du nicht bald in offnem Druck erscheinest?
Vielleicht wird dein Gedicht, des Müssigganges Frucht,
Noch bey der späten Welt einmahl hervor gesucht,
Und mit dem Juvenal in einem Pack gefunden, 30
Wenn man ihn ohngefehr in Löschpapier gewunden.

CHRISTIAN WERNICKE.

[*Scherer* D. 367, E. 372.]

Dichtete Epigramme gegen die Lohenstein'sche Schule und wurde hauptsächlich durch den Streit bekannt, in den er deswegen mit Christian Heinrich Postel († 1705) und Christian Friedrich Hunold († 1721) gerieth. Gestorben nach 1710.

1.
BESCHAFFENHEIT DER ÜBERSCHRIFFTE.

DEnn[1174] lässt die Überschrift kein Leser aus der Acht',
Wenn in der Kürtz' ihr Leib, die Seel' in Witz bestehet;
Wenn Sie nicht allzutieff mit ihrem Stachel gehet,
Und einen Abriss nur von einer Wunde macht:
Wenn Thränen sie allein den Lachenden auspresst,

Und dem der's nöthig hat zur Ader kitzlend lässt.

2.
HELDEN-GEDICHTE UND ÜBERSCHRIFFTE.

Ein Heldenmässiges Gedicht
Ist gleich der steten Glut, die aus dem Etna bricht: 10
Die Überschriffte sind hergegen[1175]
Wie Funcken, die aus stahl zerstreut zu springen pflegen.

3.
AUFF EINEN EXEMPLARISCHEN THUM-HERRN[1176].

Obgleich Cratinus nie als wenn er voll ist singt,
Nie beth, als wenn er will an seine Taffel tretten;
So ist es dennoch wahr, dass er die Zeit verbringt
Der Geistligkeit gemäss, mit Singen und mit Bethen.

4.
CORNELIUS TACITUS.

Wir deuten jedes Wort mit viel Verstand und Müh';
Die Leser machen ihn gelehrter, als er Sie. 20

5.
AUFF DEN TRIUMVIRAT DES AUGUSTUS, ANTONIUS UND LEPIDUS.

Drey theilen unter sich, was Rom nicht ohne Blut,
Und nicht ohn' Unrecht konnt' in langer Zeit erwerben;
Das Sprichwort schwächt ihr Glück': Unrecht erworben Gut
Kommt auff den Dritten nicht; wol aber auff drey Erben.

6.
AUFF DIE MÄSSIGKEIT.

Der seiner vollen Krüge schonet,
Ist mässig, und nicht der, der Durst gezwungen leidt;
In einem leeren Fasse wohnet
Der Durst, und nicht die Mässigkeit. 10

7.
DIE TUGEND BEY EINEM LORBER-BAUM.

Bey einem Lorberbaum sah' ich die Tugend stehen,
Und beyd' ohn' anzusehn das Volck vorüber gehen;
Grün' edles Paar, sagt' ich, ob schon
Man keinen sieht dir Ehr' erzeigen!
Bist du nicht dein selbsteigner Lohn?
Krönst du dich nicht mit eignen Zweigen?

8.
ALLMOSEN.

Allmosen giebt man zwar den Armen,
Doch mehr aus Hoffarth, als Erbarmen, 20
Und drum erreichet hier kein Reicher Ziel und Zweck;
Am besten geben die, die selbst im Elend wandern:
Ein Reicher wirfft die Gabe weg,
Ein Armer lehnet[1177] sie dem andern.

9.
ÜBER GEWISSE GEDICHTE.

Der Abschnitt[1178]? gut. Der Vers? fliesst woll. Der Reim? geschickt.
Die Wort? in Ordnung. Nichts, als der Verstand verrückt.

JOHANN CHRISTIAN GÜNTHER.

[Scherer D. 369, E. 373.]

Geboren 1695 zu Striegau in Schlesien, sollte nach dem Willen seines Vaters und gegen seine eigne Neigung in Wittenberg Medizin studieren, gieng früh (1723) in wildem Leben zu Grunde. Er war eine bedeutende dichterische Natur und brachte Selbsterlebtes und Selbstempfundenes zur Darstellung. Eine Auswahl seiner Gedichte wurde herausgegeben von Tittmann (Leipzig 1874); Litzmann (Leipzig, Reclamsche Universalbibliothek Nr. 1295, 96).

1.

BUSSGEDANKEN.

Mein Gott! wo ist denn schon der Lenz von meinen Jahren
So still, so unvermerkt, so zeitig hingefahren?
So schnell fleugt nimmermehr ein Segel durch das Meer,
So flüchtig dringt wol kaum ein heisses Blei zum Ziele;
Es dünkt mich ja noch gut der ersten Kinderspiele:
Wo kommt denn aber schon des Körpers Schwachheit her? 10

Mein Alter ist ja erst der Anfang, recht zu leben,
Indem mir Raum und Zeit noch manchen Schertz kann geben.
Wie? überspringt dies nun die Staffeln der Natur,
Mein Geist, der wie die Glut in fetten Cedern brannte,
Verdruss und Traurigkeit aus allen Winkeln bannte,
Und wie der Blitz bei Nacht aus Mund und Antlitz fuhr?

Ich hatte von Geburt viel Ansehn auf der Erden,
Nach meiner Väter Art ein starker Geist zu werden;
Der Eltern kluge Gunst erzog Gemüth und Leib

Durch Übung, Schweiss und Kunst zu wichtigen Geschäften;
Was andern sauer ward, das war schon meinen Kräften
Ein lustiges Bemühn und froher Zeitvertreib.

Kein Ekel, keine Furcht, kein abergläubig Schrecken
Vermochte mir das Herz mit Unruh anzustecken,
Die Glieder fluchten nicht auf Hitze, Frost und Stein;
Verfolgung, Mangel, Hass, Neid, Lügen, Schimpf und Zanken
Erstickten mir keinmal den Ehrgeiz der Gedanken,
Der Welt durch Wissenschaft ein nützlich Glied zu sein.

Ich sah mich als ein Kind den Wahrheitstrieb schon leiten, 10
Ich schwatzte durch die Nacht bei Schriften alter Zeiten,
Die Musen nahmen mich der Mutter von der Hand;
Ich lernte nach und nach den Werth des Maro schätzen
Und frass fast vor Begier, was Wolff und Leibnitz setzen,
Bei welchen ich den Kern der frommen Weisheit fand.

Dabei verschmäht' ich auch kein äusserlich Vergnügen,
Die Liebe wusste mich recht künstlich zu besiegen,
So bald Anacreon in meinen Zunder blies;
Ich dacht', es zöge mich nur blos ein nettes Singen,

Und war doch in der That ein zärtliches Bezwingen 20
Der süssen Eitelkeit, die ihre Macht bewies.

Bei vielem Ärgerniss und unter allen Sorgen,
Die mir noch ziemlich jung den Abend wie den Morgen
Mit Drohung und Gefahr empfindlich zugesatzt,
Verdarb ich gleichwol nicht Gesellschaft, Scherz und Küssen;
Und manch' vertrauter Freund wird oft noch sagen müssen,
Wie freudig ihm mein Trost die Grillen ausgeschwatzt.

Allein es ändert sich die Scene meines Lebens.
Ach Gott! wie ist es jetzt mit mir so gar vergebens!
Was seh' ich zwischen mir und mir für Unterscheid! 30
Mein junges Feldgeschrei bringt stumme Klagelieder,
Es keimt, es gährt bereits durch alle meine Glieder
Der Same und das Gift geerbter Sterblichkeit.

Die Geister sind verraucht, die Nerven leer und trocken,
Die Luft will in der Brust, das Blut in Adern stocken,
Das Auge thränt und zieht die scharfen Strahlen ein.

Das Ohr klingt fort und für und läutet mir zu Grabe,
Und da ich überall viel Todeszeichen habe,
So zagt dabei mein Herz in ungemeiner Pein.

Nicht etwan, dass mein Fleisch, die abgelegte Bürde,
Aus Abscheu vor der Gruft zuletzt noch weibisch würde:
Dies hab ich mir vorlängst bekannt und leicht gemacht;
Nur darum, dass mein Fleisch sich in der Blüte neiget,
Und nicht der Welt vorher durch seine Früchte zeiget,
Zu was mich die Natur an dieses Licht gebracht.

Allein wer hat hier Schuld? Ich, leider, wol am meisten, 10
Ich, welchen Glück und Wahn mit süssen Träumen speisten,
Als würd' es stets so sein und niemals anders gehn;
Ich, der ich so viel Zeit nicht klüger angewendet,
Gesundheit, Stärk' und Kraft so liederlich verschwendet.
Ach GOtt, verzeih' es doch dem redlichen Gestehn!

Nun ist auch dies wol wahr, der Himmel wird es zeugen,
Dass Neid und Unglück oft die besten Köpfe beugen,
Und dass ich wider mich gar viel aus Noth gethan.
O, hätte mich die Pflicht des Nächsten oft gerettet,

Und mancher Blutsfreund selbst mir nicht den Fall gebettet, 20
Vielleicht—jedoch genug! Ich klage niemand an.

Ich klage niemand an aus redlichem Gemüthe,
Ich wünsche mir vielmehr nach angebohrner Güte
Nur so viel Glück und Zeit, den Freunden Gut' zu thun;
Und da es in der Welt nicht weiter möglich scheinet,
So thu' es der für mich, vor dem mein Herze weinet,
Und lasse Neid und Groll mit mir im Grabe ruhn!

Nur mich verklag' ich selbst vor dir, gerechter Richter.
So viel mein Scheitel Haar, so viel der Milchweg Lichter,
So viel die Erde Gras, das Weltmeer Schuppen trägt, 30
So zahlreich und so gross ist auch der Sünden Menge,
Die mich durch mich erdrückt, und immer in die Länge
Mehr Holz und Unterhalt zum letzten Feuer legt.

Das Ärgste wäre noch, mich hier vor dir zu schämen:
Hier steh' ich, grosser Gott! du magst die Rechnung nehmen.
Ich hör', obgleich bestürtzt, das Urtheil mit Geduld.

Wie hab' ich nicht in mich so lang und grob gestürmet
Und Fluch auf Fluch gehäuft und Last auf Last gethürmet!
Schlag, wirf mich, tödte mich! Es ist verdiente Schuld.

Dein Zorn brennt nicht so sehr die bösen Sodomskinder,
Die Hölle scheint noch kalt und plaget viel gelinder,
Als mich die Qual und Reu, die in der Seelen schmerzt.
Ist's möglich, ach, so gib, du ewiges Geschicke,
Mir auch jetzund für Blut ein Theil der Zeit zurücke,
Mit der sein Selbstbetrug sein zeitlich Wohl verscherzt!

Wie besser wollt' ich jetzt das theure Kleinod schätzen! 10
Wie ruhig sollte sich hernach mein Alter setzen
Und, wenn denn meine Pflicht der Welt genug gedient,
Mit Fried' und Freudigkeit und als im Rosengarten,
Den Tod und auf den Tod den Nachruf still erwarten:
Ich sei als wie ein Baum nach vieler Frucht vergrünt.

Mein Gott, es ist geschehn, mehr kann ich nun nicht sagen,
Stimmt deine Vorsicht bei, so setze meinen Tagen
(Hiskias weint in mir) nur wenig Stufen zu.
Ich will den kurzen Rest in tausend Sorgen theilen,

Durch That und Besserung das Zeugniss zu ereilen, 20
Dass ich anjetzo nicht mit Heucheln Busse thu'.

Der Ernst macht alles gut; was hin ist, sei vergessen,
Kein Kraut ist ja so welk, man weiss noch Saft zu pressen,
Der, kommt gleich jenes um, den Kranken Heil gewährt.
Manasses mehrt zuletzt die Anzahl frommer Fürsten,
Und Saul kan nicht so stark nach Blut und Unschuld dürsten,
Als eifrig und geschickt hernach sein Geist bekehrt.

Ist deiner Ordnung ja mein längres Ziel zuwider,
So rette, treuer Gott, doch alle meine Brüder,
Die voller Irrthum sind und noch an Jahren blühn, 30
Und lass sich ihren Geist an meinen Thränen spiegeln,
Eh' Ohnmacht, Schwäch' und Zeit die Gnadenthür verriegeln,
Damit sie mehr Gewinn von ihrem Pfunde ziehn.

Von nun an will ich mich dir gänzlich überlassen
Und um den letzten Sturm den stärksten Anker fassen
Den uns auf Golgatha der Christen Hoffnung reicht.

Dein Wort, dein Sohn, dein Geist befriedigt mein Gewissen
Und lehrt mich hier getrost der Jugend Fehler büssen,
Bis ihrer Strafen Schmerz mit Wärm, und Athem weicht.

Komm nun und wie du willst, die Erbschuld abzufodern;
Der Leib, das schwere Kleid, mag reissen und vermodern,
Weil dies Verwesen ihn mit neuer Klarheit schmückt.
Ich will ihm zum Voraus mit freudenreichem Sehnen
Auf Gräbern nach und nach den Schimmer angewöhnen,
In welchem ihn hinfort kein eitler Traum mehr drückt.

O sanfte Lagerstatt, o seliges Gefilde! 10
Du trägst, du zeigest mir das Paradies im Bilde,
Ich steh' ich weiss nicht wie, recht innerlich gerührt.
Wie sanfte wird sich hier Neid, Gram und Angst verschlafen,
Bis einst der grosse Tag die Böcke von den Schafen,
Die in die Marter jagt, und die zur Freude führt.

Mein Schatz, Immanuel, mein Heiland, meine Liebe!
Verleih', doch, dass ich mich in deinem Wandel übe,
Verdirb mir alle Kost, die nach der Erde schmeckt;
Verbittre mir die Welt durch deines Kreuzes Frieden,

Vertreib, was mich und dich durch mein Versehn geschieden, 20
Und hüll' in dein Verdienst, was Zorn und Rache weckt.

Soll ja mein jäher Fall den Körper niederstürzen,
So lass mir Zeit und Schmerz auf deiner Brust verkürzen
Und nimm den freien Geist mit Arm und Mitleid auf!
Wem irgend noch von mir ein Ärgerniss geblieben,
Dem sei der Spruch ans Herz wie mir an Sarg, geschrieben:
Oft ist ein guter Tod der beste Lebenslauf.

2.
STUDENTENLIED.

Brüder, lasst uns lustig sein,
Weil der Frühling währet,
Und der Jugend Sonnenschein 30
Unser Laub verkläret;

Grab und Bahre warten nicht:
Wer die Rosen jetzo bricht,
Dem ist der Kranz bescheret.

Unsers Leben schnelle Flucht
Leidet keinen Zügel,
Und des Schicksals Eifersucht
Macht ihr stetig Flügel;
Zeit und Jahre fliehn davon,
Und vielleichte schnitzt man schon
An unsers Grabes Riegel. 10

Wo sind diese? Sagt es mir,
Die vor wenig Jahren
Eben also, gleich wie wir,
Jung und fröhlich waren?
Ihre Leiber deckt der Sand,
Sie sind in ein ander Land
Aus dieser Welt gefahren.

Wer nach unsern Vätern forscht,
Mag den Kirchhof fragen;
Ihr Gebein, so längst vermorscht, 20
Wird ihm Antwort sagen.
Kann uns doch der Himmel bald,

Eh die Morgenglocke schallt,
In unsre Gräber tragen.

Unterdessen seid vergnügt,
Lasst den Himmel walten,
Trinkt, bis euch das Bier besiegt,
Nach Manier der Alten.
Fort! Mir wässert schon das Maul,
Und, ihr andern, seid nicht faul, 30
Die Mode zu erhalten.

Dieses Gläschen bring ich dir,
Dass die Liebste lebe
Und der Nachwelt bald von dir

Einen Abriss gebe!
Setzt ihr andern gleichfalls an,
Und wenn dieses ist gethan,
So lebt der edle Rebe!

JOHANN CHRISTOPH GOTTSCHED.

[*Scherer D.* 371, *E.* 374.]

Geboren 1700 zu Judithenkirch bei Königsberg, und daselbst erzogen,
flüchtete er später nach Leipzig, wo er seit 1730 Professor extraordinarius,
seit 1734 Ordinarius war. Starb 1766. Er stiftete die deutsche Gesellschaft,
gab die Zeitschrift 'Die vernünftigen Tadlerinnen' heraus (1725), die er seit
1727 unter dem Titel 'Der Biedermann' fortsetzte. Er bekämpfte den
Lohensteinischen Geschmack und vertrat den 'französischen Classicismus'.
Sein bedeutendstes theoretisches Werk ist der 'Versuch einer kritischen
Dichtkunst' 1730. Er setzte sich mit der Schauspielertruppe der Frau Neuber
in Verbindung, liess durch sie 1737 den Harlekin von der Bühne vertreiben,
sorgte durch zahlreiche Übersetzungen und Bearbeitungen für ein neues
Bühnenrepertoire: seine 'Deutsche Schaubühne' erschien 1740–1745. Von
seinen eigenen Dichtungen ist hauptsächlich das Trauerspiel 'Der sterbende
Cato' (1732) zu nennen. Ferner schrieb er eine 'Redekunst' (1728); eine
'Deutsche Sprachkunst' (1748), ein 'Handlexicon der schönen
Wissenschaften und freien Künste' (1760). Gottsched übte hauptsächlich in
den Jahren 1730–1740 eine Art literarischer Dictatur aus. 1739 überwarf er
sich mit seiner 'Deutschen Gesellschaft,' 1740 begann der Streit mit den

Zürichern, namentlich Bodmer und Breitinger. 1741 wurde er von der Neuberin unter dem Namen 'Tadler' auf die Bühne gebracht. Seitdem verfiel er immer mehr dem Spott des Publicums und wurde eine lächerliche Persönlichkeit.

1.
AUS DEM TRAUERSPIELE: CATO.
Der dritte Auftritt.
Cato. Cæsar.
Cäsar.

Nun Cato, endlich ist der Wunsch mir eingetroffen,
Dass ich einmal mit dir vertraulich sprechen kann. 10
Ich biethe Welschland[1179] itzt in dir den Frieden an.

Komm, schleuss ihn selbst mit mir, und mach der Noth ein Ende!
Das hartbedrängte Rom sieht bloss auf unsre Hände;
Versammle deinen Rath, und schaff auf diesen Tag,
Dass jedermann die Frucht der Eintracht erndten mag.
Die ganze Bürgerschaft verbanne Hass und Rache;
Indem ich dich, nebst mir, zum Bürgermeister mache.

Cato.

Wie frech und unverschämt trägst du mir solches an,
Da mir nur Volk und Rath die Würde geben kann?
Denkst du die Tugend denn mit Lastern zu ermüden? 10
Wir suchen bloss nach Recht und Billigkeit den Frieden!
Regiert ein einzig Haupt das grosse Rom allein,
So wollen wir mit Ernst daraus verbannet seyn.
Ja, Cæsar, weg von hier mit Königen und Ketten!
Der Römer Überrest will noch die Freyheit retten;
Und lässt sich das nicht thun, so sind wir doch nicht dein.
Der Africanersand soll unsre Freystadt seyn:
Hier hab ich selber schon ein Grab für mich erlesen.
Drum, Cäsar, lass uns Rom, wie es vorhin gewesen!
Komm ohne Kriegesvolk, komm ohne Waffen hin, 20
Komm so, wie ich mich da zu zeigen Willens bin:
Alsdann so wird man sehn, wer endlich von uns beyden
Noch den Triumph erlangt, und welcher Rom muss meiden.

Cäsar.

Was hab ich denn gethan? Der Deutschen tapfres Blut
Verehrt durch meinen Dienst der Römer Heldenmuth.
Die Meere waren mir kein Hinderniss im Siegen,
Ich bin den Ocean der Britten überstiegen;
Und doch versaget mir der ungerechte Rath,
Weil mich Pompejus hasst, ein schlechtes Consulat? 30
Man will mein tapfres Schwerdt im Frieden kraftlos machen,
Man giebt mir Aufruhr schuld; und was mein Schweiss, mein Wachen,
Mein eignes Blut verdient, das Bürgermeisteramt,
Fällt meinen Feinden zu? Das, das hat mich entflammt!

Halb rasend fieng ich an der Römer Feind zu werden,
Vergebens waffnet sich der ganze Kreis der Erden;
Ich schlug ihn doch, und nahm den Rest zu Gnaden an,
Nachdem ich ihn besiegt: was hab ich nun gethan?

Cato.

Aus Rachgier, Cäsar, ward das Schwerdt von dir gezücket,
Da nun Pompejens Fall den Zorn bereits ersticket:
Warum behältst du noch die oberste Gewalt?
Daraus erhällt ja klar, dass man dich billig schalt.
Tyrannen schmücken stets ihr Thun mit List und Ränken: 10
Die Worte sind oft gut; die That lehrt was sie denken.
Man gab dir mit Bedacht kein römisch Consulat;
Du warest viel zu gross und mächtig für den Staat.
Und wozu war dir wohl das Vaterland verbunden?
Du hattest als ein Held viel Länder überwunden;
Rom hatte triumphirt: Doch das war deine Pflicht.
Ein Bürger dient dem Staat, der Staat dem Bürger nicht.
Die Schuld ist offenbar; der Vorwand ist vergebens.
Den Grachus, wie du weist, beraubte man des Lebens;
Du hast noch mehr verwirkt!

Cäsar.

Wo will der Eifer hin? 20
Vergesst ihr denn, dass ich ein Überwinder bin,
Und dass die Römer mich um Gnade bitten müssen?

Cato.

Wer voller Unschuld ist, will nichts von Gnade wissen.

Denk, Cäsar, denk einmal an deine Grausamkeit.
Und wünsche dir vielmehr, dass die Vergessenheit
Den unerhörten Stolz, der dich bethört, begrabe.
Auch Sylla, den ich oft darum gepriesen habe,
Entsagte von sich selbst der Herrschaft und Gewalt,
Und fand auch in der That der Römer Gnade bald. 30
Dem Beyspiel folge nach. So wird dir dein Verbrechen
Vielleicht auch noch geschenkt. Ich selbst will für dich sprechen!

Wie nun? Du schweigest hier? O Rom! O Vaterland!
Hast du dem Barbar nicht viel gutes zugewandt?
Und er bestimmt dir stets ein grösser Ungelücke.
Die Götter zeigen uns viel Zorn erfüllte Blicke;
Rom streitet mit sich selbst: die Mutter hasst den Sohn,
Der Legionen Zahl spricht ihren Brüdern Hohn,
Man sieht der Römer Blut auf Römer Hände spritzen,
Die Helden, welche sonst Gesetz und Rechte schützen,
Ersticken die Natur, und schänden ihr Gebot:
Die Väter streben nur nach ihrer Kinder Tod, 10
Die Kinder suchen nichts als ihrer Väter Leichen,
Die Mütter sind bemüht dem Jammer zu entweichen,
Und stürzen sich zuvor in beyder blosses Schwerdt.
Die Herrschaft, Cäsar, ists, was deine Brust begehrt!

2.
ÜBER DEN HANSWURST IN DER KOMÖDIE.

Kleine Geister, die keine Einsicht in die Moral besitzen und das ungereimte Wesen in den menschlichen Handlungen weder wahrnehmen noch satyrisch vorstellen können, haben, anstatt das Lächerliche in den Sachen zu suchen, dasselbe in närrischen Kleidungen, {20} Worten und Gebärden zu finden gemeinet. Daher haben Harlekin und Skaramutz die Hauptpersonen ihrer Lustspiele werden müssen. Diese müssen durch bunte Wämser, wunderliche Posituren und garstige Fratzen den Pöbel zum Gelächter reizen. Von diesem allem haben die Alten nichts gewusst; und es gehört mit unter die phantastischen Erfindungen der Italiener, die jemand in der Vorrede zu einer französischen Komödie: 'Harlequin aux Champs Elisées' verspottet hat. Terenz hat seine Komödien *ohne* eine lustige Person lächerlich genug zu machen gewusst: das neue französische Theater hat gleichfalls bisher *keinen* Harlekin nöthig {30} gehabt, die Zuschauer zu belustigen; obgleich Molière darin ein böses Exempel gegeben hatte. Destouches und einige andere nämlich haben sich gar wohl *ohne* diese phantastische Person behelfen können; und ein Poet setzt sich wirklich in Verdacht, als verstände er sein Handwerk, d. i. die Satire, nicht, wenn er ohne die Beihilfe eines unflätigen

Possenreissers nichts Lustiges auf die Schaubühne bringen kann. Boileau hat diese schmutzigen Zoten seinen Schülern ernstlich untersagt und den Molière selbst nicht geschont, der sich auch oft dem Pöbel in diesem Stücke bequemt hatte.

Hieraus ist nun leicht zu schliessen, was von dem *Théatre italien* und *Théatre de la Foire*, wo lauter abgeschmacktes Zeug vorkömmt, für ein Werks zu machen sei, darüber ein Kluger entweder gar nicht lacht, oder sich doch schämt, gelacht zu haben; {10} ingleichen was von allen deutschen Narren zu halten sei, sie mögen nun von alter Erfindung sein, wie Hanswurst oder Pickelhering, dessen sich *Weise* noch immer bedient hat, oder auch von neuer Art, wie der sogenannte Peter, oder Crispin, oder wie sie sonst heissen mögen. Eben die Gründe, die wider jene streiten, sind auch allen diesen Geschöpfen einer unordentlichen Einbildungskraft zuwider, die kein Muster in der Natur haben.

ALBRECHT VON HALLER.

[*Scherer D.* 372, *E.* 377.]

Geboren 1708 zu Bern, studierte in Tübingen und Leyden Naturwissenschaften, reiste dann in Deutschland, England und Frankreich und ward 1729 practischer Arzt in Bern. 1736 gieng er als Professor nach Göttingen, und 1753 als Amman nach Bern zurück. Er starb 1777. Als Gelehrter, Kritiker und Dichter gleich angesehen. Seine wichtigsten Gedichte fallen in die Jahre 1725–1736; die erste Sammlung 'Versuch schweizerischer Gedichte' erschien 1732. Seine Gedichte wurden herausgegeben von Hirzel (Frauenfeld 1882) und die Tagebücher seiner Reisen von demselben (Leipzig 1883). Im Alter verfasste er politische Romane.

1.
TRAUER-ODE, BEIM ABSTERBEN SEINER GELIEBTEN MARIANE.

Soll ich von deinem Tode singen?
O Mariane! welch ein Lied,
Wann Seufzer mit den Worten ringen 20
Und ein Begriff den andern flieht!

Die Lust, die ich an dir empfunden,
Vergrössert jetzund meine Noth;

Ich öffne meines Herzens Wunden
Und fühle nochmals deinen Tod.

Doch meine Liebe war zu heftig,
Und du verdienst sie allzuwohl,
Dein Bild bleibt in mir viel zu kräftig,
Als dass ich von dir schweigen soll.
Es wird, im Ausdruck meiner Liebe,
Mir etwas meines Glückes neu, 10
Als wann von dir mir etwas bliebe,
Ein zärtlich Abbild unsrer Treu!

Nicht Reden, die der Witz gebieret,
Nicht Dichter-Klagen fang ich an;
Nur Seufzer, die ein Herz verlieret,
Wann es sein Leid nicht fassen kann.
Ja, meine Seele will ich schildern,
Von Lieb und Traurigkeit verwirrt,
Wie sie, ergötzt an Trauer-Bildern,
In Kummer-Labyrinthen irrt! 20

Ich seh dich noch, wie du erblasstest,
Wie ich verzweiflend zu dir trat,
Wie du die letzten Kräfte fasstest,
Um noch ein Wort, das ich erbat.
O Seele, voll der reinsten Triebe,
Wie ängstig warst du für mein Leid!
Dein letztes Wort war Huld und Liebe,
Dein letztes thun Gelassenheit.

Wo flieh ich hin? in diesen Thoren
Hat jeder Ort, was mich erschreckt! 30
Das Haus hier, wo ich dich verloren;
Der Tempel dort, der dich bedeckt;
Hier Kinder — ach! mein Blut muss lodern
Beim zarten Abdruck deiner Zier,
Wann sie dich stammelnd von mir fodern;
Wo flieh ich hin? ach! gern zu dir!

O soll mein Herz nicht um dich weinen?
Hier ist kein Freund dir nah als ich.
Wer riss dich aus dem Schooss der deinen?

Du liessest sie und wähltest mich.
Dein Vaterland, dein Recht zum Glücke,
Das dein Verdienst und Blut dir gab,
Die sinds, wovon ich dich entrücke;
Wohin zu eilen? in dein Grab!

Dort in den bittern Abschieds-Stunden,
Wie deine Schwester an dir hieng, 10
Wie, mit dem Land gemach verschwunden,
Sie unserm letzten Blick entgieng;
Sprachst du zu mir mit holder Güte,
Die mit gelassner Wehmuth stritt:
'Ich geh mit ruhigem Gemüthe,
Was fehlt mir? Haller kömmt ja mit.'

Wie kann ich ohne Thränen denken
An jenen Tag, der dich mir gab!
Noch jetzt mischt Lust sich mit dem kränken,
Entzückung löst mit Wehmuth ab. 20
Wie zärtlich war dein Herz im lieben,
Das Schönheit, Stand und Gut vergass,
Und mich allein nach meinen Trieben
Und nicht nach meinem Glücke mass.

Wie bald verliessest du die Jugend
Und flohst die Welt, um mein zu sein;
Du miedst den Weg gemeiner Tugend
Und warest schön für mich allein.
Dein Herz hieng ganz an meinem Herzen
Und sorgte nicht für dein Geschick; 30
Voll Angst bei meinem kleinsten Schmerzen,
Entzückt auf einen frohen Blick.

Ein nie am eiteln fester Wille,
Der sich nach Gottes Fügung bog;
Vergnüglichkeit und sanfte Stille,
Die weder Glück noch Leid bewog;

Ein Vorbild kluger Zucht an Kindern,
Ein ohne Blindheit zartes Herz;
Ein Herz, gemacht mein Leid zu mindern,
War meine Lust und ist mein Schmerz.

Ach! herzlich hab ich dich geliebet,
Weit mehr als ich dir kund gemacht,
Mehr als die Welt mir Glauben giebet,
Mehr als ich selbst vorhin gedacht.
Wie oft, wann ich dich innigst küsste,
Erzitterte mein Herz und sprach: 10
'Wie? wann ich sie verlassen müsste!'
Und heimlich folgten Thränen nach.

Ja, mein Betrübniss soll noch währen,
Wann schon die Zeit die Thränen hemmt;
Das Herz kennt andre Arten Zähren,
Als die die Wangen überschwemmt.
Die erste Liebe meiner Jugend,
Ein innig Denkmal deiner Huld,
Und die Verehrung deiner Tugend
Sind meines Herzens stäte Schuld. 20

Im dicksten Wald, bei finstern Buchen,
Wo niemand meine Klagen hört,
Will ich dein holdes Bildniss suchen,
Wo niemand mein Gedächtniss stört.
Ich will dich sehen, wie du giengest,
Wie traurig, wann ich Abschied nahm!
Wie zärtlich, wann du mich umfiengest,
Wie freudig, wann ich wiederkam!

Auch in des Himmels tiefer Ferne
Will ich im dunkeln nach dir sehn 30
Und forschen, weiter als die Sterne,
Die unter deinen Füssen drehn.
Dort wird an dir die Unschuld glänzen
Vom Licht verklärter Wissenschaft;
Dort schwingt sich aus den alten Gränzen
Der Seele neu entbundne Kraft!

Dort lernst du Gottes Licht gewöhnen,
Sein Rath wird Seligkeit für dich;
Du mischest mit der Engel Tönen
Dein Lied und ein Gebet für mich.
Du lernst den Nutzen meines leidens,
Gott schlägt des Schicksals Buch dir auf;

Dort steht die Absicht unsers scheidens
Und mein bestimmter Lebenslauf.

Vollkommenste! die ich auf Erden
So stark und doch nicht gnug geliebt! 10
Wie liebens-würdig wirst du werden,
Nun dich ein himmlisch Licht umgiebt.
Mich überfällt ein brünstigs hoffen,
O! sprich zu meinem Wunsch nicht nein!
O! halt die Arme für mich offen!
Ich eile, ewig dein zu sein!

2.
AUS DEN ALPEN.

Wenn Titans erster Strahl der Gipfel Schnee vergüldet
Und sein verklärter Blick die Nebel unterdrückt,
So wird, was die Natur am prächtigsten gebildet, 20
Mit immer neuer Lust von einem Berg erblickt;
Durch den zerfahrnen Dunst von einer dünnen Wolke
Eröffnet sich zugleich der Schauplatz einer Welt,
Ein weiter Aufenthalt von mehr als einem Volke
Zeigt alles auf einmal, was sein Bezirk enthält;
Ein sanfter Schwindel schliesst die allzuschwachen Augen,
Die den zu breiten Kreis nicht durchzustrahlen taugen.

Ein angenehm Gemisch von Bergen, Fels und Seen
Fällt nach und nach erbleicht, doch deutlich, ins Gesicht,
Die blaue Ferne schliesst ein Kranz beglänzter Höhen, 30
Worauf ein schwarzer Wald die letzten Strahlen bricht;
Bald zeigt ein nah Gebürg die sanft erhobnen Hügel,

Wovon ein laut Geblöck im Thale widerhallt;
Bald scheint ein breiter See ein Meilen langer Spiegel,
Auf dessen glatter Flut ein zitternd Feuer wallt;
Bald aber öffnet sich ein Strich von grünen Thälern,
Die, hin und her gekrümmt, sich im entfernen schmälern.

Dort senkt ein kahler Berg die glatten Wände nieder,
Den ein verjährtes Eis dem Himmel gleich gethürmt,
Sein frostiger Krystall schickt alle Strahlen wieder,
Den die gestiegne Hitz im Krebs umsonst bestürmt.
Nicht fern vom Eise streckt, voll Futter-reicher Weide, 10

Ein fruchtbares Gebürg den breiten Rücken her;
Sein sanfter Abhang glänzt von reifendem Getreide,
Und seine Hügel sind von hundert Heerden schwer.
Den nahen Gegenstand von unterschiednen Zonen
Trennt nur ein enges Thal, wo kühle Schatten wohnen.

Hier zeigt ein steiler Berg die Mauer-gleichen Spitzen,
Ein Wald-Strom eilt hindurch und stürzet Fall auf Fall.
Der dick beschäumte Fluss dringt durch der Felsen Ritzen
Und schiesst mit gäher Kraft weit über ihren Wall.
Das dünne Wasser theilt des tiefen Falles Eile, 20
In der verdickten Luft schwebt ein bewegtes Grau,
Ein Regenbogen strahlt durch die zerstäubten Theile
Und das entfernte Thal trinkt ein beständigs Thau.
Ein Wandrer sieht erstaunt im Himmel Ströme fliessen,
Die aus den Wolken fliehn und sich in Wolken giessen.

Doch wer den edlern Sinn, den Kunst und Weisheit schärfen,
Durchs weite Reich der Welt empor zur Wahrheit schwingt,
Der wird an keinen Ort gelehrte Blicke werfen,
Wo nicht ein Wunder ihn zum stehn und forschen zwingt.
Macht durch der Weisheit Licht die Gruft der Erde heiter, 30
Die Silber-Blumen trägt und Gold den Bächen schenkt;
Durchsucht den holden Bau der buntgeschmückten Kräuter,
Die ein verliebter West mit frühen Perlen tränkt:
Ihr werdet alles schön und doch verschieden finden
Und den zu reichen Schatz stäts graben, nie ergründen!

FRIEDRICH VON HAGEDORN.

[*Scherer* D. 374, E. 379.]

Geboren 1708 zu Hamburg, studierte die Rechte, gieng 1729 als
Privatsecretär des dänischen Gesandten nach London und lebte später in
Hamburg als Secretär beim Englischen Court. Starb 1754. Seine erste
Gedichtsammlung erschien 1729; sein 'Versuch in poetischen Fabeln und
Erzählungen' 1738. Seine sämmtlichen Werke, Lehrgedichte, Fabeln und
Erzählungen, Oden und Lieder enthaltend, erschienen zuerst Hamburg,
1756. Neue Gesammtausgabe von Eschenburg (Hamburg 1800). Neudruck
des 'Versuchs einiger Gedichte' durch Sauer (Heilbronn 1883).

1.
DER MAY.

Der Nachtigall reizende Lieder
Ertönen und locken schon wieder
Die fröhlichsten Stunden ins Jahr.
Nun singet die steigende Lerche:
Nun klappern die reisenden Störche,
Nun schwatzet der gaukelnde Staar.
Wie munter sind Schäfer und Heerde,
Wie lieblich beblümt sich die Erde!
Wie lebhaft ist itzo die Welt! 10
Die Tauben verdoppeln die Küsse,
Der Entrich besuchet die Flüsse,
Der lustige Sperling sein Feld.
Wie gleichet doch Zephyr der Floren!
Sie haben sich weislich erkohren,
Sie wählten den Wechsel zur Pflicht.
Er flattert um Sprossen und Garben;
Sie liebet unzählige Farben;
Und Eifersucht trennet sie nicht.
Nun heben sich Binsen und Keime, 20
Nun kleiden die Blätter die Bäume,
Nun schwindet des Winters Gestalt;
Nun rauschen lebendige Quellen
Und tränken mit spielenden Wellen
Die Triften, den Anger, den Wald.

Wie buhlerisch, wie so gelinde
Erwärmen die westlichen Winde
Das Ufer, den Hügel, die Gruft!
Die jugendlich scherzende Liebe
Empfindet die Reizung der Triebe,
Empfindet die schmeichelnde Luft.
Nun stellt sich die Dorfschaft in Reihen,
Nun rufen euch eure Schallmeyen,
Ihr stampfenden Tänzer! hervor.
Ihr springet auf grünender Wiese, 10
Der Bauerknecht hebet die Liese,
In hurtiger Wendung, empor.
Nicht fröhlicher, weidlicher, kühner,
Schwang vormals der braune Sabiner
Mit männlicher Freyheit den Hut.

O reizet die Städte zum Neide,
Ihr Dörfer voll hüpfender Freude!
Was gleichet dem Landvolk an Muth.

2.
DAS HÜHNCHEN UND DER DIAMANT.

Ein verhungert Hühnchen fand 20
Einen feinen Diamant,
Und verscharrt' ihn in den Sand.
'Mögte doch, mich zu erfreun,
Sprach es, dieser schöne Stein
Nur ein Weizenkörnchen seyn!'
Unglückselger Überfluss,
Wo der nöthigste Genuss
Unsern Schätzen fehlen muss!

3.
JOHANN, DER MUNTERE SEIFENSIEDER.

Johann, der muntre Seifensieder, 30
Erlernte viele schöne Lieder
Und sang, mit unbesorgtem Sinn,
Vom Morgen bis zum Abend hin.

Sein Tagwerk konnt' ihm Nahrung bringen:
Und wann er ass, so musst' er singen;
Und wann er sang, so war's mit Lust,
Aus vollem Hals' und freier Brust.
Beim Morgenbrot, beim Abendessen
Blieb Ton und Triller unvergessen;
Der schallte recht, und seine Kraft
Durchdrang die halbe Nachbarschaft.
Man horcht, man fragt: 'Wer singt schon wieder?
Wer ist's?' 'Der muntre Seifensieder!' 10

Im Lesen war er anfangs schwach;
Er las nichts als den Almanach,
Doch lernt' er auch nach Jahren beten,
Die Ordnung nicht zu übertreten,
Und schlief, dem Nachbar gleich zu sein,
Oft singend, öfter lesend, ein.
Er schien fast glücklicher zu preisen,

Als die berufnen sieben Weisen,
Als manches Haupt gelehrter Welt,
Das sich schon für den achten hält.— 20

Es wohnte diesem in der Nähe
Ein Sprössling eigennütz'ger Ehe,
Der, stolz und steif und bürgerlich,
Im Schmausen keinem Fürsten wich:
Ein Garkoch richtender Verwandten,
Der Schwäger, Vettern, Nichten, Tanten,
Der stets zu halben Nächten frass
Und seiner Wechsel oft vergass.

Kaum hatte mit den Morgenstunden
Sein erster Schlaf sich eingefunden, 30
So liess ihm den Genuss der Ruh'
Der nahe Sänger nimmer zu.
'Zum Henker! lärmst du dort schon wieder,
Vermaledeiter Seifensieder?
Ach, wäre doch, zu meinem Heil,
Der Schlaf hier, wie die Austern, feil!'

Den Sänger, den er früh vernommen,
Lässt er an einem Morgen kommen
Und spricht: 'Mein lustiger Johann,
Wie geht es Euch? Wie fangt Ihr's an?
Es rühmt ein jeder Eure Waare,
Sagt, wie viel bringt sie Euch im J a h r e ?'

'Im J a h r e , Herr? mir fällt nicht bei,
Wie grosz im J a h r mein Vortheil sei.
So rechn' ich nicht? Ein Tag bescheret,
Was der, so auf ihn kommt, verzehrt. 10
Dies folgt im Jahr (ich weiss die Zahl)
Dreihundertfünfundsechzigmal.'

'Ganz recht! doch könnt Ihr mir's nicht sagen,
Was pflegt ein Tag wohl einzutragen?'
'Mein Herr, Ihr forschet allzu sehr:
Der eine wenig, mancher mehr;
So wie's dann fällt. Mich zwingt zur Klage
Nichts als die vielen Feiertage,

Und wer sie alle roth gefärbt,
Der hatte wohl, wie Ihr, geerbt; 20
Dem war die Arbeit sehr zuwider;
Der war gewiss kein Seifensieder.'

Dies schien den Reichen zu erfreu'n.
'Hans', spricht er, 'du sollst glücklich sein.
Jetzt bist du nur ein schlechter Prahler,
Da hast du baare funfzig Thaler,
Nur unterlasse den Gesang!
Das Geld hat einen bessern Klang.'

Er dankt und schleicht mit scheuem Blicke,
Mit mehr als dieb'scher Furcht zurücke. 30
Er herzt den Beutel, den er hält,
Und zählt, und wägt, und schwenkt das Geld,
Das Geld, den Ursprung seiner Freude
Und seiner Augen neue Weide.

Es wird mit stummer Lust beschaut
Und einem Kasten anvertraut,

Den Band und starke Schlösser hüten,
Beim Einbruch Dieben Trotz zu bieten,
Den auch der karge Thor bei Nacht
Aus banger Vorsicht selbst bewacht.
Sobald sich nur der Haushund reget,
Sobald der Kater sich beweget,
Durchsucht er alles, bis er glaubt,
Dass ihn kein frecher Dieb beraubt,
Bis, oft gestossen, oft geschmissen,
Sich endlich beide packen müssen: 10
Sein Mops, der keine Kunst vergass,
Und wedelnd bei dem Kessel sass;
Sein Hinz, der Liebling junger Katzen,
So glatt von Fell, so weich von Tatzen.

Er lernt zuletzt, je mehr er spart,
Wie oft sich Sorg' und Reichthum paart,
Und manches Zärtlings dunkle Freuden
Ihn ewig von der Freiheit scheiden,
Die nur in reine Seelen strahlt,
Und deren Glück kein Gold bezahlt. 20

Dem Nachbar, den er stets gewecket,
Bis der das Geld ihm zugestecket,
Dem stellt er bald, aus Lust zur Ruh',
Den vollen Beutel wieder zu,
Und spricht: 'Herr, lehrt mich bess're Sachen,
Als, statt des Singens, Geld bewachen.
Nehmt immer Euren Bettel hin,
Und lasst mir meinen frohen Sinn.
Fahrt fort, mich heimlich zu beneiden,
Ich tausche nicht mit Euren Freuden. 30
Der Himmel hat mich recht geliebt,
Der mir die Stimme wiedergibt.
Was ich gewesen, werd' ich wieder:
Johann, der muntre Seifensieder!'

CHRISTIAN LUDWIG LISCOW.

[*Scherer* D. 376, E. 381.]

Geboren 1701 zu Wittenberg in Mecklenburg, um 1730 Hauslehrer in
Lübeck, später in Dresden Secretär des Ministers von Brühl, zog sich durch
seine Satiren überall Feinde zu; nachdem er 1739 eine Sammlung seiner
Satiren herausgegeben hatte, verstummte er und starb 1760.

AUS DER ABHANDLUNG VON DER VORTREFFLICHKEIT UND NOHTWENDIGKEIT DER ELENDEN SCRIBENTEN.

Ein sehr altes scytisches Sprichwort sagt, dass es eine grössere Kunst sey, aus
einem ledigen, als aus einem vollen Glase zu trinken; und mich deucht, dass
also, wenn die Vernunft zu Verfertigung einer Schrift so unumgänglich
nöhtig ist, als die guten Scribenten wollen, einer, der ohne Vernunft ein Buch
schreiben kann, weit vortrefflicher, und mehr zu bewundern ist, als einer,
der, wenn er etwas zu Papier bringen will, allemal seine Vernunft zu Hülfe
nehmen muss. Man muss nicht meynen, dass die Bücher, die ohne {10}
Vernunft geschrieben werden, nicht so wohl gerathen, als diejenigen, die mit
Verstand gemacht sind. Denn es giebt Bücher, die unstreitig ohne Zuthun
der Vernunft verfertiget, und doch so wohl gerathen sind, dass selbst unsere
Feinde darüber erstaunen. Ist es möglich, schreyen sie gemeiniglich, dass ein
vernünftiger Mensch dergleichen Zeug schreiben könne? Ja, ich habe mit
meinen Ohren gehöret, dass einer, dem die höchst unvernünftigen

Gedanken eines gewissen elenden Scribenten, über den Spruch: Viele sind berufen etc. zu Gesichte kamen, in Beyseyn vieler Leute hoch betheuerte, es sey ihm, wann er auch Engelsverstand hätte, und {20} sein Leben damit zu retten wüsste, unmöglich, so zu schreiben. Unsere Feinde gestehen also selbst, dass einem Menschen, der seine Vernunft nicht gebrauchet, vieles möglich sey, welches ein vernünftiger Mensch nicht thun kan, und dass wir die besondere Geschicklichkeit besitzen, ohne Vernunft Thaten zu thun, wozu ein mehr als englischer Verstand erfordert wird. Sie halten dieses für etwas schweres, ja für eine Sache, die ihnen schlechterdings unmöglich ist. Ich versichere sie aber, dass es uns nicht nur möglich, sondern gar etwas leichtes ist, ohne Vernunft ganz wunderbare Bücher zu schreiben. Sollten unsere Feinde wissen, wie geschwinde wir mit unsern Schriften fertig werden, und wie wenig Mühe und Nachdenken wir darauf wenden: so würden sie erst über unsere Geschicklichkeit erstaunen; sie würden, von dem Glanze unserer Vortrefflichkeit gerühret, vor uns niederfallen, und, ohne Zeitverlust, ihre Vernunft ins Meer werfen, da es am tiefsten ist.

Denn eben diese Vernunft ist es, welche ihnen ihre Arbeit so mühsam macht. Wir zähmen sie, und legen ihr ein Gebiss ins {10} Maul, und eben darum wird uns unsere Arbeit so leichte. Unsere Feinde machen sich ein Gewissen, den Regeln der gesunden Vernunft, die doch so schwer zu beobachten sind, entgegen zu handeln. Sie können nicht schreiben, wenn sie nicht vorher denken. Sie bilden sich ein, sie müssten die Sache, wovon sie schreiben wollen, aus dem Grunde verstehen, und verderben die edle Zeit mit der unnützen und lächerlichen Überlegung, ob sie auch der Materie, welche sie abhandeln wollen, gewachsen sind, bloss darum, weil ein alter Grillenfänger, der, aus vorsetzlicher Bosheit, den Menschen das Schreiben schwer machen wollen, {10} gesaget hat:

Sumite materiam vestris, qui scribitis, æquam
Viribus, et versate diu, quid ferre recusent,
Quid valeant humeri .....[1180]

Von allem diesen Ungemach sind wir frey. Wir erkennen die Schädlichkeit der Vernunft, und kehren uns also wenig an ihre Regeln. Unsere Absicht ist, ein Buch zu schreiben. Diesen Zweck erreichen wir, wenn wir so viel Papier, als dazu nöhtig ist, mit Buchstaben bemahlen. Ob der Sinn, der aus diesen Buchstaben heraus kömmt, wenn man sie zusammen setzet, vernünftig {30} ist, oder nicht, daran ist uns wenig gelegen. Wollten wir alles nach der Vernunft abmessen: so müssten wir denken; und das Denken greift den Kopf an, nimmt viel Zeit weg, und nützet doch, wenn man die Wahrheit sagen soll, nichts. So oft unsere Feinde unsere Schriften lesen, sprechen sie: Der Mensch kann nicht denken; und dennoch können sie unmöglich leugnen, dass dieser Mensch, der nicht denken kann, ein Buch geschrieben habe; weil sie es in

Händen haben. Sie müssen also, sie mögen wollen oder nicht, gestehen, dass man schreiben könne, ohne vorher zu denken.

Wir thun es und befinden uns wohl dabey. Es ist leichter, und natürlicher, mit den Fingern zu schreiben, als mit dem Kopfe. Wer das letzte thut, ist einem Gauckler ähnlich, der auf dem Kopfe tanzet. Dieses mögen wir nicht von uns gesaget wissen, und brauchen also unsere Finger, wenn wir schreiben, und nicht den Kopf. Wenn unsere Feinde die Gemächlichkeiten, welche diese Schreibart mit sich führet, einzusehen fähig wären: so würden sie {10} uns gewiss beneiden. Nur zweene sind, so viel mir wissend, so weit gekommen, dass sie dieses erkannt haben; und haben daher kein Bedenken getragen, uns glücklich zu preisen, und den guten Scribenten vorzuziehen. Der eine ist ein Engländer und beweiset gar gründlich, dass das Denken nichts nütze und derjenige, der sich desselben ganz und gar enthält, nohtwendig am besten schreiben müsse. Er spricht:

Here some would scratch their Heads, and try
What they should write, and How, and Why.
But I conceive, such Folks are quite in
Mistakes in Theory of Writing. 20
If once for Principle 'tis laid,
That Thought is Trouble to the Head.
I argue thus: The World agrees
That He writes well, who writes with Ease.
Then He, by Sequal logical,
Writes best, who never thinks at all[1181].

Der kratzt den Kopf, sinnt Zweifels-voll,
Was, wie, warum er schreiben soll;
Doch merk ich selbst aus seinem Fleiss,
Dass er vom Schreiben wenig weiss. 30
Denn hält man diesen Satz bewährt,
Dass Denken nur den Kopf beschwert;
So folgt auch: Es gesteht die Welt,
Der schreibt gut, dem's nicht mühsam fällt.
Draus macht selbst die Vernunft den Schluss,
Dass der, so niemals denkt, am besten schreiben muss.

Mich deucht, dieser Beweis ist unumstösslich. Der andere ist ein Franzose, und, *O bienheureux Ecrivains*, rufet er aus, *Mr. de Saumaise en Latin, et Mr. de Scuderi en François! J'admire vôtre facilité, et j'admire vôtre abondance. Vous pouvez écrire plus de Calepins, que moi d'Almanachs. Bienheureux*, fährt er fort, *les Ecrivains qui se contentent si facilement, qui ne travaillent que de la memoire et des doigts, qui sans choisir écrivent tout ce qu'ils savent*[1182]. Ist es nicht ewig Schade um die ehrlichen Männer, dass sie, da sie so viele Erleuchtung hatten, sich nicht bestrebet haben, uns gleich zu werden? Sie haben übel bey sich gehandelt. Ich {10} beklage sie, und halte sie, als Zeugen der Wahrheit ungemein hoch. Sollten sie jetzund noch leben, da meine vortreffliche Schrift zum Vorschein kömmt: so würden sie unstreitig ganz umgekehrt, und neue Menschen werden.

Ich kehre wieder zu meinem Zweck, und sage, dass wir, wenn wir schreiben wollen, die Prüfung unserer Kräfte, mit welcher sich unsere Feinde quälen, vor eben so unnütz halten, als Vernunft und Nachdenken. Wir brauchen so vieler Umstände nicht. Wir haben die besondere Gabe von der Natur, dass wir schreiben können, was wir nicht gelernet haben, und von Sachen urtheilen können, die wir {20} nicht verstehen. Wir schreiben ganze Bücher von der Möglichkeit einer ewigen Welt, und handeln die schwersten Fragen aus der Weltweisheit, auf eine ganz eigene Weise, ab, ob wir gleich nichts davon begreifen. Philippi kann unbesehens von den Schriften urtheilen, die für und wider die wolfische Philosophie herausgekommen sind. Sievers, der kaum seinen Catechismus weiss, ist doch geschickt, andere zu lehren, was der seligmachende Glaube sey, und Rodigast kann die ungeheuresten Werke aus dem Lateinischen ins Deutsche übersetzen, ob er gleich weder Latein noch Deutsch verstehet, und niemand, ja vielleicht er selbst nicht, weiss, {30} was er vor eine Sprache redet. Hätte dieses edle Kleeblat elender Scribenten sich lange besinnen, und seine Kräfte untersuchen wollen, ehe es die Feder ansetzte: so will ich wetten, wir würden noch nicht wissen, ob es in der Welt sey. Allein wir elende Scribenten sind so misstrauisch gegen uns selbst nicht; weil wir wissen, dass uns, auch bey der grössten Schwachheit, alles möglich ist.

Diese vortreffliche Eigenschaft erhebet uns unendlich über unsere Feinde. Ein guter Scribent muss seine besten Jahre mit einem verdriesslichen Lernen verderben: weil er die abergläubige Einbildung hat, man könne sonst nicht schreiben. Wir hergegen fangen ganz frühe an zu schreiben, und warten nicht, bis die bösen Tage kommen, und die Jahre herzutreten, da man sagt: Sie gefallen mir nicht. Wir können gleich, ohne alle Vorbereitung, zum Werke schreiten; und ehe ein guter Scribent mit der Einsammlung der Sachen fertig ist, die er zu seinem Zweck nöthig {10} achtet, haben wir uns zehenmal in Kupfer stechen lassen, und den besten Platz in den Buchläden eingenommen. Ein guter Scribent mag seine Zeit noch so wohl angewandt und sich zum Schreiben so geschickt gemacht haben, als er immer will: so wird er doch allezeit gestehen, dass einige Materien ihm zu hoch sind, und selbst von denen, die er verstehet, nicht ohne vorhergegangene Überlegung und mit Furcht und Zittern schreiben. Uns ist keine Materie zu hoch. Wir wissen alles, ob wir gleich nichts wissen. Wir schreiben drauf loss und kehren uns an nichts. Und daher hat die Welt von uns die besten Dienste. Wir entdecken eine {20} unsägliche Menge der gefährlichsten Irrthümer, die unsere Feinde gemeiniglich übersehen, und das in Schriften, die wir nicht gelesen haben, und die wir, wenn wir sie lesen, kaum verstehen. Wir sind die eifrigsten Vertheidiger der Wahrheit und ein Schrecken der Ketzer. Wir entdecken sie, wie sehr sie sich auch verbergen; und ob wir gleich nicht wissen, was Ketzer und Ketzerey ist: so kann uns doch keiner entwischen; weil wir wie die Hunde, die das Capitolium bewacheten, den sichersten Weg gehen, und alles, was uns verdächtig vorkömmt, anbellen. Unsere Feinde verdenken es uns, dass wir so oft einen unnützen Lerm erregen. Sie wollen, {30} dass man mit Behutsamkeit und Verstand eifere; aber eben dadurch verrahten sie ihre Schwäche, und geben uns das Zeugniss, dass wir ohne Nachdenken und Verstand eine der wichtigsten Pflichten eines Wahrheit- und Ordnung-liebenden Menschen beobachten können, welches gewiss nichts geringes ist.

CHRISTOPH VON GRIMMELSHAUSEN.

[*Scherer* D. 380, E. 387.]

Geboren 1625 zu Gelnhausen in Hessen, als Sohn bäurischer Eltern. Er wurde als zehnjähriger Knabe von den Hessen geraubt und musste Soldatendienste thun. Nach dem deutschen Friedensschlusse 1648 verliess er den Soldatenstand und begab sich vermuthlich auf Reisen nach Holland, Frankreich und der Schweiz. Später stand er in Diensten des Bischofs von Strassburg und war in seinen letzten Lebensjahren Schultheiss zu Renchen am Schwarzwald. Hier starb er 1676. Er schrieb unter verschiedenen anagrammatischen Namen: Samuel Greifnson vom Hirschfeldi German Schleifheim von Sulsfort u. a. Sein berühmtester Roman ist der 'Abentheuerliche Simplicissimus Das ist: Beschreibung dess Lebens eines seltzamen Vaganten, genant Melchior Sternfels von Fuchshaim' 1669. Herausgegeben von Keller (Stuttgart 1854–62, 4 Bde.); Kurz (Leipzig 1863, 64, 4 Bde.); Neudruck des 'Simplicissimus' von Kögel (Halle 1880).

AUS DEM SIMPLICIUS SIMPLICISSIMUS.

Simplicij Bäurisches Herkommen,
und gleichmässige Auferziehung.

ES eröffnet sich zu dieser unsrer Zeit (von welcher man glaubet, dass es die letzte sey) unter geringen Leuten eine Sucht, in deren die Patienten, wan sie daran kranck ligen, und soviel zusammen geraspelt und erschachert haben, dass sie neben ein paar Hellern im Beutel, ein närrisches Kleid auff die neue Mode, mit tausenderley seidenen Bändern, antragen können, oder sonst {10} etwan durch Glücksfall mannhafft und bekant worden, gleich Rittermässige Herren, und Adeliche Personen von uhraltem Geschlecht, seyn wollen; da sich doch offt befindet, dass ihre Vor-Eltern, Taglöhner, Karchelzieher[1183] und Lastträger: ihre Vettern Eseltreiber: ihre Brüder Büttel und Schergen... und in Summa, ihr gantzes Geschlecht von allen 32. Anichen[1184] her, also besudelt und befleckt gewesen, als dess Zuckerbastels Zunfft zu Prag immer seyn mögen; ja sie, diese neue *Nobilisten*, seynd offt selbst so schwartz, als wann sie in *Guinea* geboren und erzogen wären worden.

Solchen närrischen Leuten nun, mag ich mich nicht gleich {20} stellen, obzwar, die Warheit zubekennen, nicht ohn ist, dass ich mir offt eingebildet, ich müsse ohnfehlbar auch von einem grossen Herrn, oder wenigst einem gemeinen Edelmann, meinen Ursprung haben, weil ich von Natur geneigt, das Junckern-Handwerck zutreiben, wann ich nur den Verlag und den Werckzeug darzu hätte; Zwar ungeschertzt, mein Herkommen und Aufferziehung läst sich noch wol mit eines Fürsten vergleichen, wan man nur den grossen Unterscheid nicht ansehen wolte, was? Mein Knän (dan also nennet man die Väter im Spessert) hatte einen eignen Pallast, sowol als ein andrer, ja so artlich, dergleichen einjeder König mit eigenen Händen zubauen nicht vermag, sondern solches {10} in Ewigkeit wol unterwegen lassen wird; er war mit Laimen gemahlet, und anstat dess unfruchtbaren Schifers, kalten Bleyes, und roten Kupffers, mit Stroh bedeckt, darauff das edel Getraid wächst; und damit er, mein Knän, mit seinem Adel und Reichthum recht prangen mögte, liess er die Maur um sein Schloss nicht mit Maursteinen, die man am Weg findet, oder an unfruchtbaren Orten auss der Erde gräbet, viel weniger mit liederlichen gebackenen Steinen, die in geringer Zeit verfertigt und gebränt werden können, wie andere grosse Herren zuthun pflegen, auffführen; sondern er nam Eichenholtz darzu, welcher nutzliche edle Baum, als worauff {20} Bratwürste und fette Schuncken wachsen, biss zu seinem vollständigen Alter über 100. Jahre erfodert: Wo ist ein Monarch, der ihm der gleichen nachthut? Seine Zimmer, Säl und Gemächer hatte er inwendig vom Rauch gantz erschwartzen lassen, nur darum, dieweil diss die beständigste Farbe von der Welt ist, und dergleichen Gemähld biss zu seiner *Perfection* mehr Zeit brauchet, als ein künstlicher Mahler zu seinen trefflichen Kunststücken erheischet; Die Tapezereyen waren das zärteste Geweb auff dem gantzen Erdboden, dann diejenige machte uns solche, die sich vor Alters vermass, mit der *Minerva* selbst um die wette zuspinnen; {30} seine Fenster waren keiner andern Ursache halber dem Sant Nitglass gewidmet, als darum, dieweil er wuste, dass ein solches vom Hanff oder Flachssamen an zurechnen, biss es zu seiner vollkommenen Verfertigung gelanget, weit mehrere Zeit und Arbeit kostet, als das beste und durchsichtigste Glas von Muran, dan sein Stand macht ihm ein Belieben zuglauben, dass alles dasjenige, was durch viel Mühe zuwege gebracht würde, auch schätzbar, und desto köstlicher sey, was aber köstlich sey, das sey auch dem Adel am anständigsten; Anstat der Pagen, Laqueyen und Stallknechte, hatte er Schaf, Böcke und Säu, jedes fein ordentlich in seine natürliche Liberey gekleidet, welche mir auch offt auff der Waid auffgewartet, biss ich sie heimgetrieben; die Rüst- oder Harnisch-Kammer war mit Pflügen, Kärsten, Äxten, Hauen, Schaufeln, Mist- und Heugabeln genugsam versehen, mit welchen Waffen er sich täglich übete; dan hacken und reuthen war seine *disciplina militaris*, wie bey den alten Römern zu Friedens-Zeiten, Ochsen anspannen, war sein Hauptmannschafftliches *Commando*, {10} Mist aussführen, sein *Fortification*-wesen, und Ackern sein Feldzug, Stall-aussmisten aber, seine Adeliche Kurtzweile, und Turnierspiel; Hiermit bestritte er die gantze Weltkugel, soweit er reichen konte, und jagte ihr damit alle Ernden eine reiche Beute ab. Dieses alles setze ich hindan, und überhebe mich dessen gantz nicht, damit niemand Ursache habe, mich mit andern meines gleichen neuen Nobilisten ausszulachen, dan ich schätze mich nicht besser, als mein Knän war, welcher diese seine Wohnung an einem sehr lustigen Ort, nemlich im Spessert (allwo die Wölffe einander gute Nacht geben) liegen hatte. Dass ich aber nichts aussführliches {20} von meines Knäns Geschlecht, Stamm und Namen vor dissmal docirt, beschihet um geliebter Kürtze willen, vornemlich, weil es ohn das allhier um keine Adeliche Stifftung zuthun ist, da ich soll auff schwören; genug ist es, wan man weiss, dass ich im Spessert geboren bin.

CHRISTIAN REUTER.

[*Scherer D*. 384, *E*. 390.]

Geboren 1665 in Kütten bei Halle, studierte 1688 in Leipzig, wurde mehrfach als Pasquillant incarceriert und relegiert. 1700 Secretär des Kammerherrn R. G. v. Seyfferditz zu Dresden; seitdem verschollen. Ausser seinem Reiseroman 'Schelmuffsky' (Neudruck durch Schullerus, Halle 1885) verfasste oder übersetzte er noch einige Lustspiele. Vgl. Zarncke 'Christian Reuter, der Verfasser des Schelmuffsky, sein Leben und seine Werke' (Leipzig 1884).

AUS DEM SCHELMUFFSKY.

Flugs an der St. Peters-Kirche war ein gantz enge Gässgen, durch dasselbe führte mich der Sterngucker, und immer vor biss an den Marckt. Wie wir nun an den Marckt kamen, so fragte er mich, ob ich Lust und Belieben hätte mich in eine Dreck-Schüte zu setzen, und ein wenig mit nach den Härings-Fange spatziren zu fahren? Ich sagte hierzu gleich Tob. Darauf satzten wir uns beyde in eine Dreck-Schüte, und fuhren da weil wir guten Wind hatten, immer auff der Tyber übern Marckt weg, und unten bey dem Härings-Thore zu einem Schlauchloche hindurch, und nach dem Härings-Fange zu.

Wie wir nun mit unserer Dreck-Schüte an den Härings-Fang {10} kamen, O sapperment! was war vor ein gelamentire von den Schiffleuten, welche den Härings-Fang gepachtet hatten. Da ich nun fragte, was es wäre? so erzehlten sie mir mit weinenden Augen, wie dass ihnen der See-Räuber Barth mit der stumpichten Nase grossen Abbruch an ihrer Nahrung gethan, und ihnen nur vor einer halben Viertel Stunde über 40. Tonnen frische Häringe mit etlichen Capers Schelmische Weise weggenommen hätte. O sapperment! wie lieff mir die Lauss über die Leber, als ich von Hanss Barthens stumpichter Nase höret, da dachte ich gleich dass es derselbe Kerl seyn müste, welcher mich mit so erschrecklich {20} viel Capers weyland auff der Spanischen See ohne Raison in Arrest genommen, und dadurch dasselbe mahl zum armen Manne gemacht hatte. Ich war flugs hierauff her, und fragte die Schiff-Leute: Wo der Galgenvogel mit den Härings-Tonnen zu gemarchiret wäre? Da sie mir nun sagten, und zeigten, dass er noch auff der Tyber mit seinen Caper-Schiffe, worauff er die 40. Donnen frische Häringe gepackt hatte, zu sehen wäre, so setzte ich ihn geschwind mit etlichen Dreck-Schüten nach, und weil so vortrefflich guter Wind war, so ergatterte ich ihn noch mit dem Stern-Gucker und etlichen Schiffleuten eine halbe Meile von den Härings-Fange. {30} O sapperment! wie fiel dem Hanss Barthe das Hertze in die Hosen, da er mich nur von ferne kommen sahe, er wurde wie ein Stück Käse so roth im Angesichte, und mochte sich wohl flugs erinnern, dass ich der und der wäre, welcher seiner Nase vormals so einen erschrecklichen Schand-Flecken angehänget hätte. Als wir nun auff unsern Dreck-Schüten Hanss Barthen mit den 40. gestohlenen Härings-Donnen einholeten, so fieng ich gleich zu ihn an: Höre doch du Kerl, wilst du die Häringe wieder hergeben, welche du den armen Schiffleuten abgenommen hast, oder wilstu haben, dass ich dir deine krumme stumffichte Habichts-Nase vollends herunter sebeln soll? Der Hanss Barth gab mir hierauff zur Antwort und sagte: Er wolte eher sein Leben nehmen lassen, ehe er in Güte einen Schwantz nur von einem Härig wieder geben. Hierauff so rückte ich mit meiner Dreck-Schüte an sein Caper-Schiff hinan, und kriegte meinem langen Stoss-Degen heraus, nun da hätte man schön fuchteln gesehen, wie ich den Hanss Barth auff sein Caper-Schiffe exercirte, Er wehrete sich zwar auch mit seinen {10} Capers, allein sie kunten mir nichts anhaben. Denn wenn sie gleich nach mir hieben oder stachen, so war ich wie ein Blitz mit meiner Dreck-Schüte auf der Seite, den Hans Barth aber jagte ich der Tebel hohl mer immer um die 40. Härings-Donnen welche er auff sein Schiff geladen hatte, herum, und hieb wie Kraut und Rüben auff ihn hinein. Endlich war ich so sehr auff den Galgenvogel erbittert, dass ich mich gantz nahe mit meiner Dreck-Schüte an sein Caper-Schiff machte, und ehe er sichs versahe, bey seinen diebischen Federn zu fassen kriegte, aus den Caperschiffe heraus zoge, und plump in die Tyber hinein tauchte. O sapperment! da {20} hätte man schön schreyen gesehen, wie der Hans Barth schrie, er bat mich fast ums Himmels willen, ich solte ihn wieder heraus helffen, dass er nicht ersoffe, er wolte den Schiffleuten ihre 40. Härings-Donnen hertzlich gerne wieder geben. Als ich dieses von Hanss Barthen hörete, so gab ich gleich den Schiffleuten Befehl das Caper-Schiff zu plündern, und hielt ihn so lange im Wasser bey den Ohren, biss sie die Härings-Donnen wieder hatten, hernach liess ich ihn mit seinen leeren Caper-Schiffe hinfahren wo er wolte, O Sapperment! was war da vor ein Jubel-Geschrey unter den Schiffleuten, welche den Häringsfang gepachtet hatten, dass sie {30} durch mich zu ihren Tonnen-Heringen wieder gekommen waren. Sie baten mich auch alle miteinander, ich solte ihr Härings-Verwahrer werden, sie wolten mir jährlich zehen tausend Pfund Sterlings geben, allein ich hatte keine Lust darzu.

END OF VOL I.

Fußnoten:
[1011] schleicht hervor ans Licht.
[1012] rauschen sie.
[1013] Geplärr.
[1014] auf marmorglatten Strassen.
[1015] alle Jünglinge.
[1016] Äste.
[1017] bereichern.
[1018] lässt.
[1019] als ob er.
[1020] spatzieren gehn.
[1021] immerwährend.
[1022] so lange bis.
[1023] wahrlich.
[1024] berieselt.
[1025] Pönitenz.
[1026] Punkt.
[1027] sieht es.
[1028] genannt.
[1029] gespickte.
[1030] das sie das Volk barbieren.
[1031] Getreide.
[1032] Zwiebeln, und Jemand zwiebeln.

[1033] den Wein färben.
[1034] rädern.
[1035] was kehr ich mich.
[1036] heut Nacht.
[1037] gerade.
[1038] voraussehn.
[1039] teigig.
[1040] Weichlichkeit.
[1041] hohlen.
[1042] voll fassen.
[1043] achtzehn.
[1044] Vogt.
[1045] Nutzen.
[1046] fürchten.
[1047] tropft.
[1048] rief.
[1049] ihr habt.
[1050] kochen.
[1051] rannte.
[1052] Küche.
[1053] Töpfe.
[1054] stochern.
[1055] Erbsen.
[1056] Grütze.
[1057] Warmbier.
[1058] kratzen.
[1059] zu Haufen, zusammen.
[1060] eisernen bez. irdenen Topf.
[1061] Brei.
[1062] allzumahl.
[1063] brachte.
[1064] darauf warteten.
[1065] aber.
[1066] Kocherei.
[1067] angebrannt, widerlich.
[1068] stumpfsinnig.
[1069] entstellt aus Valentins, eines oft komisch verwendeten Heiligen.
[1070] vergiften.
[1071] wohnt.
[1072] Rohr.
[1073] frz. viédase, Taugenichts.
[1074] kleine Stadt bei Paris.
[1075] Kuppler.

[1076] euch.
[1077] vermischt.
[1078] Schwanz.
[1079] ihr rührt.
[1080] nachsinnen.
[1081] man es.
[1082] Meinung.
[1083] beworfen, besudelt.
[1084] frisch.
[1085] Gliedern.
[1086] Grossvater.
[1087] rechtschaffen.
[1088] gewaltig.
[1089] Landesfehde.
[1090] Holsteiner.
[1091] Dänen oder Teufel?
[1092] Ächzen.
[1093] abstreichen, sich davonmachen.
[1094] arten.
[1095] Schafböcken.
[1096] tüchtiger Kerl; man denke an: Daar is kien good Haar an em = er taugt nichts, oder: streitsüchtig.
[1097] verkriechen.
[1098] trampeln.
[1099] stampfen.
[1100] Abfertigende Interjection.
[1101] Hütte, Haus.
[1102] südwärts.
[1103] Viehstall.
[1104] *knife*.
[1105] Schnauze, Mund.
[1106] Name.
[1107] nur, aber.
[1108] vexieren.
[1109] berathen.
[1110] volksthümliche Spiele.
[1111] Beute durch.
[1112] Löffel.
[1113] Reihe.
[1114] Fastnachtshahn.
[1115] Kirchspiel.
[1116] eigenen Kopf, Willen.
[1117] Vogt.

[1118] widerlegen.

[1119] Sonntagshose.

[1120] Schulmeister.

[1121] wissen.

[1122] fette Erde, *clay*.

[1123] Füssen.

[1124] Bettler, *prog*.

[1125] Dirnen.

[1126] Hauptschwengel vor Wagen und Pflug.

[1127] grosses und kleines Vieh.

[1128] Erdkloss.

[1129] Bettelvögte.

[1130] gucken.

[1131] sich verbergen.

[1132] sich fürchten.

[1133] Hofstätte.

[1134] schütteln, zausen.

[1135] Bezeichnung des Teufels.

[1136] Eingut, Hausgeräthe.

[1137] Zuber.

[1138] Schaffe.

[1139] Name eines Mädchens.

[1140] ironisch: was Kostbares.

[1141] rotzig.

[1142] eigentlich: Hündin.

[1143] Kaldauen, umgedrehte Grützwurst.

[1144] Taschen, *scrip*.

[1145] zum Schlimmen, *quad*.

[1146] aufdecken, auftischen.

[1147] Übergewand.

[1148] Kopfschmuck der Mädchen aus vergoldetem Leder, Goldfell und vergüldeten Pfennigen, Dreilingen, Sechslingen, die darauf genäht waren.

[1149] Wohnzimmer.

[1150] Bierkrüglein, *cruse*.

[1151] Festtag.

[1152] rudern, treiben? von bak = Boot. oder mit Baken (Leuchtfeuern) den Weg bezeichnen.

[1153] nöthigen, *crave*.

[1154] Hochzeit.

[1155] Nachbar.

[1156] Schaufel, d. h. einen Korb geben.

[1157] *christen*, taufen.

[1158] Termin.

[1159] ins Auge fassen.

[1160] September, Grimm = ags-Solmonad, Februar, zu syllan = opfern.

[1161] warten.

[1162] Eheverschreibung betreffend den Brautschatz.

[1163] Zügel.

[1164] seufzen.

[1165] so mir.

[1166] für Dank, *gratis*.

[1167] Übervortheilung.

[1168] wodurch man sich in die Zeiten schickt.

[1169] eingeknetet.

[1170] zweimal.

[1171] nützlich.

[1172] gewinnt nichts von mir.

[1173] lallend reden.

[1174] dann.

[1175] hingegen.

[1176] Domherr.

[1177] leiht.

[1178] die Cäsur.

[1179] Italien.

[1180] Horatius de Arte poëtica.

[1181] Prior's Poems, T. I. p. 12.

[1182] Balzac Liv. 23. Lett. 12.

[1183] Karrenzieher.

[1184] Ahnen.

Ingram Content Group UK Ltd.
Milton Keynes UK
UKHW010634220523
422140UK00004B/230

9 789356 709454